HORIZONS PLURIELS

Français 2de

LIVRE UNIQUE

Sous la direction de
Claire Beilin-Bourgeois et Florence Renner

Claire Beilin-Bourgeois
Certifiée de Lettres modernes
Coordinatrice de la NRP

Florence Renner
Agrégée de Lettres modernes
Institut Notre-Dame (Meudon)

Fabrice Carnet
Professeur formateur ESPE (Lyon)
Lycée Édouard Branly (Lyon)

Violaine Carry
Certifiée de Lettres modernes
Collège Notre-Dame de Lourdes (Paris)

Cécile de Cazanove
Agrégée de Lettres modernes
Collège Pierre de Ronsard (Paris)

Vanessa Crottier
Professeure d'histoire de l'art
Lycée Claude-Nicolas Ledoux (Vincennes)

Laurence Méric Bonini
Agrégée de Lettres classiques
Lycée Jean Perrin (Rezé)

Sophie Mentzel
Agrégée de Lettres modernes
Lycée Jean Lurçat (Paris)

Anne Cassou-Noguès
Agrégée de Lettres modernes
Lycée Jacques Monod (Clamart)

Coralie Nuttens
Agrégée de Lettres modernes
Collège Stanislas (Paris)

Sandra Obolensky
Certifiée de Lettres classiques
Groupe scolaire Saint-Vincent de Paul (Paris)

Anne Pascal
Certifiée de Lettres modernes
Collège Vercingétorix (Montech)

Anne Revert
Agrégée de Lettres modernes
Lycée Saint-Exupéry (Saint-Raphaël)

Françoise Rio
Agrégée de Lettres modernes
Lycée Jeanne d'Albret (Saint-Germain-en-Laye)

Aurélie Stauder
Certifiée de Lettres modernes
Groupe scolaire Saint-Vincent de Paul (Paris)

Claire Tortel
Agrégée de Lettres modernes
Lycée Maurice Ravel (Paris)

Natacha Vas Deyres
Agrégée de Lettres modernes
Chercheure associée
Université Bordeaux Montaigne

Adrien Viallet-Barthélémy
Agrégé de Lettres modernes
Lycée Maurice Utrillo (Stains)

NRP Nathan

Remerciements

Les directrices d'ouvrage remercient Dominique Rincé
pour sa relecture de la partie « Histoire littéraire »
et Claire Lévy pour sa contribution scientifique
sur le chapitre 16.

ISBN : 978 209 172052-4

25, avenue Pierre de Coubertin
75013 Paris

Présentation de votre manuel

- **Au collège,** vous avez étudié la langue française mais aussi des pièces de théâtre, des romans, des poésies pour saisir leur sens et entendre ce que l'auteur cherche à nous dire.
- **Au lycée,** en Seconde et en Première, vous consoliderez votre **culture littéraire**, et vous approfondirez votre **connaissance de la langue** pour **devenir lecteurs**, ce qui vous procurera beaucoup de plaisir, tout au long de votre vie.
- **Les nouveaux programmes 2019** mettent l'accent sur ces trois aspects.

1 Acquérir une culture littéraire

Vous allez étudier des textes poétiques anciens, deux pièces de théâtre et deux romans d'époques différentes, soit quatre œuvres intégrales. Vous traiterez aussi, dans le cadre de la littérature d'idées, deux questions qui ont des résonances dans le monde actuel.

- Des pages d'**histoire littéraire**, regroupées au début du manuel, sont conçues pour vous apprendre l'essentiel.

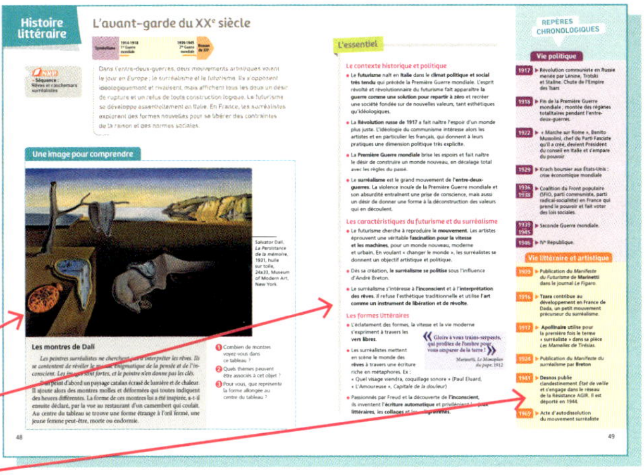

- Un **document iconographique** pour découvrir le mouvement.
- **L'essentiel** avec tout ce que vous devez retenir sur le courant étudié.
- Une **chronologie** commentée.

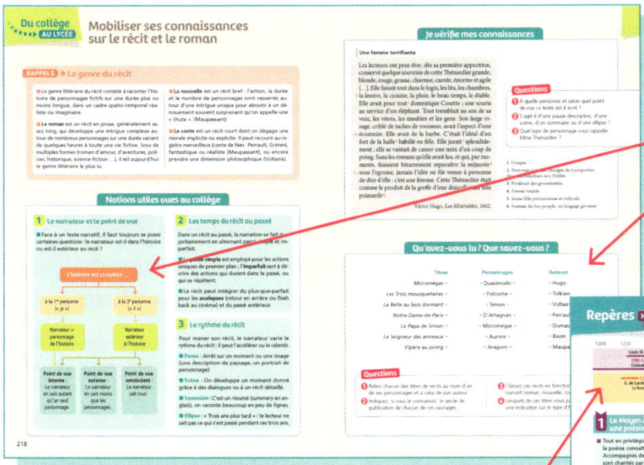

- Au début de chaque partie, des pages « **Du collège au lycée** » vous aident, grâce à des **schémas** et à des **activités** variées, à faire la **transition** entre ce que vous avez appris au **collège** et ce que vous allez apprendre au **lycée**.

- À l'ouverture de chaque partie, une double page « **Repères** » resitue, sur une **frise chronologique**, les événements historiques et culturels incontournables de l'époque.
- De **courts textes** vous permettent de comprendre l'**évolution des genres** et de placer les grands **auteurs** dans leur contexte.

- Dans les chapitres, les **textes**, en adéquation avec les thèmes du nouveau programme, sont choisis avec soin, afin de vous donner des clés pour comprendre le monde qui nous entoure.

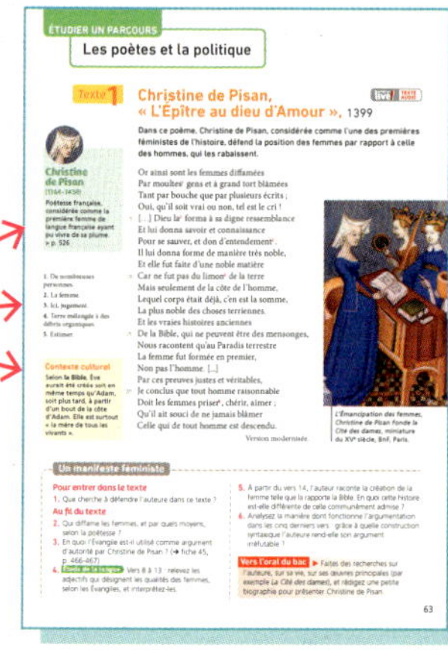

- Des nombreuses notes de **lexique** et des **petites boîtes à outils** vous aident à comprendre l'extrait proposé et soulignent son ancrage dans un contexte précis.

À la fin de chaque chapitre, une double page « **Faire le point** » vous permet de fixer ce qui a été vu avec :
  - un **résumé chronologique** très visuel du contenu du chapitre ;
  - un **zoom** sur un élément du chapitre ;
  - des **mots nouveaux** afin d'enrichir votre vocabulaire.

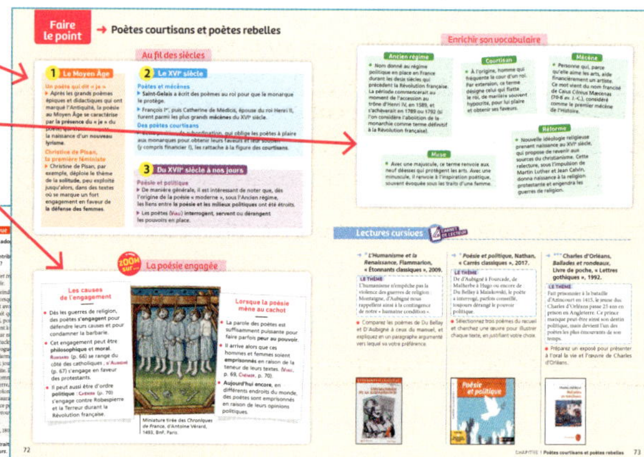

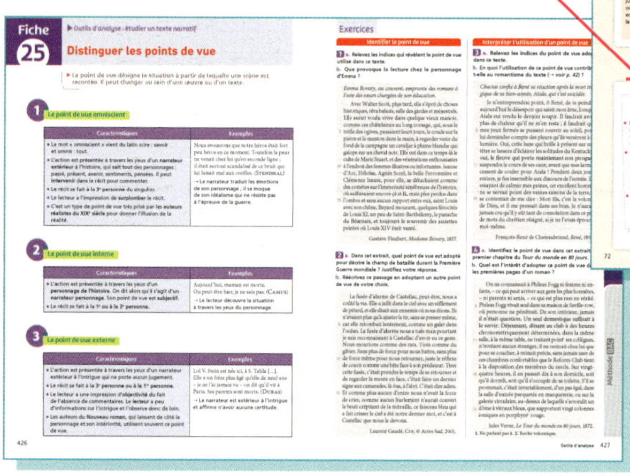

- Dans les **fiches méthode**, vous trouverez des **leçons** et des **exercices** pour maîtriser les outils d'analyse de textes.

2 Bien s'exprimer

Vos qualités d'expression, à l'oral comme à l'écrit, sont essentielles, au lycée comme dans votre vie personnelle. Elles vous permettent de partager vos idées, vos émotions.

- Des **fiches** sont consacrées à l'étude **de la langue**, avec :
  - une activité d'observation ;
  - une leçon illustrée d'exemples littéraires ;
  - des exercices pour vous entraîner.
- À l'occasion de l'étude des textes, une question d'**Étude de la langue** attire votre attention sur un point de **grammaire**.

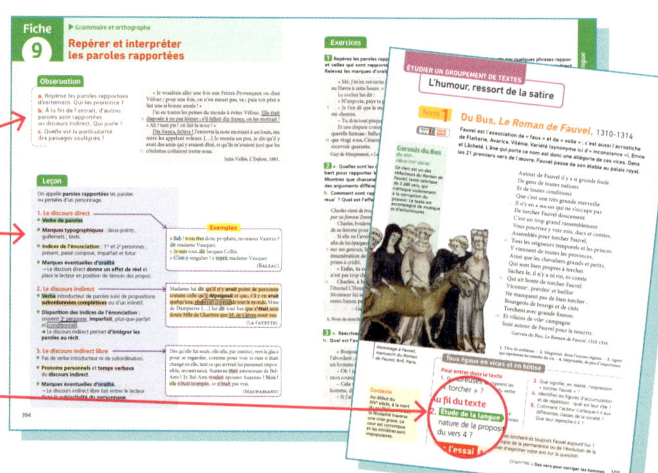

- Dans la **méthode bac**, des fiches sont dédiées aux **épreuves écrites et orales du Baccalauréat**.

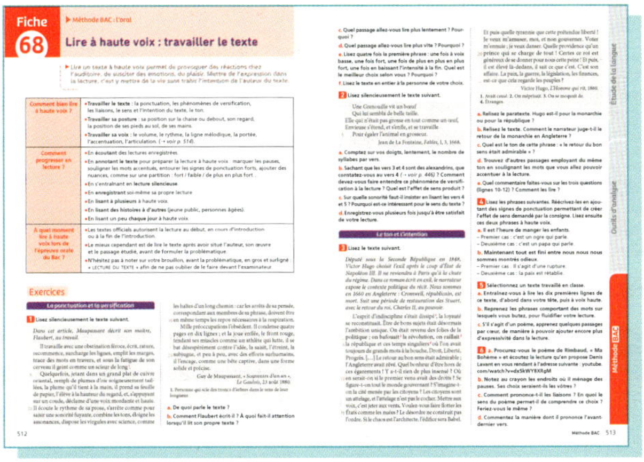

3 Devenir un lecteur, s'intéresser à l'art

En cours de français, vous lirez des œuvres pour vous forger une culture et pour vous préparer aux épreuves du Baccalauréat et à vos études supérieures. Vous prendrez conscience de la richesse que constituent la lecture d'un roman et de la poésie ou la fréquentation des musées.

- Dans les « **parcours artistiques et culturels** », une professeure d'histoire de l'art révèle l'histoire et les secrets d'œuvres de toutes les époques, avec, pour une sélection de tableaux, des vidéos qui en font un commentaire détaillé.

- Chaque chapitre contient des conseils de **Lectures cursives** : des étoiles indiquent le niveau de lecture des essais, de la bande dessinée, des livres-audio, des nouvelles…

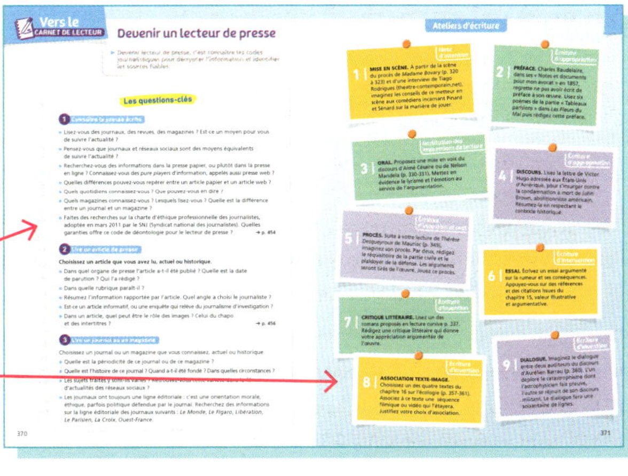

- Des pages vous guident pour remplir votre **carnet de lecteur** avec :
  - des **activités** variées ;
  - des **ateliers d'écriture** pour vous aider à consigner vos différentes expériences culturelles et vos rencontres avec la littérature.

BIENVENUE...
VOTRE ANNÉE DE SECONDE

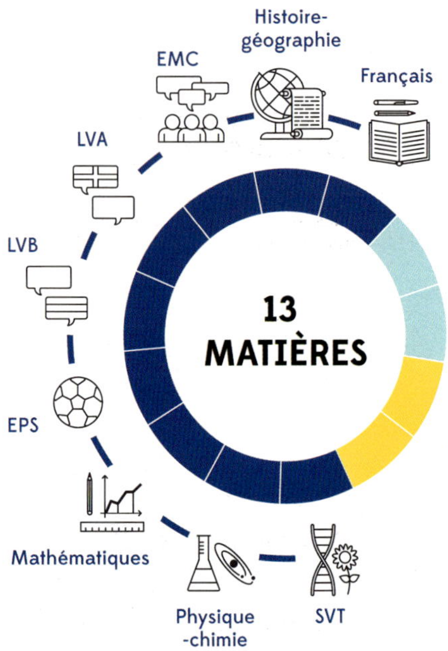

Les 13 matières qui animeront toute votre année

Celles que vous connaissez

Deux nouveautés

SES

SNT (Sciences numériques et Technologie)

Deux optionnelles

À choisir parmi des enseignements généraux ou technologiques

- Un accompagnement personnalisé tout au long de l'année
- Des heures réservées pour préparer votre orientation

+ *www.orientation-lycees*

Préparez vos choix pour la Première

LA VOIE TECHNOLOGIQUE

Les séries technologiques sont organisées autour de grands domaines de connaissances appliquées aux différents secteurs d'activités et proposent l'étude de situations concrètes.

LA VOIE GÉNÉRALE

Un tronc commun et trois enseignements de spécialités qui ouvrent des horizons. Un choix très ouvert : vous poursuivrez deux de ces spécialités en Terminale.

+ *www.horizons2021.fr*

Votre Bac démarre dès la Première

BULLETINS

Vos bulletins scolaires de Première et de Terminale seront pris en compte dans la note finale.

ÉPREUVES

En Première et en Terminale, vous serez évalué en contrôle continu dans votre lycée. Vous passerez aussi des épreuves nationales.

GRAND ORAL

Une nouvelle épreuve pour tous en Terminale.

Construisez votre parcours professionnel

VOUS

- Explorez le monde professionnel.
- Découvrez les formations du Supérieur.
- Interrogez-vous sur vos centres d'intérêt et vos atouts.

VOTRE LYCÉE

- Bénéficiez de l'accompagnement personnalisé et des Semaines de l'orientation.
- Adressez-vous à votre professeur principal, aux psychologues de l'éducation nationale (au lycée ou au CIO).

LES OUTILS NUMÉRIQUES

Posez directement vos questions aux conseillers ONISEP sur la plate-forme gratuite et personnalisée Mon Orientation.

+ *www.monorientationenligne.fr*

AUTOUR DE VOUS

Journées portes ouvertes, Salons, stages d'immersion, visites d'entreprise...

...AU LYCÉE

DEMAIN, LA PREMIÈRE

Deux voies d'orientation s'offrent à vous

Le conseil de classe du 3e trimestre étudiera votre choix et le chef d'établissement prendra une décision.

UN BACCALAURÉAT GÉNÉRAL

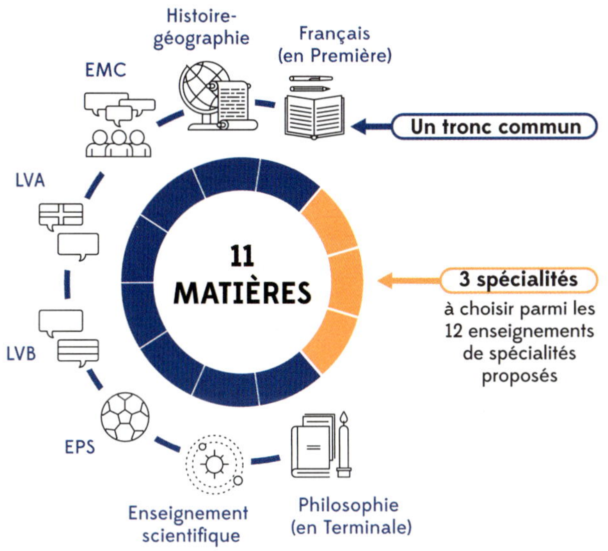

12 enseignements de spécialités

- Histoire-géographie, géopolitique et sciences politiques
- Langues, littératures et cultures étrangères
- Sciences de la vie et de la Terre
- Sciences économiques et sociales
- Mathématiques
- Numérique et sciences informatiques
- Humanités, littérature et philosophie
- Sciences de l'ingénieur
- Littérature, langues et cultures de l'Antiquité
- Physique-chimie
- Arts
- Biologie-écologie *(dispensé en lycées agricoles)*

Découvrez les horizons que vous ouvrent vos choix d'enseignement de spécialités *www.horizons2021.fr*

UN BACCALAURÉAT TECHNOLOGIQUE

Disciplines communes à tous les Baccalauréats technologiques (sauf TMD) avec des programmes adaptés à chaque série.

8 séries technologiques

- STL laboratoire
- TMD musique, danse
- STD2A design, arts appliqués
- STMG management, gestion
- ST2S santé, social
- STAV agronomie et vivant
- STHR hôtellerie, restauration
- STI2D industrie, développement durable

Nathan onisep

L'ENSEIGNEMENT DE SPÉCIALITÉ

HUMANITÉS, LITTÉRATURE ET PHILOSOPHIE

décrypté par un auteur Nathan

1 Pouvez-vous nous décrire concrètement ce nouvel enseignement de spécialité ?

On travaille à partir de textes, d'images, de films sur de grands **thèmes** de **l'Antiquité** à aujourd'hui : en 1re, on travaille sur la **parole** et ses pouvoirs ainsi que sur les **représentations du monde** (la rencontre avec l'Autre, les rapports entre hommes et animaux…).

2 Principalement, qu'est-ce que les élèves vont apprendre ?

Ils découvrent des **auteurs** de tous horizons qui développent tous une pensée importante pour l'histoire des idées. On développe aussi des compétences essentielles comme **lire** et **synthétiser**, **commenter** et **interpréter**, **argumenter** et **débattre**, à l'écrit comme à l'oral.

3 La spécialité propose-t-elle des pratiques pédagogiques particulières ?

Cette spécialité repose sur un enseignement conjoint entre **un professeur de Lettres et un professeur de Philosophie** ; c'est donc un regard riche, original **– mais pas redondant ! –** que les élèves auront sur les thèmes de l'année !

4 À titre personnel, quel est le point du programme qui vous paraît le plus attractif ?

Travailler sur **les pouvoirs de la parole** est passionnant. Où est la frontière entre une parole qui informe et une parole qui manipule ?

5 Que diriez-vous à un/une élève de Seconde pour le convaincre de choisir cette spécialité ?

Cette spécialité ouvre un monde de possibles, à tous les élèves curieux et désireux de **comprendre le monde dans lequel on vit** : découvrir la Philosophie, renforcer ses connaissances en Lettres, étoffer sa **culture générale**, développer ses capacités de synthèse et son oral.

VERS D'AUTRES MÉTIERS ?

Jean-Paul, 47 ans, spécialiste de l'influence digitale

- Master 1 en philosophie
- Doctorat en histoire des sciences et technologies

Pourquoi avez-vous choisi des études de philosophie ?

Ce qui me plaisait était l'idée de penser par moi-même, de développer mon esprit critique, de pouvoir réfléchir sur tous les sujets sans aucune barrière, d'apprendre à construire ma propre argumentation.

En quoi la philosophie vous sert-elle aujourd'hui dans votre métier ?

Elle est utile pour conceptualiser les choses. Même si je ne suis pas spécialiste sur un sujet, il me suffit de connaître quelques éléments et l'angle souhaité, pour mettre en perspective les idées, les creuser et procéder à des analyses critiques. La philosophie m'aide à être innovant pour mes clients. Je traite des sujets parfois scientifiques de manière presque philosophique.

Bruno, orthophoniste en cabinet et à l'hôpital Femme-Mère-Enfant de Lyon

- Licence de lettres à Paris-Sorbonne
- CCO (certificat de capacité d'orthophoniste) à Paris-Sorbonne (ex-UPMC)

Pourquoi avoir choisi des études de lettres ?

Par goût. Je n'avais pas d'idée de métier mais j'aimais la littérature et la langue française.

En quoi les lettres vous servent-elles dans votre métier ?

Pendant mon cursus universitaire, j'ai eu beaucoup de cours de linguistique, de grammaire, de phonétique, de latin. En neurologie, je fais travailler certains patients sur des textes supports. Cela me permet de leur proposer des extraits dans des domaines qui les intéressent (littérature, science-fiction, littérature fantastique...). La phonétique me sert en chirurgie maxillo-faciale, le latin est utile pour comprendre l'anatomie. Enfin, je rédige souvent des comptes rendus d'examen ou des bilans.

Mélissa, responsables ressources humaines en entreprise

- Classes préparatoires littéraires
- CELSA Paris

Pourquoi avez-vous choisi des études de lettres ?

J'aimais beaucoup les disciplines de sciences sociales. Ce qui m'a plu dans mes études au CELSA, c'était de pouvoir suivre des cours de sciences humaines.

En quoi les lettres vous servent-elles dans votre métier ?

Mon travail consiste à accompagner l'évolution des salariés dans l'entreprise, en articulant des intérêts humains avec des intérêts économiques. Je m'occupe de l'évolution de leur carrière et de leur rémunération, du développement de leurs compétences, etc. Mon bagage de lettres m'a apporté une sensibilité aux relations humaines et de la diplomatie pour faire passer les décisions de la direction tout en écoutant les collaborateurs.

+ www.horizons2021.fr

Les domaines de formation facilités par cet enseignement

- **Licences :** Sciences du langage, Information et communication, LLCE, LEA, Langues, Lettres Humanités, Philosophie, Histoire, Géographie, Sociologie, Droit, Administration Publique Sciences sociales, Sciences politiques, Sciences de l'éducation, Sciences de l'homme, Arts, Histoire de l'art et archéologie,
- **Classes préparatoires** littéraires, commerciales, Instituts d'études politiques, Écoles de commerce,
- **BTS*** Communication édition, Métiers de l'audiovisuel,
- **DUT*** Information-communication, Carrières juridiques, Gestion administrative et commerciale

* il existe près d'une centaine de BTS et une vingtaine de DUT dans les domaines de la production et des services. Les bacheliers professionnels (BTS) et technologiques (DUT) sont prioritaires sur ces formations.

Portraits et témoignages à retrouver dans leur intégralité sur le site **nathan.fr/orientation**

+ www.orientation-lycees.fr onisep

LES RESSOURCES NUMÉRIQUES

TEXTES DYS (OU ACCESSIBLES)

Les élèves dys trouveront chacun des textes du manuel en version adaptée. Ils pourront les consulter sur le site compagnon et pourront également les imprimer.

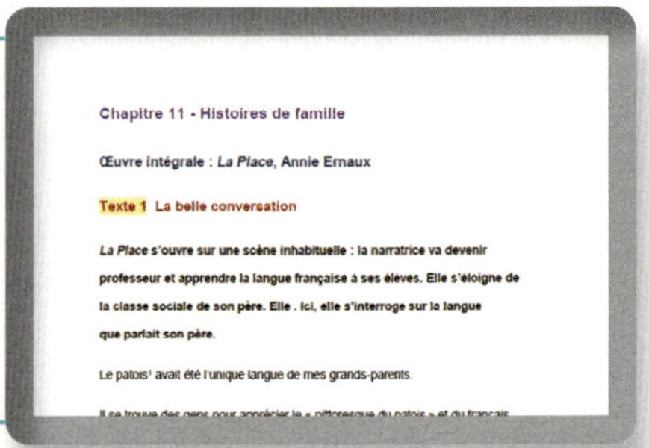

TEXTES À ÉCOUTER

Tous les textes du manuel vous sont proposés en version audio, lus par des comédiens : vous pourrez les écouter chez vous ou pendant vos trajets, à partir de votre smartphone ou d'un ordinateur.

TEXTES ENRICHIS

Pour certains textes du manuel, vous pouvez accéder à une version enrichie de nombreux compléments : sur le contexte historique et culturel, sur l'auteur, le mouvement ou le courant de pensée auquel il se rattache, sur l'œuvre dont est extrait le texte en question.

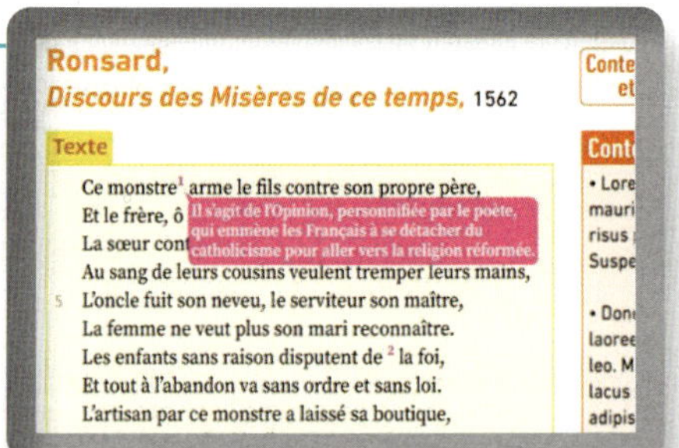

FRISES ANIMÉES

À partir des frises du manuel qui sont en début de chaque objet d'étude, vous pourrez découvrir une multitude d'éclairages complémentaires sur les mouvements littéraires et artistiques, les auteurs et les œuvres.

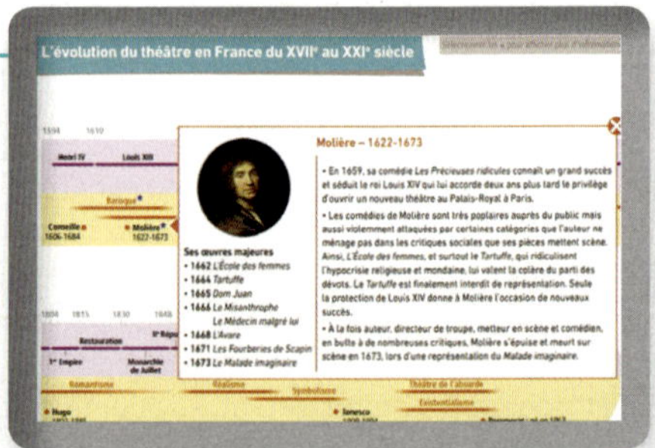

E VOTRE MANUEL À LA LOUPE

VIDÉOS - PARCOURS ARTISTIQUES ET CULTURELS

Des analyses complètes d'œuvres artistiques, conçues et réalisées par une spécialiste qui enseigne en lycée, vous aideront à construire votre culture artistique et à apprendre à analyser une œuvre d'art.

QUIZ

Pour faire le point sur ce qu'il faut retenir à la fin de chaque objet d'études (auteurs, œuvres, dates, mouvements littéraires...)

Où trouver les ressources de votre manuel ?

Toutes les ressources élèves accessibles via différents outils :

✔ Nathan live !

NOUVEAU !

- Flashez les pages directement avec **Nathan Live** pour accéder aux ressources gratuitement !

1. Téléchargez **l'application gratuite Nathan live** disponible sur votre smartphone ou votre tablette (AppStore, GooglePlay)
2. Ouvrez l'application. Flashez les pages de l'ouvrage où apparaît un picto en plaçant votre appareil au-dessus de la page. Vous accédez directement à la ressource !

(!) L'application nécessite une connexion Internet

✔ Site compagnon → **lyceen.nathan.fr**

✔ Manuel numérique élève

Sommaire

Histoire littéraire

OBJET D'ÉTUDE 1

La poésie, du Moyen Âge au XVIIIe siècle

CHAPITRE 1

Poètes courtisans et poètes rebelles

Sommaire

CHAPITRE 6

Servantes et valets, de l'ombre à la lumière

CHAPITRE 7

De la scène à la salle

Sommaire

CHAPITRE 8

La parole en question au théâtre

OBJET D'ÉTUDE

3 Le récit et le roman, du XVIIIe au XXIe siècles

CHAPITRE 9

L'univers des contes : les vertus du dépaysement

CHAPITRE 10

Parcours initiatiques

CHAPITRE 11

D'un pays à l'autre

CHAPITRE 12

Histoires de familles, enjeu du récit autobiographique

OBJET D'ÉTUDE 4

La littérature d'idées et la presse, du XIXe au XXIe siècles

CHAPITRE 13

Des œuvres face à la censure

CHAPITRE 14

Défendre la cause noire

CHAPITRE 15

Du journal au réseau social : info et intox

ÉTUDIER UN PARCOURS

▶ La course folle de la rumeur

ÉTUDIER UN GROUPEMENT DE TEXTES

▶ Du fait divers à l'œuvre d'imagination

CHAPITRE 16

Vers une éthique de la nature

ÉTUDIER UN PARCOURS

▶ Écrire pour un monde en danger

Langue et méthode

Étude de la langue

Grammaire et orthographe

Lexique et expression

Outils d'analyse littéraire

Les figures de style

Les tonalités

Étudier un texte narratif

Méthode BAC

Le commentaire de texte

La contraction de texte

L'essai

La dissertation sur œuvre

Le carnet de lecteur

L'oral

PARCOURS ARTISTIQUE ET CULTUREL

LIRE UNE ŒUVRE INTÉGRALE

Théâtre

Roman et récit

FAIRE LE POINT

Sur la poésie du Moyen Âge au XVIIIe siècle

Sur le théâtre du XVIIe au XXIe siècles

Sur le roman et le récit du XVIIIe au XXIe siècles

Sur la littérature d'idée et la presse du XIXe au XXIe siècles

LE CARNET DE LECTEUR

MÉTHODE BAC

Histoire littéraire

Vue de
l'Académie française.

Histoire littéraire

L'Antiquité

Antiquité		
753 av. J.-C. Fondation de Rome	**Ve siècle av. J.-C.** Siècle de Périclès Expansion de la Grèce	**27 av. J.-C. - 14** Règne d'Auguste

NRP
- **Dossier** : Aborder l'Antiquité au lycée
- **Entraînement BAC** : Au commencement était l'épopée

L'Antiquité est une notion très large : elle se délimite par des dates différentes selon les civilisations. En Europe, nous étudions plus précisément l'antiquité gréco-romaine. Tout ce que nous connaissons de cette période provient des œuvres qui nous sont parvenues. Ces productions ont façonné notre culture et notre littérature.

Une image pour comprendre

Mosaïque de Virgile, IIIe siècle, 122 x 122 cm, musée national du Bardo, Tunis.

La mosaïque, art décoratif des élites

Utilisée par les Grecs, la mosaïque est aussi très prisée des élites romaines, qui en décorent leurs riches demeures.

La mosaïque de Virgile, réalisée au IIIe siècle par un artiste inconnu, a été retrouvée en 1895 dans une cité portuaire au sud de Carthage (Tunisie).

Elle représente un homme assis, tenant dans ses mains un rouleau de parchemin où sont écrits des extraits de l'*Énéide* de Virgile. Deux personnages féminins l'entourent et semblent lui dicter le récit.

1. Observez les vêtements et les accessoires du personnage central. Que révèlent-ils sur son identité ?
2. Que pouvez-vous dire des vêtements et des accessoires portés par les personnages féminins ?
3. Commentez la composition de l'image et le jeu des regards.
4. Comment cette mosaïque traduit-elle la puissance romaine ?

L'essentiel

Le contexte historique et politique

- Les épopées d'**Homère** (-850), en Grèce, précèdent d'une centaine d'années la création de la ville de Rome (-753).
- Le Ve siècle av. J.-C., appelé **siècle de Périclès**, est une période extraordinaire de **création** culturelle (littérature, sculpture, architecture, sciences). C'est aussi un siècle d'**expansion** politique et militaire en Grèce.
- Dès le IIIe siècle av. J.-C., Rome multiplie ses conquêtes : à la fin du IIe siècle, **elle a conquis tous les territoires grecs**. Les cités grecques s'affrontent désormais entre elles.
- Rome conquiert **l'Italie** au Ier siècle av. J.-C. puis les pourtours du **bassin méditerranéen** avant de s'étendre, sous l'Empire, vers le Nord et l'Est.

Les principes de l'Antiquité

- La parole prime sur l'écriture : les premières épopées (l'*Odyssée*) sont chantées. L'éloquence, judiciaire ou politique, tient une grande place et les œuvres, mêmes écrites, sont plus souvent récitées en public que lues en privé.
- Les **Romains s'ouvrent à la culture grecque** ; les plus cultivés parlent les deux langues (latin et grec). Les enfants des familles aisées ont des précepteurs grecs ou vont poursuivre leurs études en Grèce.
- Les écrivains latins **adoptent** et **adaptent** les genres pratiqués par les Grecs, notamment le théâtre et l'épopée.
- **L'Histoire** occupe une place importante, tant chez les Grecs que chez les Romains.
- La **pensée philosophique** trouve à Athènes le berceau de son épanouissement.

> « [Le poète et l'historien] diffèrent en ce que l'un dit ce qui a été fait et l'autre ce qui aurait dû être fait et c'est pour cela que la poésie est beaucoup plus philosophique et plus instructive que l'histoire. »
>
> Aristote, *La Poétique*, chap. IX

Les formes littéraires

- Le **théâtre**, né en Grèce au VIe siècle av. J.-C., est un spectacle hérité de cérémonies religieuses, qui rassemblaient toute la cité.
- La tragédie est le genre privilégié en Grèce. À Rome, les pièces sont d'abord **traduites puis inspirées des modèles grecs.** Les Romains ont cependant une préférence pour la comédie et les farces (Plaute, Térence).
- La **forme versifiée** est très présente : elle est utilisée pour la **poésie** ainsi que pour l'épopée (v. fiche 23, les tonalités épique et dramatique, p. 422-432), et même pour des écrits philosophiques ou scientifiques.

REPÈRES CHRONOLOGIQUES

Vie politique

-753 ▶ Fondation de Rome

-509 ▶ Début de la République romaine

Ve siècle av. J.-C.
Siècle de Périclès : période d'**expansion de la Grèce**

IIe siècle av. J.-C.
À la fin du siècle, Rome a conquis tous les territoires grecs

-27 à 14 ▶ Règne d'Auguste (premier empereur romain)

476 ▶ Chute de l'Empire romain d'Occident

Vie littéraire

Ve siècle av. J.-C.
Eschyle, Sophocle et **Euripide** sont les maîtres de la tragédie grecque. **Aristophane** est le plus célèbre auteur de comédies.

IVe siècle av. J.-C.
Platon publie ses dialogues, **Aristote** pose les principes de différents genres littéraires.

IIIe et IIe siècles av. J.-C.
Plaute et **Térence** représentent la comédie latine.

Ier siècle av. J.-C.
Cicéron, homme politique, avocat et écrivain, démocratise la philosophie.
Virgile, dans son épopée l'*Énéide*, fait des Romains les descendants des dieux grecs.

Ier siècle ap. J.-C.
L'empereur **Auguste** et son conseiller **Mécène** encouragent les arts et notamment les poètes (**Horace, Tibulle, Ovide** et **Virgile**).

Le Moyen Âge : poésie et romans

Antiquité	476 Effondrement de l'Empire romain d'Occident	1492 Début des Grandes Découvertes	Renaissance

NRP
• **Dossier** : La poésie lyrique au Moyen Âge

Au Moyen Âge (notamment aux XIIe et XIIIe siècles), deux grands genres dominent la production littéraire : la poésie et le roman. Ils sont issus notamment des histoires orales racontées et chantées dans les cours aristocratiques, appelées « courtoisie » ou « fin'amor ». Ces histoires mettent en scène l'amour entre le chevalier et sa dame et narrent, entre autres, la légende du Roi Arthur et des chevaliers de la Table ronde.

Une image pour comprendre

Enluminure du manuscrit du *Roman de Lancelot*, vers 1475, BnF, Paris.

Gauvain, héros courtois

Les enluminures sont des décors peints à la main qui servaient à illustrer et éclairer le sens du texte. Cette technique était très utilisée dans les manuscrits médiévaux.

Le Roman de Lancelot raconte la légende du roi Arthur et des aventures de Lancelot et des chevaliers de la Table ronde. Cette enluminure illustre le moment où Gauvain vole au secours de la demoiselle à la ceinture d'or.

Dans la littérature médiévale courtoise, les rencontres vécues par le héros permettent de mettre en pratique les enseignements reçus par le chevalier : il doit faire preuve de discernement, de prudence, de vaillance et de générosité.

1. Quel type de relation entre la dame et le chevalier montre cette enluminure ?
2. Pourquoi le chevalier est-il un héros au Moyen Âge ?
3. En quoi cette image illustre-t-elle une de ses missions principales ?
4. Comment définir la « courtoisie » à partir de cette enluminure ?

L'essentiel

Les principes de la littérature courtoise aux XIIe et XIIIe siècles

- Les écrivains courtois créent un univers pour l'aristocratie féodale, qui enchante l'imagination par le **merveilleux féerique** issu des légendes celtiques.
- L'**amour de la dame**, grand thème de la littérature courtoise, propose aussi une **nouvelle attitude chevaleresque** : la maîtrise de soi, du langage, des sentiments et la générosité matérielle et morale.
- Poèmes et romans courtois exercent une influence sur la vie réelle en proposant en modèles des **chevaliers-héros raffinés** comme Tristan, le roi Arthur, Lancelot, tout en refusant une féodalité rude et violente.

Le contexte historique et politique

- Le Moyen Âge est une période d'**expansion** et de **développement** de l'Europe occidentale.
- Clovis et Charlemagne posent les bases de la monarchie et de l'aristocratie françaises. Mais c'est seulement à l'avènement d'Hugues Capet (987) que la **puissance royale** s'impose face aux grands seigneurs.
- L'agriculture et l'espace urbain, ainsi qu'une **féodalité très organisée,** se développent aux XIIe et XIIIe siècles. La société est fondée sur l'appartenance à la chrétienté. Les croisades et la guerre de Cent Ans (1337-1453) consolident définitivement le **pouvoir de la dynastie capétienne.**

Les formes littéraires

- Poésie et narration se confondent dans les **chansons de geste**. Ces poèmes lyriques, chantés par des troubadours (au Sud) et des trouvères (au Nord), racontent principalement les exploits des Francs contre les Sarrasins.
- Les **lais** sont de courts poèmes en octosyllabes, que Marie de France renouvelle grâce aux légendes bretonnes (*Guiguemar*, *Tristan et Iseut*).
- Les **romans**, qui apparaissent au XIIe siècle, sont écrits en ancien français. Ils sont en vers ou en prose et sont désormais écrits pour être lus et non entendus. Ils narrent les aventures des grands héros de l'Antiquité et des chevaliers de la légende arthurienne.
- Au XVe siècle, François Villon et Charles d'Orléans rénovent les formes poétiques de la **ballade** ou du **rondeau**.

> **« Le XIIe siècle nous a légué une profusion de romans en vers bien différents des chansons de gestes : les "lais", courts poèmes [qui] se déroulent tous sur un même théâtre : la "Bretagne" fabuleuse. »**
>
> J. Bédier, *Histoire de la littérature française illustrée*

REPÈRES CHRONOLOGIQUES

Vie politique

- **476** ▶ Effondrement de l'Empire romain d'Occident
- **481** ▶ Baptême de Clovis
- **800** ▶ Couronnement de Charlemagne
- **987** ▶ Avènement d'Hugues Capet
- **1095-1291** ▶ Croisades
- **1337-1453** ▶ Guerre de Cent Ans
- **1492** ▶ Début des Grandes découvertes

Vie littéraire

- **1098** ▶ ***La Chanson de Roland***, modèle de l'épopée médiévale, puise ses origines dans l'histoire de Charlemagne.
- **1170** ▶ **Thomas d'Angleterre** reprend l'histoire de *Tristan et Iseut*, qui devient un des mythes de l'amour éternel en Occident.
- **1175-1250** ▶ ***Le Roman de Renart*** est un des premiers romans satiriques.
- **1189-1190** ▶ **Chrétien de Troyes** transpose la légende arthurienne en France avec *Lancelot ou le Chevalier à la charrette*, *Perceval ou le conte du Graal.*
- **1225-1230** ▶ Le cycle du ***Lancelot-Graal*** réécrit la légende arthurienne en développant certains personnages et épisodes symboliques.
- **1230-1280** ▶ *Le Roman de la rose*, de **Guillaume de Lorris** et **Jean de Meung**
- **1489** ▶ *La Ballade des pendus* de **François Villon**

Histoire littéraire

La Renaissance

Moyen Âge	1492 Découverte de l'Amérique par Ch. Colomb — 1515-1547 François Ier — 1560-1574 Charles IX	Baroque

XVe-XVIe siècles

NRP
• Dossier : La littérature du XVIe siècle

A. L'humanisme

La Renaissance est la période historique liée au renouveau culturel européen des XVe et XVIe siècles.
L'humanisme naît au début de la Renaissance, en Italie. Ce mouvement artistique et culturel se diffuse en Europe au cours du XVIe siècle. Les humanistes s'appuient sur la redécouverte des auteurs antiques pour exalter les qualités et la dignité de l'homme.

Une image pour comprendre

Le retour du printemps

La Renaissance est une période de retour aux textes antiques païens ainsi qu'aux textes bibliques originaux. Ces deux univers coexistent alors dans les œuvres artistiques. C'est le cas du tableau Le Printemps *de Botticelli, un des peintres les plus importants de la Renaissance italienne.*

Botticelli peint le retour joyeux du printemps. Il place au centre Vénus avec, à sa droite, les Trois Grâces, déesses du charme, de la beauté et de la créativité chez les Grecs. Le peintre met en avant les qualités humaines que la Renaissance souhaite promouvoir, les *humanitas,* en donnant à voir, de droite à gauche, le chemin de l'amour charnel à l'amour des Idées. C'est donc une allégorie de la Renaissance.

1. D'après les postures et les visages des personnages, quelles qualités humaines ce tableau met-il à l'honneur ?
2. Quelle signification peut-on donner au geste de Mercure, qui dissipe les nuages sur le bord gauche du tableau ?
3. En quoi peut-on dire que Flore (à la gauche de Vénus) est en harmonie avec le paysage ?

Sandro Botticelli, *Le Printemps*, 1478, huile sur bois, 203 cm x 314 cm, musée des offices, Florence.

L'essentiel

Le contexte historique et politique

- La prise de Constantinople par les Turcs marque la **chute de l'Empire romain d'Orient** et provoque l'exil de nombreux moines copistes vers l'Italie.
- Ils apportent avec eux des manuscrits antiques que l'on va traduire. La Renaissance redécouvre alors l'Antiquité et la prend pour modèle.
- La **découverte du Nouveau Monde**, les nombreux progrès scientifiques, l'éducation et les inventions accroissent les connaissances, qui ne sont plus réservées au domaine religieux.
- La fin du XVIe siècle est le sanglant théâtre des **guerres de religion** opposant catholiques et protestants.
- Au XVe siècle, l'Europe est en pleine expansion économique.
- En France, les rois s'entourent d'artistes et ont à cœur de développer les arts.

Les principes de l'humanisme

- L'humanisme replace l'être humain au centre des préoccupations. Un idéal de vie est défendu par les savants qui voyagent et correspondent par lettres : ces valeurs partagées prennent le nom de République des lettres.
- La redécouverte de textes de l'Antiquité entraîne également un **intérêt pour les langues anciennes** : grec, latin, hébreu.
- Les thèmes privilégiés sont l'éducation, les voyages, la découverte de l'Autre, la politique, la recherche d'une harmonie sociale.

> **« Nous espérons voir à bref délai une métamorphose générale des temps, l'ordre parfait dans les États, l'apaisement religieux […] en un mot, la félicité d'une vie heureuse. »**
>
> Barthélémy Latomus, Discours prononcé lors de l'inauguration par François Ier de son Collège royal, 1530

- Les savants développent une **littérature engagée**, dénonçant souvent les excès de l'Église catholique ou de la Réforme protestante.

Les formes littéraires

- La littérature humaniste s'ouvre à la pensée philosophique, politique et religieuse.
- Des genres variés se développent : l'**essai** pour Montaigne, le **roman** pour Rabelais, l'**utopie** pour Thomas More, l'**éloge paradoxal** pour Érasme, le **discours politique** pour La Boétie, la **nouvelle** pour Marguerite de Navarre, mais aussi le **sonnet** pour les poètes de la Pléiade (Ronsard, Du Bellay).

REPÈRES CHRONOLOGIQUES

Vie politique

- **1450** ▶ Perfectionnement de l'imprimerie par Gutenberg facilitant la diffusion du livre
- **1453** ▶ Prise de Constantinople par les Turcs entraînant un afflux de manuscrits anciens vers l'Europe
- **1492** ▶ Découverte de l'Amérique par Christophe Colomb
- **1515–1547** ▶ Règne de François Ier, protecteur des artistes de la Renaissance
- **1547–1559** ▶ Règne d'Henri II
- **1562** ▶ Début des guerres de religion entre catholiques et protestants

Vie littéraire

- **1502–1505** ▶ **Budé** traduit en latin plusieurs textes de Plutarque.
- **1509** ▶ *Éloge de la Folie*, d'**Érasme**
- **1516** ▶ *Utopia*, de **Thomas More**, raconte la découverte d'une île nommée Utopia où règnent la justice et la paix.
- **1532** ▶ Dans *Pantagruel*, de **Rabelais**, les aventures des géants gloutons symbolisent l'avidité de connaissances des personnes éduquées de la Renaissance.
- **1559** ▶ Les aventures de l'*Heptaméron*, de **Marguerite de Navarre**, divertissent tout en questionnant les mœurs du temps.
- **1576** ▶ Publication posthume du *Discours de la servitude volontaire* de **La Boétie.**
- **1580–1592** ▶ Les *Essais* de **Montaigne** nous livrent des réflexions sur la vie, l'altérité, l'éducation et l'art de vivre en société.

La Renaissance

XVIe siècle

NRP
• **Séquence :** La poésie de la Renaissance

B. La Pléiade

À la Renaissance, les poètes s'inspirent d'auteurs latins et grecs de l'Antiquité (Ovide ou Virgile), ainsi que de poètes italiens de leur époque (Pétrarque). En France, un groupe de poètes souhaitant rompre avec la poésie médiévale se crée : c'est la Pléiade. Pour eux, le poète n'est pas qu'un artisan de la langue, il est aussi celui qui a reçu l'inspiration divine.

Une image pour comprendre

Raphaël (1483-1520), *Le Parnasse*, 1509-1511, fresque, 670 cm de large, musées du Vatican.

Des poètes inspirés

Le Parnasse est une montagne consacrée au dieu Apollon dans l'Antiquité. Selon la légende, l'Hippocrène, la fontaine des poètes, a jailli quand le sabot de Pégase a frappé la montagne des Muses.

Le tableau de Raphaël a été commandé par le pape Jules II pour décorer le palais du Vatican, à Rome. Le Parnasse, lieu d'habitation des Muses, donc de l'inspiration, est représenté comme un *locus amoenus*, un lieu paisible et harmonieux. Apollon, au centre, est entouré des neuf muses et de dix-huit poètes, de l'Antiquité au XVIe siècle. Le mouvement du tableau suit celui de l'inspiration qui vient du ciel, se transmet par l'influence des auteurs entre eux puis descend vers le monde présent, celui du spectateur.

1. Faites une recherche sur le dieu Apollon. À quels attributs le reconnaît-on ?
2. Les regards se portent vers trois directions différentes. Lesquelles ? Pourquoi, à votre avis ?
3. Qu'est-ce qui, dans la peinture, contribue à produire une impression d'harmonie ?

L'essentiel

Le contexte historique et politique

- Pendant les guerres d'Italie, François Ier découvre l'**art italien**, qu'il apprécie énormément. Il l'introduit dans les châteaux français et l'utilise comme **instrument de pouvoir** dans une monarchie absolue en construction. Il protège et soutient de nombreux artistes : il est un mécène.
- L'imprimerie se développe dès 1450 : les livres peuvent désormais être imprimés à des centaines d'exemplaires.
- Le règne d'Henri II se caractérise par une forte **mise en scène du pouvoir royal**. Poètes, peintres et autres artistes sont constamment sollicités pour célébrer la puissance du royaume. Catherine de Médicis continue de soutenir les artistes et contribue également au développement des arts après la mort de son mari.

Les caractéristiques de la Pléiade

- À la fin du XVe siècle, des poètes nommés « grands rhétoriqueurs » faisaient preuve de prouesses techniques, en multipliant les contraintes formelles dans l'écriture. La Pléiade, au XVIe siècle, souhaite s'en démarquer.
- Les membres de la Pléiade sont **sept poètes**, comme le nombre d'étoiles de la constellation du même nom. Les plus connus sont Ronsard et Du Bellay.
- Le véritable **poète** est, selon ses membres, celui qui a reçu l'**inspiration divine** et non pas un technicien de la langue.
- La Pléiade souhaite **promouvoir** et **enrichir la langue française** : réactualiser certains mots, en créer de nouveaux, enrichir son style pour rivaliser avec la noblesse de la langue latine.

Les formes littéraires

- Les formes littéraires médiévales, considérées comme vieillies (rondeaux, ballades), sont abandonnées.
- Les auteurs de la Pléiade sont influencés, entre autres, par les Italiens Dante et Pétrarque (qui rendit célèbre le sonnet) et les poètes latins (Virgile, Horace, Ovide) qui eux-mêmes prenaient les Grecs pour modèles.
- Ils ne copient pas leurs modèles mais s'en inspirent. Les formes poétiques privilégiées sont le **sonnet**, l'**ode** et l'**élégie.**
- La Pléiade s'épanouit sous **Henri II** à qui **Du Bellay** dédie ses poèmes. **Ronsard** est le protégé de **Catherine de Médicis** dont il soutient la politique catholique par des **poèmes engagés**.

> **« Ne crains donc, poète futur, d'innover quelque terme en un long poème […] et ne te soucie qui le trouve bon ou mauvais. »**
>
> Du Bellay, *Défense et illustration de la langue française*, Livre II, chap. 6, 1549

REPÈRES CHRONOLOGIQUES

Vie politique

- **1494–1559** ▶ Guerres d'Italie
- **1515–1547** ▶ Règne de François Ier
- **1530** ▶ Création du Collège de France. Les lecteurs peuvent, aujourd'hui encore, poursuivre leurs recherches sur le grec, l'hébreu, les mathématiques, le latin et l'arabe.
- **1539** ▶ Signature de l'Édit de Villers-Cotterêts : le français devient la langue officielle de l'administration.
- **1547–1559** ▶ Règne d'Henri II
- **1559–1560** ▶ Régence de Catherine de Médicis
- **1560–1574** ▶ Règne de Charles IX

Vie littéraire

- **1544** ▶ **Scève** publie un recueil de 449 poèmes, *Délie, l'objet de plus haute vertu*, dédié à une femme aimée.
- **1549** ▶ **Du Bellay**, *Défense et Illustration de la langue française*
- **1552–1578** ▶ Dans *Les Amours* de **Ronsard**, les femmes sont les inspiratrices de poèmes chantant l'amour, l'appel au plaisir, la mélancolie et la simplicité de sentiments.
- **1555** ▶ Les *Élégies* et *Sonnets* de **Louise Labé** évoquent un amour passionné mais non réciproque. La plainte et le regret se mêlent à des pointes d'humour.
- **1558** ▶ **Du Bellay** livre les souffrances sincères de son séjour à Rome sur un ton élégiaque ou satirique dans *Les Regrets* et *Les Antiquités de Rome*.

Histoire littéraire

Le baroque

Renaissance	1617-1643 Règne de Louis XIII	Classicisme

XVIe-XVIIe siècles

NRP
• Dossier : Amours précieuses, passions galantes

Les artistes de la Renaissance et du classicisme ont cherché à représenter la beauté, sobre et régulière, inspirée de l'Antiquité. Cependant, à la fin du XVIe et durant le XVIIe siècle, un mouvement se distingue de cette quête de régularité et des critères classiques. Celui-ci a été appelé *a posteriori* « baroque ». Ce mot, emprunté au portugais, désignait une perle de forme irrégulière.

Une image pour comprendre

Ludovica Albertoni

Ludovica Albertoni a consacré sa vie à la charité et au secours des pauvres. Elle fut béatifiée en 1671 par le pape Clément X. Cette sculpture, commandée par le cardinal Albertoni durant le procès de béatification de sa sœur, se trouve dans l'église San Francesco a Ripa à Rome.

La sculpture représente les derniers moments de Ludovica Albertoni. Allongée sur un matelas de marbre, terrassée par la fièvre et les dernières convulsions, elle exprime des émotions d'extase religieuse en attendant la mort pour s'unir au Christ.

1. Confrontez cette sculpture à l'image que vous vous faites d'une personne sur le point de mourir. Que constatez-vous ?
2. Quel moment précis le sculpteur tente-t-il de fixer ? Pourquoi, selon vous ?
3. L'artiste a-t-il cherché à susciter des émotions ? Par quels moyens ? Analysez la composition de la sculpture (gestes, attitude…).

Nathan live! ANIMATION

Le Bernin (1598-1680), *L'Extase de la bienheureuse Ludovica Albertoni*, 1671-1674, église San Francesco a Ripa, Rome.

L'essentiel

Le contexte historique et politique

- Le protestantisme se répand en Europe. L'Église catholique réagit à travers la **Contre-Réforme**.
- Les guerres de religion contribuent à un **désordre** et une **violence** qui influencent les arts et la littérature. Elles bousculent les certitudes, occasionnant une **angoisse** face à un monde en mouvement qui paraît insaisissable.
- L'alternance de règnes et régences crée une **forte instabilité politique**, caractérisée par une période de rivalités, guerres et conspirations.
- Le baroque naît du besoin de promouvoir la supériorité du dogme catholique. L'Église cherche à reconquérir les fidèles. Elle encourage les artistes à faire la promotion des **sentiments religieux**.

Les caractéristiques du baroque

- Le contrôle de l'Église sur la société et les guerres de religion créent un **sentiment d'insécurité** chez les Européens. Cette période d'instabilité entraîne la recherche d'une maîtrise artistique de plus en plus forte, qui passe souvent par l'emploi d'un **style chargé**. En littérature, **l'art de la rhétorique se développe** et les savants ont souvent recours à de nombreuses figures de style.
- L'art baroque se sert fortement de la **théâtralisation des émotions** : choix de scènes spectaculaires, excès, surcharge, splendeur, dorures, couleurs, technique du clair-obscur. La mort est un thème privilégié.

> **« Rien n'est constant que l'inconstance, durable même en son changement. »**
> *L'Astrée*, Honoré d'Urfé

- Le **mouvement** et la **métamorphose** s'imposent. Ces thèmes prennent forme dans l'art visuel à travers les lignes courbes, les ovales et diagonales. En littérature, on constate une liberté des formes, une grande place pour les métaphores et les oxymores. L'eau est un thème privilégié.
- L'art baroque cherche à émerveiller par l'**illusion** (trompe-l'œil, perspectives, contre-plongée, mise en abyme).

Les formes littéraires

- Le **théâtre** est le genre le plus propice à l'expression de l'instabilité et de l'illusion (Shakespeare, Calderón, certaines pièces de Corneille et Molière).
- Les **longs romans** développent des intrigues complexes, des personnages nombreux, des aventures invraisemblables (*L'Astrée* d'Honoré d'Urfé ou *Le Grand Cyrus* de Mlle de Scudéry).
- La **poésie** est lyrique, satirique ou épique. Le style est orné, usant de paradoxes, d'oxymores, de périphrases (*Les Tragiques* d'Agrippa d'Aubigné).

REPÈRES CHRONOLOGIQUES

Vie politique

- **1545–1563** ▶ Contre-Réforme, initiée lors du concile de Trente
- **1560–1574** ▶ Règne de Charles IX
- **1562–1572** ▶ Guerres de religion entre catholiques et protestants
- **1589–1610** ▶ Règne d'Henri IV
- **1610–1617** ▶ Régence de Marie de Médicis
- **1617–1643** ▶ Règne de Louis XIII
- **1643–1715** ▶ Règne de Louis XIV
- **1648–1653** ▶ La Fronde

Vie littéraire

- **1603** ▶ Dans *Hamlet* de **Shakespeare**, le langage est trompeur, comme les apparences. C'est grâce au fantôme de son père qu'Hamlet découvre qui est son meurtrier.
- **1616** ▶ Vingt ans après les guerres de religion, les sept chants des *Tragiques* d'**Agrippa d'Aubigné** rappellent le déchaînement de la violence de cette période : c'est une épopée moderne qui milite pour la cause protestante.
- **1636** ▶ **Corneille** illustre le motif du théâtre dans le théâtre, du déguisement et de l'instabilité du monde dans son *Illusion comique*.
- **1649–1653** ▶ **Mlle de Scudéry** raconte dans *Le Grand Cyrus* l'histoire de deux amants, séparés par le destin, qui se cherchent au cours d'aventures pleines de rebondissements imprévus.

Histoire littéraire

Le classicisme

Baroque	• 1635 Création de l'Académie française — 1643-1715 Règne de Louis XIV	Lumières

XVIIe siècle

> **NRP**
> • **Hors-série :** Les moralistes classiques
> • **Séquence :** La querelle des Anciens et des Modernes

Les auteurs du XVIIe siècle ne se définissent pas comme « classiques ». À cette époque, le terme « classique » désigne une œuvre jugée admirable, digne d'être enseignée dans les classes (du latin *classicus*, « excellent »). Pour l'époque, ce sont donc les textes de l'Antiquité. Le terme a évolué depuis, et, à partir du XIXe siècle, il sert à désigner les grands auteurs et artistes du XVIIe siècle français.

Une image pour comprendre

Le château de Vaux-le-Vicomte

Le château de Vaux-le-Vicomte a été construit pour Nicolas Fouquet, surintendant des finances de Louis XIV. Il a été inauguré le 17 août 1661 lors d'une fête somptueuse.

Grand mécène, Fouquet protège La Fontaine, Molière, Corneille et Perrault. Pour construire cette demeure, il rassemble les talents d'un jardinier, André Le Nôtre, d'un architecte, Louis Le Vau et d'un peintre-décorateur, Charles Le Brun, tous trois renommés. Œuvre fondatrice du jardin à la française, le château allie perfection des lignes, maîtrise de la perspective et inspiration antique. Il deviendra un modèle d'architecture classique pour toute l'Europe.

1. Montrez en quoi cette œuvre architecturale illustre les notions suivantes : ordre, équilibre, mesure, harmonie.
2. Quels éléments architecturaux rendent hommage à l'architecture antique ?
3. Faites une recherche sur les jardins de ce château. En quoi répondent-ils à l'idéal du classicisme ?

Entrée du château de Vaux-le-Vicomte.

L'essentiel

Le contexte historique et politique

- Sous Louis XIII, les pouvoirs sont fortement centralisés autour de la figure du roi. Sous Louis XIV, la monarchie devient absolue.
- La cour s'installe à Versailles en 1682 : le **rayonnement de la France** en Europe est à son apogée.
- **Louis XIV réduit les pouvoirs des aristocrates** s'entourant notamment de ministres issus de la grande bourgeoisie. Son autorité et sa supériorité sont constamment réaffirmées et données en spectacle lors de fêtes somptueuses à la cour.
- Cette période politique coïncide avec une redéfinition des valeurs, fondées sur l'**ordre**, l'**équilibre** et la **raison**.

Les caractéristiques du classicisme

- La littérature classique est profondément **morale.** Elle s'intéresse aux vertus et aux vices de la nature humaine.
- Les moralistes mettent en avant un modèle de courtisan idéal, « **l'honnête homme** » : agréable en société, humble, mesuré, généreux, raisonnable, maniant l'art du discours.
- Les auteurs influencés par le jansénisme (mouvement religieux catholique) dénoncent le **danger des passions** et la corruption de la nature humaine, liée au péché originel (Pascal, Racine, La Rochefoucauld, La Fayette).
- L'objectif de la littérature est de **plaire et instruire** (*placere et docere*) pour mieux guider les hommes vers l'accomplissement de la nature humaine.
- Pour cela, certaines règles s'imposent, en particulier au théâtre : le respect de la **vraisemblance** et de la **bienséance** et la règle des **trois unités** (action, lieu, temps). Les auteurs du siècle ont cependant rappelé la supériorité du plaisir sur les règles.

Les formes littéraires

- Les **formes brèves** se développent : les maximes de La Rochefoucauld, les portraits de La Bruyère, les romans courts et nouvelles de Madame de La Fayette, les contes de Perrault, les fables de La Fontaine, les sermons de Bossuet, les essais de Pascal (*Pensées*).
- Le classicisme est l'**âge d'or du théâtre** avec les chefs d'œuvre de Corneille, Racine et Molière.
- La recherche de symétrie et d'harmonie se manifeste dans tous les genres d'écriture (recours aux parallélismes, chiasme…)

> « **La principale règle est de plaire et de toucher.** »
>
> Racine, préface de *Bérénice*, 1670

REPÈRES CHRONOLOGIQUES

Vie politique

- **1635** ▶ Création de l'Académie française sous **Louis XIII** (par Richelieu), chargée de fixer les règles de la langue française
- **1643–1715** ▶ Règne de **Louis XIV** : monarchie absolue et centralisation des pouvoirs
- **1680** ▶ Création de la Comédie-Française

Vie littéraire

- **1642** ▶ **Corneille** propose un modèle politique et un modèle d'héroïsme dans *Cinna* : Auguste pardonne à ceux qui voulaient l'assassiner et Cinna choisit l'honneur en dépit de son amour.
- **1665** ▶ Les *Maximes* de **La Rochefoucauld** dénoncent les vices de la nature humaine.
- **1668** ▶ **La Fontaine** s'approprie un genre mineur pour instruire les hommes au moyen de récits plaisants dans ses *Fables.*
- **1669** ▶ *Le Tartuffe* de **Molière** est censuré en raison de ses accusations contre l'hypocrisie religieuse de son époque.
- **1670** ▶ **Pascal** rappelle le rôle de la foi dans le bonheur de l'homme dans ses *Pensées*.
- **1674** ▶ L'*Art poétique* de **Boileau** compile les règles classiques respectées par les auteurs.
- **1677** ▶ **Racine**, *Phèdre*
- **1678** ▶ *La Princesse de Clèves* de **Madame de La Fayette** est un modèle de vertu qui lutte entre passion et raison.
- **1688** ▶ **La Bruyère** dénonce les vices des courtisans dans une série de courts portraits : *Les Caractères*.

Histoire littéraire

Les Lumières

XVIIIe siècle

Classicisme	1715 Mort de Louis XIV	1789 Début de la Révolution française	Romantisme

NRP
• **Hors-série :** L'*Encyclopédie*

On appelle Lumières le courant de pensée européen qui s'est épanoui depuis la mort de Louis XIV (1715) jusqu'à la Révolution française (1789). Au cours du XVIIIe siècle, des philosophes portent un regard critique sur la société, ils remettent en cause la monarchie absolue et les excès du pouvoir religieux. Ils fondent leur réflexion sur les « lumières » de la raison et le principe de tolérance.

Une image pour comprendre

Le frontispice de l'*Encyclopédie*

*Composée de 17 volumes, l'*Encyclopédie *de Diderot et d'Alembert a pour ambition de rassembler toutes les connaissances. Le frontispice ouvre le premier volume et en expose le projet. Il était accompagné d'une explication des différentes allégories représentées :*

« On voit la Vérité enveloppée d'un voile, et rayonnante d'une lumière qui écarte les nuages et les disperse.

À droite de la Vérité, la Raison et la Philosophie s'occupent l'une à lever, l'autre à arracher le voile de la Vérité.

À ses pieds, la Théologie agenouillée reçoit sa lumière d'en-haut.

[...] À gauche de la Vérité, on voit l'Imagination, qui se dispose à embellir et couronner la Vérité. »

1. Quels attributs et quels objets permettent de reconnaître les allégories ?
2. Quelle allégorie occupe la position centrale ? En quoi est-elle dominante ?
3. Où et comment le philosophe est-il représenté ?
4. Quel message cette gravure véhicule-t-elle ?

L'essentiel

Les principes des Lumières

- Héritiers de l'**humanisme** (p. 32), les penseurs des Lumières placent l'**homme** (et non plus Dieu) et la **raison** au cœur de leurs réflexions.
- Les philosophes rejettent l'**absolutisme** et conduisent une réflexion sur **l'art de gouverner** (Montesquieu, *L'Esprit des Lois*).
- Ils combattent les **superstitions** et le **fanatisme religieux** (Voltaire, *Traité sur la tolérance*).
- Les philosophes ont foi dans le progrès. Pour eux, la promotion et le partage des **connaissances** permettent de lutter contre **l'ignorance** et **l'obscurantisme** (Diderot, *Encyclopédie*).

Le contexte historique et politique

- Au début du XVIIIe siècle, la **monarchie s'affaiblit**. Un mouvement de **contestation** naît entre les paysans, en milieu rural, accablés par les taxes, et dans la **bourgeoisie**, qui conteste les privilèges de la noblesse.
- Des souverains européens, comme Catherine II en Russie ou Frédéric II de Prusse, ouverts aux idées des Lumières, incarnent l'idéal du **despote éclairé**.

> « **Le vrai philosophe est donc un honnête homme qui agit en tout par raison.** »
>
> article « Philosophe », *Encyclopédie*

- L'esprit **rationaliste** et **scientifique** progresse également tout au long du XVIIIe siècle, avec des inventions capitales comme la machine à vapeur (1769), qui contribuera, au XIXe siècle, à la révolution industrielle.

Les formes littéraires

- Le XVIIIe siècle est l'âge d'or de la **littérature d'idées** : contes philosophiques, essais, traités, dialogues, dictionnaires.
- Le **théâtre** connaît également un tournant important : Marivaux puis Beaumarchais renouvellent l'art de la comédie.
- La **presse** se développe et contribue à répandre les idées nouvelles, qui sont discutées dans les **salons**, souvent tenus par des femmes, et dans les **cafés**, qui apparaissent un peu partout dans les villes.
- Le roman aussi évolue : Diderot renouvelle ses codes et ouvre la voie du roman moderne (*Jacques le fataliste et son maître*).

REPÈRES CHRONOLOGIQUES

Vie politique

- **1715** ▶ Mort de **Louis XIV**. La monarchie absolue remise en cause. Régence du duc d'Orléans.
- **1723** ▶ Début du règne de **Louis XV**.
- **1776** ▶ Début du règne de **Louis XVI**, alors que le royaume est en proie à une grave crise financière
- **1789** ▶ Début de la Révolution française

Vie littéraire

- **1721** ▶ **Montesquieu** offre une critique acerbe de la société dans les *Lettres persanes*.
- **1730** ▶ **Marivaux**, *Le Jeu de l'amour et du hasard* (voir p. 147 à p. 152)
- **1751** ▶ Début de la publication de l'*Encyclopédie* de **Diderot** et **d'Alembert**. De nombreux philosophes y contribuent.
- **1759** ▶ **Voltaire** publie clandestinement *Candide ou l'Optimisme*, l'histoire d'un jeune naïf qui, en découvrant la rudesse du monde, se forge une philosophie.
- **1765** ▶ Après *Du contrat social*, un traité sur l'organisation de la société, **Rousseau** commence la rédaction des *Confessions*, considéré comme la première autobiographie.
- **1784** ▶ Après plusieurs années de censure, *Le Mariage de Figaro* de **Beaumarchais**, est enfin représenté. La pièce, qui dénonce les privilèges de l'aristocratie, connaît un succès considérable.

Le romantisme

XIXe siècle

Lumières	1804-1815 1er Empire	1815-1830 Restauration	1830 Trois Glorieuses	1852-1870 2nd Empire	Réalisme et naturalisme

NRP
• **Dossier** : Le « moi » romantique dans tous ses états

Le romantisme est un mouvement européen qui naît en Allemagne (avec Goethe) et en Angleterre (avec Byron, Keats). En France, Rousseau est considéré comme un précurseur. L'adjectif « romantique » signifie « qui relève du roman, de l'imagination ». Les écrivains romantiques revendiquent la liberté totale du créateur et s'opposent aux partisans de l'esthétique classique.

Une image pour comprendre

Caspar David Friedrich, *L'Arbre aux corbeaux*, 1822, huile sur toile, 59 cm x 73 cm, musée du Louvre.

« La tragédie du paysage »

Caspar David Friedrich est un peintre allemand, considéré comme un artiste emblématique de la peinture romantique. Sa vie a été rythmée par des tragédies : la mort de sa mère, celle de ses deux sœurs, la noyade de son frère dans la mer Baltique.

Son tableau *L'Arbre aux corbeaux* représente un paysage tourmenté du bord de la mer Baltique, au nord-ouest de l'Allemagne. Un sculpteur a dit de Friedrich qu'il avait créé un nouveau genre : « la tragédie du paysage ».

1. En quoi ce tableau s'oppose-t-il à l'esthétique classique, qui s'appuie sur l'ordre et la régularité ?
2. Friedrich a déclaré : « Le peintre ne doit pas peindre seulement ce qu'il voit en face de lui, mais aussi ce qu'il voit en lui. » En quoi ce tableau illustre-t-il cette citation ?

L'essentiel

Le contexte historique et politique

- La jeune génération littéraire, déçue par la **chute de Napoléon en 1815**, désemparée par le retour d'une monarchie de plus en plus autoritaire, subit ce que Musset appelle « le mal du siècle ».
- La fin de l'Ancien Régime avait ouvert la voie à la représentation politique du peuple. Il faudra cependant **plusieurs révolutions** pour que la République s'installe.
- Les romantiques contribuent à promouvoir des **idéaux de jeunesse** et de **renouvellement**. Chateaubriand est nommé ministre sous la Restauration, Lamartine et Hugo sont élus députés.
- La révolution de 1848, qui aboutira à la **Deuxième République**, est souvent appelée « la Révolution romantique » pour les espérances qu'elle porte.

Les caractéristiques du romantisme

- L'écriture met en avant la sensation de malaise et d'insatisfaction qui règne au XIXe siècle.
- Il existe un **romantisme lyrique**. Les écrivains et artistes expriment leurs **sentiments personnels** : la mélancolie, l'amour, la communion avec la nature ou le divin. L'Orient, le rêve, le dépaysement vers un ailleurs ou une époque lointaine fascinent (Delacroix en peinture, Vigny en poésie).
- Il existe un **romantisme engagé**. L'écrivain est chargé de guider le peuple vers une société meilleure, plus juste (Hugo).

Les formes littéraires

- Les romanciers (Sand, Stendhal) peignent la misère et la splendeur du peuple. Les héros sont tourmentés. Le **roman autobiographique** est à la mode.
- La **poésie romantique** (Lamartine, Nerval) privilégie le lyrisme. La **poésie satirique** engagée de Victor Hugo dénonce le coup d'État et la politique de Napoléon III dans *Les Châtiments*.
- C'est au **théâtre** que le libéralisme romantique se manifeste le plus : le drame romantique (Vigny, Musset, Dumas, Hugo), héritier du mélodrame populaire, autorise tous les langages : le roi peut parler comme un bandit ou inversement, les règles classiques sont déconstruites (préface de *Cromwell*).
- La traduction des *Contes* d'Hoffman est un succès. Le **fantastique** (Mérimée, Gautier) fait écho aux hésitations d'une époque qui doute.

> **« La pensée est une terre vierge et féconde, dont les productions veulent croître librement, [...] sans se classer, sans s'aligner, comme les bouquets dans un jardin classique. »**
>
> Hugo, préface des *Ballades*, 1826

REPÈRES CHRONOLOGIQUES

Vie politique

- **1804–1815** ▶ Premier Empire (Napoléon Bonaparte)
- **1815–1830** ▶ Restauration
- **1830** ▶ Trois Glorieuses. 28, 29 et 30 juillet : les Parisiens se soulèvent
- **1848** ▶ Deuxième République Louis-Napoléon Bonaparte (Napoléon III) est élu président.
- **1852–1870** ▶ Second Empire Exil de Victor Hugo

Vie littéraire et artistique

- **1802** ▶ La génération littéraire désenchantée se reconnaît d'abord dans le personnage de *René*, de **Chateaubriand**.
- **1818–1819** ▶ **Théodore Géricault**, *Le Radeau de la Méduse*
  Nathan live! ANIMATION
- **1820** ▶ *Méditations poétiques*, de **Lamartine**.
- **1827** ▶ **Hugo** définit la théorie du drame romantique dans la préface de *Cromwell*.
- **1829–1848** ▶ **Balzac**, *La Comédie humaine*
- **1830** ▶ **Stendhal**, *Le Rouge et le Noir*. Le héros, Julien Sorel, porte les aspirations de la génération romantique.
- **1830** ▶ Le drame romantique *Hernani*, de **Hugo**, est l'occasion d'une bataille littéraire, signe d'un changement dans les goûts et les mentalités.
- **1834** ▶ **Musset**, *Lorenzaccio*
- **1837** ▶ *La Vénus d'Ille* de **Mérimée** est une nouvelle fantastique.
- **1844** ▶ **Dumas**, *Les Trois Mousquetaires*
- **1857** ▶ **Baudelaire**, *Les Fleurs du Mal*
- **1862** ▶ **Hugo**, *Les Misérables*
- **1897** ▶ **Edmond Rostand**, *Cyrano de Bergerac*

Histoire littéraire

Le réalisme et le naturalisme

Romantisme | 1848-1852 IIe République | 1852-1870 2nd Empire | Symbolisme

XIXe siècle

NRP
• **Dossier :** Le réalisme en questions

Au XIXe siècle, la République de 1848 et les grands changements liés à la révolution industrielle sont propices au développement des ambitions réalistes des artistes. En réaction à l'idéalisme romantique, ils veulent désormais représenter le réel de manière fidèle et lui donner une signification. Zola prolongera ces travaux, et, en cherchant à théoriser le mouvement, fondera le naturalisme.

Une image pour comprendre

L'homme au travail

À la fin du XIXe siècle, l'art, qui était jusqu'alors principalement réservé aux sujets historiques et grandioses, bascule dans le réalisme : les sujets à l'honneur sont désormais des épisodes banals de la vie quotidienne. Cette innovation est perçue comme un affront aux canons du bon goût, et le mouvement est vivement critiqué dans ses débuts.

Le tableau de Gervex s'inscrit dans ce courant. Peint lors de la première révolution industrielle, il représente le quotidien d'un coltineur de charbon sur le quai du bassin de la Villette à Paris. Le travailleur occupe le centre du tableau, devenant un véritable sujet d'analyse, permettant à la fois une glorification du travail manuel et une critique de la condition ouvrière.

1. Quelle est la place du corps dans ce tableau ?
2. Observez le décor et l'arrière-plan. En quoi ce tableau s'inscrit-il dans le contexte historique et économique du XIXe siècle ?
3. Selon vous, que cherche à faire le peintre à travers son tableau ? Observez les lignes de force ainsi que le travail de la lumière et des couleurs.

Henri Gervex, *Le Coltineur de charbon*, 1882, 70 x 117 cm, musée des Beaux-arts, Lille.

L'essentiel

Le contexte historique et économique

- L'industrie (mines, sidérurgie, manufactures textiles) progresse grâce à l'utilisation du charbon. La **classe ouvrière** se développe.
- Avec la Deuxième République, s'ouvre une période de **libéralisme** : suffrage universel, liberté de la presse, abolition de l'esclavage.
- Les **villes** s'agrandissent et se modernisent ; elles deviennent des centres économiques importants avec la présence de grands banquiers et d'organismes financiers.
- À partir de 1873, **la croissance ralentit**, accentuant les difficultés financières des plus pauvres.
- La croissance démographique augmente grâce aux **progrès de la science et de la médecine**.

Les caractéristiques du réalisme et du naturalisme

- Réalistes et naturalistes s'opposent à la tendance idéaliste des romantiques qui, souvent, fuyaient la réalité par le recours à l'imagination et au rêve. Désormais, c'est **la réalité quotidienne** qui est donnée à voir.
- Les sujets (argent, misère, maladie, ville, hérédité pour les naturalistes) sont puisés dans l'actualité et les faits divers.
- **Les écrivains se documentent** : Balzac s'appuie sur des études physiologiques, Flaubert sur des documents médicaux. Zola développe le concept de l'auteur-expérimentateur d'après la théorie de la médecine expérimentale de Claude Bernard.

> **« Vivant au XIXe siècle, dans un temps de suffrage universel, de libéralisme, nous nous sommes demandé si ce qu'on appelle "les basses classes" n'avait pas droit au roman. »**
>
> Goncourt, préface de *Germinie Lacerteux*, 1865.

- Le **naturalisme** étudie l'influence du milieu et de l'hérédité sur les individus. Zola fonde une école naturaliste avec, entre autres, Mirbeau, Huysmans et Maupassant.

Les formes littéraires

- Le genre **romanesque** est particulièrement exploité. Stendhal souhaite évoquer « l'âpre vérité » (épigraphe du roman *Le Rouge et le Noir*). Stendhal, Balzac et Flaubert sont traditionnellement rattachés au **réalisme**.
- Zola et Maupassant sont traditionnellement rattachés au naturalisme, dont les frères Goncourt ont posé les premiers fondements.

REPÈRES CHRONOLOGIQUES

Vie politique et économique

- **1848** ▶ Début de la Deuxième République
- **1850–1873** ▶ Période de croissance économique
- **1851–1870** ▶ Second Empire.
- **1855–1870** ▶ Travaux du baron Haussmann (opéra Garnier, grands boulevards, gare de Lyon, gare Saint-Lazare...)
- **1870** ▶ Début de la IIIe République
- **1873–1896** ▶ Crise bancaire (« Grande Dépression » ou Déflation)
- **1889** ▶ Inauguration de la Tour Eiffel, symbole architectural des progrès techniques.

Vie littéraire et artistique

- **1842** ▶ **Balzac**, dans sa *Comédie humaine*, étudie l'homme dans son rapport à la société.
- **1855** ▶ Le peintre **Courbet** choisit *Du Réalisme* comme titre à son exposition.
- **1856** ▶ **Duranty** fonde un journal littéraire, *Réalisme*. Champfleury regroupe dans l'ouvrage intitulé *Le Réalisme* des articles sur la nouvelle esthétique. Ils sont considérés comme les théoriciens du réalisme.
- **1857** ▶ **Flaubert,** *Madame Bovary*
- **1877** ▶ Dans *L'Assommoir*, **Zola** raconte la déchéance progressive de Gervaise, dans la misère et l'alcoolisme.
- **1885** ▶ Dans *Germinal*, **Zola** dépeint les conditions de vie misérables d'une famille de mineurs dans le Nord de la France.
- **1885** ▶ **Maupassant**, *Bel-Ami*

Histoire littéraire

Le symbolisme

Réalisme | 1852-1870 2nd Empire | 1871 Commune de Paris | 1870-1940 IIIe Empire | Surréalisme et futurisme

XIXe siècle

NRP
- Séquence : Manifestes poétiques
- Dossier : Le symbolisme

Le mot « symbole », emprunté au grec, évoque l'action de rassembler un objet partagé en deux, de retrouver la partie manquante d'un tout. Le symbolisme désigne un passage entre un modèle et sa représentation. La réalité est donnée à déchiffrer derrière un mystère, un rêve. Le mouvement s'oppose au naturalisme.

Une image pour comprendre

Les Yeux clos

Alors que les peintres impressionnistes fuient les ateliers pour peindre en extérieur des scènes concrètes et vivantes, les peintres symbolistes visent une esthétique de la suggestion.

Les Yeux clos, d'Odilon Redon, peint suite à plusieurs décès dans son entourage, représente un tournant dans l'œuvre de l'artiste. Il est, en effet, le premier travail fait au fusain coloré.

Le personnage représenté est probablement sa femme. Celle-ci ne semble pas être dans un espace défini, saisissable, laissant comprendre que le tableau ne s'adresse pas au regard mais à l'esprit du spectateur.

Odilon Redon, *Les Yeux clos*, 1890, huile sur carton, 44 x 36 cm, musée d'Orsay, Paris.

1. Quelle impression se dégage de ce tableau ? Justifiez votre réponse.
2. Quel est le véritable sujet du tableau, selon vous ? Aidez-vous du titre.
3. Décrivez le monde qui entoure le visage du personnage. À quoi correspond-il, selon vous ?

L'essentiel

Le contexte historique et politique

- La défaite de 1871 contre les Prussiens et l'épisode violent de la **Commune** contribuent à un climat de fin de siècle pessimiste.
- La jeune génération littéraire rejette les idéaux de la société bourgeoise : l'autorité, le matérialisme, le réel. En quête d'expériences, elle s'adonne à des plaisirs artificiels et s'intéresse au **mysticisme**. On appelle ces jeunes écrivains « les artistes maudits ».

Les caractéristiques du symbolisme

- Verlaine, qui a contribué à définir le symbolisme, a affirmé être un décadent. Ces deux esthétiques privilégient des **thèmes communs** : la maladie, la solitude, la jouissance dans le mal, la beauté dans le macabre, le rêve, l'artifice (Lautréamont).
- Le poète symboliste ne se reconnaît pas dans le quotidien du monde réel, qu'il fuit pour atteindre la beauté cachée. La **suggestion** de cette beauté passe par le choix des images, des sonorités, du rythme.
- La figure de l'**analogie** est centrale : il s'agit de suggérer par un rapport de ressemblance.
- De grands poètes ont contribué au symbolisme sans reconnaître appartenir à ce qui ne fut jamais vraiment une « école » : Verlaine, Rimbaud, Baudelaire, Mallarmé.
- L'*Art poétique* de Verlaine a été adopté par les symbolistes.
- Certains de ces auteurs poétisent la faiblesse et la maladie des hommes, reflets d'une **société agonisante** : ces sont les décadents.

Les formes littéraires

> « De la musique avant toute chose,
> Et pour cela préfère l'Impair
> Plus vague et plus soluble dans l'air,
> Sans rien en lui qui pèse ou qui pose. »
>
> Paul Verlaine, *Art poétique*, 1874

- Le genre littéraire privilégié des symbolistes est la **poésie**, illustrée par des formes nouvelles comme le vers impair (Verlaine), le poème en prose (Rimbaud) ou le vers libre (Laforgue).
- Les principaux thèmes du symbolisme sont traités dans de **nouvelles** de Barbey d'Aurevilly et dans le **roman** de Huysmans (*À Rebours*).
- Ce mouvement concerne aussi le **théâtre** (Maeterlinck, Claudel).

REPÈRES CHRONOLOGIQUES

Vie politique

- **1852–1870** ▶ Second Empire (Napoléon III)
- **1870** ▶ Proclamation de la IIIe République (4 septembre).
- **1871** ▶ Défaite de la France contre la Prusse.
- **1871** ▶ Gouvernement de la Commune à Paris (février à mai)

Vie littéraire

- **1855** ▶ **Nerval**, *Aurélia*
- **1857** ▶ Héritier du romantisme, **Baudelaire** souhaite extraire la beauté du Mal dans *Les Fleurs du Mal*. Certains poèmes seront censurés.
- **1869** ▶ **Lautréamont**, *Les Chants de Maldoror*
- **1874** ▶ **Barbey d'Aurevilly** présente la noirceur de six femmes qui ont toutes un penchant pour le crime, la transgression, l'adultère, l'infanticide, la profanation ou la dissimulation dans *Les Diaboliques*.
- **1884** ▶ **Verlaine**, *Jadis et Naguère* et *Les Poètes maudits*
- **1884** ▶ L'antihéros du roman de **Huysmans**, *À Rebours*, est un dandy excentrique, désabusé, oisif, qui rejette la modernité. Il incarne le décadentisme.
- **1885** ▶ La poésie de **Jules Laforgue**, dans ses *Complaintes*, mêle tous les registres de langue et joue avec les mots.
- **1886** ▶ **Rimbaud**, *Illuminations*
- **1897** ▶ **Mallarmé**, *Crise de vers*

Histoire littéraire

L'avant-garde du XXe siècle

Symbolisme	1914-1918 1re Guerre mondiale	1939-1945 2de Guerre mondiale	Roman du XXe

NRP
• Séquence : Rêves et cauchemars surréalistes

Dans l'entre-deux-guerres, deux mouvements artistiques voient le jour en Europe : le surréalisme et le futurisme. Ils s'opposent idéologiquement et rivalisent, mais affichent tous les deux un désir de rupture et un refus de toute construction logique. Le futurisme se développe essentiellement en Italie. En France, les surréalistes explorent des formes nouvelles pour se libérer des contraintes de la raison et des normes sociales.

Une image pour comprendre

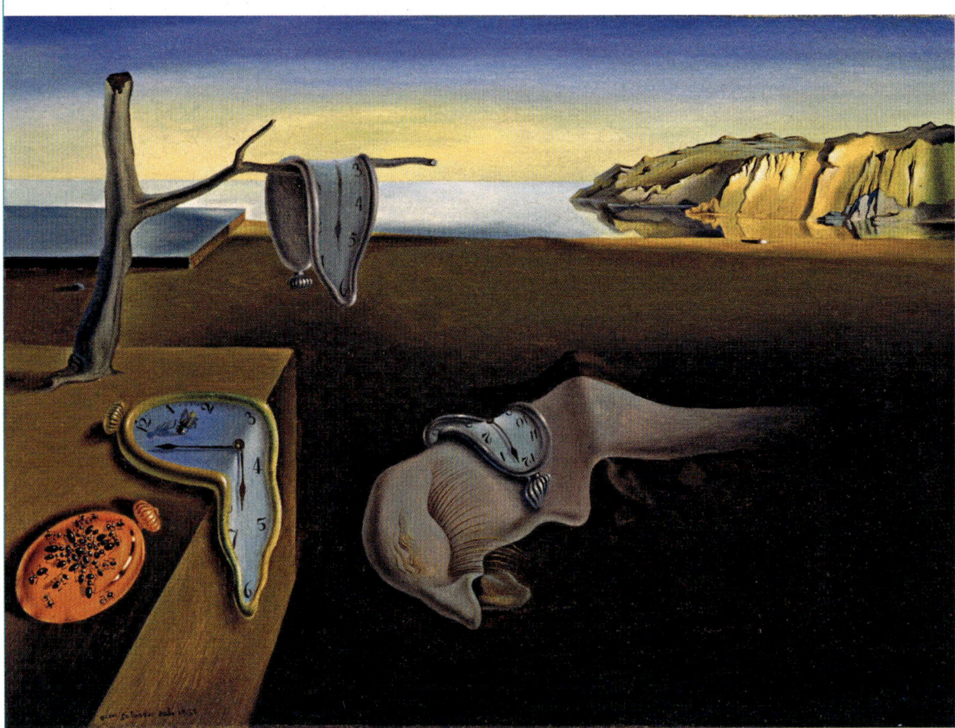

Salvator Dalí, *La Persistance de la mémoire*, 1931, huile sur toile, 24x33, Museum of Modern Art, New York.

Les montres de Dalí

Les peintres surréalistes ne cherchent pas à interpréter les rêves. Ils se contentent de révéler le monde énigmatique de la pensée et de l'inconscient. Les images sont fortes, et le peintre n'en donne pas les clés.

Dalí peint d'abord un paysage catalan écrasé de lumière et de chaleur. Il ajoute alors des montres molles et déformées qui toutes indiquent des heures différentes. La forme de ces montres lui a été inspirée, a-t-il ensuite déclaré, par la vue au restaurant d'un camembert qui coulait. Au centre du tableau se trouve une forme étrange à l'œil fermé, une jeune femme peut-être, morte ou endormie.

1. Combien de montres voyez-vous dans ce tableau ?
2. Quels thèmes peuvent être associés à cet objet ?
3. Pour vous, que représente la forme allongée au centre du tableau ?

L'essentiel

Le contexte historique et politique

- Le **futurisme** naît en **Italie** dans le **climat politique et social très tendu** qui précède la Première Guerre mondiale. L'esprit révolté et révolutionnaire du futurisme fait apparaître **la guerre comme une solution pour repartir à zéro** et recréer une société fondée sur de nouvelles valeurs, tant esthétiques qu'idéologiques.
- La **Révolution russe de 1917** a fait naître l'espoir d'un monde plus juste. L'idéologie du communisme intéresse alors les artistes et en particulier les français, qui donnent à leurs pratiques une dimension politique très explicite.
- La **Première Guerre mondiale** brise les espoirs et fait naître le désir de construire un monde nouveau, en décalage total avec les règles du passé.
- Le **surréalisme** est le grand mouvement de l'**entre-deux-guerres**. La violence inouïe de la Première Guerre mondiale et son absurdité entraînent une prise de conscience, mais aussi un désir de donner une forme à la déconstruction des valeurs qui en découlent.

Les caractéristiques du futurisme et du surréalisme

- Le futurisme cherche à reproduire le **mouvement**. Les artistes éprouvent une véritable **fascination pour la vitesse et les machines**, pour un monde nouveau, moderne et urbain. En voulant « changer le monde », les surréalistes se donnent un objectif artistique et politique.
- Dès sa création, **le surréalisme se politise** sous l'influence d'André Breton.
- Le surréalisme s'intéresse à **l'inconscient** et à l'**interprétation des rêves**. Il refuse l'esthétique traditionnelle et utilise **l'art comme un instrument de libération et de révolte**.

Les formes littéraires

- L'éclatement des formes, la vitesse et la vie moderne s'expriment à travers les **vers libres**.
- Les surréalistes mettent en scène le monde des **rêves** à travers une écriture riche en métaphores. Ex : « Quel visage viendra, coquillage sonore » (Paul Eluard, « L'Amoureuse », *Capitale de la douleur*)
- Passionnés par Freud et la découverte de **l'inconscient**, ils inventent l'**écriture automatique** et privilégient les **jeux littéraires**, les **collages** et les **calligrammes**.

> « **Gloire à vous trains-serpents, qui profitez de l'ombre pour vous emparer de la terre !** »
>
> Marinetti, *Le Monoplan du pape*, 1912

REPÈRES CHRONOLOGIQUES

Vie politique

- **1917** ▶ Révolution communiste en Russie menée par Lénine, Trotski et Staline. Chute de l'Empire des Tsars
- **1918** ▶ Fin de la Première Guerre mondiale ; montée des régimes totalitaires pendant l'entre-deux-guerres.
- **1922** ▶ « Marche sur Rome », Benito Mussolini, chef du Parti Fasciste qu'il a créé, devient Président du conseil en Italie et s'empare du pouvoir
- **1929** ▶ Krach boursier aux États-Unis : crise économique mondiale
- **1936–1938** ▶ Coalition du Front populaire (SFIO, parti communiste, parti radical-socialiste) en France qui prend le pouvoir et fait voter des lois sociales.
- **1939–1945** ▶ Seconde Guerre mondiale.
- **1946** ▶ IVe République.

Vie littéraire et artistique

- **1909** ▶ Publication du *Manifeste du Futurisme* de **Marinetti** dans le journal *Le Figaro*.
- **1916** ▶ **Tzara** contribue au développement en France de Dada, un petit mouvement précurseur du surréalisme.
- **1917** ▶ **Apollinaire** utilise pour la première fois le terme « surréaliste » dans sa pièce *Les Mamelles de Tirésias*.
- **1924** ▶ Publication du *Manifeste du surréalisme* par **Breton**
- **1941** ▶ **Desnos** publie clandestinement *État de veille* et s'engage dans le réseau de la Résistance AGIR. Il est déporté en 1944.
- **1969** ▶ Acte d'autodissolution du mouvement surréaliste

La modernité littéraire au XXᵉ siècle

Surréalisme et futurisme	1914-1918 1ʳᵉ Guerre mondiale	1939-1945 2ᵈᵉ Guerre mondiale	1954-1962 Guerre d'Algérie	1958 Vᵉ République

NRP
- Séquence : Du *Journal des Faux-Monnayeurs* au roman

A. Les formes du roman

Les romanciers du XXᵉ siècle, bouleversés par les découvertes sur le psychisme, s'intéressent au fonctionnement de la mémoire et de la conscience. Mais ces ambitions pour comprendre le monde et l'individu sont remises en cause par l'inhumanité des conflits mondiaux et aboutissent à l'absurde et à la déconstruction des conventions romanesques.

Une image pour comprendre

Catherine Meurisse, *Mes hommes de lettres*, © Éditions Sarbacane, 2008.

*Proust, aujourd'hui considéré comme le plus grand romancier du XXᵉ siècle, avait été refusé par le comité de lecture de Gallimard (notamment par Gide) en 1913. Les éditeurs se sont rendu compte de l'erreur et ont publié le deuxième tome d'*À la recherche du temps perdu *en 1919.*

Un siècle d'intellectuels

En 1911, André Gide et Gaston Gallimard, entre autres, fondent à Paris les Éditions de la Nouvelle Revue Française, issues de la revue du même nom créée deux ans auparavant. L'équipe éditoriale veut absolument éviter de publier une littérature superficielle et se tourne vers une « création lucide », alliant l'analyse psychologique et une technique rigoureuse, revenant à un roman presque « moraliste ». Les éditions Gallimard deviendront le creuset de la littérature française moderne, en publiant Proust, Gide, Alain-Fournier, Malraux, Sartre, Kessel, mais aussi en traduisant les plus grands auteurs étrangers comme Faulkner, Hemingway, Kafka ou Steinbeck…

1. Qu'évoque pour vous le nom de Gallimard ?
2. En quoi la date inscrite en haut de la planche est-elle importante ?
3. Comment l'auteur aborde-t-il humoristiquement l'œuvre de Marcel Proust ?

L'essentiel

Les principes du roman moderne

- Au cours du XXe siècle, les romanciers cherchent de **nouvelles voies d'expression** et s'interrogent sur eux-mêmes : c'est « l'ère du soupçon » (Sarraute), qui débouchera sur le Nouveau Roman.
- Le roman est perçu non pas comme la représentation d'un monde, mais comme la création d'un **univers autonome** lié à la conscience d'un individu (Mauriac, *Thérèse Desqueyroux*).
- Le roman dépasse la perception individuelle en plaçant au cœur de sa création des **problèmes philosophiques fondamentaux**, exprimant une vision du monde tragique parfois, ou historique (Malraux, *La Condition humaine*).
- Le roman est le lieu privilégié de l'étude de la réalité « démasquée », non idéalisée. Transformer le roman, c'est remettre en cause la plupart des conventions qui le constituaient depuis un siècle.

Le contexte historique et politique

- Le XXe siècle naît avec la Première Guerre mondiale : massacres de masse, émancipation des femmes, industrialisation et mondialisation des conflits.
- Après la Seconde Guerre mondiale, la victoire des Alliés en 1945 redistribue la géopolitique mondiale dans laquelle la France doit retrouver sa place.
- L'Europe se reconstruit dans les années 1950 mais le **conflit pour l'indépendance de l'Algérie** fragilise la Quatrième République.
- Charles de Gaulle instaure en 1958 la **Cinquième République**. Les événements de mai 68 le poussent à la démission en 1969.

Les formes littéraires

- Le roman des années 1920 (Gide et Proust) se focalise sur l'**évolution psychologique** du personnage, son rapport au temps, à la mémoire…
- En libérant le lexique, en assouplissant la syntaxe, Céline permet l'entrée en scène du corps et d'une langue proche de la poésie dans le roman. Il s'autorise une écriture d'une grande violence.
- Le roman des années 1930 remet en question le concept même du personnage (Gide) et de la continuité de l'intrigue.
- Le **Nouveau Roman** peut se définir « comme un refus » (Sarraute) : de l'intrigue, du personnage classique, des types psychologiques, de l'analyse des sentiments et de la littérature engagée.

> « **Le roman est le seul genre en devenir, et encore inachevé. Il se constitue sous nos yeux.** »
>
> Mikhaïl Bakhtine, *Esthétique et théorie du roman*, 1978

REPÈRES CHRONOLOGIQUES

Vie politique

- **1894-1906** ▶ Affaire Dreyfus
- **1914-1918** ▶ Première Guerre mondiale
- **1940** ▶ Fin de la Troisième République
- **1939-1945** ▶ Seconde Guerre mondiale
- **1946-1958** ▶ Quatrième République
- **1954-1962** ▶ Guerre d'Algérie
- **1957** ▶ Le Traité de Rome fonde l'Europe
- **1958** ▶ Début de la Cinquième République

Vie littéraire

- **1913-1928** ▶ **Proust** écrit les sept tomes d'*À la Recherche du temps perdu*.
- **1925** ▶ Le roman de **Gide** *Les Faux-monnayeurs* se détache du roman linéaire et sera le précurseur du Nouveau Roman.
- **1932** ▶ *Voyage au bout de la nuit* de **Céline** est une œuvre majeure, une révolution stylistique en même temps qu'un roman initiatique.
- **1942** ▶ *L'Étranger* de **Camus** (v. p. 53)
- **1947** ▶ Le réalisme magique de **Vian** dans *L'Écume des jours* annonce le fantastique contemporain.
- **1956** ▶ **N. Sarraute**, *L'Ère du soupçon*
- **1960** ▶ Dans *La Route des Flandres*, **Simon** déconstruit la narration et l'intrigue chronologique : c'est le roman-clé du Nouveau Roman.
- **1978** ▶ Dans *La Vie, mode d'emploi*, **Perec** décrit la vie d'un immeuble et de ses habitants sans suivre de chronologie.

Histoire littéraire

La modernité littéraire au XXe siècle

B. La littérature de l'absurde

La littérature de l'absurde trouve sa source au début du XXe siècle avec le théâtre contestataire d'Alfred Jarry et les récits de Franz Kafka, dont les personnages évoluent dans un monde labyrinthique et sans espoir. Avec Jean-Paul Sartre et Albert Camus, elle exprime l'impuissance de l'homme à trouver un sens à l'existence.

NRP
• **Séquence :** Deux réécritures de *L'Étranger*

Une image pour comprendre

Fin de partie de Samuel Beckett, mise en scène d'Alain Françon, avec S. Merlin, M. Robin et I. Sadoyan, Odéon – Théâtre de l'Europe, Paris, 2013.

Le théâtre de Samuel Beckett

Dans *Fin de partie*, Hamm est un homme aveugle et paralytique qui, toute la pièce, est assis dans un fauteuil à roulettes. Ses deux parents, qui ont perdu leurs jambes lors d'un accident, sont installés dans des poubelles. Le décor est gris sur la recommandation formelle de l'auteur.

« [Dans le théâtre de Beckett] il y a une vraie jubilation à faire entendre la pensée qui vadrouille, l'inconscient farceur. Il ne faut cependant pas réduire son univers à l'aspect clownesque, ce serait passer à côté de la dimension tragique, profondément humaine. L'homme naît sans l'avoir demandé et meurt sans savoir pourquoi, c'est le fondement même de la tragédie. » (Jean-Claude Fall, metteur en scène)

1. Le décor de la pièce vous semble-t-il original ? Pourquoi ?
2. Quel effet produit la représentation des personnages dans ce monde clos ?
3. Définissez les attitudes des comédiens. D'après vous, qu'expriment-elles ?
4. Relevez les éléments étranges de cette scène.

L'essentiel

Les principes de la littérature absurde

- Le **théâtre** reste l'expression privilégiée des écrivains de l'absurde. Il confronte la réalité visible à un discours qui ne correspond pas au réel : le **langage** est **inadapté** et **incohérent**.
- Pour Camus, l'homme prend conscience de l'absurde par la répétition de ses tâches quotidiennes, symbole de la condition humaine. Cette idée est traduite par la **répétition** des **mêmes gestes** et des **mêmes répliques** au théâtre (Beckett, Ionesco).
- Le **comique** et l'**ironie** de l'absurde deviennent l'expression même du **tragique humain**, mais aussi celui de sa dignité et sa révolte : l'homme dépasse son impuissance par le rire.

Le contexte historique et politique

- L'horreur des **deux guerres mondiales** est à l'origine de la littérature de l'absurde (Camus, *L'Étranger)*, vécues comme des expériences dépourvues de sens.
- La **Seconde Guerre mondiale** fait naître deux puissances opposées : les États-Unis et leurs alliés, et l'URSS.
- La **Guerre froide** (1945-1989), fondée sur l'équilibre de la **terreur du nucléaire**, renforce le sentiment de l'absurde existentiel.

Les formes littéraires

- Le XXe siècle connaît un **foisonnement extraordinaire de la littérature** : les pouvoirs de l'**imagination** et du **langage** sont mis en avant par une nouvelle génération d'écrivains.
- Le **roman** s'intéresse désormais aux états de conscience des personnages, à ce qu'ils ressentent face à l'existence, au dégoût provoqué par la dégradation du corps dans la vieillesse et la maladie (*La Métamorphose* de Kafka, *La Nausée* de Sartre, *Molloy* de Beckett).
- Le **théâtre** de Beckett et Ionesco **déconstruit les conventions théâtrales classiques** : l'intrigue et le temps sont malmenés, les personnages deviennent interchangeables, le décor évoque des lieux qui n'existent pas.
- À la suite de la participation à la Résistance de poètes surréalistes pendant la Seconde Guerre mondiale, **la littérature devient « engagée »**, politisée (Sartre, Camus) afin de retrouver le sens qu'elle n'a plus.

> « **L'absurde, c'est la raison lucide qui constate ses limites.** »
>
> Albert Camus, *Le Mythe de Sisyphe*, 1942

REPÈRES CHRONOLOGIQUES

Vie politique

- **1939-1945** ▶ Seconde Guerre mondiale
- **1945** ▶ Le 6 et le 9 août, les Américains utilisent deux bombes atomiques, sur Hiroshima et Nagasaki, pour vaincre la Japon. Début de la Guerre froide.
- **1946-1958** ▶ Quatrième République
- **1954-1962** ▶ Guerre d'Algérie
- **1958** ▶ Début de la Cinquième République

Vie littéraire

- **1935** ▶ Dans *La guerre de Troie n'aura pas lieu*, **Giraudoux** offre la vision d'un monde fragilisé par la montée du péril.
- **1938** ▶ *La Nausée*, **Sartre**
- **1942** ▶ Avec *L'Étranger* et *Le Mythe de Sisyphe*, **Camus** décline la révolte de l'homme face à l'absurdité de l'existence, renforcée par le contexte de la guerre.
- **1944** ▶ Avec *Huis-clos*, **Sartre** renouvelle la dramaturgie (un acte) et propose une vision très moderne du monde : « L'enfer, c'est les autres ».
- **1950** ▶ *La Cantatrice chauve* est la première pièce d'**Ionesco**, montrant l'absurde par le langage.
- **1953** ▶ *En attendant Godot* est la pièce la plus célèbre de **Beckett**, devenue aujourd'hui un classique.
- **1959** ▶ *Rhinocéros* d'**Ionesco** dépeint une maladie qui transforme les humains en rhinocéros, métaphore de la montée du totalitarisme.

Histoire littéraire

La littérature contemporaine

Dominée par le roman qui prend des formes très variées, la littérature du XXIe siècle affronte le réel et révèle sa capacité à explorer les parts les plus complexes de l'humain. Les cultures numériques s'imposent et offrent des conditions nouvelles à la production artistique.

NRP
- **Dossier** : Une littérature en prise sur le monde
- **Dossier** : Les prix littéraires au lycée

Une image pour comprendre

Seuls, texte, mise en scène et jeu par Wajdi Mouawad, festival d'Avignon, 2008.

Seuls

Wajdi Mouawad est auteur, metteur en scène et comédien. Il est né au Liban, où il passe son enfance, puis a vécu au Québec, avant de s'installer en France. Son travail, très tôt remarqué, reçut de nombreux prix.

Dans la pièce *Seuls*, Harwan, étudiant montréalais, est un jeune homme banal. Seul dans sa chambre, il ressasse le passé, l'exil loin du Liban, les relations avec le père. Il s'agit de la pièce la plus autobiographique de Mouawad. Il est le créateur de la mise en scène du spectacle, et à sa création, c'est lui qui incarnait le personnage.

1. Faites des recherches sur Wajdi Mouawad et retrouvez des points communs avec le personnage de la pièce.
2. Observez la photographie. Quel sens pouvez-vous donner aux éléments du décor ?
3. Pourquoi, d'après vous, Mouawad a-t-il intitulé sa pièce *Seuls*, au pluriel, alors qu'il s'agit d'un monologue ?

L'essentiel

Les nouveaux chemins de la littérature

A. Le roman, genre majeur

> « Le livre fait partie d'une expérience, l'accompagne, lui donne sens et d'une certaine façon la conclut en essayant de la sublimer. »
>
> Philippe Lançon, *Le Lambeau*, 2018

- Le roman se fait l'écho des angoisses du monde, parfois avec **cynisme** (Houellebecq). On voit renaître le **roman historique** (Littell, Rambaud, Carrère, Jablonka).
- Les frontières entre le roman et l'autobiographie s'estompent : c'est l'autofiction (Ernaux).
- La **multiplication des prix littéraires** fait de certains romanciers de véritables stars très médiatisées (Nothomb).

B. Au théâtre, le règne du metteur en scène

- On va désormais à un spectacle pour voir une création d'un metteur en scène en particulier (Ostermeier, Pommerat, Py, Lazar).
- La suprématie du metteur en scène entraîne le développement de l'écriture **de plateau** : le texte de la pièce est écrit à partir des propositions des comédiens.
- Le théâtre intègre des formes artistiques nouvelles comme la vidéo.

C. Naissance de nouvelles formes de poésie

- La poésie, notamment le **slam**, investit la scène et se rapproche de la musique (Grand Corps Malade).

La mondialisation, phénomène politique et culturel

- Grâce au développement des **réseaux sociaux**, l'information devient mondiale : les événements n'ont plus seulement un impact sur le pays dans lequel ils ont lieu mais retentissent sur la planète entière.
- Le début du XXIe siècle est marqué par une **série d'attentats** dans le monde qui suscite, en réaction, la peur de l'islamisme.
- La France connaît une **crise économique** durable.
- Le **changement climatique** inquiète de plus en plus la population et les hommes politiques.

La littérature à l'ère du numérique

- Internet peut sembler une **menace pour la littérature** : comment prendre le temps de lire quand on est constamment sollicité par les réseaux sociaux ?
- Cependant, il offre aussi un **nouveau rapport au texte**, en rendant accessible un très grand nombre d'œuvres et de documents.
- Certains auteurs s'emparent de cet outil pour dévoiler leur quotidien d'écrivain dans leurs **blogs** (ericpessan.tumblr.com).

REPÈRES CHRONOLOGIQUES

Événements politiques marquants

11 septembre 2001
Attentats contre le World Trade Center à New York.

Septembre 2008
Faillite de la banque Lehman Brothers, provoquant une crise économique mondiale.

2010–2011 ▶ Printemps arabes.

7 janvier 2015
Attentats contre le journal *Charlie Hebdo* à Paris.

13 novembre 2015
Vague d'attentats à Paris.

Vie Artistique

2007 ▶ *Persepolis,* de **M. Satrapi**

2008 ▶ **Py** met en scène l'*Orestie* d'Eschyle : un exemple de relecture et de recréation de textes anciens.

2009 ▶ **M. NDiaye**, première auteure à entrer de son vivant au répertoire de la Comédie-Française, publie *Trois femmes puissantes.*

2009 ▶ **Carrère** construit un récit à partir des vies de personnes qu'il a rencontrées dans *D'autres vie que la mienne*.

2010 ▶ **Houellebecq**, *La Carte et le Territoire*

2013 ▶ **Chalandon**, reporter de guerre, place l'actualité au cœur de son roman *Le Quatrième mur*.

2018 ▶ **Lançon** publie *Le Lambeau*, un récit autobiographique sur l'attentat contre *Charlie Hebdo*.

2018 ▶ **Cheng** publie *Enfin le royaume,* un recueil de quatrains.

La poésie, du Moyen Âge au XVIIIe siècle

VOIR AUSSI...

Scène galante aux portes de Paris,
huile sur toile, École flamande, XVIe siècle,
musée Carnavalet, Paris.

Du collège ▸ AU LYCÉE

Mobiliser ses connaissances sur la poésie

RAPPELS ▸ Le genre poétique

Caractéristiques

■ Le langage poétique se distingue de la prose par **ses rimes,** son **rythme** musical, son **style** souvent imagé, sa vocation à exprimer des **sentiments** ou à jouer avec les mots, et sa **mise en page**.

■ La poésie a longtemps été écrite en **vers réguliers**, selon des règles qui déterminaient le type de **strophes**, la **longueur** des **vers** et la **disposition** des **rimes**.

■ À partir de la seconde moitié du XIXe siècle, certains poètes se sont affranchis de ces contraintes en inventant de **nouvelles formes poétiques** : le poème en prose, le poème en vers libres, le poème graphique (ex. : le calligramme).

Les différents types de poésie

■ La poésie **lyrique** se caractérise par l'expression des émotions et des sentiments personnels, en employant le pronom « je » et en privilégiant les thèmes de l'amour, de la nature ou de la méditation sur le temps qui passe (au XIXe siècle : Vigny, Lamartine…).

■ La poésie **engagée** met la force de persuasion du langage poétique au service d'une cause collective, pour dénoncer des injustices ou célébrer des valeurs (au XIXe siècle : Hugo, au XXe siècle : Aragon, Éluard…).

Notions utiles vues au collège

1 Le mètre

■ Le mètre est la **longueur du vers,** déterminée par le nombre de syllabes prononcées qu'il comporte.

■ Les mètres les plus utilisés sont :
- l'**alexandrin** = vers de **12** syllabes
- le **décasyllabe** = vers de **10** syllabes
- l'**octosyllabe** = vers de **8** syllabes

3 La strophe

■ Une strophe est un **ensemble de vers regroupés par une combinaison de rimes.**

■ Il existe **plusieurs types** de strophes en fonction du nombre de vers qu'elles contiennent :
- le **distique** (deux vers)
- le **tercet** (trois vers)
- le **quatrain** (quatre vers)
- le **quintil** (cinq vers)
- le **sizain** (six vers)…

■ Un **sonnet** est une **forme fixe** très utilisée dans la poésie française, composée de **deux quatrains** suivis de **deux tercets.**

2 La rime

■ La rime est le **retour d'un même son en fin de vers.**

Les différents types de rimes

■ Les rimes **riches** comptent **au moins trois** sons en commun (« tours »/ « détours »)

■ Les rimes **suffisantes** ont **deux sons** en commun (« corps » / « dort »).

■ Les rimes **pauvres** ont **un son** commun (« pluie »/ « envie »).

Les trois schémas de rimes

Les rimes peuvent être :
- **plates** ou **suivies** : aabb
- **embrassées** : abba
- **croisées** : abab

Je vérifie mes connaissances

Un compliment et un avertissement

Je vous envoie un bouquet que ma main
Vient de trier de ces fleurs épanies[1] :
Qui ne les eût à ce vêpre[2] cueillies
Chutes à terre elles fussent demain[3].

Cela vous soit un exemple certain
Que vos beautés, bien qu'elles soient fleuries,
En peu de temps cherront[4] toutes flétries
Et comme fleurs périront tout soudain.

Le temps s'en va, le temps s'en va, ma Dame,
Las[5] ! le temps non, mais nous nous en allons,
Et tôt serons étendus sous la lame[6] ;

Et des amours desquelles nous parlons,
Quand serons morts, n'en sera plus nouvelle ;
Pour ce[7] aimez-moi cependant qu'[8] êtes belle.

Pierre de Ronsard,
Continuation des Amours, 1555.

Questions

1. Quelle forme poétique reconnaissez-vous dans ces vers ? En quoi les deux premières strophes se distinguent-elles des deux dernières ?
2. À qui s'adresse ce poème ? Que cherche à obtenir le poète ?
3. Comment la comparaison développée dans les deux premières strophes soutient-elle la demande du poète ?
4. Quels thèmes traditionnels en poésie apparaissent dans ce poème ?

1. Épanouies. – **2.** Soir. – **3.** Si personne ne les avait cueillies ce soir, elles seraient tombées à terre demain. – **4.** Tomberont. – **5.** Hélas. – **6.** Dalle du tombeau. – **7.** Pour cette raison. – **8.** Tant que vous.

Qu'avez-vous lu ? Que savez-vous ?

« Demain, dès l'aube, à l'heure où blanchit la campagne, » •

« Un soldat jeune, bouche ouverte, tête nue, » •

« Sous le pont Mirabeau coule la Seine » •

• Et la nuque baignant dans le frais cresson bleu,
Dort ; il est étendu dans l'herbe, sous la nue,
Pâle dans son lit vert où la lumière pleut.

A. Rimbaud, « Le Dormeur du val », 1870.

• Je partirai. Vois-tu, je sais que tu m'attends.
J'irai par la forêt, j'irai par la montagne.
Je ne puis demeurer loin de toi plus longtemps.

V. Hugo, *Les Contemplations*, 1856.

• Et nos amours
Faut-il qu'il m'en souvienne
La joie venait toujours après la peine

G. Apollinaire, « Le Pont Mirabeau », *Alcools*, 1913.

Questions

1. Reliez chacun des premiers vers de la colonne de gauche à la strophe dont il est issu.
2. Identifiez le mètre utilisé dans chaque vers de la colonne de gauche.
3. Connaissez-vous la suite du poème de Du Bellay qui commence par « Heureux qui, comme Ulysse, … » ?

Repères HISTORIQUES et CULTURELS

La voix des poètes du

1200	1226	1270	1300	1400	
	Louis IX (saint Louis)			Guerre de Cent Ans : 1337-1475	
	1095-1291 Croisades				1492 Début des Grandes découvertes
	1220-1280 G. de Lorris et J. de Meung, *Le Roman de la rose*			Christine de Pisan, Charles d'Orléans XIVe-XVe siècle	1489 Villon, *La Ballade des pendus*

1 Le Moyen Âge : une poésie chantée

- Tout en privilégiant la transmission orale, la poésie connaît de nouvelles formes écrites. Accompagnés de musique et de danse, les vers sont chantés par des jongleurs à la cour des seigneurs. Les **troubadours** du sud de la France composent en langue d'oc, les **trouvères**, au nord, emploient la langue d'oïl, contribuant à promouvoir les langues parlées plutôt que le latin.
- La poésie lyrique (CHARLES D'ORLÉANS) modèle le thème de l'**amour courtois** à partir des valeurs féodales : comme un vassal au service de son suzerain, le chevalier voue un culte à sa « dame » idéalisée, alors que les femmes ont peu de droits dans la société médiévale.
Si la création poétique tisse des lieux communs dans des formes codifiées, VILLON ou RUTEBEUF développent une **inspiration plus personnelle**.

Deux musiciens, peinture miniature provenant des Cantigas d'Alfonso X, XIIIe siècle.

2 Le XVIe siècle : la poésie à la mode italienne

- La poésie devient un art à part entière, indépendant de la musique. Le roi François Ier, grand amateur de poésie, joue un rôle de mécène et incarne l'esprit de la Renaissance sous l'influence de la culture italienne.
- Durant la première moitié du siècle, des poètes de cour (MAROT) et de l'**École de Lyon** (LOUISE LABÉ) s'inspirent des Italiens pour renouveler l'écriture poétique.
- À partir de 1549, le groupe de **la Pléiade** (DU BELLAY, RONSARD) rompt avec les formes médiévales. Il crée un art poétique qui vise l'imitation des auteurs antiques et l'enrichissement de la langue française pour rivaliser avec ces modèles. Animé par une inspiration divine, le poète est alors investi d'un rôle sacré auprès des hommes.

Groupe de musiciens, XVIe siècle, Museo Civico Center, Venise.

Moyen Âge au XVIIIe siècle

515 – 1547 : François Ier
1589 – 1610 : Henri IV
1610 – 1643 : Louis XIII
1643 – 1715 : Louis XIV
1700
1715 – 1774 : Louis XV
1774 – 1792 : Louis XVI

1494-1559 Guerres d'Italie
1562-1598 Guerres de Religion
1789 Début de la Révolution française

Renaissance et humanisme — Art baroque — Classicisme — Lumières

1533 Marot, *Rondeaux*
1552 : Ronsard, *Les Amours*
1555 : Labé, *Sonnets*
1558 : Du Bellay, *Les Regrets*
1616 : D'Aubigné, *Les Tragiques*
1625 : Viau, *Œuvres poétiques*
1668-1694 : La Fontaine, *Fables*
1784 Chénier, *Élégies*

3 Le XVIIe siècle : poésie baroque, poésie classique

- Un vaste pan de la poésie est au service du pouvoir (poètes de cour célébrant la grandeur du roi ou de puissants mécènes), de l'amour (poètes précieux qui raffinent sur les codes de la galanterie) ou de Dieu (oraisons funèbres, méditations sur la mort).
- D'autres poètes, refusant l'esthétique de la rigueur (MALHERBE), cultivent la liberté de la **satire** et le **plaisir de l'invention** (poètes libertins, VIAU, SAINT-AMANT).
- La première moitié du siècle, dite « **baroque** », privilégie une vision instable du monde. La seconde moitié tend vers le **classicisme**, qui impose un idéal d'ordre et de mesure sous le règne de Louis XIV.
- La poésie règne aussi sur scène : les tragédies et certaines comédies sont écrites en alexandrins.

Nicolas Poussin, *L'Inspiration du poète*, 1630, musée du Louvre, Paris.

4 Le XVIIIe siècle : la poésie en déclin

- Le siècle des Lumières préfère **la prose** à la poésie versifiée, qui ne rime guère avec le rationalisme, ni les débats d'idées, alors en vogue. Si VOLTAIRE défend le genre poétique, il en fait surtout un ornement au service de ses thèses (*Le Mondain*) ou de récits épiques (*La Henriade*).
- La poésie va cependant renaître à la fin du siècle avec CHÉNIER, qui réhabilite le **lyrisme élégiaque** et l'inspiration antique.
- Comme Chénier, BERNARDIN DE SAINT-PIERRE (*Paul et Virginie*) et ROUSSEAU (*Les Rêveries du promeneur solitaire*), dont la prose poétique célèbre la nature et la sensibilité, s'imposeront comme les **précurseurs de la poésie romantique** au XIXe siècle.

Nicolas Lancret, *La Leçon de Musique*, 1743, château de Versailles.

Activité

- Composez un sonnet ou une chanson en quatre strophes qui reformulera les principaux traits de l'évolution de la poésie du Moyen Âge au XVIIIe siècle. (voir « Du collège au lycée », p. 58-59)

CHAPITRE 1

Poètes courtisans et poètes rebelles

NRP
- **Séquences :**
  – Les guerres de religion
  – Femmes et poètes au XVIe s
  – La poésie de la Renaissance

Obligés de plaire aux plus grands pour être protégés et financés, les poètes ne disposent pas toujours de la liberté de critiquer le pouvoir. Et lorsqu'ils osent, nombreux sont ceux qui finissent emprisonnés, voire décapités !

Problématique :
Face au pouvoir, quelle place le poète occupe-t-il ?

ÉTUDIER UN PARCOURS

Les poètes et la politique

ÉTUDIER UN GROUPEMENT DE TEXTES

Poètes en prison

FAIRE LE POINT

Méthode

ÉTUDIER UN PARCOURS

Les poètes et la politique

Texte 1

Christine de Pisan, « L'Épître au dieu d'Amour », 1399

live! TEXTE AUDIO

Dans ce poème, Christine de Pisan, considérée comme l'une des premières féministes de l'histoire, défend la position des femmes par rapport à celle des hommes, qui les rabaissent.

Christine de Pisan
(1364-1430)
Poétesse française, considérée comme la première femme de langue française ayant pu vivre de sa plume.
> p. 526

Or ainsi sont les femmes diffamées
Par moultes[1] gens et à grand tort blâmées
Tant par bouche que par plusieurs écrits ;
Oui, qu'il soit vrai ou non, tel est le cri !
[…] Dieu la[2] forma à sa digne ressemblance
Et lui donna savoir et connaissance
Pour se sauver, et don d'entendement[3].
Il lui donna forme de manière très noble,
Et elle fut faite d'une noble matière
Car ne fut pas du limon[4] de la terre
Mais seulement de la côte de l'homme,
Lequel corps était déjà, c'en est la somme,
La plus noble des choses terriennes.
Et les vraies histoires anciennes
De la Bible, qui ne peuvent être des mensonges,
Nous racontent qu'au Paradis terrestre
La femme fut formée en premier,
Non pas l'homme. [...]
Par ces preuves justes et véritables,
Je conclus que tout homme raisonnable
Doit les femmes priser[5], chérir, aimer ;
Qu'il ait souci de ne jamais blâmer
Celle qui de tout homme est descendu.

Version modernisée.

1. De nombreuses personnes.
2. La femme.
3. Ici, jugement.
4. Terre mélangée à des débris organiques.
5. Estimer.

L'Émancipation des femmes, Christine de Pisan fonde la Cité des dames, miniature du XVᵉ siècle, BnF, Paris.

Contexte culturel
Selon **la Bible**, Ève aurait été créée soit en même temps qu'Adam, soit plus tard, à partir d'un bout de la côte d'Adam. Elle est surtout « la mère de tous les vivants ».

Un manifeste féministe

Pour entrer dans le texte

1. Que cherche à défendre l'auteure dans ce texte ?

Au fil du texte

2. Qui diffame les femmes, et par quels moyens, selon la poétesse ?

3. En quoi l'Évangile est-il utilisé comme argument d'autorité par Christine de Pisan ? (➔ fiche 45, p. 466-467)

4. **Étude de la langue** Vers 8 à 13 : relevez les adjectifs qui désignent les qualités des femmes, selon les Évangiles, et interprétez-les.

5. À partir du vers 14, l'auteur raconte la création de la femme telle que la rapporte la Bible. En quoi cette histoire est-elle différente de celle communément admise ?

6. Analysez la manière dont fonctionne l'argumentation dans les cinq derniers vers : grâce à quelle construction syntaxique l'auteure rend-elle son argument irréfutable ?

Vers l'oral du bac ▶ Faites des recherches sur l'auteure, sur sa vie, sur ses œuvres principales (par exemple *La Cité des dames*), et rédigez une petite biographie pour présenter Christine de Pisan.

Texte 2

live! TEXTE AUDIO

Saint-Gelais, « Du Roy Henry au commencement de son règne », 1574 (posthume)

Le poète fait l'éloge du roi Henri II, qu'il compare au roi précédent, le « bon François », François Ier. Il se dit inspiré par les muses.

Mellin de Saint-Gelais
(Vers 1491-1558)

Ce poète vécut sous le règne de François Ier, puis de Henri II, qui lui accordèrent tous deux leurs faveurs. Il était considéré à l'époque comme l'un des plus grands poètes et comme l'égal de Clément Marot.

J'étais assis au milieu des neuf sœurs[1]
Libre et distrait des pensées mortelles,
Si[2] commença à chanter l'une d'elles,
Chant qui m'emplit d'infinies douceurs :

Assemblez-vous, dit-elle, ô professeurs
Des bons arts et des sciences belles,
Pour consacrer louanges[3] éternelles
Au plus grand roi des Rois, vos défenseurs.

Dites comment sa puissance étendue,
Si longuement des peuples attendue,
Fait d'or le siècle et les hommes contents,

Et comme il rend heureuse la mémoire
Du bon François, ajoutant à sa gloire
Ce que l'automne ajoute au beau printemps.

Sonnet XI.

1. **Les neuf sœurs :** les neuf muses mythologiques, filles de Zeus et de Mnémosyne ; chacune d'entre elles représente et protège une forme d'art.
2. Quand.
3. Chanter les louanges.

B. Peruzzi (1481-1536), *Apollon et les Muses* (entre 1514 et 1522), huile sur bois, palais Pitti, Florence.

Conseil

Bien lire les décasyllabes
Le poème est en vers de 10 syllabes. Parfois une syllabe contenant 2 voyelles se décompose en 2 syllabes. C'est ce qu'on appelle une **diérèse**. Ainsi, au vers 4, on lit « d'infini-**es** douceurs ».

Le poète courtisan

Pour entrer dans le texte

1. Étude de la langue Combien de phrases ce poème contient-il ? Résumez chacune d'elles.

Au fil du texte

2. Où se trouve le poète dans le premier quatrain ?
3. Qui prend la parole dans le second quatrain ? À qui s'adresse-t-elle ?
4. Relevez et analysez la figure de style du vers 6. À quel autre vers retrouve-t-on cette figure de style ?
5. Quelle mission est attribuée aux « professeurs » ?
6. Commentez la métaphore du dernier vers.

Vers l'oral du bac ▶ Travaillez la lecture de ce sonnet, en étant attentif au rythme des décasyllabes, aux diérèses et aux enjambements (→ fiche 40, p. 456-457).

Texte 3

live! TEXTE AUDIO

Ronsard, *Discours des Misères de ce temps*, 1562

Ronsard adresse le *Discours des Misères de ce temps* « à la Reine Mère du roi », Catherine de Médicis. Prenant position pour les catholiques dans les guerres de religion qui les opposent aux protestants, Ronsard traduit son espoir que la reine puisse « de ces deux camps apaiser la colère ».

Pierre de Ronsard
(1524-1585)

Ronsard est l'une des figures majeures de la poésie de la Renaissance.
> p. 527

Ce monstre[1] arme le fils contre son propre père,
Et le frère, ô malheur, arme contre son frère,
La sœur contre la sœur, et les cousins germains
Au sang de leurs cousins veulent tremper leurs mains,
L'oncle fuit son neveu, le serviteur son maître,
La femme ne veut plus son mari reconnaître.
Les enfants sans raison disputent de[2] la foi,
Et tout à l'abandon va sans ordre et sans loi.
L'artisan par ce monstre a laissé sa boutique,
Le pasteur ses brebis, l'avocat sa pratique,
Sa nef[3] le marinier, sa foire le marchand,
Et par lui le prud'homme[4] est devenu méchant.
L'écolier se débauche, et de sa faux tordue
Le laboureur façonne une dague pointue,
Une pique guerrière il fait de son râteau,
Et l'acier de son coutre[5] il change en un couteau.
Morte est l'autorité : chacun vit à sa guise
Au vice déréglé la licence est permise,
Le désir, l'avarice et l'erreur insensé[6]
Ont sens dessus-dessous le monde renversé.
On a fait des lieux saints une horrible voirie[7],
Un assassinement, et une pillerie,
Si bien que Dieu n'est sûr en sa propre maison.

Vers 159-181.

1. L'« Opinion », personnifiée par le poète, amène les Français à se détacher du catholicisme pour aller vers la religion réformée.
2. Se disputent à propos de.
3. Navire.
4. Homme bon.
5. Pièce coupante d'une charrue.
6. Au XVIe siècle, le mot « erreur » était masculin.
7. Lieu où l'on entrepose les ordures.

F. Dubois, *Le Massacre de la Saint-Barthélémy, le 24 août 1572*, musée des Beaux-Arts, Lausanne.

Contexte historique

Au XVIe siècle, les protestants, qui adoptent la nouvelle religion dite « réformée », subissent des persécutions des catholiques. Les deux camps s'affrontent dans une série de huit guerres sanglantes. L'apogée de l'horreur est atteinte, le 24 août 1572, avec le massacre de la Saint-Barthélemy.

Lexique

Pathos (« souffrance », en grec), a donné naissance aux mots « pathétique » ou « passion ».

Le parti des catholiques

Pour entrer dans le texte

1. Comment le premier quatrain révèle-t-il l'extrême violence des guerres de religion ?

Au fil du texte

2. Quel champ lexical est développé dans les huit premiers vers ? Quel champ lexical est développé ensuite (v. 9 à 15) ? Interprétez-les.
3. **Lexique** Des vers 9 à 16, quels sont les objets mentionnés ? Quel est l'usage de chacun d'eux ?
4. Comment le poète parvient-il à montrer que le monde court à sa perte ? Analysez en particulier les figures d'insistance (→ fiche 23, p. 422-423).
5. Interprétez les trois derniers vers, en expliquant en quoi ils sont frappants.

Vers l'oral du bac ▶ Rédigez une partie de commentaire qui s'intitulerait « Une Opinion qui bouleverse l'ensemble du monde ». Vous vous appuierez sur les figures d'insistance et sur la tonalité du texte (→ fiches 23, p. 422-423 et 25, p. 426-427).

Texte 4

D'Aubigné, *Les Tragiques*, 1616

Nathan live! TEXTE AUDIO

Dans *Les Tragiques*, Agrippa d'Aubigné fait des descriptions particulièrement choquantes des conditions dans lesquelles les protestants sont assassinés par les catholiques. C'est le cas de ce passage qui donne la parole au poète soldat, puis à un homme mourant.

Agrippa d'Aubigné
(1552-1630)
Poète, écrivain et soldat protestant, il est surtout connu pour son long poème épique, *Les Tragiques*, qui relate la persécution des protestants.
> p. 518

Là de mille maisons on ne trouva que feux,
Que charognes[1], que morts ou visages affreux.
La faim va devant moi, force est que je la suive.
J'ouïs[2] d'un gosier[3] mourant une voix demi-vive :
Le cri me sert de guide, et fait voir à l'instant
D'un homme demi-mort le chef[4] se débattant,
Qui sur le seuil d'un huis[5] dissipait sa cervelle.
Ce demi-vif la mort à son secours appelle
De sa mourante voix, cet esprit demi-mort
Disait en son patois (langue de Périgord) :
« Si vous êtes Français, Français, je vous adjure[6],
Donnez secours de mort, c'est l'aide la plus sûre
Que j'espère de vous, le moyen de guérir ;
Faites-moi d'un bon coup et promptement[7] mourir.
Les reîtres[8] m'ont tué par faute de viande,
Ne pouvant ni fournir ni ouïr leur demande ;
D'un coup de coutelas l'un d'eux m'a emporté
Ce bras que vous voyez près du lit à côté ;
J'ai au travers du corps deux balles de pistole[9]. »

Livre I, « Misères ».

1. Corps en décomposition.
2. J'entends.
3. D'une gorge.
4. La tête.
5. D'une porte.
6. Supplie.
7. Rapidement.
8. Soldats brutaux.
9. Pistolet.

Lexique

- **Polyptote :** figure de style qui consiste à employer dans une phrase plusieurs formes grammaticales de mots ayant la même racine (ex. : *mort*, *meurt*, *mourut*).
- **Hypotypose :** figure de style qui consiste à décrire une scène de façon réaliste, animée et frappante.

Une voix bouleversante pour défendre les protestants

Pour entrer dans le texte

1. Qui parle dans ce texte ?

Au fil du texte

2. **Étude de la langue** Donnez la classe grammaticale du mot « que » dans les deux premiers vers et analysez l'effet provoqué par sa répétition.
3. Analysez la tonalité pathétique qui parcourt le texte, en relevant des passages qui évoquent la mort et la souffrance (→ Fiche 25, p. 426-427).
4. Quel type de paroles rapportées est utilisé à partir du vers 11 ? Quel effet ce choix produit-il ?
5. En quoi peut-on parler d'hypotypose ? Relevez dans le texte les passages particulièrement frappants.

Vers le commentaire ▶ Rédigez l'introduction du commentaire de ce passage, de l'accroche à l'annonce de plan, en répondant à la problématique suivante : « Comment le poète dénonce-t-il l'atrocité des guerres de religion ? »

Carnet de lecteur ▶ Recherchez trois poèmes engagés de trois époques différentes. Quelle place le poète veut-il occuper dans le contexte dans lequel il se trouve ?

Texte écho

Arlette Humbert-Laroche, « On tue » (1er juillet 1944), *Poèmes*, 1946 (posth.)

Ce poème appartient à un ensemble que la poétesse a rédigé pendant la Seconde Guerre mondiale, alors qu'elle était détenue à la prison de Fresnes. Ce texte dénonce la barbarie des massacres perpétrés pendant la guerre.

Arlette Humbert-Laroche
(1915-1945)

Résistante et agent de liaison durant la Seconde Guerre mondiale, la poétesse est capturée par la Gestapo en janvier 1943. Elle décède en 1945 au camp de concentration de Bergen-Belsen.

On tue,
d'un bout de la terre à l'autre,
On tue,

On tue sur la mer,
La nuit on peut voir
Dans l'énorme et indifférente solitude de l'eau
Les cadavres
Qui ont encore leurs dernières larmes
À leurs faces de linge
Tournées vers le ciel noir. [...]

Partout la peur, la nuit, la mort.

Pourtant, le soleil est là.
Je l'ai vu ce matin
Jeune, fort, exigeant.
Il ruisselait sur les toits
Il mordait au cœur des arbres,
Il empoignait la ville aux épaules
Et réclamait de la terre son réveil.

Il est là.
Il est au fond de toutes choses
Et, devant ce monde qui s'entrouvre,
[s'affaisse et se replie
Il y a la mystérieuse et latente énergie
Qui refuse les ténèbres
Et ne veut pas qu'on tue la vie.

Arlette Humbert-Laroche, *Poèmes*,
Paris, © Réalité, 1946.

Heinrich Ehmsen (1886-1964), *Auschwitz* (1948), huile sur bois, Nationalgalerie, Berlin.

Question

Quels éléments historiques l'artiste choisit-il de représenter ?

Lecture comparée

▶ Ce poème est-il aussi désespéré que les vers d'Agrippa d'Aubigné (page ci-contre) ? Justifiez votre réponse.

Poètes en prison

Texte 1 Villon, « L'épitaphe Villon », 1489

Après avoir blessé une personnalité religieuse, Villon est arrêté, torturé et condamné à la pendaison, vers 1462. C'est sans doute durant son emprisonnement qu'il composa cette « Ballade des pendus », aussi nommée « épitaphe Villon »

Frères humains qui après nous vivez,
N'ayez les cœurs contre nous endurcis,
Car, si pitié de nous pauvres avez,
Dieu en aura plus tôt de vous merci[1].
Vous nous voyez ci[2] attachés, cinq, six :
Quant à la chair, que trop avons nourrie,
Elle est piéça[3] dévorée et pourrie,
Et nous, les os, devenons cendre et poudre[4].
De notre mal personne ne s'en rie[5] ;
Mais priez Dieu que tous nous veuille absoudre[6] ! […]

La pluie nous a débués[7] et lavés,
Et le soleil desséchés et noircis.
Pies, corbeaux, nous ont les yeux cavés[8],
Et arraché la barbe et les sourcils.
Jamais nul temps nous ne sommes assis
Puis çà, puis là, comme le vent varie,
À son plaisir sans cesser nous charrie[9],
Plus becquetés d'oiseaux que dés à coudre.
Ne soyez donc de notre confrérie ;
Mais priez Dieu que tous nous veuille absoudre !

La Ballade des pendus, version modernisée.

François Villon
(1431–après 1463)

Ce poète de la fin du Moyen Âge mène une vie agitée et misérable. À 24 ans, il tue un prêtre et doit fuir Paris. À son retour, il tente vainement de se faire une place à la cour de Charles d'Orléans. Après un nouvel emprisonnement, sa peine de pendaison est commuée en bannissement. Il a 31 ans.
> p. 529

1. Pitié.
2. Ici.
3. Depuis longtemps.
4. Poussière.
5. Que personne ne rie de notre malheur (*subjonctif*).
6. Pardonner.
7. Détrempés.
8. Creusés.
9. Entraîne.

Lexique

- **Épitaphe :** groupe de mots gravés sur une tombe.
- **Prosopopée :** figure de style qui consiste à donner la parole à des éléments inanimés ou à des morts.

Une voix d'outre-tombe

Pour entrer dans le texte

1. Qui prend la parole dans ce poème ? En quoi ce choix est-il particulier ?

Au fil du texte

2. **Étude de la langue** Quel est le sujet de « vivez » (v. 1) ?
3. Relevez le champ lexical de la décomposition, et interprétez-le.
4. Comment Villon rend-il le tableau des pendus particulièrement impressionnant dans la seconde strophe ? Analysez le vocabulaire et les images.
5. En quoi ce poème pathétique suscite la compassion du lecteur tout en le mettant en garde ? Vous pourrez vous appuyer sur la réponse à la question 4 puis interpréter les différents impératifs employés par le poète dans le texte.

Vers le commentaire ▶ Analysez les tonalités dominantes dans le texte ; vous pourrez rédiger une réponse en trois parties : I. La tonalité réaliste – II. lyrique – III. pathétique.

Texte 2

Viau, « Poème requête de Théophile au Roi », 1625

TEXTE ENRICHI

Nathan live! TEXTE AUDIO

Condamné pour sa participation en 1622 à une œuvre jugée indécente, *Le Parnasse satyrique*, Viau est arrêté alors qu'il tente de fuir en Angleterre. En 1623, il est emprisonné à la Conciergerie, sur l'île de la Cité. Il y passe deux années qui l'affaibliront physiquement et moralement.

Ici[1] donc comme en un tombeau,
Troublé du péril où je rêve[2],
Sans compagnie et sans flambeau,
Toujours dans le discours de Grève[3],
A l'ombre d'un petit faux jour
Qui perce un peu l'obscure tour[4]
Où les bourreaux vont à la quête[5],
Grand Roi, l'honneur de l'univers,
Je vous présente la requête
De ce pauvre faiseur de vers. […]

Comme Alcide[6] força la mort
Lorsqu'il lui fit lâcher Thésée,
Vous ferez avec moins d'effort
Chose plus grande et plus aisée.
Signez mon élargissement[7] :
Ainsi de trois doigts[8] seulement
Vous abattrez vingt et deux portes,
Et romprez les barres de fer
De trois grilles qui sont plus fortes
Que toutes celles de l'enfer.

Œuvres poétiques, troisième partie.

La Bouche des enfers, Burghley house, Stanford, Royaume-Uni.

Théophile de Viau (1590-1626)

Viau est le poète le plus lu de son époque. Libertin célèbre, il échappa de peu au bûcher. Il mourut peu après son séjour en prison.

1. En prison.
2. Du danger auquel je pense.
3. La pensée d'être brûlé vif.
4. La tour de Montgomery à la Conciergerie.
5. Vont chercher les condamnés à mort.
6. Allusion à la légende de la descente d'Hercule aux Enfers pour libérer Thésée.
7. Remise en liberté.
8. Les trois doigts qui tiennent la plume pour écrire.

Contexte

Les libertins sont des penseurs qui, à partir de la fin du XVIe siècle, rejettent toute forme d'autorité, royale ou religieuse. Ils vivent parfois de manière licencieuse, c'est-à-dire qu'ils agissent sans pudeur, ou écrivent des textes jugés indécents.

Lexique

- **Périphrase :** figure de style qui consiste à employer plusieurs mots plutôt qu'un seul pour définir une notion.
- **Dizain :** strophe de dix vers.

Une description glaçante du cachot

Pour entrer dans le texte

1. À qui le poète s'adresse-t-il ? Dans quel but ?

Au fil du texte

2. Relevez et analysez les comparaisons et les métaphores qui servent à désigner la prison.
3. **Étude de la langue** Relevez les adjectifs qualificatifs utilisés dans la première strophe. Analysez leur place et donnez-en une interprétation. ➔ Fiche 2, p. 380-381.
4. Quelle image de lui-même le poète donne-t-il dans le premier dizain ? Vous pourrez analyser la périphrase que le poète utilise pour se désigner.
5. Quelle image du roi le poète donne-t-il dans le deuxième dizain ? Analysez la comparaison utilisée par Viau pour valoriser la figure du roi.
6. En quoi l'association entre la force des « trois doigts » du roi et l'hyperbole des trois derniers vers peut-elle paraître comique ?

Vers l'oral du bac ▶ Travaillez la lecture du texte à voix haute, en prononçant bien chaque octosyllabe.

Texte 3

Chénier, « Iambes », 1794

Opposé à Robespierre, Chénier est condamné pour avoir « recelé les papiers de l'ambassadeur d'Espagne ». Il fait part ici de sa déception car ses amis l'ont abandonné et oublié.

André Chénier
(1762-1794)

Poète révolutionnaire, Chénier est le seul poète connu du XVIIIe siècle. Arrêté en mars 1794, il est guillotiné en septembre, victime de la Terreur.

Quand au mouton bêlant la sombre boucherie
Ouvre ses cavernes de mort[1],
Pâtres[2], chiens et moutons, toute la bergerie
Ne s'informe plus de son sort.
Les enfants qui suivaient ses ébats[3] dans la plaine,
Les vierges aux belles couleurs
Qui le baisaient[4] en foule, et sur sa blanche laine
Entrelaçaient rubans et fleurs[5],
Sans plus penser à lui, le mangent s'il est tendre.
Dans cet abîme enseveli
J'ai le même destin. Je m'y devais attendre.
Accoutumons-nous à l'oubli.
Oubliés comme moi dans cet affreux repaire[6],
Mille autres moutons, comme moi,
Pendus aux crocs sanglants du charnier[7] populaire,
Seront servis au peuple-roi.
Que pouvaient mes amis ? Oui, de leur main chérie
Un mot à travers ces barreaux
Eût versé quelque baume[8] en mon âme flétrie ;
De l'or peut-être à mes bourreaux…
Mais tout est précipice. Ils ont eu droit de vivre.
Vivez, amis ; vivez contents.
En dépit de ……[9] soyez lents à me suivre.
Peut-être en de plus heureux temps
J'ai moi-même, à l'aspect des pleurs de l'infortune,
Détourné mes regards distraits ;
À mon tour, aujourd'hui ; mon malheur importune :
Vivez, amis ; vivez en paix.

« Iambes », VIII, *Œuvres poétiques*, volume 2.

1. Abattoir.
2. Bergers.
3. Jeux.
4. Embrassaient.
5. Allusion à la bergerie du Trianon et aux moutons enrubannés de Marie-Antoinette.
6. Antre, refuge.
7. Lieu où l'on conserve la viande.
8. Pommade réparatrice.
9. Allusion à Fouquier-Tinville, accusateur public auprès du Tribunal révolutionnaire.

À propos de…

Chénier composa ses *Iambes*, une quinzaine de poèmes, en captivité, et les envoya à son père dans des paquets de linge sale. Ils furent publiés à titre posthume en 1819.

Lexique

Iambe : vers utilisé dans la poésie antique grecque, formé d'une syllabe longue suivie d'une brève. Chénier reprend ce « souffle » de l'iambe en faisant alterner des vers de longueurs différentes.

Un poète au désespoir

Pour entrer dans le texte

1. De quels types de vers ce poème est-il composé ?

Au fil du texte

2. **Étude de la langue** ▶ Replacez, dans les deux premiers vers, le complément d'objet après le verbe, pour comprendre le sens de la première phrase.
3. À quoi le poète se compare-t-il dans la première moitié du poème ? Analysez cette analogie en justifiant le choix de cet animal.
4. Relevez les expressions par lesquelles le poète décrit sa prison, et analysez-les.
5. Quelle attitude le poète adopte-t-il entre les vers 24 et 30 ?

Vers le commentaire ▶ En vous appuyant sur vos réponses aux questions précédentes, procédez à une explication linéaire. Rédigez le plan détaillé du commentaire de ce texte.

Analyse d'images

Robert, *André Chénier à la prison Saint-Lazare*, vers 1794

Lavis, 32 x 28 cm, musée Carnavalet, Paris.

Hubert Robert

1733-1808

Peintre paysagiste réputé pour ses architectures en ruines, Hubert Robert est déclaré suspect par le Comité de surveillance révolutionnaire. Victime de la Terreur, il est emprisonné en 1793 à Sainte-Pélagie, puis à Saint-Lazare avec André Chénier.

À retenir

La prison a longtemps été un lieu de passage où l'on enfermait les suspects dans l'attente de leur jugement. À l'issue de leur procès, ils pouvaient être relâchés, envoyés dans des bagnes ou condamnés à mort. Même s'il existait quelques lieux de détention comme les maisons de correction ou les dépôts de mendicité, c'est seulement à partir de la Révolution française que l'on invente la peine de prison telle qu'on la connaît aujourd'hui.

Questions

1. En vous aidant des fiches 69 et 70, p. 514-517, indiquez le nombre de plans présents dans l'image. Où se situe André Chénier et pourquoi ?
2. Que peuvent apporter aux prisonniers l'art et la littérature ?

Faire le point

Poètes courtisans et poètes rebelles

Au fil des siècles

1 Le Moyen Âge

Un poète qui dit « je »

▶ Après les grands poèmes épiques et didactiques qui ont marqué l'Antiquité, la poésie au Moyen Âge se caractérise par **la présence du « je »** du poète, qui vient marquer la naissance d'un **nouveau lyrisme**.

Christine de Pisan, la première féministe

▶ Christine de Pisan, par exemple, déploie le thème de la **solitude**, peu exploité jusqu'alors, dans des textes où se marque un fort engagement en faveur de **la défense des femmes**.

2 Le XVIe siècle

Poètes et mécènes

▶ **Saint-Gelais** a écrit des poèmes au roi pour que le monarque le protège.

▶ François Ier, puis Catherine de Médicis, épouse du roi Henri II, furent parmi les plus grands **mécènes** du XVIe siècle.

Des poètes courtisans

▶ Cette position de subordination, qui oblige les poètes à plaire aux monarques pour obtenir leurs faveurs et leur soutien (y compris financier !), les rattache à la figure des **courtisans**.

3 Du XVIIe siècle à nos jours

Poésie et politique

▶ De manière générale, il est intéressant de noter que, dès l'origine de la poésie « moderne », sous l'Ancien régime, les liens entre **la poésie et les milieux politiques** ont été étroits.

▶ Les poètes (VIAU) **interrogent**, **servent** ou **dérangent** les pouvoirs en place.

ZOOM sur… La poésie engagée

Les causes de l'engagement

- Dès les guerres de religion, des poètes **s'engagent** pour défendre leurs causes et pour condamner la barbarie.
- Cet engagement peut être **philosophique** et **moral**. RONSARD (p. 66) se range du côté des catholiques ; D'AUBIGNÉ (p. 67) s'engage en faveur des protestants.
- Il peut aussi être d'ordre **politique** : CHÉNIER (p. 70) s'engage contre Robespierre et la Terreur durant la Révolution française.

Miniature tirée des *Chroniques de France*, d'Antoine Vérard, 1493, BnF, Paris.

Lorsque la poésie mène au cachot

- La parole des poètes est suffisamment puissante pour faire parfois **peur au pouvoir**.
- Il arrive alors que ces hommes et femmes soient **emprisonnés** en raison de la teneur de leurs textes. (VIAU, p. 69, CHÉNIER, p. 70).
- **Aujourd'hui encore**, en différents endroits du monde, des poètes sont emprisonnés en raison de leurs opinions politiques.

Enrichir son vocabulaire

Ancien régime

- Nom donné au régime politique en place en France durant les deux siècles qui précèdent la Révolution française. La période commencerait au moment de l'accession au trône d'Henri IV, en 1589, et s'achèverait en 1789 ou 1792 (si l'on considère l'abolition de la monarchie comme terme définitif à la Révolution française).

Courtisan

- À l'origine, homme qui fréquente la cour d'un roi. Par extension, ce terme désigne celui qui flatte le roi, de manière souvent hypocrite, pour lui plaire et obtenir ses faveurs.

Mécène

- Personne qui, parce qu'elle aime les arts, aide financièrement un artiste. Ce mot vient du nom francisé de Caius Cilnius Mæcenas (70-8 av. J.-C.), considéré comme le premier mécène de l'Histoire.

Muse

- Avec une majuscule, ce terme renvoie aux neuf déesses qui protègent les arts. Avec une minuscule, il renvoie à l'inspiration poétique, souvent évoquée sous les traits d'une femme.

Réforme

- Nouvelle idéologie religieuse prenant naissance au XVIe siècle, qui propose de revenir aux sources du christianisme. Cette relecture, sous l'impulsion de Martin Luther et Jean Calvin, donna naissance à la religion protestante et engendra les guerres de religion.

Lectures cursives

CARNET DE LECTEUR

→ * ***L'Humanisme et la Renaissance*, Flammarion, « Étonnants classiques », 2009.**

LE THÈME

L'humanisme n'empêche pas la violence des guerres de religion : Montaigne, d'Aubigné nous rappellent ainsi à la contingence de notre « humaine condition ».

- Comparez les poèmes de Du Bellay et D'Aubigné à ceux du manuel, et expliquez en un paragraphe argumenté vers lequel va votre préférence.

→ * ***Poésie et politique*, Nathan, « Carrés classiques », 2017.**

LE THÈME

De d'Aubigné à Fourcade, de Malherbe à Hugo ou encore de Du Bellay à Maïakovski, le poète a interrogé, parfois conseillé, toujours dérangé le pouvoir politique.

- Sélectionnez trois poèmes du recueil et cherchez une œuvre pour illustrer chaque texte, en justifiant votre choix.

→ *** **Charles d'Orléans, *Ballades et rondeaux*, Livre de poche, « Lettres gothiques », 1992.**

LE THÈME

Fait prisonnier à la bataille d'Azincourt en 1415, le jeune duc Charles d'Orléans passe 25 ans en prison en Angleterre. Ce prince manque peut-être ainsi son destin politique, mais devient l'un des poètes les plus émouvants de son temps.

- Préparez un exposé pour présenter à l'oral la vie et l'œuvre de Charles d'Orléans.

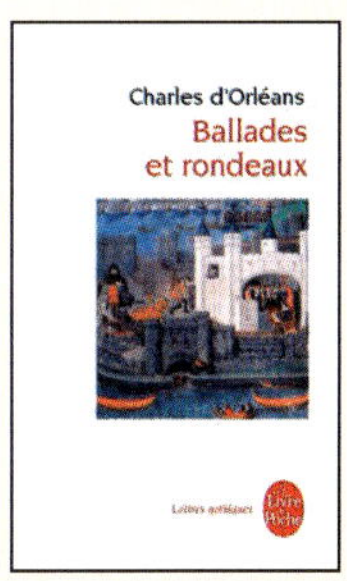

CHAPITRE 2 Jeux amoureux en poésie

NRP
- **Séquences :**
  – Femmes et poètes au XVIe s
  – La poésie de la Renaissance

L'amour est le thème privilégié de la poésie lyrique. À la Renaissance, les poètes français s'inspirent des mythes antiques, de la littérature courtoise du Moyen Âge, ou des sonnets du poète italien Pétrarque. Ils expriment les joies et les tourments du « je » amoureux qui célèbre la beauté éphémère du corps féminin.

Problématique :
Comment le langage poétique se prête-t-il au culte du corps féminin ?

ÉTUDIER UN PARCOURS

Le corps féminin en poésie

Texte 1

live! TEXTE AUDIO

Chappuys, « Blason de la main », 1543

C'est le poète français Clément Marot qui a lancé la mode du blason au XVIe siècle : en exil en Italie, il écrit en 1535 un « Blason du beau tétin » et invite les poètes à rivaliser en composant d'autres blasons de divers détails anatomiques, qui seront publiés en recueil. C'est ce que fait ici le poète.

Claude Chappuys
(1500-1575)
Né à Amboise, il fut valet de chambre puis bibliothécaire de François Ier avant de devenir prêtre à Rouen. Proche de Marot et de Rabelais, il composa divers poèmes de cour.

Ô douce main, main belle, main polie[1],
Main qui les cœurs fait lier et délie,
Main qui le mien a pris sans y toucher,
Main qui embrasse, et semond d'approcher[2],
Main qui à moi dois ouvrir, ô main forte,
Qui fors[3] à moi, à tous ferme la porte. [...]
Main qui peut seule, et le soir et matin
Laisser la mienne approcher du tétin[4].
Main qui permet, s'il est besoin, qu'on puisse
En se jouant savoir quelle[5] est la cuisse.
Main qui permet parfois outrepasser[6],
Mais ce serait assez pour trépasser[7].
Main qui peut bien faire encore autre chose,
Qui plaît autant que moins dire je n'ose[8]. [...]
Main frétillante, ôtez vos gants, ôtez,
Et vos plaisirs par vos doigts me comptez. [...]
Et quand de toi, hélas, je serais loin,
Main, je te prie, fais réponse à la mienne,
Main récris-moi que soudain je revienne.

Blasons anatomiques du corps féminin et contre-blasons, 1543 (orthographe modernisée).

1. Élégante. – 2. Invite à approcher. – 3. Excepté, hormis. – 4. Sein. – 5. Comment. – 6. Aller plus loin qu'il n'est permis. – 7. Mourir. – 8. Qui plaît d'autant plus que je n'ose en parler.

La Femme entre deux âges, anonyme, école de Fontainebleau, XVIe s. (détail), musée Granet, Aix-en-Provence.

Définition
Le **blason** est un poème qui fait l'éloge d'une partie du corps féminin. L'anatomie humaine passionne les savants et les artistes du XVIe siècle. La mode du blason poétique est contemporaine de l'étude du nu en peinture et de la dissection médicale.

Un poème ludique et érotique

Pour entrer dans le texte

1. À qui s'adresse le poète ? Quel effet crée ce choix particulier de destinataire ?

Au fil du texte

2. Sur quel procédé de répétition ce poème est-il construit ?
3. Quelles qualités et aptitudes sont successivement attribuées à la main ?
4. Relevez quelques expressions qui soulignent la dimension élogieuse de ces vers.
5. Quels vers comportent des allusions érotiques ? Quelle tonalité donnent-elles au poème ?
6. Quelle image de la relation amoureuse se dégage de ce texte ?

Vers le commentaire ▶ Montrez comment le blason poétique se prête à la fois au jeu littéraire et au lyrisme amoureux. Vous classerez les éléments du poème selon l'une ou l'autre de ces dimensions.

Texte 2

live! TEXTE AUDIO

Hueterie, « Contreblason de la main », 1543

Le jeu du blason anatomique initié par Clément Marot en 1535 (➔ texte 1 p. 75) a aussitôt généré le modèle inverse du « contreblason », consistant à énumérer les défauts d'un élément du corps humain, aussi bien masculin que féminin, dans un but ironique ou satirique.

Charles de la Hueterie

La postérité n'a retenu que ses manœuvres mesquines contre le poète Marot.

La main qu'on dit être si belle et gente[1],
De tout le corps car elle est la régente[2].
Elle a le soin fournir pain et viande,
Et de remplir cette bouche friande[3],
Puis découvrir le visage d'en bas[4]
Quand il lui plaît de faire ses ébats.
Quand il a fait, la main le vient moucher,
D'un grand papier sa grande joue torcher. […]
Ô vite[5] main, main pleine de tristesse,
Main qui tua ta maîtresse Lucrèce[6],
Main qui des dés et cartes souvent tient
Par toi la main souvent mal il advient.
Main dangereuse, infâme et déshonnête,
Main adonnée[7] à ta légère tête,
Main par laquelle est le sang épandu,
Dont maint noble homme a la vie perdu.
Main qui toucha[8] le sauveur de nature[9],
Main qui tua l'humaine créature,
Main qui le corps cuide[10] aimer et nourrir,
Main à la fin icelui fais mourir,
Main qui te tiens la plus orde[11] et infecte,
Main qui noircit la serviette necte[12],
Ô main soudaine argent bailler[13] aux dames
Pour accomplir tes volontés infâmes.
Avare main, qui la bourse point n'ouvre,
Quand donner faut à l'indigent et pauvre.
Ô male[14] main, méchante et malheureuse,
Qui main cloua de clous en croix heureuse.

Blasons anatomiques du corps féminin et contre-blasons, 1543.

1. Jolie, gentille.
2. Maîtresse.
3. Gourmande.
4. Les fesses.
5. Rapide.
6. Femme romaine qui se poignarda après avoir été violée.
7. Dévouée.
8. Blessa.
9. Le Christ.
10. Croit à tort.
11. Sale.
12. Nette, propre.
13. Donner.
14. Mauvaise.

À propos de…

Le contreblason
Clément Marot a lui-même inventé le contraire du blason en écrivant dès 1535 un « Blason du laid tétin » en réponse à son « Blason du beau tétin ».

Un contreblason satirique et moralisateur

Pour entrer dans le texte

1. Quelle est votre première réaction à la lecture de ce contreblason ?

Au fil du texte

2. **Étude de la langue** Indiquez la nature du mot « on ». À qui ou à quoi renvoie l'expression « on dit » employée dans le premier vers ?
3. Quelle fonction ce vers initial donne-t-il au poème qui le suit ?
4. De quelle manière ce contre-blason se moque-t-il dans un premier temps des usages les plus triviaux et vulgaires de la main (v. 1 à 8) ?
5. Quelle condamnation morale et religieuse le poète développe-t-il par la suite ?

Vers l'essai ▶ Lequel de ces deux poèmes (« Blason de la main », p. 75 ou « Contreblason de la main », p. 76) préférez-vous ? Pourquoi ?

Texte 3

Louise Labé, « Tant que mes yeux... », 1555

TEXTE ENRICHI

Nathan live! TEXTE AUDIO

Louise Labé
(1524-1566)

Surnommée « la belle cordière » parce que son père et son mari étaient artisans cordiers, Louise Labé reçut à Lyon une éducation humaniste, fait rare pour les femmes de son temps. La publication de ses œuvres en 1555 lui vaut une notoriété parmi le cercle des poètes lyonnais, alors dominé par Maurice Scève.
> p. 523

Avec Pernette du Guillet, Louise Labé est l'une des rares poétesses du XVIe siècle qui font entendre leur voix singulière à Lyon, haut lieu de l'humanisme et carrefour culturel marqué par l'influence italienne. Son recueil, composé de vingt-trois sonnets, exprime l'intensité de la passion amoureuse d'une femme envers un homme, jamais nommé, qui l'a délaissée.

Tant que mes yeux pourront larmes épandre
A l'heur passé avec toi regretter[1] :
Et qu'aux sanglots et soupirs résister
Pourra ma voix, et un peu faire entendre :

Tant que ma main pourra les cordes tendre
Du mignard[2] Luth, pour tes grâces chanter :
Tant que l'esprit[3] se voudra contenter
De[4] ne vouloir rien fors[5] que toi comprendre :

Je ne souhaite encore point mourir.
Mais quand mes yeux je sentirai tarir,
Ma voix cassée, et ma main impuissante,

Et mon esprit en ce mortel[6] séjour
Ne pouvant plus montrer signe d'amante :
Prierai la mort noircir mon plus clair jour.

Sonnet XIV.

1. À regretter le bonheur passé avec toi.
2. Délicat, gracieux.
3. Mon esprit.
4. Se voudra contenter de : s'appliquer.
5. Sauf.
6. Terrestre.

Bartolomeo Veneto, *Femme jouant du luth* (vers 1530), huile sur bois, J. Paul-Getty museum.

Question

Comment ce tableau se rattache-t-il à l'humanisme ? Aidez-vous de l'Histoire littéraire, p. 32-33.

Controverse

En 2006, une universitaire française, Mireille Huchon, a mis en doute l'authenticité de l'œuvre de Louise Labé. Selon elle, il s'agirait de la création collective d'un groupe de poètes lyonnais réunis autour de Maurice Scève. Cette thèse reste néanmoins controversée.

Le corps au service de l'amour et de la poésie

Pour entrer dans le texte

1. Dans quelle mesure ce sonnet s'inspire-t-il de la forme du blason (→ texte 1, p. 75) ?

Au fil du texte

2. **Étude de la langue** Quel type de proposition subordonnée est introduit par la locution « Tant que » ? Comment ces propositions subordonnées sont-elles réparties dans ce sonnet ?

3. Comment la structure du sonnet et la construction des phrases contribuent-elles à opposer deux états de l'« amante » ?

4. En quoi le dernier vers constitue-t-il une « pointe », un effet de chute ?

Vers le commentaire ▶ Quelles sont les conditions nécessaires à l'écriture poétique pour Louise Labé ?

Texte 4

Nathan live! TEXTE AUDIO

Corneille, « Stances à Marquise », 1658

Marquise est le prénom de Marquise-Thérèse de Gorla, dite Mademoiselle du Parc (1633-1668), comédienne de la troupe de Molière puis de celle de l'Hôtel de Bourgogne. Célèbre pour son talent et sa beauté, elle fut courtisée par de nombreux hommes dont Corneille, Molière et Racine, qui fut son amant. En 1658, Corneille, alors âgé de cinquante-deux ans, écrit ces « stances » à Marquise, qui a vingt-trois ans.

Pierre Corneille
(1606-1684)

Né à Rouen, Corneille est un célèbre dramaturge. Il écrit d'abord des comédies puis des tragédies autour des thèmes de l'amour et de l'honneur. Sa tragi-comédie, *Le Cid* (1637), fit l'objet d'une querelle qui marque le début du classicisme au théâtre. Ses pièces connurent un grand succès avant que le public leur préfère les tragédies de Racine, à partir des années 1660.
> p. 520

Question

Que peut symboliser la rose dans ce tableau ?

Arie de Vois (1631-1680), *La Jeune Femme à la rose*, huile sur cuivre, coll. privée.

Marquise, si mon visage
A quelques traits un peu vieux,
Souvenez-vous qu'à mon âge
Vous ne vaudrez guère mieux.

Le temps aux plus belles choses
Se plaît à faire un affront,
Et saura faner vos roses
Comme il a ridé mon front.

Le même cours des planètes
Règle nos jours et nos nuits
On m'a vu ce que vous êtes ;
Vous serez ce que je suis.

Lexique

Stance : strophe poétique lyrique.

Définition

« Carpe diem »
Signifiant littéralement « Cueille le jour », cette expression du poète latin Horace invite à profiter du moment présent, au vu de la brièveté de l'existence humaine. Les poètes du XVIe siècle (Ronsard) en ont fait un thème récurrent de la poésie amoureuse, en l'associant à la métaphore de la rose à cueillir avant qu'elle ne fane, comme la jeunesse des femmes.

Cependant j'ai quelques charmes
Qui sont assez éclatants
Pour n'avoir pas trop d'alarmes
De ces ravages du temps.

Vous en avez qu'on adore ;
Mais ceux que vous méprisez
Pourraient bien durer encore
Quand ceux-là seront usés.

Ils pourront sauver la gloire
Des yeux qui me semblent doux,
Et dans mille ans faire croire
Ce qu'il me plaira de vous.

Chez cette race[1] nouvelle,
Où j'aurai quelque crédit[2],
Vous ne passerez pour belle
Qu'autant que je l'aurai dit.

Pensez-y, belle marquise.
Quoiqu'un grison[3] fasse effroi,
Il vaut bien qu'on le courtise
Quand il est fait comme moi.

1. Descendance, génération.
2. Renommée.
3. Homme âgé, aux cheveux gris.

Mademoiselle du Parc (1633-1668), gravure.

De la poésie amoureuse au chantage sarcastique

Pour entrer dans le texte

1. Quelle attitude de Marquise a pu, selon vous, susciter l'écriture de ce poème ?

Au fil du texte

2. De quoi Corneille cherche-t-il à persuader Marquise ? Comment ?

3. **Étude de la langue** Repérez les connecteurs logiques et expliquez leur rôle dans l'argumentation.

4. Quel parallèle esquisse chacune des strophes ? Quels procédés stylistiques permettent de développer ce parallèle ?

5. Observez les premier et dernier mots de ce texte : comment soulignent-ils le rapport de force que l'auteur cherche à établir ?

6. Que nous dit ce poème sur les relations entre une comédienne et un dramaturge à l'époque classique ?

Vers le commentaire ▶ Comparez ces stances aux sonnets de Ronsard « Je vous envoie un bouquet… » (extrait du recueil *Continuation des Amours*, 1555) et « Quand vous serez bien vieille, au soir à la chandelle » (extrait de *Sonnets pour Hélène*, 1578) : dans quelle mesure Corneille s'inspire-t-il de Ronsard ?

Carnet de lecteur ▶ Écoutez la chanson de G. Brassens « Marquise », qui reprend les trois premières strophes de Corneille, en y ajoutant la réponse humoristique de la jeune femme, telle que l'avait imaginée l'écrivain Tristan Bernard au début du XXe siècle.

À votre tour, rédigez en vers ou en prose la réponse que Marquise aurait pu adresser à Corneille, en respectant la langue et l'esprit du XVIIe siècle.

Parcours artistique et culturel

La représentation de la femme de l'An

Objectif : Comprendre l'évolution des canons esthétiques

En art, un canon est l'ensemble des caractéristiques permettant d'atteindre une beauté idéale. Ce canon évolue en fonction des époques et des aires géographiques, de la mode, du goût et des mœurs.

A. L'Antiquité

Dans l'Antiquité grecque, les corps musclés et athlétiques, synonymes de bonne santé, étaient recherchés. Culturellement, les Grecs estimaient que seuls les dieux étaient pourvus de la beauté idéale. Athéna la guerrière, Artémis la chasseresse et Aphrodite la déesse de l'amour furent les figures féminines les plus représentées par les sculpteurs de cette époque.

Pour comprendre l'image

- La Vénus Aphrodite dite « callipyge » (du grec *kallos*, « beauté », et *pugê*, « fesses ») est un type de statuaire grecque montrant la déesse soulevant sa tunique pour observer dans le reflet de l'eau la ligne parfaitement arrondie de son corps.
- Le sujet vient d'une **légende** rapportée par l'érudit Athénée au IIIe siècle : deux sœurs rivalisaient afin de déterminer laquelle avait les plus jolies fesses. « Devenues riches et célèbres, [elles] fondèrent un temple pour Aphrodite qu'elles appelèrent la déesse aux jolies fesses. »

Doc 1. *La Vénus callipyge*, marbre, copie romaine d'un original grec du Ier siècle, Musée archéologique national de Naples.

B. Le Moyen Âge

En Occident, l'avènement du christianisme change la perception du corps humain. Considéré comme vanité et tentation, le corps des femmes doit être caché.

Lexique

Mise en abyme : procédé consistant à représenter une œuvre dans une œuvre de même nature, comme, par exemple, un tableau dans le tableau.

Pour comprendre l'image

- À partir du XIIIe siècle, **la femme idéale** a une silhouette allongée prolongée par une tête inclinée vers l'avant, une petite poitrine et une taille cintrée.
- Il est alors très à la mode de porter des coussinets sur l'abdomen et une ceinture sous la poitrine afin d'avoir un ventre rond et proéminent. Cela ne signifie pas que ces femmes sont enceintes.

Doc 2. Jan Van Eyck (v. 1390-1441), *Les Époux Arnolfini*, 1434, huile sur bois, 82 x 60 cm, National Gallery, Londres.

live! ANIMATION

Doc 3. Atelier d'Évrard d'Espinques, *Queste del Saint Graal (péché originel)*, vers 1470, BnF, Paris.

Pour comprendre l'image

- L'Église distinguait quatre types de nudité :
  - la ***nuditas naturalis*** (état naturel et humble de l'homme) ;
  - la ***nuditas temporalis*** (nudité du pauvre dépourvu de biens terrestres) ;
  - la ***nuditas virtualis*** (nudité de l'homme lavé de ses péchés) ;
  - la ***nuditas criminalis*** (celle du débauché).
- Les trois premières nudités étaient tolérées, la dernière condamnée.

Questions

1. Quel est le type de nudité représenté dans le doc. 3 ?
2. Trouvez les deux mises en abyme présentes dans le doc. 2.
3. Faites une recherche sur les Vénus paléolithiques, qui sont des statuettes féminines préhistoriques. Comment le canon de beauté a-t-il évolué entre cette époque et l'Antiquité grecque (doc. 1) ?
4. **Pour aller plus loin :** lire « La Vénus callipyge » dans les *Contes* de Jean La Fontaine. Comment le poète réactualise-t-il le mythe au regard de son époque ?

Parcours artistique et culturel

C. La Renaissance (XVe-XVIe siècles)

Plusieurs facteurs expliquent la réapparition de la nudité à partir du XVe siècle, en Italie.

- Grâce à l'archéologie et à la connaissance des textes anciens, la Renaissance redécouvre l'Antiquité, et notamment la représentation des corps dans la statuaire.
- La courtisane, qui fait commerce de son âme et de son corps, est souvent poétesse ou musicienne, et devient une figure sociale majeure, notamment à Venise et à Rome.
- Au Moyen-Âge, seule l'Église commandait des tableaux. À partir de la Renaissance, de nouveaux commanditaires apparaissent, de riches mécènes privés, des princes et des aristocrates qui ne condamnent pas la nudité.

Doc 4. Sandro Botticelli (1445-1510), *La Naissance de Vénus*, vers 1484-1485, tempera maigre, 172,5 x 278,5cm, galerie des Offices, Florence, Italie.

Pour comprendre l'image

- Les femmes des tableaux de **la Renaissance** ressemblent aux statues de **l'Antiquité** : les postures sont peu naturelles, les peaux sont blanches comme le marbre et semblent fermes ; les muscles abdominaux sont dessinés.
- Les **règles de l'anatomie** ne sont **pas respectées** afin de se rapprocher de l'idéal féminin : le cou est long, les épaules tombantes, le corps trop élancé par rapport à la taille du visage ; les cheveux sont longs, blonds ou roux de préférence.

D. Les XVIIe et XVIIIe siècles

Doc 5. Pierre Paul Rubens (1577-1640), *Les Trois Grâces*, 1639, huile sur toile, 221 x 181 cm, musée du Prado, Madrid, Espagne.

Pour comprendre l'image

- Alors que le foyer de l'art se déplace de l'Italie vers les Pays-Bas, les canons esthétiques évoluent. À partir de la fin du XVIe siècle, les peintres abandonnent la quête d'un idéal de marbre et cherchent à retranscrire des **chairs réelles**.
- Rubens revendique un **art sensuel**, reposant sur des formes généreuses censées susciter le désir. Les corps gagnent en réalisme : la lourdeur des poitrines, la mollesse des cuisses et des fesses, la souplesse de la peau nous montrent que les Grâces sont de vraies femmes.

Doc 6. François Boucher (1703-1770), *L'Odalisque*, vers 1745, huile sur toile, 53 x 64 cm, musée du Louvre, Paris.

Pour comprendre l'image

- Sous le règne de Louis XV, la gravité est écartée au profit de **la légèreté**. La femme est ainsi représentée vivante, souriante et frivole. Boucher est un des premiers artistes à se détacher de la mythologie pour montrer les femmes de son époque.
- Sur un lit défait, une jeune femme est allongée à moitié nue. Elle réunit toutes les caractéristiques de l'idéal féminin d'alors : le teint laiteux, le visage rond et les courbes généreuses du corps.

À retenir

- Déesse à la musculature proportionnée pendant l'Antiquité, tentatrice dont le corps doit être dissimulé au Moyen Âge, beauté de marbre à la Renaissance, idéal de chair à partir du XVIIe siècle, la femme a connu bien des canons de représentations.
- Toujours codifiés par des hommes, ces canons témoignent de l'évolution des mœurs de chaque époque.

Questions

1. En quoi le tableau de Botticelli (doc. 4) est-il représentatif des canons de la Renaissance ?
2. Comment les documents 5 et 6 montrent-ils l'évolution du canon féminin à partir du XVIIe siècle ?
3. Comment qualifieriez-vous le canon de notre époque ? Comment et par qui est-il véhiculé ?

Faire le point → # La poésie amoureuse

Au fil des siècles

1 Au Moyen Âge

Une poésie en musique

▶ La poésie lyrique désigne alors une poésie chantée par des **trouvères** (au Nord de la France) ou **troubadours** (au Sud). Les **joies** et les **peines** de l'amour en sont les **thèmes principaux**.

L'amour courtois

▶ **Idéal aristocratique**, l'amour courtois est conçu sur le modèle des relations féodales.

▶ Comme un vassal dévoué à son seigneur, le poète se dit **au service de la dame qu'il vénère**. Il s'agit d'un **amour spirituel** et non charnel.

2 Au XVIe siècle

Renaissance poétique

▶ Les poètes français s'inspirent des **œuvres antiques** et des poètes **italiens** (Pétrarque) en écrivant notamment des sonnets.

École Lyonnaise et Pléiade

▶ Les poètes lyonnais (Scève, Louise Labé) et ceux de la Pléiade (Ronsard, Du Bellay…) lient l'expression du **sentiment amoureux** aux thèmes de la nature, du coup de foudre ou de **la souffrance** infligée par un amour non réciproque.

Amour sensuel et « *carpe diem* »

▶ La célébration des plaisirs de l'amour s'associe à une réflexion sur la brièveté de la vie : elle invite, en reprenant l'expression du poète latin Horace, **à profiter du présent** (*carpe diem*) et à céder aux instances amoureuses (Ronsard).

3 Au XVIIIe siècle

Inconstance baroque et galanterie précieuse

▶ Les poètes **baroques ou libertins** voient en l'amour le symbole de l'**inconstance du monde**.

▶ Les **poètes précieux** privilégient l'**expression délicate des sentiments** et l'**éloge de la femme**.

L'amour à l'antique

▶ Peu prisée à l'époque des Lumières, la poésie amoureuse renaît à la fin du XVIIIe siècle avec Chénier qui s'inspire des modèles antiques et cultive sa mélancolie.

ZOOM sur… Le blason poétique

Un jeu poétique

- Le blason désigne, à l'origine, l'**emblème d'une famille noble**.
- En **poésie**, il consiste à faire l'**éloge** d'une **partie du corps féminin**. La mode a été lancée en 1535 par « *Le Beau tétin* », poème de Marot.
- Ce type de poème exploite souvent les procédés de l'**anaphore**, de l'**apostrophe**, de la **personnification** et de la **métaphore**.

Une célébration du corps

- Le blason décrit le corps féminin avec des **connotations souvent érotiques**.
- Il témoigne de la **fascination** pour le corps humain qui apparaît parallèlement dans la peinture de nus et la pratique médicale de la **dissection**.

Une forme… et son contraire

- Le blason se prête à l'éloge amoureux mais aussi au **blâme**, sous la forme du **contreblason**.
- Il consiste à critiquer une partie du corps humain, dans une visée **parodique** ou **satirique**.

Enrichir son vocabulaire

Élégie

- Poème lyrique exprimant une plainte, un sentiment de tristesse ou de mélancolie souvent lié à l'amour malheureux.

Galanterie

- Comportement courtois des hommes envers les femmes ou propos flatteurs visant à séduire.

Éloge et blâme

- Formes consistant à vanter les qualités de quelqu'un ou de quelque chose (un éloge) ou à critiquer leurs défauts (un blâme).

Destinataire, dédicataire

- Personne à qui est adressé un texte ou une dédicace. Un poème d'amour est souvent adressé à l'être aimé, nommé ou désigné par les pronoms « tu » ou « vous ».

Lyrisme

- Ce mot est formé sur le mot « lyre », qui désigne un instrument à cordes antique associé au dieu grec Apollon et au mythe du poète Orphée, qui pleure sa femme Eurydice. Le lyrisme désigne ainsi l'expression des sentiments personnels, privilégiée dans l'écriture poétique.

Amour courtois

- Au Moyen Âge, expression désignant la façon d'aimer avec courtoisie, respect et honnêteté. Le but de cet amour est d'atteindre la joie et le bonheur.

Lectures cursives

CARNET DE LECTEUR

→ ****Marie de France, *Lais* (fin du XIIe s.)**

LE THÈME
Au Moyen Âge, un lai est un court récit en vers, accompagné à la harpe. Marie de France célèbre ici l'amour courtois en s'inspirant des légendes arthuriennes.

- Choisissez votre « lai » préféré pour le réécrire et l'illustrer à la manière d'un livre pour enfants.

→ *****Louise Labé, *Sonnets* (1555).**

LE THÈME
La poétesse lyonnaise exploite sa connaissance des œuvres antiques et des poèmes de l'Italien Pétrarque pour exprimer au féminin l'exaltation et les tourments de l'amour.

a. Relevez dans certains sonnets des comparaisons à des éléments naturels et expliquez-les.

b. Rédigez en vers ou en prose la réponse que l'une des « Dames » lectrices du recueil et destinataires du dernier sonnet aurait pu écrire à Louise Labé.

→ *****Pierre de Ronsard, *Les Amours, Sonnets pour Hélène*, Livre II (1578).**

LE THÈME
La reine Catherine de Médicis commande ces sonnets à Ronsard pour sa demoiselle d'honneur, Hélène de Surgères, inconsolable d'avoir perdu à la guerre l'homme qu'elle aimait.

a. Montrez que ce recueil associe l'éloge des charmes d'Hélène à la plainte amoureuse du poète et à des traits d'humour.

b. À quel personnage mythologique Hélène est-elle comparée et que signifie cette analogie ?

CHAPITRE 3 Le sonnet, histoire d'un succès

NRP
• **Séquence**
La poésie et les nombres

Le sonnet est un poème inventé en Italie au XIIIe siècle. C'est le poète Pétrarque qui rend cette forme poétique célèbre avec son recueil *Canzoniere* (*Les Chansons*). Les poètes français de la Renaissance s'emparent rapidement de cette forme fixe et lancent une véritable mode.

Problématique :
Comment le sonnet permet-il, en quatorze vers, d'exprimer une telle diversité d'émotions ?

La mode du sonnet aux XVIe et XVIIe siècles

Texte 1

live! TEXTE AUDIO

Louise Labé
(1524-1566)
Poétesse surnommée « La Belle cordière », car elle était fille et épouse de fabricants de cordes, Louise Labé appartient à l'École lyonnaise de poésie, active durant la Renaissance.
> p. 523

Louise Labé, « Je vis, je meurs... », 1555

Louise Labé est connue pour ses deux recueils publiés en 1555, *Débat de folie et d'amour* et *Élégies et sonnets*. « Je vis, je meurs... » appartient à ce dernier recueil. Le poème développe le thème alors à la mode des souffrances liées à l'amour, tout en tirant parti de manière originale de la forme fixe imposée par le sonnet.

Je vis, je meurs, je me brûle et me noie,
J'ai chaud extrême en endurant froidure,
La vie m'est et trop molle et trop dure,
J'ai grands ennuis[1] entremêlés de joie.

Tout à un coup, je ris et je larmoie,
Et en plaisir maint grief[2] tourment j'endure ;
Mon bien s'en va, et à jamais il dure,
Tout en un coup je sèche et je verdoie.

Ainsi Amour inconstamment[3] me mène.
Et quand je pense avoir plus de douleur,
Sans y penser je me trouve hors de peine.

Puis que je crois ma joie être certaine,
Et être au haut[4] de mon désiré heur[5],
Il me remet en mon premier malheur.

Élégies et sonnets.

1. Abattements, profondes douleurs.
2. De nombreux et graves (prononcer « gref »).
3. En changeant sans arrêt.
4. Tout en haut.
5. De mon bonheur désiré.

A. Bronzino (1503-1572), *Allégorie avec Vénus et Cupidon* (vers 1545), huile sur toile, National Gallery, Londres.

À propos de...

L'énonciation de Louise Labé

Le « je » de Louise Labé ne porte aucune marque de féminin, le destinataire n'est jamais nommé tandis que l'Amour est présent dans les tercets sous la forme d'une allégorie.

Outils d'analyse

• **Antithèse** : figure de style qui consiste à rapprocher deux notions opposées, dans une même phrase, un même vers ou une même strophe.

• **Allégorie** : figure de style qui consiste à donner des traits concrets à une notion abstraite.

Un lyrisme charnel

Pour entrer dans le texte

1. Quelles sont les émotions dominantes que l'on perçoit à la première lecture ?

Au fil du texte

2. Relevez et interprétez les antithèses dans les deux quatrains, en faisant le lien entre les souffrances physiques et la douleur intérieure de la poétesse.
3. **Étude de la langue** Analysez les compléments circonstanciels de temps du deuxième quatrain. Que nous apprennent-ils des sentiments de la poétesse ?
4. **Étude de la langue** Quel est le sujet du vers 9 ? Comme se nomme cette figure de style ?
5. Quel terme marque la rupture entre les quatrains et les tercets ? En quoi les tercets éclairent-ils le sens des deux quatrains ?
6. Comment le dernier vers nous amène-t-il à relire ce poème comme l'expression d'un cycle sans fin ?

Vers le commentaire ▶ Rédigez un paragraphe argumenté pour expliquer en quoi ce poème exprime les tourments amoureux.

Texte écho

Pétrarque, *Canzoniere*, 1342-1374

Pétrarque
(1304-1374)
Ce poète italien est demeuré célèbre pour son recueil de sonnets destinés à Laure, une jeune femme de dix-sept ans, mariée, qu'il aperçut à Avignon à la sortie d'une messe en avril 1327 et dont il tomba fou amoureux.

Pétrarque entretient un amour platonique pour Laure, des années durant. À la mort de la jeune fille, atteinte de la peste noire, en avril 1348, il compile ses sonnets et y ajoute des pièces sur sa mort. Le recueil des *Canzoniere*, composé de 366 poèmes dont 317 sonnets, connut un succès fulgurant dans toute l'Europe et donna naissance au « pétrarquisme ».

Paix je ne trouve et ne suis pas en guerre ;
Et je tremble et j'espère, et brûle et suis de glace ;
Et vole dans le ciel, et gis[1] à terre ;
Et n'étreins[2] rien, et le monde entier embrasse.

On me tient en une prison qu'on n'ouvre ni ne ferme ;
Ni on ne me garde captif[3], ni on ne me délivre ;
Amour ne me donne pas plus la mort que la liberté.
Il ne me veut vivant, ni ne me tire de la peine.

Je vois sans yeux, et je n'ai pas de voix et je crie ;
Et j'aspire à mourir et je demande secours ;
Et je me hais moi-même et j'aime autrui.

Je me repais[4] de douleur, tout en pleurant je ris :
Autant me déplaisent et la mort et la vie.
Dans cet état où je suis, Dame, par la grâce de vous.

Sonnet CXXXIV.

1. Du verbe *gésir* : suis couché, inerte.
2. Embrasse.
3. Prisonnier.
4. Nourris.

Lexique

- **Pétrarquisme :** style poétique qui, par le ton et la forme, imite la poésie de Pétrarque. Le thème majeur est celui de l'amour idéalisé.
- **Platonique :** se dit d'un amour idéal qui se vit sans aucun contact physique.

Lecture comparée

▶ Comparez les poèmes de Louise Labé et de Pétrarque et relevez les motifs communs.

Question

Comment est figurée la femme idéale dans cette miniature ?

Laure de Noves (1308-1848) couronnant le poète Pétrarque, miniature du manuscrit des *Canzionere* de Pétrarque, XVᵉ s., Bibliothèque laurentienne, Florence.

Texte 2

live! TEXTE AUDIO

Ronsard, *Derniers vers*, 1585

TEXTE ENRICHI

Dans ce sonnet rédigé trois semaines avant sa mort, Ronsard évoque avec angoisse la fin de sa vie qu'il sent approcher. Ce poème rappelle la « Ballade des pendus » de Villon (p. 68) par l'évocation des corps en décomposition, et annonce « Une charogne » de Baudelaire (1821-1863).

Je n'ai plus que les os, un squelette je semble,
Décharné, dénervé, démusclé, dépulpé[1],
Que le trait[2] de la mort sans pardon a frappé,
Je n'ose voir mes bras que de peur je ne tremble.

Apollon et son fils[3], deux grands maîtres ensemble,
Ne me sauraient guérir, leur métier m'a trompé ;
Adieu, plaisant Soleil, mon œil est étoupé[4],
Mon corps s'en va descendre où tout se désassemble.

Quel ami me voyant en ce point dépouillé
Ne remporte au logis un œil triste et mouillé,
Me consolant au lit et me baisant[5] la face,

En essuyant mes yeux par la mort endormis ?
Adieu, chers compagnons, adieu, mes chers amis,
Je m'en vais le premier vous préparer la place.

1. N'ayant plus de chair, de nerf, de muscle, de pulpe.

2. La flèche.

3. Apollon, dieu de la clarté, de la guérison, de la poésie, patron des Muses, auquel Ronsard aimait s'identifier, et son fils Asclépios, dieu de la médecine.

4. Se voile.

5. Embrassant.

Holbein le Jeune (1497-1543), *Vanité* (1543), huile sur bois, coll. privée.

Pierre de Ronsard
(1524-1585)

Surnommé « le Prince des poètes et le poète des Princes », Ronsard est l'une des figures majeures de la poésie de la Renaissance. Il a rédigé de nombreux poèmes, en particulier des sonnets, dont les fameux *Sonnets pour Hélène*.
> p. 527

Lexique

Stoïcisme : chez les Grecs, philosophie antique qui conduit à vivre en accord avec la nature, donc à admettre la souffrance et la mort, sans révolte, grâce à la raison. À la Renaissance, on assiste à un renouveau de cette philosophie.

Outil d'analyse

Chiasme : figure de style qui consiste à placer deux segments de phrase en miroir, sur le modèle AB/BA.

L'émotion d'un homme face à la mort

Pour entrer dans le texte

1. Analysez le chiasme qui compose le premier vers et expliquez en quoi il annonce l'ensemble du poème.

Au fil du texte

2. Comment le champ lexical de la mort permet-il de révéler l'aspect pathétique du poème ?

3. Comment le poète met-il en valeur l'importance de l'amitié dans les tercets ?

4. Analysez les allitérations (→ Fiche 41, p. 458-459) et montrez qu'elles soutiennent l'expression de la peur du poète.

5. Quelle figure de style, dans le dernier tercet, prouve que le poète semble avoir accepté la mort (notion de stoïcisme) ?

6. En quoi ce poème est-il caractéristique des mouvements de la Renaissance et du baroque (→ Histoire littéraire, p. 32-35) ?

Vers l'oral du bac ▶ Travaillez la lecture de ce poème en alexandrins, en étant rigoureux sur la prononciation des [e] sonores, la lecture des enjambements et des différents rythmes des vers (→ Fiche 40, p. 456-457).

Texte 3

Nathan live! TEXTE AUDIO

Marbeuf, *Recueil de vers*, 1628

Dans ce sonnet d'inspiration baroque par le thème de l'inconstance, Marbeuf met en scène deux bergers dans un environnement bucolique. Le poète y dénonce les serments infidèles et la déloyauté amoureuse, en utilisant l'un des motifs les plus présents dans la littérature baroque, celui de l'eau qui s'écoule.

Pierre de Marbeuf
(1596-1645)
Poète baroque français, Marbeuf publie en 1618 le *Psaltérion chrétien*, son *Recueil de vers* en 1628 et, en 1633, un *Portrait* consacré à Richelieu ainsi que *Le Miracle de l'amour*.
> p. 524

Je disais l'autre jour ma peine et ma tristesse
Sur le bord sablonneux d'un ruisseau, dont le cours
Murmurant s'accordait au langoureux[1] discours
Que je faisais assis proche de ma maîtresse[2].

L'occasion lui fit trouver une finesse[3] :
Silvandre[4], me dit-elle, objet de mes amours,
Afin de t'assurer que j'aimerai toujours,
Ma main dessus cette eau t'en signe la promesse.

Je crus tout aussitôt que ces divins serments[5],
Commençant mon bonheur, finiraient mes tourments,
Et qu'enfin je serais le plus heureux du monde.

Mais, ô pauvre innocent, de quoi faisais-je cas ?
Étant dessus le sable elle écrivait sur l'onde,
Afin que ses serments ne l'obligeassent[6] pas.

1. Qui exprime l'abandon.
2. Amante.
3. Ruse.
4. Nom du jeune homme qui parle.
5. Promesses amoureuses.
6. Obliger quelqu'un : le contraindre à respecter sa parole.

Lexique
Bucolique : qui est relatif à la campagne. On parle aussi de poème pastoral ou d'églogue, c'est-à-dire d'un poème qui évoque la vie idéalisée des bergers et des bergères. Ce type de poème, initié par Virgile, s'est développé au XVIe siècle puis au XVIIe siècle avec le mouvement littéraire de la préciosité (Honoré d'Urfé, *L'Astrée*).

Une déclaration faite à la légère

Pour entrer dans le texte

1. En résumant ce que raconte le poème, montrez qu'il contient un récit.

Au fil du texte

2. **Étude de la langue** Analysez et interprétez les deux temps principaux utilisés dans le poème.
3. Relevez les éléments qui permettent de situer le récit dans un cadre précis.
4. Quelle figure de style permet, dans les premiers vers, de lier la voix du jeune homme à la voix de la nature ? Interprétez-la.
5. Relevez et interprétez les hyperboles présentes dans le premier tercet. En quoi sont-elles ironiques ? Analysez les adjectifs du premier tercet et expliquez en quoi ils apparaissent à la fois exagérés et ironiques.
6. Quel défaut de la jeune femme les deux derniers vers dénoncent-ils ?

Vers le commentaire ▶ Rédigez une partie de commentaire dans laquelle vous expliquerez en quoi ce poème est à la fois lyrique et ironique (→ Fiches 22, p. 420-421 et 24, p. 424-255).

Texte écho

Roubaud, *La forme d'une ville change plus vite, hélas, que le cœur des humains*, 1991-1998

Jacques Roubaud
(Né en 1932)

Ce poète est aussi mathématicien. Il s'intéresse autant à l'héritage médiéval qu'à l'usage des mathématiques et du numérique dans la création poétique.
> p. 527

Sonnet XVII

Ce jour insignifiant dans la rue de Saussure
Je marchais lentement craignant de m'oublier
Je m'assis sur un banc au bord d'un peuplier
Et contemplai au sol, devant moi, ma chaussure
Droite. Bien lumineux, debout dans la blessure
Du ciel, le soleil d'août versait sur un millier
De feuilles poussiérées ses photons ; sans ciller
J'affrontai son regard, risquant l'éblouissure.
Christine de Pisan les édiles[1] n'ont pas
Spécialement gâtée en termes de voierie
Sa rue est plus ou moins une espèce d'impasse.
Le square Paul-Paray s'est offert à mes pas
Un nuage s'en allait, couleur d'holoturie*[2]
Des trains du réseau Ouest s'élançaient sur sa trace.

*Et pourquoi pas, après tout ?[2]

Jacques Roubaud, *La Forme d'une ville change plus vite, hélas, que le cœur des humains* (1991-1998), © Éditions Gallimard, « NRF », 1999, p.115.

1. Magistrats de la ville.
2. Les holothuries sont aussi connues sous le nom de concombres de mer. *La note est de l'auteur et fait partie du poème.*

Lecture comparée

▶ Quels points communs et différences retrouvez-vous entre ce sonnet moderne et un sonnet traditionnel ?

Jules Ernest Renoux (1863-1932), *Palais du Trocadéro*, huile sur toile, musée du Petit-Palais, Paris.

Parcours artistique et culturel

François Ier, mécène et bâtisseur

Objectif : Comprendre l'origine et les caractéristiques de la Renaissance française

Les arts et les lettres vont connaître un important développement pendant le règne de François Ier (1515-1547). En effet, le roi de France a largement œuvré à la diffusion du mouvement humaniste et de la Renaissance italienne en France.

1 L'essor du livre imprimé

Pour comprendre l'image

- François Ier encourage l'humanisme à plus d'un titre. Il soutient le développement du livre imprimé en finançant le perfectionnement de l'imprimerie et en approvisionnant la Bibliothèque royale. Il impose le français comme langue officielle des documents administratifs à la place du latin.
- Sur la proposition de l'humaniste Guillaume Budé, le roi crée en 1530 le Collège royal, lieu de transmission du savoir.

Doc 1. Une imprimerie en France au XVIe siècle, enluminure d'Étienne Collault dans *Chants royaux sur la Conception couronnés au Puy de Rouen*, vers 1530, BnF, Paris.

2 La Pléiade

Ayez, autour de vous, des personnes notables,
Et les oyez parler volontiers à vos tables ;
Soyez leur auditeur, comme fut votre aïeul,
Ce grand François, qui vit encore au cercueil.

Doc 2. Pierre de Ronsard, *Institution pour l'adolescence du roi très chrétiens Charles IX de ce nom,* 1564 (adressé à Charles IX, petit-fils de François Ier, récemment couronné.)

Pour comprendre le texte

- En 1549, deux ans après la mort de François Ier, la Pléiade, groupe de poètes réunis autour de Ronsard et de Du Bellay, a pour ambition de hisser la langue française au même rang que le grec et le latin. Du Bellay théorise cette vocation dans *La Défense et Illustration de la langue française* (1549).

3 Une architecture raffinée

Pour comprendre l'image

- Désireux de faire du château de Fontainebleau une nouvelle Rome, le roi fait appel aux artistes italiens les plus prestigieux. L'aile de la galerie François Ier est emblématique de la Renaissance française. S'y trouvent la bibliothèque royale ainsi que la collection d'œuvres d'art du roi. Elle est décorée par les peintres italiens Rosso Fiorentino et Le Primatice.
- Les Italiens apportent en France un savoir-faire nouveau : ils intègrent les fresques dans des encadrements de stuc (un enduit imitant le marbre), selon une technique antique. Ce style décoratif s'imposera dans toute l'Europe.

Doc 3. La galerie François Ier du château de Fontainebleau.

4 Un roi protecteur des artistes

Pour comprendre l'image

- En 1516, François Ier invite en France le peintre italien Léonard de Vinci, l'installe dans le château du Clos Lucé à Amboise et le nomme « premier peintre, premier ingénieur et premier architecte du roi ».
- François Ier acquiert *La Joconde* et l'installe dans le château de Fontainebleau.

Doc 4. Léonard de Vinci (1452-1519), *La Joconde,* entre 1503 et 1519, huile sur bois, 77 x 53 cm, musée du Louvre, Paris.

À retenir

Grand admirateur de l'Italie, mais cherchant également à en concurrencer la grandeur, François Ier a contribué à diffuser la culture humaniste en France.

Pour cela, il a imposé la langue française, subventionné les auteurs et valorisé le patrimoine national.

Questions

1. **Doc 1 :** Pourquoi le perfectionnement de l'imprimerie favorise-t-il le développement du mouvement humaniste en France ?
2. **Doc 2 :** Pourquoi peut-on dire de François Ier qu'il fut un protecteur des lettres ? Quelle influence a-t-il eue sur la langue française et la littérature humaniste ?
3. **Doc 3 :** Recherchez le tableau de Rosso Fiorentino intitulé *L'Ignorance chassée*. Quelle image de François Ier est véhiculée ?
4. **Doc 4** D'où vient la lumière dans ce tableau ?

Faire le point → # Le sonnet

Au fil des siècles

1 Au XIVe siècle

L'invention d'une forme

▶ Le sonnet est une forme fixe qui a été inventée en Italie. Le mot « sonnet » vient du latin *sonare* (« sonner ») et renvoie au domaine musical. À l'origine, un sonnet est une petite chanson.

▶ C'est le poète italien PÉTRARQUE (v. p. 88) qui le développe.

Caractéristiques

▶ Il se compose de 14 vers en décasyllabes (10 syllabes) ou en alexandrins (12 syllabes), organisés en :
– deux **quatrains**, avec des rimes embrassées (ABBA) ;
– deux **tercets** (ou un sizain) avec deux rimes plates (CC) et de deux rimes croisées (DEDE) ou embrassées (DEED).

2 Aux XVIe et XVIIe siècles

Le XVIe siècle : l'âge d'or

▶ C'est le poète MAROT qui introduit le nom « sonnet » en France.

▶ L'engouement pour le sonnet gagne d'autres poètes, comme SAINT-GELAIS (p. 63), LOUISE LABÉ (p. 87) et les membres de la Pléiade (p. 92).

Le XVIIe siècle : un succès non démenti

▶ Les poètes libertins et baroques l'utilisent à leur tour au XVIIe siècle.

3 Au XVIIIe siècle

Une forme trop resserrée pour les philosophes des Lumières

▶ Les poètes du XVIIIe siècle délaissent cette forme, jugée trop contraignante.

▶ Les philosophes des Lumières définissent ainsi le sonnet, de manière ironique, dans L'*Encyclopédie* : « petit poème de quatorze vers, qui demande tant de qualités qu'à peine, entre mille, on peut en trouver deux ou trois qu'on puisse louer. »

4 Du XIXe à nos jours

Renaissance du sonnet

▶ Cette forme retrouvera ses lettres de noblesses au XIXe siècle, en particulier grâce à BAUDELAIRE et NERVAL, puis à VERLAINE et RIMBAUD.

C'est une forme qui continue d'inspirer les poètes (J. ROUBAUD p. 91).

ZOOM sur... Pierre de Ronsard (1524-1585)

Une éducation brillante

- Né de **petite noblesse**, Ronsard voyage avec les fils de François Ier. Sa surdité partielle lui interdit la carrière militaire. Il devient alors prieur, c'est-à-dire responsable d'un monastère.
- En 1543, il suit les cours au collège de Coqueret en compagnie d'autres élèves brillants, comme **Du Bellay**.

Prince des poètes

- En 1550, ses ***Odes*** l'imposent comme chef de file des poètes qui composent **la Pléiade**.
- Désormais « Prince des poètes », Ronsard publiera de manière ininterrompue jusqu'à sa mort : *Amours* (1552), *Hymnes* (1555-1564), *Discours* (1562) et, en 1572, les quatre premiers volumes de la *Franciade*, une épopée inachevée, en vers, de l'Histoire de France.

Loin de la cour

- En 1574 meurt le roi Charles IX, son protecteur et ami. Ronsard quitte la cour et rédige, en 1578, les *Sonnets pour Hélène* et en 1584, ses *Derniers Vers*.
- Il s'éteint en 1585, en laissant une œuvre d'une richesse et d'une variété jusqu'alors inégalées.

Enrichir son vocabulaire

Brigade

- Ce mot d'origine militaire désigne à l'origine un regroupement de plusieurs régiments d'une même arme. Par extension, il désigne une bande, une troupe ou une équipe de personnes travaillant sous la direction d'un même chef. C'est le premier nom donné à La Pléiade.

Helléniste

- Spécialiste de la langue et la littérature grecques.

Platonique

- Se dit d'un amour idéal qui se vit sans aucun contact physique.

Lyrisme

- Tonalité littéraire qui se caractérise par l'exaltation des sentiments personnels. Le nom provient de la « lyre », instrument symbolique des poètes et de leur représentant mythologique, Apollon.

Pétrarquisme

- Style poétique qui, par le ton et la forme, imite la poésie de Pétrarque. Le thème majeur est celui de l'amour idéalisé.

Volta

- Dans un sonnet, la *volta* désigne le changement de thème ou le « basculement » qui s'opère généralement entre les deux quatrains et les deux tercets.

Pléiade

- Terme astronomique choisi dans l'Antiquité grecque pour caractériser un amas d'étoiles. Ce nom a été donné postérieurement au groupe de poètes qui se désignait d'abord comme une « brigade ».

Lectures cursives

CARNET DE LECTEUR

→ ***Le Sonnet*, Gallimard, « Folio plus Classique », 2005.**

LE THÈME
Une petite histoire du sonnet en France, suivie d'une étude sur le succès de cette forme fixe.

a. Sélectionnez cinq sonnets dans l'anthologie, issus de cinq siècles différents, en justifiant vos choix.

b. Recherchez une illustration pour l'un d'entre eux.

→ ***Anthologie de la poésie française du XVIe siècle*, NRF, Poésie/Gallimard, 2005.**

LE THÈME
Aux côtés de Marot, Louise Labé, Du Bellay, Ronsard, Jodelle ou d'Aubigné, des talents méconnus qui n'appartiennent pas tous à la Pléiade retrouvent ici leur place.

a. Sélectionnez trois poèmes qui évoquent la fuite du temps et analysez-les.

b. Apprenez par cœur le poème que vous avez préféré.

c. Rédigez une quatrième de couverture pour présenter l'anthologie.

→ ***Les Poétesses de la Renaissance*, EPM, 2002.**

LE THÈME
Ce livre audio permet d'entendre la poésie de Christine de Pisan, Marguerite de Navarre, Louise Labé, Pernette du Guillet et Marie Stuart.

a. Écoutez plusieurs titres et rédigez un paragraphe argumenté pour expliquer en quoi l'écoute est plus agréable que la lecture (ou l'inverse !).

b. Cherchez l'un des poèmes que vous avez aimés en ancien ou en moyen français sur le Net, et essayez de traduire les premiers vers en français moderne.

CHAPITRE 4

Des vers pour corriger les hommes

NRP
- **Dossier**
  La fable
- **Séquences**
  – Les *Fables* de La Fontaine
  – Réécritures autour des *Fables* de La Fontaine

Nombreux sont les poètes qui ont compris que les vers peuvent être utilisés comme une arme d'une efficacité redoutable pour dénoncer les mœurs, en particulier de ceux qui détiennent le pouvoir.

Problématique :
Quels moyens, quelles formes les poètes choisissent-ils pour critiquer la société et les hommes ?

Les leçons des fables

Texte 1

La Fontaine, « La Grenouille qui veut se faire aussi grosse que le Bœuf », 1668

Nathan live! TEXTE AUDIO

Jean de La Fontaine
(1621-1695)

La Fontaine publie son premier recueil des *Fables* en 1668, avec un succès retentissant. Après avoir bénéficié de la protection de Fouquet puis de celle de la duchesse d'Orléans, il poursuit son œuvre sous l'aile de la marquise de La Sablière. En 1684, il est reçu à l'Académie française.
> p. 524

Cette fable, à l'origine de Phèdre, fabuliste latin du Ier siècle avant J.-C., a été reprise de nombreuses fois. La Fontaine, dès la troisième pièce de son recueil, montre que l'art du fabuliste réside autant dans la manière de raconter une histoire que dans l'histoire elle-même.

Une Grenouille vit un Bœuf
Qui lui sembla de belle taille.
Elle qui n'était pas grosse en tout comme un œuf,
Envieuse s'étend, et s'enfle, et se travaille
Pour égaler l'animal en grosseur,
Disant : « Regardez bien, ma sœur ;
Est-ce assez ? dites-moi ; n'y suis-je point encore ?
– Nenni. – M'y voici donc ? – Point du tout. – M'y voilà ?
– Vous n'en approchez point. » La chétive[1] pécore[2]
S'enfla si bien qu'elle creva.

Le monde est plein de gens qui ne sont pas plus sages :
Tout bourgeois veut bâtir comme les grands seigneurs,
Tout petit prince a des ambassadeurs,
Tout marquis veut avoir des pages[3].

Jean de La Fontaine, *Fables*, I, 3, 1668.

1. Faible, fragile, malingre.
2. Du latin *pecus*, « animal dans un troupeau », personne stupide, sotte (*vocabulaire vieilli*).
3. Jeune homme, souvent d'origine noble, attaché au service d'un seigneur ou d'une grande dame, pour servir d'escorte.

Gustave Doré (1832-1883), « La grenouille qui se veut faire aussi grosse que le bœuf », gravure, 1861-1868.

Le tragique destin d'une envieuse

Entrer dans le texte

1. Comment comprenez-vous la morale ?

Au fil du texte

2. Montrez que le fabuliste utilise différents niveaux de langue : quel en est l'intérêt ?

3. **Étude de la langue** Relevez les verbes au présent et identifiez leur valeur.

4. **Étude de la langue** Analysez les verbes pronominaux employés au vers 4 ; justifiez l'accumulation.

5. Relevez les modalisateurs qui trahissent le jugement du fabuliste.

6. Qu'apporte le dialogue entre la grenouille et sa congénère, vers 6 à 9 ?

7. Quel est le rôle de la morale dans ce texte ? Pourquoi la morale prend-elle autant de place dans cette fable ?

Vers l'oral du bac ▶ Proposez une lecture du texte qui mette en avant les procédés que le fabuliste a mis en œuvre pour séduire son lecteur.

Texte 2

Nathan live! TEXTE AUDIO

La Fontaine, « Le Lion et le Moucheron », 1668

« *Placere et docere* », c'est-à-dire « plaire et instruire », tel est l'objectif que se fixe La Fontaine avec ses *Fables*, suivant par là les conseils des auteurs antiques. La fable suivante illustre la virtuosité de l'artiste : La Fontaine ne réécrit pas seulement Ésope, il le réinvente… et s'en amuse.

Définition
La morale est l'enseignement qui se dégage de l'histoire. Chez La Fontaine, elle prend des formes très diverses, placée parfois avant le récit, parfois après. Elle peut être double, se résumer à quelques mots ou occuper une part importante du texte (p. 97, 4 vers sur 14). Enfin, parfois, elle n'apparaît pas du tout (Florian, p. 102).

« Va-t-en, chétif Insecte, excrément de la terre ! »[1]
C'est en ces mots que le Lion
Parlait un jour au Moucheron.
L'autre lui déclara la guerre.
« Penses-tu, lui dit-il, que ton titre de Roi
Me fasse peur ni me soucie[2] ?
Un Bœuf est plus puissant que toi,
Je le mène à ma fantaisie. »
À peine il achevait ces mots
Que lui-même il sonna la charge,
Fut le Trompette[3] et le Héros.
Dans l'abord[4] il se met au large,
Puis prend son temps[5], fond sur le cou
Du Lion, qu'il rend presque fou.
Le Quadrupède écume, et son œil étincelle ;
Il rugit, on se cache, on tremble à l'environ ;
Et cette alarme universelle
Est l'ouvrage d'un Moucheron.
Un avorton de Mouche en cent lieux le harcelle,
Tantôt pique l'échine[6], et tantôt le museau,
Tantôt entre au fond du naseau.
La rage alors se trouve à son faîte montée[7].
L'invisible ennemi triomphe, et rit de voir
Qu'il n'est griffe ni dent en la bête irritée
Qui de la mettre en sang ne fasse son devoir.
Le malheureux Lion se déchire lui-même,
Fait résonner sa queue à l'entour[8] de ses flancs,
Bat l'air qui n'en peut mais[9], et sa fureur extrême
Le fatigue, l'abat ; le voilà sur les dents.
L'Insecte du combat se retire avec gloire :
Comme il sonna la charge, il sonne la victoire,
Va partout l'annoncer, et rencontre en chemin
L'embuscade d'une Araignée :
Il y rencontre aussi sa fin.

Quelle chose par là nous peut être enseignée ?
J'en vois deux, dont l'une est qu'entre nos ennemis
Les plus à craindre sont souvent les plus petits ;
L'autre, qu'aux grands périls tel a pu se soustraire,
Qui périt pour la moindre affaire.

Jean de La Fontaine, *Fables*, II, 9, 1668.

1. Parodie d'une stance de Malherbe contre le maréchal d'Ancre : « Va-t-en à la malheure, excrément de la terre ». Il y attaque Concini, favori de la régente Marie de Médicis, tombé alors en disgrâce.
2. M'inquiète.
3. Soldat chargé de sonner la charge.
4. Dans la façon d'aborder, d'attaquer.
5. Choisit son moment.
6. Le dos.
7. La rage est alors à son apogée, à son maximum.
8. Autour.
9. Qui n'y peut rien.

Repère culturel
David et Goliath
La Bible (Livre 1, Samuel, 17 1-58) raconte comment le jeune berger David, avec l'aide de Dieu, abat le géant ennemi Goliath avec une simple fronde. Il lui vole ensuite son épée et lui tranche la tête.

Gustave Moreau (1826-1898), « Le Lion et le Moucheron », esquisse pour les *Fables* de La Fontaine, dessin (27 x 20,5 cm), musée Gustave Moreau, Paris.

Vaincre ou être vaincu...

Pour entrer dans le texte

1. Qui sont les personnages de cette fable ? Que représentent-ils ?

Au fil du texte

2. Comment le fabuliste capte-t-il l'intérêt du lecteur dès les quatre premiers vers ?

3. Quel registre identifiez-vous des vers 9 à 14 ? Justifiez.

4. Comment la férocité du lion est-elle mise en évidence, vers 15 à 16 ? Quelle est la fonction du vers 18 ?

5. **Étude de la langue** Relevez les reprises nominales utilisées pour désigner le lion et le moucheron, vers 19 à 29 : que révèlent-elles ?

6. Comment la syntaxe et la versification illustrent-elles le harcèlement subi par le lion, vers 19 à 29 ?

7. Vers 31 à 34 : montrez comment le changement de rythme indique la chute surprenante de la fable.

8. Par quels procédés le fabuliste met-il en évidence les enseignements à tirer de son apologue ?

Vers le commentaire ▶ En quoi cette fable est-elle la parfaite illustration du projet de La Fontaine : « plaire et instruire » ?

Texte écho

Ésope, « Le Cousin et le Lion »

Sans prétention littéraire, de tradition orale, les fables d'Ésope avaient pour but d'édifier les hommes sur leurs défauts. Ce texte en est la preuve.

Ésope
(VIIe-VIe siècle av. J.-C.)
Selon la légende, cet auteur de fables, phrygien d'origine, fut d'abord esclave, puis affranchi. Il séduisit ensuite le roi Crésus d'une fable et s'imposa parmi les puissants, avant d'être tué pour calomnie contre les prêtres de Delphes.

Un cousin[1] s'approcha d'un lion et lui dit : « Je n'ai pas peur de toi, et tu n'es pas plus puissant que moi. Si tu prétends le contraire, montre de quoi tu es capable. Est-ce d'égratigner avec tes griffes et de mordre avec tes dents ? Une femme même qui se bat avec son mari en fait autant. Moi, je suis beaucoup plus fort que toi ; si tu veux, je te provoque même au combat. » Et, sonnant de la trompe, le cousin fondit sur lui, mordant le museau dépourvu de poil autour des narines. Quant au lion, il se déchirait de ses propres griffes, jusqu'à ce qu'il renonça au combat. Le cousin, ayant vaincu le lion, sonna de la trompe, entonna un chant de victoire, et prit son essor. Mais il s'empêtra dans une toile d'araignée, et, se sentant dévorer, il gémissait, lui qui faisait la guerre aux plus puissants, de périr par le fait d'un vil animal, une araignée.

Ésope, *Fables*, « Le Cousin et le lion », trad. É. Chambry.

Lecture comparée

▶ Comparez la composition de la fable d'Ésope à celle de La Fontaine : les fabulistes ont-ils mis l'accent sur les mêmes passages ? Justifiez votre réponse.

Texte 3

live! TEXTE AUDIO

La Fontaine, « La Laitière et le Pot au lait », 1678

Il n'est pas question d'animaux dans cette fable qui raconte les mésaventures d'une jeune paysanne partie vendre son lait à la ville.

Contexte littéraire

Lors de la parution du 2e recueil de ses *Fables*, qui compte cette pièce, La Fontaine n'est plus à la cour depuis déjà six ans. Il fréquente le salon de Mme de la Sablière et dédie son recueil à Mme de Montespan, favorite de Louis XIV.

Perrette, sur sa tête ayant un Pot au lait
Bien posé sur un coussinet,
Prétendait arriver sans encombre à la ville.
Légère et court vêtue elle allait à grands pas ;
Ayant mis ce jour-là pour être plus agile
Cotillon[1] simple, et souliers plats.
Notre Laitière ainsi troussée[2]
Comptait déjà dans sa pensée
Tout le prix de son lait, en employait l'argent,
Achetait un cent d'œufs, faisait triple couvée ;
La chose allait à bien par son soin diligent[3].
« Il m'est, disait-elle, facile
D'élever des poulets autour de ma maison :
Le Renard sera bien habile,
S'il ne m'en laisse assez pour avoir un cochon.

1. Petite jupe de dessous, jupon.
2. Habillée.
3. Méticuleux.

Jean-Honoré Fragonard (1732-1806), *Perrette et le Pot au lait*, vers 1770, huile sur toile (53 x 63 cm), musée Cognacq-Jay, Paris.

Question

D'après vous, que représente la fumée blanche qui semble sortir du pot au lait de Perrette ?

Le porc à s'engraisser coûtera peu de son ;
Il était quand je l'eus de grosseur raisonnable ;
J'aurai le revendant de l'argent bel et bon ;
Et qui m'empêchera de mettre en notre étable,
Vu le prix dont il est[4], une vache et son veau,
Que je verrai sauter au milieu du troupeau ? »
Perrette là-dessus saute aussi, transportée.
Le lait tombe ; adieu veau, vache, cochon, couvée ;
La Dame de ces biens, quittant d'un œil marri[5]
Sa fortune ainsi répandue,
Va s'excuser à son mari
En grand danger d'être battue.
Le récit en farce[6] en fut fait ;
On l'appela le Pot au lait.

Quel esprit ne bat la campagne ?
Qui ne fait châteaux en Espagne ?
Picrochole[7], Pyrrhus[8], la Laitière, enfin tous,
Autant les sages que les fous ?
Chacun songe en veillant, il n'est rien de plus doux :
Une flatteuse erreur emporte alors nos âmes :
Tout le bien du monde est à nous,
Tous les honneurs, toutes les femmes.
Quand je suis seul, je fais au plus brave un défi ;
Je m'écarte[9], je vais détrôner le Sophi[10] ;
On m'élit Roi, mon peuple m'aime ;
Les diadèmes vont sur ma tête pleuvant :
Quelque accident fait-il que je rentre en moi-même ;

Je suis gros Jean comme devant[11].

Jean de La Fontaine, *Fables*, VII, 9, 1678.

4. Le prix que représente le porc.

5. Attristé, ennuyé.

6. Comédie populaire ; cette farce n'a sans doute jamais été écrite...

7. Personnage de *Gargantua*, de Rabelais, qui imagine que ses conquêtes vont faire de lui le maître de l'univers.

8. Personnage historique qui a rêvé de conquérir le monde.

9. Je m'éloigne.

10. Titre donné au roi de Perse.

11. Expression proverbiale à l'époque de La Fontaine : homme stupide, surnommé « gros Jean », qui restait aussi stupide qu'avant les explications qu'on pouvait lui donner.

Tous des laitières !

Pour entrer dans le texte

1. Comment la fable est-elle structurée ? Identifiez-en les différentes parties et justifiez votre réponse.

Au fil du texte

2. En quoi Perrette est-elle « légère » ? Observez la description qu'en fait le fabuliste pour répondre.

3. En quoi le rêve de Perrette transforme-t-il le lait ? Mettez en évidence toutes les étapes.

4. **Étude de la langue** Analysez l'emploi des temps dans la réplique de Perrette (v. 12-22). En quoi ceux-ci confortent-ils les rêveries de la laitière ? Faites de même pour la seconde strophe.

5. Comment le rêve se dissipe-t-il ? Comparez l'événement qui en est la cause et la manière de le relater.

6. À qui la laitière est-elle comparée successivement des vers 30 à 42 ?

7. Quel est l'effet produit par l'entrée en scène du fabuliste au vers 38 ?

Vers le commentaire ▶ Quel éclairage sur la fable la morale apporte-t-elle ?

Texte 4

Florian, « Le Roi Alphonse », 1792

Florian s'inspire ici d'un roi bien réel. Contrairement à La Fontaine, il n'utilise pas d'allégorie, mais puise explicitement dans l'Histoire.

Florian
(1755-1794)

Petit-neveu par alliance de Voltaire, Florian entre à l'Académie française en 1788. De son œuvre, on retiendra ses fables, reconnues comme les meilleures, après celles de La Fontaine. Noble, il sera inquiété pendant la Révolution, puis relâché, mais mourra d'une tuberculose, sans doute aggravée par ses conditions de détention.

Certain roi qui régnait sur les rives du Tage[1],
Et que l'on surnomma le sage,
Non parce qu'il était prudent,
Mais parce qu'il était savant,
Alphonse, fut surtout un habile astronome[2].
Il connaissait le ciel bien mieux que son royaume,
Et quittait souvent son conseil[3]
Pour la lune ou pour le soleil.
Un soir qu'il retournait à son observatoire,
Entouré de ses courtisans,
« Mes amis, disait-il, enfin j'ai lieu de croire
Qu'avec mes nouveaux instruments
Je verrai cette nuit des hommes dans la lune.
– Votre majesté les verra,
Répondait-on ; la chose est même trop commune,
Elle doit voir mieux que cela. »
Pendant tous ces discours, un pauvre, dans la rue,
S'approche, en demandant humblement, chapeau bas,
Quelques maravédis[4] : le roi ne l'entend pas,
Et, sans le regarder, son chemin continue.
Le pauvre suit le roi, toujours tendant la main,
Toujours renouvelant sa prière importune[5] ;
Mais, les yeux vers le ciel, le roi, pour tout refrain,
Répétait : « Je verrai des hommes dans la lune. »
Enfin le pauvre le saisit
Par son manteau royal, et gravement lui dit :
« Ce n'est pas de là-haut, c'est des lieux où nous sommes
Que Dieu vous a fait souverain.
Regardez à vos pieds ; là vous verrez des hommes,
Et des hommes manquant de pain. »

Jean-Pierre Claris de Florian, *Fables*, 1792.

1. Fleuve qui prend sa source en Espagne et traverse le Portugal avant de se jeter dans l'Atlantique.
2. Référence à Alphonse « le Sage », dit « le Savant », roi de Castille au XIIIe siècle.
3. Les réunions avec ses ministres.
4. Ancienne monnaie hispanique de faible valeur.
5. Qui dérange, ennuie.

Lexique
Apologue : texte en prose ou en vers qui contient une leçon ou qui illustre une morale.

Un roi dans la lune

Pour entrer dans le texte

1. Identifiez les différentes étapes de l'apologue en vous appuyant sur les temps employés.

Au fil du texte

2. Que pensez-vous de la manière dont le fabuliste désigne le roi, vers 5 ?
3. Vers 12-13 : cette proposition peut avoir différentes significations : lesquelles ?
4. La morale de cette fable est implicite : explicitez-la, si possible en vers.

Vers le commentaire ▶ Dans une partie de commentaire, vous montrerez que cette fable s'apparente à une scène de théâtre.

ÉTUDIER UN GROUPEMENT DE TEXTES

L'humour, ressort de la satire

Texte 1

Nathan live! TEXTE AUDIO

Du Bus, *Le Roman de Fauvel*, 1310-1314

Fauvel est l'association de « faux » et de « voile » ; c'est aussi l'acrostiche de Flatterie, Avarice, Vilénie, Variété (synonyme ici d'« inconstance »), Envie et Lâcheté. L'âne qui porte ce nom est donc une allégorie de ces vices. Dans les 21 premiers vers de l'œuvre, Fauvel passe de son étable au palais royal.

Autour de Fauvel il y a si grande foule
De gens de toutes nations
Et de toutes conditions
Que c'est une très grande merveille :
Il n'y en a aucun qui ne s'occupe pas
De torcher Fauvel doucement.
C'est un trop grand rassemblement :
Vous pourriez y voir rois, ducs et comtes,
Assemblés pour torcher Fauvel,
Tous les seigneurs temporels et les princes
Y viennent de toutes les provinces,
Ainsi que les chevaliers grands et petits,
Qui sont bien propres à torcher.
Sachez-le, il n'y a ni roi, ni comte
Qui ait honte de torcher Fauvel.
Vicomte[1], prévôts[2] et baillis[3]
Ne manquent pas de bien torcher ;
Bourgeois de bourgs et de cités
Torchent avec grande finesse,
Et vilains de vile[4] campagne
Sont autour de Fauvel pour le nourrir.

Gervais du Bus, *Le Roman de Fauvel*, 1310-1314

1. Titre de noblesse. – **2.** Magistrat, dans l'ancien régime. – **3.** Agent qui représente les intérêts du roi. – **4.** Méprisable, de peu d'importance.

Gervais du Bus
(fin XIIIe– début XIVe siècle)

Ce clerc est un des rédacteurs du *Roman de Fauvel*, texte satirique de 3 280 vers, qui s'attaque violemment à la corruption du pouvoir. Le texte est accompagné de musique et d'enluminures.

Hommage à Fauvel, manuscrit du *Roman de Fauvel*, BnF, Paris.

Contexte

Au début du XIVe siècle, à la mort du roi Philippe le Bel, la féodalité traverse une crise grave. La cour est corrompue et les ministres sont impopulaires.

Tous égaux en vices et en bêtise

Pour entrer dans le texte

1. Quelle réaction vous inspirent les nombreuses occurrences du verbe « torcher » ?

Au fil du texte

2. **Étude de la langue** Quelle est la nature de la proposition subordonnée du vers 4 ?

3. Que signifie, en réalité, l'expression « torcher Fauvel » ?

4. Identifiez les figures d'accumulation et de répétition : quel est leur rôle ?

5. Comment l'auteur s'attaque-t-il aux différentes classes de la société ? Que leur reproche-t-il ?

Vers l'essai ▶ Tous les hommes torchent-ils toujours Fauvel aujourd'hui ? Rédigez un essai qui rendra compte de la permanence ou de l'évolution de la situation ici décrite, sans oublier d'exprimer votre avis sur la question.

Texte 2 Du Bellay, *Les Regrets*, 1558

Nathan live! TEXTE AUDIO

Le poète se livre ici à une critique sévère des mœurs et des courtisans.

Seigneur, je ne saurais regarder d'un bon œil
Ces vieux singes de cour, qui ne savent rien faire,
Sinon en leur marcher les princes contrefaire[1],
Et se vêtir, comme eux, d'un pompeux appareil[2]

Si leur maître se moque, ils feront le pareil,
S'il ment, ce ne sont eux qui diront du contraire,
Plutôt auront-ils vu, afin de lui complaire[3],
La lune en plein midi, à minuit le soleil.

Si quelqu'un devant eux reçoit un bon visage[4]
Ils le vont caresser, bien qu'ils crèvent de rage
S'il le reçoit mauvais[5], ils le montrent au doigt.

Mais ce qui plus contre eux quelquefois me dépite[6]
C'est quand devant le roi, d'un visage hypocrite,
Ils se prennent à rire, et ne savent pourquoi.

Joachim Du Bellay, *Les Regrets*, 1558.

Joachim Du Bellay (vers 1522-1560)

Né près d'Angers dans une famille illustre, Du Bellay fait ses études avec Ronsard à Paris. Il devient membre du groupe de la Pléiade. Il publie en 1549 *Défense et illustration de la langue française*. Ses œuvres *(Les Antiquités de Rome, Les Regrets)* sont empreints de nostalgie.
> p. 521

1. Imiter l'allure des princes quand ils marchent.
2. Vêtement somptueux.
3. Faire plaisir.
4. S'il est bien accueilli.
5. S'il est mal accueilli.
6. M'irrite et me peine.

Bal à la cour d'Henri III de France, école française, XVIe s., huile sur toile (1,20 x 1, 80 m), musée du Louvre, Paris.

Un humour grinçant

Entrer dans le texte

1. Quel trait des courtisans Du Bellay dénonce-t-il dans son poème ? Relevez-en le champ lexical.

Au fil du texte

2. Quelle forme fixe Du Bellay utilise-t-il ? Comment l'adapte-t-il pour s'adresser à un « seigneur » ?

3. Identifiez les trois parties qui structurent le poème. Justifiez.

4. **Étude de la langue** Justifiez l'emploi du conditionnel au vers 1.

5. En quoi la rime des vers 2-3 est-elle particulièrement frappante ?

6. **a.** Par quels procédés et sur quel ton le poète met-il en évidence l'absurdité du comportement servile des courtisans ?
b. **Étude de la langue** Analysez les pronoms du vers 11 : donnez leur genre, leur nombre et leur référent.

7. Quel thème nouveau apparaît dans le second tercet. Comment ce thème renvoie-t-il à la tonalité du poème ?

Vers le commentaire ▶ Comment Du Bellay marie-t-il le rire et le sérieux ?

Texte 3

D'Aubigné, *Les Tragiques*, 1616

TEXTE AUDIO

Si l'auteur peint un portrait sanglant de la France (p. 66), il ne s'interdit pas d'y critiquer le roi Henri III, ni de se moquer de son aspect efféminé.

Agrippa d'Aubigné
(1552-1630)

Ce poète, écrivain et soldat, protestant convaincu, est surtout connu pour son long poème épique, *Les Tragiques*, qui relate la persécution dont les protestants sont victimes à son époque.
> p. 518

L'autre[1] fut mieux instruit à juger des atours
Des putains de sa cour, et, plus propre aux amours,
Avoir ras[2] le menton, garder la face pâle,
Le geste efféminé, l'œil d'un Sardanapale[3] :
Si bien qu'un jour des Rois ce douteux animal,
Sans cervelle, sans front[4], parut tel en son bal.
De cordons emperlés sa chevelure pleine,
Sous un bonnet sans bord fait à l'italienne,
Faisait deux arcs voutés ; son menton pinceté[5],
Son visage de blanc et de rouge empâté,
Son chef[6] tout empoudré nous montrèrent ridée,
En la place d'un Roy, une putain fardée.
Pensez quel beau spectacle, et comme il fit bon voir
Ce prince avec un busc[7], un corps[8] de satin noir
Coupé à l'espagnol, où, des déchiquetures,
Sortaient des passements et des blanches tireures[9] ;
Et, afin que l'habit s'entresuivit de rang[10],
Il montrait des manchons gaufrés de satin blanc,
D'autres manches encor qui s'étendaient fendues,
Et puis jusques aux pieds d'autres manches perdues[11].
Pour nouveau parement il porta tout ce jour
Cet habit monstrueux, pareil à son amour :
Si[12] qu'au premier abord chacun était en peine
S'il voyait un Roi femme ou bien une homme Reine.

Agrippa d'Aubigné, *Les Tragiques*,
Livre II « Les Princes », 1616.

P. J. E. Castan (1817-1892), *Portrait en pied d'Henri III*, d'après un tableau du XVIe s., huile sur toile (1,95 x 1, 08 m), musée du château de Blois.

1. Henri III.
2. Le menton rasé.
3. Roi légendaire d'Assyrie qui a toujours été présenté comme un tyran efféminé et luxurieux.
4. Sans courage.
5. Dont les poils ont été arrachés à la pince.
6. Sa tête.
7. Tige d'acier qui sert à faire tenir droit le devant d'un corset.
8. Ici, partie des vêtements qui s'applique à la partie supérieure du corps.
9. Fils d'argent.
10. Afin que l'ensemble soit harmonieux.
10. Très larges.
11. Très larges.
12. Si bien que.

Un portrait cruel

Pour entrer dans le texte

1. Quelle image du roi Henri III se dégage du texte ?

Au fil du texte

2. Quelle anecdote le poète raconte-t-il ? Résumez-la en quelques phrases.
3. Relevez et interprétez les termes péjoratifs qui désignent le roi.
4. Relevez le champ lexical du corps humain et analysez-le.
5. Quelles sont les différentes comparaisons utilisées par le poète pour désigner le roi ? Interprétez-les.
6. **Étude de la langue** Vers 18 à 20 : analysez les compléments du verbe « montrait ».
7. Quelle est la figure de style employée dans le dernier vers ? Quel effet produit-elle ?

Vers l'oral du bac ▶ « Le rôle des poètes est-il de célébrer les louanges des puissants ou, au contraire, de donner à voir leurs défauts ? » Concevez un plan pour répondre à cette question d'un examinateur, et présentez-en le traitement à l'oral.

Contexte historique

Les Tragiques évoque les guerres de religion qui ont déchiré la France au XVIe siècle, en opposant catholiques et protestants (> p. 66).

Texte 4

live! TEXTE AUDIO

Boileau, *Satire III*, « Un repas ridicule », 1666

TEXTE ENRICHI

La *Satire III* de Boileau porte sur « un repas ridicule » auquel le narrateur a été invité. Elle témoigne notamment de la permanence de la fatuité de certains hôtes et de l'hypocrisie des invités.

Nicolas Despréaux, dit Boileau
(1636-1711)

Les *Satires* sont les premières œuvres de Boileau ; elles attaquent avec une redoutable efficacité les mœurs du temps, les puissants et les ennemis de l'auteur. Si elles lui valent le succès, elles lui occasionneront aussi bien des hostilités, qui expliquent sans doute que Boileau se soit ensuite rangé en moraliste « honnête homme ».
> p. 519

Sur ce point, un jambon d'assez maigre apparence,
Arrive sous le nom de jambon de Mayence[1].
Un valet le portait, marchant à pas comptés,
Comme un recteur[2] suivi des quatre facultés[3].
Deux marmitons crasseux, revêtus de serviettes,
Lui servaient de massiers[4], et portaient deux assiettes,
L'une de champignons avec des ris de veau,
Et l'autre de pois verts qui se noyaient dans l'eau.
Un spectacle si beau surprenant l'assemblée,
Chez tous les conviés la joie est redoublée ;
Et la troupe à l'instant, cessant de fredonner,
D'un ton gravement fou s'est mise à raisonner,
Le vin au plus muet fournissant des paroles,
Chacun a débité ses maximes frivoles,
Réglé les intérêts de chaque potentat[5],
Corrigé la police, et réformé l'État :
Puis, de là s'embarquant dans la nouvelle guerre,
A vaincu la Hollande ou battu l'Angleterre[6].
Enfin, laissant en paix tous ces peuples divers,
De propos en propos on a parlé de vers.
Là, tous mes sots, enflés d'une nouvelle audace,
Ont jugé des auteurs en maîtres du Parnasse. [...]

Nicolas Boileau, « Un repas ridicule », *Satire III*, 1666.

E. Gervais, *Un valet le portait, marchant à pas comptés*, gravure colorée d'après un dessin d'É. Bayard.

1. Spécialité charcutière de fine réputation à l'époque.

2. Directeur d'université.

3. Au Moyen Âge, l'université comprenait la faculté des arts, de théologie, de droit et de médecine.

4. Porteurs d'une masse, lors de certaines cérémonies.

5. Personnage important, d'un pouvoir excessif.

6. Guerre entre l'Angleterre et la Hollande, pour laquelle Louis XIV avait pris parti.

Un invité critique

Pour entrer dans le texte

1. Quelle ambiance se dégage de ce dîner ?

Au fil du texte

2. Vers 1 à 8 : relevez et étudiez l'alternance de termes laudatifs et péjoratifs. Quel effet produit ce mélange ?

3. Comment le poète rend-il le repas responsable des propos des invités ?

4. **Étude de la langue** « Le vin au plus muet [...] paroles » : rétablissez un ordre plus moderne des éléments de ce vers.

5. Par quels procédés et grâce à quelle tonalité le poète met-il en évidence la bêtise des convives, vers 9 à 22 ?

6. Quels vices Boileau dénonce-t-il successivement dans son texte ?

Vers l'essai ▶ En quoi les critiques de Boileau sont-elles toujours d'actualité ?

Définition

La satire, texte en vers dont le but est de se moquer, est un genre qui vient de l'Antiquité. Celle-ci est une réécriture de Juvénal (voir texte-écho, page ci-contre).

Texte écho

Juvénal, *Satire V*, vers 100-125

Juvénal raconte ici son expérience de « client » chez le noble Virron. Dans l'Antiquité romaine, il était d'usage que le « patron », citoyen opulent, invite à sa table ses « clients », personnes de classe sociale inférieure et aux moyens limités, qui le soutenaient, en contrepartie, dans ses actions politiques ou militaires.

Juvénal
(Ier-IIe siècle)
Père de la satire, Juvénal a sévèrement critiqué Rome et sa décadence. Cet ami de Martial, auteur d'épigrammes tout aussi cruels, a influencé Boileau et Hugo.

Si l'estomac du maître vient à s'échauffer de vin et d'aliments, on lui apporte de l'eau bouillie plus glacée que les neiges des Gètes[1] ; mais vous, dont le vin spécial me faisait protester tout à l'heure, c'est aussi de l'eau spéciale qui vous est servie. Un coureur[2] gétule[3] te présentera la coupe, ou un noir Maure[4] à la main osseuse, que tu ne voudrais pas rencontrer en pleine nuit le long des tombeaux sur la voie Latine. Une fleur d'Asie se tient devant Virron, un esclave qu'on n'aurait pu acheter avec tout le revenu de Tullus et d'Ancus[5], avec tout le misérable mobilier des rois de Rome. Tu comprends que si tu as soif, toi, c'est à ton Ganymède[6] gétule qu'il te faut faire signe. Un jeune esclave qui a coûté tant de milliers de sesterces ne sait pas servir les gueux ; sa beauté, son âge, justifient sa morgue[7]. Est-ce qu'il s'est approché de toi ? A-t-il daigné t'entendre lui demander eau tiède ou eau glacée ? Il est outré qu'un vieux client soit couché, alors que lui est debout ; ose lui demander en maître quoi que ce soit. Toute grande maison est remplie de serviteurs insolents. En voici un autre qui te passe, en grommelant Dieu sait quoi, un pain mal rompu ou plutôt des morceaux de pain compact et déjà moisi qui résiste à ta mâchoire. Mais il y en a du tendre, du blanc comme la neige, fait avec la fine fleur du froment, pour le maître. Souviens-toi de réfréner ton geste, tu dois le respect au pain de luxe. Fais le fripon, pour voir, le gardien est là qui te fera lâcher prise : « Veux-tu bien, impudent convive, te bourrer le ventre au pain ordinaire ! Tu ne le reconnais pas à la couleur ? » – « Voilà donc pourquoi, diras-tu, j'ai si souvent laissé ma femme à la maison, gravi la pente des Esquilles[8] dans le froid, ruisselé sous la grêle de printemps ! »

Juvénal, *Satire V*, vers 100-125, trad. U. Bratelli.

Banquet de gladiateurs, vers 200-220, mosaïque (1,27 x 1,44 m), El Djem, musée national du Bardo, Tunis.

1. Région d'Asie mineure.
2. Esclave servant dans un banquet.
3. Issu d'un peuple berbère du sud de l'Afrique du Nord.
4. Issu d'un peuple berbère de l'ouest de l'Afrique du Nord.
5. Troisième et quatrième rois de Rome, selon la légende.
6. Un des nombreux amants de Jupiter, dans la mythologie.
7. Attitude hautaine, méprisante.
8. Quartier de Rome situé sur la colline de l'Esquilin.

Lecture comparée

▶ Quelle est la cible de Juvénal ? Est-elle identique à celle de Boileau ?

Parcours artistique et culturel

Goya caricaturiste

Objectif : Connaître les procédés qui permettent aux artistes de se livrer à la satire.

Francisco de Goya
(1746-1828)

Ce peintre et graveur espagnol a toute sa vie pratiqué son art avec ambivalence. Il s'est illustré, d'une part, dans des genres traditionnels (peinture religieuse, portrait de cour), et a développé, d'autre part, un style personnel pour exprimer sa vision du monde.

***Los Caprichos* (*Les Caprices*) est une série de 80 gravures éditées en 1799 dans laquelle le peintre, proche des idées des Lumières, se livre à une satire de la société espagnole de la fin du XVIIIe siècle, en critiquant l'abus de pouvoir, la corruption ou le fanatisme religieux.**

Pour comprendre l'image

- Goya nous avertit : quand les hommes ne sont plus raisonnables, ils deviennent fous.
- L'artiste se représente en plein cauchemar. Les créatures qui s'approchent de lui (chauves-souris, hiboux, chats) sont des animaux nocturnes, traditionnellement associés au mal. Ils symbolisent la folie et l'ignorance de la société espagnole que Goya critique.

Doc 1. *Le sommeil de la raison engendre des monstres*, musée du Prado, Madrid.

Pour comprendre l'image

- *Les Caprices* comportent de nombreuses charges contre la goinfrerie du clergé. Des moines sont ici représentés, de nuit, en train de se gaver dans leur réfectoire (bouches ouvertes pour montrer la voracité, abondance représentée par le serviteur en arrière-plan).
- Afin d'accentuer le ridicule et de susciter l'aversion, Goya utilise les procédés de la **déformation** et de **l'exagération** du visage et du corps de ceux qui incarnent les vices. Le peintre cherche à évoquer la bassesse morale par la laideur des personnages.

Doc 2. *Ils s'échauffent*, palais des Beaux-Arts, Lille.

Doc 3. *« Toi qui ne peux pas »*, Bibliothèque nationale, Madrid.

Pour comprendre l'image

- Le titre de la gravure reprend un dicton populaire : « Toi qui ne peux pas, porte-moi sur le dos. » Goya montre, par le biais de l'anthropomorphisme, le peuple portant sur son dos les classes paresseuses (la noblesse et le clergé), incarnées par deux ânes à l'air satisfait. L'artiste critique la répartition inégale des charges dans la société.

Lexique

Anthropomorphisme : technique qui consiste à attribuer à des animaux des caractéristiques humaines pour les rendre grotesques et, ainsi, mieux les dénoncer.

Pour comprendre l'image

- À l'époque, l'Inquisition, tribunal catholique, persécutait ceux qui s'écartaient des dogmes. Goya nommait donc ses gravures de façon prudente, grâce au double sens.
- Ici, un être diabolique coupe les ongles d'un deuxième, couvert par les ailes d'un troisième. Avoir les ongles longs signifie ici « avoir tendance à voler ». Goya livre une satire de l'État, à travers trois de ses employés qui, après avoir volé le peuple, se disculpent en se coupant les ongles et se couvrent mutuellement pour échapper aux sanctions.

Doc 4. *Ils se pomponnent*, BnF, Paris.

À retenir

- Jusqu'en 1793, Goya est un peintre traditionnel. Mais après une grave maladie, il développe un art plus personnel et des thématiques originales pour l'époque. Il se rapproche des idéaux des Lumières et son attitude devient critique.
- Il s'exprime alors avec plus de liberté, tout en se protégeant de l'Inquisition par l'emploi du double-sens.
- Par la gravure et des procédés proches de ceux de la caricature, Goya livre une satire féroce de la société espagnole du XVIIIe siècle.

Questions

1. Quelles semblent être les cibles privilégiées par Goya dans ces gravures ?
2. Par quels moyens détournés Goya livre-t-il sa vision de la société espagnole ? Quels sont les procédés plastiques utilisés ?

Faire le point

→ La fable et la poésie satirique

Au fil des siècles

1 Moyen Âge et XVIe siècle

Principaux procédés

- **L'allégorie :** les animaux dans *Le Roman de Renart*, l'âne Fauvel chez du Bus ; les serpents chez Marot.
- **L'attaque directe** (d'Aubigné).

La critique du pouvoir

- Critique des hommes de pouvoir (d'Aubigné), de la corruption de la cour et de la justice (Marot).
- Critique également du peuple (du Bus).

Quelques œuvres marquantes

- Le *Roman de Renart*,
- Du Bus, Le *Roman de Fauvel*,
- Marot, *L'Enfer*.

2 XVIIe siècle

Deux grands fabulistes

- La Fontaine s'impose comme le fabuliste de référence ; Boileau, comme un nouveau Juvénal.

L'héritage antique

- Les fables de l'époque sont généralement des réécritures d'Ésope et de Phèdre en vers ; La Fontaine en change parfois la morale.
- Les poésies satiriques s'inspirent parfois de l'Antiquité dans le style, mais sont plus ancrées dans l'époque. Le poète se présente comme spectateur de son temps ou laisse la parole à ses contemporains.

Thèmes privilégiés

- L'**hypocrisie** des courtisans et de l'Église ;
- Leur **influence** sur le pouvoir ;
- Les **défauts** de tout un chacun : avarice, orgueil, etc.

3 À partir du XVIIIe siècle

- Les philosophes des Lumières préfèrent le conte philosophique à la fable.
- Seul le poète Florian perpétue la tradition, qui sera reprise au XIXe siècle par Victor Hugo dans *Les Châtiments*.

Zoom sur... Les *Fables* de La Fontaine (XVIIe siècle)

Renouvellement du genre

- Si La Fontaine rend régulièrement hommage aux fabulistes antiques, il **s'affranchit peu à peu des traditions**. Non seulement il renouvelle ses sources (il puise du côté de l'Orient), mais il libère sa plume : ses fables adoptent une tonalité satirique (→ Fiche 22, p. 420-421).

Placere...

- Pour **animer** ses personnages (hommes et femmes de son temps, animaux personnifiés et êtres mythiques), La Fontaine emploie une **langue riche** qui ne se laisse enfermer ni dans un registre (burlesque, comique, parfois tragi-comique), ni dans un mètre rigide (son vers libre combine l'alexandrin aux autres vers). Ses fables sont tantôt brèves, tantôt épanouies, de sorte que **l'esprit ne saurait s'ennuyer.**

... et docere

- La Fontaine est un **moraliste,** et ses fables, comme l'indique la dédicace de son premier recueil au Dauphin, cherchent à **édifier les hommes**.

Enrichir son vocabulaire

Cour

- Lieu où résident le souverain et sa suite. Par métonymie, c'est aussi l'ensemble des courtisans. Ainsi, faire sa/la cour évoque directement l'activité de ces derniers, experts dans l'art de plaire.

Tyran

- En Grèce antique, chef politique qui avait usurpé le pouvoir. Le terme est vite devenu synonyme d'absolutisme, d'oppression et de violence dans l'exercice de ce pouvoir. Aujourd'hui, dans le langage courant, un tyran est une personne qui abuse de sa situation pour en dominer d'autres.

Ridicule

- Si le ridicule fait souvent l'objet de la satire, ce n'est pas seulement parce qu'il provoque le rire ou la moquerie, mais parce qu'il est contraire au bon sens.

Flatterie

- Compliment exagéré ou geste visant à obtenir les faveurs de quelqu'un, la flatterie s'appuie toujours sur l'idée de mensonge, sur le décalage entre l'être et le paraître. C'est un des thèmes privilégiés du fabuliste ou du poète satirique.

Hypocrite

- En grec ancien, l'hypocrite est un acteur, mais le mot désignait déjà celui qui cachait ses intentions réelles. Souvent utilisé pour qualifier les courtisans, il lie indirectement la cour à la scène de théâtre. Cette analogie se révèle pertinente puisque la cour, avec son étiquette et ses jeux de masques, accorde une large part à la représentation.

Morale

- Leçon que l'on tire d'une histoire.

Apologue

- Texte en prose ou en vers qui contient une leçon ou qui illustre une morale.

Satire

- Texte dont l'objectif est de se moquer. À l'origine, la satire est un genre littéraire latin dont les principaux auteurs sont Martial et Juvénal. Le mot latin signifie « mélange ».

Placere et docere

- Ces mots latins signifient « plaire et instruire ». D'après le philosophe grec Aristote, un écrivain doit être animé de trois ambitions : *placere* (plaire), *movere* (émouvoir) et *docere* (instruire).

Lectures cursives

CARNET DE LECTEUR

→ * Le *Roman de Renart*, XIIe siècle

L'INTRIGUE

Les vilénies de Renart le goupil (le renard), et surtout les cocasses mésaventures de ses victimes, dont en premier le loup Ysengrin débouchent sur son procès devant la cour du roi Noble le lion.

a. Faites la liste de toutes les victimes de Renart : quel défaut met-il en évidence à chaque fois ?

b. Dans la scène du procès, quels éléments vous rappellent des textes de la séquence ?

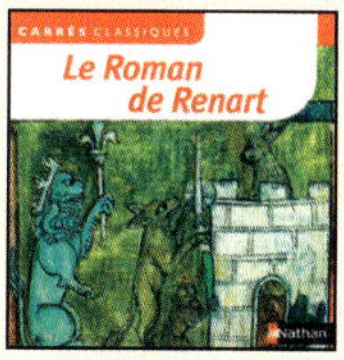

→ ** Victor Hugo, *Les Châtiments*, 1853

LE THÈME

Ce recueil de poésies satiriques de formes diverses (chanson, fable, satire, etc.) est une réponse d'Hugo, alors en exil, à Napoléon III, après le coup d'État du 2 décembre 1852.

a. Quelle pièce de ce recueil vous paraît la « réponse » la plus efficace à la politique de Napoléon III ? Pourquoi ?

b. Quel texte avez-vous préféré ? Pourquoi ?

→ ** Jacques Prévert, *Paroles*, Gallimard, 1946

LE THÈME

Parmi ces textes poétiques, certains dénoncent la Seconde Guerre mondiale et les violences que les pouvoirs imposent au peuple, d'autres, moins satiriques, s'attardent sur la vie quotidienne et la place de l'art.

a. Comment peut-on justifier la cohabitation, dans ce recueil, de textes satiriques, et d'autres ?

b. Comme le suggère le titre, choisissez un texte satirique dans le recueil et mettez-le en voix.

Ce qu'il faut retenir

La poésie, du Moyen Âge au XVIIIe siècle

1 Le genre

Nathan live! EXERCICE INTERACTIF

Qu'est-ce que la poésie ?

- La **poésie** est un genre qui remonte à l'Antiquité. En Grèce, le mot *poïêsis* signifie « **création** ». Le poète, alors nommé **aède** (chanteur), est celui qui crée à la fois le **langage** et la **forme** qui fixera ce langage.
- Les règles fixées par ARISTOTE restreignent ensuite ce genre aux textes écrits en vers : **épopée, poésie dramatique** (théâtre), **poésie lyrique**.
- De nos jours, les contraintes et les fonctions ont évolué, et la poésie n'est **plus toujours écrite en vers**.

« Comme le poète est un imitateur, [...] il imite les choses sous quelqu'une de ces trois formes, ou telles qu'elles existaient ou existent, ou telles qu'on dit ou qu'on croit qu'elles sont, ou enfin telles qu'elles devraient être. »

Aristote

Inspiration ou imitation ?

- Dans l'Antiquité, pour PLATON, la poésie est un souffle envoyé par les divinités. Pour ARISTOTE, au contraire, c'est d'abord un art d'**imitation**.
- Au XIXe siècle, HUGO considère le poète comme un **prophète**, un **visionnaire** proche de **Dieu**.
- Avec les avant-gardes, et en particulier les surréalistes, l'inspiration provient de l'**inconscient** du poète.

« Ce n'est point en effet à l'art, mais à l'enthousiasme et à une sorte de délire, que les bons poètes épiques doivent tous leurs beaux poèmes. Il en est de même des bons poètes lyriques. »

Platon

Un texte d'abord chanté

- La poésie s'inspire notamment du mythe d'**Orphée**, qui chante sa tristesse d'avoir perdu son adorée, Eurydice, en s'accompagnant d'une lyre.
- De ce mythe proviennent l'adjectif « lyrique » et le nom « **lyrisme** », utilisé au début du XIXe siècle, pour désigner l'expression des **sentiments intimes**.
- Au Moyen Âge, ce lien étroit entre poésie et chant perdure, car la poésie est alors chantée par les **trouvères** en langue d'oïl (au nord de la France) et les **troubadours** en langue d'oc (au sud).
- Aujourd'hui, c'est encore le cas de certains poètes (LÉO FERRÉ), de rappeurs ou de slameurs.

« Tandis qu'[Orphée] parlait, s'accompagnant des accords de sa lyre, il arrachait des larmes aux âmes exsangues. »

Ovide

Fonctions de la poésie

- La poésie sert à **exprimer les sentiments du poète**, et donc des hommes et des femmes (poésie lyrique et élégiaque).
- Elle permet aussi de **s'engager dans des débats de société**, et de **dénoncer** pour faire évoluer les opinions. Certains poètes paient parfois de leur vie cet engagement.

« Ce sont les seuls interprètes des vrais dieux que les poètes. »

Ronsard

2 Des formes et des manières

Les formes fixes

Au Moyen Âge

- Le **rondeau** est l'une des formes favorites des poètes médiévaux. Le premier quatrain s'ouvre sur deux vers (**refrain**) qui sont repris à la fin du deuxième quatrain. La troisième strophe de quatre ou cinq vers s'achève sur le premier vers de la première strophe, qui est alors parfois raccourci (le « rentrement »).
- La **ballade** est composée de **trois strophes** suivies d'un **envoi**. Le premier vers de chaque strophe et celui de l'envoi sont répétés (**refrain**). Les strophes ont autant de vers que le vers a de syllabes (ex. : 8 lignes de vers pour des octosyllabes).
- Le **lai** est généralement écrit en octosyllabes, sur deux rimes seulement.

Au XVIe siècle

- Le **sonnet** se compose de deux quatrains et de deux tercets. C'est un genre importé d'Italie qui rencontre un vif succès à la Renaissance.
- L'**ode**, imitée des poètes grecs et latins, a été introduite en France durant la Renaissance. Le poète choisit un schéma strophique et le répète autant de fois qu'il le veut. Il s'agit d'un poème célébrant les **louanges** de quelqu'un, ou chantant les **sentiments amoureux** du poète.

Du XVIIe au XVIIIe siècle

- La **fable** est un genre très en vogue chez les moralistes, qui s'en servent pour « plaire et instruire » (La Fontaine, Florian). Généralement composée en vers, elle contient souvent d'une **morale**.
- Le XVIIIe siècle n'est pas friand de poésie, et les poètes demeurent assez **classiques** dans leur inspiration. On retiendra surtout Chénier, qui remit au goût du jour l'iambe, forme fixe faisant alterner des vers de longueurs différentes (un bref et un long).

> « Un sonnet sans défauts vaut seul un long poème,
> Mais en vain mille auteurs y pensent arriver ;
> Et cet heureux phénix est encore à trouver. »
>
> **Boileau**

Vers libres et nouvelles formes poétiques

Les vers libres

- Si le premier emploi du vers « mesuré » date de 1588, c'est surtout à la fin du XIXe siècle, que ce type de vers se libère des contraintes formelles jusqu'alors pratiquées. Le décompte des syllabes (le mètre) varie et la rime s'efface souvent au profit d'assonances ou d'échos internes.

De la prose poétique au poème en prose

- La poésie en prose ne répond pas aux contraintes formelles de l'écriture versifiée : pas de rimes, ni de mètres ou de strophes. Mais l'importance accordée au langage, au rythme et aux figures d'analogie y demeure capitale.
- Le **poème en prose** se développe au XIXe siècle, avec des auteurs comme Bertrand et Baudelaire, mais la **prose poétique** existe depuis l'origine de l'écriture. Cette expression sert à désigner des passages particulièrement poétiques dans une œuvre en prose.

Le calligramme

- Le calligramme est un poème dont la disposition graphique du texte forme un **dessin**.
- Si ce mot-valise, formé par la contraction de *calligraphie* et d'*idéogramme*, est inventé par Apollinaire lors de la parution de son recueil *Calligrammes* en 1918, le genre existe depuis l'Antiquité. On attribue les premiers calligrammes à Simmias de Rhodes, poète grec du IVe s. av. J.-C.

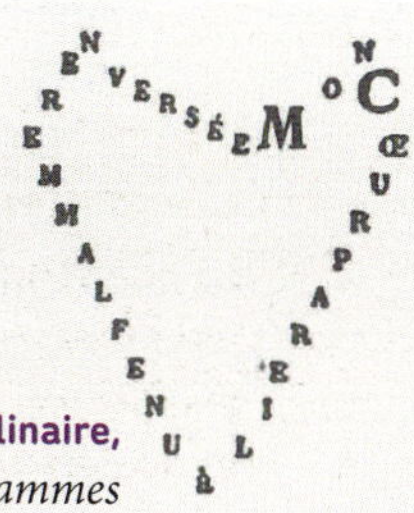

Apollinaire, *Calligrammes*

Vers le CARNET DE LECTEUR

Lire de la poésie

Méthode
Fiche 68, p. 512

▶ **On trouve parfois difficile d'aborder la lecture d'un poème, et plus encore celle, *a fortiori*, d'un recueil entier. Cependant, en se posant les bonnes questions et en laissant parler sa sensibilité, lire de la poésie devient très agréable.**

Les questions-clés

1 Le contexte et l'auteur

- À quelle période le recueil a-t-il été publié ? Les événements historiques ont-il une influence sur le poète ?
- Les poèmes du recueil évoquent-ils des événements historiques ? Le font-ils de manière explicite, ou par le biais d'analogies ?
- Les poèmes renvoient-ils plutôt à des événements intimes de la vie de l'auteur ? à une histoire d'amour, heureux ou malheureux ? à des événements familiaux ? → p. 424

2 L'écriture du poète

- Retrouve-t-on souvent les mêmes figures de style dans les poèmes du recueil, ou dans un poème en particulier ?
- Le poète utilise-t-il souvent la même forme fixe (par exemple le sonnet) ? Pour quelles raisons ?
- Le poète exprime-t-il des sentiments amoureux, ou s'engage-t-il dans un combat particulier ? → p. 446

3 S'approprier un poème par l'oralisation

- Comment bien lire les vers, les « e » sonores et ceux qui ne le sont pas, les enjambements, les diérèses, etc. ?
- Quel ton choisir pour lire un poème précis ? → p. 444

4 Les émotions du lecteur

- Qu'éprouve-t-on à la lecture des poèmes, ou d'un poème précis du recueil ? De la joie, de la peine, de la compassion, de la colère… ? Quels procédés utilisés par le poète nous permettent d'éprouver ces émotions ?
- Quelles sont les images qui nous viennent en tête à la lecture d'un poème ?
- Les poèmes apparaissent-ils plutôt sérieux ou comiques ? Pourquoi ?

Ateliers d'écriture

Écriture d'intervention

1 | **ESSAI.** Dans son « Allocution au banquet Nobel du 10 décembre 1960 », le poète Saint-John Perse affirme : « […] c'est assez, pour le poète, d'être la mauvaise conscience de son temps ». Par la lecture ou l'écoute de ce discours, et en vous fondant sur les poèmes que vous connaissez, vous expliquerez cette profession de foi.

Écriture d'appropriation

2 | **RESTITUTION DES IMPRESSIONS DE LECTURE.** Constituez et présentez à votre classe une anthologie de la « poésie engagée » du XVIe au XXIe siècle. Ajoutez une préface pour dire quels poètes et quels textes caractérisent le mieux, selon vous, cette poésie, dans quelles parties du monde et pour quel engagement.

Écriture d'invention

3 | **BLASON ET CONTRE-BLASON.** À la manière de Chappuys (p. 75) ou de Hueterie (p. 76), rédigez un blason ou un contre-blason. Choisissez un élément du corps humain dont vous désirez montrer les qualités ou les défauts. Établissez le champ lexical de cet élément, puis cherchez des métaphores et autres figures de style qui le représentent. Vous veillerez à bien respecter le but de votre poème : faire l'éloge ou se moquer.

Écriture d'intervention

4 | **RÉÉCRITURE.** Lisez le poème de Louise Labé (p. 87). Réécrivez-le en modifiant son thème : Cherchez une antithèse (la nuit/le jour, le rire/les larmes) et développez-la. Vous respecterez la forme du sonnet, son organisation et les différentes figures de style (antithèse, périphrase…).

Écriture d'invention

5 | **ÉDITION NUMÉRIQUE.** Construisez l'édition numérique enrichie du texte de Marbeuf (p. 90). Elle comprendra des notes de bas de page, un lien hypertexte vers un morceau musical qui l'illustre, deux images fixes ou mobiles en lien avec le poème ou le mouvement de la préciosité, un poème traitant du même thème ou utilisant le même motif, des éléments de contexte historique et culturel. Intégrez une mise en voix personnelle du texte.

Écriture d'appropriation

6 | **HISTOIRE DE L'ART.** Cherchez et analysez le tableau *Vanité*, de Jan Sanders van Hemessen. Repérez les symboles et recherchez leur signification (fuite du temps, mort, richesses éphémères). Montrez comment ce tableau s'inscrit dans le mouvement baroque.

Écriture d'invention

7 | **TRANSPOSITION.** Vous transposerez le poème de Boileau (p. 106) au XXIe siècle. Vous respecterez les enjeux du texte (la satire d'un « repas ridicule »), la forme adoptée par le moraliste, les procédés et la tonalité employés. Vous ferez tous les changements nécessaires liés à l'époque.

Vers le BAC

Le commentaire de texte

Objectifs

- Apprendre à interpréter des procédés d'écriture
- Savoir dégager des axes de commentaire
- Lire un exemple d'introduction

SUJET

Expliquez ce texte et déterminez les axes en vue d'un commentaire.

TEXTE Joachim du Bellay, *Les Regrets*, 1558

Ce texte est le premier poème du recueil. Du Bellay présente au lecteur son projet poétique.

Légende

L'accumulation de formes négatives structure le poème ; Elles indiquent tout ce que Du Bellay rejette.

Champ lexical de la connaissance et champ lexical de l'épopée qui renvoient à la poésie savante de certains contemporains.

Thème de la création artistique, du travail du poète.

Champ lexical des sentiments et éloge de la simplicité du quotidien.

Connecteurs logiques.

Je ne veux point fouiller au sein de la nature,
Je ne veux point chercher l'esprit de l'univers,
Je ne veux point sonder les abîmes couverts
Ni desseigner[1] du ciel la belle architecture.

Je ne peins mes tableaux de si riche peinture,
Et si hauts arguments ne recherche à mes vers :
Mais suivant de ce lieu les accidents divers,
Soit de bien, soit de mal, j'écris à l'aventure.

Je me plains à mes vers, si j'ai quelque regret,
Je me ris avec eux, je leur dis mon secret,
Comme étant de mon cœur les plus sûrs secrétaires.

Aussi ne veux-je tant les pigner[2] et friser,
Et de plus braves noms ne les veux déguiser,
Que de papiers journaux, ou bien de commentaires.

1. Dessiner. – 2. Peigner.

Méthode ▶ Structurer le commentaire

ÉTAPE 1 Comprendre le sens littéral et la structure du texte

1. Trouvez l'enjeu de ce texte. Pour cela, donnez-lui un titre.
2. Observez les connecteurs logiques pour comprendre la dimension argumentative du poème.
3. Quels défauts de la poésie savante les quatrains soulignent-ils ?

Conseils

- **Faites des recherches** sur l'époque, et l'auteur pour situer le texte dans son contexte. Du Bellay est l'auteur d'un texte théorique sur la poésie, *Défense et Illustration de la langue française* (1549).

ÉTAPE 2 Comprendre le fonctionnement de la langue pour mieux lire le texte

Conseils

1. Posez-vous les questions suivantes :
   a. Aux vers 4 et 6, rétablissez un ordre plus naturel des mots.
   b. Comment est exprimée la négation dans ce poème ?
   c. Au vers 12, quel est le sujet de « veux » ?

• La langue du XVIe siècle a une syntaxe assez différente de la syntaxe moderne.

ÉTAPE 3 Interpréter les procédés d'écriture

1. Interprétez la présence du champ lexical de la création poétique surligné en jaune.
2. Analysez les anaphores.
3. Commentez les antithèses : confrontez les champs lexicaux.
4. Observez la manière dont Du Bellay définit le lyrisme, c'est-à-dire l'expression de sentiments intimes.

• Aidez-vous des passages surlignés en jaune.

• Aidez-vous des champs lexicaux surlignés en gris, bleu, vert et rose.

• Interprétez la paronomase « secret »/ « secrétaires ».

ÉTAPE 4 Commenter un texte poétique

1. Portez une attention particulière aux contraintes formelles :
   a. Identifiez la forme du poème.
   b. Relevez les mots placés à la césure de chaque alexandrin.
   c. Citez deux mots qui riment et dont le rapprochement fait sens.

• Soyez attentifs à la place des mots dans le vers. L'**entame**, la **césure** et la **rime** sont des places importantes.

ÉTAPE 5 Construire un plan et formuler une problématique

1. Classez vos remarques en deux parties avec des sous-parties.
2. Formulez une problématique à laquelle le plan répond.

– Dénonciation de la poésie savante
– Éloge d'un lyrisme simple, que Du Bellay veut partager avec son lecteur.

Exemple d'introduction rédigée

→ Du Bellay est à Rome, où il accompagne son oncle au Vatican, lorsqu'il compose les poèmes qui seront regroupés dans son recueil *Les Regrets*, publié en 1558. La poésie est alors encore très influencée par la Grands Rhétoriqueurs, des poètes qui, avant ceux de la Pléiade, écrivent une poésie érudite d'un grand formalisme. Dans le sonnet « Je ne veux point fouiller au sein de la nature », Du Bellay rejette cette influence pour imposer une poésie plus personnelle. Ce texte, qui est le premier du recueil, prend une valeur programmatique.

Comment Du Bellay met-il en œuvre dans ce sonnet le lyrisme simple et accessible dont il fait l'éloge ?

Nous verrons d'abord comment il construit sa critique de la poésie savante pour étudier ensuite la manière dont ce poème est un exemple de cette poésie nouvelle qu'il cherche à imposer.

Vers le BAC **L'oral**

Objectifs

- Expliquer un texte à l'oral
- Avancer par étapes vers la présentation de l'exposé

SUJET

Quels pouvoirs de l'Amour l'auteur exprime-t-il grâce à l'écriture poétique ?

TEXTE Siméon Guillaume de La Roque, *Les Heureuses Amours de Cloridon*, 1596

Dans son recueil, le poète met en scène des aventures amoureuses, dont les siennes. Son œuvre est par ailleurs composée de chansons, élégies et pièces érotiques.

Légende

- Champs lexicaux de l'affliction et de la solitude
- Marques de première personne
- La métaphore du hibou, oiseau solitaire et nocturne, jugé par le commun des hommes comme portant malheur
- L'accentuation de la solitude, du repli
- **Champ lexical de la lumière**
- Métaphore de l'aigle

Je suis le triste oiseau de la nuit solitaire,
Qui fuit sa même espèce et la **clarté du jour**,
De nouveau transformé par la rigueur d'Amour,
Pour annoncer l'augure au malheureux vulgaire[1].

J'apprends à ces rochers mon tourment ordinaire,
Ces rochers plus secrets où je fais mon séjour.
Quand j'achève ma plainte, Écho parle à son tour,
Tant que **le jour** survient qui soudain me fait taire.

Depuis que j'eus perdu **mon soleil radieux**,
Un voile obscur et noir me vint bander les yeux,
Me dérobant l'espoir qui maintenait ma vie.

J'étais jadis un aigle **auprès de sa clarté**,
Telle forme à l'instant du sort me fut ravie,
Je vivais de **lumière**, ore[2] d'obscurité.

1. Aux hommes.– 2. Maintenant.

Méthode ▸ **Commenter un texte à l'oral**

Les étapes 1 à 6 sont à réaliser pendant la phase préparatoire.

ÉTAPE 1 Identifier la structure du poème

1 Repérez et nommez les types de strophes utilisés :
- **2 quatrains :** la plainte élégiaque du hibou
- **2 tercets :** la résolution de l'énigme. Le hibou est un aigle déchu (autre métaphore du poète) par la perte de l'être aimé.

Conseils

1 quatrain = strophe de 4 vers
1 tercet = strophe de 3 vers
2 quatrains + 2 tercets = 1 sonnet.

ÉTAPE 2 Expliciter le sens du texte

1 Posez-vous les questions suivantes :

a. Quel sentiment le poète exprime-t-il ?

b. En quel animal l'Amour a-t-il transformé le poète ?

c. Pourquoi ce choix ?

2 **Construisez** votre réponse avec des **références précises** au texte.

ÉTAPE 3 S'appuyer sur les outils d'analyse

1 Identifiez les temps employés et justifiez leur emploi.

2 Identifiez les figures de style. Pourquoi celle du dernier vers est-elle intéressante ?

ÉTAPE 4 Vérifier ses connaissances culturelles

1 Évoquez ce que vous savez de la forme poétique choisie par l'auteur.

2 Interrogez-vous sur les points suivants :

a. Pourquoi le mot « Amour » comporte-t-il une majuscule ?

b. Qui est Écho ? Que renforce cette référence dans le texte ?

c. De quel mouvement littéraire le thème de la métamorphose, présent dans ce sonnet, se rattache-t-il ?

ÉTAPE 5 S'entraîner à lire

1 Le e de « ore » au dernier vers doit-il être prononcé ? Pourquoi ?

2 Le e de « aigle » au vers 12 doit-il être prononcé ? Pourquoi ?

3 Comment devez-vous lire le vers 9 pour respecter l'alexandrin ?

ÉTAPE 6 Organiser sa réponse

Deux possibilités de plan

1 **Le plan d'un commentaire**

1. L'Amour, figure centrale du destin
2. Les pouvoirs bénéfiques de l'Amour : l'aigle volant au plus près du soleil de sa Dame.
3. Les pouvoirs mortifères de l'Amour : le poète éconduit, ou l'Aigle devenu hibou, solitaire et triste.

2 **Le plan d'une lecture linéaire**

1. Les quatrains : la description d'un état de désespoir et de solitude (un pouvoir mortifère)
2. Les tercets : l'explication de la cause de cet état : un bonheur éphémère

Conseils

- Justifiez votre réponse.
  – a. Citez les éléments surlignés en bleu.
  – b. Faites référence aux vers 1 et 4.
  – c. Citez les éléments soulignés.

- Aidez-vous des fiches de méthode 4, 16 à 19 de votre manuel.

- Aidez-vous des pages « Histoire littéraire » (p. 38-39) et repères (p. 60-61).

- Vérifiez que vous connaissez le sens de chaque mot et les références culturelles nécessaires à son explication.

- Aidez-vous de la fiche 34, p. 444.

Le théâtre, du XVIIe au XXIe siècles

En attendant Godot de Samuel Beckett,
mise en scène B. Sobel, théâtre de Gennevilliers, sept-oct 2002,
avec Ch. Brault, Ph. Faure, Cl. Guyonnet, D. Znyk.

Du collège AU LYCÉE

Mobiliser ses connaissances sur le théâtre

RAPPELS ▶ Les genres théâtraux

La comédie

■ Au Moyen Âge, la **farce** désignait les petites **saynètes** amusantes dont on « farcissait » les pièces sérieuses, surtout religieuses.

■ Au XVIIe siècle, **Molière** cultive ces effets comiques, destinés à **distraire**, en explorant des **thèmes sérieux** : le mariage, le conflit de générations, les relations entre maîtres et valets.

■ Les personnages de comédie sont des **paysans**, des **médecins**, des **bourgeois**, rarement des nobles.

Le tragique

■ Chez les Grecs, le registre **tragique** se définit par la force de la fatalité.

■ Au XVIIe siècle, on retrouve la **fatalité tragique** dans les pièces de **Corneille** et de **Racine**.

■ Au XXe siècle aussi, des personnages comme Antigone (Anouilh) se retrouvent pris dans un **engrenage tragique**, miroir des tragédies réelles vécues au cours des deux guerres mondiales.

Notions utiles vues au collège

1 La structure d'une pièce de théâtre

■ La plupart des pièces sont divisées en **actes** et en **scènes**. Une scène correspond à l'entrée ou à la sortie d'un personnage.

■ Une pièce s'organise comme suit :

Scène d'exposition :
première scène, qui présente les personnages, la situation et l'intrigue

↓

Action :
succession d'événements, organisés en actes et scènes

↓

Dénouement :
résolution de l'intrigue, qui survient à la fin de la pièce

2 Le texte théâtral

■ Le texte théâtral a une double nature : il est fait de **dialogues** et de **didascalies**.

■ Dans les dialogues, les **répliques** sont de longueurs et de rythmes variés : une réplique longue est une **tirade**.

■ Quand un personnage est seul en scène, on parle de **monologue**.

■ Il arrive qu'un personnage s'adresse au public sans que les autres personnages entendent : c'est un **aparté**.

3 La représentation

■ Un travail de **mise en scène** est indispensable pour que le texte devienne une **représentation**. Le **metteur en scène** fait des choix de décors, de costumes, de lumières, et guide l'**interprétation** du texte par les **comédiens**.

■ Le spectacle théâtral est le lieu d'une **tension dramatique** pour représenter des conflits (amoureux, familiaux, politiques).

Je vérifie mes connaissances

Une servante bien inspirée

TOINETTE. – Quoi ! monsieur, vous auriez fait ce dessein[1] burlesque ? Et, avec tout le bien que vous avez, vous voudriez marier votre fille avec un médecin ?

ARGAN. – Oui. De quoi te mêles-tu, coquine, impudente[2] que tu es ?

TOINETTE. – Mon Dieu ! tout doux. Vous allez d'abord aux invectives[3]. Est-ce que nous ne pouvons pas raisonner ensemble sans nous emporter. Là, parlons de sang-froid. Quelle est votre raison, s'il vous plaît, pour un tel mariage ?

ARGAN. – Ma raison est que, me voyant infirme et malade comme je le suis, je veux me faire un gendre et des alliés médecins, afin de m'appuyer de bons secours contre ma maladie, d'avoir dans ma famille les sources des remèdes qui me sont nécessaires, et d'être à même des consultations et des ordonnances.

TOINETTE. – Eh bien, voilà dire une raison, et il y a du plaisir à se répondre doucement les uns aux autres. Mais, monsieur, mettez la main à la conscience ; est-ce que vous êtes malade ?

ARGAN. – Comment, coquine ! si je suis malade ! Si je suis malade, impudente !

TOINETTE. – Eh bien, oui, monsieur, vous êtes malade ; n'ayons point de querelle là-dessus. Oui, vous êtes fort malade, j'en demeure d'accord, et plus malade que vous ne pensez : voilà qui est fait. Mais votre fille doit épouser un mari pour elle ; et, n'étant point malade, il n'est pas nécessaire de lui donner un médecin.

ARGAN. – C'est pour moi que je lui donne ce médecin, et une fille de bon naturel doit être ravie d'épouser ce qui est utile à la santé de son père.

Molière, *Le Malade imaginaire*, acte I, scène 5, 1663.

1. Projet.
2. Insolente.
3. Injures.

Questions

1. Qui sont Argan et Toinette, l'un pour l'autre ?
2. Quel sont les thèmes abordés dans cet extrait ?
3. À quel genre théâtral appartient cette scène ? Relevez les passages qui justifient votre réponse.

Qu'avez-vous lu ? Que savez-vous ?

Antigone •	
L'Avare •	• Anouilh
Cyrano de Bergerac •	• Jules Romains
Le Cid •	• Rostand
Le Médecin malgré lui •	• Molière
Knock •	• Shakespeare
Les Fourberies de Scapin •	• Corneille
Roméo et Juliette •	

Questions

1. Associez chacune de ces œuvres à son auteur.
2. Lesquelles de ces pièces, d'après vous, sont des comédies ?
3. Quelles autres pièces des mêmes auteurs pouvez-vous citer ?
4. Avez-vu lu des pièces de théâtre d'autres écrivains que ceux de la liste donnée ?
5. À quelles représentations théâtrales avez-vous assisté ? Avez-vous apprécié ces spectacles ? Pourquoi ?

Repères HISTORIQUES et CULTURELS L'évolution du théâtre en

1594 – Henri IV
1610 – Louis XIII
1643 – Louis XIV
1715 – Louis XV
1774 – Louis XVI
1789 Révolution française

Baroque – Préciosité – Classicisme – Lumières

- 1637 Corneille, *Le Cid*
- 1664 Molière, *Le Tartuffe*
- 1669 Racine, *Britannicus*
- 1730 Marivaux, *Le Jeu de l'amour et du hasard*
- 1784 Beaumarchais, *Le Mariage de Figaro*

1 Le XVIIe siècle : le théâtre en majesté

- Le XVIIe siècle est souvent qualifié d'« **âge d'or** » du théâtre français : c'est alors le plus prisé des genres littéraires, le divertissement favori du public et l'un des instruments de prestige du pouvoir royal.
- Le théâtre devient une **institution codifiée**, avec des comédiens **professionnels.** Louis XIII et son ministre Richelieu subventionnent des troupes qui jouent dans des salles permanentes à Paris tandis que l'Académie française, créée en 1635, établit les **règles** de l'art dramatique. **Louis XIV** affirme à **Versailles** son goût pour les représentations théâtrales lors de **fêtes somptueuses**.
- Si les pièces de Corneille, de Racine ou de Molière cherchent à « **plaire et instruire** » selon la devise de l'art classique, certaines font aussi l'objet de vifs débats ou « **querelles** » autour de questions esthétiques, morales ou religieuses (*Tartuffe*...).

Jean Le Pautre, *Les Divertissements de Versailles : la représentation du* Malade imaginaire, 1676, château de Versailles.

2 Le XVIIIe siècle : le théâtre en société

- Les salles de théâtre se multiplient à Paris comme en province et les genres dramatiques se diversifient. On continue à jouer ou à imiter les auteurs classiques du siècle précédent tout en créant des formes nouvelles : on rit au **« théâtre de foire »** joué sur des tréteaux, on se divertit avec le **« théâtre de société »** donné dans les salons, tandis que le **« drame »**, théorisé par Diderot, vise à émouvoir, édifier et enseigner la vertu.
- Les comédies de Marivaux utilisent les artifices du déguisement pour révéler la vérité des sentiments amoureux, les pièces de Beaumarchais allient intrigue comique et visée politique. Le siècle des **Lumières** a conçu le théâtre comme un moyen d'**éclairer la société** pour contribuer à la changer, en touchant la sensibilité du public par des intrigues contemporaines, des mises en scène travaillées et un jeu expressif des comédiens.

Jean-Antoine Watteau, *Les Comédiens italiens*, 1720, National Gallery of art, Washington.

France du XVIIe au XXIe siècles

Nathan live! FRISE ANIMÉE

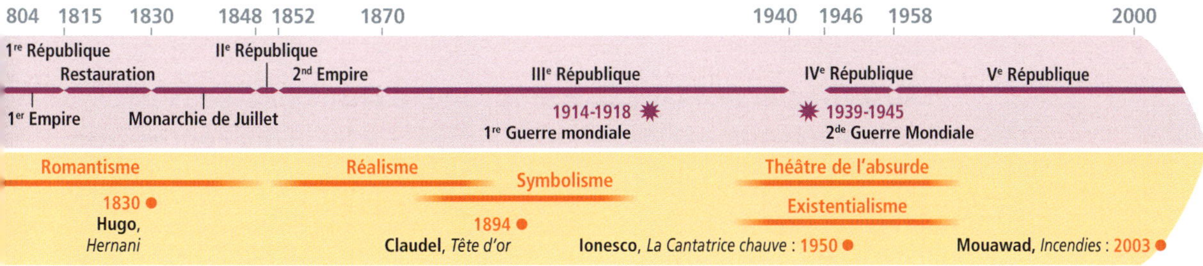

3 Le XIXe siècle : le théâtre entre tradition et innovation

- Le genre théâtral participe à sa façon aux tensions entre conservatisme et révolution qui caractérisent le XIXe siècle.
- Ainsi, la pérennité des pièces classiques de Corneille, Racine et Molière est assurée par leur représentation au prestigieux « Théâtre-Français » parisien ; mais les jeunes auteurs de la **génération romantique** (Hugo, Vigny, Dumas, Musset) contestent les règles de la dramaturgie classique (bataille d'*Hernani*, en 1830) en créant un genre nouveau, le **drame romantique**, qui ne connaîtra véritablement le succès qu'au siècle suivant.
- Le public populaire préfère le **vaudeville** (Feydeau), pur divertissement comique, aux intrigues à rebondissements, et les personnages stéréotypés du **mélodrame** qui assure le triomphe de la vertu contre le vice.
- Le succès d'André Antoine fait de lui l'inventeur de la mise en scène.
- À la fin du siècle, les expérimentations scéniques du théâtre symboliste déroutent le public.

Paul Albert Besnard, *La Première d'*Hernani *(25 février 1830)*, 1903, Maison de Victor Hugo, Paris.

4 Le XXe et le XXIe siècles : le théâtre à l'ère du spectacle

- Les progrès techniques et l'apparition de nouvelles formes artistiques ont profondément transformé le théâtre : les frontières entre les genres s'estompent **pour explorer toutes les possibilités scéniques.** Le cinéma, le mime, la danse, le cirque interfèrent ainsi avec le théâtre, qui bénéficie des politiques culturelles pour aller à la rencontre de publics divers.
- Les **metteurs en scène** revisitent les pièces classiques ou collaborent avec les auteurs contemporains.
- Certains dramaturges d'hier (Giraudoux, Anouilh, Camus) ou d'aujourd'hui (Cixous, Vinaver, Mouawad) se confrontent aux mythes, à l'Histoire ou à l'actualité pour donner à leurs pièces une dimension politique et sociale. La scène peut aussi être le lieu d'interrogations existentielles et philosophiques, dans la lignée du « **théâtre de l'absurde** » de l'après-guerre (Ionesco, Beckett).

Thyeste, de Sénèque, mis en scène par Thomas Jolly, festival d'Avignon juillet 2018.

Activité

- Quelle image de la représentation théâtrale et du public apparaît dans chacun des quatre documents ?

CHAPITRE 5 Folie et manies au théâtre

NRP
- **Étude d'une œuvre intégrale :** *Médée*, de Corneille
- **Séquences :**
  – La comédie latine : *La Marmite*, de Plaute
  – Balzac et la comédie d'argent : *Le Faiseur*

Au XVIIe siècle, le théâtre emprunte à l'Antiquité ses codes et une grande partie de ses thèmes. La tragédie représente les passions funestes des hommes ; la comédie s'attaque à leurs défauts et les caricature. Entre rire et souffrance, la folie et les manies des personnages se transforment en spectacle, qui perdure aujourd'hui.

Problématique :
Comment le théâtre représente-t-il les passions et les défauts ?

Britannicus, de Jean Racine (1669)

Jean Racine
(1639-1699)

Racine est l'auteur de nombreuses tragédies qui lui valent les faveurs de la Cour. Après le succès de *Phèdre* en 1677, il devient historiographe du roi.
> p. 527

▶ Présentation de l'œuvre

L'empereur romain Claude a eu un fils, Britannicus, avant d'épouser Agrippine, déjà mère de Néron. Sous l'influence de sa femme, il adopte Néron et en fait son successeur, au détriment de son propre fils. Non content de ravir la place de Britannicus, Néron convoite aussi sa fiancée, Junie.
La pièce met en scène Néron au début de son règne, alors qu'il n'est encore qu'un « monstre naissant », balloté entre l'influence de sa mère et celle de ses conseillers.

Mise en scène de J.-L. Martinelli, théâtre des Amadiers de Nanterre, 2012, avec A. Fromager et A. Benoît.

Texte 1

Nathan live! TEXTE AUDIO

Un personnage soumis à des forces puissantes

La scène d'exposition propose un portrait de Néron, à travers l'échange entre sa mère, Agrippine et la confidente de celle-ci, Albine.

ACTE I, SCÈNE 1

ALBINE

[…] Rome, depuis trois ans, par ses soins gouvernée,
Au temps de ses consuls[1] croit être retournée :
Il la gouverne en père. Enfin, Néron naissant
A toutes les vertus d'Auguste[2] vieillissant.

AGRIPPINE

Il[3] se déguise en vain : je lis sur son visage
Des fiers[4] Domitius[5] l'humeur triste[6] et sauvage.
Il mêle avec l'orgueil qu'il a pris dans leur sang
La fierté des Nérons[7] qu'il puisa dans mon flanc.
Toujours la tyrannie a d'heureuses prémices[8] :
De Rome, pour un temps, Caius[9] fut les délices ;
Mais sa feinte bonté se tournant en fureur[10],
Les délices de Rome en devinrent l'horreur.
Que m'importe, après tout, que Néron, plus fidèle,
D'une longue vertu laisse un jour le modèle ?
Ai-je mis dans sa main le timon[11] de l'État
Pour le conduire au gré du peuple et du Sénat ?

1. Hauts magistrats romains qui, au début de la République (Vᵉ s. av. J.-C.) exerçaient le pouvoir civil et militaire suprême.
2. Premier Empereur romain, considéré comme un « père » pour Rome.
3. Il s'agit de Néron.
4. Cruels.
5. Nom des ancêtres de Néron du côté paternel.
6. Sombre, funeste.
7. Surnom qui provient de T. Claudius Nero, ancêtre de sa mère. Le nom complet de Néron est Lucius Domitius Claudius Nero.
8. Débuts.
9. Il s'agit du frère d'Agrippine, Caligula, célèbre pour ses débauches et ses provocations après six mois de règne.
10. Folie.
11. Longue tige qui relie le char aux bêtes qui le tirent.

12. Le mot *amour* est féminin au XVIIe siècle. Aujourd'hui, ce mot devient féminin uniquement au pluriel.

Ah ! que de la patrie il soit, s'il veut, le père ;
Mais qu'il songe un peu plus qu'Agrippine est sa mère.
De quel nom cependant pouvons-nous appeler
L'attentat que le jour vient de nous révéler ?
Il sait, car leur amour ne peut être ignorée[12],
Que de Britannicus Junie est adorée ;
Et ce même Néron, que la vertu conduit,
Fait enlever Junie au milieu de la nuit.
Que veut-il ? Est-ce haine, est-ce amour qui l'inspire ?
Cherche-t-il seulement le plaisir de leur nuire ?
Ou plutôt n'est-ce point que sa malignité
Punit sur eux l'appui que je leur ai prêté ?

Acte I, scène 1, vers 27-58.

Repère littéraire

Le personnage tragique est animé par des forces qui le dépassent, qu'elles soient intérieures ou extérieures à lui. Le mot « orgueil » (v. 7) évoque l'*hubris* (la « démesure ») du personnage antique (voir p. 144).

Mise en scène de St. Braunschweig, Comédie-Française, 2016, avec D. Blanc et L. Stocker.

Un personnage sous influence

Pour entrer dans le texte

1. À quel moment de la pièce se situe-t-on ? Quels sont les enjeux de ce moment de la pièce ?

Au fil du texte

2. **Lexique** Quels termes Agrippine utilise-t-elle pour définir le caractère de Néron ? Vous analyserez les adjectifs et les substantifs.
3. Quel pouvoir revendique-t-elle pour elle-même (v. 15-26) ?
4. Vers 23-24, comment le ton employé par Agrippine souligne-t-il le caractère de Néron ?
5. Quel est l'intérêt des questions des vers 25 à 28 ?

Vers l'oral ▶ Recopiez les vers 13 à 18 en faisant apparaître les élisions, les liaisons et les syllabes prononcées. Puis entrainez-vous à lire ces vers à voix haute.

Texte 2

Susciter la terreur et la pitié

Nathan live! TEXTE AUDIO

Junie a reçu de Néron l'ordre de rompre avec son fiancé Britannicus et de le lui annoncer. Au moindre signe d'hésitation de sa part, celui-ci sera mis à mort. Néron, qui n'a pas quitté la scène, observe discrètement l'entrevue.

Repère littéraire

L'objectif de la tragédie est de frapper le spectateur de « terreur et de pitié » : terreur envers les actes monstrueux, pitié envers la fragilité des êtres humains. Cette dualité des sentiments rend possible la catharsis.

BRITANNICUS

[…] Parlez : nous sommes seuls. Notre ennemi, trompé,
Tandis que je vous parle, est ailleurs occupé.
Ménageons les moments de cette heureuse absence.

JUNIE

Vous êtes en des lieux tout pleins de sa puissance.
Ces murs mêmes, Seigneur, peuvent avoir des yeux ;
Et jamais l'Empereur n'est absent de ces lieux.

BRITANNICUS

Et depuis quand, Madame, êtes-vous si craintive ?
Quoi ! déjà votre amour souffre qu'on le captive[1] ?
Qu'est devenu ce cœur qui me jurait toujours
De faire à Néron même envier nos amours ?
Mais bannissez[2], Madame, une inutile crainte.
La foi[3] dans tous les cœurs n'est pas encore éteinte ;
Chacun semble des yeux approuver mon courroux[4] ;
La mère de Néron se déclare pour nous.
Rome, de sa conduite elle-même offensée[5]…

JUNIE

Ah ! Seigneur, vous parlez contre votre pensée.
Vous-même, vous m'avez avoué mille fois
Que Rome le louait[6] d'une commune voix ;
Toujours à sa vertu vous rendiez quelque hommage[7].
Sans doute la douleur vous dicte ce langage.

BRITANNICUS

Ce discours me surprend, il le faut avouer.
Je ne vous cherchais pas pour l'entendre louer.

Acte II, scène 6, vers 709-730.

1. Qu'on l'enferme.
2. Chassez.
3. Confiance, espérance.
4. Colère.
5. Blessée dans son honneur.
6. Faisait son éloge.
7. Manifester du respect.

Lexique

- **Catharsis** : effet de purification des passions exercée sur les spectateurs d'une tragédie.
- **Ironie tragique** : au théâtre, l'ironie tragique représente l'ignorance qu'a un personnage de sa propre situation alors que les spectateurs la connaissent.

Les effets produits sur le spectateur

Pour entrer dans le texte

1. Que voit le spectateur dans cette scène 6 ?

Au fil du texte

2. Quel effet produit la première réplique de Junie sur le spectateur ?
3. Par quels moyens Junie essaie-t-elle de mettre en garde Britannicus ?
4. Quelles sont les révélations que Britannicus fait malgré lui à Néron ?
5. **Étude de la langue** Dans sa deuxième réplique (vers 16-20), quelle figure de style Junie emploie-t-elle pour tenter de racheter Britannicus ? V
6. **Étude de la langue** Vers 21-22, quelle est la valeur des temps employés ?

Vers l'oral

▶ Lisez à voix haute les répliques de Junie de façon à mettre en valeur le propos à double entente.

Texte 3 Une scène de conflit

Nathan live! TEXTE AUDIO

Britannicus a revu Junie qui l'a rassuré sur ses sentiments en lui révélant le piège tendu par Néron. Il se sent alors assez fort pour défier Néron qui vient de les surprendre.

Repère littéraire
Le personnage tragique entre en conflit avec d'autres personnages qui incarnent des principes contraires.

Mise en scène J.-L. Martin-Barbaz, théâtre 14 Jean-Marie Serreau, 2009, avec A. Rosenfeld et J.-Ch. Laurier.

BRITANNICUS
[…] Et l'aspect de ces lieux où vous la retenez
N'a rien dont mes regards doivent être étonnés.

NÉRON
Et que vous montrent-ils qui ne vous avertisse
Qu'il faut qu'on me respecte et que l'on m'obéisse ?

BRITANNICUS
Ils ne nous ont pas vus l'un et l'autre élever,
Moi pour vous obéir, et vous pour me braver ;
Et ne s'attendaient pas, lorsqu'ils nous virent naître,
Qu'un jour Domitius me dût parler en maître.

NÉRON
Ainsi par le destin nos vœux sont traversés ;
J'obéissais alors, et vous obéissez.
Si vous n'avez appris à vous laisser conduire,
Vous êtes jeune encore, et l'on peut vous instruire.

BRITANNICUS
Et qui m'en instruira ?

NÉRON
Tout l'empire à la fois,
Rome.

BRITANNICUS
Rome met-elle au nombre de vos droits
Tout ce qu'a de cruel l'injustice et la force,
Les empoisonnements, le rapt et le divorce ?

NÉRON
Rome ne porte point ses regards curieux
Jusque dans des secrets que je cache à ses yeux.
Imitez son respect.

BRITANNICUS
On sait ce qu'elle en pense.

NÉRON
Elle se tait du moins : imitez son silence.

BRITANNICUS
Ainsi Néron commence à ne plus se forcer.

NÉRON
Néron de vos discours commence à se lasser.

BRITANNICUS
Chacun devait bénir le bonheur de son règne.

NÉRON
Heureux ou malheureux, il suffit qu'on me craigne.

BRITANNICUS
Je comprends mal Junie, ou de tels sentiments
Ne mériteront pas ses applaudissements.

NÉRON
Du moins, si je ne sais le secret de lui plaire
Je sais l'art de punir un rival téméraire.

Acte III, scène 8, vers 1033-1050.

Un face-à-face sous tension

Pour entrer dans le texte

1. Comment la plupart des répliques s'enchaînent-elles ?

Au fil du texte

2. Montrez qu'il s'agit d'une rivalité tant amoureuse que politique.

3. À quoi voit-on que Britannicus fait jeu égal avec Néron ?

4. Que montrent la longueur des répliques et le rythme des échanges ?

Vers le commentaire ▶ Rédigez une partie de commentaire qui réponde à la question suivante : comment Néron revendique-t-il son autorité face à Britannicus ?

Texte 4

Le dilemme tragique

live! TEXTE AUDIO

Pour exprimer le dilemme auquel le personnage est confronté, les dramaturges ont souvent recours à un monologue. Ici, Racine choisit le dialogue. Alors qu'Agrippine et Burrhus ont réussi à dissuader Néron d'éliminer Britannicus, Narcisse ravive ses doutes et son ressentiment envers Britannicus et Agrippine.

Repère littéraire

En lutte contre les forces qui l'habitent ou le menacent, le personnage tragique tente de comprendre ses agissements et justifier ses choix.

Lexique

Dilemme : choix impossible entre deux solutions contradictoires.

NÉRON

Mais, Narcisse, dis-moi, que veux-tu que je fasse ?
Je n'ai que trop de pente[1] à punir son audace ;
Et, si je m'en croyais[2], ce triomphe indiscret
Serait bientôt suivi d'un éternel regret.
Mais de tout l'univers quel sera le langage ?
Sur les pas des tyrans veux-tu que je m'engage,
Et que Rome, effaçant tant de titres d'honneur,
Me laisse pour tous noms celui d'empoisonneur ?
Ils mettront ma vengeance au rang des parricides.

NARCISSE

Et prenez-vous, Seigneur, leurs caprices pour guides ?
Avez-vous prétendu qu'ils se tairont toujours ?
Est-ce à vous de prêter l'oreille à leurs discours ?
De vos propres désirs perdez-vous la mémoire ?
Et serez-vous le seul que vous n'oserez croire ?
Mais, Seigneur, les Romains ne vous sont pas connus.
Non, non, dans leurs discours ils sont plus retenus.
Tant de précaution affaiblit votre règne :
Ils croiront, en effet, mériter qu'on les craigne.

Acte IV, scène 4, vers 1412-1430.

1. Tendance.
2. Si je m'écoutais.

Doutes et hésitations

Pour entrer dans le texte

1. Quelles raisons retiennent Néron de punir Britannicus ?

Au fil du texte

2. **Étude de la langue** Quels indices lexicaux et grammaticaux rendent manifestes les hésitations de Néron ?
3. **Étude de la langue** Les phrases interrogatives ont-elles la même valeur dans la réplique de Néron et dans celle de Narcisse ?
4. À quels moyens Narcisse a-t-il recours pour le persuader ?
5. Néron confirme-t-il le portrait que faisait sa mère de lui à l'acte I, scène 1 ?

Vers la dissertation ▶ Dans la préface de *Britannicus*, Racine écrit : « Il y en a qui ont pris même le parti de Néron contre moi. Ils ont dit que je le faisais trop cruel. […] D'autres ont dit, au contraire, que je l'avais fait trop bon. […] Je l'ai toujours regardé comme un monstre. Mais c'est ici un monstre naissant. » Illustrez la formule « un monstre naissant » en classant d'un côté ce qui apparente Néron à un monstre et, de l'autre, ce qui peut le racheter.

Mise en scène de St. Braunschweig, Comédie-Française, 2016, avec B. Lavernhe et L. Stocker.

Texte 5

Le respect de la bienséance

live! TEXTE AUDIO

Burrhus raconte à Agrippine la mort de Britannicus, tué sur l'ordre de Néron.

Repère littéraire
Si la tragédie exprime bien une violence des sentiments, aucune violence physique ne doit être montrée sur la scène, afin de respecter la règle de bienséance.

AGRIPPINE
Quoi ? du sang de son frère il n'a point eu d'horreur ?

BURRHUS
Ce dessein s'est conduit avec plus de mystère.
À peine l'empereur a vu venir son frère,
Il se lève, il l'embrasse, on se tait, et soudain
César prend le premier une coupe à la main :
« Pour achever ce jour sous de meilleurs auspices[1],
Ma main de cette coupe épanche les prémices[2],
Dit-il, dieux, que j'appelle à cette effusion[3],
Venez favoriser notre réunion. »
Par les mêmes serments Britannicus se lie.
La coupe dans ses mains par Narcisse est remplie,
Mais ses lèvres à peine en ont touché les bords...
Le fer[4] ne produit point de si puissants efforts[5],
Madame : la lumière à ses yeux est ravie,
Il tombe sur son lit sans chaleur et sans vie.
Jugez combien ce coup frappe tous les esprits :
La moitié s'épouvante et sort avec des cris,
Mais ceux qui de la cour ont un plus long usage
Sur les yeux de César composent leur visage.
Cependant sur son lit il demeure penché ;
D'aucun étonnement il ne paraît touché :
« Ce mal[6], dont vous craignez, dit-il, la violence
A souvent, sans péril, attaqué son enfance. »
Narcisse veut en vain affecter quelque ennui,
Et sa perfide joie éclate malgré lui.
Pour moi, dût l'empereur, punir ma hardiesse,
D'une odieuse cour j'ai traversé la presse[7] ;
Et j'allais, accablé de cet assassinat,
Pleurer Britannicus, César et tout l'État.

Acte V, scène 5, v. 1608-1636.

1. Conditions.
2. Néron incline la coupe pour répandre les premières gouttes destinées aux dieux.
3. Le fait de verser le vin.
4. L'épée.
5. Effets.
6. L'épilepsie, dont souffrait Britannicus.
7. La foule.

Exprimer la violence sans la montrer

Pour entrer dans le texte

1. Pourquoi le meurtre de Britannicus s'est-il déroulé hors scène ?

Au fil du texte

2. Par quel moyen Néron a-t-il assassiné Britannicus ?
3. Quel jugement Burrhus porte-t-il sur Néron ?
4. Par quels procédés Racine parvient-il à nous faire vivre la scène du meurtre ?

Vers le commentaire ▶ Étudiez la façon dont Racine réussit, à travers le récit de Burrhus, à donner au spectateur – ou au lecteur – l'impression d'assister à la scène du meurtre de Britannicus.

Texte écho

Tacite, *Annales*, Ier siècle

Tacite raconte le meurtre de Britannicus.

Tacite
(58-120)
Historien et sénateur romain.

[13, 16] XVI. C'était l'usage que les fils des princes mangent assis avec les autres nobles de leur âge, sous les yeux de leurs parents, à une table séparée et plus frugale. Britannicus était à l'une de ces tables. Comme il ne mangeait ou ne buvait rien qui n'eût été goûté par un esclave de confiance, et qu'on ne voulait ni manquer à cette coutume, ni déceler le crime par deux morts à la fois, voici la ruse qu'on imagina. Un breuvage encore innocent, et goûté par l'esclave, fut servi à Britannicus ; mais la liqueur était trop chaude, et il ne put la boire. Avec l'eau dont on la rafraîchit, on y versa le poison, qui circula si rapidement dans ses veines qu'il lui ravit en même temps la parole et la vie. Tout se trouble autour de lui : les moins prudents s'enfuient ; ceux dont la vue pénètre plus avant demeurent immobiles, les yeux attachés sur Néron. Le prince, toujours penché sur son lit et feignant de ne rien savoir, dit que c'était un événement ordinaire, causé par l'épilepsie[1] dont Britannicus était attaqué depuis l'enfance ; que peu à peu la vue et le sentiment lui reviendraient. Pour Agrippine, elle composait inutilement son visage : la frayeur et le trouble de son âme éclatèrent si visiblement qu'on la jugea aussi étrangère à ce crime que l'était Octavie, sœur de Britannicus : et en effet, elle voyait dans cette mort la chute de son dernier appui et l'exemple du parricide. Octavie aussi, dans un âge si jeune, avait appris à cacher sa douleur, sa tendresse, tous les mouvements de son âme. Ainsi, après un moment de silence, la gaieté du festin recommença.

Annales, XIII, trad. Burnouf, 1863.

1. Maladie neurologique qui se manifeste par des convulsions.

Lecture comparée

▶ Comment Racine traduit-il la scène racontée par Tacite ?

L'ŒUVRE EN PERSPECTIVE — *Britannicus*, de Jean Racine

1 Les choix de Racine

- Dans la préface de *Britannicus*, Racine défend sa pièce. On y trouve les principes essentiels de la tragédie classique :
  - **l'imitation et le respect des anciens :** « De quel front oserais-je me montrer, pour ainsi dire, aux yeux de ces grands hommes de l'Antiquité que j'ai choisis pour modèles ? »
  - **la vraisemblance :** « Il ne faut qu'avoir lu Tacite pour savoir que, s'il [Néron] a été quelque temps un bon empereur, il a toujours été un très méchant homme » ;
  - **la bienséance :** « Une des règles du théâtre est de ne mettre en récit que les choses qui ne se peuvent passer en action » ;
  - **les règles qui prévalent à toute tragédie :** « Une action simple, chargée de peu de matière, telle que doit être une action qui se passe en un seul jour, et qui, s'avançant par degrés vers sa fin, n'est soutenue que par les intérêts, les sentiments et les passions des personnages. »

2 Que nous dit la pièce aujourd'hui ?

- La pièce interroge sur des problématiques encore actuelles :
  - **les coulisses du pouvoir :** qui tire les ficelles dans l'ombre du dirigeant ? Comment se comportent en privé les hommes politiques ?
  - **la liberté et le poids de la fatalité :** les personnages sont-ils victimes d'une « fatalité » ou sont-ils en partie libres de leurs choix ?
  - **la catharsis**, qui consiste à corriger nos passions grâce au spectacle terrifiant que la tragédie présente. Quel est le personnage qui vous a le plus fasciné dans la pièce ? L'exemple négatif suffit-il à nous corriger des vices et des passions ?

Activité

- **Vers l'oral** Peut-on juger un homme politique sur sa vie privée ?
  Vous organiserez votre travail en deux temps :
  1. vous rechercherez des arguments ;
  2. vous les exposerez dans le cadre d'un débat.

ÉTUDIER UN GROUPEMENT DE TEXTES

Le personnage tragique peut-il être raisonnable ?

Texte 1

Racine, *Andromaque*, 1668

live! TEXTE AUDIO

Oreste aime Hermione, qui aime Pyrrhus, qui aime Andromaque, qui est fidèle à Hector au-delà de la mort. Hermione exploite l'amour d'Oreste pour le convaincre d'assassiner Pyrrhus, qui l'a trahie. Mais à peine son amant est-il mort qu'elle se suicide à son tour et laisse Oreste désespéré.

Jean Racine
(1639-1699)

Racine s'illustre pendant dix ans (1667-1677) par ses tragédies avant de devenir historiographe du roi.

> p. 527

PYLADE[1]

Ah Seigneur !

ORESTE

Quoi, Pyrrhus, je te rencontre encore ?
Trouverai-je partout un rival que j'abhorre ?
Percé de tant de coups, comment t'es-tu sauvé ?
Tiens, tiens, voilà le coup que je t'ai réservé.
Mais que vois-je ? À mes yeux Hermione l'embrasse ?
Elle vient l'arracher au coup qui le menace ?
Dieux, quels affreux regards elle jette sur moi !
Quels démons, quels serpents traîne-t-elle après soi[2] ?
Hé bien, Filles d'Enfer[3], vos mains sont-elles prêtes ?
Pour qui sont ces serpents qui sifflent sur vos têtes ?
À qui destinez-vous l'appareil[4] qui vous suit ?
Venez-vous m'enlever dans l'éternelle Nuit ?
Venez, à vos fureurs Oreste s'abandonne.
Mais non, retirez-vous, laissez faire Hermione ;
L'Ingrate mieux que vous saura me déchirer,
Et je lui porte enfin mon cœur à dévorer.

PYLADE

Il perd le sentiment. Amis, le temps nous presse,
Ménageons les moments que ce transport nous laisse.

Acte V, scène 5, v. 1629-1646.

1. Ami d'Oreste.
2. Elle.
3. Érinyes chez les Grecs, Furies chez les Romains, elles sont chargées de persécuter les coupables.
4. Navire.

Contexte littéraire

Avec sa seconde tragédie, Racine s'inspire de l'*Iliade* d'Homère et de l'*Énéide* de Virgile, et non des dramaturges grecs Euripide et Sénèque. Il apporte quelques modifications à l'histoire antique au nom des bienséances.

De la culpabilité à la folie

Pour entrer dans le texte

1. À quoi voit-on qu'Oreste perd la raison ?

Au fil du texte

2. **Étude de la langue** Comparez et analysez la construction des deux interrogatives suivantes : « Mais que vois-je ? À mes yeux Hermione l'embrasse ? » (v. 5).

3. À qui s'adresse successivement Oreste dans les vers 1 à 16 ? Déduisez-en la structure de la tirade.

4. Analysez le rythme du vers 5. Que révèle-t-il ?

5. Quel type de phrase domine dans la réplique d'Oreste ? Comment l'interprétez-vous ?

Vers le commentaire ▸ À partir de vos réponses aux questions 3 à 5, rédigez deux ou trois paragraphes argumentés pour montrer qu'Oreste, personnage tragique, sombre dans la folie.

Carnet de lecteur ▸ Dans la mythologie grecque, qui sont les Érinyes ? Quel est leur rôle ? Comment sont-elles représentées ?

Texte 2

Nathan live! TEXTE AUDIO

Corneille, *Rodogune*, 1647

Cléopâtre, reine de Syrie, a promis le trône à celui de ses fils jumeaux, Séleucus et Antiochus, qui accomplirait sa volonté : tuer Rodogune, la princesse parthe, dont elle est jalouse. Or, tous deux sont amoureux de la belle Parthe. Cléopâtre a déjà assassiné Séleucus.

Pierre Corneille
(1606-1684)
Corneille a d'abord fait des études de droit. Il se consacre finalement au théâtre et compose aussi bien des comédies que des tragédies.
> p. 520

CLÉOPATRE

Poison, me sauras-tu rendre mon diadème ?
Le fer[1] m'a bien servie, en feras-tu de même ?
Me seras-tu fidèle ? Et toi, que me veux-tu,
Ridicule retour d'une sotte vertu,
Tendresse dangereuse autant comme importune ?
Je ne veux point pour fils l'époux de Rodogune,
Et ne vois plus en lui les restes de mon sang,
S'il m'arrache du trône et la met en mon rang.
Reste du sang ingrat d'un époux infidèle[2],
Héritier d'une flamme envers moi criminelle,
Aime mon ennemie, et péris comme lui.
Pour la faire tomber j'abattrai son appui :
Aussi bien, sous mes pas c'est creuser un abîme
Que retenir ma main sur la moitié du crime,
Et, te faisant mon roi, c'est trop me négliger
Que te laisser sur moi père et frère à venger.
Qui se venge à demi court lui-même à sa peine :
Il faut ou condamner ou couronner sa haine.
Dût le peuple en fureur pour ses maîtres nouveaux
De mon sang odieux arroser leurs tombeaux,
Dût le Parthe vengeur me trouver sans défense,
Dût le ciel égaler le supplice à l'offense,
Trône, à t'abandonner je ne puis consentir :
Par un coup de tonnerre il vaut mieux en sortir ;
Il vaut mieux mériter le sort le plus étrange.
Tombe sur moi le ciel, pourvu que je me venge !

Acte V, scène 1, v. 1507-1532.

1. L'épée avec laquelle Cléopâtre a tué Séleucus.
2. Le défunt mari de Cléopâtre (qu'elle a assassiné) voulait aussi épouser Rodogune.

Contexte
La tragédie se déroule en Syrie, et non en Grèce ou à Rome, comme c'est souvent le cas dans les tragédies classiques.

La cruauté de la reine : folie ou stratégie politique ?

Pour entrer dans le texte

1. Quel est le projet de Cléopâtre ?

Au fil du texte

2. À qui s'adresse successivement Cléopâtre ? Dégagez de votre réponse un plan du monologue.

3. Au vers 11, qui Cléopâtre désigne-t-elle comme son ennemie, et à qui renvoie le pronom personnel « lui » ?

4. **Étude de la langue** Quels sont le temps et le mode de « Dût » aux vers 19, 21 et 24 ? Quelle est leur valeur ? Qu'est-ce que cela révèle de l'état d'esprit de Cléopâtre ?

5. **Étude de la langue** Vers 26 : quel est le mode du verbe « tombe » ? Imaginez la comédienne prononçant ce vers : quels gestes peuvent accompagner ses paroles ?

Vers le commentaire ▶ Qualifieriez-vous Cléopâtre de folle ? Répondez à cette question en deux paragraphes argumentés, nourris d'analyses précises. Vous pouvez vous appuyer sur les réponses aux questions 2 à 4 mais aussi sur la lecture des autres textes de la séquence.

Texte 3

Racine, *Phèdre*, 1677

TEXTE ENRICHI

Nathan live! TEXTE AUDIO

Phèdre aime passionnément Hippolyte, fils de son mari, Thésée. Elle vient de découvrir que le jeune homme, qui avait repoussé ses avances, en aime une autre, Aricie.

Jean Racine

(1639-1699)

Racine s'illustre pendant dix ans (1667-1677) par ses tragédies avant de devenir historiographe du roi.

> p. 527

PHÈDRE

[...] Que fais-je ? Où ma raison se va-t-elle égarer ?
Moi jalouse ! Et Thésée est celui que j'implore !
Mon époux est vivant, et moi je brûle encore !
Pour qui ? Quel est le cœur où prétendent mes vœux ?
Chaque mot sur mon front fait dresser mes cheveux.
Mes crimes désormais ont comblé la mesure.
Je respire à la fois l'inceste et l'imposture.
Mes homicides mains promptes à me venger
Dans le sang innocent brûlent de se plonger.
Misérable ! Et je vis ? Et je soutiens la vue
De ce sacré Soleil, dont je suis descendue[1] ?
J'ai pour aïeul le père et le maître des dieux.
Le ciel, tout l'univers est plein de mes aïeux.
Où me cacher ? Fuyons dans la nuit infernale[2].
Mais que dis-je ? Mon père y tient l'urne fatale[3].
Le sort, dit-on, l'a mise en ses sévères mains.
Minos juge aux enfers tous les pâles humains.
Ah ! combien frémira son ombre épouvantée,
Lorsqu'il verra sa fille à ses yeux présentée,
Contrainte d'avouer tant de forfaits divers,
Et des crimes peut-être inconnus aux enfers ?

Acte IV, scène 6, v. 1264-1294.

1. Référence à Hélios, père de Pasiphae.
2. Des enfers.
3. Minos est juge des enfers.

Mise en scène de M. Marmarinos, Comédie-Française, 2013, avec E. Lepoivre.

Contexte littéraire

Phèdre est l'héroïne de nombreuses tragédies : *Hippolyte* d'Euripide et *Phèdre* de Sénèque, deux pièces antiques bien connues de Racine, mais aussi *Phèdre et Hippolyte* de N. Pradon, jouée la même année que la pièce de Racine.

Phèdre doublement condamnée

Pour entrer dans le texte

1. Comment Phèdre se juge-t-elle ?

Au fil du texte

2. **Étude de la langue** Commentez la construction de l'interrogative « Où me cacher ? » (v. 14).

3. Vers 1 à 5, analysez le rythme des alexandrins et la ponctuation expressive. Que révèlent-ils ? Proposez une analyse détaillée du vers 2 (rythme, place de la césure, des coupes, construction des phrases, ponctuation...). Que révèle-t-il ?

4. Quels sont les indices de la folie de Phèdre ?

5. Quel rôle joue la famille de Phèdre dans ses malheurs ?

Vers le commentaire ▶ À partir de vos réponses aux questions 3 à 6, rédigez un paragraphe nourri d'analyses précises pour montrer que Phèdre est une héroïne tragique (→ fiche 20, p. 416-417).

Carnet de lecteur ▶ Analysez la mise en scène de Patrice Chéreau et cherchez d'autres mises en scène de *Phèdre*, notamment celles de L. Bondy (1998), Ph. Adrien (2005) et M. Marmarinos (2013). Comparez les costumes des comédiennes qui jouent le rôle-titre. Quelles époques désignent-ils ? Que signifient les couleurs employées ? Révèlent-ils des traits de la personnalité de Phèdre ?

Texte écho

Sarah Kane, *4.48 Psychose*, 2001, posthume

Psychose 4.48 se présente tantôt comme le monologue d'une jeune femme qui a décidé de se tuer à 4 h 48, tantôt comme son dialogue avec un médecin. Le texte a été joué et publié de façon posthume, après le suicide de Sarah Kane.

Sarah Kane
(1971-1999)
Auteur et metteur en scène britannique controversée, elle fait parler d'elle dès sa première pièce, *Anéantis*.

J'ai peur de perdre celle que jamais je n'ai touchée
l'amour me tient en esclavage dans une cage de larmes
je me mords la langue qui jamais ne peut lui parler
une femme me manque qui n'est jamais née
j'embrasse une femme par-delà les ans qui disent que jamais on ne se rencontrera

Tout passe
Tout périt
Tout pâlit

ma pensée s'éloigne avec un sourire meurtrier et laisse la discordante anxiété rugir dans mon âme

Pas d'espoir Pas d'espoir Pas d'espoir Pas d'espoir Pas d'espoir Pas d'espoir Pas d'espoir

Une chanson pour mon aimée, touchant à son absence
aux marées de son cœur, l'éclat de son sourire

Dans dix ans elle sera toujours morte. Pendant que je vivrai avec, que je me débrouillerai avec, pendant que des jours passeront où je n'y penserai même pas, elle sera toujours morte. Pendant que je serai une vieille dame sans abri en train d'oublier mon nom elle sera toujours morte, elle sera toujours morte, c'est terminé

putain
c'est tout

et je dois tenir toute seule

Mon amour, mon amour, pourquoi m'as-tu abandonnée ?

© Arche éditeur, trad. É. Pieillier, 2001, p. 24-25.

Contexte
Le développement de la psychanalyse, au XXe siècle, modifie la représentation théâtrale de la folie. On ose désormais mettre en scène des personnages atteints de maladies mentales, accompagnés ou non de psychiatres qui tentent de les soigner.

Mise en scène de Cl. Regy, théâtre des Bouffes du Nord, 2002, avec I. Huppert.

Lecture comparée

▶ Comparez ce monologue avec la tirade de Phèdre. Qu'ont-ils en commun ?

L'obsession de l'argent au théâtre

Texte 1

Molière, *L'Avare*, 1668

Nathan live! TEXTE AUDIO

Molière
(1622 –1673)
Molière incarne le génie de la comédie classique qui fait rire les publics les plus variés. Il cherche à « corriger les hommes » en ridiculisant les travers humains ou sociaux sur scène.
> p. 525

Harpagon, obsédé par l'argent, croit à tort que Valère, son intendant, lui a volé la cassette renfermant ses écus, et l'interroge pour le lui faire avouer. Or, Valère, secrètement amoureux d'Élise, la fille d'Harpagon, croit que celui-ci veut lui faire avouer ses sentiments pour la jeune fille.

VALÈRE. – Rien que la mort ne nous peut séparer.
HARPAGON. – C'est être bien endiablé après mon argent.
VALÈRE. – Je vous ai déjà dit, Monsieur, que ce n'était point l'intérêt qui m'avait poussé à faire ce que j'ai fait. Mon cœur n'a point agi par les ressorts que vous pensez, et un motif plus noble m'a inspiré cette résolution.
HARPAGON. – Vous verrez que c'est par charité chrétienne qu'il veut avoir mon bien ; mais j'y donnerai bon ordre ; et la justice, pendard[1] effronté, me va faire raison de tout.
VALÈRE. – Vous en userez comme vous voudrez, et me voilà prêt à souffrir toutes les violences qu'il vous plaira ; mais je vous prie de croire, au moins, que s'il y a du mal, ce n'est que moi qu'il en faut accuser, et que votre fille en tout ceci n'est aucunement coupable.
HARPAGON. – Je le crois bien, vraiment ; il serait fort étrange que ma fille eût trempé[2] dans ce crime. Mais je veux ravoir mon affaire, et que tu me confesses en quel endroit tu me l'as enlevée.
VALÈRE. – Moi ? je ne l'ai point enlevée, et elle est encore chez vous.
HARPAGON. – Ô ma chère cassette ! Elle n'est point sortie de ma maison ?
VALÈRE. – Non, Monsieur.
HARPAGON. – Hé, dis-moi donc un peu ; tu n'y as point touché ?
VALÈRE. – Moi, y toucher ? Ah ! vous lui faites tort, aussi bien qu'à moi ; et c'est d'une ardeur toute pure et respectueuse que j'ai brûlé pour elle.

Acte V, scène 3.

1. Homme malhonnête (injure).
2. Été complice.

Lexique
Quiproquo : erreur d'interprétation qui fait qu'on prend un fait pour un autre.

Un quiproquo comique et révélateur

Pour entrer dans le texte

1. Lisez ce dialogue à voix haute en choisissant le ton et les gestes appropriés aux deux interlocuteurs.

Au fil du texte

2. Quels éléments de la situation rendent possible le quiproquo ?
3. Quels mots et façons de parler entretiennent le malentendu ? Pourquoi Valère ne comprend-il pas la pensée d'Harpagon quand celui-ci évoque son « argent » et sa « cassette » ?
4. Comment ce dialogue souligne-t-il les différences de langage et de caractère entre les deux personnages ?
5. Pourquoi cette scène peut-elle faire rire le public ?
6. **Étude de la langue** Identifiez les modes et temps verbaux employés dans la phrase « il serait fort étrange que ma fille eût trempé dans ce crime » (l. 13-14) et justifiez leur emploi.

Vers la dissertation ▶ Quels effets les scènes de quiproquo ou de malentendu peuvent-elles produire au théâtre ? Vous développerez votre réponse en vous appuyant sur des exemples tirés de pièces comiques et tragiques.

Représentation théâtrale d'une pièce de Plaute, Pompéi, maison de Casca Longus, fresque de l'atrium, Ier s.

Texte écho

Plaute, *La Marmite*, vers 194 av. J.-C

Euclion découvre qu'on lui a volé une marmite remplie d'or cachée dans sa cheminée. Il ignore que sa fille Phédrie vient d'accoucher, victime d'un viol commis par un jeune voisin, Lyconides. Entendant le vieil homme crier son désespoir, Lyconides se précipite pour avouer le viol, alors qu'Euclion croit qu'il s'accuse du vol de la marmite.

Plaute
(254-184 av. J. C)
Dramaturge romain, Plaute caricature les mœurs de son époque dans ses comédies adaptées du théâtre comique grec.

Lyconide. – Ne perdez pas courage.
Euclion. – Comment, je vous prie, ne pas être découragé ?
Lyconide. – Parce que cette action qui vous inquiète, qui vous afflige, c'est moi seul qui l'aie faite, et je l'avoue.
Euclion. – Que me dites-vous là ?
Lyconide. – La vérité.
Euclion. – Jeune homme, quel mal vous ai-je fait, pour vous porter à en agir de la sorte, à me ruiner, moi et mes enfants ?
Lyconide.– J'ai dû céder à l'impulsion d'un dieu qui m'entraîna près d'elle.
Euclion. – Comment ?
Lyconide. – J'ai tort, j'en conviens, et ma faute mérite châtiment. J'accours implorer mon pardon ; soyez assez généreux pour me l'accorder.
Euclion. – Comment avez-vous eu l'audace de toucher à ce qui ne vous appartenait pas ?

Acte IV, scène 11, © Garnier-Flammarion, trad. J.-B. Levée, 1991.

Lecture comparée

▶ Quels points communs et quelles différences observez-vous entre cette scène et l'extrait de *L'Avare* de Molière (texte 1, p. 139) ?

Texte 2

Lesage, *Turcaret*, 1709

Turcaret, ancien domestique, s'est enrichi en devenant un financier chargé de collecter les impôts. Mais il en détourne une partie à son profit. Il cherche à séduire une jeune baronne en la couvrant de cadeaux, sans comprendre que la jeune femme n'en veut qu'à son argent car elle est elle-même amoureuse d'un chevalier qui la manipule.

Alain-René Lesage
(1668-1747)
Romancier et dramaturge, Lesage s'est inspiré d'œuvres espagnoles qu'il avait auparavant traduites pour écrire ses romans *Gil Blas* (1715-1735), *Le Diable boiteux* (1707) et des comédies de mœurs satiriques. Ses nombreuses publications lui ont permis d'être l'un des premiers écrivains à vivre de sa plume.
> p. 524

M. Turcaret. – […] Je viens, Madame, de vous acheter pour dix mille francs de glaces, de porcelaines et de bureaux[1] : ils sont d'un goût exquis, je les ai choisis moi-même.

La Baronne. – Vous êtes universel, Monsieur, vous vous connaissez à tout.

M. Turcaret. – Oui, grâces au Ciel, et surtout en bâtiment. Vous verrez, vous verrez l'hôtel[2] que je vais faire bâtir.

La Baronne. – Quoi, vous allez faire bâtir un hôtel ?

M. Turcaret. – J'ai déjà acheté la place, qui contient quatre arpents, six perches, neuf toises, trois pieds et onze pouces[3]. N'est-ce pas là une belle étendue ?

La Baronne. – Fort belle.

M. Turcaret. – Le logis sera magnifique ; je ne veux pas qu'il y manque un zéro, je le ferais plutôt abattre deux ou trois fois.

La Baronne. – Je n'en doute pas.

M. Turcaret. – Malepeste[4], je n'ai garde de faire quelque chose de commun, je me ferais siffler[5] de tous les gens d'affaires.

La Baronne. – Assurément.

M. Turcaret, *voyant entrer le marquis.* – Quel homme entre ici ?

La Baronne, *bas.* – C'est ce jeune marquis dont je vous ai dit que Marine avait épousé les intérêts. Je me passerais bien de ses visites, elles ne me font aucun plaisir.

Acte III, scène 3.

1. Petites tables à tiroirs.
2. Hôtel particulier, riche demeure.
3. Anciennes mesures agraires. Le terrain acheté par Turcaret fait plus de deux hectares, soit 20 000 m².
4. Interjection exprimant l'étonnement.
5. Critiquer, moquer.

À propos de...
Turcaret est la première comédie française à traiter du thème de l'argent corrupteur. Furieux de se voir ainsi caricaturés, les financiers de l'époque tentèrent d'en empêcher la représentation en faisant pression sur les comédiens. Il fallut l'intervention du fils de Louis XIV pour que la pièce soit jouée sur une courte durée.

Un financier contaminé par les chiffres

Pour entrer dans le texte

1. Que cherche à faire Turcaret en rendant visite à la baronne ?

Au fil du texte

2. Quelle obsession apparaît dans le langage de Turcaret ?
3. Quelle réplique pousse jusqu'à l'absurde la caricature du financier ?
4. À quoi tient l'ironie des répliques de la Baronne ? Turcaret la comprend-il ? (→ fiche 22, p. 420-421)
5. Cette scène vous paraît-elle comique ou pathétique ? (→ fiches 20, p. 416-417 et 21, p. 418-419)
6. **Étude de la langue** Identifiez les adverbes de ce dialogue.

Vers le commentaire ▶ Définissez ce que l'on appelle la « double énonciation » au théâtre et montrez comment Lesage l'exploite ici. (→ fiche 30, p. 436-437)

Vers le carnet de lecteur ▶ Réécrivez ce dialogue en le transposant à notre époque.

Texte 3 — Balzac, *Le Faiseur*, 1848

Nathan live! TEXTE AUDIO

La scène se passe en 1839 chez un couple de bourgeois parisiens, les Mercadet. Monsieur Mercadet est un « faiseur », c'est-à-dire un homme d'affaires malhonnête, qui passe sa vie à spéculer. Ruiné et très endetté, il cherche à échapper à ses créanciers. Il vient ici d'expliquer à sa femme que l'argent, et non plus les sentiments, mène le monde.

Honoré de Balzac
(1799-1850)
Balzac est l'auteur d'une œuvre romanesque monumentale : *La Comédie humaine* (plus de cinquante romans et nouvelles et de quelques pièces de théâtre qui eurent moins de succès).
> p. 518

MME MERCADET. – Oh ! Monsieur, vous si probe[1], si honorable, vous dites quelquefois des choses qui me…

MERCADET. – Et qui arrive à dire arrive à faire, n'est-ce pas ? Eh bien ! je ferai tout ce qui pourra me sauver, car (*il tire une pièce de cinq francs*) voici l'honneur moderne !… Ayez vendu du plâtre pour du sucre, si vous avez su faire fortune sans exciter de plainte, vous devenez député, pair de France[2] ou ministre ! Savez-vous pourquoi les drames dont les héros sont des scélérats ont tant de spectateurs ? C'est que tous les spectateurs s'en vont flattés en se disant : « Je vaux encore mieux que ces coquins-là… » […] Enfin, qu'y a-t-il de déshonorant à devoir[3] ? Est-il un seul État en Europe qui n'ait ses dettes ? Quel est l'homme qui ne meurt pas insolvable[4] envers son père ? Il lui doit la vie, et ne peut pas la lui rendre. La terre fait constamment faillite au soleil ! La vie, madame, est un emprunt perpétuel ! Et n'emprunte pas qui veut ! Ne suis-je pas supérieur à mes créanciers ? J'ai leur argent, ils attendent le mien ; je ne leur demande rien, et ils m'importunent. Un homme qui ne doit rien, mais personne ne songe à lui, tandis que mes créanciers s'intéressent à moi !

MME MERCADET. – Un peu trop !… devoir et payer, tout va bien : mais devoir et ne pouvoir rendre, mais emprunter quand on se sait hors d'état de s'acquitter[5] !… Je n'ose vous dire ce que j'en pense.

MERCADET. – Vous pensez qu'il y a là comme un commencement de…

MME MERCADET. – J'en ai peur…

Acte I, scène 6.

1. Honnête.
2. Membre de la Haute Assemblée législative.
3. Avoir des dettes.
4. Hors d'état de payer ses dettes.
5. Rembourser ses dettes.

Lexique
Éloge paradoxal : procédé consistant à vanter ce qui est blâmé par l'opinion courante, de manière ironique ou par goût de la provocation.

Un éloge paradoxal de l'endettement

Pour entrer dans le texte

1. Quelle phrase, dans la tirade de Mercadet, vous paraît le mieux résumer ce que veut démontrer ce personnage ?

Au fil du texte

2. Imaginez sur quels mots pourraient s'achever la première phrase de Mme Mercadet et la dernière prononcée par son mari, puis expliquez pourquoi ces deux phrases restent en suspens.
3. En quoi l'éloge de l'endettement que fait ici Mercadet est-il paradoxal ?
4. À quels types de raisonnement et d'arguments recourt Mercadet (→ « Du collège au lycée », p. 122-123) ? Son argumentation vous paraît-elle convaincante ?
5. **Étude de la langue** Qu'a de particulier et quel effet produit l'ordre des mots dans la phrase « Un homme qui ne doit rien, mais personne ne songe à lui, tandis que mes créanciers s'intéressent à moi ! » (l. 15-16) ?

Vers le commentaire ▶ Lisez d'autres exemples d'éloges paradoxaux (ex. : *L'Éloge de la calvitie* du grec Synésios de Cyrène [IVe s.], ou *Dom Juan*, acte I scène 2, de Molière, et expliquez l'intérêt de ce modèle rhétorique.

Texte 4 — Lescot, *Mon fric*, 2016

live! TEXTE AUDIO

Le personnage principal, désigné par « Moi », raconte sa vie, depuis sa naissance en 1972 jusqu'en 2040, à travers son rapport à l'argent qu'il gagne péniblement et perd facilement. Dans la scène suivante, il est âgé d'une trentaine d'années et évoque ses difficultés financières, alors qu'il vit avec sa compagne Géraldine et leur fille.

David Lescot
Né en 1971
David Lescot est auteur de pièces de théâtre qu'il met souvent en scène en y associant musique et danse.

Moi. – Je vois un documentaire sur un cinéaste indépendant américain. Il explique qu'aux États-Unis, tu peux vivre à crédit toute ta vie, même les aliments tu peux les acheter à crédit, tout le monde vit à crédit, tu rembourses jamais, c'est valable pour les individus comme pour l'État.

Géraldine. – Ah bon ? C'est vrai, ça ?

Moi. – Ça me fait du bien, ce documentaire.

Mon père. – C'est bon, hein mon fils, de dépenser son argent.

Moi. – Encore faut-il avoir de l'argent.

Géraldine. – Comment on va rembourser tout ce qu'on doit à tout le monde ?

Mon père. – C'est bon, hein mon fils, de rembourser son argent.

Géraldine. – La petite, on peut pas se contenter de la nourrir, faut lui acheter des choses, faut l'emmener au cirque.

Moi. – Qu'est-ce qu'elle a, pourquoi elle est triste, pourquoi t'es triste, ça t'a pas plu le cirque ? T'as eu peur des clowns, c'est ça ?

Géraldine. – Non, elle a faim elle veut un goûter.

Moi. – On pourra lui prendre un truc en sortant.

Géraldine. – Non, elle veut un goûter du cirque, elle a vu la dame avec son panier, qui vend des beignets.

David Lescot, *Mon fric*,

Mise en scène de C. Backès, Comédie de Béthune, déc. 2016.

Lexique
Marques d'oralité : mots ou expressions caractéristiques du langage oral, plus relâché que l'écrit.

L'argent au cœur des relations familiales contemporaines

Pour entrer dans le texte

1. Quelles tensions percevez-vous entre les membres de cette famille ?

Au fil du texte

2. Pourquoi le personnage principal déclare-t-il que le documentaire sur le cinéaste américain lui « fait du bien » (l. 6) ?
3. Quel rôle jouent les deux répliques du père ?
4. **Étude de la langue** Relevez les marques d'oralité et de familiarité dans ce dialogue.
5. Repérez un moment d'ellipse temporelle : expliquez l'effet qu'il produit et la manière dont on peut le mettre en scène. (fiche 31, p. 438-439)
6. Quelle critique se dégage de ce texte ?

Vers la dissertation ▶ Le théâtre est-il, selon vous, un art qui se prête à la représentation réaliste de la vie quotidienne ?

Carnet de lecteur ▶ Inventez la suite de cette scène où la petite fille demande à ses parents de lui acheter un beignet au cirque. Votre dialogue fera intervenir « Moi », sa femme Géraldine, leur fille et la vendeuse de beignets, ainsi qu'éventuellement un(e) spectateur(trice) du cirque.

Faire le point

→ Folie et manies au théâtre

Au fil des siècles

1 Dans la tragédie du XVIIe siècle

▶ **Le personnage tragique** incarne la **condition humaine,** c'est-à-dire les difficultés de l'homme à faire face aux contraintes extérieures et aux désirs qui l'animent.

▶ **La passion** du personnage entraîne les autres avec lui dans une spirale infernale : Britannicus, p. 127-135, ou Phèdre, p. 137.

▶ **Le sort des personnages** provoque chez le spectateur à la fois terreur et pitié. En prenant conscience des effets dévastateurs de la passion, celui-ci se purge de ses propres dérives : c'est la **catharsis.**

2 Dans la comédie du XVIIe siècle

▶ **Le personnage comique** est d'abord un **type.** Il incarne les **défauts des hommes :** l'avarice, la prétention…

▶ La comédie de caractère est alors une succession de situations illustrant le **ridicule** du personnage : *Les Femmes savantes*, de Molière, p. 192.

▶ Le personnage est la **risée** de tous, y compris des **valets.** Ce ridicule dissuade le spectateur de s'identifier à lui. C'est la version comique de la catharsis. Le personnage de l'avare, chez Plaute (p. 140) ou Molière (p. 139) inquiète.

3 Du XVIIIe siècle à nos jours

▶ *Turcaret* de Lesage traite de l'argent corrupteur.

▶ Balzac, dans *Le Faiseur* (p.142), met en scène un spéculateur dont l'amour pour l'argent confine à l'obsession.

▶ Au XXe siècle, dans le théâtre de l'**absurde,** les personnages sont souvent stylisés, parfois mécanisés, enfermés dans leurs incohérences, incapables de communiquer. Les dialogues ne respectent pas la logique habituelle du langage et tournent à la folie (Ionesco p. 202)

Le développement de la **psychiatrie et de la psychanalyse** ajoute au traitement du thème de la folie une dimension médicale. (Kane, p. 138).

ZOOM sur… L'hubris, moteur de la tragédie

L'*hubris* dans l'Antiquité

- Pour les Grecs, la notion **d'équilibre** est fondamentale. Les dieux ont leur place et les hommes, la leur. Parfois, certains hommes font preuve d'***hubris*** (« démesure ») : ils oublient leur place et tentent de rivaliser avec les dieux : c'est le cas de Prométhée, Sisyphe, Tantale, emportés par leur orgueil.
- Le châtiment de Zeus vise à restaurer son pouvoir, ainsi que l'équilibre rompu. Il a aussi une valeur didactique : montrer ce qu'il en coûte de ne pas maîtriser ses pulsions.

La démesure des personnages raciniens

- Racine emprunte ses mythes à l'Antiquité. Dans *Andromaque* (p. 135), Oreste hérite de la malédiction qui pèse sur son aïeul, Tantale, et porte le poids de la déraison. Phèdre (p. 137), petite-fille d'Hélios, le soleil, hérite de la malédiction jetée par Aphrodite sur ce dernier.
- L'*hubris* est à mettre au compte de l'orgueil du héros. Britannicus (p. 129) n'entend pas le double de langage de Junie qui tente de le mettre en garde. Il se compromet. Le spectateur reçoit alors une leçon de prudence : il voit que la passion de Britannicus le rend aveugle et sourd.

Enrichir son vocabulaire

Passion
- Sentiment d'une très grande intensité dont le personnage est esclave et qui fait son malheur.

Confident
- Personnage secondaire auprès duquel le personnage principal trouve écoute, soutien, conseils.

Personnage-type
- Personnage qui représente moins un individu qu'une catégorie (par exemple l'avare).

Monologue
- Tirade d'un personnage seul sur scène. Il permet le plus souvent au personnage d'y voir plus clair sur son sort ou ses décisions ; il est alors appelé monologue délibératif. Pour le spectateur, le monologue donne accès aux pensées du personnage.

Tirade
- Longue réplique d'un personnage au sein d'un dialogue.

Vraisemblance
- Règle selon laquelle ce qui est représenté ne doit pas paraître irréalisable.

Bienséance
- Règle selon laquelle il ne faut pas montrer sur la scène d'acte violent (comme un meurtre). Elle exclut aussi le mélange des registres.

Règle des trois unités
- La pièce doit se dérouler en un seul lieu, en une seule journée (24 heures) et traiter un seul sujet.

Lectures cursives

CARNET DE LECTEUR

→ * **Molière, *Monsieur de Pourceaugnac*, 1669.**

LE THÈME
Cette courte pièce est une comédie ballet. Un provincial arrive à Paris, et un groupe de jeunes gens organisent une véritable chasse à l'homme en lui jouant des tours, jusqu'à le rendre fou.

- Dans la scène 4 de l'acte II, comment se manifeste la folie du personnage ?

→ ** **Pierre Corneille, *Le Cid*, 1637.**

LE THÈME
L'Espagne du XIe siècle, un père outragé, un fils amoureux, un duel tragique… *Le Cid* est une des œuvres les plus connues du patrimoine littéraire.

- Lisez ou relisez ***Le Cid***. Parmi les choix que font les personnages, lesquels vous ont semblé excessifs ?

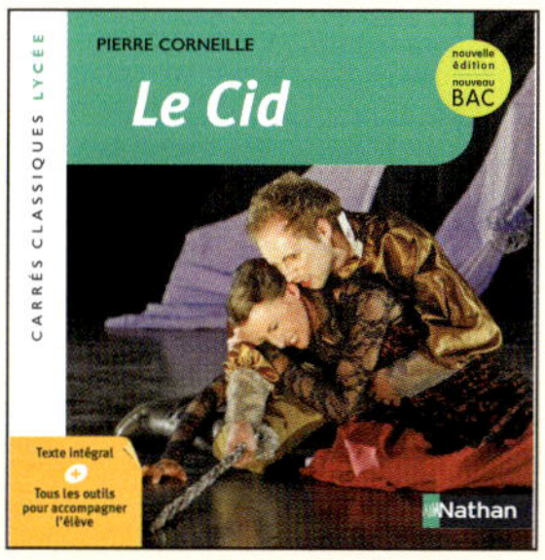

→ *** **Jean Racine, *Phèdre*, 1677.**

LE THEME
Phèdre, épouse de Thésée, éprouve une passion interdite, pour le fils de ce dernier, Hippolyte.

- Lisez la pièce en regardant une représentation en vidéo (mise en scène de P. Chéreau en 2003), ou le film de 1968 réalisé par P. Jourdan. Rédigez une critique de la mise en scène que vous avez regardée.

CHAPITRE 6

Servantes et valets, de l'ombre à la lumière

NRP
- **Séquences :**
  – *Les Bonnes* de Genet sur scène
  – « Beaux-parleurs » du XVIIIe siècle
  – L'amour à l'épreuve dans le théâtre de Marivaux
  – *La Folle Journée ou le Mariage de Figaro*, de Beaumarchais

Le XVIIIe siècle se passionne pour le théâtre. À côté de formes nouvelles, comme le drame, les genres classiques subsistent : c'est le cas de la comédie, qui prend une coloration plus sociale pour traduire les idées des Lumières. Ainsi, peu à peu, servantes et valets se hissent sur le devant de la scène.

Problématique :
Comment le théâtre, à travers les personnages de servantes et de valets, permet-il de remettre en cause le pouvoir établi ?

LIRE UNE ŒUVRE INTÉGRALE

Le Jeu de l'amour et du hasard, de Marivaux (1730)

Marivaux
(1688-1723)

Marivaux écrit du théâtre, des œuvres morales mais aussi des romans. Défenseur des **Modernes**, il se montre novateur : ses comédies, notamment, interrogent les dysfonctionnements de la société.
> p. 524

▶ Présentation de l'œuvre

Le père de Silvia veut marier sa fille à Dorante. Mais Silvia ne connaît pas le jeune homme. Elle décide de tester ses sentiments, et les siens. Et, pour cela, elle échange ses vêtements avec ceux de sa servante Lisette. Ce qu'elle ignore, c'est que Dorante a eu la même idée. Si le thème principal de la pièce est l'amour, ce jeu de travestissements sert aussi une comédie sociale, où le langage dit ce qu'on ne veut ou qu'on ne peut pas dire.

Mise en scène de C. Hiegel au Théâtre de la Porte Saint-Martin, 2018.

Texte 1

Nathan live! TEXTE AUDIO

Les obstacles à l'amour

S'écartant des codes de la comédie, le rideau s'ouvre sur Silvia, la jeune première, qui exprime le choix inattendu de ne pas se marier.

Acte I, scène 1

SILVIA. – Mais encore une fois, de quoi vous mêlez-vous, pourquoi répondre de mes sentiments[1] ?

LISETTE. – C'est que j'ai cru que, dans cette occasion-ci, vos sentiments ressembleraient à ceux de tout le monde ; Monsieur votre père me demande si vous êtes bien aise[2] qu'il vous marie, si vous en avez quelque joie : moi je lui réponds qu'oui ; cela va tout de suite ; et il n'y a peut-être que vous de fille[3] au monde, pour qui ce oui-là ne soit pas vrai ; le non n'est pas naturel.

SILVIA. – Le non n'est pas naturel, quelle sotte naïveté ! Le mariage aurait donc de grands charmes pour vous ?

LISETTE. – Eh bien, c'est encore oui, par exemple.

SILVIA. – Taisez-vous, allez répondre vos impertinences[4] ailleurs, et sachez que ce n'est pas à vous à juger de mon cœur par le vôtre...

LISETTE. – Mon cœur est fait comme celui de tout le monde ; de quoi le vôtre s'avise-t-il de n'être fait comme celui de personne ?

SILVIA. – Je vous dis que, si elle osait, elle m'appellerait une originale.

LISETTE. – Si j'étais votre égale, nous verrions.

SILVIA. – Vous travaillez à me fâcher, Lisette.

LISETTE. – Ce n'est pas mon dessein ; mais dans le fond voyons, quel mal ai-je fait de dire à Monsieur Orgon que vous étiez bien aise d'être mariée ?

SILVIA. – Premièrement, c'est que tu n'as pas dit vrai, je ne m'ennuie pas d'être fille.

Contexte historique

Le statut des femmes
Au XVIIIe siècle, la femme est mineure : elle dépend d'abord de son père, puis de son mari à qui elle doit obéissance.

1. Donner une réponse sur mes sentiments.
2. Satisfaite.
3. Célibataire.
4. Manière irrespectueuse de parler.

Repère littéraire

Selon les codes de la comédie classique, les jeunes gens, amoureux, veulent se marier mais se heurtent à des obstacles extérieurs : la décision d'un père, la différence de classe sociale... Chez Marivaux, ces obstacles sont intériorisés. Ce sont les jeunes gens eux-mêmes qui hésitent à se marier.

Lisette. – Cela est encore tout neuf.

Silvia. – C'est qu'il n'est pas nécessaire que mon père croie me faire tant de plaisir en me mariant, parce que cela le fait agir avec une confiance qui ne servira peut-être de rien.

Lisette. – Quoi, vous n'épouserez pas celui qu'il vous destine ?

Silvia. – Que sais-je, peut-être ne me conviendra-t-il point, et cela m'inquiète.

Lisette. – On dit que votre futur est un des plus honnêtes du monde, qu'il est bien fait, aimable, de bonne mine, qu'on ne peut pas avoir plus d'esprit, qu'on ne saurait être d'un meilleur caractère ; que voulez-vous de plus ? Peut-on se figurer de mariage plus doux ? D'union plus délicieuse ?

Silvia. – Délicieuse ! Que tu es folle avec tes expressions !

Lisette. – Ma foi, Madame, c'est qu'il est heureux qu'un amant[5] de cette espèce-là veuille se marier dans les formes ; il n'y a presque point de fille, s'il lui faisait la cour, qui ne fût en danger de l'épouser sans cérémonie ; aimable, bien fait, voilà de quoi vivre pour l'amour ; sociable et spirituel[6], voilà pour l'entretien de la société : pardi, tout en sera bon, dans cet homme-là, l'utile et l'agréable, tout s'y trouve.

Silvia. – Oui dans le portrait que tu en fais, et on dit qu'il y ressemble, mais c'est un, on dit, et je pourrais bien n'être pas de ce sentiment-là, moi ; il est bel homme, dit-on, et c'est presque tant pis.

Lisette. – Tant pis, tant pis, mais voilà une pensée bien hétéroclite !

Silvia. – C'est une pensée de très bon sens ; volontiers un bel homme est fat, je l'ai remarqué.

Lisette. – Oh, il a tort d'être fat[7] ; mais il a raison d'être beau.

Silvia. – On ajoute qu'il est bien fait ; passe.

Lisette. – Oui-da, cela est pardonnable.

Silvia. – De beauté, et de bonne mine je l'en dispense, ce sont là des agréments superflus.

Lisette. – Vertuchoux ! si je me marie jamais, ce superflu-là sera mon nécessaire.

Marivaux, *Le Jeu de l'amour et du hasard*, 1730, Acte I, scène 1.

5. Un prétendant.
6. Drôle et intelligent.
7. Prétentieux.

Une scène d'exposition sous le signe de la liberté

Pour entrer dans le texte

1. Quelle est la situation de Silvia dans cette scène d'exposition ?

Au fil du texte

2. Lignes 1 à 19, quel portrait de Lisette apparaît dans ces quelques répliques ?
3. **Étude de la langue** « Si j'**étais** votre égale, nous **verrions**. » (l. 16) Quels sont les modes et les temps employés ? Quelle est leur valeur dans cette phrase ?
4. Quel est le sens de l'opposition entre « se marier dans les formes » (l. 34) et « l'épouser sans cérémonie » (l. 35) ?
5. Comment s'exprime le désaccord des deux jeunes femmes à propos du mariage ?

Vers le commentaire ▶ Rédigez une partie de commentaire pour répondre à la question suivante : quelles informations cette scène d'exposition fournit-elle aux spectateurs ?

Texte 2

Le marivaudage des valets

Nathan live! TEXTE AUDIO

Les valets et les maîtres ont échangé leurs vêtements. Lisette et Arlequin se font la cour, mais chacun croit que l'autre est un maître.

Contexte littéraire

Marivaux est connu pour avoir exploré un art de la conversation amoureuse, rempli de subtilités et d'inventions langagières, au point qu'un mot a été fabriqué de son vivant pour désigner ces dialogues sentimentaux : le **marivaudage**. Mais il n'est pas certain que le valet Arlequin le maîtrise parfaitement.

Acte II, scène 3

LISETTE. – J'ai de la peine à croire qu'il vous en coûte tant d'attendre, Monsieur, c'est par galanterie que vous faites l'impatient, à peine êtes-vous arrivé ! Votre amour ne saurait être bien fort, ce n'est tout au plus qu'un amour naissant.

ARLEQUIN. – Vous vous trompez, prodige de nos jours, un amour de votre façon ne reste pas longtemps au berceau ; votre premier coup d'œil a fait naître le mien[1], le second lui a donné des forces et le troisième l'a rendu grand garçon ; tâchons de l'établir au plus vite, ayez soin de lui puisque vous êtes sa mère.

LISETTE. – Trouvez-vous qu'on le maltraite, est-il si abandonné ?

ARLEQUIN. – En attendant qu'il soit pourvu[2], donnez-lui seulement votre belle main blanche, pour l'amuser un peu.

LISETTE. – Tenez donc, petit importun, puisqu'on ne saurait avoir la paix qu'en vous amusant.

ARLEQUIN, *lui baisant la main.* – Cher joujou de mon âme ! Cela me réjouit comme du vin délicieux, quel dommage de n'en avoir que roquille[3] !

LISETTE. – Allons, arrêtez-vous, vous êtes trop avide.

ARLEQUIN. – Je ne demande qu'à me soutenir en attendant que je vive.

LISETTE. – Ne faut-il pas avoir de la raison ?

ARLEQUIN. – De la raison ! Hélas, je l'ai perdue, vos beaux yeux sont les filous qui me l'ont volée.

LISETTE. – Mais est-il possible que vous m'aimiez tant ? Je ne saurais me le persuader.

ARLEQUIN. – Je ne me soucie pas de ce qui est possible, moi ; mais je vous aime comme un perdu, et vous verrez bien dans votre miroir que cela est juste...

LISETTE. – Mon miroir ne servirait qu'à me rendre plus incrédule.

ARLEQUIN. – Ah ! Mignonne, adorable, votre humilité ne serait donc qu'une hypocrite !

Marivaux, *Le Jeu de l'amour et du hasard*, 1730, Acte II, scène 3.

Lexique

Une image ou une métaphore est **filée** quand elle est développée à plusieurs endroits d'un texte.

1. Mon amour.
2. Contenté.
3. Une petite quantité.

Derrière les masques

Pour entrer dans le texte

1. Qu'y a-t-il de maladroit et de naïf dans les propos de Lisette et d'Arlequin ?

Au fil du texte

2. Lignes 1 à 10 : quels sont les sentiments exprimés par les deux personnages ?
3. **Étude de la langue** Quelle est la nature des mots en gras : « le second **lui** a donné des forces et le troisième **l'**a rendu grand garçon » (l. 6). À quel mot renvoient-ils ?
4. Quelle image est employée par Arlequin et filée par Lisette ? Quel effet produit-elle ?
5. Quels termes manifestent le désir et l'impatience d'Arlequin (l. 9-26) ?

Vers le commentaire ▶ Écrivez deux paragraphes pour répondre à chacune des questions suivantes.
a. Comment le langage d'Arlequin et de Lisette trahit-il leur origine sociale ?
b. En quoi est-il comique ?

Carnet de lecteur ▶ Lisez ces scènes où un personnage au moins se déguise. Pour chacune des scènes, précisez la nature du travestissement et l'objectif recherché :
– Molière, *Le Malade imaginaire* (II, 5), 1673,
– Musset, *On ne badine pas avec l'amour* (III, 2), 1834.

Texte 3

Une déclaration

live! TEXTE AUDIO

Silvia, déguisée en Lisette, et Dorante, déguisé en Arlequin, ne sont pas indifférents l'un à l'autre mais ils jugent leur amour impossible puisqu'ils croient ne pas appartenir au même rang social. Dorante cherche à exprimer son amour. Devant la froideur de Silvia, il décide de partir.

Outil d'analyse

Le sens **littéral** d'un mot ou d'une phrase demande parfois à être décodé : c'est le cas des **sous-entendus**, des **non-dits**, voire les silences, des doubles sens de certains mots. Enfin, des figures de style, comme **la litote** ou **la prétérition**, masquent les sentiments ou les idées exprimées.
→ fiche 19, p. 414-415

Acte II, scène 9

DORANTE. – Si tu savais, Lisette, l'état où je me trouve...

SILVIA. – Oh, il n'est pas si curieux à savoir que le mien, je t'en assure.

DORANTE. – Que peux-tu me reprocher ? Je ne me propose pas de te rendre sensible.

SILVIA, *à part*. – Il ne faudrait pas s'y fier.

DORANTE. – Et que pourrais-je espérer en tâchant de me faire aimer ? Hélas ! Quand même j'aurais ton cœur...

SILVIA. – Que le ciel m'en préserve ! Quand tu l'aurais, tu ne le saurais pas, et je ferais si bien, que je ne le saurais pas moi-même : tenez, quelle idée il lui vient là !

DORANTE. – Il est donc bien vrai que tu ne me hais, ni ne m'aimes, ni ne m'aimeras ?

SILVIA. – Sans difficulté.

DORANTE. – Sans difficulté ! Qu'ai-je donc de si affreux ?

SILVIA. – Rien, ce n'est pas là ce qui te nuit[1].

DORANTE. – Eh bien, chère Lisette, dis-le-moi cent fois, que tu ne m'aimeras point.

SILVIA. – Oh, je te l'ai assez dit, tâche de me croire.

DORANTE. – Il faut que je le croie ! Désespère une passion dangereuse, sauve-moi des effets que j'en crains ; tu ne me hais, ni ne m'aimes, ni ne m'aimeras ! accable mon cœur de cette certitude-là. J'agis de bonne foi, donne-moi du secours[2] contre moi-même, il m'est nécessaire, je te le demande à genoux.

(Il se jette à genoux. Dans ce moment, M. Orgon et Mario[3] entrent et ne disent mot.)

SILVIA. – Ah, nous y voilà ! Il ne manquait plus que cette façon-là[4] à mon aventure ; que je suis malheureuse ! C'est ma facilité qui le place là ; lève-toi donc. Bourguignon, je t'en conjure ; il peut venir quelqu'un. Je dirai ce qu'il te plaira, que me veux-tu ? Je ne te hais point, lève-toi, je t'aimerais si je pouvais, tu ne me déplais point, cela doit te suffire.

Marivaux, *Le Jeu de l'amour et du hasard*, 1730, Acte II, scène 9.

1. Fait du tort.
2. Aide.
3. Respectivement, le père et le frère de Silvia, avertis des travestissements de deux personnages.
4. Manière de s'y prendre.

L'épreuve de l'aveu

Pour entrer dans le texte

1. Quels sont les pronoms personnels employés ? Que révèlent-ils ?

Au fil du texte

2. Quel aveu Silvia fait-elle à Dorante, tout en voulant éviter de le faire ?

3. Lignes 18 à 21 : comment Dorante suggère-t-il qu'il existe un obstacle à son amour ? Quel est la nature de cet obstacle ?

4. **Étude de la langue** Identifiez le temps et le mode du verbe « aimerais » (l. 26). Expliquez son emploi dans cette phrase : « Je t'aimerais si je pouvais ».

5. Comment imaginez-vous la fin de la scène ? Quel est l'intérêt de la présence muette de M. Orgon et de Mario ?

Vers le commentaire ▶ Rédigez trois paragraphes argumentés, nourris de citations précises, dans lesquels vous montrerez comment, dans cette scène, les personnages révèlent des sentiments qu'ils croient cacher.

Texte 4

La vérité des sentiments

TEXTE ENRICHI

Nathan live! TEXTE AUDIO

Silvia connaît maintenant la véritable identité de celui qu'elle aime depuis la scène 12 de l'acte II. Toutefois, elle a gardé son masque parce qu'elle espère que l'amour de Dorante est tel qu'il la demandera en mariage, alors même qu'il la prend pour une soubrette.

Repère littéraire

À la fin de la comédie, les véritables sentiments sont mis au jour. Toutefois, les amants n'en sortent pas toujours indemnes. Ils découvrent qu'ils ont été joués, testés, par ceux avec qui ils doivent se marier, et leur confiance est ébranlée. Parfois même, le dénouement est malheureux.

Acte III, scène 8

SILVIA. – Je vais vous parler à cœur ouvert. Vous m'aimez, mais votre amour n'est pas une chose bien sérieuse pour vous ; que de ressources n'avez-vous pas pour vous en défaire ! La distance qu'il y a de vous à moi, mille objets que vous allez trouver sur votre chemin, l'envie qu'on aura de vous rendre sensible, les amusements d'un homme de votre condition, tout va vous ôter cet amour dont vous m'entretenez impitoyablement ; vous en rirez peut-être au sortir d'ici, et vous aurez raison. Mais moi, Monsieur, si je m'en ressouviens, comme j'en ai peur, s'il m'a frappée, quel secours aurai-je contre l'impression qu'il m'aura faite ? Qui est-ce qui me dédommagera de votre perte ? Qui voulez-vous que mon cœur mette à votre place ? Savez-vous bien que si je vous aimais, tout ce qu'il y a de plus grand dans le monde ne me toucherait plus ? Jugez donc de l'état où je resterais, ayez la générosité[1] de me cacher votre amour : moi qui vous parle, je me ferais un scrupule[2] de vous dire que je vous aime, dans les dispositions où vous êtes. L'aveu de mes sentiments pourrait exposer votre raison, et vous voyez bien aussi que je vous les cache.

DORANTE. – Ah ! Ma chère Lisette, que viens-je d'entendre : tes paroles ont un feu qui me pénètre, je t'adore, je te respecte ; il n'est ni rang, ni naissance, ni fortune qui ne disparaisse devant une âme comme la tienne. J'aurais honte que mon orgueil tînt encore contre toi, et mon cœur et ma main t'appartiennent. [...]

SILVIA. – Oh, je n'y tâcherai point gardez-la, nous verrons ce que vous en ferez.

DORANTE. – Ne consentez-vous pas d'être à moi ?

SILVIA. – Quoi, vous m'épouserez malgré ce que vous êtes, malgré la colère d'un père, malgré votre fortune ?

DORANTE. – Mon père me pardonnera dès qu'il vous aura vue, ma fortune nous suffit à tous deux, et le mérite vaut bien la naissance : ne disputons point, car je ne changerai jamais.

SILVIA. – Il ne changera jamais ! Savez-vous bien que vous me charmez, Dorante ?

Marivaux, *Le Jeu de l'amour et du hasard*, 1730, Acte III, scène 8.

1. Grandeur d'âme.
2. Délicatesse qui pousse à agir avec droiture.

La vérité des sentiments

Pour entrer dans le texte

1. Le procédé de Silvia – qui refuse de dévoiler son identité à Dorante – est-il efficace ?

Au fil du texte

2. Lignes 7 à 15 : quels mots et quels procédés rendent émouvant le discours de Silvia ?

3. Lignes 16 à 19 : quelle est la réaction de Dorante ?

4. **Étude de la langue** Identifiez le temps et le mode du verbe « tînt » (l. 19). Justifiez son emploi dans la phrase :« J'aurais honte que mon orgueil tînt encore contre toi » (l. 19-20).

5. Quels sont les obstacles surmontés par l'amour sincère des deux jeunes gens ?

Vers la dissertation ▶ Comment l'illusion, le mensonge, et le théâtre, dans *Le Jeu de l'amour et du hasard*, permettent-ils à l'amour de se dévoiler ?

Texte écho

Kechiche, *L'Esquive*, 2003

Dans un collège de la banlieue parisienne, une professeure de français fait répéter *Le Jeu de l'amour et du hasard* à ses élèves.

Ce que Marivaux nous dit, là : les riches jouent les pauvres, les pauvres jouent les riches. Personne n'y arrive, personne n'y arrive bien. Ce qu'il nous montre, c'est qu'on est complètement prisonniers de notre condition sociale. Et que quand on est riche pendant vingt ans ou pauvre pendant vingt ans, on peut toujours se mettre en haillons quand on est riche, et puis en robe haute couture quand on est pauvre, on ne se débarrasse pas d'un langage, d'un certain type de sujet de conversation, d'une manière de s'exprimer, de se tenir qui indique d'où on vient. Et d'ailleurs, ça s'appelle *Le Jeu de l'amour et du hasard*, mais il nous montre qu'il n'y a pas de hasard. Les riches tombent amoureux de qui, dans la pièce ? Des riches. Et les pauvres, ils tombent amoureux de qui, dans la pièce ? Des pauvres. Donc ils se reconnaissent malgré leurs déguisements. Et ils tombent amoureux au sein de leur même classe sociale. Donc il n'y a pas de hasard mais il n'y a pas non plus d'amour, l'amour où on l'entend habituellement, c'est-à-dire l'amour pur. Normalement on tombe amoureux d'un être, un être pur, le moi profond, pas tout ce qu'il y a aux alentours. Eh bien non, dit Marivaux, on est complètement conditionné par son milieu d'origine. On reste entre soi ; on peut toujours se déguiser, on n'échappe pas à sa condition d'origine.

Extrait du scénario du film.

Affiche du film *L'Esquive*, d'A. Kechiche, 2003.

Lecture comparée

▶ Les propos de la professeure rendent-ils compte de la pièce ? Peut-on dire en effet qu'il n'y a pas d'amour dans cette pièce ?

L'ŒUVRE EN PERSPECTIVE *Le Jeu de l'amour et du hasard*, de Marivaux

1 Une pièce pour Silvia

- En 1720, Marivaux devient auteur pour les comédiens italiens. Parmi eux, Zanetta Benozzi, dite **Silvia**, sera vite l'actrice préférée du public. Elle est pour Marivaux l'interprète idéale.
- Marivaux adapte son écriture au jeu des Italiens et à la *commedia dell'arte* à laquelle il emprunte le personnage d'Arlequin. Reprenant l'art du *lazzi*, il intègre dans les dialogues quiproquos et machinations, et ajoute à la dextérité gestuelle la vivacité des dialogues.
- Comme chez les comédiens italiens, les personnages changent de costume pour jouer un autre personnage. Mais Marivaux utilise ce principe du travestissement pour mettre en abyme le jeu théâtral et souligner le pouvoir des origines sociales : les valets conservent leur maladresse et les maîtres, leurs préjugés.

2 Une pièce d'une étonnante modernité

- Marivaux a pour projet d'explorer les nuances du sentiment amoureux. « J'ai guetté dans le cœur humain toutes les niches où peut se cacher l'amour lorsqu'il craint de se montrer et chacune de mes comédies a pour sujet de le faire sortir d'une de ces niches. »
- C'est probablement la raison pour laquelle ce texte, très souvent représenté, se prête à des mises en scène variées. Parfois ancrée dans le XVIIIe siècle des Lumières, elle est souvent transposée à d'autres époques.

Activité

- Comparez les sentiments des jeunes gens de notre époque à ceux des personnages du *Jeu de l'amour et du hasard*.

La revanche des valets

Texte 1

Molière, *Tartuffe*, 1669

live! Nathan TEXTE AUDIO

Tartuffe, un dévot, s'est introduit dans la demeure d'Orgon et y impose sa loi. La scène d'exposition réunit toute la famille, à l'exception d'Orgon et de Tartuffe. La servante, Dorine, n'est pas dupe et tient tête à Madame Pernelle, la mère d'Orgon.

Molière
(1622-1673)
Auteur, chef de troupe et comédien. Admiré de Louis XIV, il s'installe au Théâtre du Palais-Royal en 1658 et entreprend de séduire mais aussi de choquer Paris par ses grandes comédies en cinq actes et en vers.
> p. 525

Contexte
Au XVIIe siècle, le **parti des dévots** est un ensemble de groupes de religieux catholiques très conservateurs. On parlerait aujourd'hui d'intégristes.

Acte I, scène 1

DORINE

Il[1] passe pour un saint dans votre fantaisie :
Tout son fait, croyez-moi, n'est rien qu'hypocrisie.

MADAME PERNELLE

Voyez la langue !

DORINE

À lui, non plus qu'à son Laurent[2],
Je ne me fierais, moi, que sur un bon garant[3].

MADAME PERNELLE

J'ignore ce qu'au fond le serviteur peut être ;
Mais pour homme de bien, je garantis le maître.
Vous ne lui voulez mal et ne le rebutez[4]
Qu'à cause qu[5]'il vous dit à tous vos vérités.
C'est contre le péché que son cœur se courrouce,
Et l'intérêt du Ciel est tout ce qui le pousse.

DORINE

Oui ; mais pourquoi, surtout depuis un certain temps,
Ne saurait-il souffrir qu'aucun hante céans[6] ?
En quoi blesse le Ciel une visite honnête,
Pour en faire un vacarme à nous rompre la tête ?
Veut-on que là-dessus je m'explique entre nous ?
Je crois que de Madame il est, ma foi, jaloux.

MADAME PERNELLE

Taisez-vous, et songez aux choses que vous dites.
Ce n'est pas lui tout seul qui blâme[7] ces visites.
Tout ce tracas qui suit les gens que vous hantez,
Ces carrosses sans cesse à la porte plantés,
Et de tant de laquais le bruyant assemblage
Font un éclat fâcheux dans tout le voisinage.
Je veux croire qu'au fond il ne se passe rien ;
Mais enfin on en parle, et cela n'est pas bien.
[...]

1. Tartuffe.
2. Le serviteur de Tartuffe.
3. Personne de confiance.
4. Repoussez.
5. Parce que.
6. Que quelqu'un vienne ici.
7. Désapprouve.

Contexte

Tartuffe est joué pour la première fois à la Cour, en 1664. Si le roi rit, les dévots s'insurgent et font interdire la pièce. Molière en propose une nouvelle version en 1667. Il faut attendre 1669 pour que la pièce soit enfin représentée, entourée d'un parfum de scandale.

DORINE

Daphné, notre voisine, et son petit époux
Ne seraient-ils point ceux qui parlent mal de nous ?
Ceux de qui la conduite offre le plus à rire
Sont toujours sur autrui les premiers à médire ;
Ils ne manquent jamais de saisir promptement
L'apparente lueur du moindre attachement,
D'en semer la nouvelle avec beaucoup de joie,
Et d'y donner le tour qu'ils veulent qu'on y croie :
Des actions d'autrui, teintes de leurs couleurs,
Ils pensent dans le monde autoriser les leurs,
Et sous le faux espoir de quelque ressemblance,
Aux intrigues[8] qu'ils ont donner de l'innocence,
Ou faire ailleurs tomber quelques traits partagés
De ce blâme public dont ils sont trop chargés.

MADAME PERNELLE

Tous ces raisonnements ne font rien à l'affaire.
On sait qu'Orante mène une vie exemplaire :
Tout ses soins vont au Ciel ; et j'ai su par des gens
Qu'elle condamne fort le train qui vient céans.

DORINE

L'exemple est admirable, et cette dame est bonne !
Il est vrai qu'elle vit en austère personne ;
Mais l'âge dans son âme a mis ce zèle ardent,
Et l'on sait qu'elle est prude[9] à son corps défendant.
Tant qu'elle a pu des cœurs attirer les hommages,
Elle a fort bien joui de tous ses avantages ;
Mais, voyant de ses yeux tous les brillants baisser,
Au monde, qui la quitte, elle veut renoncer,
Et du voile pompeux d'une haute sagesse
De ses attraits usés déguiser la faiblesse.

Molière, *Tartuffe*, 1669, Acte I, scène 1.

8. Aventures amoureuses.
9. Sage et pudique.

Une servante raisonnable et lucide

Pour entrer dans le texte

1. Dans cette partie de la scène d'exposition, quel personnage dit le plus de vers ? Qu'en déduisez-vous sur l'importance de son rôle ?

Au fil du texte

2. Vers 12-13 : quel est le champ lexical dominant ? Que révèle-t-il sur le personnage de Tartuffe ?
3. Expliquez précisément les reproches de Dorine à l'encontre de Daphné et de son époux. Pour cela, reformulez les vers 33 à 38.
4. **Étude de la langue** Identifiez le temps et le mode du verbe « seraient » (v. 26). Justifiez son emploi.
5. Vers 42-52 : quel ton Dorine emploie-t-elle pour dresser le portrait d'Orante ?
6. Selon vous, Dorine se comporte-t-elle comme une servante ? Justifiez votre réponse.

Vers le commentaire ▶ Rédigez deux paragraphes argumentés pour montrer que cette scène joue bien le rôle d'une scène d'exposition (→ fiche 32, p. 440).

Texte 2

Beaumarchais, *Le Mariage de Figaro*, 1778

live! TEXTE AUDIO

Le comte Almaviva, maître de Figaro, voudrait rétablir le droit de cuissage pour profiter de Suzanne, que Figaro doit épouser le jour même. Le valet craint que sa future épouse ne soit séduite. Dans ce monologue, il laisse éclater sa colère contre le comte.

Beaumarchais
(1732-1799)
Horloger, homme d'affaires, agent secret pour Louis XV puis Louis XVI, ou encore marchand d'armes, il est également un grand séducteur.
> p. 518

Acte V, scène 3

Figaro. – Non, monsieur le comte, vous ne l'[1]aurez pas… vous ne l'aurez pas. Parce que vous êtes un grand seigneur, vous vous croyez un grand génie !… noblesse, fortune, un rang, des places, tout cela rend si fier ! Qu'avez-vous fait pour tant de biens ? vous vous êtes donné la peine de naître, et rien de plus : du reste, homme assez ordinaire ! tandis que moi, morbleu[2], perdu dans la foule obscure, il m'a fallu déployer plus de science et de calculs pour subsister seulement, qu'on n'en a mis depuis cent ans à gouverner toutes les Espagnes ; et vous voulez jouter[3] !… On vient, c'est elle, ce n'est personne. La nuit est noire en diable, et me voilà faisant le sot métier de mari, quoique je ne le sois qu'à moitié ! *(Il s'assied sur un banc.)* Est-il rien de plus bizarre que ma destinée ! Fils de je ne sais pas qui ; volé par des bandits ; élevé dans leurs mœurs, je m'en dégoûte et veux courir une carrière honnête ; et partout je suis repoussé ! J'apprends la chimie, la pharmacie, la chirurgie ; et tout le crédit d'un grand seigneur peut à peine me mettre à la main une lancette[4] vétérinaire ! – Las d'attrister des bêtes malades, et pour faire un métier contraire, je me jette à corps perdu dans le théâtre : me fussé-je mis une pierre au cou ! Je broche[5] une comédie dans les mœurs du sérail : auteur espagnol, je crois pouvoir y fronder Mahomet sans scrupule : à l'instant un envoyé… de je ne sais où se plaint que j'offense dans mes vers la Sublime Porte[6], la Perse, une partie de la presqu'île de l'Inde, toute l'Égypte, les royaumes de Barca[7], de Tripoli, de Tunis, d'Alger et de Maroc ; et voilà ma comédie flambée[8] […].

Beaumarchais, *Le Mariage de Figaro*, Acte V, scène 3, 1778.

1. Suzanne.
2. Mot qui signifie « par la mort de Dieu », composé pour éviter un blasphème.
3. Vous mesurer à moi.
4. Instrument médical.
5. Compose rapidement.
6. Porte monumentale à Constantinople (Istanbul), symbole de la puissance de l'empire Ottoman.
7. Partie de l'actuelle Lybie.
8. Gâchée, inutile.

Lexique
Le **droit de cuissage** est, d'après une légende, une coutume médiévale qui conférerait à un seigneur le droit de se glisser dans le lit de l'épouse d'un vassal ou d'un serf lors de sa nuit de noces.

À propos de…
Le Mariage de Figaro, écrite en 1778, est jouée pour la première fois en 1784. En mettant au premier plan un valet, elle apparaît comme annonciatrice de la Révolution française.

L'ambition de Figaro

Pour entrer dans le texte

1. Dressez une liste des différents métiers exercés par Figaro.

Au fil du texte

2. Ligne 2 : quels sentiments Figaro exprime-t-il d'abord ? Quelle est leur intensité ?
3. **Étude de la langue** « Parce que […] jouter ! » (l. 2-8) : par quels moyens grammaticaux s'exprime la modalisation dans ce passage. Vous analyserez la ponctuation, l'ordre des mots dans la phrase, les types de phrases.
4. Qui sont les cibles de Figaro (et donc de Beaumarchais) dans ce passage ?
5. En quoi le discours de Figaro s'apparente-t-il à un réquisitoire, c'est-à-dire une accusation, dans le langage juridique ?
6. Ce monologue, à l'acte V d'une comédie, vous semble-t-il comique ? Justifiez votre réponse.

Vers l'oral ▶ Préparez une lecture expressive de ce texte : vous devez à la fois en dégager les mouvements, et rendre compte des sentiments du personnage.

Parcours artistique et culturel

Quand les valets donnent de la voix :

Objectif : Découvrir une transposition du théâtre à l'opéra

Mozart
(1756-1791)

Ce génie précoce compose son premier opéra à 11 ans. Son œuvre est immense et grandiose.
Il a créé la musique de cet opéra en trois jours et en a confié le livret à Lorenzo da Ponte.

Dans l'opéra de Mozart, créé à Vienne le 1er mai 1786, les valets, plus rusés, plus jeunes, plus gais que les maîtres, impriment à l'œuvre le rythme trépidant qui convient à la transposition musicale de la *Folle journée* de Beaumarchais.

1 Théâtre et musique

Pour comprendre l'image

- Un opéra est autant un spectacle qu'un concert. L'intrigue des *Noces de Figaro* reprend celle du *Mariage de Figaro* : les noces de Figaro et de Suzanne sont troublées par le comte, prêt à tout pour séduire la jeune mariée. Figaro invente mille tours pour le confondre.
- L'œuvre appartient au genre italien de l'*opéra buffa* (opéra bouffe), qui traite d'un sujet comique et a pour fonction de divertir. Il permet aussi de varier les structures musicales.

Doc 1. Mise en scène de Giorgio Strehler, Opéra de Paris, 1980.

2 Écouter Non piu andrai, l'air de Figaro

Non più andrai, farfallone amoroso,
notte e giorno d'intorno girando;
delle belle turbando il riposo
Narcisetto, Adoncino d'amor. […]

Tra guerrieri, poffar Bacco!
Gran mustacchi, stretto sacco.
Schioppo in spalla, sciabla al fianco,
collo dritto, muso franco,
un gran casco, o un gran turbante,
molto onor, poco contante!
Ed invece del fandango,
una marcia per il fango.

Tu n'iras plus, gros papillon amoureux,
tourbillonnant nuit et jour ;
troublant le sommeil de ces belles
Petit Narcisse, Adonis d'amour. […]

Parmi les soldats, que diable !
De grandes moustaches, un petit sac.
Fusil à l'épaule, sabre au flanc,
Col droit, nez franc,
Un gros casque, ou un gros turban,
Beaucoup d'honneur, une maigre paie !
Et au lieu du fandango,
une marche dans la boue.

Doc 2. Extrait du livret des *Noces de Figaro*.

Pour comprendre le document

- Chérubin, amoureux de la Comtesse, se fait envoyer à l'armée par le comte. Figaro lui adresse alors cet air qui clôt l'acte I. Il se moque des ambitions amoureuses du jeune Chérubin et de son avenir de soldat. La musique de Mozart ironise autant que les mots de Figaro.

Les Noces de Figaro, de Mozart

3 Figaro et Suzanne, personnages clés de l'opéra

Doc 3. Mise en scène de Richard Brunel, festival d'Aix-en-Provence, 2012.

Pour comprendre l'image

- Dans l'opéra, Figaro reste, comme le disait Beaumarchais, d'une raison « assaisonnée de gaité ». Le livret conserve le caractère subversif de Figaro.
- L'opéra donne un relief tout particulier à la camériste Suzanne. C'est elle qui apporte fraîcheur, espièglerie et séduction.

À retenir

- Un opéra est une œuvre à la fois musicale et théâtrale. Il raconte une histoire, mais les rôles sont chantés. On appelle le texte de l'opéra « **livret** », et le **librettiste**, celui qui l'écrit.
- *Les Noces de Figaro* appartient à la catégorie des *opera buffa*, qui sont des œuvres légères, populaires, mêlant les registres, où la tonalité comique domine.
- Le livret est fidèle au texte de Beaumarchais, conservant l'intrigue, l'humour, la finesse des idées comme des sentiments. Mais l'histoire est également portée par la musique de Mozart, qui fait avancer l'action avec un rythme souvent enlevé.

Questions

1. Regardez des extraits des mises en scène de l'opéra par Giorgio Strehler (**doc 1**) et Richard Brunel (**doc 3**).
2. Comparez les personnages de Figaro dans ces deux mises en scène, en vous appuyant sur leur apparence, sur le jeu des acteurs et sur l'interprétation musicale de chacun.

Texte 3

live! TEXTE AUDIO

Genet, *Les Bonnes*, 1947

Solange et Claire, les bonnes, envisagent de tuer « Madame », leur patronne. Elles répètent le meurtre dans un jeu ritualisé dans lequel Solange joue Claire et Claire incarne Madame.

Jean Genet
(1910-1986)
Auteur de romans et de pièces de théâtre, Genet n'a cessé de choquer son public, tant à la fois par ses actes et son mode de vie – arrêté pour vol, menant une vie d'errance – que par ses écrits érotiques et engagés.
> p. 522

Solange. – Je vous hais ! Je vous méprise. Vous ne m'intimidez plus. Réveillez le souvenir de votre amant, qu'il vous protège. Je vous hais ! Je hais votre poitrine pleine de souffles embaumés. Votre poitrine... d'ivoire ! Vos cuisses... d'or ! Vos pieds... d'ambre ! (*elle crache sur la robe rouge*) Je vous hais !

Claire, *suffoquée.* – Oh ! Oh ! Mais...

Solange, *marchant sur elle.* – Oui madame, ma belle madame. Vous croyez que tout vous sera permis jusqu'au bout ? Vous croyez pouvoir dérober la beauté du ciel et m'en priver ? Choisir vos parfums, vos poudres, vos rouges à ongles, la soie, le velours, la dentelle et m'en priver ? Et me prendre le laitier ? Avouez ! Avouez le laitier ! Sa jeunesse, sa fraîcheur vous troublent, n'est-ce pas ? Avouez le laitier. Car Solange vous emmerde !

Claire, *affolée.* – Claire ! Claire !

Solange. – Hein ?

Claire, *dans un murmure.* – Claire, Solange, Claire.

Solange. – Ah ! Oui, Claire. Claire vous emmerde ! Claire est là, plus claire que jamais. Lumineuse ! *Elle gifle Claire.*

Claire. – Oh ! Oh ! Claire… vous… oh !

Mise en scène de Jacques Vincey, Théâtre de l'Athénée, 2012.

À propos de...

Les Bonnes s'inspirent d'un fait divers : l'assassinat, par les sœurs Papin, de leur patronne et de sa fille, au Mans, en 1933. Ce fait-divers a aussi inspiré Claude Chabrol pour son film *La Cérémonie* (1995).

Repère littéraire

Il arrive que sur scène, les personnages jouent des comédiens qui préparent ou organisent une représentation. Lorsque ce qui est joué renvoie à l'intrigue principale, **le théâtre dans le théâtre** devient une **mise en abyme**. Ce procédé rompt l'illusion théâtrale pour encourager un regard critique de la part du spectateur.

SOLANGE. – Madame se croyait protégée par ses barricades de fleurs, sauvée par un exceptionnel destin, par le sacrifice. C'était compter sans la révolte des bonnes. La voici qui monte, madame. Elle va crever et dégonfler votre aventure. Ce monsieur n'était qu'un triste voleur et vous une...

CLAIRE. – Je t'interdis !

SOLANGE. – M'interdire ! Plaisanterie ! Madame est interdite. Son visage se décompose. Vous désirez un miroir ? *Elle tend à Claire un miroir à main.*

CLAIRE, *se mirant avec complaisance.* – J'y suis plus belle ! Le danger m'auréole, Claire, et toi tu n'es que ténèbres.

SOLANGE. – … infernales ! Je sais. Je connais la tirade. Je lis sur votre visage ce qu'il faut vous répondre et j'irai jusqu'au bout. Les deux bonnes sont là, les dévouées servantes ! Devenez plus belle pour les mépriser. Nous ne vous craignons plus. Nous sommes enveloppées, confondues dans nos exhalaisons, dans nos fastes, dans notre haine pour vous. Nous prenons forme, madame. Ne riez pas. Ah ! Surtout ne riez pas de ma grandiloquence…

CLAIRE. – Allez-vous-en.

SOLANGE. – Pour vous servir, encore, madame ! Je retourne à ma cuisine. J'y retrouve mes gants et l'odeur de mes dents. Le rot silencieux de l'évier. Vous avez vos fleurs, j'ai mon évier. Je suis la bonne. Vous au moins vous ne pouvez pas me souiller. Mais vous ne l'emporterez pas en paradis. J'aimerais mieux vous y suivre que de lâcher ma haine à la porte. Riez un peu, riez et priez vite, très vite ! Vous êtes au bout du rouleau ma chère ! (*Elle tape sur les mains de Claire qui protège sa gorge.*) Bas les pattes et découvrez ce cou fragile. Allez, ne tremblez pas, ne frissonnez pas, j'opère vite et en silence. Oui, je vais retourner à ma cuisine, mais avant je termine ma besogne.

Elle semble sur le point d'étrangler Claire. Soudain un réveille-matin sonne. Solange s'arrête. Les deux actrices se rapprochent, émues, et écoutent, pressées l'une contre l'autre.

Jean Genet, *Les Bonnes*, © Éditions Gallimard.

La revanche

Pour entrer dans le texte

1. Repérez les passages de théâtre dans le théâtre, en notant ce qui indique que Solange joue le rôle de Claire, et Claire, celui de Madame.

Au fil du texte

2. **Étude de la langue** Dans la phrase : « Réveillez le souvenir de votre amant, qu'il vous **protège** » (l. 1-2), identifiez le temps et le mode du verbe « protège » et justifiez son emploi.

3. Dans la première réplique, quels sentiments exprime Solange/Claire pour Madame ?

4. À votre avis, pourquoi Solange se trompe-t-elle de prénom (l. 12) ? Qu'en déduisez-vous sur son état mental ?

5. Quel rôle joue le miroir dans cette scène ?

6. Lignes 34 à 42 : comment ces propos soulignent-ils le contraste entre les bonnes et la maîtresse ?

Vers le commentaire ▶ Rédigez un paragraphe de commentaire qui répondra à la question suivante : quelles sont les marques de violence dans cette scène ?

Carnet de lecteur ▶ À l'issue d'une représentation des *Bonnes*, deux lycéens discutent : pour l'un, un spectacle inspiré d'un fait divers aussi violent est inutilement choquant, pour l'autre, au contraire, c'est passionnant. Écrivez leur dialogue argumenté.

Texte 4

live! TEXTE AUDIO

Marie NDiaye, *Hilda*, 1998

Mme Lemarchand exprime ses récriminations au sujet de sa servante, Hilda. Elle les adresse au mari de celle-ci, Frank Meyer, qui est présent sur scène mais parle peu.

Marie NDiaye
(Née en 1967)

Née d'une mère française et d'un père sénégalais qu'elle a peu connu, Marie NDiaye ne se définit pas comme une écrivaine francophone. Ses romans comme son théâtre explorent le quotidien pour en déceler l'étrangeté et la violence. Marie NDiaye est la première femme dramaturge à être entrée de son vivant au répertoire de la Comédie-Française.
> p. 526

Contexte littéraire

À l'origine, *Hilda* est une pièce radiophonique, commandée en 1998 par Radio France. La pièce ne contient que deux personnages : Mme Lemarchand et Frank Meyer, le mari d'Hilda, qui ne prononce que quelques phrases. Hilda n'apparaît jamais. Invisible, absente, elle est celle dont on parle.

MME LEMARCHAND. – Hilda monte faire les lits, le mien et ceux des enfants. Je suis là, derrière elle, regardant, mais Hilda feint de ne pas me voir, ou peut-être ne songe-t-elle-même pas à me montrer qu'elle sait que je suis là. Hilda secoue mes couettes à la perfection, Hilda est ma première femme, Franck, qui tourne chaque jour mon matelas. Une femme de corvée comme Hilda, tout autre que moi l'appellerait une perle. Ensuite, Frank, bien sûr, l'aspirateur et le chiffon et le repas des enfants et la sieste des enfants et la vaisselle et le goûter et les vitres et la cire, tout ce que vous pouvez imaginer sans mon aide. Mais ceci aussi : Hilda refuse systématiquement ce que je lui offre. Franck ! Connaissez-vous beaucoup de patronnes qui ait comme moi le désir sincère, généreux, gratuit, de prendre un petit café en compagnie de leur servante, toutes les deux assises à la table de la cuisine ou bien debout. Franck, un coin de fesse au comptoir de mon bar américain, et ainsi conversant et riant comme deux amies ? Il me faut, Franck, de ces conversations de femmes qui rapprochent les esprits et unissent subtilement, quelle qu'en soit la légèreté. Je veux qu'Hilda soit mon égale. Je veux déjeuner avec Hilda et bavarder entre deux tâches ménagères. Enfin, Franck, comprenez-vous qu'Hilda ne veuille être qu'une domestique ? Elle peut être mon amie. Quelle servante refuserait ? Hilda me dédaigne. Hilda préfère bouffer, oui, bouffer, en même temps que les enfants, derrière leur chaise, debout, rapidement, se nourrir et en finir, comme une esclave. Hilda m'insulte, Frank. Merci bien, et elle s'éloigne. Hilda est payée, Franck. Hilda est bien payée et bien traitée. Pourquoi joue-t-elle l'esclave ? Hilda est ma servante, mon employée, ma femme à tout faire, et mon amie si elle y consent. Connaissez-vous, Franck, dans notre petite ville, beaucoup de dames qui voudraient faire leur amie de leur bonne ? C'est un honneur et un privilège que d'être considérée ainsi. Pourquoi Hilda me repousse-t-elle, Franck ?

FRANCK. – Oui, c'est comme ça.

MME LEMARCHAND. – Hilda devrait avoir honte. Je ne suis que sa maîtresse, pas son bourreau. Et je veux faire monter Hilda jusqu'à moi. Merci bien. Je ne mérite pas cela. Franck, est-ce qu'une dame de mon espèce ne mérite pas plus d'égards ?

Marie NDiaye, *Hilda*, © Les Éditions de Minuit, 1999.

Un silence éloquent ?

Pour entrer dans le texte

1. Dégagez les trois mouvements de ce texte.

Au fil du texte

2. **Étude de la langue** « l'aspirateur et le chiffon **et** le repas des enfants **et** la sieste des enfants **et** la vaisselle **et** le goûter **et** les vitres **et** la cire » (l. 6-8) : l'usage de la conjonction de coordination est-il habituel ? Quel est l'effet produit ?

3. Comment les différences sociales entre Mme Lemarchand et Hilda sont-elles marquées ?

4. En quoi les propos de Mme Lemarchand, qui dit souhaiter une relation égalitaire avec Hilda, sont-ils contradictoires ?

5. À partir de la ligne 13, observez le lexique et la syntaxe de ce passage : quel rangement de ton observez-vous ?

Vers la dissertation ▶ Lisez *Hilda* en entier.
D'après vous, ce texte est-il vraiment une pièce de théâtre ? Répondez en deux paragraphes argumentés.

Hilda, de M. NDiaye, mise en scène de Frédéric Bélier-Garcia avec Zabou Breitman et Éric Savin, Théâtre de l'Atelier, 2002.

Texte écho

Leïla Slimani
(Née en 1981)

Journaliste et écrivaine franco-marocaine. Elle a notamment reçu le prix Goncourt 2016 pour son deuxième roman, *Chanson douce*.

Leïla Slimani, *Chanson douce*, 2016

***Chanson douce* raconte l'histoire de Louise, l'employée irréprochable d'un couple de cadres urbains. Un jour, elle commettra l'irréparable. Ce soir-là, elle prépare et sert un dîner à ses patrons et leurs amis.**

Ils se lèvent en riant pour passer à table. Paul assoit Emma à côté de lui. Louise se précipite dans la cuisine et elle est accueillie par des bravos en entrant dans le salon, son plat à la main. « Elle rougit », s'amuse Paul, d'une voix trop aiguë. Pendant quelques minutes, Louise est au centre de toute l'attention. « Comment a-t-elle fait cette sauce ? » « Quelle bonne idée le gingembre ! » Les invités vantent ses prouesses et Paul se met à parler d'elle – « notre nounou » – comme on parle des enfants et des vieillards, en leur présence. Paul sert le vin, et les conversations s'élèvent vite au-dessus de ces nourritures terrestres. Ils parlent de plus en plus fort. Ils écrasent leurs cigarettes dans leurs assiettes et les mégots flottent dans un reste de sauce. Personne n'a remarqué que Louise s'est retirée dans la cuisine qu'elle nettoie avec application.

Leïla Slimani, *Chanson douce*, © Éditions Gallimard, 2016.

Lecture comparée

▶ Comparez la situation évoquée dans le roman avec celle de la pièce de Marie NDiaye (page ci-contre). Quels sont les thèmes communs aux deux œuvres ? Comment ces œuvres se distinguent-elles ?

Faire le point → # Servantes et valets dans la comédie

Au fil des siècles

1 Au XVIIe siècle

L'inspiration antique

- Dans les comédies antiques, le valet se caractérise par sa **ruse** et son **efficacité**. Il met en place des stratagèmes pour aider son maître.
- Désigné comme le *servus currens* (« l'esclave qui court ») dans la comédie latine, il court, au sens figuré, pour atteindre ses objectifs et, au sens propre, pour donner un tempo rapide à la pièce.

Dans la comédie classique

- Proches du modèle antique, les servantes et valets de la comédie classique sont des **moteurs de l'action dramatique**. Rusés, plus clairvoyants que leurs maîtres, ils dénouent souvent les situations : Dorine dans *Le Tartuffe* (p. 153).

2 Au XVIIIe siècle

Au XVIIIe siècle, les bouleversements politiques et philosophiques font évoluer ces personnages.

Évolution économique

- Les nobles s'appauvrissent et les bourgeois s'enrichissent. L'argent modifie donc les rapports sociaux. → Figaro, valet dans la pièce de Beaumarchais, a exercé d'autres métiers (p. 152).

Réflexions morales et philosophiques

- La vérité des sentiments transcende les origines sociales : Silvia craint d'aimer, mais Lisette est prête à « tomber amoureuse », expression inventée au début du XVIIIe siècle (Marivaux).

Changement politique

- Apparaissent alors des valets qui contestent l'ordre social et usent de leur ruse non plus pour servir leur maître mais pour servir leurs propres intérêts (Beaumarchais).

3 Et aujourd'hui ?

Un angle plus politique

- Dans le théâtre du XXe siècle, les personnages dits « faibles » (bonnes, femmes de ménage ou ouvriers soumis à leurs patrons) sont considérés sous un angle **politique**, dans le cadre d'une réflexion sur les **classes sociales**. Ce sont souvent des personnages qui ont une dimension **tragique** (Genet et NDiaye).

ZOOM sur … Le renouvellement de la comédie au XVIIIe siècle

Les modèles comiques

- La comédie au XVIIIe siècle s'inspire des pièces de Molière. *Turcaret*, de Lesage (p. 141), doit beaucoup au *Tartuffe* (p. 153).
- Le retour des comédiens italiens, rappelés en 1716 par le Régent après avoir été chassés par Louis XIV en 1697, remet au goût du jour la *commedia dell'arte*.

L'évolution vers un comique nuancé

- Les personnages s'écartent de leur emploi traditionnel. On assiste ainsi à la promotion du valet (Figaro, p. 155).
- Le langage est propulsé sur le devant de la scène et le comique, nuancé par des sentiments plus mélancoliques (p. 151). Les dramaturges usent de l'art de la tirade et du monologue (Marivaux, p. 151 ; Beaumarchais, p. 155).

Nouvelle sensibilité et idées nouvelles

- En échangeant les rôles des maîtres et des serviteurs, Marivaux met en œuvre une expérimentation sociale. Ni moraliste ni révolutionnaire, il met en scène des questions de société pour sensibiliser le public : la liberté (*L'Île des esclaves*), la condition des femmes (*La Colonie*).
- Beaumarchais met la comédie au service d'une dénonciation des privilèges de l'aristocratie. En cela, il est bien un dramaturge des Lumières.

Enrichir son vocabulaire

Lazzi
- Plaisanteries, moqueries bouffonnes de la *commedia dell'arte*.

Théâtre dans le théâtre (mise en abyme)
- Pièce dans laquelle les comédiens organisent une représentation théâtrale. Ce procédé également appelé mise en abyme, concerne aussi la peinture (*Les Époux Arnolfini*, de Van Eyck, p. 81) ou le cinéma.

Subversif
- Propre à renverser les idées reçues. Le monologue de Figaro est subversif (p. 155) en ce qu'il dresse un réquisitoire contre les préjugés de son temps.

Livret
- Texte littéraire qui est associé à la musique dans une œuvre lyrique (opéra, opérette, comédie musicale).

Drame bourgeois
- Sous-genre théâtral créé par Diderot, Beaumarchais et Marivaux. À mi-chemin entre comédie et tragédie, il met en scène des personnages de la bourgeoisie.

***Opera buffa* (opéra bouffe)**
- Genre italien qui traite d'un sujet comique et qui a pour fonction de divertir. *Les Noces de Figaro*, de Mozart, en est un exemple.

Marivaudage
- Mot créé sur le nom de Marivaux. Conversations galantes et raffinées destinées à séduire.

Lectures cursives

CARNET DE LECTEUR

→ * Feydeau, *Dormez, je le veux !*, 1897

L'INTRIGUE

Justin, le valet de Boriquet, a des talents d'hypnotiseur. Il en profite pour faire travailler son maître à sa place.

a. Lisez la pièce et notez les échanges de rôles entre maître et serviteur.

b. Comment donnent-ils du rythme à la comédie ?

→ ** Molière, *Le Malade imaginaire*, 1673

L'INTRIGUE

Argan est obsédé par la médecine au point de vouloir marier sa fille à un médecin. Cette dernière peut compter sur l'aide de Martine, la servante, pour contrer le projet de son père.

a. Faites un portrait de Martine et indiquez son rôle dans l'intrigue de la pièce.

b. Comment se manifeste la manie d'Argan ? En quoi peut-on dire qu'elle est proche de la folie ?

→ ** Ödön Von Horváth, *Figaro divorce*, 1931

L'INTRIGUE

Figaro et Suzanne suivent leurs maîtres contraints de s'exiler pour fuir la Révolution. Le comte et la comtesse s'appauvrissent ; les valets ouvrent un commerce, changent de vie, s'embourgeoisent et se disputent.

a. Quelle est l'évolution de Figaro et de Suzanne dans la pièce de l'écrivain hongrois ?

b. Dans quel contexte politique Horváth écrit-il *Figaro divorce* ? Que retrouve-t-on de ce contexte dans la pièce ?

CHAPITRE 7 De la scène à la salle

NRP
- **Séquences :**
  – *Hernani*
  – Le théâtre romantique
  – La crise de la figure royale, de Shakespeare à Hugo

Un vent de liberté souffle sous la Restauration, dans les années 1820. Sous la conduite de Victor Hugo naît le drame romantique, une forme nouvelle qui s'affranchit des règles du théâtre classique, et dont le but est d'émouvoir le spectateur, quitte à le choquer. Ce renouveau du théâtre invite à réfléchir sur les rapports entre la scène et la salle.

Problématique :
Comment s'impose et se brise l'illusion au théâtre ?

LIRE UNE ŒUVRE INTÉGRALE

Ruy Blas, Victor Hugo (1838)

Victor Hugo
(1802-1885)

Dramaturge, romancier, poète, dessinateur, Victor Hugo apparaît comme le chef de file du romantisme théâtral, notamment après la publication de *Cromwell* et de sa préface (1827), et le succès d'*Hernani* (1830). Il joue également un rôle politique important et s'engage contre les injustices de son temps, notamment dans son roman *Les Misérables* (1862).
> p. 523

▶ Présentation de l'œuvre

Pour se venger de la reine d'Espagne qui l'a exilé de la cour, don Salluste organise une sombre machination : il demande à son valet Ruy Blas, secrètement amoureux de la reine, de la séduire en se faisant passer pour un noble. L'amour du valet et de la souveraine, qui constitue le nœud de l'action, est représentatif du drame romantique. Il permet en effet de mêler les registres, les personnages de la tragédie (rois et reines) et ceux de la comédie (valets).

Ruy Blas, de V. Hugo, mise en scène de Ch. Schiaretti, TNP de Villeubanne, 2011, avec R. Renucci et N. Gonzales.

Texte 1

TEXTE AUDIO

TEXTE ENRICHI

Une scène d'exposition romantique

Quand le rideau s'ouvre, il n'y a aucun personnage sur scène, ce qui contrevient aux préconisations de la scène classique. L'histoire se déroule dans l'Espagne de Charles II, au XVIIe siècle.

Acte I

Le salon de Danaé[1] dans le palais du roi, à Madrid. Ameublement magnifique dans le goût demi flamand du temps de Philippe IV. À gauche, une grande fenêtre à châssis[2] dorés et à petits carreaux. Des deux côtés, sur un pan coupé, une porte basse donnant dans quelque appartement intérieur. Au fond, une grande cloison vitrée à châssis dorés s'ouvrant par une large porte également vitrée sur une longue galerie. Cette galerie, qui traverse tout le théâtre, est masquée par d'immenses rideaux qui tombent du haut en bas de la cloison vitrée. Une table, un fauteuil, et ce qu'il faut pour écrire. Don Salluste entre par la petite porte de gauche, suivi de Ruy Blas et de Gudiel, qui porte une cassette et divers paquets qu'on dirait disposés pour un voyage. Don Salluste est vêtu de velours noir, costume de cour du temps de Charles II. La toison d'or[3] au cou. Par dessus l'habillement noir, un riche manteau de velours vert clair, brodé d'or et doublé de satin noir. Épée à grande coquille[4]. Chapeau à plumes blanches. Gudiel est en noir, épée au côté. Ruy Blas est en livrée[5]. Haut-de-chausses[6] et juste-au-corps. Surtout[7] galonné, rouge et or. Tête nue. Sans épée.

Scène 1

DON SALLUSTE

Ruy Blas, fermez la porte, – ouvrez cette fenêtre.

1. Danaé, dans la mythologie grecque, est enfermée par son père Acrisios dans une tour de bronze, où Zeus parvient à pénétrer sous la forme d'une pluie d'or.
2. Encadrement d'un vitrage.
3. La toison d'or est l'ordre de chevalerie le plus prestigieux et le plus élevé en Espagne.
4. Partie d'une arme blanche qui protège la main.
5. Uniforme d'un serviteur.
6. Vêtement ample que l'on met par-dessus ses habits.
7. Vêtement qui couvre le corps de la ceinture aux genoux.

Contexte

Le théâtre romantique revendique le droit de représenter l'Histoire dans son entière vérité. L'Espagne qui sert de décor à *Ruy Blas* renvoie le spectateur de l'époque à la situation politique de la France, sous la Restauration : Hugo s'attaque, à travers Salluste, au pouvoir royal corrompu.

Ruy Blas obéit, puis, sur un signe de don Salluste, il sort par la porte du fond.
Don Salluste va à la fenêtre.

Ils dorment encor tous ici, – le jour va naître.

Il se tourne brusquement vers Gudiel.

Ah ! c'est un coup de foudre !... – oui mon règne est passé,
Gudiel ! – renvoyé, disgracié, chassé ! –
Ah ! tout perdre en un jour ! – L'aventure est secrète
Encor, n'en parle pas. – Oui, pour une amourette,
– Chose, à mon âge, sotte et folle, j'en conviens ! –
Avec une suivante, une fille de rien !
Séduite, beau malheur ! parce que la donzelle[1]
Est à[2] la reine, et vient de Neubourg[3] avec elle,
Que cette créature a pleuré contre moi,
Et traîné son enfant dans les chambres du roi ;
Ordre de l'épouser. Je refuse. On m'exile !
On m'exile ! Et vingt ans d'un labeur difficile,
Vingt ans d'ambition, de travaux nuit et jour ;
Le président haï des alcades[4] de cour,
Dont nul ne prononçait le nom sans épouvante ;
Le chef de la maison de Bazan, qui s'en vante ;
Mon crédit, mon pouvoir, tout ce que je rêvais,
Tout ce que je faisais et tout ce que j'avais,
Charge, emplois, honneurs, tout en un instant s'écroule
Au milieu des éclats de rire de la foule !

GUDIEL

Nul ne le sait encor, monseigneur.

DON SALLUSTE

Mais demain !
Demain, on le saura ! – Nous serons en chemin !

Acte I, scène 1, vers 1-21.

1. Jeune fille *(familier)*.
2. Au service de.
3. Ville d'Allemagne.
4. Fonctionnaires de justice espagnols.

Un lever de rideau surprenant

Pour entrer dans le texte

1. Dessinez rapidement le décor de l'acte I.

Au fil du texte

2. Quelle est la particularité de la didascalie initiale de l'acte I de *Ruy Blas* ? Comparez-la à celles des *Fourberies de Scapin*, de Molière (« La scène est à Naples ») et de *Britannicus*, de Racine (« La scène est à Rome, dans une chambre du palais de Néron »).
3. Analysez l'importance du décor et des costumes. Quelles fonctions peut-on leur attribuer, selon vous ?
4. Quel personnage entre le premier en scène et parle le premier ? Montrez la façon dont il occupe l'espace en analysant ses gestes et ses paroles.
5. **Étude de la langue** Quel est le mode employé par Salluste dans le premier vers ? En quoi détermine-t-il la suite de l'action, selon vous ?
6. Dans quelle situation se trouve Salluste et quelles émotions laisse-t-il percevoir dans la scène ? Pourquoi ? Qui en rend-il responsable ?
7. Quel est le personnage le moins présent sur scène dans cette ouverture ? En quoi est-ce surprenant par rapport au titre de la pièce ?
8. Quelle suite imaginez-vous après cette première partie de la scène d'exposition ?

Vers le commentaire ▶ Dans quelle mesure, cette exposition est-elle représentative des changements apportés sur scène par le théâtre romantique ?

Carnet de lecteur ▶ Hugo aurait déclaré qu'« on peut jouer *Ruy Blas* avec une table et quatre chaises ». Partagez-vous ce point de vue ? Expliquez pourquoi.

Texte 2

Nathan live! TEXTE AUDIO

La construction du héros romantique

Ruy Blas avoue son amour pour la reine à Don Carlos, un ancien compagnon de route retrouvé chez Salluste dont il est le cousin.

Repère littéraire

Le théâtre romantique cultive les personnages hybrides, c'est-à-dire qui ne sont pas conformes aux conventions du théâtre classique : le laquais amoureux de la reine suscite la réaction scandalisée des spectateurs lors de la création de la pièce.

Acte I, scène 3

RUY BLAS

Écoute.
Je l'attends tous les jours au passage. Je suis
Comme un fou ! Ho ! Sa vie est un tissu d'ennuis,
À cette pauvre femme ! – oui, chaque nuit j'y songe. –
Vivre dans cette cour de haine et de mensonge,
Mariée à ce roi qui passe tout son temps
À chasser ! Imbécile ! – un sot ! Vieux à trente ans !
Moins qu'un homme ! À régner comme à vivre inhabile[1].
– Famille qui s'en va[2] ! – Le père était débile[3]
Au point qu'il ne pouvait tenir un parchemin.
– Oh ! Si belle et si jeune, avoir donné sa main
À ce roi Charles Deux ! Elle ! Quelle misère !
– Elle va tous les soirs chez les sœurs du Rosaire[4],
Tu sais ? En remontant la rue Ortaleza.
Comment cette démence en mon cœur s'amassa,
Je l'ignore. Mais juge ! Elle aime une fleur bleue
D'Allemagne... – je fais chaque jour une lieue,
Jusqu'à Caramanchel[5], pour avoir de ces fleurs.
J'en ai cherché partout sans en trouver ailleurs.
J'en compose un bouquet, je prends les plus jolies...
– Oh ! Mais je te dis là des choses, des folies ! –
Puis à minuit, au parc royal, comme un voleur,
Je me glisse et je vais déposer cette fleur
Sur son banc favori. Même, hier, j'osai mettre
Dans le bouquet, – vraiment, plains-moi, frère ! – une lettre !

Acte I, scène 3, vers 382-406.

1. Inapte.
2. Qui se dégrade.
3. Faible.
4. Congrégation religieuse.
5. District de Madrid.

Ruy Blas, un personnage hors-norme

Pour entrer dans le texte

1. Qu'apprend-on de nouveau dans cette tirade concernant l'intrigue ?

Au fil du texte

2. À quels objets scéniques Ruy Blas fait-il allusion dans ce passage ? À quel moment de l'action les retrouvera-t-on et quel rôle joueront-ils ?
3. De quel personnage Ruy Blas se définit-il comme le rival dans le premier mouvement de la tirade (v. 1-11) ? En considérant le statut social de chacun, en quoi est-ce surprenant, selon vous ?
4. Quels sont les registres utilisés par Ruy Blas dans le second mouvement de la tirade (v. 12-24) ?
5. **Étude de la langue** Analysez les marques de la première personne dans le passage.
6. En quoi le personnage de Ruy Blas prend-il ici une nouvelle dimension ?

Vers l'oral ▶ Apprenez cette tirade et mettez-la en voix en étant très rigoureux sur la lecture des alexandrins (e muet, e sonore, liaisons, diérèses, etc.).

Texte 3 Une esthétique du contraste

Nathan live! TEXTE AUDIO

Six mois se sont écoulés depuis que Salluste a été chassé. Ruy Blas, devenu Grand d'Espagne sous l'identité de Don Carlos, règne en maître à la cour. Il vient d'obtenir de la reine l'aveu de son amour.

Acte III, scène 4

RUY BLAS

Donc je marche vivant dans mon rêve étoilé !
Oh ! Oui, j'en suis bien sûr, elle m'a bien parlé.
C'est bien elle. Elle avait un petit diadème
En dentelle d'argent. Et je regardais même,
Pendant qu'elle parlait, – je crois la voir encor, –
Un aigle ciselé sur son bracelet d'or.
Elle se fie à moi, m'a-t-elle dit. – Pauvre ange !
Oh ! S'il est vrai que Dieu, par un prodige étrange,
En nous donnant l'amour, voulut mêler en nous
Ce qui fait l'homme grand à ce qui le fait doux, […]
Moi, qui ne crains plus rien maintenant qu'elle m'aime,
Moi, qui suis tout-puissant, grâce à son choix suprême,
Moi, dont le cœur gonflé ferait envie aux rois,
Devant Dieu qui m'entend, sans peur, à haute voix,
Je le dis, vous pouvez vous confier, madame,
À mon bras comme reine, à mon cœur comme femme !
Le dévouement se cache au fond de mon amour
Pur et loyal ! – allez, ne craignez rien ! –

Ruy Blas, de V. Hugo, mise en scène de Ch. Schiaretti, TNP de Villeubanne, 2011, avec J. Kirchner et R. Renucci.

Lexique
Un **coup de théâtre** est un changement brusque et inattendu qui modifie la suite de l'action.

Depuis quelques instants, un homme est entré par la porte du fond, enveloppé d'un grand manteau, coiffé d'un chapeau galonné d'argent. Il s'est avancé lentement vers Ruy Blas sans être vu, et, au moment où Ruy Blas, ivre d'extase et de bonheur, lève les yeux au ciel, cet homme lui pose brusquement la main sur l'épaule. Ruy Blas se retourne comme réveillé en sursaut ; l'homme laisse tomber son manteau, et Ruy Blas reconnaît don Salluste. Don Salluste est vêtu d'une livrée couleur de feu à galons d'argent, pareille à celle du page[1] de Ruy Blas.

Scène 5

DON SALLUSTE, *posant la main sur l'épaule de Ruy Blas.*
Bonjour.

RUY BLAS, *effaré. – À part.*
Grand Dieu ! Je suis perdu ! Le marquis !

DON SALLUSTE, *souriant.*
Je parie
Que vous ne pensiez pas à moi.

RUY BLAS
Sa seigneurie,
En effet, me surprend.

À part.
Oh ! mon malheur renaît.
J'étais tourné vers l'ange et le démon venait.

Il court à la tapisserie qui cache le cabinet secret et en ferme la petite porte au verrou ; puis il revient tout tremblant vers don Salluste.

DON SALLUSTE
Eh bien ! Comment cela va-t-il ?

RUY BLAS, *l'œil fixé sur don Salluste impassible, et comme pouvant à peine rassembler ses idées.*
Cette livrée ?...

DON SALLUSTE, *souriant toujours.*
Il fallait du palais me procurer l'entrée.
Avec cet habit-là l'on arrive partout.
J'ai pris votre livrée et la trouve à mon goût.

Acte III, scènes 4 et 5, vers 1291-1316.

1. Serviteur.

L'art du coup de théâtre

Pour entrer dans le texte

1. Analysez la structure du passage. De combien de mouvements est-il constitué ? Quel en est le pivot ?

Au fil du texte

2. Quels sentiments Ruy Blas exprime-t-il dans la scène 4 ? Pourquoi ? Justifiez en relevant les champs lexicaux.
3. **Étude de la langue** Relevez et commentez les différentes formes du pronom personnel de la première personne du singulier.
4. En quoi l'entrée de Salluste est-elle un coup de théâtre ?
5. En vous appuyant sur les didascalies, montrez comment ce coup de théâtre est dramatisé.
6. Quel effet produit-il sur Ruy Blas ? Analysez son aparté et les didascalies de la scène 5.

Vers le commentaire ▶ Rédigez une partie de commentaire en montrant que la scène est construite sur un jeu de contraste.

Carnet de lecteur ▶ Vous rédigerez une note d'intention pour la mise en scène de ce passage. Vous porterez une attention particulière à mettre en relief le contraste entre le début et la fin de la scène.

Texte 4

Mourir sur scène

La reine a appris la véritable identité de Ruy Blas. Alors que la souveraine refuse de lui pardonner son mensonge, il absorbe du poison.

Contexte culturel

Le « cœur crucifié » renvoie au martyre du Christ. La référence religieuse est très présente dans la scène. On peut la relier aux propos de l'auteur dans la préface de *Cromwell* : le drame, né de la dualité du christianisme, fait de l'homme un être pris en tension entre « sublime » et « grotesque ».

Acte V, scène 4

LA REINE, *l'entourant de ses bras.*

Ruy Blas, je vous pardonne !
Mais qu'avez-vous fait là ? Parle, je te l'ordonne !
Ce n'est pas du poison, cette affreuse liqueur ?
Dis ?

RUY BLAS

Si ! C'est du poison. Mais j'ai la joie au cœur.

Tenant la reine embrassée et levant les yeux au ciel.

Permettez, ô mon Dieu, justice souveraine,
Que ce pauvre laquais[1] bénisse cette reine,
Car elle a consolé mon cœur crucifié,
Vivant, par son amour, mourant, par sa pitié !

LA REINE

Du poison ! Dieu ! C'est moi qui l'ai tué ! – je t'aime !
Si j'avais pardonné ?...

RUY BLAS, *défaillant.*

J'aurais agi de même.

Sa voix s'éteint. La reine le soutient dans ses bras.

Je ne pouvais plus vivre. Adieu !

Montrant la porte.

Fuyez d'ici !
– Tout restera secret. – Je meurs.

Il tombe.

LA REINE, *se jetant sur son corps.*

Ruy Blas !

RUY BLAS, *qui allait mourir, se réveille à son nom prononcé par la reine.*

Merci !

Acte V, scène 4, v. 2241-2252.

1. Serviteur.

Mort et transfiguration du héros romantique

Pour entrer dans le texte

1. Dégagez les étapes du dénouement.

Au fil du texte

2. Étudiez la gestuelle des personnages : quelle évolution des relations entre les deux personnages permet-elle d'observer ? À quoi cette évolution est-elle due ?
3. Cette scène serait-elle possible dans une tragédie classique (voir p. 133) ? Pourquoi ?
4. Quels effets ce dénouement cherche-t-il à produire sur le spectateur ? Par quels procédés ?
5. Quelle dimension la référence « au cœur crucifié » donne-t-elle au personnage de Ruy Blas ?
6. Montrez que la scène permet la conquête de l'identité de Ruy Blas et en fait un héros romantique.

Vers la dissertation ▶ Dans le théâtre classique, le valet est un emploi de comédie et le roi, un emploi de tragédie. Dans quelle mesure, selon vous, ce dénouement redéfinit-il le système traditionnel des emplois ?

Texte écho

Hugo, Préface de *Cromwell*, 1827

Dans la préface de *Cromwell*, une pièce qu'il a écrite quelques années avant *Ruy Blas*, Victor Hugo théorise le drame, expression privilégiée des temps modernes, qui se nourrit de la nature et de la vérité.

Du jour où le christianisme a dit à l'homme : « Tu es double, tu es composé de deux êtres, l'un périssable, l'autre immortel, l'un charnel[1], l'autre éthéré[2], l'un enchaîné par les appétits, les besoins et les passions, l'autre emporté sur les ailes de l'enthousiasme et de la rêverie, celui-ci enfin toujours courbé vers la terre, sa mère, celui-là sans cesse élancé vers le ciel, sa patrie » ; de ce jour le drame a été créé. Est-ce autre chose en effet que ce contraste de tous les jours, que cette lutte de tous les instants entre deux principes opposés qui sont toujours en présence dans la vie, et qui se disputent l'homme depuis le berceau jusqu'à la tombe ?

La poésie née du christianisme, la poésie de notre temps est donc le drame ; le caractère du drame est le réel ; le réel résulte de la combinaison toute naturelle de deux types, le sublime et le grotesque, qui se croisent dans le drame, comme ils se croisent dans la vie et dans la création. Car la poésie vraie, la poésie complète, est dans l'harmonie des contraires. Puis, il est temps de le dire hautement, et c'est ici surtout que les exceptions confirmeraient la règle, tout ce qui est dans la nature est dans l'art. [...]

Le théâtre est un point d'optique. Tout ce qui existe dans le monde, dans l'histoire, dans la vie, dans l'homme, tout doit et peut s'y réfléchir, mais sous la baguette magique de l'art.

Victor Hugo, Préface de *Cromwell*, 1827.

1. Relatif au corps.
2. De nature céleste, divine.

L'ŒUVRE EN PERSPECTIVE — *Ruy Blas*, de Victor Hugo

1 Un drame romantique

- La pièce, créée le 8 novembre 1838, est un **succès** public mais la critique est plus réservée. L'histoire est **jugée inconvenante.** De plus, elle donne à voir une vision négative de la royauté et du pouvoir politique.
- La **mise en scène** est **très importante** dans l'œuvre : décors, costumes, gestuelle et accessoires font partie intégrante de la conception de la pièce, qui emprunte sa scénographie au mélodrame ainsi qu'à la farce. Hugo conçoit lui-même ses décors (fiche 20, p. 416-417).
- « C'est de la féconde union du type grotesque au type sublime que naît le génie moderne » (Hugo, préface de *Cromwell*) ; Hugo, comme son modèle shakespearien, refuse de séparer comédie et tragédie et rejette les fonctions traditionnellement liées à un personnage : **Ruy Blas** est un **valet**, ce qui l'associe à la **comédie**, mais son rôle est celui **du jeune premier** ou du **héros tragique.**

2 La fortune scénique et cinématographique

- Cette pièce est l'une des plus jouées du répertoire hugolien. Dans le rôle titre, on peut retenir la performance de Gérard Philipe en 1954 (mise en scène de J. Vilar au TNP) et celle d'Éric Ruf en 2002 (mise en scène de B. Jaques-Wajeman à la Comédie-Française).
- Il existe également **plusieurs adaptations** cinématographiques du drame : celle de Pierre Billon en 1948, avec Jean Marais, celle de Jacques Weber en 2002, avec Xavier Gallais. Enfin, la pièce a été très librement adaptée et parodiée en 1971 dans *La Folie des grandeurs* de Gérard Oury.

Activité

1. Visionnez la captation de la mise en scène de Ch. Schiaretti (Théâtre national populaire, 2012) et analysez les décors, les costumes, le choix des comédiens, les interprétations.
2. Cette mise en scène vous semble-t-elle réussie ? Expliquez pourquoi.

Franchir le quatrième mur

Texte 1 Molière, *L'Avare*, 1668

live! TEXTE AUDIO

Molière
(1622-1673)
Auteur, metteur en scène, chef de troupe, il fut aussi acteur de ses pièces.
> p. 525

Harpagon ne régit sa maison et son entourage qu'en fonction des économies qu'il peut faire. Par crainte d'être volé, il a enseveli dans son jardin une grosse somme d'argent. Précaution inutile car elle vient de lui être dérobée.

HARPAGON (*Il crie au voleur dès le jardin, et vient sans chapeau.*). – Au voleur ! Au voleur ! À l'assassin ! Au meurtrier ! Justice, juste ciel ! Je suis perdu, je suis assassiné, on m'a coupé la gorge, on m'a dérobé mon argent. Qui peut-ce être ? Qu'est-il devenu ? Où est-il ? Où se cache-t-il ? Que ferai-je pour le trouver ? Où courir ? Où ne pas courir ? N'est-il point là ? N'est-il point ici ? Qui est-ce ? Arrête. Rends-moi mon argent, coquin[1]… (*Il se prend lui-même le bras.*) Ah ! C'est moi. Mon esprit est troublé, et j'ignore où je suis, qui je suis, et ce que je fais. Hélas ! Mon pauvre argent, mon pauvre argent, mon cher ami ! On m'a privé de toi ; et puisque tu m'es enlevé, j'ai perdu mon support, ma consolation, ma joie ; tout est fini pour moi, et je n'ai plus que faire au monde : sans toi, il m'est impossible de vivre. C'en est fait, je n'en puis plus ; je me meurs, je suis mort, je suis enterré. N'y a-t-il personne qui veuille me ressusciter[2], en me rendant mon cher argent, ou en m'apprenant qui l'a pris ? Euh ? Que dites-vous ? Ce n'est personne. Il faut, qui que ce soit qui ait fait le coup, qu'avec beaucoup de soin on ait épié[3] l'heure ; et l'on a choisi justement le temps que je parlais à mon traître de fils. Sortons. Je veux aller quérir[4] la justice, et faire donner la question[5] à toute la maison : à servantes, à valets, à fils, à fille, et à moi aussi. Que de gens assemblés ! Je ne jette mes regards sur personne qui ne me donne des soupçons, et tout me semble mon voleur. Eh ! De quoi est-ce qu'on parle là ? De celui qui m'a dérobé ? Quel bruit fait-on là-haut ? Est-ce mon voleur qui y est ? De grâce, si l'on sait des nouvelles de mon voleur, je supplie que l'on m'en dise. N'est-il point caché là parmi vous ? Ils me regardent tous, et se mettent à rire. Vous verrez qu'ils ont part[6] sans doute au vol que l'on m'a fait. Allons vite, des commissaires, des archers, des prévôts[7], des juges, des gênes[8], des potences[9] et des bourreaux. Je veux faire pendre tout le monde ; et si je ne retrouve mon argent, je me pendrai moi-même après.

Acte IV, scène 7.

1. Scélérat, bandit.
2. Me ramener à la vie.
3. Observer attentivement, surveiller.
4. Chercher.
5. Faire subir un interrogatoire.
6. Participer.
7. Des représentants du roi, des officiers de police, des officiers de justice.
8. Torture.
9. Instrument destiné à la pendaison.

Définition

Par « quatrième mur », on entend le mur virtuel qui sépare les spectateurs et les acteurs. Ce mot est employé par Diderot qui conseille aux comédiens de faire comme si « le spectateur n'existait pas ». Ce mur est donc censé protéger l'illusion au théâtre.

Un monologue ?

Pour entrer dans le texte

1. Lisez à voix haute le texte : quel en est le rythme ?

Au fil du texte

2. Que révèle la deuxième didascalie (l. 6) ?
3. Identifiez les différentes personnes auxquelles s'adresse Harpagon. Peut-on dire que le spectateur en fait partie ?
4. Quels indices rappellent que l'on est au théâtre ?
5. En quoi ce texte peut-il froisser les spectateurs ?
6. **Étude de la langue** Quels sont les types de phrase dominant le début du texte ? Analysez-les.

Vers le commentaire ▶ Qu'est-ce qui rend le personnage inquiétant ?

Texte écho

Shakespeare, *Jules César*, 1623

Des « républicains » organisent contre César une conjuration qui conduira à son assassinat. Flavius et Marullus sont deux tribuns de la plèbe, c'est-à-dire des représentants du peuple.

William Shakespeare
(1564-1616)
Homme de théâtre anglais. On lui attribue une trentaine de pièces, dont *Hamlet* et *Roméo et Juliette*.
> p. 528

Rome. Une rue.
Entrent Flavius, Marullus et une bande de citoyens.

FLAVIUS. – Hors d'ici ! Au logis, paresseux que vous êtes ! rentrez au logis. Est-ce fête aujourd'hui ? Eh ! ne savez-vous pas qu'étant artisans, vous ne devez pas sortir un jour ouvrable[1], sans les insignes[2] de votre profession ?... Parle, toi, de quel métier es-tu ?

PREMIER CITOYEN. – Moi, monsieur ? charpentier.

MARULLUS. – Où est ton tablier de cuir ? et ta règle ? Que fais-tu ici dans tes plus beaux habits ?... Et vous, monsieur de quel métier êtes-vous ?

DEUXIÈME CITOYEN. – Ma foi, monsieur, comparé à un ouvrier dans le beau, je ne suis, comme vous diriez, qu'un savetier. [...]

FLAVIUS. – Mais pourquoi n'es-tu pas dans ton échoppe aujourd'hui ? Pourquoi mènes-tu ces gens-là à travers les rues ?

DEUXIÈME CITOYEN. – Ma foi, monsieur, pour user leurs souliers et me procurer plus de travail. Mais, en vérité, monsieur, nous chômons aujourd'hui pour voir César et nous réjouir de son triomphe.

MARULLUS. – Pourquoi vous réjouir ? Quelles conquêtes nous rapporte-t-il ? Quels sont les tributaires qui le suivent à Rome pour orner, captifs enchaînés, les roues de son chariot ? Bûches que vous êtes ! têtes de pierre, pires que des êtres insensibles ! – Ô cœurs endurcis ! cruels fils de Rome, est-ce que vous n'avez pas connu Pompée[3] ? Et dès que seulement vous voyiez apparaître son chariot, vous poussiez d'une voix unanime une telle acclamation, que le Tibre tremblait au fond de son lit à entendre l'écho de vos cris répétés par les cavernes de ses rives ! et aujourd'hui vous vous couvrez de vos plus beaux habits ! Et aujourd'hui vous vous mettez en fête ! Et aujourd'hui vous jetez des fleurs sur le passage de celui qui marche triomphant dans le sang de Pompée !

William Shakespeare,
Jules César, scène 1,
trad. Fr.-V. Hugo.

1. Jour où l'on doit travailler.
2. Instruments ou vêtements qui permettent d'identifier la profession.
3. Pompée a été l'adversaire de César pendant la guerre civile.

L. Sievert, *Projet de décor pour* Jules César *de W. Shakespeare*, 1914.

Repère littéraire

Jules César est l'une des toutes premières pièces de Shakespeare, jouée au théâtre du Globe (voir p. 178). Les pièces, même d'inspiration antique, sont alors jouées en costume élisabéthain, c'est-à-dire de l'époque d'Elisabeth Ire, souveraine au temps de Shakespeare.

Lecture comparée

▶ En quoi la dernière réplique de Marullus peut-elle être rapprochée du monologue d'Harpagon ? Comment, dans ces deux extraits, le spectateur est-il « pris à parti » ?

Texte 2

Anouilh, *Antigone*, 1944

live! Nathan TEXTE AUDIO

Les deux frères d'Antigone, Étéocle et Polynice, se disputent le trône de Thèbes et s'entretuent. Devenu roi, leur oncle Créon punit de mort quiconque ensevelira Polynice, qu'il considère comme un traître. Cependant, Antigone est prête à mourir pour accomplir ce qu'elle considère comme son devoir : enterrer son frère.

Jean Anouilh
(1910-1987)
Il a commencé sa carrière par des comédies assez légères avant d'aborder des sujets plus graves dans ses pièces inspirées des grands mythes antiques.
> p. 518

Un décor neutre. Trois portes semblables. Au lever du rideau, tous les personnages sont en scène. Ils bavardent, tricotent, jouent aux cartes.
Le Prologue se détache et s'avance.

LE PROLOGUE[1]

Voilà. Ces personnages vont vous jouer l'histoire d'Antigone. Antigone, c'est la petite maigre qui est assise là-bas, et qui ne dit rien. Elle regarde droit devant elle. Elle pense. Elle pense qu'elle va être Antigone tout à l'heure, qu'elle va surgir soudain de la maigre jeune fille noiraude et renfermée que personne ne prenait au sérieux dans la famille et se dresser seule en face du monde, seule en face de Créon, son oncle, qui est le roi. Elle pense qu'elle va mourir, qu'elle est jeune et qu'elle aussi, elle aurait bien aimé vivre. Mais il n'y a rien à faire. Elle s'appelle Antigone et il va falloir qu'elle joue son rôle jusqu'au bout… Et, depuis que ce rideau s'est levé, elle sent qu'elle s'éloigne à une vitesse vertigineuse de sa sœur Ismène, qui bavarde et rit avec un jeune homme, de nous tous qui sommes là bien tranquilles à la regarder, de nous qui n'avons pas à mourir ce soir.

[…] La vieille dame qui tricote, à côté de la nourrice qui a élevé les deux petites, c'est Eurydice, la femme de Créon. Elle tricotera pendant toute la tragédie jusqu'à ce que son tour vienne de se lever et de mourir. Elle est bonne, digne, aimante. Elle ne lui est d'aucun secours. Créon est seul. Seul avec son petit page qui est trop petit et qui ne peut rien non plus pour lui.

Ce garçon pâle, là-bas, au fond, qui rêve adossé au mur, solitaire, c'est le Messager. C'est lui qui viendra annoncer la mort d'Hémon[2] tout à l'heure. C'est pour cela qu'il n'a pas envie de bavarder ni de se mêler aux autres. Il sait déjà…

Et maintenant que vous les connaissez tous, ils vont pouvoir vous jouer leur histoire.

Jean Anouilh, *Antigone*, © Éditions de la Table ronde, 1944.

1. Dans le théâtre grec, partie de la pièce qui présentait le sujet de la pièce et précédait l'entrée du chœur, un groupe de personnes intermédiaire entre le public et les acteurs qui commente l'action de la tragédie.
2. Fiancé d'Antigone et fils de Créon.

Contexte littéraire

Entre les deux guerres mondiales, des dramaturges ont puisé leur inspiration dans les mythes antiques : celui d'Œdipe dans *La Machine infernale* de Cocteau ou celui d'Électre pour Giraudoux. En 1944, Anouilh reprend celui d'Antigone.

Au seuil de la pièce

Pour entrer dans le texte

1. À quel moment de la pièce sommes-nous ?

Au fil du texte

2. A-t-on le sentiment que le spectacle a déjà commencé ?
3. Quelles expressions rappellent au spectateur qu'il est au théâtre ?
4. **Étude de la langue** « Elle aurait bien aimé vivre » (l. 7). Quels sont le temps et le mode verbaux utilisés ? Quelle est leur valeur ?
5. Comment comprenez-vous la phrase : « Elle pense qu'elle va être Antigone tout à l'heure » (l. 3) ?
6. Qu'est-ce qui contribue à rapprocher la tragédie du spectateur ?

Vers le commentaire ▶ Montrez comment le prologue fait basculer le spectacle du côté de la tragédie.

Texte 3

Ionesco, *Le roi se meurt*, 1962

Nathan live! TEXTE AUDIO

Béranger est le roi d'un royaume imaginaire où tout se dérègle. Ce délabrement est le signe annonciateur de sa propre mort, mais le roi refuse d'y croire. Sa première épouse, Marguerite, plaide le réalisme, alors que sa seconde épouse, Marie, fait tout pour entretenir le roi dans ses illusions.

Eugène Ionesco
(1909-1994)

Né d'un père roumain et d'une mère française, il est naturalisé après la guerre. Ses pièces relèvent du théâtre de l'absurde, fondé sur le non-sens et le grotesque. Il est aussi l'auteur de textes de réflexion sur le théâtre. Il fut élu à l'Académie française en 1970.
> p. 523

MARGUERITE, *au Roi.* – Sire, on doit vous annoncer que vous allez mourir.

LE MÉDECIN. – Hélas, oui, Majesté.

LE ROI. – Mais je le sais, bien sûr. Nous le savons tous. Vous me le rappellerez quand il sera temps. Quelle manie avez-vous, Marguerite, de m'entretenir de choses désagréables dès le lever du soleil ?

MARGUERITE. – Il est déjà midi.

LE ROI. – Il n'est pas midi. Ah, si, il est midi. Ça ne fait rien. Pour moi, c'est le matin. Je n'ai encore rien mangé. Que l'on m'apporte mon breakfast. À vrai dire, je n'ai pas trop faim. Docteur, il faudra que vous me donniez des pilules pour réveiller mon appétit et dégourdir mon foie. Je dois avoir la langue saburrale[1], n'est-ce pas ? *Il montre sa langue au Docteur.* […]

LE MÉDECIN. – Sire, vous ne pouvez plus guérir.

LE ROI. – Je ne suis pas malade.

MARIE. – Il se sent bien. *(Au Roi)* N'est-ce pas ?

LE ROI. – Tout au plus quelques courbatures. Ce n'est rien. D'ailleurs, ça va beaucoup mieux.

MARIE. – Il dit que ça va bien, vous voyez, vous voyez.

LE ROI. – Ça va même très bien.

MARGUERITE. – Tu vas mourir dans une heure et demie, tu vas mourir à la fin du spectacle.

LE ROI. – Que dites-vous ma chère ? Ce n'est pas drôle.

MARGUERITE. – Tu vas mourir à la fin du spectacle.

MARIE. – Mon Dieu !

LE MÉDECIN. – Oui, Sire, vous allez mourir. Vous n'aurez pas votre petit déjeuner demain matin. Pas de dîner ce soir non plus. Le cuisinier a éteint le gaz. Il rend son tablier. Il range pour l'éternité les nappes et les serviettes dans le placard.

MARIE. – Ne dites pas si vite, ne dites pas si fort.

LE ROI. – Qui donc a pu donner des ordres pareils sans mon consentement[2] ? Je me porte bien. Vous vous moquez. Mensonges. *(À Marguerite.)* Tu as toujours voulu ma mort. *(À Marie.)* Elle a toujours voulu ma mort. *(À Marguerite.)* Je mourrai quand je voudrai, je suis le Roi, c'est moi qui décide.

Eugène Ionesco, *Le roi se meurt*, © Éditions Galimard, 1962..

1. Chargée, pâteuse.
2. Accord, acceptation.

Éclairage critique

Ionesco écrit, dans *Notes et contre-notes* : « Je n'ai jamais compris, pour ma part la différence que l'on fait entre tragique et comique. Le comique étant l'intuition de l'absurde, il me semble plus désespérant que le tragique. Le comique n'offre pas d'issue. »

Entre tragique et comique, entre réel et imaginaire

Pour entrer dans le texte

1. Comment la mort est-elle présentée au roi ?

Au fil du texte

2. En quoi les réactions des deux reines sont-elles opposées ?

3. Quelles sont les réactions successives du roi face à l'annonce de sa mort ?

4. Quels propos des personnages impliquent aussi les spectateurs ?

5. Quelles répliques peuvent indiquer que l'on est à cheval entre la réalité et le jeu ?

Vers le commentaire ▶ Cette scène vous paraît-elle tragique ? Justifiez votre réponse.

Texte 4

TEXTE AUDIO

Vercors, *Zoo ou l'Assassin philanthrope*, 1964

Douglas Templemore, un journaliste, est jugé pour avoir assassiné le bébé qu'il a eu avec une femme « tropi ». A-t-il commis un homicide ? Pour répondre à cette question, un tribunal doit statuer sur la nature des tropis.

Jean Vercors
(1902-1991)

Jean Bruller s'engage dans la Résistance et prend le nom de Vercors en 1941 puis milite pour la paix. Il est l'auteur du recueil de nouvelles *Le Silence de la mer* et du roman philosophique *Les Animaux dénaturés*.

NEUVIÈME TABLEAU

Au Muséum. Tribunal invisible. Une grille est roulée en avant de la scène. Des hommes d'aspect simiesque[1] *mais vêtus en gardiens, regardent vers l'intérieur, dos au public. Les jurés, entrant côté jardin, les aperçoivent et s'arrêtent, intimidés.*

JUSTICE DRAPER *(les détrompant).* – Non, non, ceux-là, ce sont les gardiens…

Il conduit les jurés vers la grille, et l'on comprend alors que les tropis, s'ils étaient là, seraient à la place des spectateurs. Les jurés examinent ceux-ci les yeux ronds. Longue perplexité[2]*. Le juge a pris discrètement du champ*[3]*, ainsi que les deux avocats.*

UN JURÉ PRESBYTÉRIEN *(comme malgré lui).* – C'est saisissant.

Le président du jury (même ton) : Jamais je ne me serais figuré…

UNE PETITE DAME QUAKER. – C'est aussi qu'on leur a mis des habits, pourquoi ? Pour la décence[4] ? C'est quand même tricher, non ?

UN EX-COLONEL DES INDES. – C'est vrai… Savoir comment ils sont dessous ? Tenez : moi j'avais au Bengale[5] un jeune gorille que j'habillais en indigène pour nous servir le thé. Eh bien, aucune de nos ladies n'a jamais pris garde[6] à la différence.

UN JURÉ MOUSTACHU. – Ça ne m'étonne pas d'elles.

LE PRESBYTÉRIEN. – Moi non plus ; et que serait-ce si, au lieu d'un gorille, ç'avait été un de ces tropis ?… *(Il les regarde.)* C'est vraiment saisissant… On croirait avoir affaire à des hommes véritables.

LA DAME. – Non, non. Des hommes ? C'est impossible. […]

LE PRÉSIDENT DU JURY. – L'embêtant, c'est qu'on ne voit pas leurs pieds, enfin leurs mains, dans ces chaussures. Peut-être que ça changerait tout ?

LE MOUSTACHU. – Non parce que ma conviction est faite ; et ce n'est pas la forme de leurs oreilles, de leurs orteils ou de leur astragale[7] qui me feront dire le contraire. Et moi, je dis que ces animaux-là, ce sont des hommes comme vous et moi.

LA DAME. – C'est de la diffamation ! Des petites bêtes si douces, si gentilles ! Avez-vous jamais vu des hommes aussi tranquilles, inoffensifs ? Peutits… peutits… peutits… Regardez comme ils sont contents…

Vercors, *Zoo ou l'Assassin philanthrope*, 1964, © Galilée.

1. Qui a l'apparence d'un singe.
2. Indécision, incertitude.
3. S'est reculé pour voir.
4. Souci de ne pas choquer.
5. Région de l'Inde.
6. Faire attention à.
7. Os du pied.

Contexte littéraire

Zoo ou l'assassin philanthrope est la transposition théâtrale du roman *Les Animaux dénaturés*. Des anthropologues découvrent une espèce à mi-chemin entre le singe et l'homme, les « tropis ». Doit-on les considérer comme des hommes ? Mais, qu'est-ce que l'Homme ?

Des spectateurs dans le box des accusés

Pour entrer dans le texte

1. Quelles indications essentielles les didascalies du début (l. 1 à 3 et 5 à 8) apportent-elles ?

Au fil du texte

2. Sur quels éléments autres que les didascalies repose la rupture du 4e mur ?
3. Sur quoi chacun des jurés se fonde-t-il pour décider si les tropis sont des hommes ?
4. **Lexique** Que signifie le mot « diffamation » (l. 28) ?
5. Sous des apparences humoristiques, quelle question philosophique est ici posée ?

Carnet de lecteur ▶ Vous êtes un des spectateurs : que ressentez-vous au moment où les comédiens vous regardent comme si vous étiez un tropi ?

Texte écho

Carrière, *La Controverse de Valladolid*, 1992

Las Casas défend le sort des indigènes.

Jean-Claude Carrière
(Né en 1931)
Écrivain, scénariste, parolier français.

Las Casas. – Éminence, je vous l'ai dit, leur naturel est si doux, et nous avons frappé si fort, qu'ils n'ont jamais trouvé la force de nous résister. Alors ils sont allés vers le désespoir. Les mères ont tué leurs bébés pour qu'ils ne deviennent pas nos esclaves. On a même vu grand nombre d'enfants naître morts, à cause de certaines herbes que leurs mères avaient prises. [...] D'ailleurs les hommes n'approchent plus de leurs femmes, pour ne pas avoir de descendants. En plus, des maladies nouvelles les accablent, que nous leur avons apportées, et que souvent nous leur transmettons par le viol. Je dis tout puisque ici nous pouvons tout dire. Oui, ils ont perdu le désir de vivre. On voit tout un peuple immense qui agonise au nom du Christ. Il n'en restera bientôt plus un seul.

Il a prononcé ces dernières phrases avec une émotion très marquée, au point que les mots se nouent dans sa gorge. Le légat lui demande encore :

Legat. – Donc, selon vous, frère Bartolomé, ils sont des créatures de Dieu ?

Las Casas. – Ils sont notre prochain.

Legat. – Les descendants d'Adam et Ève ?

Las Casas. – Oui, éminence. [...] Tout comme nous. Ils sont promis au dernier jugement et de même à la vie éternelle.

Jean-Claude Carrière, *La Controverse de Valladolid*, © Le Pré aux Clercs, 1992.

À propos de...

La controverse de Valladolid est un débat qui eut réellement lieu en 1550 et 1551, à Valladolid, une commune espagnole, et qui opposa le dominicain Bartolomé de Las Casas au théologien Juan Ginés de Sepúlveda. Il s'agissait de savoir si les Espagnols pouvaient coloniser les Amérindiens, au prétexte qu'ils n'étaient peut-être pas des « hommes », comme les autres.

Lecture comparée

1. En quoi le débat porté par ce texte peut-il être rapproché du questionnement philosophique proposé dans le texte de Vercors, page ci-contre ?
2. Peut-on dire que les spectateurs de ces pièces sont obligés de s'engager dans le débat ?

Parcours artistique et culturel

Le lieu théâtral

Objectif : Comprendre ce qui se joue pour le spectateur de théâtre

Le lieu théâtral désigne un espace de représentation qui englobe à la fois la scène et le public. La structure même du théâtre permet une certaine relation entre la scène et la salle, mais aussi entre les spectateurs. Le lieu théâtral est ainsi souvent le reflet de la société dans laquelle il s'intègre.

A. Les formes de théâtre

1 Dans la Grèce antique

Doc 1. Le théâtre antique de Taormine, Sicile.

Pour comprendre l'image

- Le théâtre est adossé à une **colline** sur laquelle sont construits les **gradins.** Les acteurs évoluent sur un espace semi-circulaire, l'*orchestra*.
- Derrière l'*orchestra* se trouve un bâtiment fermé, la *skènè*, qui sert de **coulisses.**
- Les **spectateurs** entourent presque complètement l'*orchestra*. Les notables disposent de sièges placés devant les gradins.

2 Le Globe, le théâtre de Shakespeare, 1599

Pour comprendre l'image

- Le Globe a une forme circulaire qui représente le monde.
- Sa devise (*totus mundus agit histrionem :* « le monde entier fait l'acteur ») indique qu'il n'y a **pas de frontière entre le monde réel et le monde du théâtre.**
- Les gens les plus modestes sont debout autour de la scène, à l'air libre. Les bourgeois sont assis à l'abri, sous des galeries.

Doc 2. Le théâtre du Globe, Londres, représentation de *Troïlus et Cressida* de Shakespeare, juillet-sept. 2009.

3 Le théâtre à l'italienne

Doc 3. Le théâtre de la Comédie-Française, Paris.

Pour comprendre l'image

- Né **en Italie** au début du **XVIIe siècle**, ce type de théâtre se répand **dans toute l'Europe.**
- Il transpose la forme arrondie des théâtres antiques dans un espace clos et couvert. Près de la scène, des **loges** forment de véritables **petits salons.**
- En 1759, on interdit sur la scène les **banquettes** réservées aux spectateurs privilégiés.

4 Scènes contemporaines

Pour comprendre l'image

- En juillet 2017, G. Morin joue une tragédie grecque, **en plein air, sur un parking**. De nombreux spectateurs doivent s'asseoir par terre, car il n'y a que quelques chaises.
- **Le cercle** qu'ils forment délimite **la scène**. Un amoncellement de palettes représente l'Acropole.

Doc 4. *La Mort d'Héraclès*, mise en scène de G. Morin au festival « Les tragédies de juillet : Eschyle, Sophocle, Euripide », Lyon, août 2017.

À retenir

- L'amphithéâtre grec est la matrice des différents types de scènes.
- Le théâtre élisabéthain comme le théâtre à l'Italienne en conservent la forme circulaire.

Questions

1. Comparez la position des spectateurs dans le théâtre de Shakespeare (doc. 2) et dans le théâtre à l'italienne (doc. 3).
2. **Docs 1 à 3.** Quelles relations avec le public chaque disposition théâtrale induit-elle ?
3. Quelle disposition vous plaît le plus ? Expliquez pourquoi.

Parcours artistique et culturel

B. Théâtre et société

1 La mise en scène de la vie civique

Doc 5. Dans sa comédie *Lysistrata*, Aristophane imagine une révolte des femmes pour s'opposer à la guerre.

Pour comprendre l'image

- À l'origine, en Grèce, le théâtre est un lieu à la fois **religieux** et **politique**. Le spectacle est d'abord une **cérémonie**.
- Le théâtre y est financé par les **magistrats**. Les plus modestes peuvent assister aux représentations grâce à une **aide financière**.
- Au temps de Shakespeare, cette aide financière est remplacée par des demi-journées de **congé** attribuées aux ouvriers.

2 Un lieu de débat idéologique

Pour comprendre l'image

- La **bataille** ***d'Hernani*** désigne l'affrontement qui eut lieu à la Comédie-Française, le 25 février 1830, le jour de la première représentation de la pièce de Victor Hugo.
- Dans ce drame romantique, Hugo **s'affranchit** des contraintes du théâtre classique, et notamment de la règle des trois unités.
- Les partisans du théâtre classique y voient une **provocation,** ceux du romantisme, une revendication de **liberté** dans l'art.

Doc 6. J. Granville, « les Romains échevelés à la première représentation d'*Hernani* », 1830, BnF, Paris.

3 Un lieu mondain

Un certain nombre de fauteuils d'orchestre avaient été mis en vente au bureau et achetés par des snobs ou des curieux qui voulaient contempler des gens qu'ils n'auraient pas d'autre occasion de voir de près. Et c'était bien, en effet, un peu de leur vraie vie mondaine habituellement cachée qu'on pourrait considérer publiquement, car la salle était comme un salon où chacun changeait de place, allait s'asseoir ici ou là, près d'une amie.

Doc 7. Marcel Proust, *À la Recherche du temps perdu*, 1913.

Doc 8. Mary Cassatt (1844-1926), *Jeune femme au collier de perles dans une loge*, 1879, huile sur toile (81,3x59,7 cm), musée des Beaux-Arts, Philadelphie.

Pour comprendre les documents

- Dans son œuvre, Marcel Proust (1871-1922) met en scène la **haute société du début du XXe siècle**, mais aussi un certain nombre de **snobs**, fascinés par les aristocrates auxquels ils rêvent d'être assimilés.
- Le théâtre fait partie intégrante de la **vie mondaine** ; le spectacle n'est pas seulement sur scène : il se joue aussi **dans la salle**.
- Les spectateurs, habituellement statiques et attentifs, entretiennent des **conversations** privées.

À retenir

- Le théâtre est un lieu de **partage**, de **rencontre**, où se côtoient les **différentes couches de la société**.
- Il offre aussi **un regard sur la société** de son temps dont il reflète les préoccupations.
- Enfin, par ses choix thématiques et esthétiques, il est le lieu **d'une réflexion sur l'art**.

Questions

1. **Docs 5 à 8.** Le théâtre est-il seulement un lieu de distraction ?
2. Comment les spectateurs peuvent-ils eux aussi devenir des « acteurs » ?
3. **Doc 8.** Quels éléments nous indiquent qu'il s'agit d'une aristocrate ?

Faire le point → # De la scène à la salle

Les innovations du théâtre romantique

1 Une forme révolutionnaire

- Au XVIe siècle, en Angleterre, **Shakespeare** invente un théâtre aux formes très libres.
- Au XVIIe siècle, en France, le théâtre (Corneille, Racine, Molière) est régi par des codes stricts (règles des trois unités, de bienséances, de vraisemblance).
- Au XIXe siècle, les Romantiques (Hugo) déconstruisent ces règles :
  – sur le modèle shakespearien, une pièce peut se dérouler dans divers lieux, à plusieurs époques distinctes ;
  – la partition traditionnelle des genres dans le drame disparaît : les valets et les rois se côtoient, le comique et le tragique se mêlent.
- Le théâtre doit désormais embrasser la totalité du monde et dire le vrai. Il est un « miroir de concentration » (préface de *Cromwell*).

2 Pour un fond révolutionnaire

- Le spectacle reflète l'histoire passée afin de rendre compte des bouleversements d'une **époque marquée par les révolutions.**
- Le théâtre est ainsi un lieu privilégié d'**expression polémique,** soumis au contrôle actif de la **censure.**

3 L'importance de la mise en scène

- À partir de 1830, on publie, avec les pièces, des **livrets de mise en scène.**
- Les **actes** sont parfois remplacés par des **tableaux.**
- Les didascalies, qui donnent des indications scéniques aux comédiens, sont très nombreuses, très précises et souvent très longues (Hugo) ! Les panneaux peints, qui servaient de décors, sont progressivement remplacés par de vrais meubles et objets.
- Le corps et l'espace deviennent des éléments centraux : le théâtre est désormais avant tout un spectacle. Cet aspect influencera fortement les dramaturges du XXe siècle.

ZOOM sur… Le théâtre de Victor Hugo

Le chef de file des romantiques

- **Hugo** édite *Cromwell* et sa préface en 1827, où il théorise les principes du drame.
- Il fait représenter *Hernani*, en 1830 à la Comédie-Française, qui donne lieu à une véritable « bataille » opposant les classiques et les romantiques.

Un théâtre de combat

- À travers son théâtre, il met en scène ses questionnements politiques. Par exemple, l'Espagne dans *Ruy Blas* renvoie à la situation politique de la France de 1838.
- *Le Roi s'amuse* crée un tel scandale que c'est après sa représentation, en 1832, que la censure théâtrale, d'abord abolie sous Louis-Philippe, est rétablie.

Le théâtre en liberté

- Exilé sous Napoléon III, Hugo écrit désormais un théâtre de lecture, qu'il ne fait pas représenter.
- Son *Théâtre en liberté* reprend les thèmes qui lui sont chers (refus de la tyrannie, mise en scène des gens du peuple) à travers une écriture libérée de toute contrainte.

Enrichir son vocabulaire

Drame

- Nouvelle catégorie de pièces apparues au XVIIIe siècle, mêlant différentes tonalités pour mieux rendre compte de la complexité de l'existence. En grec, drama (δρᾶμα) signifie « action jouée sur une scène ». Le mot a fini par désigner tout événement malheureux.

Double énonciation

- Fait de s'adresser à deux destinataires distincts : les paroles que les personnages échangent s'adressent aussi, de façon indirecte, au public.

Quatrième mur

- La notion de mur a été énoncée pour la première fois par Diderot. On désigne par l'expression *quatrième mur* la paroi fictive qui sépare la salle de la scène, c'est-à-dire le monde réel du monde imaginaire. Les acteurs doivent, en principe, jouer comme s'il n'y avait pas de public.

Aparté

- Paroles qu'un personnage dit à un autre ou au public, sans être entendu des autres.

Didascalies

- Indications de mises en scène insérées dans le texte par le dramaturge.

Pathétique

- Tonalité qui vise à émouvoir le destinataire, à lui faire ressentir de la pitié.

Espace scénique

- Espace réel dans lequel jouent les interprètes d'un spectacle (acteurs, danseurs…).

Espace dramatique

- Espace virtuel qui inclut les lieux d'une pièce, y compris le hors-scène et les lieux évoqués par les personnages.

Lectures cursives

CARNET DE LECTEUR

→ Alfred de Musset, *Les Caprices de Marianne*, 1833

L'INTRIGUE

Perdican se réjouit d'épouser sa cousine Camille. La jeune fille, qui sort du couvent, est sensible au charme de son cousin, mais reste distante, de peur d'être déçue. Chacun va jouer un jeu dangereux avec les sentiments de l'autre.

- Comment vous représentez-vous le personnage de Perdican ?

→ Victor Hugo, *Hernani*, 1830

L'INTRIGUE

Le roi Don Carlos est amoureux de Doña Sol. Il surprend un entretien tendre entre celle-ci et Hernani, dont le père a été tué par son propre père. La dette d'honneur se double donc d'une rivalité amoureuse, puis d'une rivalité politique.

- Trouvez-vous le personnage d'Hernani héroïque ?

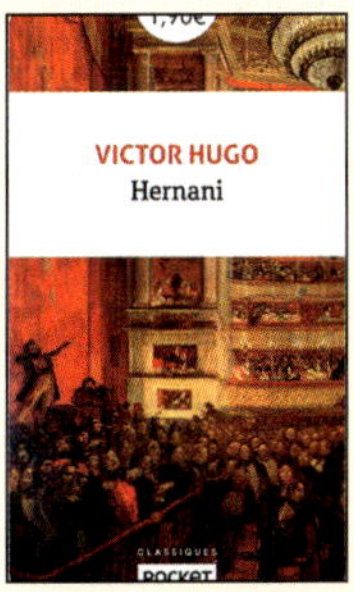

→ Sorj Chalandon, *Le Quatrième mur*, Grasset, 2013

L'INTRIGUE

Sam rêve de monter *Antigone* d'Anouilh à Beyrouth, en plein cœur de la guerre. À sa mort, son ami Georges relève le défi en son nom : réunir sur scène des hommes et des femmes issus des deux camps, le temps d'une trêve artistique.

- Comment la pièce est-elle associée au contexte historique dans lequel elle est représentée ?

CHAPITRE 8 La parole en question au théâtre

NRP
• **Séquences :**
– Étudier le genre de la comédie
– Ceux qui disent « Merdre »

Le théâtre est le lieu de la parole. En effet, l'action se construit sur scène grâce aux répliques prononcées par les personnages. Cette parole peut être comique ou plus tragique, et exprimer toute la complexité de l'Homme.

Problématique :
En quoi les dialogues de théâtre permettent-ils d'exprimer les aspects comique et tragique de la condition humaine ?

LIRE UNE ŒUVRE INTÉGRALE

Pour un oui ou pour un non, de Nathalie Sarraute (1986)

Nathalie Sarraute
(1900-1999)

Femme de lettres française d'origine russe, Sarraute est considérée, à partir de la parution de *L'Ère du soupçon* en 1956, comme l'une des figures majeures du mouvement du Nouveau Roman (voir p. 52-53). Elle écrit aussi pour le théâtre.
> p. 528

▶ Présentation de l'œuvre

Pour un oui ou pour un non **a d'abord été créée pour la radio, en 1981. La pièce sera publiée l'année suivante et montée pour la première fois sur scène en 1986. En 1987, Sarraute reçoit pour cette œuvre le Molière de l'auteur vivant. La pièce raconte la discussion entre deux hommes, H.1. et H.2., à propos de « mots » que H.1. aurait eus envers H.2. Très vite, les deux hommes en viennent à se dire toutes leurs « vérités ».**

Pour un oui ou pour un non, de N. Sarraute, mise en scène de L. Simaga, théâtre de Poche-Montparnasse, 2016, avec N. Vaude et N. Briançon.

Texte 1 Du quotidien à l'étrange

Nous sommes au début de la pièce. H.1. vient de demander à son ami H.2. pourquoi il s'est éloigné de lui. Il lui semble que H.2. a quelque chose « contre lui ».

H. 1. – Mais qu'est-ce que c'est, alors ?

H. 2. – C'est... c'est plutôt que ce n'est rien... ce qui s'appelle rien... ce qu'on appelle ainsi... en parler seulement, évoquer ça... ça peut vous entraîner... de quoi on aurait l'air ? Personne, du reste... personne ne l'ose... on n'en entend jamais parler...

H. 1. – Eh bien, je te demande au nom de tout ce que tu prétends que j'ai été pour toi... au nom de ta mère... de nos parents... je t'adjure solennellement, tu ne peux plus reculer... Qu'est-ce qu'il y a eu ? Dis-le... tu me dois ça...

H. 2., *piteusement.* – Je te dis : ce n'est rien qu'on puisse dire... rien dont il soit permis de parler...

H. 1. – Allons, vas-y...

H. 2. – Eh bien, c'est juste des mots...

H. 1. – Des mots ? Entre nous ? Ne me dis pas qu'on a eu des mots... ce n'est pas possible... et je m'en serais souvenu...

H. 2. – Non, pas des mots comme ça... d'autres mots... pas ceux dont on dit qu'on les a « eus » ... Des mots qu'on n'a pas « eus », justement... On ne sait pas comment ils vous viennent...

H. 1. – Lesquels ? Quels mots ? Tu me fais languir... tu me taquines...

H. 2. – Mais non, je ne te taquine pas... Mais si je te les dis...

H. 1. – Alors ? Qu'est-ce qui se passera ? Tu me dis que ce n'est rien...

H. 2. – Mais justement, ce n'est rien… Et c'est à cause de ce rien…

H. 1. – Ah on y arrive… C'est à cause de ce rien que tu t'es éloigné ? Que tu as voulu rompre avec moi ?

H. 2., *soupire.* – Oui… c'est à cause de ça… Tu ne comprendras jamais… Personne, du reste, ne pourra comprendre…

H. 1. – Essaie toujours… Je ne suis pas si obtus…

H. 2. – Oh si… pour ça, tu l'es. Vous l'êtes tous, du reste.

H. 1. – Alors, chiche[1]… on verra…

H. 2. – Eh bien… tu m'as dit il y a quelque temps… tu m'as dit… quand je me suis vanté de je ne sais plus quoi… de je ne sais plus quel succès… oui… dérisoire… quand je t'en ai parlé… tu m'as dit : « C'est bien… ça… »

H. 1. – Répète-le, je t'en prie… j'ai dû mal entendre.

H. 2., *prenant courage.* – Tu m'as dit : « C'est bien… ça… » Juste avec ce suspens… cet accent…

Nathalie Sarraute, *Pour un oui ou pour un non*, © Éditions Gallimard, 1982.

1. Essaie quand même.

Mise en scène de S. Benmussa, théâtre du Rond-Point, février 1986, avec S. Frey et J.-P. Balmer.

Une vraie scène d'exposition ?

Pour entrer dans le texte

1. En quoi les noms des personnages sont-ils surprenants ? Comment analysez-vous les choix de l'écrivain ?

Au fil du texte

2. Quel type de phrases domine dans l'extrait ? Pourquoi, selon vous ?
3. Que signifie l'expression « avoir des mots » avec quelqu'un ? À partir de votre réponse, reformulez ce que H.2. reproche à H.1.
3. Grâce à quels procédés la dramaturge rend-elle perceptibles l'inquiétude et l'impatience de H.1., qui veut connaître les raisons de l'éloignement de H.2. ?
4. Relevez le nombre d'occurrences du mot « rien ». Qu'en concluez-vous sur le sens des dialogues ?
5. En quoi peut-on dire que la parole semble le sujet même de la pièce ?
6. **Étude de la langue** Quels sont le mode et le temps du verbe de la dernière didascalie ? (→ fiche 4, p. 384-385)

Vers le commentaire ▶ Relevez les éléments qui font de ce passage une vraie scène d'exposition, et ceux qui sont plus surprenants, puis rédigez le plan détaillé d'un commentaire.

Carnet de lecteur ▶ Rédigez une note d'intention sur les possibilités de mise en scène de ce passage. Vous justifierez chacun de vos choix que vous pourrez illustrer.

Texte 2

Le théâtre du langage

Nathan live! TEXTE AUDIO

H.2. avoue à H.1. qu'il a essayé de rompre de manière officielle avec lui, mais que sa demande a été rejetée par la justice, car il manquait d'arguments valables.

H. 1. – Veux-tu que je te dise ? C'est dommage que tu ne m'aies pas consulté, j'aurais pu te conseiller sur la façon de rédiger ta demande. Il y a un terme tout prêt qu'il aurait fallu employer…

H. 2. – Ah ? lequel ?

H. 1. – Eh bien, c'est le mot « condescendant ». Ce que tu as senti dans cet accent mis sur *bien*… dans ce suspens, c'est qu'ils étaient ce qui se nomme condescendants. Je ne dis pas que tu aurais obtenu la permission de ne plus me revoir à cause de ça, mais enfin tu aurais peut-être évité la condamnation. Le ton condescendant pouvait être une circonstance atténuante. « C'est entendu, il a voulu rompre avec un pareil ami… mais enfin, on peut invoquer cette impression qu'il a eue d'une certaine condescendance… »

H. 2. – Ah ? tu la vois donc ? Tu la reconnais ?

H. 1. – Je ne reconnais rien. D'ailleurs je ne vois pas pourquoi… comment j'aurais pu… avec toi… non vraiment, il faut que tu sois…

H. 2. – Ah non, arrête… pas ça… pas que je sois ceci ou cela… non, non, je t'en prie, puisque tu veux que nous arrivions à nous comprendre… Tu le veux toujours, n'est-ce pas ?

H. 1. – Bien sûr. Je te l'ai dit, je suis venu pour ça.

H. 2. – Alors, si tu veux bien, servons-nous de ce mot…

H. 1. – Quel mot ?

H. 2. – Le mot « condescendant ». Admets, je t'en prie, même si tu ne le crois pas, que ça y était, oui… la condescendance. Je n'avais pas pensé à ce mot. Je ne les trouve jamais quand il le faut… mais maintenant que je l'ai, permets-moi… je vais recommencer…

Nathalie Sarraute, *Pour un oui ou pour un non*, © Éditions Gallimard, 1982.

Contexte littéraire

Le théâtre de l'absurde met en évidence les difficultés des hommes à communiquer. Le langage perd peu à peu son sens, il retourne à une forme primitive (ex. : les onomatopées), les dialogues sont souvent empreints d'une violence qui trahit notre impuissance à nous faire comprendre.

Les effets de la condescendance

Pour entrer dans le texte

1. Cherchez la définition et l'étymologie du mot « condescendance ».

Au fil du texte

2. Relevez les expressions et les passages qui prouvent que le choix des mots est important pour H.1.

3. « Il faut que tu sois… » (l.14) : quel terme pourriez-vous mettre à la place des points de suspensions dans la réplique de H.1. ? Justifiez votre choix.

4. Comment pouvez-vous interpréter les nombreuses phrases interrogatives employées par H.2. ? Que disent-elles du caractère du personnage ?

5. En quoi H.2. apparaît-il comme désavantagé par rapport à H.1. dans ce combat de mots ? Appuyez-vous sur des passages précis du texte pour répondre.

6. **Étude de la langue** Donnez la classe grammaticale et la fonction de « que tu aurais obtenu […] de ça » (l. 78).

Vers la dissertation ▶ Le critique

Michel Cournot affirme, dans *Le Monde*, que de « chaque parole, si passagère soit-elle, [Nathalie Sarraute] fait un drame ». En quoi les passages étudiés confirment-ils cette affirmation ? Vous chercherez des arguments en binôme.

Carnet de lecteur ▶ Rédigez la lettre que H.2. aurait pu envoyer au tribunal pour justifier le fait qu'il veuille rompre avec H.1., en particulier en raison de sa « condescendance » à son égard.

Texte écho

Nathalie Sarraute, *Entre la vie et la mort*, 1973

Ce texte présente des personnages sans nom qui interrogent l'acte de création littéraire. On y trouve des thèmes qui seront repris dans la pièce *Pour un oui ou pour un non*. Ce passage correspond à la critique faite à un auteur sur son livre (son « œuvre »).

Au fait, vous savez… mon livre marche bien, je suis content… […] Comme un père qui amène son fils à la ville pour le placer, le pousse devant lui… que ces dames veuillent bien le prendre, elles ne le regretteront pas, qu'elles voient… voici ses références… et elles inclinent la tête d'un air condescendant… « C'est bien, ça. » C'est bien, ça… et maintenant, si je puis me permettre… elles l'inspectent, elles tapotent ici et là… il faudra se débarrasser de tout cela… ça ne peut pas aller… Puisqu'on veut tant… pas pour soi-même, elles le savent, mais pour son « œuvre »… voyez comme il se rétracte, comme le mot lui fait peur… puisqu'on veut, n'est-ce pas ? qu'elle soit… pas seulement reconnue, ça ne nous suffit pas… mais qu'elle occupe le tout premier rang… si, si… qu'elle soit hors pair… alors il faut absolument qu'on change… Qu'on donne de sa personne… Ah que voulez-vous, il faut ce qu'il faut. Pour être belle, il faut souffrir… une joie maligne luit sur leurs dents d'ogresses, sur leurs canines de fauves, dans les notes aiguës de leurs petits rires acérés…

Nathalie Sarraute, *Pour un oui ou pour un non*, © Éditions Gallimard, 1982.

Lecture comparée

▶ Relevez les expressions que l'on retrouve à l'identique dans les deux œuvres, et recherchez d'autres expressions « toutes faites » dans ce texte.

Mise en scène de L. Simaga, théâtre de Poche-Montparnasse, 2016, avec N. Vaude et N. Briançon.

Texte 3 — Dominant et dominé

Nathan live! TEXTE AUDIO

H.2. vient de reprocher à H.1. d'avoir voulu lui tendre des pièges lorsqu'il lui a proposé de voyager, pour des raison professionnelles. H.3. et F., à qui H.2. avait demandé un regard extérieur, n'ont pu l'aider ni le comprendre, et sont sortis.

H. 1. – Étaler ? moi ? Qu'est-ce que j'étale ? Est-ce que je me suis jamais vanté de quoi que ce soit ?

H. 2. – Te vanter, oh non… quelle balourdise[1]… ça c'était bon pour moi, c'est moi qui suis allé me vanter. Je suis un gros balourd auprès de toi.

H. 1. – J'en suis flatté. Je croyais que pour ce qui est des subtilités…

H. 2. – Mais voyons, tu es bien plus subtil que moi.

H. 1. – Ah comment ? Comment plus subtil ? Comment, dis-moi…

H. 2. – Eh bien justement quand tu présentes tes étalages. Les plus raffinés qui soient. Ce qui est parfait, c'est que ça n'a jamais l'air d'être là pour qu'on le regarde. C'est quelque chose qui se trouve être là, tout naturellement. Ça existe, c'est tout. Comme un lac. Comme une montagne. Ça s'impose avec la même évidence.

H. 1. – Quoi ça ? Assez de métaphores. Qu'est-ce qui s'impose ?

H. 2. – Le Bonheur. Oui. Les bonheurs. Et quels bonheurs ! Les plus appréciés. Les mieux cotés. Les bonheurs que tous les pauvres bougres contemplent, le nez collé aux vitrines.

H. 1. – Un exemple, s'il te plaît.

H. 2. – Oh je n'ai que l'embarras du choix… Tiens, si tu en veux un, en voici un des mieux réussis… quand tu te tenais devant moi… bien carré dans ton fauteuil, ton premier-né debout entre tes genoux… l'image de la paternité comblée… tu le voyais ainsi, tu le présentais… […]

H. 1. – Tu étais jaloux.

H. 2. – Ah nous y sommes, c'est vrai. C'est bien ce que tu voulais, c'est ce que tu cherchais, que je sois jaloux… Et tout est là. Tout est là : il te fallait que je le sois et je ne l'étais pas. J'étais content pour toi. Pour vous… Oui, mais pour vous seulement. Pour moi, je n'en voulais pas, de ce bonheur. Ni cru ni cuit… Je n'étais pas jaloux ! Pas, pas, pas jaloux. Non, je ne t'enviais pas… Mais comment est-ce possible ? Ce ne serait donc pas le Bonheur ? Le vrai Bonheur, reconnu partout ? Recherché par tous ? Le Bonheur digne de tous les efforts, de tous les sacrifices ? […]

Nathalie Sarraute, *Pour un oui ou pour un non*, © Éditions Gallimard, 1982.

1. Bêtise.

Le bonheur, les bonheurs

Pour entrer dans le texte

1. Quel sujet est ici au cœur de la tension entre H.1. et H.2. ?

Au fil du texte

2. En quoi H.2. se montre-t-il faussement humble dans cette scène ?

3. De quels « étalages » H.2. parle-t-il ? Comment comprenez-vous ce terme ?

4. Quelle différence pouvez-vous faire entre le « bonheur » au singulier et les « bonheurs » au pluriel ?

5. Relevez les différentes métaphores utilisées par H.2., et analysez-les.

6. **Étude de la langue** Donnez la classe grammaticale et la fonction du groupe de mots « de la paternité comblée » (l. 19).

Vers l'oral du bac ▶ Apprenez ce passage à deux et récitez-le devant la classe en mettant le ton approprié à chaque réplique (colère, énervement, fausse modestie…). Vous pourrez proposer une mise en scène simple, avec deux chaises.

Texte 4 Un dénouement sous le signe de l'absurde

Nathan live! TEXTE AUDIO

Nous sommes à la fin de la pièce. H.1. et H.2., après une montée dans la tension dramatique, envisagent de rédiger ensemble la lettre demandant au juge leur séparation.

H. 1. – *Un silence.*
Qu'est-ce que tu crois… si on introduisait une demande… à nous deux, cette fois… on pourrait peut-être mieux expliquer… on aurait peut-être plus de chances…

H. 2. – Non… à quoi bon ? Je peux tout te dire d'avance… Je vois leur air… « Eh bien, de quoi s'agit-il encore ? De quoi ? Qu'est-ce qu'ils racontent ? Quelles taupes ? Quelles pelouses ? Quels sables mouvants ? Quels camps ennemis ? Voyons un peu leurs dossiers… Rien… on a beau chercher… examiner les points d'ordinaire les plus chauds… rien d'autre nulle part que les signes d'une amitié parfaite… »

H. 1. – C'est vrai.

H. 2. – « Et ils demandent à rompre. Ils ne veulent plus se revoir de leur vie… quelle honte… »

H. 1. – Oui, aucun doute possible, aucune hésitation : déboutés[1] tous les deux.

H. 2. – « Et même, qu'ils y prennent garde… qu'ils fassent très attention. On sait quelles peines encourent ceux qui ont l'outrecuidance[2] de se permettre ainsi, sans raison… Ils seront signalés… on ne s'en approchera qu'avec prudence, avec la plus extrême méfiance… Chacun saura de quoi ils sont capables, de quoi ils peuvent se rendre coupables : ils peuvent rompre pour un oui ou pour un non. »

H. 1. – Pour un oui… ou pour un non ?

Un silence.

H. 2. – Oui ou non ?...

H. 1. – Ce n'est pourtant pas la même chose…

H. 2. – En effet : Oui. Ou non.

H. 1. – Oui.

H. 2. – Non !

Nathalie Sarraute, *Pour un oui ou pour un non*, © Éditions Gallimard, 1982.

Lexique

Huis clos : œuvre (roman, pièce de théâtre, film) dont l'action se déroule dans un lieu unique, duquel les personnages ne sortent pas.

1. « Débouter » signifie rejeter une demande en justice.
2. Audace.

Un dénouement qui ne résout pas le conflit

Pour entrer dans le texte

1. Que signifie l'expression « pour un oui ou pour un non » ? En quoi éclaire-t-elle votre lecture de la pièce ?

Au fil du texte

2. Pourquoi la situation à la fin de la pièce est-elle paradoxale ? Analysez les rapports de complicité rétablis entre H.1. et H.2., et l'objet de leur demande.
3. De quoi les deux personnages sont-ils menacés, d'après les paroles rapportées (imaginaires) des juges ?
4. **Étude de la langue** Quels sont le temps et le mode du verbe dans la proposition « qu'ils fassent très attention » (l. 14) ? Quelle est sa valeur ?
5. Qui semble gagner le combat verbal à la fin de la pièce ?
6. Les deux personnages se sont-ils finalement réconciliés ?

Vers le commentaire ▶ Rédigez un paragraphe argumenté en analysant le sentiment de malaise surgissant à la fin de ce huis clos qui semble n'offrir aucune issue au spectateur.

Texte écho

Nathalie Sarraute, *Qui êtes-vous ?* 1987

Cette pièce de Nathalie Sarraute met en scène deux hommes. Dans une conversation avec la metteuse en scène Simone Benmussa, l'auteure affirme en effet qu'il serait impossible de faire jouer cette pièce par deux femmes.

Parce qu'il leur est impossible d'être « neutres ». Elles sont toujours représentées, se représentent socialement, se veulent elles-mêmes [...] différentes de l'homme. Elles ont certaines habitudes, certaines manières d'être, une certaine voix, certaines intonations dont les trois quarts, à mon avis, sont fabriquées, sont le fait de l'éducation. Il serait insupportable de faire jouer cette pièce par des femmes parce que l'on ne verrait plus l'être humain, on n'y verrait que des femmes qui se disputent. Il existe une certaine image de la femme, jusqu'à présent indéracinable, qui sera plaquée, projetée immédiatement sur ces deux êtres humains : la femme jalouse de celle qui a une famille, puisque c'est l'essentiel pour elle d'avoir un mari et des enfants, etc.

Qui êtes-vous ?, Conversations avec Simone Benmussa, © La Manufacture, 1987.

Lecture comparée

▶ Après vous être interrogé(e) sur la pertinence de ces propos (en particulier en vous demandant si c'est toujours « l'essentiel » pour les femmes aujourd'hui « d'avoir un mari et des enfants »), vous proposerez par écrit une mise en scène qui permettra de faire jouer cette pièce par des femmes, tout en conférant aux personnages un rôle « universel ».

Nathalie Sarraute, le 17 novembre 1975.

L'ŒUVRE EN PERSPECTIVE — *Pour un oui ou pour un non*, de Nathalie Sarraute

1 Du Nouveau Roman au Nouveau Théâtre

- Comme dans le Nouveau Roman, Sarraute vide ses personnages de toute **psychologie**, et même d'**identité** propre. Le premier homme (H.1.) et le second (H.2.) dévoilent l'ambiguïté de leurs pensées et de leur rapport à l'autre à travers une analyse maniaque des **mots** qu'ils ont prononcés.
- Les deux protagonistes représentent toutefois deux « **types** » sociaux , toujours d'actualité : H.1., à qui tout réussit, et H.2., un personnage à la sensibilité à fleur de peau, jaloux de la réussite de son ami.

2 L'absurde selon Sarraute

- Cette courte pièce s'inscrit de deux manières dans le courant du théâtre de l'absurde :
  – son rapport au **langage**, et en particulier la difficulté des hommes à communiquer, met en évidence l'absurdité de nos rapports sociaux ;
  – sa **situation** : l'appel à un juge extérieur pour entériner la rupture d'une amitié est assez extravagante, et l'intrusion de deux étrangers pris dans la rue pour régler un conflit est aussi inattendue.

Activité

- Discutez cette affirmation du journaliste Frédéric Ferney : « C'est tout l'art de Nathalie Sarraute, cela. Son écriture [...] accueille je ne sais quoi d'essentiel de la difficulté de vivre ensemble, de se parler, aujourd'hui. »

ÉTUDIER UN GROUPEMENT DE TEXTES

Jeux de scène et jeux de mots

Texte 1

Nathan live! TEXTE AUDIO

Molière, *Les Femmes savantes*, 1672

TEXTE ENRICHI

Philaminte et Bélise, deux « bourgeoises », s'en prennent à la servante Martine qui ne manie pas le langage comme elles le souhaiteraient. Dans cette scène, Philaminte veut la chasser de chez elle car Martine ne sait pas utiliser les règles de grammaire.

Molière
(1622-1673)

De son vrai nom Jean-Baptiste Poquelin, Molière est l'un des plus grands dramaturges du XVIIe siècle. Il écrivit plus d'une trentaine de pièces pour sa compagnie « l'Illustre théâtre » et inventa, avec le musicien Jean-Baptiste Lully, la comédie-ballet.
> p. 525

Les Femmes savantes, de Molière, mise en scène de M. Paquien, Scène nationale de Sète, 2011-2012, avec A. Caillere, J. Gastaldi, A. Rouillier.

Question

Comment les attitudes sont-elles sources de comique ?

Acte II, scène 6

BÉLISE

Toute construction est par elle[1] détruite,
Et des lois du langage on l'a cent fois instruite.

MARTINE

Tout ce que vous prêchez est je crois bel et bon ;
Mais je ne saurais, moi, parler votre jargon.

PHILAMINTE

L'impudente[2] ! appeler un jargon le langage
Fondé sur la raison et sur le bel usage !

1. Il s'agit de Martine.
2. Effrontée, impertinente.

Lexique

Une **parlure,** ou **sociolecte,** désigne les particularités d'expression d'un personnage. Il peut s'agir d'un accent régional ou d'une élocution singulière.

MARTINE

Quand on se fait entendre[3], on parle toujours bien,
Et tous vos biaux dictons ne servent pas de rien.

PHILAMINTE

Hé bien, ne voilà pas encore de son style,
Ne servent-pas de rien !

BÉLISE

Ô cervelle indocile !
Faut-il qu'avec les soins qu'on prend incessamment,
On ne te puisse apprendre à parler congrûment[4] ?
De *pas*, mis avec *rien*, tu fais la récidive[5],
Et c'est, comme on t'a dit, trop d'une négative.

MARTINE

Mon Dieu, je n'avons pas étugué comme vous,
Et je parlons tout droit comme on parle cheux nous.

PHILAMINTE

Ah peut-on y tenir !

BÉLISE

Quel solécisme[6] horrible !

PHILAMINTE

En voilà pour tuer une oreille sensible.

BÉLISE

Ton esprit, je l'avoue, est bien matériel.
Je, n'est qu'un singulier ; *avons*, est pluriel.
Veux-tu toute ta vie offenser la grammaire[7] ?

MARTINE

Qui parle d'offenser grand-mère ni grand-père ?

Acte II, scène 6, v. 471-492.

3. Comprendre.
4. Convenablement.
5. Tu refais l'erreur.
6. Erreur de construction syntaxique.
7. À l'époque, ce mot se prononçait « gran-maire ».

Langage et classes sociales

Pour entrer dans le texte

1. Comment se traduit la différence de classe sociale entre les personnages ?

Au fil du texte

2. De quelle « construction » est-il question dans la première réplique de Bélise ?

3. Traduisez en langue courante la réplique de Martine v. 8. Quel effet produit l'intervention de cette « parlure » ?

4. **Étude de la langue** Quelle est la catégorie grammaticale des termes « pas » et « rien » (v. 8) ?

5. Par quels procédés d'écriture se traduit l'énervement de Philaminte et Bélise ? Leur réaction est-elle adaptée à la situation ?

6. Sur quelle confusion comique s'achève l'extrait ?

7. Faites un rapide portrait moral de Martine.

Vers l'oral du bac ▶ Partagez-vous en groupes de trois élèves la lecture de ce passage. Vous adapterez le ton pour chaque personnage, en fonction de sa classe sociale et de son caractère.

Carnet de lecteur ▶ Imaginez une mise en scène adaptée à ce passage. Vous pourrez choisir d'actualiser la scène ou, au contraire, de rester fidèle à l'époque de Molière.

Texte 2 Jarry, *Ubu roi*, 1896

live! Nathan TEXTE AUDIO

Ce passage correspond à la scène d'exposition. On y découvre le père Ubu, roi grotesque et ridicule, et sa femme, la mère Ubu. Sous son influence, le roi prépare l'assassinat du roi Venceslas de Pologne.

Alfred Jarry
(1873-1907)

Dramaturge, poète et romancier, Jarry influença les surréalistes et les auteurs du théâtre de l'absurde. *Ubu roi*, dont le personnage est inspiré par l'un de ses professeurs de lycée, est sa pièce la plus célèbre.
> p. 523

Mère Ubu. – Comment ! Après avoir été roi d'Aragon vous vous contentez de mener aux revues[1] une cinquantaine d'estafiers[2] armés de coupe-choux, quand vous pourriez faire succéder sur votre fiole la couronne de Pologne à celle d'Aragon ?

Père Ubu. – Ah ! Mère Ubu, je ne comprends rien de ce que tu dis.

Mère Ubu. – Tu es si bête !

Père Ubu. – De par ma chandelle verte, le roi Venceslas est encore bien vivant ; et même en admettant qu'il meure, n'a-t-il pas des légions d'enfants ?

Mère Ubu. – Qui t'empêche de massacrer toute la famille et de te mettre à leur place ?

Père Ubu. – Ah ! Mère Ubu, vous me faites injure et vous allez passer tout à l'heure par la casserole.

Mère Ubu. – Eh ! pauvre malheureux, si je passais par la casserole, qui te raccommoderait tes fonds de culotte ?

Père Ubu. – Eh vraiment ! et puis après ? N'ai-je pas un cul comme les autres ?

Mère Ubu. – À ta place, ce cul, je voudrais l'installer sur un trône. Tu pourrais augmenter indéfiniment tes richesses, manger fort souvent de l'andouille et rouler carrosse par les rues.

Père Ubu. – Si j'étais roi, je me ferais construire une grande capeline comme celle que j'avais en Aragon et que ces gredins[3] d'Espagnols m'ont impudemment volée.

Mère Ubu. – Tu pourrais aussi te procurer un parapluie et un grand caban[4] qui te tomberait sur les talons.

Père Ubu. – Ah ! je cède à la tentation. Bougre de merdre, merdre de bougre, si jamais je le rencontre au coin d'un bois, il passera un mauvais quart d'heure.

Mère Ubu. – Ah ! bien, Père Ubu, te voilà devenu un véritable homme.

Acte I, scène 1,

1. Passer en revue, lors d'un défilé militaire.
2. Domestiques armés.
3. Vauriens, coquins.
4. Manteau porté à l'origine par les officiers de marine.

À propos de...

Jarry compose une pièce qui échappe aux différents repères. Les lieux dont il parle, comme la Pologne et la province espagnole d'Aragon, n'ont rien à voir avec la réalité. Il invente des mots et des expressions : le fameux « merdre » ou l'interjection « de par ma chandelle verte ». On ne peut en outre ranger *Ubu Roi* dans aucun mouvement littéraire.

Le langage malmené

Pour entrer dans le texte

1. En quoi ce texte est-il fantaisiste ?

Au fil du texte

2. Relevez tous les termes qui évoquent des termes anciens (archaïsmes).

3. À l'inverse, quels sont les termes familiers, voire vulgaires ? Analysez l'effet produit par l'association de ces deux registres de langue.

4. Quelles sont les informations que le spectateur apprend sur les deux personnages et sur les rapports qu'ils entretiennent ?

5. **Étude de la langue** Analysez la classe grammaticale et la fonction de la proposition subordonnée : « Si j'étais roi » (l. 19), ainsi que la valeur du mode et du temps verbal dans « je me ferais » (l. 19). Quelle intrigue est annoncée par ces mots ?

Vers l'essai ▶ Rédigez un texte de deux ou trois paragraphes pour donner votre opinion sur cette scène : la trouvez-vous drôle ? Auriez-vous envie d'aller voir la pièce ?

Texte 3

Tardieu, *Un mot pour un autre*, 1951

live! TEXTE AUDIO

Dans cette courte pièce, tous les personnages utilisent, dans leurs discussions, un mot à la place d'un autre. Pourtant, tous semblent très bien se comprendre. Même le spectateur réussit à suivre ce qui se dit sur scène.

Jean Tardieu
(1903-1995)
Écrivain et poète français, Tardieu est un auteur prolixe et innovant, qui s'est intéressé tout au long de son œuvre à la question du sens dans le langage.

Au lever du rideau, Madame est seule. Elle est assise sur un « sofa » et lit un livre.

IRMA, *entrant et apportant le courrier.* – Madame, la poterne vient d'élimer le fourrage...

MADAME, *prenant le courrier.* – C'est tronc !... Sourcil bien !... (*Elle commence à examiner les lettres puis, s'apercevant qu'Irma est toujours là*) Eh bien, ma quille ! Pourquoi serpez-vous là ? (*Geste de congédiement*) Vous pouvez vidanger !

IRMA. – C'est que, Madame, c'est que...

MADAME. – C'est que, c'est que, c'est que quoi-quoi ?

IRMA. – C'est que je n'ai plus de « Pull-over » pour la crécelle...

MADAME, *prend son grand sac posé à terre à côté d'elle et après une recherche qui paraît laborieuse, en tire une pièce de monnaie qu'elle tend à Irma.* – Gloussez ! Voici cinq Gaulois ! Loupez chez le petit soutier d'en face : c'est le moins foreur du panier...

IRMA, *prenant la pièce comme à regret, la tourne et la retourne entre ses mains, puis.* – Madame, c'est pas trou : yaque, yaque...

MADAME. – Quoi-quoi : yaque-yaque ?

IRMA, *prenant son élan.* – Y-a que, Madame, yaque j'ai pas de gravats pour mes haridelles, plus de stuc pour le bafouillis de ce soir, plus d'entregent pour friser les mouches... plus rien dans le parloir, plus rien pour émonder, plus rien... plus rien... (*Elle fond en larmes.*)

MADAME, *après avoir vainement exploré son sac de nouveau et l'avoir montré à Irma.* – Et moi non plus, Irma ! Ratissez : rien dans ma limande !

Acte I, scène 1,

Lexique
Syntaxe : ensemble de règles grammaticales qui permettent de construire des phrases correctes.

Et pourtant, on comprend !

Pour entrer dans le texte

1. Résumez en quelques mots la situation des personnages dans cette scène d'exposition.

Au fil du texte

2. En relisant la manière dont les phrases sont construites, expliquez pourquoi le spectateur comprend malgré tout la situation.

3. Comment les didascalies éclairent-elles le sens du texte ?

4. Classez en deux colonnes les mots utilisés à la place d'un autre et ceux qui vous paraissent inventés par l'auteur. Qu'en concluez-vous ?

5. **Étude de la langue** Analysez le temps et le mode du dernier verbe du texte.

6. À la lecture de ce passage, quelle remarque pouvez-vous formuler sur la précision des mots choisis pour s'exprimer ?

Vers la dissertation ▶ Dans sa pièce *Les Femmes savantes*, Molière fait dire à la servante Martine que « Quand on se fait entendre, on parle toujours bien ». Discutez cette affirmation en vous appuyant sur ce passage de la pièce *Un mot pour un autre*.

Carnet de lecteur ▶ Récrivez cette scène en remplaçant les mots mal utilisés par les mots attendus.

Texte 4

Nathan live! TEXTE AUDIO

Obaldia, *Du vent dans les branches de sassafras,* 1965

Les Rockefeller, une famille de colons britanniques, doivent sans cesse se défendre contre l'assaut des Indiens. John-Emery, le patriarche, un « dur-à-cuire », affronte sa femme Caroline atteinte d'une crise de démence. William Butler, l'un de leurs amis, est un médecin porté sur la boisson.

René de Obaldia
(né en 1918)
Membre de l'Académie française, cet auteur s'amuse à réinventer le langage.

CAROLINE (*d'un ton médiumnique*[1]). – Il avance sans bruit, d'un pas élastique-élastique... Il ricane entre ses dents toutes jaunes de jujute-jujute... il profère des injures secrètes-secrètes... il passe sa langue sur ses lèvres fardées-fardées... il porte en sautoir une grosse amulette[2]...

JOHN-EMERY, WILLIAM BUTTLER, CAROLINE (*en chœur*). – Amulette.

CAROLINE. – Son œil vert lance des éclairs-éclairs...

JOHN-EMERY. – Répète pas toujours les mots, c'est énervant.

CAROLINE. – Non, ce n'est pas une amulette.

WILLIAM BUTTLER. – Amulette.

John-Emery le foudroie du regard.

CAROLINE. – C'est un scalp[3]... La tonsure d'un missionnaire[4] jésuite[5] !

JOHN-EMERY. – Cristi !

CAROLINE. – Ah ! Il pousse un cri…, un cri muet…, un ultra-son…

JOHN-EMERY. – Ultrason.

CAROLINE. – Des centaines d'autres hommes surgissent de la forêt…, silencieusement…, en tenant leurs chevaux par la bride…, armés de tomahawks[6]…, de flèches empoisonnées, trempées dans de l'acide prussique[7]…

WILLIAM BUTTLER. – Prussique.

JOHN-EMERY. – Cristi ! […] Regarde-les bien. C'est-y des Mohicans ? Des Apaches ?

CAROLINE. – Des Hurons…, des flopées de Hurons…

JOHN-EMERY. – Les salauds !

CAROLINE, *vociférant soudain* – Takakakiki ! Takakakiki !

JOHN-EMERY. – Hein ? Quoi ?

CAROLINE, *imitant une sorte de cri d'oiseau* – Tikiput, tikiput… Holala, titikikiput !

WILLIAM BUTTLER. – C'est du huron, je reconnais. Elle parle huron.

JOHN-EMERY. – Et alors, qu'est-ce qu'elle dit ?

WILLIAM BUTTLER. – Je ne sais pas, je… je ne connais pas le huron.

Acte I, scène 3,

1. Un médium est une personne qui semble en contact avec des forces surnaturelles.
2. Porte-bonheur, gri-gri.
3. Partie du cuir chevelu de leurs ennemis que les Indiens conservaient.
4. Religieux chargé de convertir.
5. De la compagnie de Jésus, un ordre religieux.
6. Objets tranchants.
7. Solution contenant du cyanure, un poison violent.

À propos de...
Obaldia parodie un western américain, dont on reconnait les codes et le lexique : armes, amulette, scalp, flèches et les tribus d'Amérindiens (Mohicans et Apaches aux États-Unis, Hurons au Canada).

Le langage devenu fou

Pour entrer dans le texte

1. Comment se manifeste à l'oral la démence de Caroline ? Appuyez-vous sur la première réplique.

Au fil du texte

2. Quel procédé comique est utilisé par l'auteur au début du passage ?

3. **Étude de la langue** Quel type de phrase est majoritairement utilisé par Caroline ? Analysez son effet.

4. À quel moment le langage commence-t-il à perdre son sens ?

5. En quoi les deux dernières répliques de William Butler sont-elles comiques ?

Vers le commentaire ▶ Établissez le plan détaillé d'un commentaire qui répondrait à la problématique suivante : « Quels sont les registres dominant ce passage ? »

Texte écho

Pommerat, *Cendrillon*, 2011

Sandra, enfant, voit sa mère mourir. Au moment de sa mort, sa mère lui confie un secret. Mais la jeune fille comprend mal les dernières paroles de sa mère, et toute sa vie s'en trouve bouleversée.

Joël Pommerat
(né en 1963)

Cet auteur et metteur en scène a fondé la compagnie « Louis Brouillard », en 1990. Il ne met en scène que ses propres textes qui s'élaborent lors des répétitions. Il a récrit différents contes pour enfants.
> p. 526

LA VOIX DE LA NARRATRICE. – [...] Les mots sont très utiles, mais ils peuvent être aussi très dangereux. Surtout si on les comprend de travers. Certains mots ont plusieurs sens. D'autres mots se ressemblent tellement qu'on peut les confondre. C'est pas si simple de parler et pas si simple d'écouter. Quand elle était encore une enfant, une très jeune fille qui avait beaucoup d'imagination avait connu un très grand malheur, un malheur qui heureusement n'arrive que très rarement aux enfants. Un jour, la mère de cette très jeune fille était tombée très malade, atteinte d'une maladie mortelle. Elle parlait d'une voix faible, tellement faible qu'on avait du mal à comprendre ce qu'elle disait. On devait sans arrêt la faire répéter. [...]

LA MÈRE (*murmurant, quasiment inaudible*) – Ma chérie il faut que je te dise que je vais bientôt mourir.

LA TRÈS JEUNE FILLE. – Je le sais ça, que t'as tout le temps envie de dormir.

LA MÈRE (*inaudible*). – Chérie je vais m'en aller...

LA TRÈS JEUNE FILLE. – Et que t'es fatiguée ?

LA MÈRE (*inaudible*). – Tu sais, je vais m'en aller pour toujours.

LA TRÈS JEUNE FILLE. – Et que tu dors le jour ? [...]

Un temps. La mère semble découragée. Elle détourne son visage et ferme les yeux.

LA VOIX DE LA NARRATRICE. – C'était pas simple de communiquer avec sa mère et ça la fatiguait. [...] Et puis un jour, on lui dit que c'était sans doute la dernière fois qu'elle la verrait. On lui dit qu'elle devait être bien courageuse et que sa mère voulait lui dire des choses importantes. La très jeune fille promit cette fois-là d'être encore plus attentive que les autres fois.

La mère murmure quelques mots à sa fille. La très jeune fille se penche vers elle.

LA TRÈS JEUNE FILLE (*très émue*). – Je vais répéter pour que tu sois sûre que j'ai bien entendu : « Ma petite fille, quand je ne serai plus là il ne faudra jamais que tu cesses de penser à moi. Tant que tu penseras à moi sans jamais m'oublier... je resterai en vie quelque part. »

Scènes 1 et 2,

Lecture comparée

▶ Comment cet extrait, qui présente un problème de mauvaise compréhension, s'annonce-t-il plus tragique que l'extrait de Molière (texte 1, p. 192-193) ?

Activité

● Cherchez sur Internet des extraits vidéo de la pièce de Pommerat et rédigez une critique dans laquelle vous expliquerez les choix de mise en scène, en disant s'ils vous plaisent.

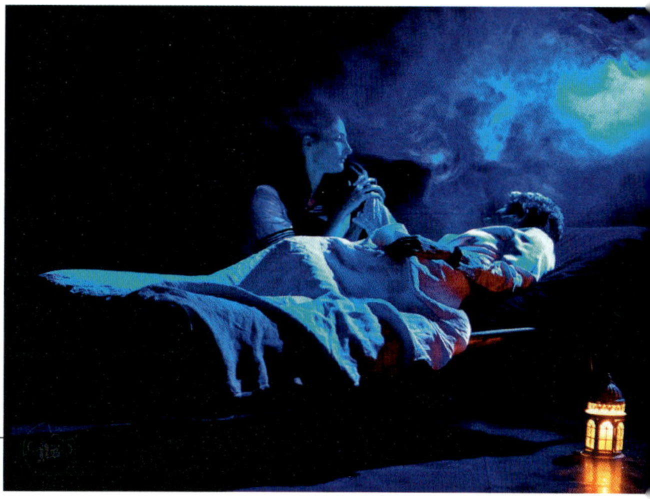

Cendrillon, de Joël Pommerat, 2011.

Parcours artistique et culturel

Pommerat, « écrivain de spectacles »

Objectif : Découvrir une personnalité importante du théâtre contemporain

Joël Pommerat
(né en 1963)
> p. 526

1 Un auteur-metteur en scène

Doc 1. *Pinocchio*, opéra de Ph. Boesmans, livret et mise en scène de J. Pommerat, festival d'Aix-en-Provence, juin 2017.

Pour comprendre l'image

- Pommerat a écrit une nouvelle version du conte *Pinocchio* (2008). On y retrouve les personnages du conte original : le pantin de bois dont le nez s'allonge à chaque mensonge, et la Fée.
- Pommerat a réécrit d'autres contes, qu'il destinait à ses propres enfants : *Le Petit Chaperon rouge* (2004) et *Cendrillon* (2011). Ses récritures donnent aux textes un sens nouveau.

2 Un dramaturge engagé

Doc 2. *Ça ira (1), Fin de Louis*, répétitions au TNT de Toulouse, octobre 2015.

Pour comprendre l'image

À propos de sa création *Ça ira (1) Fin de Louis*, Pommerat affirme qu'« il ne s'agit pas d'une pièce politique mais d'une pièce dont le sujet est la politique ». Cependant, à travers le prisme de la Révolution de 1789, c'est bien la montée des nationalismes et des extrémismes actuels que le dramaturge analyse. Cette pièce, qui dure plus de quatre heures, oblige les spectateurs à s'engager eux-mêmes, par leur présence.

3 Un auteur qui parle de la société contemporaine

Pour comprendre l'image

Pommerat s'engage dans l'écriture d'un texte qu'il accompagne toujours d'une mise en scène. Ses pièces parlent du monde actuel, et ses personnages représentent un condensé de la société. Dans *La Réunification des deux Corées* (2013), il est question d'amour. L'auteur analyse les sentiments qui lient les hommes et les femmes et décortique avec humour la complexité du sentiment amoureux.

Doc 3. *La Réunification des deux Corées*, théâtre des Amandiers, Nanterre, répétitions en février 2018, avec Joël Pommerat au centre de la photo.

À retenir

Avec Olivier Py, Valère Novarina (v. p. 205) ou Jean-Luc Lagarce, Joël Pommerat est l'un des dramaturges les plus influents de la scène française contemporaine. Abordant, par le biais de récritures de contes ou de relectures de l'Histoire, les problématiques contemporaines, son théâtre donne à voir toute la complexité de l'être humain.

Questions

1. Quelle atmosphère se dégage de la mise en scène de l'opéra de *Pinocchio* (doc. 1) ?
2. À l'inverse, quelle atmosphère se dégage de la répétition de *La Réunification des deux Corées* (doc. 3) ?
3. Quelle image de la « politique » perçoit-on dans *Ça ira (1) Fin de Louis* (doc. 2) ?

Pourquoi l'absurde est-il tragique ?

Texte 1 Camus, *Caligula*, 1944

Nathan live! TEXTE AUDIO

Au fil de la pièce, Caligula s'isole des autres, incapable d'aimer ou de désirer. Hélicon est son confident. Cet extrait est le dénouement.

Albert Camus
(1913-1960)
Écrivain et philosophe, Camus rédige des œuvres qu'il compose en cycles. Dans le « cycle de l'absurde » se trouvent l'essai *Le Mythe de Sisyphe*, le roman *L'Étranger* et les pièces *Le Malentendu* et *Caligula*.

CALIGULA. – […] Tout a l'air si compliqué. Tout est si simple pourtant. Si j'avais eu la lune, si l'amour suffisait, tout serait changé. Mais où étancher cette soif ? Quel cœur, quel dieu aurait pour moi la profondeur d'un lac ? (*S'agenouillant et pleurant.*) Rien dans ce monde, ni dans l'autre, qui soit à ma mesure. Je sais pourtant, et tu le sais aussi (*il tend les mains vers le miroir en pleurant*), qu'il suffirait que l'impossible soit. L'impossible ! Je l'ai cherché aux limites du monde, aux confins de moi-même. J'ai tendu mes mains (*criant*), je tends mes mains et c'est toi que je rencontre, toujours toi en face de moi, et je suis pour toi plein de haine. Je n'ai pas pris la voie qu'il fallait, je n'aboutis à rien. Ma liberté n'est pas la bonne. Hélicon ! Hélicon ! Rien ! Rien encore. Oh ! Cette nuit est lourde ! Hélicon ne viendra pas : nous serons coupables à jamais ! Cette nuit est lourde comme la douleur humaine.

Des bruits d'armes et des chuchotements s'entendent en coulisse.

HÉLICON (*surgissant au fond*). – Garde-toi[1], Caïus [2] ! Garde-toi !

Une main invisible poignarde Hélicon. Caligula se relève, prend un siège bas dans la main et approche du miroir en soufflant. Il s'observe, simule un bond en avant et, devant le mouvement symétrique de son double dans la glace, lance son siège à toute volée en hurlant :

CALIGULA. – À l'histoire, Caligula, à l'histoire.

Le miroir se brise et, dans le même moment, par toutes les issues, entrent les conjurés[3] en armes. Caligula leur fait face avec un rire fou. Le vieux patricien[4] le frappe dans le dos, Chéréa en pleine figure. Le rire de Caligula se transforme en hoquets. Tous frappent. Dans un dernier hoquet, Caligula, riant et râlant, hurle : Je suis encore vivant !

Acte IV, scène 14, © Éditions Gallimard.

1. Prends garde à toi.
2. Surnom de Caligula.
3. Personnes réunies pour renverser le pouvoir.
4. Membre des classes supérieures de la société romaine.

Contexte culturel

Caligula est un empereur romain qui fut assassiné en 41 après J.-C. au terme d'un règne tyrannique. Camus précise dans sa préface à l'édition américaine de la pièce que Caligula « tente d'exercer, par le meurtre et la perversion systématique de toutes les valeurs, une liberté dont il découvrira pour finir qu'elle n'est pas la bonne ».

« Je suis encore vivant ! »

Pour entrer dans le texte

1. À qui Caligula s'adresse-t-il ?

Au fil du texte

2. Quel est le sens de la didascalie « des bruits d'armes » (l. 13)?
3. En quoi Caligula paraît-il pathétique ? Aidez-vous des didascalies pour répondre.
4. Relevez et analysez les passages qui traduisent le sentiment d'échec de Caligula.
5. À votre avis, de quelle « soif » est-il question lorsque Caligula parle d'« étancher cette soif » (l. 2)?
6. En quoi le cri final est-il paradoxal ?

Vers le commentaire ▶ Commentez le texte en répondant à la problématique suivante : « En quoi ce dénouement apparaît-il à la fois tragique et spectaculaire ? » Vous composerez d'abord un plan en deux parties, puis vous rédigerez l'introduction.

Analyse d'images

Mise en scène de *Caligula*, d'Albert Camus

Caligula, pièce en quatre actes, fait partie, avec le roman _L'Étranger_ et l'essai _Le Mythe de Sisyphe_, du cycle de l'absurde engagé par Camus durant l'entre-deux guerres. Le personnage principal s'inspire de l'empereur romain éponyme, parti en quête de l'impossible après la mort de sa sœur.

Caligula d'Albert Camus, mise en scène de G. Champagne, de la compagnie « Le Théâtre du Trident », au Grand Théâtre de Québec, mars 2010, avec B. McGinnis.

À retenir

- Albert Camus est l'un des principaux représentants de la philosophie de l'absurde. Selon lui, l'Homme doit se poser la question du « Pourquoi ? ». Pourquoi sommes-nous sur Terre puisque l'on va mourir ? Pourquoi continuer à vivre une routine quotidienne dénuée de sens ?
- Caligula incarne cette absurdité de notre condition. L'empereur ressent ce « pourquoi » au moment de la mort de sa sœur adorée. Il part alors chercher la lune (symbole d'une quête impossible) et devient un tyran.

Questions

1. Décrivez la position du personnage, et dites quelles émotions elle suscite chez le spectateur.
2. En quoi la tenue et le maquillage de Caligula le font-il apparaître à la fois grotesque et tragique ?
3. Comment pouvez-vous interpréter l'absence de décor derrière le personnage ?

Texte 2 — Ionesco, *Les Chaises*, 1952

TEXTE AUDIO

Deux vieux, isolés dans leur maison, sur une île, ressassent les mêmes discussions depuis des années.

Eugène Ionesco
(1909-1994)

Cet écrivain et dramaturge français d'origine roumaine est l'un des auteurs les plus célèbres du théâtre de l'absurde, fondé sur le non-sens et le grotesque. Il est aussi l'auteur de textes de réflexion sur le théâtre. Il fut élu à l'Académie Française en 1970.

Les Chaises, d'E. Ionesco, mise en scène de L. Bondy, théâtre des Amandiers-Nanterre, sept. 2010, avec D. Reymond et M. Lescot

Le Vieux. – Je voulais voir, j'aime tellement voir l'eau.

La Vieille. – Comment peux-tu, mon chou ?... Ça me donne le vertige. Ah ! cette maison, cette île, je ne peux m'y habituer ; tout entourée d'eau... de l'eau sous les fenêtres, jusqu'à l'horizon...

La Vieille et le Vieux, la Vieille traînant le Vieux, se dirigent vers les deux chaises au-devant de la scène ; le Vieux s'assoit tout naturellement sur les genoux de la Vieille.

Le Vieux. – Il est 6 heures de l'après-midi... il fait déjà nuit. Tu te rappelles, jadis, ce n'était pas ainsi ; il faisait encore jour à 9 heures du soir, à 10 heures, à minuit.

La Vieille. – C'est pourtant vrai, quelle mémoire !

Le Vieux. – Ça a bien changé.

La Vieille. – Pourquoi donc, selon toi ?

Lexique
Grotesque : qui fait rire par son côté bizarre, ridicule, absurde.

À propos de...

Ionesco définit **l'écriture absurde** comme l'association du burlesque et du dramatique. Dans *Notes et contre-notes*, il affirme : « Le comique étant l'intuition de l'absurde, il me semble plus désespérant que le tragique. »

Le Vieux. – Je ne sais pas, Sémiramis, ma crotte... Peut-être, parce que plus on va, plus on s'enfonce. C'est à cause de la terre qui tourne, tourne, tourne, tourne...

La Vieille. – Tourne, tourne, mon petit chou... (*Silence.*) Ah ! oui, tu es certainement un grand savant. Tu es très doué, mon chou. Tu aurais pu être Président chef, Roi chef, ou même Docteur chef, Maréchal chef, si tu avais voulu, si tu avais eu un peu d'ambition dans la vie...

Le Vieux. – À quoi cela nous aurait-il servi ? On n'en aurait pas mieux vécu... et puis, nous avons une situation, je suis Maréchal tout de même, des logis, puisque je suis concierge.

La Vieille, *elle caresse le Vieux comme on caresse un enfant*. Mon petit chou, mon mignon...

Le Vieux. – Je m'ennuie beaucoup.

La Vieille. – Tu étais plus gai, quand tu regardais l'eau... Pour nous distraire, fais semblant comme l'autre soir.

Le Vieux. – Fais semblant toi-même, c'est ton tour.

La Vieille. – C'est ton tour.

Le Vieux. – Ton tour.

La Vieille. – Ton tour.

Le Vieux. – Ton tour.

La Vieille. – Ton tour.

Le Vieux. – Bois ton thé, Sémiramis.

Il n'y a pas de thé, évidemment.

La Vieille. – Alors, imite le mois de février.

Comique ou tragique ?

Pour entrer dans le texte

1. Quelles émotions éprouve-t-on à la lecture de ce passage ? Laquelle domine ?

Au fil du texte

2. Relevez les passages qui présentent les deux vieux comme des personnages enfantins.
3. Qu'y a-t-il d'absurde dans leur dialogue (mots, procédés...) ?
4. En quoi la situation des deux personnages est-elle tragique ?
5. Interprétez cette affirmation de la Vieille : « Peut-être, parce que plus on va, plus on s'enfonce. » (l. 13-14).
6. **Étude de la langue** Quelles sont la nature et la fonction de la proposition subordonnée « puisque je suis concierge » (l. 21) ?
7. En analysant la répétition des expressions « Tout tourne » et « Ton tour », expliquez comment l'auteur réussit à nous faire percevoir le temps qui passe comme un cycle absurde.

Vers la dissertation ▶ Dans *Notes et contre-notes*, Ionesco, à propos de la tragédie, évoque « cette impuissance inhumaine, cette inutilité de nos efforts [qui] peut aussi, en un sens, paraître comique ». Appliquez cette remarque au passage étudié, en expliquant qu'il est à la fois comique et tragique.

Carnet de lecteur ▶ Dessinez les costumes que vous imaginez pour les deux vieux.

Texte 3

Beckett, *En attendant Godot*, 1953

Dans cette pièce en deux actes, deux vagabonds, Vladimir et Estragon, se retrouvent au bord d'une route, près d'un arbre. Tout au long de la pièce, ils attendent un certain Godot. En l'attendant, ils discutent de choses et d'autres.

Samuel Beckett
(1906-1989)

Poète, dramaturge et romancier irlandais, Beckett écrit en anglais, en français et en allemand. Il est, avec Ionesco, l'un des grands auteurs du théâtre de l'absurde.

Vladimir. – Ne perdons pas notre temps en vains discours. (*Un temps. Avec véhémence.*) Faisons quelque chose, pendant que l'occasion se présente ! Ce n'est pas tous les jours que l'on a besoin de nous. Non pas à vrai dire qu'on ait précisément besoin de nous. D'autres feraient aussi bien l'affaire, sinon mieux. L'appel que nous venons d'entendre, c'est plutôt à l'humanité tout entière qu'il s'adresse. Mais à cet endroit, en ce moment, l'humanité c'est nous, que ça nous plaise ou non. Profitons-en, avant qu'il soit trop tard. Représentons dignement pour une fois l'engeance[1] où le malheur nous a fourrés. Qu'en dis-tu ? (*Estragon n'en dit rien.*) Il est vrai qu'en pesant, les bras croisés, le pour et le contre, nous faisons également honneur à notre condition. Le tigre se précipite au secours de ses congénères[2] sans la moindre réflexion. Ou bien il se sauve au plus profond des taillis. Mais la question n'est pas là. Que faisons-nous ici, voilà ce qu'il faut se demander. Nous avons la chance de le savoir. Oui, dans cette immense confusion, une seule chose est claire : nous attendons que Godot vienne.

Estragon. – C'est vrai.

Vladimir. – Ou que la nuit tombe. Nous sommes au rendez-vous, un point c'est tout. Nous ne sommes pas des saints, mais nous sommes au rendez-vous. Combien de gens peuvent en dire autant ?

Estragon. – Des masses.

Vladimir. – Tu crois ?

Estragon. – Je ne sais pas.

Vladimir. – C'est possible.

Pozzo. – Au secours !

Acte II, © Les Éditions de Minuit.

1. Au sens premier, catégorie de personnes méprisables. Ici, descendance.
2. Personnes ou spécimens de la même espèce.

Éclairage

Beckett cherche à ramener le langage à sa plus simple expression. Il avoue viser une forme d'« abstraction » du langage ; la scène de théâtre devient le lieu où les mots se vident de leur sens. Ils ne servent plus qu'à dire le vide.

« Que faisons-nous ici ? »

Pour entrer dans le texte

1. Qu'est-ce que Vladimir ne veut pas faire au début de la scène ? Qu'est-ce qu'il fait cependant ? Expliquez ce décalage.

Au fil du texte

2. Comment Estragon répond-il à Vladimir ? Comment comprenez-vous ses réactions ?

3. Dans quel but Vladimir compare-t-il les hommes à des tigres ?

4. **Étude de la langue** À quoi renvoie le pronom « le » dans la phrase « Nous avons la chance de le savoir » (l. 13) ? Que savent-ils exactement ?

5. Comment l'absurde conduit-il ici au tragique ? Relevez les termes qui évoquent la fatalité.

Vers la dissertation ▶ Pour Beckett, quelle peut être la fonction du théâtre ? Répondez en utilisant vos réponses aux questions précédentes.

Carnet de lecteur ▶ Cherchez sur Internet des mises en scène d'*En attendant Godot*. Visionnez différentes propositions de la scène d'ouverture et décrivez celle qui vous a le plus convaincu(e), en expliquant pourquoi..

Texte écho

Novarina, *Je suis*, 1991

Cette pièce met en scène la parole elle-même ; elle ne représente rien d'autre que le langage et nous aide, selon l'éditeur, à « lutter contre notre capture par les images ». Sorte de fable philosophique et burlesque, elle s'inspire de la Bible, de Descartes, mais aussi d'Alfred Jarry (v. p. 194).

Valère Novarina
(né en 1942)

Surtout connu pour son œuvre théâtrale qui joue sur tous les codes du langage, Novarina est aussi metteur en scène, essayiste et peintre. Son théâtre paraît souvent dénué de sens en première lecture.

JEAN SINGULIER. – [...] Je veux retourner chez mon premier visage. Je suis l'obstacle du monde ambiant. Alors je me dis, voyant le monde : je suis le seul obstacle à tout : c'est ici Jean Singulier qui empêche l'humanité d'aller ! Je vais m'enlever ma tête devant vous. Où que j'aille, rien n'y allait, où que je sois, j'y fuyais. Vaille que vaille, rien n'y va... ou c'est que je vois rien ? Je me suis nommé tout dernier obstacle vraiment universel à l'arrivée du monde, et le premier des Jean qui Fut, non recevu, non débattu, et non parlu, ni advenu ni survenu... Je préfère m'en aller pour vous quitter. Pouvez-vous m'indiquer la gare, ou une gare ?

LA GRAMMAIRE. – Où vas-tu ?

JEAN SINGULIER. – J'vais porter mon corps ailleurs que j'ai pu ; si j'avais su porter mon corps ailleurs qui dit quoi.

LA LOGIQUE. – Redis quoi ! Redis-moi ou quoi !

JEAN SINGULIER. – Je vais porter mon corps ailleurs qu'en moi. Si quelqu'un a commis ailleurs ou ici, un crime mieux que le mien, tant mieux pour lui !

LA GRAMMAIRE. – Où vas-tu ?

JEAN SINGULIER. – Porter mon corps ailleurs qu'ailleurs.

LA LOGIQUE. – Où vas-tu ? Où cours-tu à pas si lents ?

JEAN SINGULIER. – Porter mon corps ailleurs j'm'en fous. Porter mon sort chez Jean mort et Paul j'm'en fus. Je suis parti de ma vie comme par celle de quelqu'un. Tout ce qui sort un jour dans la nuit est mal vu. Sauf si je le sortais de la nuit par un cadavre.

LA LOGIQUE. – Si tu sortais de la vie par un cadavre, alors tu mettrais le chapeau mental.

Il met le chapeau mental et il sort.

UN HOMME. – Évitez de vous gonfler d'orgueil les enfants ; de toutes façons, vous êtes beaucoup trop faibles à l'échelle de l'humanité.

Citation

« Ni instruments ni outils, les mots sont la vraie chair humaine et comme le corps de la pensée. Notre chair physique c'est la terre, mais notre chair spirituelle, c'est la parole. [...] Parler n'est pas communiquer. Parler n'est pas s'échanger et troquer des idées ; parler c'est d'abord ouvrir la bouche et attaquer le monde avec, savoir mordre. » (V. Novarina, *Devant la parole*, 1999)

Lecture comparée

▶ Comment les textes de Beckett et de Novarina représentent-ils, chacun à leur manière, l'impossibilité de communiquer et la solitude de l'homme ?

Activité

● Partagez-vous ce texte entre plusieurs élèves, lisez-le à voix haute et essayez d'en comprendre le sens. Vous pourrez relever les répétitions, les phrases mal construites, les paradoxes, pour essayer de « réparer » le texte.

L'Espace furieux, de et mis en scène de V. Novarina, 2006, avec D. Zynk, C. Salviat.

Faire le point

La parole en question

Au fil des siècles

1 Au XVIIe siècle

Une parole qui sert à catégoriser

▶ Dans le théâtre classique de Molière, la parole est utilisée en tant que marqueur social : elle indique à quel milieu le personnage appartient. On retrouve ainsi du patois paysan (*Dom Juan*) ou du langage précieux (*Les Précieuses ridicules*).

Une parole qui sert à se moquer

▶ Lorsque les personnages de deux milieux différents se rencontrent sur scène, la mauvaise compréhension entre un niveau de langue et l'autre permet une double critique, à la fois de celui qui comprend mal et de celui qui se moque.

2 Aux XIXe et XXe siècles

Une parole qui devient folle ?

▶ À la toute fin du XIXe siècle, Alfred Jarry vient bouleverser les codes du langage au théâtre avec sa pièce *Ubu roi*, qui mélange les registres et invente de nouveaux mots.

La parole dans le théâtre de l'absurde

▶ Alors que les deux guerres mondiales déchirent le monde, les auteurs de l'absurde mettent en scène des personnages dont les mots ne veulent parfois plus rien dire ou qui ne peuvent plus se comprendre (Beckett, Ionesco).

3 De nos jours

Une parole tragique

▶ L'absurdité du monde est rendue perceptible également par ce que la parole ne peut plus dire, et le théâtre moderne et contemporain laisse la part belle à une parole qui n'exprime plus rien, qui ne peut plus dire les choses, si ce n'est la condition tragique de l'homme (Novarina).

Zoom sur… Le théâtre de l'absurde

Le théâtre dans un monde privé de sens

- Un « Nouveau théâtre » voit le jour peu après la Seconde Guerre mondiale. Il sera peu après baptisé « théâtre de l'absurde » par la critique.
- Après deux guerres en moins de 30 ans, des millions de morts, après Auschwitz et Hiroshima, le philosophe de l'absurde Camus (voir p. 200) développe l'idée que la vie n'a pas de sens ni de finalité.
- Les auteurs du théâtre de l'absurde, Beckett, Ionesco, Adamov, mettent en scène cette conception pessimiste du monde et de l'homme.

Le langage en question

- Ce théâtre révèle l'incapacité du langage à permettre d'établir une communication efficace entre les hommes (Beckett).
- La scène se peuple de personnages-marionnettes (Ionesco) ou d'anti-héros, perdus dans un monde qu'ils ne comprennent pas ou auquel ils semblent ne plus appartenir. Comme eux, leur langage devient mécanique et se vide de son sens.
- Le langage est désormais au centre du spectacle théâtral. Jeux sur les mots et mélange des registres, dérision et humour grinçant font de ces textes des « farces tragiques » où se mêlent rire et désespoir, de sorte que le spectateur perçoit l'absurdité de l'existence humaine.

Enrichir son vocabulaire

Absurde

- Ce terme désigne d'abord ce qui est contraire à la raison, ce qui n'a pas de sens. En philosophie, l'absurde sert à désigner la condition de l'Homme, que les philosophes existentialistes jugent privée de sens. Au théâtre, l'absurde désigne un mouvement paru au moment de la Seconde Guerre mondiale qui met en scène des histoires ou des dialogues dénués de logique.

Onomatopée

- Mot dont la sonorité rappelle le son de ce que l'on désigne (par exemple « paf » pour une gifle, « boum » pour un objet qui tombe, « glouglou » pour quelqu'un qui boit…).

Archaïsme

- Expression ancienne que l'on emploie alors qu'elle n'est plus en usage. On parle aussi d'expression désuète.

Néologisme

- Substantif formé sur la racine étymologique « neo » : *nouveau* et « logos » : *parole, mot*. Ce mot désigne les mots nouveaux inventés par des auteurs. Le mot « enthousiasme » a été, au XVIIe siècle, un néologisme inventé par les Précieuses.

Dialecte

- Manière de parler propre à un groupe de personnes. Peuvent par exemple être considérés comme des dialectes le parler des Précieuses dans les œuvres de Molière ou une langue régionale.

Préciosité

- Mouvement de pensée dans les salons littéraires tenus au XVIIe siècle par certaines femmes célèbres. Une nouvelle façon de parler s'invente, les Précieuses souhaitant manier un langage plus raffiné. Elles manient des périphrases compliqués. Molière se moquera d'elles.

Lectures cursives

CARNET DE LECTEUR

→ * J. Tardieu, ***9 courtes pièces***, **Gallimard, « FolioPlus Classique », 2009.**

LE THÈME
Ce recueil réunit différentes pièces de Tardieu, parmi lesquelles *Finissez vos phrases* et *Un mot pour un autre*.

a. Choisissez dix lignes de la pièce *Finissez vos phrases* et… finissez les phrases !

b. Organisez les différentes pièces du recueil selon le type de comique auquel elles appartiennent.

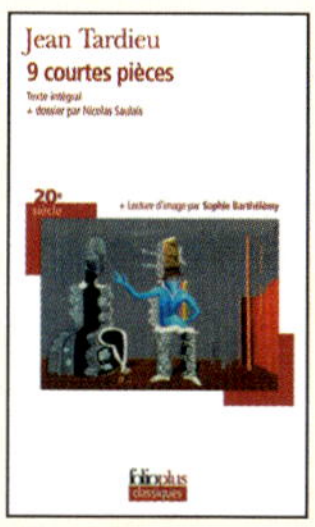

→ * R. Dubillard, ***Les Diablogues et autres inventions à deux voix***, **Gallimard, « Folio », 1998.**

LE THÈME
Un recueil de courtes pièces destinées à être jouées par deux comédiens, qui n'ont d'autre ambition que de faire rire par un jeu sur le langage et les onomatopées.

a. Choisissez l'un des « diablogues » et mettez-le en scène avec un ou une camarade.

b. Fabriquez une affiche de théâtre pour une présentation imaginaire des pièces de ce recueil.

→ ** E. Ionesco, ***La Cantatrice chauve***, **Gallimard, « Folio théâtre », 1985.**

LE THÈME
Nous sommes à Londres. Deux couples se retrouvent sur scène, les Martin et les Smith. S'engage un dialogue pour le moins absurde.

a. Recherchez sur Internet des extraits de mises en scène de cette pièce et dites laquelle vous préférez, en justifiant votre choix.

b. Apprenez par cœur, en groupe de quatre, les premières pages de la rencontre entre les deux couples.

Ce qu'il faut retenir

Le théâtre, du XVIIe au XXIe siècles

1 Le genre

live! Nathan EXERCICE INTERACTIF

Qu'est-ce que le théâtre ?

- Le théâtre est un genre dont l'origine remonte à l'**Antiquité**.
- Le texte de théâtre est composé d'actes et de scènes, contenant une alternance de **répliques** (paroles prononcées par les comédiens) et de **didascalies** (indications données par l'auteur pour la mise en scène).

« Il y a trois genres littéraires bien différents : la poésie qui est chantée, le théâtre qui est parlé et la prose qui est écrite. »
Jean Anouilh

Un texte destiné à être lu ou à être joué ?

- Le théâtre est avant tout destiné à être **mis en scène**.
- Le personnage est incarné par un **comédien**, et le texte est destiné à des **spectateurs**.
- À partir de la fin du XIXe siècle, le **metteur en scène** devient une sorte de co-auteur, qui donne sa propre lecture du texte d'un dramaturge. André Antoine (1858-1953) est considéré comme l'inventeur de la mise en scène. Cependant, Alfred de Musset affirme, dans son recueil *Spectacle dans un fauteuil*, que le théâtre doit être **lu**, laissant entendre que ses textes étaient davantage destinés à la lecture qu'à la représentation.

« Une mise en scène n'est jamais neutre. Toujours, il s'agit d'un choix. »
Antoine Vitez

Fonctions du théâtre

- Le théâtre a pour principales fonctions de **divertir le public** tout en l'amenant à **corriger ses défauts**.
- La comédie corrige les **mœurs par le rire** (Molière).
- La tragédie doit nous purger (nous soigner, nous guérir) de nos passions malfaisantes, en nous faisant éprouver **terreur** et **pitié** : c'est ce que le philosophe grec Aristote nomme la **catharsis**.

« L'affaire du théâtre a toujours été de divertir les hommes. Il n'y a pas de contradiction entre divertir et instruire, car il y a le plaisir d'apprendre. »
Bertolt Brecht

Double énonciation et engagement

- Le théâtre est souvent le lieu dans lequel **s'engage** la parole du dramaturge.
- Par le biais de ses personnages, l'auteur s'adresse aux spectateurs, grâce au procédé de **double énonciation**.
- Le théâtre s'affirme alors comme la scène d'une **prise de position** qui vise à faire évoluer les sociétés et les mentalités.

« Une pièce de théâtre, c'est quelqu'un. C'est une voix qui parle, c'est un esprit qui éclaire, c'est une conscience qui avertit. »
Victor Hugo

2 Des formes et des manières

La comédie

« *Castigat ridendo mores* » : la comédie corrige les mœurs par le rire. »

Devise latine adoptée par Molière

Au XVIIe siècle

- **La comédie classique**, écrite en vers ou en prose, en 3 ou 5 actes, met en scène des bourgeois et des valets, et vise à corriger les mœurs (MOLIÈRE).
- **La comédie-ballet,** genre inventé par MOLIÈRE et LULLY en 1661 dans *Le Fâcheux*, fait alterner moments joués et intermèdes musicaux et dansés. Louis XIV en était particulièrement friand.

Au XVIIIe siècle

- Les **valets** deviennent les figures centrales des intrigues comiques (BEAUMARCHAIS, MARIVAUX).

Au XIXe siècle

- **Un vaudeville** est une comédie légère reposant souvent sur un comique de situation, en particulier le quiproquo. (COURTELINE, FEYDEAU, LABICHE)

▶ **Et aujourd'hui :** la comédie côtoie les « one-man-show », manière contemporaine de rire des défauts de nos sociétés pour les corriger (GARDIN).

Le drame

Le drame peut mélanger les registres pathétique et comique.

Au XVIIIe siècle

- **Le drame bourgeois**, développé par DIDEROT, se distingue de la tragédie et de la comédie. Il met en scène des bourgeois et cherche à émouvoir.

Au XIXe siècle

- **Le drame romantique**, théorisé par HUGO, lie dans une même pièce le sublime au grotesque, le ton de la tragédie à celui de la comédie, afin de représenter l'homme dans sa dualité.

« Le drame, qui fond sous un même souffle le grotesque et le sublime, le terrible et le bouffon, la tragédie et la comédie. »

Hugo

La tragédie

Au XVIIe siècle

- **La tragédie classique** respecte les règles des trois unités (temps, lieu, action) et celles de vraisemblance et de bienséance. Écrite en vers, en 5 actes, elle présente des personnages historiques ou mythologiques. L'action est « élevée », et les protagonistes luttent en vain contre la fatalité. (RACINE)
- **La tragi-comédie** présente une action romanesque, une intrigue tragique et un dénouement heureux. (CORNEILLE)

Au XXe siècle

- Des **réécritures des mythes antiques** permettent de dénoncer l'absurdité du monde. (ANOUILH, GIRAUDOUX, SARTRE)
- **Le théâtre de l'absurde**, entre farce et tragédie, exprime le sentiment de confusion de l'homme face à l'absurdité de sa vie et du monde. Il montre les difficultés de l'homme à communiquer avec ses semblables. (BECKETT, IONESCO, SARRAUTE)

« Rien n'est plus drôle que le malheur, c'est la chose la plus comique du monde. »

Beckett

▶ **Et aujourd'hui :** la tragédie fait la part belle aux conflits individuels, familiaux et ou à la parole isolée d'un être en souffrance (LAGARCE, KOLTÈS, POMMERAT).

Vers le CARNET DE LECTEUR

L'art de la mise en scène : à l'école du spectateur

▶ Utilisez cette fiche pour enrichir votre carnet de lecteur avec vos impressions sur les pièces auxquelles vous aurez assisté.

Les questions-clés

En tant que spectateur, il y a différents éléments à prendre en compte pour analyser une mise en scène, car les choix du metteur en scène orientent notre perception de la pièce. Vous devez donc vous poser certaines questions... → **p. 438**

1 Les costumes

- Le metteur en scène a-t-il choisi des costumes d'époque (en lien avec la période pendant laquelle se déroule l'action de la pièce), ou a-t-il choisi des costumes contemporains, futuristes, atemporels ?

2 Les décors

- Quel est le parti-pris de la mise en scène quant au décor choisi ?
- Est-il en accord ou en décalage avec le contexte de la pièce ?
- Quelle est la fonction de chacun des éléments du décor et des accessoires choisis ?

3 Les sons, les images

- Certains metteurs en scène utilisent la vidéo ou des effets spéciaux. Qu'apportent ces ajouts au spectateur ?
- Comment servent-ils le propos de la pièce ?

4 Les lumières

- L'éclairage de la scène est-il plutôt sombre, ou au contraire très lumineux ?
- Les lumières recréent-elles des lumières naturelles ?
- Quelle atmosphère est mise en place par cet éclairage ?

5 La parole et le jeu des comédiens

- Les comédiens sont-ils dans un jeu naturaliste, ou au contraire surjouent-ils (jeu burlesque ou exagéré) ?
- Ont-ils un débit de parle normal, ralenti, ou accéléré ?
- Quelle est la place accordée aux silences ?

En attendant Godot, de S. Beckett, mise en scène J. Lambert-Wild, M. Bozonnet et L. Malaguerra, avec F. Assande et M. Bohiri, théâtre de l'Aquarium, mars 2015.

Ateliers d'écriture

Écriture d'intervention

1 | ESSAI. Lisez une des pièces suivantes de Ionesco : *La Cantatrice chauve*, *Rhinocéros*, *La Leçon*. Sous la forme d'un essai, vous répondrez à la question suivante : en quoi ces pièces appartiennent-elles au théâtre de l'absurde ?

Écriture d'invention

2 | TRANSPOSITION. En tant que metteur en scène, vous transposez au XXIe siècle une scène d'une œuvre classique, tout en conservant le texte original. Rédigez une note d'intention de mise en scène destinée au public. En une quarantaine de lignes, elle devra présenter la pièce et son auteur, expliquer de manière détaillée en quoi elle peut refléter des préoccupations de notre époque, défendre les grands choix scéniques effectués.

Écriture d'appropriation

3 | RÉSUMÉ. Après avoir lu *Britannicus* de Racine, rédigez un résumé de l'intrigue écrit à la première personne, du point de vue d'Agrippine.

Écriture d'appropriation

4 | ARTICLE. Après avoir lu *Pour un oui ou pour un non* de Nathalie Sarraute (vous pouvez la regarder sur youtube), vous assistez à sa mise en scène par Léonie Simaga au théâtre de Poche. Vous avez aimé ou désapprouvé la représentation. Vous écrivez un article dans le journal du lycée pour faire part de votre opinion.

Écriture d'appropriation

5 | TWITTÉRATURE. Après avoir lu une tragédie de Racine, les scènes à résumer sont réparties dans la classe. Résumez la scène qui vous a été attribuée sous la forme d'un message de 280 caractères qui reprend les codes d'un réseau social. Les textes seront déposés sur le compte Twitter spécialement créé pour l'occasion, qui sera animé selon le respect des consignes données.

Écriture d'invention

6 | ROMAN GRAPHIQUE. Lisez les dix premières pages d'*En attendant Godot* de Samuel Beckett. Restituez votre compréhension de la pièce sous la forme de trois vignettes qui pourraient constituer le début d'un roman graphique.
Pensez au choix du décor, à celui des couleurs de fond, au choix des paroles des personnages et de leur représentation.

Écriture d'intervention

7 | PRÉFACE. Vous avez lu une pièce du XXe siècle en lecture cursive. Pour une nouvelle édition du texte, vous devez rédiger une préface. Votre texte donne des pistes d'interprétation sur les enjeux de la pièce, les personnages, les thèmes traités, l'écriture.

Vers le BAC

Le commentaire de texte

Objectifs

- Apprendre à commenter un texte
- Savoir dégager les axes du commentaire

SUJET

Expliquez ce texte et déterminez les axes en vue d'un commentaire.

TEXTE Molière, *Le Mariage forcé*, 1664

Sganarelle, vieux bourgeois célibataire de 54 ans, vient d'annoncer à son ami Géronimo qu'il allait se marier le soir-même. Géronimo paraît sceptique, car il pense que Sganarelle est trop âgé pour se marier.

SGANARELLE. – Je quitterais le dessein[1] que j'ai fait ? Vous semble-t-il, seigneur Géronimo, que je ne sois plus propre à songer à[2] une femme ? Ne parlons point de l'âge que je puis avoir, mais regardons seulement les choses. Y a-t-il homme de trente ans qui paraisse plus frais et plus vigoureux que vous me voyez ? N'ai-je pas tous les mouvements de mon corps aussi bons que jamais ; et voit-on que j'ai besoin de carrosse ou de chaise pour cheminer ? N'ai-je pas encore toutes mes dents les meilleures du monde ? (*Il montre ses dents.*) Ne fais-je pas vigoureusement mes quatre repas par jour, et peut-on voir un estomac qui ait plus de force que le mien ? (*Il tousse.*) Hem, hem, hem. Eh ! qu'en dites-vous ?

GÉRONIMO. - Vous avez raison, je m'étais trompé. Vous ferez bien de vous marier.

SGANARELLE. - J'y ai répugné autrefois ; mais j'ai maintenant de puissantes raisons pour cela. Outre la joie que j'aurai de posséder une belle femme, qui me fera mille caresses, qui me dorlotera, et me viendra frotter lorsque je serai las ; outre cette joie, dis-je, je considère qu'en demeurant comme je suis, je laisse périr dans le monde la race des Sganarelles ; et qu'en me mariant, je pourrai me voir revivre en d'autres moi-même ; que j'aurai le plaisir de voir des créatures qui seront sorties de moi, de petites figures qui me ressembleront comme deux gouttes d'eau, qui se joueront continuellement dans la maison, qui m'appelleront leur papa quand je reviendrai de la ville, et me diront de petites folies les plus agréables du monde. Tenez, il me semble déjà que j'y suis, et que j'en vois une demi-douzaine autour de moi.

GÉRONIMO. - Il n'y a rien de plus agréable que cela ; et je vous conseille de vous marier le plus vite que vous pourrez.

Acte I, scène 2.

Légende

- Comique de mots
- Comique de gestes
- Comique de caractère
- Comique de situation
- Phrases interrogatives
- Ironie

1. Projet.
2. Songer à prendre.

Méthode ▶ **Organiser le commentaire**

ÉTAPE 1 Comprendre le sens littéral du texte

1. Lisez le texte une première fois, pour comprendre l'action de la scène, repérer les personnages principaux.

Conseils

- Représentez-vous les deux personnages et la manière dont ils s'opposent.

2 Lisez bien le paratexte et repérez où l'extrait se situe dans la pièce.

ÉTAPE 2 Expliquer le texte

1 Retrouvez les **thèmes** du texte grâce à l'étude du lexique.

2 L'auteur cherche à produire un **effet** particulier ici, un effet de comique. Relevez les différents **types de comique** et interprétez-les. Que disent-ils des personnages ?

3 Étudiez le partage des répliques et les **types de phrases**, et analysez les informations apprises par le spectateur grâce au procédé de la **double énonciation**.

Conseils

- Le mariage, le vieux barbon ridiculisé sont des thèmes classiques des comédies de Molière.
- Au fil de la lecture, surlignez d'une couleur différente les éléments de même type de comique que vous pouvez relever.

ÉTAPE 3 Dégager les axes pour le commentaire

Ici, on peut organiser l'analyse en deux axes principaux :

I. Un début de comédie

II. Un vieux barbon ridiculisé

- On décrit d'abord le texte (une comédie) pour ensuite s'intéresser aux intentions de l'auteur.

ÉTAPE 4 Établir un plan détaillé

I. Un début de comédie

1. La confession à l'ami
2. Le thème du mariage
3. L'ironie de Géronimo

II. Un vieux barbon ridiculisé

1. Le comique de mots et de gestes
2. Le comique de situation
3. Le comique de caractère

- Organisez vos idées selon des axes qui vous permettent de regrouper plusieurs procédés.

Exemple de paragraphe de commentaire

[Partie I, sous-partie 2]

Le thème du mariage est présent dans nombre de comédies classiques. Habituellement, les jeunes gens qui souhaitent se marier et sont contrariés dans leurs projets. Cette fois, c'est le vieux bourgeois Sganarelle qui, à 54 ans, ce qui est à l'époque un âge avancé, se présente dans l'acte d'exposition sous les traits d'un jeune homme « frais et vigoureux », prêt à convoler avec une femme beaucoup plus jeune que lui. Il donne du mariage sa définition. Il veut « posséder » sa femme qui devra entretenir avec lui une proximité physique (« mille caresses »). Avec elle, il veut avoir des enfants dont, un peu comme la laitière de La Fontaine, il imagine déjà la présence : « de petites figures qui me ressembleront comme deux gouttes d'eau ». En même temps, Sganarelle voit dans cette épouse celle qui prendra soin du vieil homme qu'il est déjà : elle « me viendra frotter lorsque je serai las », déclare-t-il, soulignant ses traits de barbon ridicule.

Vers le BAC

La dissertation sur œuvre

Objectifs
- S'entraîner à la dissertation sur œuvre
- Organiser un plan détaillé

SUJET

Dans la préface de sa pièce *Cromwell*, Victor Hugo affirme que « c'est de la féconde union du type grotesque au type sublime que naît le génie moderne ». En quoi cette affirmation s'applique-t-elle à *Ruy Blas* ?

Méthode ▶ Organiser la dissertation

ÉTAPE 1 Trouver les mots-clés dans la citation

1 Relevez les **mots** qui vous semblent **importants**.

2 À partir de ces mots, recherchez des **définitions**, des **synonymes,** des **antonymes**.
Cette étape vous permettra de trouver des idées, des arguments, peut-être des axes de travail.

ÉTAPE 2 Trouver des arguments et des exemples

3 Montrez comment cette pièce allie le « grotesque » au « sublime » (➔ « Ce qu'il faut retenir », p. 209).

4 Demandez-vous ce qui fait la **modernité** de cette pièce, en particulier dans la réflexion qu'y apporte Hugo.

ÉTAPE 3 Organiser le plan détaillé

5 Une fois les arguments et les exemples trouvés, organisez-les en un **plan cohérent**.
• On peut classer les personnages principaux de la pièce dans ces deux catégories.
a. Du côté du **grotesque**, on trouve Don César et la Duègne (**Partie I**).
b. Du côté du **sublime**, on pense à la Reine, et à certaines situations, comme l'amour de la Reine pour Ruy Blas ou le désir de vengeance de Salluste (**Partie II**).
• Ruy Blas est un personnage plus ambigu, partagé entre ces deux aspirations. Ici, ce qui fait le **« génie moderne »** de la pièce, c'est justement le choix de ce héros à la fois sublime et grotesque, qui défend le peuple, fer de lance de l'engagement hugolien (**Partie III**).

Conseils

• Recopiez le sujet au brouillon, en laissant de l'espace entre les lignes pour pouvoir **entourer** les mots-clés (ex. : en vert les synonymes et en rouge les antonymes) et écrire autour des mots.
• Dans cette citation, quels adjectifs s'opposent ? Quel sens peut-on donner à l'adjectif « moderne » ?

• Pour trouver des arguments, il est parfois plus facile de partir des exemples.

• Quels sont les **personnages**, les **situations** qui vous paraissent grotesques ? Quels sont les personnages et situations sublimes ?

• Interrogez-vous sur ce qui rattache *Ruy Blas* au genre du **drame romantique** ➔ « Histoire littéraire » (p. 42).

• Vous devez aller du plus simple au plus complexe.
• Construisez donc un plan qui part du grotesque (l'aspect le plus plaisant), passe au sublime, et finit par s'interroger sur la « modernité » de la pièce (il faut prendre en considération **toute** la citation) à travers le personnage éponyme.

Exemple de plan détaillé

I. Le grotesque dans *Ruy Blas*

1. **Don César**, un personnage qui n'est pas indispensable à l'action, mais qui incarne le grotesque et son rapport au corps (cf. en particulier l'acte IV, son arrivée par la cheminée, le quiproquo que cela suscite, son amour du vin...).
2. **La Duègne**, personnage grotesque par sa fonction, son discours, sa description (voir à l'acte IV, sa description par Don César en IV, 7 : « Qui m'envoie une duègne, affreuse compagnonne, / Dont la barbe fleurit et dont le nez trognonne... »).

II. Le sublime de la pièce

1. **La Reine**, un personnage sublime par ses fonctions, par son amour impossible pour un valet (aspect tragique), par sa description (cf. par exemple les didascalies et le monologue de Ruy Blas lors de l'apparition de la Reine, acte III scènes 3 et 4 : « *Tout à coup, à l'angle du salon, la tapisserie s'écarte et la reine apparaît. Elle est vêtue de blanc avec la couronne en tête ; elle paraît rayonnante de joie et fixe sur Ruy Blas un regard d'admiration et de respect.* »).
2. **Un double enjeu sublime.** Premier niveau d'action : la vengeance implacable de Don Salluste envers la Reine. Deuxième niveau : l'amour impossible (tragique) entre un homme de basse condition et une reine. La pièce s'achève sur le suicide (sublime) de Ruy Blas => autant d'aspects tragiques.

III. Ruy Blas, ou l'incarnation parfaite du grotesque et du sublime

1. **Un personnage partagé entre ses deux aspirations, sublime et grotesque** : voir la périphrase « ver de terre amoureux d'une étoile », acte II, scène 2, par laquelle Ruy Blas se désigne lui-même. **Grotesque** lié à sa fonction de valet, **sublime** lié à ses sentiments (noblesse des sentiments, amour pour la reine, honneur – voir par exemple la célèbre harangue politique « Bon appétit, Messieurs » acte III, scène 2).
2. **Un porte-drapeau de « l'homme du peuple » défendu par Victor Hugo** : selon Hugo, l'homme « chrétien », et donc le peuple, est partagé entre deux aspirations, le grotesque, qui correspond à nos pulsions physiques, et le sublime, qui s'attache à notre désir d'élévation spirituelle. Ruy Blas défend ce peuple (III, 2 : « Le peuple, – j'en ai fait le compte et c'est ainsi ! [...] A sué quatre cent millions d'or ! »). Devenant bourreau en même temps que bouffon de Don Salluste, Ruy Blas représente ce peuple.

Conseils

• Il s'agit d'abord d'illustrer la citation. Reprenez les termes clés pour donner un titre aux parties de la dissertation, les définir et regrouper les éléments de la pièce – ici, les personnages – qui s'y rattachent.
Pour chaque argument, citez le texte et proposez un commentaire de la citation.

• Ne vous intéressez pas exclusivement aux personnages, réfléchissez aussi aux situations et thèmes de la pièce qui peuvent servir d'arguments dans votre dissertation.

• Un gros plan sur le héros permet d'incarner les propos de Victor Hugo. Montrez que la citation fournit un éclairage utile sur le personnage.

• Pour clore l'argumentation, reliez la pièce au projet de l'auteur, et aux idées qu'il cherche à défendre.

Le roman et le récit, du XVIIe au XXIe siècle

VOIR AUSSI...

Albert Fourié (1854-1937),
Repas de noces à Yport, 1886,
huile sur toile, musée des Beaux-arts, Rouen.

Du collège AU LYCÉE

Mobiliser ses connaissances sur le récit et le roman

RAPPELS ▶ Le genre du récit

■ Le genre littéraire du récit consiste à raconter l'histoire de personnages fictifs sur une durée plus ou moins longue, dans un cadre spatio-temporel réaliste ou imaginaire.

■ **Le roman** est un récit en prose, généralement assez long, qui développe une intrigue complexe autour de nombreux personnages sur une durée variant de quelques heures à toute une vie fictive. Sous de multiples formes (roman d'amour, d'aventures, policier, historique, science-fiction …), il est aujourd'hui le genre littéraire le plus lu.

■ **La nouvelle** est un récit bref : l'action, la durée et le nombre de personnages sont resserrés autour d'une intrigue unique pour aboutir à un dénouement souvent surprenant qu'on appelle une « chute ». (Maupassant)

■ **Le conte** est un récit court dont on dégage une morale implicite ou explicite. Il peut recourir au registre merveilleux (conte de fées : Perrault, Grimm), fantastique ou réaliste (Maupassant), ou encore prendre une dimension philosophique (Voltaire).

Notions utiles vues au collège

1 Le narrateur et le point de vue

■ Face à un texte narratif, il faut toujours se poser certaines questions : le narrateur est-il dans l'histoire ou est-il extérieur au récit ?

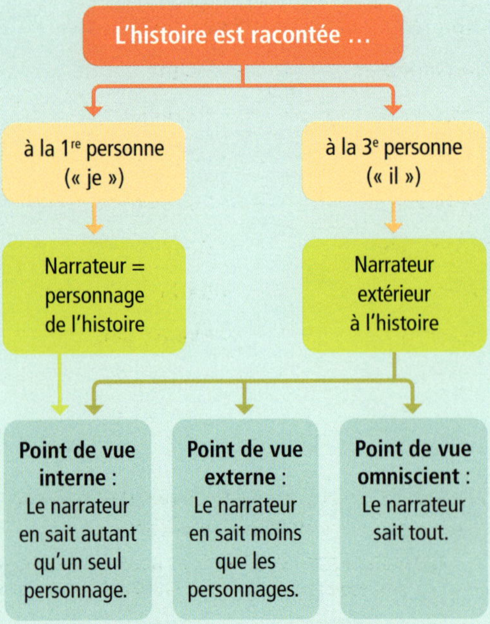

2 Les temps du récit au passé

Dans un récit au passé, la narration se fait majoritairement en alternant passé simple et imparfait.

■ Le **passé simple** est employé pour les actions uniques de premier plan ; l'**imparfait** sert à décrire des actions qui durent dans le passé, ou qui se répètent.

■ Le récit peut intégrer du plus-que-parfait pour les **analepses** (retour en arrière ou flash back au cinéma) et du passé antérieur.

3 Le rythme du récit

Pour mener son récit, le narrateur varie le rythme du récit : il peut l'accélérer ou le ralentir.

■ **Pause :** Arrêt sur un moment ou une image (une description de paysage, un portrait de personnage)

■ **Scène :** On développe un moment donné grâce à des dialogues ou à un récit détaillé.

■ **Sommaire :** C'est un résumé (*summary* en anglais), on raconte beaucoup en peu de lignes.

■ **Ellipse :** « Trois ans plus tard » : le lecteur ne sait pas ce qui s'est passé pendant ces trois ans.

Je vérifie mes connaissances

Une femme terrifiante

Les lecteurs ont peut-être, dès sa première apparition, conservé quelque souvenir de cette Thénardier grande, blonde, rouge, grasse, charnue, carrée, énorme et agile […]. Elle faisait tout dans le logis, les lits, les chambres, la lessive, la cuisine, la pluie, le beau temps, le diable. Elle avait pour tout[1] domestique Cosette ; une souris au service d'un éléphant. Tout tremblait au son de sa voix, les vitres, les meubles et les gens. Son large visage, criblé de taches de rousseur, avait l'aspect d'une écumoire. Elle avait de la barbe. C'était l'idéal d'un fort de la halle[2] habillé en fille. Elle jurait[3] splendidement ; elle se vantait de casser une noix d'un coup de poing. Sans les romans qu'elle avait lus, et qui, par moments, faisaient bizarrement reparaître la mijaurée[4] sous l'ogresse, jamais l'idée ne fût venue à personne de dire d'elle : c'est une femme. Cette Thénardier était comme le produit de la greffe d'une donzelle[5] sur une poissarde[6].

Victor Hugo, *Les Misérables*, 1862.

Questions

1. À quelle personne et selon quel point de vue ce texte est-il écrit ?
2. S'agit-il d'une pause descriptive, d'une scène, d'un sommaire ou d'une ellipse ?
3. Quel type de personnage vous rappelle Mme Thénardier ?

1. Unique.
2. Personne robuste chargée de transporter des marchandises aux Halles.
3. Proférait des grossièretés.
4. Fausse timide.
5. Jeune fille prétentieuse et ridicule.
6. Femme du bas peuple, au langage grossier.

Qu'avez-vous lu ? Que savez-vous ?

Titres	Personnages	Auteurs
Micromégas •	• Quasimodo •	• Hugo
Les Trois mousquetaires •	• Folcoche •	• Tolkien
La Belle au bois dormant •	• Simon •	• Voltaire
Notre-Dame-de-Paris •	• D'Artagnan •	• Perrault
Le Papa de Simon •	• Micromégas •	• Dumas
Le Seigneur des anneaux •	• Aurore •	• Bazin
Vipère au poing •	• Aragorn •	• Maupassant

Questions

1. Reliez chacun des titres de récits au nom d'un de ses personnages et à celui de son auteur.
2. Indiquez, si vous le connaissez, le siècle de publication de chacun de ces ouvrages.
3. Classez ces récits en fonction de leur genre narratif (roman, nouvelle, conte).
4. Lesquels de ces titres vous paraissent donner une indication sur le type d'histoire racontée ?

Repères HISTORIQUES et CULTURELS

Les métamorphoses du

1715	1774	1792	1799	1815	1830	1848	1852
Louis XV	Louis XVI		Consulat puis Empire (Napoléon Ier)	Restauration	Monarchie de Juillet	IIe République	

1789-1799 Révolution française

Fin XVIIIe-XIXe Révolution industrielle

Lumières

1759 Voltaire, *Candide*

Diderot, *Jacques le fataliste* : 1796

Chateaubriand, *René* : 1802

Romantisme

1834 Balzac, *Le Père Goriot*

Stendhal, *Le Rouge et le Noir* : 1830

185[illegible] Flaubert, *Madame Bovar*[illegible]

1 Le XVIIIe siècle : en quête de légitimité

- Auparavant jugé frivole, invraisemblable ou réservé aux femmes, le roman devient un **genre majeur** sous des formes diverses.
- Pour faire croire à l'authenticité de la fiction, on privilégie le **roman épistolaire** (Montesquieu, Rousseau, Laclos) et le roman à la 1re personne (Prévost, Marivaux), qui reflètent aussi la montée de l'individualisme.
- La quête du bonheur et du plaisir, en conflit avec les exigences morales et religieuses, est au cœur des **romans libertins** (Crébillon) et des **récits d'apprentissage** (Diderot).
- Le genre narratif se fait ainsi l'écho des combats des Lumières dans les **contes philosophiques** (Voltaire) et les récits mêlant fiction et discours (Diderot, Rousseau).

Jean-Antoine Watteau, *L'Escarpolette*, 1708, musée Ateneum, Helsinki.

2 Le XIXe siècle : évasion ou miroir du réel

- Le roman conquiert un **vaste public** grâce aux progrès de l'**instruction** et de la **diffusion** des livres (colportage à la campagne, cabinets de lecture en ville, publication de romans-feuilletons dans la presse).
- En ce siècle de **révolutions** politiques et économiques, les romanciers traduisent les aspirations de la société. Le roman se prête à l'expression du **mal de vivre romantique** (Chateaubriand) autant qu'aux **reconstitutions historiques** (Dumas, Hugo).
- Les romanciers **réalistes** (Balzac, Stendhal, Flaubert, Maupassant) s'intéressent à la **réalité quotidienne** ; les **naturalistes** (Zola) veulent **expliquer scientifiquement** les trajectoires individuelles et sociales.
- Parallèlement, le roman et la nouvelle s'ouvrent à l'**imaginaire fantastique** (Maupassant, Villiers) et à la **science-fiction** (Verne).

Edgar Degas, *Repasseuses*, vers 1884-1886, musée d'Orsay, Paris.

récit du XVIIIe au XXIe siècles

FRISE ANIMÉE

1870 – 2nd Empire (Napoléon III)
IIIe République
1940 44 – Gouvernement de Vichy
1946 – IVe République
1958 – Début de la Ve République (De Gaulle)

1914-1918 1re Guerre mondiale
1939-1945 2de Guerre mondiale

Réalisme Naturalisme

- 1865 **Hugo**, *Les Misérables*
- 1885 : **Zola**, *Germinal*
- 1885 **Maupassant**, *Bel Ami*
- 1913 **Proust**, *Du côté de chez Swann*
- 1932 **Céline**, *Voyage au bout de la nuit*
- **Camus**, *L'Étranger* : 1942
- 1951 **Yourcenar**, *Mémoires d'Hadrien*
- 1965 **Perec**, *Les Choses*
- 1984 **Duras**, *L'Amant*
- 2009 **NDiaye**, *Trois femmes puissantes*

3 Le XXe siècle : un laboratoire du moi et du monde

- L'influence de la psychanalyse, la concurrence de la photographie et du cinéma, la violence des guerres ébranlent et inspirent à la fois les romanciers. Nombre d'entre eux **renouvellent** l'écriture romanesque (PROUST, CÉLINE, PEREC, MODIANO) au fil d'un siècle qui voit enfin l'entrée croissante des **femmes** en littérature (DURAS, SARRAUTE, YOURCENAR, ERNAUX, NDIAYE).
- Si certains entendent jouer un rôle politique ou social par le biais du roman **engagé** (MALRAUX, CAMUS), d'autres auteurs privilégient les **expérimentations formelles** en déconstruisant les codes romanesques traditionnels (**Nouveau Roman**).
- Fort de sa liberté d'écriture, le roman s'épanouit en une **multiplicité de genres et de formes**.

Pablo Picasso, *Lectrice sur fond noir*, 1953, coll. privée.

4 Le XXIe siècle : crise et réinvention de la fiction romanesque

- À l'ère de la consommation de masse et de la mondialisation, le roman est devenu un **produit culturel**, soutenu par la médiatisation et les prix littéraires.
- Entre les auteurs de « best-sellers » qui se conforment à l'air du temps et des écrivains moins visibles en quête d'exigence créative, certains romanciers parviennent à conjuguer la qualité littéraire et l'adhésion d'un large public.
- Comme tous les arts, le récit est influencé par une société en mutation. L'esthétique du cinéma et des séries, les nouvelles technologies, les menaces contemporaines font évoluer l'écriture romanesque. Le goût pour la vraie fiction résiste encore à la tentation du récit basé sur des faits réels.

La Grande Librairie, émission présentée par François Busnel, 2008.

Question

- Comment les documents montrent-ils l'évolution du genre narratif ?

CHAPITRE 9

L'univers des contes : les vertus du dépaysement

NRP
- **Dossier** Orient et occident
- **Séquence** Utopie et dystopie

Le plus souvent, les contes sont associés à l'enfance. Cependant, ils relient l'imaginaire et la morale, et, à mesure que progresse le siècle des Lumières, l'imaginaire et la philosophie.

Problématique :
Dans quels pays et vers quelles idées les contes nous conduisent-ils ?

LIRE UNE ŒUVRE INTÉGRALE

La Belle et la Bête, de Mme Leprince de Beaumont (1757)

Jeanne-Marie Leprince de Beaumont
(1711-1780)

Elle a consacré une grande partie de son existence à l'éducation des enfants de la haute société, d'abord auprès de la fille de la duchesse de Lorraine, puis en Angleterre. Elle se fait connaître en 1757 en publiant un traité d'éducation, *Le Magasin des enfants*, dont est issu le conte de *La Belle et la Bête*, à destination du jeune âge.
> p. 524

▶ Présentation de l'œuvre

La Belle et la Bête **est sans doute l'un des contes les plus connus. La première version de Mme de Villeneuve, publiée en 1740, a été simplifiée et popularisée grâce à Mme Leprince de Beaumont, en 1757. Une bête monstrueuse réclame la vie d'un marchand qui a cueilli une rose pour sa fille dans le jardin. La jeune femme accepte d'échanger sa place avec celle de son père, dans l'espoir de lui sauver la vie. Mais la bête lui réserve le meilleur accueil et se révèle, sous son apparence repoussante, un être sensible et attachant.**

La Belle et la Bête, film de Bill Condon, 2017, avec D. Stevens, E. Watson.

Texte 1

TEXTE AUDIO

Entrer dans le conte

Installée dans le jardin, Mlle Bonne raconte *La Belle et la Bête*.

Il y avait une fois un marchand, qui était extrêmement riche. Il avait six enfants, trois garçons et trois filles ; et comme ce marchand était un homme d'esprit, il n'épargna rien pour l'éducation de ses enfants, et leur donna toutes sortes de maîtres. Ses filles étaient très belles ; mais la cadette surtout se faisait admirer, et on ne l'appelait, quand elle était petite, que la Belle Enfant ; en sorte que le nom lui en resta, ce qui donna beaucoup de jalousie à ses sœurs. Cette cadette, qui était plus belle que ses sœurs, était aussi meilleure qu'elles. Les deux aînées avaient beaucoup d'orgueil, parce qu'elles étaient riches ; elles faisaient les dames, et ne voulaient pas recevoir les visites des autres filles de marchands ; il leur fallait des gens de qualité pour leur compagnie. Elles allaient tous les jours au bal, à la comédie, à la promenade, et se moquaient de leur cadette, qui employait la plus grande partie de son temps à lire de bons livres. Comme on savait que ces filles étaient fort riches, plusieurs gros marchands les demandèrent en mariage ; mais les deux aînées répondirent qu'elles ne se marieraient jamais, à moins qu'elles ne trouvassent un duc, ou tout au moins, un comte. La Belle (car je vous ai dit que c'était le nom de la plus jeune la Belle, dis-je, remercia bien honnêtement ceux qui voulaient l'épouser, mais elle leur dit qu'elle était trop jeune, et qu'elle souhaitait tenir compagnie à son père, pendant quelques années.

Tout d'un coup, le marchand perdit son bien, et il ne lui resta qu'une petite maison de campagne, bien loin de la ville. Il dit en pleurant à ses enfants qu'il

À propos de...

Le Magasin des enfants est un long dialogue entre une gouvernante, Mlle Bonne, et les enfants dont elle assure l'éducation. Sous la vivacité et l'apparente facilité du texte, se révèle un véritable traité d'éducation à destination des jeunes filles. Mme Leprince de Beaumont témoigne dans cet ouvrage de ses préoccupations, mais aussi de celles du siècle des Lumières pour l'instruction.

fallait aller demeurer dans cette maison, et qu'en travaillant comme des paysans, ils y pourraient vivre. Ses deux filles aînées répondirent qu'elles ne voulaient pas quitter la ville, et qu'elles avaient plusieurs amants, qui seraient trop heureux de les épouser, quoiqu'elles n'eussent plus de fortune ; les bonnes demoiselles se trompaient : leurs amants ne voulurent plus les regarder, quand elles furent pauvres. Comme personne ne les aimait, à cause de leur fierté, on disait : « Elles ne méritent pas qu'on les plaigne ; nous sommes bien aises[1] de voir leur orgueil abaissé ; qu'elles aillent faire les dames, en gardant les moutons ». Mais, en même temps, tout le monde disait : « Pour la Belle, nous sommes bien fâchés de son malheur ; c'est une si bonne fille : elle parlait aux pauvres gens avec tant de bonté, elle était si douce, si honnête ! »

Il y eut même plusieurs gentilshommes qui voulurent l'épouser, quoiqu'elle n'eût pas un sou : mais elle leur dit qu'elle ne pouvait se résoudre à abandonner son pauvre père dans son malheur, et qu'elle le suivrait à la campagne pour le consoler et l'aider à travailler.

1. Contents.

La Belle et la Bête : le marchand accablé de douleur, gravure de l'imagerie Quantin, vers 1890.

Un conte des Lumières

Pour entrer dans le texte

1. **Étude de la langue** Quelles sont les indications spatio-temporelles fournies dans le texte ?

Au fil du texte

2. Quels sont les personnages et leurs liens entre eux ? En quoi ressemblent-ils à ceux des contes que vous connaissez ?

3. À quel moment la narratrice intervient-elle ? Que souligne-t-elle ?

4. Quelles vertus sont mises en valeur dans ce texte ? Sont-elles propres au XVIIIe siècle ?

Vers la dissertation ▶ En vous appuyant sur les réponses précédentes, dites en quoi ce conte vous paraît différent des autres contes que vous connaissez.

Carnet de lecteur ▶ Lisez le début du conte de *La Belle et la Bête*, de Mme de Villeneuve. Dans quelle mesure la version de Mme Leprince de Beaumont vous semble-t-elle plus moderne ?

Texte 2 Entrer dans le château

live! TEXTE AUDIO

Le marchand ruiné se rend en ville dans l'espoir de refaire fortune. Mais son projet échoue, et, sur le chemin du retour, il s'égare dans une tempête. Il trouve refuge dans un mystérieux château illuminé et préparé pour l'accueillir, mais apparemment vide de toute présence humaine.

Contexte historique

Lorsque le chocolat arrive en France, rapporté par les conquistadors espagnols vers 1520, c'est un produit de luxe réservé à la noblesse et la haute bourgeoisie. Cette boisson chaude fait fureur à la Cour de Louis XIII puis de Louis XIV. À l'époque de Mme de Beaumont, le chocolat est encore une boisson rare et précieuse.

Il était dix heures du matin, quand il se leva le lendemain, et il fut bien surpris de trouver un habit fort propre à la place du sien qui était tout gâté[1]. « Assurément, dit-il, en lui-même, ce palais appartient à quelque bonne Fée qui a eu pitié de ma situation. » Il regarda par la fenêtre et ne vit plus de neige ; mais des berceaux de fleurs qui enchantaient la vue. Il rentra dans la grande salle où il avait soupé la veille, et vit une petite table où il y avait du chocolat.

« Je vous remercie, madame la Fée, dit-il tout haut, d'avoir eu la bonté de penser à mon déjeuner. »

Le bonhomme, après avoir pris son chocolat, sortit pour aller chercher son cheval, et, comme il passait sous un berceau de roses, il se souvint que la Belle lui en avait demandé, et cueillit une branche où il y en avait plusieurs. En même temps, il entendit un grand bruit, et vit venir à lui une Bête si horrible, qu'il fut tout prêt de s'évanouir.

« Vous êtes bien ingrat, lui dit la Bête, d'une voix terrible ; je vous ai sauvé la vie, en vous recevant dans mon château, et, pour ma peine, vous me volez mes roses que j'aime mieux que toutes choses au monde ! Il faut mourir pour réparer cette faute ; je ne vous donne qu'un quart d'heure pour demander pardon à Dieu. »

Le marchand se jeta à genoux, et dit à la Bête, en joignant les mains :

« Monseigneur, pardonnez-moi, je ne croyais pas vous offenser en cueillant une rose pour une de mes filles, qui m'en avait demandé.

– Je ne m'appelle point monseigneur, répondit le monstre, mais la Bête. Je n'aime point les compliments, moi, je veux qu'on dise ce que l'on pense : ainsi, ne croyez pas me toucher par vos flatteries ; mais vous m'avez dit que vous aviez des filles ; je veux bien vous pardonner, à condition qu'une de vos filles vienne volontairement, pour mourir à votre place. Ne me raisonnez pas ; partez, et si vos filles refusent de mourir pour vous, jurez que vous reviendrez dans trois mois. »

1. Usé.

Un monde de contrastes

Pour entrer dans le texte

1. Quels sont les mouvements du texte ? Donnez un titre à chaque partie.

Au fil du texte

2. Quels éléments du merveilleux percevez-vous ? Quels autres contes vous rappellent-ils ?
3. Comment l'auteure choisit-elle de représenter la Bête ? Quelles premières impressions laisse-t-elle ?
4. **Lexique** Quels sont les différents sens du mot « bête » ? Pourquoi la Bête insiste-t-elle pour être appelée ainsi ?
5. Quelles idées et quels principes la Bête défend-elle ? Comment pouvez-vous définir la manière dont elle les exprime ?
6. Quel pacte se noue entre le marchand et la Bête ?

Vers le commentaire ▶ À partir de vos éléments de réponse, proposez un plan détaillé de commentaire qui pourrait suivre les pistes proposées :

I. Un lieu hospitalier et enchanté

II. Un hôte hybride, homme et animal.

Texte 3

Entrer dans la relation à l'autre

live! TEXTE AUDIO

Alors qu'elle s'attendait à être dévorée, la Belle reçoit le meilleur accueil dans le château de la Bête : « Souhaitez, commandez ; vous êtes ici la reine et la maîtresse », a-t-elle lu dans un livre de la bibliothèque.

Walter Crane (1845-1915), *La Belle et la Bête*, 1874, illustration.

Contexte
Mme Leprince de Beaumont défend un modèle de femme et d'épouse chrétienne à travers le thème du mariage. Les deux sœurs de la Belle ont épousé des gentilshommes beaux et intelligents. Or, ces mariages se soldent par des échecs, comme si ces qualités n'étaient pas celles requises. Ce qui est offert à la Belle est une union avec un être laid, mais doux et sincère.

La Belle passa trois mois dans ce palais avec assez de tranquillité. Tous les soirs, la Bête lui rendait visite, l'entretenait pendant le souper, avec assez de bon sens, mais jamais avec ce qu'on appelle esprit, dans le monde. Chaque jour, la Belle découvrait de nouvelles bontés dans ce monstre. L'habitude de le voir l'avait accoutumée à sa laideur ; et, loin de craindre le moment de sa visite, elle regardait souvent à sa montre, pour voir s'il était bientôt neuf heures ; car la Bête ne manquait jamais de venir à cette heure-là. Il n'y avait qu'une chose qui faisait de la peine à la Belle, c'est que le monstre, avant de se coucher, lui demandait toujours si elle voulait être sa femme, et paraissait pénétré de douleur lorsqu'elle lui disait que non. Elle dit un jour :

« Vous me chagrinez, la Bête ; je voudrais pouvoir vous épouser, mais je suis trop sincère pour vous faire croire que cela arrivera jamais. Je serai toujours votre amie ; tâchez de vous contenter de cela.

– Il le faut bien, reprit la Bête ; je me rends justice. Je sais que je suis bien horrible ; mais je vous aime beaucoup ; cependant je suis trop heureux de ce que vous voulez bien rester ici ; promettez-moi que vous ne me quitterez jamais ».

La Belle rougit à ces paroles. Elle avait vu dans son miroir que son père était malade de chagrin de l'avoir perdue ; et elle souhaitait le revoir.

« Je pourrais bien vous promettre, dit-elle à la Bête, de ne vous jamais quitter tout à fait ; mais j'ai tant d'envie de revoir mon père que je mourrai de douleur si vous me refusez ce plaisir.

– J'aime mieux mourir moi-même, dit ce monstre, que de vous donner du chagrin. Je vous enverrai chez votre père ; vous y resterez, et votre pauvre Bête en mourra de douleur.

– Non, lui dit la Belle en pleurant, je vous aime trop pour vouloir causer votre mort. Je vous promets de revenir dans huit jours. Vous m'avez fait voir que mes sœurs sont mariées, et que mes frères sont partis pour l'armée. Mon père est tout seul, souffrez que je reste chez lui une semaine.

– Vous y serez demain au matin, dit la Bête ; mais souvenez-vous de votre promesse. Vous n'aurez qu'à mettre votre bague sur une table en vous couchant, quand vous voudrez revenir. Adieu, la Belle ».

La Bête soupira selon sa coutume, en disant ces mots, et la Belle se coucha toute triste de l'avoir affligée.

Un dialogue édifiant

Pour entrer dans le texte

1. Établissez une chronologie des faits relatés dans ce passage depuis l'arrivée de la Belle. Comment l'avenir est-il envisagé par chacun des personnages, à court et à long terme ?

Au fil du texte

2. Entre quels désirs la Belle est-elle partagée ?
3. De quelles qualités la Bête témoigne-t-elle au quotidien ?
4. À travers ce conte, quelle conception de la beauté et de la laideur Mme Leprince de Beaumont cherche-t-elle à transmettre aux enfants ?
5. Quel est l'objet magique évoqué ?
6. À votre avis, comment ce passage prépare-t-il le dénouement du conte ?

Vers l'oral ▶ Pensez-vous que les objets magiques soient essentiels dans un conte de fées ? Développez une argumentation en vous appuyant sur les contes que vous connaissez et sur votre lecture de *La Belle et la Bête.*

Document écho — Une source historique du personnage de la Bête : Pedro Gonzales

Activité

- Dans cette représentation de Pedro Gonzalez, qu'est-ce qui correspond au portrait de la Bête ?

▶ L'écriture de *La Belle et la Bête* fut peut-être influencée par une histoire vraie. Au XVIe siècle, un homme souffrant d'une pilosité sur tout le visage, semblable au pelage d'un animal, a connu la célébrité. Cette maladie méconnue, très rare et d'origine génétique, l'hypertrichose, suscitait la fascination.

Pedro Gonzales (vers 1537-vers 1618), originaire des Canaries, fut « offert » à l'âge de dix ans au roi Henri II de France et reçut une excellente éducation. Il devint l'un des lettrés les plus appréciés de son époque, et épousa la belle Catherine Raffelin. De leur union naquirent sept enfants, dont plusieurs étaient affectés de la même maladie que leur père.

Texte écho

Bettelheim, *La Psychanalyse des contes de fée*, 1976

L'auteur expose la fonction thérapeutique des contes de fées pour les jeunes lecteurs : loin de les traumatiser, ces textes répondent de façon précise à leurs angoisses.

Bruno Bettelheim
(1903-1990)
Pédagogue et psychologue américain, d'origine autrichienne. Influencé par les théories de Freud, il s'est rendu célèbre notamment par sa relecture psychanalytique des contes de fée.

Dans toutes ces histoires, les événements fatidiques sont provoqués par un père qui vole des roses pour les apporter à sa fille bien-aimée. Ce geste symbolise l'amour qu'il éprouve pour elle et aussi une anticipation de la perte de sa virginité ; la fleur brisée – la rose en particulier – est le symbole de la défloraison. Cette dernière apparaît, au père comme à la fille, comme un acte « bestial ». Mais l'histoire dit que leurs appréhensions étaient injustifiées. Ce qui était redouté comme un acte bestial devient une expérience de profonde humanité et d'amour.

Si on compare *Barbe-Bleue* à *La Belle et la Bête*, on peut dire que la première histoire présente les aspects primitifs et égoïstement destructifs du sexe, qu'il faut dépasser pour que l'amour puisse s'épanouir, tandis que la seconde raconte ce qu'est le véritable amour. Le comportement de Barbe-Bleue correspond à son apparence menaçante ; la Bête, malgré son aspect, est une personne aussi belle que la Belle. Ce conte, contrairement à ce que peuvent être les craintes de l'enfant, affirme à l'auditeur que, malgré leur apparence différente, l'homme et la femme peuvent réaliser une union parfaite si leurs personnalités se conviennent et s'ils sont liés l'un à l'autre par l'amour.

Bruno Bettelheim, *La Psychanalyse des contes de fée*, © Robert Laffont, trad. T. Carlier, 1976.

Lecture comparée

▶ Quel éclairage Bettelheim apporte-t-il à *La Belle et la Bête* ?

L'ŒUVRE EN PERSPECTIVE — *La Belle et la Bête*, de Mme Leprince de Beaumont

1 Métamorphoses d'un conte

- Dans l'Antiquité, déjà, un conte d'Apulée, *L'Âne d'or*, contient une première version de cette histoire : la ravissante Psyché prend un époux dont elle ne peut voir le visage. « Je t'aime, qui que tu sois », lui dit-elle.
- L'écrivain italien Straparola (1480-1557) écrit un conte intitulé *Le Roi Porc* : un roi et une reine d'Angleterre donnent naissance à un porcelet, qu'ils élèvent comme leur enfant. La cadette de la famille d'un marchand finit par l'aimer.
- La baronne d'Aulnoy le reprend sous le titre *Le Roi Marcassin*. Le conte sera ensuite adapté par Mme de Villeneuve puis, dans une version plus courte, par Mme Leprince de Beaumont.
- Les conte de fées de Perrault et de Mme d'Aulnoy connaissent une diffusion importante au XVIIIe siècle. Le conte de fées vise l'instruction du lecteur. Ainsi, *La Belle et la Bête* est un manuel d'éducation : il invite à dépasser les apparences, parfois repoussantes, pour aller à la rencontre de l'autre et en connaître les qualités.

2 L'adaptation cinématographique de Jean Cocteau

- Au XXe siècle, l'écrivain Jean Cocteau (1889-1963) adapte le conte en ajoutant le personnage d'Avenant, amoureux de la Belle. Cependant, l'ambiguïté est totale car c'est le même acteur, Jean Marais, qui joue les rôles d'Avenant et de la Bête.
- Les jeux de lumière, les références à la peinture et à la gravure effacent les frontières entre réel et imaginaire pour emporter le spectateur dans la féerie.
- Le film rend manifeste et sensible la lutte entre la beauté et la laideur, et conduit à une réflexion sur la véritable monstruosité.

Activité

● Regardez la séquence du film de Cocteau qui correspond au séjour du père dans le château de la Bête. Comment Cocteau adapte-t-il le texte du XVIIIe siècle ?

L'Orient des contes : à la recherche du bonheur

Texte 1

Nathan live! TEXTE AUDIO

Crébillon fils, *L'Écumoire ou Tanzaï et Néadarmé, histoire japonaise,* 1734

Au Japon, deux jeunes époux, Tanzaï et Néadarmé, subissent un sort qui les sépare. Pour le rompre, ils devront, l'un et l'autre, et à l'insu de l'autre, être infidèles. Tanzaï cède aux sortilèges de la fée Concombre, alors que Néadarmé se livre au beau génie Jonquille.

Le Génie allait entrer : elle sentait avec douleur qu'elle ne le haïssait pas, et se craignait d'autant plus qu'elle écartait l'idée de Tanzaï quand elle se présentait avec trop d'avantage. Quelque amour qu'elle eût pour son époux, elle ne pouvait se dissimuler les grâces de Jonquille, et sa supériorité en tous genres sur le prince de Chéchian[1]. Quelquefois, elle pensait qu'elle devait s'abandonner à sa situation, puisque rien ne pouvait l'en sauver, mais la vertu reprenant le dessus, lui faisait rejeter cette idée ; souvent aussi elle s'y abandonnait avec plaisir. « Quand cela m'arriverait, se disait-elle, qui en instruira mon époux ? Le secret de Moustache[2] ne me met-il pas à l'abri de ses soupçons ? Mais quand je pourrais lui cacher mon déshonneur, puis-je l'ignorer, et des remords éternels ne me puniront-ils pas de mon crime ? De mon crime ! Ai-je cherché à le commettre ? N'est-ce pas un oracle[3] qui m'envoie dans ces lieux ? En proie aux désirs du Génie, n'y puis-je pas être livrée sans partager ses transports ; et quand même je les partagerais, serait-ce ma faute ? Puis-je répondre des mouvements de la nature, sa sensibilité est-elle mon ouvrage[4] ? Si l'âme devait être indépendante des sentiments du corps, pourquoi n'a-t-on pas distingué leurs fonctions ? Pourquoi les ressorts de l'un sont-ils les ressorts de l'autre ? [...] Non, les Dieux ne sont pas assez injustes pour nous punir d'un mal qu'ils pouvaient nous empêcher de commettre : puisqu'ils sont les auteurs de la nature, ils connaissent sans doute son pouvoir, c'était à eux de mettre en nous ce rayon divin, cette force intérieure contre laquelle nos efforts auraient été vains. »

Crébillon fils, *L'Écumoire ou Tanzaï et Néadarmé, histoire japonaise*, 1734.

1. Son époux Tanzaï. – **2.** La fée Moustache a promis à la princesse Néadarmé que Tanzaï ne serait pas informé de son infidélité. – **3.** Une divinité. – **4.** Ma production, mon œuvre.

Crébillon fils
(1707-1777)

Romancier d'analyse, Claude Prosper Jolyot de Crébillon place l'amour au centre de son œuvre. Refusant tout idéalisme, il oppose discours délicat et désir violent. Il décrit le libertinage dans ses œuvres (*Les Égarements du cœur et de l'esprit*, 1736) : sa stratégie, ses masques et ses jeux.

Contexte culturel

On assiste au XVIIIe siècle à la diffusion du ***libertinage***. Il s'agit alors autant d'une liberté de mœurs qui permet de s'affranchir des normes et des conventions, que d'une liberté philosophique.

Laisser libre cours à ses désirs, une manière d'accéder au bonheur ?

Pour entrer dans le texte

1. Trouvez un titre à cet extrait. Justifiez votre choix.

Au fil du texte

2. Quels éléments relèvent de l'Orient ? Comment expliquez-vous le choix de ce cadre ?

3. À partir du lexique employé dans les lignes 1 à 7, dites ce qu'éprouve Néadarmé.

4. **Étude de la langue** Quels sont les types de phrase dominants ? Que disent-ils de l'héroïne ?

5. Quelles sont les deux possibilités qui lui sont offertes ?

6. Vers quel choix s'oriente-t-elle ? Pourquoi ?

7. Cherchez le sens du mot « libertinage ». En quoi peut-on dire que cet extrait décrit le jeu du libertinage ?

Vers l'oral ▶ Préparez une lecture expressive de ce texte qui rende compte des sentiments de Néadarné, du choix vers lequel elle semble s'orienter.

Carnet de lecteur ▶ En vous appuyant sur le contexte culturel en marge, dites en quoi cet extrait reprend le marivaudage (voir chap. 6, p. 147-152) et s'en détourne.

Texte 2

Nathan live! TEXTE AUDIO

Voltaire, *Histoire d'un bon bramin*, 1761

TEXTE ENRICHI

Dans ce conte philosophique très bref, d'inspiration orientale, Voltaire invite le lecteur occidental à réfléchir sur le bonheur, au moyen d'un dialogue avec un vieux sage indien.

Voltaire
(1694–1778)
Historien, poète, dramaturge, conteur, épistolier et philosophe, Voltaire promeut la tolérance, la fraternité et la raison contre l'intolérance, l'injustice et le fanatisme. Il invente le conte philosophique, récit d'apprentissage relatant la rencontre entre un héros pensant et le monde.
> p. 529

Thomas Daniell (1749-1840), *Le ghat du fleuve sacré Gange à Bénarès*, 1795, aquatinte extraite de *Vingt-Quatre vues en Inde*.

Je rencontrai dans mes voyages un vieux bramin[1], homme fort sage, plein d'esprit et très savant ; de plus, il était riche, et, partant, il en était plus sage encore : car, ne manquant de rien, il n'avait besoin de tromper personne. Sa famille était très bien gouvernée par trois belles femmes qui s'étudiaient à lui plaire ; et, quand il ne s'amusait pas avec ses femmes, il s'occupait à philosopher.

Près de sa maison, qui était belle, ornée et accompagnée de jardins charmants, demeurait une vieille Indienne, bigote[2], imbécile, et assez pauvre.

Le bramin me dit un jour : « Je voudrais n'être jamais né. » Je lui demandai pourquoi. Il me répondit : « J'étudie depuis quarante ans, ce sont quarante années de perdues : j'enseigne les autres[3], et j'ignore tout ; cet état porte dans mon âme tant d'humiliation et de dégoût que la vie m'est insupportable. Je suis né, je vis dans le temps, et je ne sais pas ce que c'est que le temps ; je me trouve dans un point entre deux éternités, comme disent nos sages, et je n'ai nulle idée de l'éternité ; je suis composé de matière ; je pense, je n'ai jamais pu m'instruire de ce qui produit la pensée ; j'ignore si mon entendement[4] est en moi une simple faculté, comme celle de marcher, de digérer, et si je pense avec ma tête comme je prends avec mes mains. Non seulement le principe de ma pensée m'est inconnu, mais le principe de mes mouvements m'est également caché : je ne sais pourquoi j'existe ; cependant on me fait chaque jour des questions sur tous ces points ; il faut répondre ; je n'ai rien de bon à dire ; je parle beaucoup, et je demeure confus et honteux de moi-même après avoir parlé. »

1. Ce mot, qui vient du terme « brahmane », désigne un membre de la caste des prêtres en Inde, caractérisé par sa sagesse.
2. D'une dévotion étroite.
3. J'enseigne aux autres.
4. Faculté de comprendre.

Lexique

- **Parabole** : court récit allégorique et symbolique sous lequel se cache un enseignement moral. Elle comporte une histoire qui sert à la démonstration d'une vérité et qui illustre la thèse défendue par l'auteur.

L'état de ce bonhomme me fit une vraie peine : personne n'était ni plus raisonnable ni de meilleure foi que lui. Je conçus que plus il avait de lumières dans son entendement et de sensibilité dans son cœur, plus il était malheureux.

Je vis le même jour la vieille femme qui demeurait dans son voisinage : je lui demandai si elle avait jamais été affligée de ne savoir pas comment son âme était faite. Elle ne comprit seulement pas ma question : elle n'avait jamais réfléchi un seul moment de sa vie sur un seul des points qui tourmentaient le bramin ; elle croyait aux métamorphoses de Vichnou[5] de tout son cœur, et, pourvu qu'elle pût avoir quelquefois de l'eau du Gange[6] pour se laver, elle se croyait la plus heureuse des femmes.

Frappé du bonheur de cette pauvre créature, je revins à mon philosophe, et je lui dis : « N'êtes-vous pas honteux d'être malheureux dans le temps qu'à votre porte il y a un vieil automate[7] qui ne pense à rien, et qui vit content ? – Vous avez raison, me répondit-il ; je me suis dit cent fois que je serais heureux si j'étais aussi sot que ma voisine, et cependant je ne voudrais pas d'un tel bonheur. »

Cette réponse de mon bramin me fit une plus grande impression que tout le reste ; je m'examinai moi-même, et je vis qu'en effet je n'aurais pas voulu être heureux à condition d'être imbécile. Je proposai la chose à des philosophes, et ils furent de mon avis. « Il y a pourtant, disais-je, une furieuse contradiction dans cette façon de penser : car enfin de quoi s'agit-il ? D'être heureux. Qu'importe d'avoir de l'esprit ou d'être sot ? Il y a bien plus : ceux qui sont contents de leur être sont bien sûrs d'être contents ; ceux qui raisonnent ne sont pas si sûrs de bien raisonner. Il est donc clair, disais-je, qu'il faudrait choisir de n'avoir pas le sens commun, pour peu que ce sens commun contribue à notre mal-être. » Tout le monde fut de mon avis, et cependant je ne trouvai personne qui voulût accepter le marché de devenir imbécile pour devenir content. De là je conclus que, si nous faisons cas du bonheur, nous faisons encore plus de cas de la raison. Mais, après y avoir réfléchi, il paraît que de préférer la raison à la félicité[8], c'est être très insensé. Comment donc cette contradiction peut-elle s'expliquer ? Comme toutes les autres. Il y a là de quoi parler beaucoup.

Voltaire, *Histoire d'un bon bramin*, 1761.

5. Une des trois divinités de la religion hindoue.

6. Grand fleuve sacré de l'Inde.

7. Personne qui agit comme une machine.

8. Le bonheur.

La raison et le bonheur font-ils bon ménage ?

Pour entrer dans le texte

1. Quelles caractéristiques du conte oriental retrouve-t-on dans ce texte ?

Au fil du texte

2. **Étude de la langue** Dans le 3e paragraphe, quels moyens grammaticaux révèlent un paradoxe chez le bramin ? En quoi consiste ce paradoxe ?

3. Lignes 25-36, en quoi la vieille femme se différencie-t-elle du bramin ?

4. Quel rôle le narrateur joue-t-il dans le conte ? Comment procède-t-il pour parvenir à la conclusion finale ?

5. En quoi incarne-t-il, selon vous, le philosophe des Lumières ?

6. Que pensez-vous de la fin ? Qu'a-t-elle d'original ?

7. Quelle leçon pouvez-vous tirer de cette parabole ?

Vers le commentaire ▶ Rédigez deux paragraphes nourris de citations précises et commentées. Dans le premier, vous montrerez l'opposition entre la vieille femme et le bramin. Dans le suivant, vous démontrerez en quoi le questionnement et le doute du bramin participent de sa sagesse.

Carnet de lecteur ▶ Choisissez un conte de Voltaire parmi les suivants : *Memnon ou la sagesse humaine, Le Crocheteur borgne, Le Monde comme il va, Zadig, Aventure indienne, Le Taureau blanc, Le Blanc et le Noir songe de Platon, La Princesse de Babylone.*

Lisez-le et résumez-le. Vous trouverez les éléments caractéristiques de l'Orient et du merveilleux. Vous donnerez les principaux thèmes que vous illustrerez par des citations issues du conte.

Texte 4 Montesquieu, *Arsace et Isménie, histoire orientale,* 1783

Alors que la Bactriane est envahie par le roi d'Hyrcanie, un jeune homme, Arsace, délivre le pays et fait prisonnier le roi. Refusant les honneurs et semblant attristé, ce dernier se confie à Aspar qui dirige le pays. Il lui raconte la vie menée avec Ardasire, son épouse défunte.

Nous n'avions aucune des passions tristes. L'aveugle ambition, la soif d'acquérir, l'envie de dominer semblaient s'éloigner de nous, et être les passions d'un autre univers. Ces sortes de biens ne sont faits que pour entrer dans le vide des âmes que la nature n'a point remplies. Ils n'ont été imaginés que par ceux qui se sont trouvés incapables de bien sentir les autres.

Je vous ai déjà dit que nous étions adorés de cette petite nation qui formait notre maison. Nous nous aimions, Ardasire et moi ; et sans doute que l'effet naturel de l'amour est de rendre heureux ceux qui s'aiment. Mais cette bienveillance générale que nous trouvons dans tous ceux qui sont autour de nous peut rendre plus heureux que l'amour même. Il est impossible que ceux qui ont le cœur bien fait ne se plaisent au milieu de cette bienveillance générale. Étrange effet de la nature ! l'homme n'est jamais si peu à lui que lorsqu'il paraît l'être davantage. Le cœur n'est jamais le cœur que quand il se donne, parce que ses jouissances sont hors de lui.

C'est ce qui fait que ces idées de grandeur, qui retirent toujours le cœur vers lui-même, trompent ceux qui en sont enivrés ; c'est ce qui fait qu'ils s'étonnent de n'être point heureux au milieu de ce qu'ils croient être le bonheur ; que, ne le trouvant point dans la grandeur, ils cherchent plus de grandeur encore. S'ils n'y peuvent atteindre, ils se croient plus malheureux ; s'ils y atteignent, ils ne trouvent pas encore le bonheur.

C'est l'orgueil, qui, à force de nous posséder, nous empêche de nous posséder, et qui, nous concentrant dans nous-mêmes, y porte toujours la tristesse. Cette tristesse vient de la solitude du cœur, qui se sent toujours fait pour jouir, et qui ne jouit pas ; qui se sent toujours fait pour les autres, et qui ne les trouve pas.

Montesquieu, *Arsace et Isménie, histoire orientale,* 1783.

Montesquieu
(1689-1755)

Magistrat, savant et philosophe, Charles-Louis de Secondat, baron de Montesquieu, débute sa vie littéraire avec le succès du roman épistolaire, *Lettres persanes* (1721). Il parcourt l'Europe afin d'y mener une véritable enquête critique. Il consacre le reste de sa vie à la rédaction *De l'esprit des lois*, un ouvrage qui jouera un rôle fondamental dans nos institutions.

> p. 526

La géographie de l'époque

- **Batriane** : région située sur les États actuels de l'Afghanistan, du Tadjikistan et de l'Ouzbékistan.
- **Hyrcanie** : région qui regroupe des régions qui se situaient au nord-est de l'Iran actuel.

La bonté : une voie qui conduit au bonheur

Pour entrer dans le texte

1. Pourquoi, selon vous, Arsace et Ardasire étaient-ils « adorés de cette petite nation qui formait [leur] maison » ? (l. 6-7)

Au fil du texte

2. **Étude de la langue** Quelle est la forme des deux phrases des lignes 3 à 5 ? Comment expliquez-vous son emploi ?
3. Quelles sont, pour Arsace, les passions à éviter ? Comment pouvez-vous les qualifier ?
4. À quoi conduisent-elles ? Relevez les différents paradoxes contenus dans les paragraphes 3 et 4.
5. À quelles conditions l'homme peut-il accéder au bonheur ?
6. Relevez le terme employé dans les lignes 10 à 14 et à la ligne 21-22 qui résume la conception de Montesquieu. Quel sens doit-on lui donner ?

Vers la dissertation ▶ Le conte philosophique est-il écrit pour plaire ou pour instruire ? Vous répondrez à cette question en vous appuyant sur les textes du groupement et sur vos lectures personnelles.

Texte écho

Galland, Préface des *Mille et Une Nuits*, 1704

À partir d'un manuscrit qu'il a fait venir du Liban, Antoine Galland a traduit le recueil des *Mille et Une Nuits*, de l'arabe vers le français. Il le publie en 1704 et y ajoute une préface pour s'adresser au lecteur français qui découvre ces contes pour la première fois.

Antoine Galland
(vers 1646-1715)

Fasciné par l'Orient, il voyage beaucoup au sein de l'Empire ottoman et y apprend le turc, le persan et l'arabe. Il acquiert des manuscrits qu'il ramène en France et devient de ce fait antiquaire du roi.

Il n'est pas besoin de prévenir le lecteur sur le mérite et la beauté des contes qui sont renfermés dans cet ouvrage. Ils portent leur recommandation avec eux : il ne faut que les lire pour demeurer d'accord qu'en ce genre on n'a rien vu de si beau jusqu'à présent dans aucune langue. […]

Ils doivent plaire […] par les coutumes et les mœurs des Orientaux, par les cérémonies de leur religion, tant païenne[1] que mahométane[2] ; et ces choses y sont mieux marquées que dans les auteurs qui en ont écrit, et que dans les relations des voyageurs. Tous les Orientaux, Persans[3], Tartares[4] et Indiens s'y font distinguer, et paraissent tels qu'ils sont, depuis les souverains jusqu'aux personnes de la plus basse condition. Ainsi, sans avoir essuyé la fatigue d'aller chercher ces peuples dans leurs pays, le lecteur aura ici le plaisir de les voir agir et de les entendre parler. On a pris soin de conserver leurs caractères, de ne pas s'éloigner de leurs expressions et de leurs sentiments ; et l'on ne s'est écarté du texte que quand la bienséance[5] n'a pas permis de s'y attacher. Le traducteur se flatte que les personnes qui entendent l'arabe, et qui voudront prendre la peine de confronter l'original avec la copie, conviendront qu'il a fait voir les Arabes aux Français avec toute la circonspection[6] que demandait la délicatesse de notre langue et de notre temps.

Pour peu même que ceux qui liront ces contes soient disposés à profiter des exemples de vertu et de vice qu'ils y trouveront, ils en pourront tirer un avantage qu'on ne tire point de la lecture des autres contes, qui sont plus propres à corrompre les mœurs qu'à les corriger.

Antoine Galland, Préface des *Mille et Une Nuits*, 1704.

1. Qui n'appartient ni au christianisme ni au judaïsme.
2. Musulmane.
3. Habitants de l'Iran.
4. Habitants de l'Asie centrale regroupant les Turcs et les Mongols.
5. Le savoir-vivre.
6. La prudence, la réserve.

Lecture comparée

▶ Quelle est la place de l'Orient dans le conte de Montesquieu ? Cherche-t-il vraiment à représenter, lui aussi, les « coutumes et les mœurs des Orientaux » (l. 5) ?

Repères

Venant de Perse et d'Inde, ***Les Mille et une Nuits*** sont un ensemble de contes écrits en langue arabe. Le Sultan, offensé d'avoir été trompé, épouse chaque jour une femme qu'il tue le lendemain matin. Pour briser ce cycle, Shéhérazade, la fille du Grand Vizir, épouse le Sultan et lui raconte chaque soir une histoire dont il veut connaître la suite le lendemain. Ce stratagème lui permet d'échapper à la mort.

Question

Quelle atmosphère se dégage de ce document ? Listez les éléments qui relèvent de l'orientalisme. Aidez-vous des pages 234-235 pour répondre.

Kay Nielsen (1886-1937), *Shéhérazade devant le sultan*, illustration des *Mille et Une Nuits*, vers 1910.

Parcours artistique et culturel

L'orientalisme au XVIIIe siècle

Objectif : Comprendre comment l'Orient influence la création et l'imaginaire occidentaux.

Dans l'Europe des Lumières, ce qu'on appelle « l'Orient » mélange le Proche-Orient, le Moyen-Orient et l'Extrême-Orient. Une vision fabuleuse de ces civilisations, objets de tous les fantasmes, est alors largement propagée par la littérature et la peinture. Ce goût pour l'Orient se révèle aussi par l'intérêt portés aux objets, dessins et tissus rapportés de ces pays éloignés, qui vont considérablement influencer la production et l'imaginaire occidentaux pendant deux siècles.

1 La mode des turqueries

Pour comprendre l'image

- Charles de Ferriol, ambassadeur de France à Constantinople, fait paraître, en 1714, un livre intitulé *Recueil de cent estampes représentant les différentes nations du Levant*. Illustré de gravures, l'album décrit avec soin les codes vestimentaires de la société turque.
- L'album a influencé de nombreux artistes et a joué un rôle déterminant dans l'évolution de la mode européenne au XVIIIe siècle.

Doc 1. « La Sultane Reine », estampe gravée par Le Hay pour l'album Ferriol, d'après une peinture de Jean-Baptiste Vanmour.

Pour comprendre l'image

- Se développe au XVIIIe siècle un goût pour le déguisement à la turque. Les élites françaises adoptent également certaines pratiques ottomanes, comme la consommation de café ou de tabac, ce qui leur permet de se distinguer des classes populaires.
- À partir de 1748, le roi Louis XV fait construire à Meudon le château de Bellevue, afin d'y loger sa favorite, Mme de Pompadour. La marquise fait appel à Van Loo pour décorer sa chambre. Cette peinture la représente en sultane turque. Assise sur un sofa traditionnel, elle porte un caftan ottoman et se fait servir le café par une domestique.

Doc 2. Carle Van Loo (1705-1765), *Une Sultane buvant du café*, entre 1752 et 1755, huile sur toile, 120 x 127 cm, musée de l'Ermitage, Saint-Petersbourg.

Pour comprendre l'image

- L'attrait pour l'Orient est entretenu par l'idée fantasmée du harem, appartement réservé aux femmes, auquel seul le sultan a accès. Ce lieu évoque pour l'imaginaire occidental une oisiveté sensuelle exacerbée.

Doc 3. Giovanni Antonio Guardi (1699-1760), *Intérieur de harem*, entre 1741 et 1743, 62 x 44 cm, huile sur toile, fondation Cini, Venise.

Doc 4. Giovanni Antonio Guardi, *Scène dans le jardin d'un sérail*, vers 1743, 46,5 x 64 cm, huile sur toile, musée national Thyssen-Bornemisza, Madrid. .

Pour comprendre l'image

- Entre 1781 et 1782, Wolfgang Amadeus Mozart compose *L'Enlèvement au sérail*. Cet opéra raconte l'enlèvement de Constance et la tentative de son fiancé, Belmonte, pour la délivrer du palais du pacha turc où elle est retenue prisonnière.
- Mozart reprend le stéréotype du Turc tyran présent dans la littérature, où il est utilisé pour critiquer et prévenir les systèmes monarchiques occidentaux.

Questions

1. **Docs 1 et 2.** La mise en scène du tableau de Van Loo est fortement inspirée de l'estampe du recueil Ferriol. Quels éléments du recueil retrouve-t-on précisément dans le tableau ?
2. **Doc 3.** Quelle image de la femme Guardi et Crébillon fils véhiculent-ils ?
3. **Doc 4.** Dans le tableau de Guardi, le sultan, entouré par ses serviteurs, fume une pipe en observant une femme. En vous aidant du texte de Montesquieu, montrez quelle image l'Occident renvoie du sultan turc.

Parcours artistique et culturel

2 La mode des chinoiseries

Pour comprendre l'image

- Le **goût extrême-oriental**, déjà présent au XVIIe siècle, est alimenté par la création, en 1660, de la Compagnie de Chine, qui permet aux élites occidentales de satisfaire leur passion pour les marchandises exotiques, notamment les meubles de laque et les porcelaines.
- En 1735, Jean-Antoine Fraisse publie le ***Livre de dessins chinois,*** recueil de 53 planches reproduisant des scènes présentes sur des objets d'art asiatiques. L'album propose ainsi des modèles aux porcelainiers occidentaux.

Doc 6. Jean-Antoine Fraisse, *Livre de dessins chinois*, 1735, estampe, musée Condé, Chantilly.

Doc 5. Manufacture de Chantilly, pot-pourri, 1745-1750, 11,2 x 18,2 x 9 cm, musée national de Céramique, Sèvres.

Pour comprendre l'image

- La **manufacture de Chantilly**, créée en 1725, produit des porcelaines inspirées des dessins de Fraisse. La composition de ce pot-pourri s'organise autour d'un vase aux motifs floraux, trônant devant trois figurines de Chinois.

Doc 7. Médaillier de laque de Coromandel, vers 1730, bois, bronze doré, panneaux de laque de Coromandel importés de Chine, 2,27 x 1,34 x 0,55 m, BNF, Paris.

Lexique

La laque est une substance végétale naturelle extraite de l'arbre à laque, très cultivé en Chine. Après sa récolte, la laque est chauffée, mélangée à des pigments de couleur et appliquée avec un pinceau, le plus souvent sur du bois. Elle permet de décorer les meubles.

Pour comprendre l'image

- Les **meubles de laque** chinois séduisent les Occidentaux.
- Ce **médailler** est le résultat d'un métissage : les formes du meuble sont celles des modèles européens, tandis que les panneaux des portes montrant des Chinois et des animaux symboliques sont découpés dans des paravents importés de Chine.

Pour comprendre l'image

- Les **« jardins chinois »** sont des parcs aménagés, selon la mode des chinoiseries. De petits pavillons y sont érigés : leurs formes architecturales rappellent les pagodes, les lieux de culte asiatiques.
- Dans les années 1770, un kiosque de ce type fut construit dans le jardin de l'hôtel de Montmorency, à Paris. Ce pavillon, aujourd'hui disparu, nous est connu par ce dessin dans lequel il apparaît à l'extrême gauche.

Doc 8. Jean-Baptiste Lallemand (1716-1803), *Vue de l'hôtel de Montmorency et du Pavillon chinois,* XVIIIe siècle, gouache, 16,8 x 23,6 cm, BNF, Paris.

Pour comprendre l'image

- Grand collectionneur d'objets asiatiques, le peintre **François Boucher** contribue à diffuser la **mode des chinoiseries**.
- Dans un jardin entouré d'une végétation luxuriante, près d'un pavillon chinois, une jeune femme assise dans un fauteuil de laque rouge se fait coiffer. Les femmes sont de type européen, il s'agit donc d'une **transposition en Chine** d'une coutume occidentale.

Doc 9. François Boucher (1703-1770), *Le Jardin chinois,* 1742, huile sur toile, 40,5 x 48 cm, musée des Beaux-Arts de Besançon.

À retenir

- L'Occident du XVIIIe siècle se montre fasciné par la **Turquie** et la **Chine**, à travers un **imaginaire** où mythes et réalités s'entrecroisent.
- Les diverses adaptations des cultures ottomanes et asiatiques témoignent, pour certaines, d'un **réel souci de transcription**, presque documentaire, des coutumes locales ; pour d'autres, d'une **interprétation rêvée** de mœurs et de paysages éloignés.
- Au **XIXe siècle**, ce sont les cultures **maghrébine** et **japonaise** qui stimuleront l'imaginaire orientaliste.

Questions

1. **Docs 5 et 6.** Quels sont les points communs et les différences entre le modèle chinois de Fraisse et son interprétation par la manufacture de Chantilly ? Comment la manufacture de Chantilly réinterprète-t-elle à sa manière le modèle chinois de Fraisse ?
2. **Doc 8.** Relevez tous les éléments typiquement occidentaux qui contrastent avec le pavillon chinois.
3. **Doc 9 :** Relevez tous les éléments typiquement chinois qui donnent son caractère asiatique à la scène.
4. **Docs 1 à 9.** Laquelle de ces œuvres préférez-vous ? Pourquoi ?

Faire le point

L'univers des contes

Au fil des siècles

1 Au XVIIe siècle

- Issus de tradition orale, les contes de fées connaissent un véritable essor à la fin du XVIIe siècle. Mme d'Aulnoy en rédige un grand nombre, qui circulent alors dans Paris.
- En 1697, Perrault publie huit contes sous le titre *Les Contes de ma mère l'Oye*. Ils obtiennent un succès considérable.

2 Au XVIIIe siècle

- Le succès des contes merveilleux ne se dément pas. De plus, inaugurée en 1704 par la traduction des *Mille et Une Nuits* (p. 229), la vogue de l'**orientalisme** inspire alors les arts européens (p. 234-237).
- Le conte *La Belle et la Bête* connaît plusieurs versions successives, dont l'histoire littéraire retiendra celle de Mme Leprince de Beaumont (p. 223-227).
- On assiste en même temps à l'émergence du conte philosophique qui reprend certaines caractéristiques du conte de fées, les associant à des procédés romanesques : il s'agit alors de critiquer le pouvoir et transmettre des idées philosophiques (Voltaire, p. 231).

3 Jusqu'à nos jours

- Les contes de fées connaissent une postérité à travers de nombreuses réécritures de nouveaux types d'expressions artistiques (cinéma, bande dessinée…).
- En 1867, Gustave Doré illustre par une série de **gravures** une édition des contes de Perrault, qui inspireront de nombreux dessinateurs et illustrateurs.
- Le **cinéma** traduit particulièrement bien la magie du conte. Jean Cocteau réalise en 1946 *La Belle et la Bête* (p. 227) et Jacques Demy propose une lecture poétique de *Peau d'âne*, en 1970. Certaines adaptations de Walt Disney sont également considérées comme des chefs-d'œuvre.

Zoom sur… Le merveilleux

Des merveilleux

- Le mot *merveilleux* vient du latin *mirabilia* (« choses étonnantes, admirables »). Il désigne toute **manifestation surnaturelle**.
- Le **merveilleux païen**, dans l'Antiquité, correspond à l'intervention des dieux.
- **Le merveilleux chrétien** désigne les interventions des anges et de démons, et les phénomènes surnaturels associés à la vie des saints.
- **Le merveilleux des contes de fées** est lié aux phénomènes irrationnels. Le lecteur est plongé dans un autre univers qui n'est pas soumis aux lois du monde qu'il habite.

Féérie

- Le conte merveilleux n'est situé ni dans un temps ni dans un espace précis et commence par : « Il était une fois… ».
- Les **personnages** sont des **stéréotypes** : le roi, la reine, le prince charmant, les ogres et les fées… Ces personnages ont un nom qui correspond à leur apparence : Belle, Le Petit Chaperon rouge, Cendrillon.
- Les **lieux** aussi sont stéréotypés : le château (p. 225), la forêt…
- Les **objets magiques** font partie du merveilleux : miroirs (celui dans lequel Belle voit son père, p. 226), baguettes magiques, balais volants, souliers ensorcelés…

Les contes de fées et nous

- Les contes de fées sont des récits initiatiques : les personnages affrontent des épreuves et s'en voient transformés.
- Les enseignements de ces récits vont bien au-delà de la leçon évidente portée par leur morale. Pour de nombreux psychologues, le merveilleux aide les enfants à **affronter le réel** en matérialisant leurs peurs sous la forme d'ogres, de bêtes étranges. Bruno Bettelheim donne ainsi une interprétation des contes de fées et leur confère un rôle **thérapeutique** (p. 228).

Enrichir son vocabulaire

Conte
- Récit, de longueur variable, d'aventures merveilleuses (présence d'animaux qui parlent, d'objets magiques, de fées, de sorcières...). Derrière l'apparente distraction des faits racontés, le conte vise à édifier, c'est-à-dire à corriger les défauts de son lecteur.

Chinoiserie
- Au XVIIIe siècle, création littéraire ou artistique d'inspiration asiatique.

Folklore
- Traditions et usages d'une culture populaire.

Turquerie
- Au XVIIIe siècle, création littéraire ou artistique d'inspiration orientale.

Orientalisme
- Courant artistique européen (XVIIIe-XIXe siècles) mettant à l'honneur les cultures du Couchant (Maghreb) et du Levant (Moyen-Orient)

Didactique
- Qui vise à instruire.

Parabole
- Court récit allégorique et symbolique sous lequel se cache un enseignement moral. Elle comporte une histoire qui sert à la démonstration d'une vérité et qui illustre la thèse défendue par l'auteur.

Apologue
- Récit à visée moralisatrice.

Fée
- Personnage féminin doté de pouvoirs magiques. Jusqu'au XIXe siècle, « fée » était aussi un adjectif, synonyme de « magique ».

Lectures cursives

CARNET DE LECTEUR

→ * Charles Perrault, *Contes de ma mère l'Oye*, « La Belle au bois dormant », 1697

LE THÈME
Une méchante fée jette un sort à la fille du roi et de la reine. À 15 ans, elle se piquera le doigt et dormira 100 ans…

a. Quels traits d'humour les plus inattendus avez-retenez-vous ?

b. D'après vous, pourquoi la seconde partie est-elle occultée dans la mémoire collective ?

→ ** Alphonse Daudet, *Lettres de mon moulin*, « La Chèvre de Monsieur Seguin », 1866

LE THÈME
« Ah, qu'elle était jolie la petite chèvre de Monsieur Seguin », mais son évasion jusqu'en haut de la montagne se transforme en une épouvantable tragédie !

a. Analysez la dimension tragique de ce texte.

b. Ce conte fait-il l'éloge de la liberté ?

→ *** Lewis Carroll, *Alice au pays des merveilles*, 1865

LE THÈME
Alice s'endort. Elle se réveille dans un pays imaginaire et vit des aventures avec un lapin toujours en retard, un Chapelier fou, une cruelle reine de cœur.

a. D'après-vous, que représente la violence présente dans ce conte ?

b. Lewis Carroll écrivit ce conte pour la petite Alice Liddell. Est-ce bien un conte pour les enfants ?

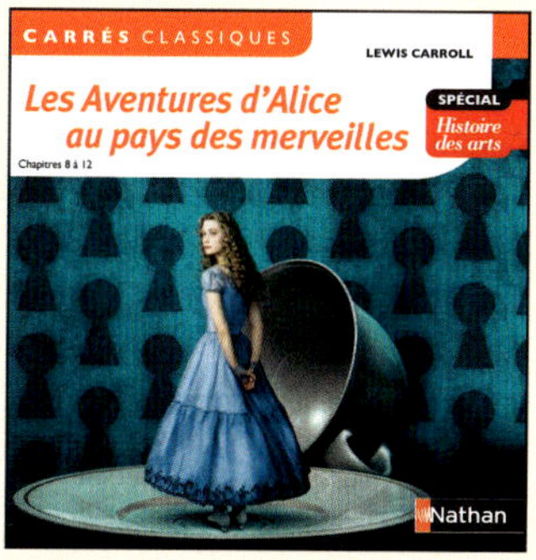

CHAPITRE 10 Parcours initiatiques

NRP
- **Dossier :**
  – Enseigner *Les Misérables*
- **Hors série :**
  – *Le Hussard sur le toit*, de Jean Giono

« Je suis une force qui va », s'exclame Hernani. À l'image du héros théâtral imaginé par Victor Hugo, le personnage de roman subit une impulsion qui le pousse à aller de l'avant. Si la trajectoire du héros est souvent déterminée par l'ambition de se distinguer dans la société, son parcours peut aussi se révéler hésitant ou hasardeux. Malmené par la fatalité, le héros peine alors à trouver le chemin que lui a tracé le romancier.

Problématique :
Dans quelle mesure la marche du héros est-elle révélatrice du projet romanesque de l'auteur ?

Illusions perdues, deuxième partie, d'Honoré de Balzac (1837)

Honoré de Balzac
(1799-1850)

Après sa faillite dans l'édition, Balzac écrit des œuvres publiées en feuilleton et réunies dans *La Comédie humaine*. S'inspirant de la classification zoologique, il crée des types (les dandys arrivistes, les journalistes, les poètes...) et décrit l'influence de leur milieu.

> p. 518

▶ Présentation de l'œuvre

Paru de 1837 à 1843, *Illusions perdues* est la partie centrale d'un triptyque et constitue avec le *Père Goriot* (1835) et *Splendeurs et Misères des courtisanes* (1843-1847), le « cycle Vautrin ». Le roman fait partie des *Scènes de la vie de province*. Il est composé de trois parties dont les première et troisième se passent à Angoulême, la deuxième à Paris. Le jeune poète Lucien Chardon, dit Lucien de Rubempré, figure importante dans sa ville d'Angoulême, suit sa maîtresse, madame de Bargeton, à Paris, afin d'y réussir par la littérature.

René Vincent (1879-1936), *Représentation de Beau Brummel (George Bryan Brummel) [1778-1840], lors d'une réception mondaine*, illustration.

Texte 1 — Un tableau de la vie parisienne

Lucien vient d'arriver à Paris et doit rejoindre Madame de Bargeton et sa cousine, Madame d'Espard, à l'Opéra. Il décide auparavant de se promener aux Tuileries.

live! TEXTE AUDIO

Lucien eut une sueur froide en pensant que le soir il allait comparaître ainsi vêtu devant la marquise d'Espard, la parente d'un Premier Gentilhomme de la Chambre du Roi, devant une femme chez laquelle allaient les illustrations de tous les genres, des illustrations choisies.

– J'ai l'air du fils d'un apothicaire[1], d'un vrai courtaud[2] de boutique ! se dit-il à lui-même avec rage en voyant passer les gracieux, les coquets, les élégants jeunes gens des familles du faubourg Saint-Germain, qui tous avaient une manière à eux qui les rendait tous semblables par la finesse des contours, par la noblesse de la tenue, par l'air du visage ; et tous différents par le cadre que chacun s'était choisi pour se faire valoir. Tous faisaient ressortir leurs avantages par une espèce de mise en scène que les jeunes gens entendent à Paris aussi bien que les femmes. Lucien tenait de sa mère les précieuses distinctions physiques dont les privilèges éclataient à ses yeux ; mais cet or était dans sa gangue[3], et non mis en œuvre. Ses cheveux étaient mal coupés. Au lieu de maintenir sa figure haute par une souple baleine[4], il se sentait enseveli dans un vilain col de chemise ; et sa cravate, n'offrant pas de résistance, lui laissait pencher sa tête attristée. Quelle femme eût deviné ses jolis pieds dans la botte ignoble qu'il avait apportée d'Angoulême ? Quel jeune homme eût envié sa jolie taille déguisée par le sac bleu qu'il avait cru

1. Pharmacien.
2. Commis, un employé de magasin.
3. Enveloppe terreuse ou pierreuse d'un métal, qui cache la nature de celui-ci.

Contexte historique

La deuxième partie d'*Illusions perdues* se déroule de mai 1821 à août 1822.
La défaite de Waterloo en 1815 scelle la fin de l'Empire de Napoléon Ier et le retour à la monarchie sous la Restauration.
Louis XVIII, frère de Louis XVI règne de 1815 à 1824. C'est une période de relative stabilité avant que n'éclate un nouvel épisode révolutionnaire, en juillet 1830.

jusqu'alors être un habit ? Il voyait de ravissants boutons sur des chemises étincelantes de blancheur, la sienne était rousse ! Tous ces élégants gentilshommes étaient merveilleusement gantés, et il avait des gants de gendarme ! Celui-là portait une chemise à poignets retenus par de mignons boutons d'or. En parlant à une femme, l'un tordait une charmante cravache[5], et les plis abondants de son pantalon tacheté de quelques petites éclaboussures, ses éperons retentissants, sa petite redingote serrée montraient qu'il allait remonter sur un des deux chevaux tenus par un tigre[6] gros comme le poing. Un autre tirait de la poche de son gilet une montre plate comme une pièce de cent sous, et regardait l'heure en homme qui avait avancé ou manqué l'heure d'un rendez-vous. En regardant ces jolies bagatelles[7] que Lucien ne soupçonnait pas, le monde des superfluités[8] nécessaires lui apparut, et il frissonna en pensant qu'il fallait un capital énorme pour exercer l'état de joli garçon ! Plus il admirait ces jeunes gens à l'air heureux et dégagé, plus il avait conscience de son air étrange, l'air d'un homme qui ignore où aboutit le chemin qu'il suit, qui ne sait où se trouve le Palais-Royal quand il y touche, et qui demande où est le Louvre à un passant qui répond : – Vous y êtes. Lucien se voyait séparé de ce monde par un abîme, il se demandait par quels moyens il pouvait le franchir, car il voulait être semblable à cette svelte et délicate jeunesse parisienne.

Honoré de Balzac, *Illusions perdues.*

4. Ici, col qui était alors dissocié du reste de la chemise.
5. Bâton pour conduire un cheval.
6. Petit groom, souvent un enfant.
7. Accessoires frivoles.
8. Choses superflues.

Planche de mode masculine, publiée dansla revue *La Fashion*, 1841, lithographie coloriée, musée Carnavalet, Paris.

L'habit, signe de réussite sociale

Pour entrer dans le texte

1. Comment comprenez-vous l'expression « une espèce de mise en scène » (l. 10-11) ? Quelle « scène » Lucien observe-t-il ?

Au fil du texte

2. Quelles sont les caractéristiques des jeunes gens observés par Lucien ? Quels détails vestimentaires attirent son attention ?
3. Relevez les différences qui opposent Lucien aux jeunes gens observés.
4. **Étude de la langue** « un homme qui ignore **où aboutit le chemin qu'il suit**, qui ne sait **où se trouve le Palais-Royal**, et qui demande **où est le Louvre à un passant** » (l. 33-34) : quelle est la nature des propositions subordonnées en gras ? Que révèlent-elles de l'état d'esprit de Lucien ?
5. Que comprend Lucien de sa situation ? Trouvez une phrase du texte qui le résume.
6. À quoi aspire Lucien ? Quels sont les moteurs de sa motivation ?

Vers le commentaire ▶ Montrez que ce texte est construit sur une série de contrastes, et identifiez les procédés qui permettent ce jeu d'oppositions.

Carnet de lecteur ▶ Transposez cette scène au XXIe siècle à Paris. Vous respecterez les caractéristiques des personnages : la même vision de la réussite sociale et de l'intégration dans le monde. Vous ferez toutes les modifications liées à l'époque, à l'évolution des mœurs et aux mentalités.

Texte 2

live! TEXTE AUDIO

TEXTE ENRICHI

Deux chemins vers la réussite sociale

À Paris, Lucien retrouve une ancienne connaissance, Daniel d'Arthez, un intellectuel membre du Cénacle. Il rencontre également Lousteau, journaliste, qui lui décrit son métier comme le moyen de réussir. Ce dernier l'invite à un souper auquel assistent le rédacteur en chef et le propriétaire du journal qui l'emploie.

Contexte littéraire

Il existait au XIXe siècle des **cénacles**, souvent des groupes de poètes. Dans *La Comédie humaine* de Balzac, le Cénacle est un groupe d'intellectuels qui n'ont aucune autre ambition que de vivre dans l'honneur et la vertu, conformément à leurs principes. Daniel d'Arthez est un des principaux membres du Cénacle. Il s'oppose à Lousteau, le journaliste arriviste.

La bonhomie[1] de camarade, qui succédait au cri violent du poète peignant la guerre littéraire, toucha Lucien tout aussi vivement qu'il l'avait été naguère à la même place par la parole grave et religieuse de d'Arthez. Animé par la perspective d'une lutte immédiate entre les hommes et lui, l'inexpérimenté jeune homme ne soupçonna point[2] la réalité des malheurs moraux que lui dénonçait le journaliste. Il ne se savait pas placé entre deux voies distinctes, entre deux systèmes représentés par le Cénacle et par le Journalisme, dont l'un était long, honorable, sûr ; l'autre semé d'écueils et périlleux, plein de ruisseaux fangeux[3] où devait se crotter[4] sa conscience. Son caractère le portait à prendre le chemin le plus court, en apparence le plus agréable, à saisir les moyens décisifs et rapides. Il ne vit en ce moment aucune différence entre la noble amitié de d'Arthez et la facile camaraderie de Lousteau. Cet esprit mobile aperçut dans le Journal une arme à sa portée, il se sentait habile à la manier, il la voulut prendre. Ébloui par les offres de son nouvel ami dont la main frappa la sienne avec un laisser-aller qui lui parut gracieux, pouvait-il savoir que, dans l'armée de la Presse, chacun a besoin d'amis, comme les généraux ont besoin de soldats ! Lousteau, lui voyant de la résolution[5], le racolait[6] en espérant se l'attacher. Le journaliste en était à son premier ami, comme Lucien à son premier protecteur : l'un voulait passer caporal, l'autre voulait être soldat. Le néophyte[7] revint joyeusement à son hôtel, où il fit une toilette aussi soignée que le jour néfaste[8] où il avait voulu se produire dans la loge de la marquise d'Espard à l'Opéra. Mais déjà ses habits lui allaient mieux, il se les était appropriés. Il mit son beau pantalon collant de couleur claire, de jolies bottes à glands qui lui avaient coûté quarante francs, et son habit de bal.

Honoré de Balzac, *Illusions perdues*.

1. Gentillesse et simplicité.
2. Ne douta pas de.
3. Boueux.
4. Salir (*péjoratif*).
5. Détermination, entêtement.
6. Cherchait à séduire, à la manière d'une prostituée.
7. Sens étymologique : personne qui vient d'être baptisée. Ici, débutant.
8. Défavorable, malheureux.

La vertu ou le vice ?

Pour entrer dans le texte

1. Quelles sont les « deux voies distinctes » (l. 6) qui s'offrent à Lucien ? Relevez les éléments qui caractérisent chacune d'elles et leurs représentants.

Au fil du texte

2. Quelle voie Lucien choisit-il ? Pour quelles raisons ?
3. « Plein de ruisseaux fangeux où devait se crotter sa conscience » (l. 8-9) : comment comprenez-vous cette métaphore ? Quels sont les dangers de la voie choisie par Lucien ?
4. **Lexique** En quoi l'emploi du mot « néophyte » est-il intéressant ? Appuyez-vous sur l'étymologie pour répondre.
5. **Lexique** Cherchez l'étymologie et le sens du mot « loustic ». Quel type de personnage représente Lousteau ?
6. À quels moments du texte le narrateur juge-t-il le personnage et ses choix ?

Vers la dissertation ▶ En vous appuyant sur l'ensemble de vos réponses, montrez l'ironie du titre donné à cette deuxième partie du roman par Balzac : « Un Grand Homme de Province à Paris ».

Texte 3

La tentation de l'argent et du vice

live! TEXTE AUDIO

Lucien et Lousteau se sont rendus au Panorama-Dramatique, un théâtre, pour assister à une représentation dans laquelle jouent Florine, la maîtresse de Lousteau, et Coralie. L'article écrit par Lucien à cette occasion a reçu un vibrant accueil. Tous les quatre dînent en compagnie de journalistes, de négociants et d'un diplomate allemand.

Lexique

- **Orgie** : dans l'Antiquité, les orgies étaient des fêtes en l'honneur de Dionysos (chez les Grecs) ou de Bacchus (chez les Romains), qui donnaient lieu à des excès de boisson et de sexe. Par analogie, une orgie désigne un repas ou une réunion accompagnés de débordements licencieux et de consommation excessive.

Ces hommes extraordinaires sous l'armure damasquinée[1] de leurs vices et le casque brillant de leur froide analyse, il les trouvait supérieurs aux hommes graves et sérieux du Cénacle[2]. Puis il savourait les premières délices[3] de la richesse, il était sous le charme du luxe, sous l'empire de la bonne chère[4] ; ses instincts capricieux se réveillaient, il buvait pour la première fois des vins d'élite, il faisait connaissance avec les mets exquis de la haute cuisine ; il voyait un ministre, un duc et sa danseuse, mêlés aux journalistes, admirant leur atroce pouvoir ; il sentit une horrible démangeaison de dominer ce monde de rois, il se trouvait la force de les vaincre. Enfin, cette Coralie qu'il venait de rendre heureuse par quelques phrases, il l'avait examinée à la lueur des bougies du festin, à travers la fumée des plats et le brouillard de l'ivresse, elle lui paraissait sublime, l'amour la rendait si belle ! Cette fille était d'ailleurs la plus jolie, la plus belle actrice de Paris. Le Cénacle, ce ciel de l'intelligence noble, dut succomber[5] sous une tentation si complète. La vanité[6] particulière aux auteurs venait d'être caressée chez Lucien par des connaisseurs, il avait été loué par ses futurs rivaux. Le succès de son article et la conquête de Coralie étaient deux triomphes à tourner une tête moins jeune que la sienne. Pendant cette discussion, tout le monde avait remarquablement bien mangé, supérieurement bu. Lousteau, le voisin de Camusot, lui versa deux ou trois fois du kirsch[7] dans son vin, sans que personne y fît attention, et il stimula son amour-propre pour l'engager à boire. Cette manœuvre fut si bien menée, que le négociant ne s'en aperçut pas, il se croyait dans son genre aussi malicieux que les journalistes. Les plaisanteries acerbes commencèrent au moment où les friandises du dessert et les vins circulèrent. Le diplomate, en homme de beaucoup d'esprit, fit un signe au duc et à la danseuse dès qu'il entendit ronfler les bêtises qui annoncèrent chez ces hommes d'esprit les scènes grotesques par lesquelles finissent les orgies, et tous trois ils disparurent.

Honoré de Balzac, *Illusions perdues*.

1. Incrustée de petits filets d'or, d'argent ou de cuivre qui dessinent des motifs.
2. Voir page 243.
3. Comme amour et orgue, le mot « délice » est au masculin au singulier et au féminin au pluriel.
4. Nourriture.
5. Céder, ne pas résister.
6. Prétention.
7. Alcool fort, eau-de-vie.

Le triomphe

Pour entrer dans le texte

1. Quels sentiments dominent Lucien ? Relevez les termes qui le montrent.

Au fil du texte

2. Expliquez l'image contenue dans l'extrait suivant : « Sous l'armure [...] froide analyse » (l. 1-2).
3. Quelles victoires Lucien savoure-t-il ?
4. « Il sentit une horrible démangeaison de dominer ce monde de rois » (l. 7-8) : quel est le point de vue adopté dans ce passage ?
5. Quels éléments de ce texte peuvent annoncer la fin du roman et illustrer son titre, *Illusions perdues* ?

Vers la dissertation ▶ Le roman *Illusions perdues* s'inscrit dans un ensemble plus vaste intitulé « *La Comédie humaine* ». Expliquez en quoi l'extrait étudié peut confirmer ce titre.

Texte 4

Le piège se referme

live! TEXTE AUDIO

On a fait miroiter à Lucien la possibilité d'obtenir une ordonnance royale lui permettant de porter à nouveau le nom et le titre de Rubempré. Ce dernier décide alors de collaborer au journal royaliste d'Antoche Finot et prend parti contre ses anciens amis. Mais Finot, aidé par le comte des Lupeaulx, lui tend un piège.

Gravure pour *La Maison Nucingen*, de Balzac, 1937, coll. privée.

– Ainsi nous pouvons l'abattre, dit Finot.

– Par quel moyen, demanda négligemment des Lupeaulx qui voulait se prévaloir[1] de ce service auprès de la marquise d'Espard.

– Il a un marché qui l'oblige à travailler au petit journal de Lousteau, nous lui ferons d'autant mieux faire des articles qu'il est sans le sou. Si le garde des Sceaux[2] se sent chatouillé[3] par un article plaisant et qu'on lui prouve que Lucien en est l'auteur, il le regardera comme un homme indigne des bontés du roi. Pour faire perdre un peu la tête à ce grand homme de province, nous avons préparé la chute de Coralie : il verra sa maîtresse sifflée et sans rôles. Une fois l'ordonnance[4] indéfiniment suspendue, nous plaisanterons alors notre victime sur ses prétentions aristocratiques, nous parlerons de sa mère accoucheuse, de son père apothicaire. Lucien n'a qu'un courage d'épiderme[5], il succombera, nous le renverrons d'où il vient. Nathan[6] m'a fait vendre par Florine le sixième de la Revue que possédait Matifat, j'ai pu acheter la part du papetier, je suis seul avec Dauriat ; nous pouvons nous entendre, vous et moi, pour absorber ce journal au profit de la Cour. Je n'ai protégé Florine et Nathan qu'à la condition de la restitution de mon sixième, ils me l'ont vendu, je dois les servir ; mais, auparavant, je voulais connaître les chances de Lucien…

– Vous êtes digne de votre nom, dit des Lupeaulx en riant. Allez ! j'aime les gens de votre sorte…

– Eh ! bien, vous pouvez faire avoir à Florine un engagement définitif ? dit Finot au maître des requêtes.

– Oui ; mais débarrassez-nous de Lucien, car Rastignac et de Marsay[7] ne veulent plus entendre parler de lui.

– Dormez en paix, dit Finot. Nathan et Merlin auront toujours des articles que Gaillard aura promis de faire passer, Lucien ne pourra pas donner une ligne, nous lui couperons ainsi les vivres. Il n'aura que le journal de Martinville pour se défendre et défendre Coralie : un journal contre tous, il est impossible de résister.

Honoré de Balzac, *Illusions perdues*.

1. Utiliser cette information.
2. Ministre de la Justice.
3. Attaqué.
4. Le décret émis par le roi qui permettrait à Lucien de récupérer le patronyme « de Rubempré ».
5. De surface, apparent.
6. Raoul Nathan est un écrivain.
7. Rastignac, arriviste, cherchant à écarter ceux qui le gênent, est un personnage important de *La Comédie humaine*, De Marsay est un modèle de mode masculine, un dandy ambitieux.

Manipulations

Pour entrer dans le texte

1. Quels types de personnages sont Antoche Finot et le comte des Lupeaulx ?

Au fil du texte

2. Quelle est la stratégie des deux personnages pour se débarrasser de Lucien ?

3. **Étude de la langue** Comment les paroles sont-elles rapportées ? Quel est l'intérêt de ce choix pour représenter les personnages ?

4. Pourquoi Finot est-il « digne de (son) nom » (l. 20) ?

Vers le commentaire ▶ Rédigez un paragraphe argumenté pour répondre à la question suivante : comment Balzac fait-il un tableau vivant de la société de son temps ?

Texte 5

live! Nathan TEXTE AUDIO

Une chute brutale et cruelle

Lucien n'obtient pas le droit de porter à nouveau le nom et le titre de Rubempré. Un duel avec un républicain le blesse grièvement. Coralie en tombe malade de chagrin et meurt d'épuisement sur scène.

Contexte littéraire

Le romantisme français est né des bouleversements politiques (la Révolution française, la chute de l'Empire) qui suscitent chez les premiers romantiques un profond malaise appelé le « mal du siècle ». Le personnage romantique, caractérisé par la mélancolie, la propension à la rêverie, la faiblesse de caractère, la désillusion, le désespoir, est un individu vaincu par la société, un héros tragique, instrument impuissant de la fatalité.

Tous les hommes accompagnèrent l'actrice jusqu'au cimetière du Père-Lachaise. Camusot[1], qui pleurait à chaudes larmes, jura solennellement à Lucien d'acheter un terrain à perpétuité et d'y faire construire une colonnette sur laquelle on graverait : CORALIE, et dessous : *Morte à dix-neuf ans* (août 1822).

Lucien demeura seul jusqu'au coucher du soleil, sur cette colline d'où ses yeux embrassaient Paris. – Par qui serais-je aimé ? se demanda-t-il. Mes vrais amis me méprisent. Quoi que j'eusse fait, tout de moi semblait noble et bien à celle qui est là ! Je n'ai plus que ma sœur, David[2] et ma mère ! Que pensent-ils de moi, là-bas ?

Le pauvre grand homme de province revint rue de la Lune, où ses impressions furent si vives en revoyant l'appartement vide, qu'il alla se loger dans un méchant hôtel de la même rue. Les deux mille francs de Mademoiselle des Touches payèrent toutes les dettes, mais en y ajoutant le produit du mobilier. Bérénice[3] et Lucien eurent cent francs à eux qui les firent vivre pendant deux mois que Lucien passa dans un accablement maladif : il ne pouvait ni écrire, ni penser, il se laissait aller à la douleur, Bérénice eut pitié de lui.

– Si vous retournez dans votre pays, comment irez-vous ? répondit-elle à une exclamation de Lucien qui pensait à sa sœur, à sa mère et à David Séchard.

– À pied, dit-il.

– Encore faut-il pouvoir vivre et se coucher en route. Si vous faites douze lieues par jour, vous aurez besoin d'au moins vingt francs.

– Je les aurai, dit-il.

Il prit ses habits et son beau linge, ne garda sur lui que le strict nécessaire, et alla chez Samanon[5] qui lui offrit cinquante francs de toute sa défroque[4]. Il supplia l'usurier[5] de lui donner assez pour prendre la diligence, il ne put le fléchir. Dans sa rage, Lucien monta d'un pied chaud à Frascati[6], tenta la fortune et revint sans un liard. Quand il se trouva dans sa misérable chambre, rue de la Lune, il demanda le châle de Coralie à Bérénice. À quelques regards, la bonne fille comprit, d'après l'aveu que Lucien lui fit de la perte au jeu, quel était le dessein de ce pauvre poète au désespoir : il voulait se pendre.

Honoré de Balzac, *Illusions perdues*.

1. Négociant, ancien amant de Coralie qu'il entretenait financièrement.
2. Ami de Lucien qui a épousé sa sœur, Ève.
3. Domestique de Coralie.
4. Vêtement déjà porté.
5. Personne qui prête avec de lourds intérêts.
6. Salle de jeu.

La descente aux enfers

Pour entrer dans le texte

1. Dans quel état d'esprit se trouve Lucien ?

Au fil du texte

2. **Étude de la langue** Quel est le type de discours employé lignes 6 à 9 ? Qu'exprime-t-il ?

3. Que symbolise l'enterrement de Coralie par rapport à l'évolution de Lucien ?

4. « Le pauvre grand homme de province » (l. 10) : quel jugement le narrateur porte-t-il sur Lucien ?

5. En quoi Lucien tient-il du personnage romantique ?

Vers la dissertation ▶ Montrez qu'*Illusions perdues* est un roman d'apprentissage (*Bildungsroman*, voir p. 256).

Carnet de lecteur ▶ Comparez les excipit d'*Illusions perdues* et du *Père Goriot*. Relevez les ressemblances et les différences entre ces deux fins. Montrez en quoi les deux héros s'opposent.

Texte écho

Balzac, Avant-propos de *La Comédie humaine*, 1842

L'auteur définit ici le nouveau rôle du romancier.

Le hasard est le plus grand romancier du monde : pour être fécond, il n'y a qu'à l'étudier. La Société française allait être l'historien, je ne devais être que le secrétaire. En dressant l'inventaire des vices et des vertus, en rassemblant les principaux faits des passions, en peignant les caractères, en choisissant les événements principaux de la Société, en composant des types par la réunion des traits de plusieurs caractères homogènes, peut-être pouvais-je arriver à écrire l'histoire oubliée par tant d'historiens, celle des mœurs. […]

Ce travail n'était rien encore. S'en tenant à cette reproduction rigoureuse, un écrivain pouvait devenir un peintre plus ou moins fidèle, plus ou moins heureux, patient ou courageux des types humains, le conteur des drames de la vie intime, l'archéologue du mobilier social, le nomenclateur des professions, l'enregistreur du bien et du mal ; mais, pour mériter les éloges que doit ambitionner tout artiste, ne devais-je pas étudier les raisons ou la raison de ces effets sociaux, surprendre le sens caché dans cet immense assemblage de figures, de passions et d'événements ? Enfin, après avoir cherché, je ne dis pas trouvé, cette raison, ce moteur social, ne fallait-il pas méditer sur les principes naturels et voir en quoi les Sociétés s'écartent ou se rapprochent de la règle éternelle, du vrai, du beau ?

Honoré de Balzac, Avant-propos de *La Comédie humaine*, 1842.

Lecture comparée

▶ Selon Balzac, quel est le rôle d'un romancier réaliste ?

L'ŒUVRE EN PERSPECTIVE — *Illusions perdues*, d'Honoré de Balzac

1 Un réalisme moderne : entre fiction et documentaire

- *Illusions perdues* est un roman d'apprentissage dont l'unité repose sur le personnage de Lucien. La narration est dynamisée par les jeux d'opposition (richesse/misère), les amours contrariées (Mme de Bargeton/Coralie), par une intensité dramatique (destin de Lucien, mort de Coralie).
- En décrivant les milieux qui corrompent Lucien (monde du journalisme, des libraires, des artistes). Balzac applique la loi de la conformité des espèces avec les milieux où elles évoluent.

2 Des personnages vivants

- Le réalisme de Balzac consiste à faire des portraits fondés sur des observations des individus, de leur physique et de leurs comportements. Les vêtements révèlent les caractères, les noms sont significatifs (Lousteau, Finot).
  Les personnages deviennent des types.
- Leur caractère est la conséquence d'un ordre social (le cynisme de Lousteau n'est pas seulement un vice qui lui est propre). Balzac montre les mécanismes sociaux qui font de ces hommes les produits de leurs milieux.

3 Une vision du monde et de la société

- Balzac critique le bouleversement de la hiérarchie sociale, la domination de l'aristocratie et de la bourgeoisie, le règne de l'argent, l'attraction d'un Paris corrompu, la presse présentée comme un instrument diabolique, la perversion de la littérature.
- Il condamne les faibles (Coralie, Lucien), qui subissent leur destin, et sauve les forts (Finot, Mme d'Espard), qui maîtrisent l'ambition par la volonté et la modération.

Activité

- Discutez cette affirmation de Maupassant dans la préface de *Pierre et Jean*, intitulée « Le roman » : « Le réaliste, s'il est un artiste, cherchera, non pas à nous montrer la photographie banale de la vie, mais à nous en donner la vision plus complète, plus saisissante, plus probante que la réalité même. »

ÉTUDIER UN GROUPEMENT DE TEXTES

Le héros, « *force qui va* »

Texte 1 — Diderot, *Jacques le fataliste et son maître*, 1796

Denis Diderot
(1713-1784)
Philosophe, dramaturge, directeur avec d'Alembert de l'*Encyclopédie*, Diderot fait preuve de beaucoup d'audace dans ses textes romanesques. La rédaction de *Jacques le fataliste* lui a pris près de vingt ans, entre 1765 et 1784, mais le roman ne sera publié qu'en 1796.
> p. 521

Jacques voyage en compagnie de son maître et dialogue avec lui. Leur cheminement et le fil de leurs histoires sont interrompus par des événements inattendus ou de fréquentes digressions. Au début du roman, l'auteur s'adresse directement au lecteur.

Vous voyez, lecteur, que je suis en beau chemin, et qu'il ne tiendrait qu'à moi de vous faire attendre un an, deux ans, trois ans, le récit des amours de Jacques, en le séparant de son maître et en leur faisant courir à chacun tous les hasards qu'il me plairait. Qu'est-ce qui m'empêcherait de marier le maître et de le faire cocu ? d'embarquer Jacques pour les îles ? d'y conduire son maître ? de les ramener tous les deux en France sur le même vaisseau[1] ? Qu'il est facile de faire des contes ! Mais ils en seront quittes[2] l'un et l'autre pour une mauvaise nuit, et vous pour ce délai.

L'aube du jour parut. Les voilà remontés sur leurs bêtes et poursuivant leur chemin. – Et où allaient-ils ? – Voilà la seconde fois que vous me faites cette question, et la seconde fois que je vous réponds : Qu'est-ce que cela vous fait ? Si j'entame le sujet de leur voyage, adieu les amours de Jacques… Ils allèrent quelque temps en silence. Lorsque chacun fut un peu remis de son chagrin, le maître dit à son valet : – Eh bien, Jacques, où en étions-nous de tes amours ?

JACQUES. – Nous en étions, je crois, à la déroute de l'armée ennemie. On se sauve, on est poursuivi, chacun pense à soi. Je reste sur le champ de bataille, enseveli sous le nombre des morts et des blessés, qui fut prodigieux. Le lendemain on me jeta, avec une douzaine d'autres, sur une charrette, pour être conduit à un de nos hôpitaux. Ah ! monsieur, je ne crois pas qu'il y ait de blessures plus cruelles que celle du genou.

LE MAÎTRE. – Allons donc, Jacques, tu te moques.

JACQUES. – Non, pardieu, monsieur, je ne me moque pas ! Il y a là je ne sais combien d'os, de tendons, et bien d'autres choses qu'ils appellent je ne sais comment…

Denis Diderot, *Jacques le fataliste et son maître*, 1796.

1. Navire.
2. Ils ne se devront plus rien.

Contexte
Le **roman picaresque** raconte sous une forme autobiographique l'histoire d'un *picaro*, un homme pauvre et intelligent, qui traverse de nombreuses aventures. En cheminant ainsi, il présente un tableau souvent critique de la société et expose sa propre vision du monde.

« Où allaient-ils ? » Où allons-nous ?

Pour entrer dans le texte

1. Pour quelles raisons ce début de roman peut-il surprendre le lecteur ?

Au fil du texte

2. Comment le narrateur se représente-t-il dans les premières lignes du roman ? Quel est son pouvoir ?
3. En quoi peut-on dire que ce texte superpose deux formes différentes de dialogues ?
4. Qu'apprend-on sur l'identité des personnages, la situation et sur la relation qui les unit ?
5. Dans quels sens le mot « chemin » (l. 1 et 10) est-il employé ?

Vers le commentaire ▶ Dans un paragraphe de commentaire, vous montrerez que le narrateur entreprend lui aussi un voyage et une aventure.

Texte écho

Cervantes, *Don Quichotte*, 1605

Cervantes parodie les romans de chevalerie à travers les mésaventures d'un pauvre hidalgo (gentilhomme) de la Manche qui se prend pour le chevalier Don Quichotte. Il nous raconte avec humour les aléas de son épopée imaginaire.

Miguel de Cervantes

(1547-1616)

Auteur espagnol, blessé à la bataille de Lépante en 1571, Cervantes est fait prisonnier par les Turcs. À la fin de sa vie, il écrit *Don Quichotte*, une parodie des romans de chevalerie, considéré comme le premier roman moderne.

« Qui traite de la première sortie que fit de son pays l'ingénieux don Quichotte »

Ayant donc achevé ces préparatifs, il ne voulut pas attendre davantage pour mettre à exécution son projet. Ce qui le pressait de la sorte, c'était la privation qu'il croyait faire au monde par son retard, tant il espérait venger d'offenses, redresser de torts, réparer d'injustices, corriger d'abus, acquitter de dettes. Ainsi, sans mettre âme qui vive dans la confidence de son intention, et sans que personne le vît, un beau matin, avant le jour, qui était un des plus brûlants du mois de juillet, il s'arma de toutes pièces, monta sur Rossinante[1], coiffa son espèce de salade, embrassa son écu, saisit sa lance, et, par la fausse porte d'une basse-cour, sortit dans la campagne, ne se sentant pas d'aise de voir avec quelle facilité il avait donné carrière à son noble désir. Mais à peine se vit-il en chemin qu'une pensée terrible l'assaillit, et telle, que peu s'en fallut qu'elle ne lui fît abandonner l'entreprise commencée. Il lui vint à la mémoire qu'il n'était pas armé chevalier ; qu'ainsi, d'après les lois de la chevalerie, il ne pouvait ni ne devait entrer en lice[2] avec aucun chevalier ; et que, même le fût-il, il devait porter des armes blanches[3], comme chevalier novice, sans devise sur l'écu, jusqu'à ce qu'il l'eût gagnée par sa valeur. Ces pensées le firent hésiter dans son propos ; mais, sa folie l'emportant sur toute raison, il résolut de se faire armer chevalier par le premier qu'il rencontrerait, à l'imitation de beaucoup d'autres qui en agirent ainsi, comme il l'avait lu dans les livres qui l'avaient mis en cet état. Quant aux armes blanches, il pensait frotter si bien les siennes, à la première occasion, qu'elles devinssent plus blanches qu'une hermine. De cette manière, il se tranquillisa l'esprit, et continua son chemin, qui n'était autre que celui que voulait son cheval, car il croyait qu'en cela consistait l'essence des aventures.

Miguel de Cervantes, *Don Quichotte*, chap. 2, 1605, trad. L. Viardot, 1836.

1. Son cheval. – **2.** Défier. – **3.** Factices.

Honoré Daumier (1808-1879), *Don Quichotte et la mule morte*, huile sur toile (1,32 x 0, 54 m), musée du Louvre, Paris.

Lecture comparée

▶ Qu'y a-t-il de commun entre les personnages de Cervantes et de Diderot ?

Question

Comment Daumier représente-t-il Don Quichotte ? Quelle allure lui donne-t-il ?

Texte 2

Hugo, *Les Misérables*, 1862

Nathan live! TEXTE AUDIO

En 1766, Jean Valjean est condamné à cinq ans de bagne pour avoir volé un pain. Libéré dix-neuf ans plus tard, après plusieurs tentatives d'évasion, l'ancien forçat rencontre, à Digne, Monsieur Myriel, surnommé « Monseigneur Bienvenu » par les habitants.

Victor Hugo
(1802-1885)

Dramaturge, romancier, poète, dessinateur, Victor Hugo joue un rôle politique important et s'engage contre les injustices de son temps, notamment dans son roman *Les Misérables* (1862).
> p. 523

– Voici. Je m'appelle Jean Valjean. Je suis un galérien. J'ai passé dix-neuf ans au bagne. Je suis libéré depuis quatre jours et en route pour Pontarlier qui est ma destination. Quatre jours que je marche depuis Toulon. Aujourd'hui, j'ai fait douze lieues à pied. Ce soir, en arrivant dans ce pays, j'ai été dans une auberge, on m'a renvoyé à cause de mon passeport jaune que j'avais montré à la mairie. Il avait fallu. J'ai été à une autre auberge. On m'a dit : Va-t-en ! Chez l'un, chez l'autre. Personne n'a voulu de moi. J'ai été à la prison, le guichetier n'a pas ouvert. J'ai été dans la niche d'un chien. Ce chien m'a mordu et m'a chassé, comme s'il avait été un homme. On aurait dit qu'il savait qui j'étais. Je m'en suis allé dans les champs pour coucher à la belle étoile. Il n'y avait pas d'étoile. J'ai pensé qu'il pleuvrait, et qu'il n'y avait pas de bon Dieu pour empêcher de pleuvoir, et je suis rentré dans la ville pour y trouver le renfoncement d'une porte. Là, dans la place, j'allais me coucher sur une pierre, une bonne femme m'a montré votre maison et m'a dit : Frappe là. J'ai frappé. Qu'est-ce que c'est ici ? Êtes-vous une auberge ? J'ai de l'argent. Ma masse[1]. Cent neuf francs quinze sous que j'ai gagnés au bagne par mon travail en dix-neuf ans. Je payerai. Qu'est-ce que cela me fait ? J'ai de l'argent. Je suis très fatigué, douze lieues à pied, j'ai bien faim. Voulez-vous que je reste ?

– Madame Magloire, dit l'évêque, vous mettrez un couvert de plus.

Victor Hugo, *Les Misérables*, tome I, livre 1, chap. 2, 1862.

1. Paye.

Jean Valjean, illustration, vers 1900.

Contexte culturel

Sous l'Ancien Régime, certains prisonniers, appelés **forçats**, étaient condamnés à des peines de travaux forcés sur les galères royales ou dans des bagnes, c'est-à-dire des chantiers fermés, comme à Toulon et à Cayenne. Une fois libérés, ces galériens avaient un passeport de couleur jaune qui les stigmatisaient.

Trouver une place dans un monde hostile

Pour entrer dans le texte

1. Repérer sur une carte Toulon et Digne-les-Bains. Quelle distance sépare aujourd'hui les deux villes ? Cherchez l'équivalence d'une lieue en kilomètres pour calculer le parcours effectué par Jean Valjean.

Au fil du texte

2. Comment le discours de Jean Valjean exprime-t-il le rejet dont il est victime, ainsi que son épuisement ? Vous étudierez en particulier les figures de style et le type de phrases utilisées. (→ fiches 16 à 20, p. 408-415)

3. Observez le contraste entre la longueur de la réplique de Jean Valjean et la brièveté de la réponse de l'évêque. En quoi est-elle à la fois surprenante et compréhensible ?

4. Comment perçoit-on que Jean Valjean vit son exclusion comme une fatalité ?

Vers l'oral ▶ À partir de votre connaissance du livre et de recherches personnelles, vous analyserez les conséquences de cette rencontre sur la vie de Jean Valjean. Et vous en rendez compte à l'oral.

Texte écho

Lamennais, *Paroles d'un croyant*, 1834

Dans cet ouvrage, condamné par le pape Grégoire XVI, Lamennais dénonce sur un ton lyrique la misère et les inégalités.

Félicité Robert de Lamennais
(1782-1854)
Après avoir renoncé à la prêtrise en 1833, il est élu député à l'Assemblée nationale en 1848 et défend un catholicisme social et libéral.

Il s'en allait errant sur la terre. Que Dieu guide le pauvre exilé !

J'ai passé à travers les peuples, et ils m'ont regardé, et je les ai regardés, et nous ne nous sommes point reconnus. L'exilé partout est seul.

Lorsque je voyais, au déclin du jour, s'élever du creux d'un vallon la fumée de quelque chaumière, je me disais : Heureux celui qui retrouve, le soir, le foyer domestique, et s'y assied au milieu des siens ! L'exilé partout est seul.

Où vont ces nuages que chasse la tempête ? Elle me chasse comme eux, et qu'importe où ? L'exilé partout est seul.

Ces arbres sont beaux, ces fleurs sont belles ; mais ce ne sont point les fleurs ni les arbres de mon pays : ils ne me disent rien. L'exilé partout est seul. […]

Il n'y a d'amis, d'épouses, de pères et de frères que dans la patrie. L'exilé partout est seul.

Pauvre exilé ! cesse de gémir ; tous sont bannis comme toi : tous voient passer et s'évanouir pères, frères, épouses, amis.

La patrie n'est point ici-bas : l'homme vainement l'y cherche ; ce qu'il prend pour elle n'est qu'un gîte d'une nuit.

Il s'en va errant sur la terre. Que Dieu guide le pauvre exilé !

Félicité Robert de Lamennais, *Paroles d'un croyant*, 1834.

Lecture comparée

▶ En quoi la lecture de cet extrait peut-elle éclairer le personnage de Jean Valjean dans *Les Misérables* (page ci-contre) ?

Jean-Baptiste Corot (1796-1875), *Paysan en prière*, huile sur toile (49,9 x 36,2 cm), coll. privée.

Texte 3

Nathan live! TEXTE AUDIO

Maupassant, *Bel-Ami*, 1885

Georges Duroy, fils de paysans, arrive à Paris dépourvu de fortune mais pas d'ambition. Il rencontre par hasard Charles Forestier, ancien camarade de régiment devenu rédacteur à *La Vie française*, qui l'invite à dîner chez lui. Montant les marches qui le mènent au salon des Forestier, Duroy se prépare à faire son entrée dans le monde.

Guy de Maupassant
1850-1893

Proche de Flaubert, normand comme lui, Maupassant rejoint ensuite Zola et l'école naturaliste. Il est l'auteur de nombreuses nouvelles et de romans (*Une Vie, Pierre et Jean*). Victime d'hallucinations, il passe la fin de sa vie dans un asile.
> p. 525

2me Série. — No 162. Le numéro (15 pages de texte) : 15 cent. DIMANCHE 19 JUILLET 1885.

LA VIE POPULAIRE

LA VIE POPULAIRE PARAIT DEUX FOIS PAR SEMAINE LE JEUDI ET LE DIMANCHE
Elle est mise en vente tous les Mercredis et tous les Samedis

DIRECTION : 18, rue d'Enghien 18

ABONNEMENTS : Paris et Dépts. 6 m., 9 fr. — 12 m., 16 fr. Union postale. » 11 fr. — » 20 fr.
On s'abonne sans frais dans tous les bureaux de poste

SOMMAIRE : I. Histoire de la Semaine : Conte breton, par Francis Enne. — II. Le Chat du siège, par Charles Frémine. — III. Les Deux Victimes, par Jean Destrem. — IV. Un Vagabond, par John Habberton. — V. Bel-Ami, par Guy de Maupassant. — VI. Solange de Croix-Saint-Luc, par A. Delpit. — VII. Germinal, par É. Zola. — Avis et communications.

BEL-AMI. — Il cherche les degrés du sourire et les intentions de l'œil.

Bel-Ami de Maupassant, en couverture de *La Vie Populaire*, le 19 juillet 1885.

Outil d'analyse

L'**ironie** est un procédé toujours présent chez Maupassant (→ fiche 22, p. 420). Des hyperboles, des antiphrases dénoncent le ridicule du personnage.

Il montait lentement les marches, le cœur battant, l'esprit anxieux, harcelé surtout par la crainte d'être ridicule ; et, soudain, il aperçut en face de lui un monsieur en grande toilette[1] qui le regardait. Ils se trouvaient si près l'un de l'autre que Duroy fit un mouvement en arrière, puis il demeura stupéfait : c'était lui-même, reflété par une haute glace en pied qui formait sur le palier du premier une longue perspective de galerie. Un élan de joie le fit tressaillir, tant il se jugea mieux qu'il n'aurait cru.

N'ayant chez lui que son petit miroir à barbe, il n'avait pu se contempler entièrement, et comme il n'y voyait que fort mal les diverses parties de sa toilette improvisée, il s'exagérait les imperfections, s'affolait à l'idée d'être grotesque[2].

1. En bel habit.
2. Ridicule.

Mais voilà qu'en s'apercevant brusquement dans la glace, il ne s'était pas même reconnu ; il s'était pris pour un autre, pour un homme du monde, qu'il avait trouvé fort bien, fort chic, au premier coup d'œil.

Et maintenant, en se regardant avec soin, il reconnaissait que, vraiment, l'ensemble était satisfaisant.

Alors il s'étudia comme font les acteurs pour apprendre leurs rôles. Il se sourit, se tendit la main, fit des gestes, exprima des sentiments : l'étonnement, le plaisir, l'approbation ; et il chercha les degrés du sourire et les intentions de l'œil pour se montrer galant auprès des dames, leur faire comprendre qu'on les admire et qu'on les désire.

Une porte s'ouvrit dans l'escalier. Il eut peur d'être surpris et il se mit à monter fort vite, avec la crainte d'avoir été vu, minaudant[3] ainsi, par quelque invité de son ami.

En arrivant au second étage, il aperçut une autre glace et il ralentit sa marche pour se regarder passer. Sa tournure lui parut vraiment élégante. Il marchait bien. Et une confiance immodérée en lui-même emplit son âme. Certes, il réussirait avec cette figure-là et son désir d'arriver[4], et la résolution qu'il se connaissait et l'indépendance de son esprit. Il avait envie de courir, de sauter en gravissant le dernier étage. Il s'arrêta devant la troisième glace, frisa sa moustache d'un mouvement qui lui était familier, ôta son chapeau pour rajuster sa chevelure, et murmura à mi-voix comme il faisait souvent : « Voilà une excellente invention. » Puis, tendant la main vers le timbre[3], il sonna.

La porte s'ouvrit presque aussitôt, et il se trouva en présence d'un valet en habit noir, grave, rasé, si parfait de tenue que Duroy se troubla de nouveau sans comprendre d'où lui venait cette vague émotion : d'une inconsciente comparaison peut-être, entre la coupe de leurs vêtements. Ce laquais, qui avait des souliers vernis, demanda, en prenant le pardessus que Duroy tenait sur son bras par peur de montrer les taches :

– Qui dois-je annoncer ?

Et il jeta le nom derrière une porte soulevée, dans un salon où il fallait entrer.

Mais Duroy, tout à coup, perdant son aplomb, se sentit perclus[5] de crainte, haletant. Il allait faire son premier pas dans l'existence attendue, rêvée.

Guy de Maupassant, *Bel-Ami*, Première partie, chapitre II.

3. Faisant des manières.
4. Sonnette.
5. Paralysé.

L'ascension

Pour entrer dans le texte

1. Énumérez les étapes du texte en montrant qu'elles suivent les avancées et les pauses du personnage. Quels éléments récurrents du décor jouent un rôle déterminant dans cette ascension ?

Au fil du texte

2. Relevez le champ lexical de l'observation. Que révèle-t-il sur le personnage et la société ? Quels sentiments contradictoires le personnage éprouve-t-il en s'observant ?

3. Quelles comparaisons mettent en valeur le statut social du personnage ?

4. Quel est le point de vue utilisé dans le texte ? Relevez des passages qui laissent percevoir le regard critique de l'auteur sur son personnage et sur la société.

5. Comparez le début et la fin du texte. Quel est le parcours accompli physiquement et intérieurement ?

Vers le commentaire ▶ Proposez une partie de commentaire qui réponde à la question suivante : quel usage Maupassant fait-il de l'ironie et de l'humour dans ce texte ?

Texte 4

Zola, *Germinal*, 1885

Nathan live! TEXTE AUDIO

Après l'échec de la grève, Étienne Lantier, principal acteur du mouvement, quitte la mine du Voreux. Le roman s'ouvrait sur son arrivée dans une mine du Nord de la France et se clôt avec son départ pour Paris.

Mais Étienne, quittant le chemin de Vandame, débouchait sur le pavé. À droite, il apercevait Montsou qui dévalait et se perdait. En face, il avait les décombres du Voreux, le trou maudit que trois pompes épuisaient sans relâche. Puis, c'étaient les autres fosses à l'horizon, la Victoire, Saint-Thomas, Feutry-Cantel ; tandis que, vers le nord, les tours élevées des hauts fourneaux et les batteries des fours à coke fumaient dans l'air transparent du matin. S'il voulait ne pas manquer le train de huit heures, il devait se hâter, car il avait encore six kilomètres à faire.

Et, sous ses pieds, les coups profonds, les coups obstinés des rivelaines[1] continuaient. Les camarades étaient tous là, il les entendait le suivre à chaque enjambée. N'était-ce pas la Maheude[2], sous cette pièce[3] de betteraves, l'échine[4] cassée, dont le souffle montait si rauque, accompagné par le ronflement du ventilateur ? À gauche, à droite, plus loin, il croyait en reconnaître d'autres, sous les blés, les haies vives[5], les jeunes arbres. Maintenant, en plein ciel, le soleil d'avril rayonnait dans sa gloire, échauffant la terre qui enfantait. Du flanc nourricier jaillissait la vie, les bourgeons crevaient en feuilles vertes, les champs tressaillaient de la poussée des herbes. De toutes parts, des graines se gonflaient, s'allongeaient, gerçaient[6] la plaine, travaillées d'un besoin de chaleur et de lumière. Un débordement de sève coulait avec des voix chuchotantes, le bruit des germes s'épandait en un grand baiser. Encore, encore, de plus en plus distinctement, comme s'ils se fussent rapprochés du sol, les camarades tapaient. Aux rayons enflammés de l'astre, par cette matinée de jeunesse, c'était de cette rumeur que la campagne était grosse. Des hommes poussaient, une armée noire, vengeresse, qui germait lentement dans les sillons, grandissant pour les récoltes du siècle futur, et dont la germination allait faire bientôt éclater la terre.

Émile Zola, *Germinal*, 1885.

Émile Zola
(1840-1902)

Écrivain et journaliste, Zola est le chef de file du mouvement naturaliste, qui cherche à représenter la société avec une rigueur scientifique. Il est l'auteur des *Rougon-Macquart*, un ensemble de vingt romans qui racontent la vie d'une famille sous le Second Empire.
> p. 529

1. Pics de mineur.
2. Constance Maheu, dite la Maheude, mère de famille qui s'engage dans la grève puis retourne y travailler pour nourrir sa famille.
3. Parcelle cultivée.
4. Dos, colonne vertébrale.
5. Haies servant à abriter, sans intention ornementale.
6. Provoquaient de petites blessures, sous l'effet du froid par exemple.

Contexte historique

Pour écrire *Germinal*, Zola a réuni une importante documentation sur les grèves minières et les soulèvements ouvriers en 1878 et 1884. Il présente son livre comme « la lutte du Capital et du Travail. »

Marcher vers l'avenir

Pour entrer dans le texte

1. **Étude de la langue** De « mais Étienne » à « jeunes arbres » (l. 1 à 13), relevez les compléments de lieu. Montrez qu'Étienne perçoit deux dimensions du paysage.

Au fil du texte

2. Relevez les termes et les images qui se rapportent à la mine et au monde des mineurs. Quel aspect Zola met-il en avant ?
3. Étudiez le lexique de l'ouïe dans le texte. Quelle signification symbolique prennent les coups de rivelaine ?
4. Quelle métaphore est développée à la fin du texte ? Expliquez-la.
5. En quoi ce passage explicite-t-il le titre du roman, *Germinal* ? Justifiez votre réponse.

Vers le commentaire ▶ En vous aidant de vos réponses aux questions précédentes, vous montrerez comment cet extrait mêle le style réaliste à une dimension épique (→ fiche 23, p. 422), symbolique et mythique.

Texte 5

Giono, *Le Hussard sur le toit*, 1951

Nathan live! TEXTE AUDIO

Angelo Pardi, colonel de hussards du roi de Sardaigne, quitte l'Italie et arrive en Provence. Après une halte, il reprend la route à cheval sous une chaleur écrasante. Le lecteur ne connaît pas encore les raisons de sa fuite, ni le but de son voyage.

Jean Giono
(1895-1970)
Les premiers romans de Giono (*Regain*, *Un de Beaumugnes*) peignent le monde paysan et la nature. Ses œuvres plus tardives (*Le Hussard sur le toit*) s'intéressent davantage à la question de l'homme.
> p. 522

Contexte littéraire
Avec ce roman et *Un roi sans divertissement (1941)*, Giono révolutionne les techniques romanesques et cherche à sonder les mystères de la psychologie humaine.

Depuis longtemps déjà Angelo montait à travers la forêt de chênes. Il suivait une petite route couverte d'une épaisse couche de poussière où chaque pas du cheval soulevait une fumée qui ne retombait pas. À travers le sous-bois râpeux et desséché il pouvait voir à chaque détour que les traces de son passage ne s'effaçaient pas dans les méandres de la route en dessous. Les arbres n'apportaient aucune fraîcheur. La petite feuille dure des chênes réfléchissait au contraire la chaleur et la lumière. L'ombre de la forêt éblouissait et étouffait.

Sur les talus brûlés jusqu'à l'os quelques chardons blancs cliquetaient au passage comme si la terre métallique frémissait à la ronde sous les sabots du cheval. Il n'y avait que ce petit bruit de vertèbre, très craquant malgré le bruit du pas assourdi par la poussière et un silence si total que la présence des grands arbres muets devenait presque irréelle. La selle était brûlante. Le mouvement des sangles faisait mousser de l'écume. La bête suçait son mors[1] et, de temps en temps, se râclait le gosier en secouant la tête. La montée régulière de la chaleur bourdonnait comme d'une chaufferie impitoyablement bourrée de charbon. Le tronc des chênes craquait. Dans le sous-bois sec et nu comme un parquet d'église, inondé de cette lumière blanche sans éclat mais qui aveuglait par sa pulvérulence[2], la marche du cheval faisait tourner lentement de longs rayons noirs. La route qui serpentait à coups de reins de plus en plus raides pour se hisser à travers de vieux rochers couverts de lichens[3] blancs frappait parfois de la tête du côté du soleil. Alors, dans le ciel de craie s'ouvrait une sorte de gouffre d'une phosphorescence[4] inouïe d'où soufflait une haleine de four et de fièvre, visqueuse, dont on voyait trembler le gluant et le gras.

Jean Giono, *Le Hussard sur le toit*, © Éditions Gallimard, 1951.

1. Pièce de métal placée dans la bouche du cheval et attachée aux rênes. – **2.** Passage à l'état de poudre. – **3.** Champignons recouvrant le bois. – **4.** Capacité à émettre la lumière dans l'obscurité.

Progresser dans une nature hostile

Pour entrer dans la lecture

1. Quel est le point de vue utilisé dans ce passage ? Justifiez votre réponse.

Au fil du texte

2. Par quels moyens lexicaux l'auteur traduit-il la difficulté de l'ascension et l'hostilité de la nature ?

3. **Étude de la langue** Relevez les adjectifs qualificatifs, en précisant leur fonction, et regroupez-les selon le champ lexical auquel ils appartiennent (taille, lumière, chaleur, matière).

4. Comment est décrite la monture d'Angelo ? Montrez qu'Angelo et son cheval sont les seules présences vivantes de ce paysage.

5. Par la suite, le héros affrontera l'épidémie de choléra. Dans quelle mesure la description annonce-t-elle le choléra ?

6. Relevez et commentez les métaphores, comparaisons et personnifications du texte. Analysez comment elles contribuent à créer une atmosphère « irréelle » (l. 12), fantastique et cauchemardesque.

Vers le commentaire ▶ Vous rédigerez un paragraphe de commentaire qui mettra en valeur l'aspect irréel de ce paysage.

Carnet de lecteur ▶ Comparez le début du livre avec l'adaptation cinématographique de J.-P. Rappeneau (1995).

Faire le point

L'objet du roman : un monde à conquérir

Au fil des siècles

1 Au XVIIIe siècle

▶ Même s'ils évoluent dans un **monde imaginaire**, les héros des contes et des romans progressent entre éducation sentimentale et formation philosophique (Diderot).

▶ Les **romans d'apprentissage** mettent en scène un personnage qui trouve son chemin au contact de la réalité.

2 Au XIXe siècle

▶ Le héros **romantique** traverse le monde, mu par le sentiment que la société ne le comprend pas. Il voit les hommes et les éléments se liguer contre lui. Toutefois, cette reconnaissance peut aussi prendre la forme de la Providence qui s'incarne en la personne de l'évêque Bienvenu Myriel (Hugo).

▶ En prise avec la société de son temps, au cœur des bouleversements industriels et économiques, le personnage du roman **réaliste** « monte à Paris », en quête de notoriété et de réussite sociale. Le héros cherche à faire fortune rapidement (Balzac, Maupassant).

▶ Dans le roman **naturaliste**, la quête est moins individualiste. Le héros cherche moins à se faire une place qu'à protéger les hommes des excès et des vices de son époque (Zola).

3 Et aujourd'hui

▶ Au XXe siècle, le roman renoue avec le **roman picaresque** (Giono).

▶ Le cheminement se fait souvent **errance** : le personnage progresse sans but ni direction, ayant perdu tout sens de l'ordre moral ou idéologique.

Zoom sur... Le roman d'apprentissage

Définition

- Le **roman d'apprentissage** est aussi appelé roman **d'initiation** ou roman **de formation**.
- Le récit expose **la vie d'un personnage** depuis sa jeunesse, jusqu'à ce qu'il devienne une personne accomplie.
- Il est alors confronté à tous les **aspects de la vie** : le travail et la position sociale, l'amour, l'amitié, le monde des idées.
- Son parcours est fait de **réussites** et d'**échecs**.
- Il progresse de **victoires en désillusions** (Balzac).

Origines et histoire

- Le ***Bildungsroman*** est inventé en Allemagne au XVIIIe siècle, à partir d'un « modèle » : le roman de Goethe, *Les Années d'apprentissage de Wilheim Meister*.
- Il raconte la vie d'un jeune marchand qui veut répondre à l'appel de sa **vocation littéraire**.
- Le mot ***Bildung***, en allemand, désigne à la fois la construction, la formation et la culture.

Grandeur et décadence

- Le personnage **réfléchit** à ses **expériences** et en tire des conclusions (Balzac, Hugo).
- Le narrateur **se moque** parfois de ses personnages et de ses déboires (Cervantes, Diderot).
- C'est aussi l'occasion de jeter un **regard critique sur la société**. (Maupassant)
- La **formation** est aussi celle **du lecteur**. Les interventions de l'auteur, des plus explicites (Diderot) aux plus subtiles (Balzac), guident le regard du lecteur et le situent dans une relation pédagogique.

Enrichir son vocabulaire

Cynique

- Du latin *cynicus* qui se dit d'un « chien », ce mot désigne à l'origine celui à qui l'on reprochait d'être mordant et sans pudeur, comme les chiens. Par extension, le terme désigne une personne qui affecte une attitude effrontée et affiche une conduite contraire aux conventions sociales, aux règles morales.

Pícaro

- Le mot espagnol *pícaro* désigne un homme pauvre et intelligent qui, chemin faisant, raconte et critique le pays qu'il traverse.

Machiavélique

- Cet adjectif vient de l'auteur italien Machiavel (1469-1527), dont la doctrine, dépourvue de tout sens moral et de toute intégrité, pourrait se résumer par le proverbe « la fin justifie les moyens ».

Arriviste

- Personne qui veut parvenir à ses fins par n'importe quel moyen.

Initiation

- Acquisition des connaissances élémentaires dans un domaine donné.

Pragmatique

- Du latin *pragmaticus* qui signifie « action », le mot désigne quelqu'un ou quelque chose qui est orienté vers l'action pratique. (S'oppose à idéaliste.)

Idéalisme

- Attitude, état d'esprit qui laisse une large part au sentiment et vise une forme d'idéal.

Lectures cursives

CARNET DE LECTEUR

→ * Guy de Maupassant, *Bel-Ami*, 1885

L'INTRIGUE

Le roman décrit l'ascension cynique de George Duroy qui, grâce à ses multiples conquêtes féminines, gravit les échelons de la vie journalistique et politique.

a. D'où vient Georges Duroy ? Où arrive-t-il ?

b. En quoi la fin du roman reste-t-elle ouverte ?

→ ** Jack Kerouac, *Sur la route*, 1957

L'INTRIGUE

Ce roman, écrit en trois semaines sur un rouleau de papier, raconte les pérégrinations, à travers les États-Unis, l'auteur (nommé Sal Paradise) et son ami Neal Cassady (Dean Moriaty dans le roman). Le livre donnera lieu à une adaptation au cinéma, un *road movie*…

a. En quoi ce livre est-il représentatif de la *beat generation*, auteurs vivants en marge de la société américaine dans les années 1950 ?

b. Peut-on réussir au mépris de toute morale ? Appuyez-vous sur le roman pour répondre.

→ ** Tahar Ben Jelloun, *Le Labyrinthe des sentiments*, 2001

L'INTRIGUE

Gharid rencontre Wahida, une prostituée aux prises avec la mafia albanaise. Pour lui apprendre l'amour, le vrai, il l'entraîne dans une déambulation poétique dans les rues de Naples.

a. Quelle place occupent les déambulations dans ce roman ?

b. Qu'apportent les croquis d'Ernest Pignon-Ernest à ce parcours romanesque ?

CHAPITRE 11 D'un pays à l'autre

NRP
- **Séquences**
  – Deux réécritures de *L'Étranger*
  – Voyages, exils
- **Étude d'une œuvre intégrale**
  - B. Cendrars, *La Prose du Transsibérien*

Depuis les aventures de Marco Polo, les voyageurs écrivent des textes qui entraînent le lecteur dans des voies souvent inattendues. En outre, il n'est pas rare, comme dans *L'Or* de Cendrars, que l'écriture romanesque croise celle du récit de voyage : la fiction l'emporte alors sur le réel.

Problématique :
Comment le thème du voyage dépasse-t-il celui du simple dépaysement ?

Méthode

LIRE UNE ŒUVRE INTÉGRALE

L'Or, de Blaise Cendrars (1925)

Blaise Cendrars
(1887-1961)

Cendrars quitte dès l'âge de 15 ans la Suisse pour l'Asie. En 1913, il écrit à New York *La Prose du Transsibérien*, son poème le plus célèbre. Il perd son bras droit lors de la Grande Guerre. En 1925, il publie *L'Or*, formidable succès qui le confirme comme l'écrivain du voyage, de l'aventure moderne et de la découverte.
> p.519

▶ Présentation de l'œuvre

Abandonnant femme et enfants en Suisse, son pays natal, Johann August Suter se rend dans l'Ouest américain pour faire fortune. Il y prospère, jusqu'au jour où un de ses ouvriers découvre quelques paillettes, annonçant la Ruée vers l'or et la ruine de Suter. Au-delà d'une simple biographie – le général Sutter (avec deux *t*) a bien existé –, *L'Or* est écrit comme une épopée, le récit fondateur de la Californie.

Mine d'or de Auburn Ravine, Californie, entre 1850 et 1860.

Texte 1 — Un nouvel Eldorado

TEXTE AUDIO

Suter s'est établi fermier à la jonction du Mississipi et du Missouri. De nombreux voyageurs s'arrêtent à sa table et « ne parlent que de l'Ouest ».

Contexte historique

La conquête de l'Ouest est un processus d'expansion territoriale qui se fait au détriment des Indiens. À partir du début du XIXe siècle, des colons blancs de l'est de l'Amérique, rêvant d'une terre promise, migrent vers le Pacifique.

Un jour, il a une illumination. Tous, tous les voyageurs qui ont défilé chez lui, les menteurs, les bavards, les vantards, les hâbleurs[1], et même les plus taciturnes[2], tous ont employé un mot immense qui donne toute sa grandeur à leurs récits. Ceux qui en disent trop comme ceux qui n'en disent pas assez, les fanfarons, les peureux, les chasseurs, les outlaws[3], les trafiquants, les colons, les trappeurs[4], tous, tous, tous, tous parlent de l'Ouest, ne parlent en somme que de l'Ouest.

L'Ouest.

Mot mystérieux.

Qu'est-ce que l'Ouest ?

Il y a des récits d'Indiens qui parlent d'un pays enchanté, de villes d'or, de femmes qui n'ont qu'un sein. Même les trappeurs qui descendent du nord avec leur chargement de fourrures ont entendu parler sous leur haute latitude, de ces pays merveilleux de l'ouest, où, disent-ils, les fruits sont d'or et d'argent.

L'Ouest ? Qu'est-ce que c'est ? Qu'est-ce qu'il y a ? Pourquoi y a-t-il tant d'hommes qui s'y rendent et qui n'en reviennent jamais ? Ils sont tués par les Peaux-Rouges[5] ; mais celui qui passe outre ? Il meurt de soif ; mais celui qui traverse les déserts ? Il est arrêté par les montagnes ; mais celui qui franchit le col ? Où est-il ? qu'a-t-il vu ? Pourquoi y en a-t-il tant parmi ceux qui passent chez moi qui piquent directement au nord et qui, à peine dans la solitude, obliquent brusquement à l'ouest ?

1. Menteurs, beaux-parleurs.
2. Silencieux, peu bavards.
3. En anglais, « hors-la-loi ».
4. Chasseurs d'Amérique du Nord qui se servent de trappes (pièges).
5. Nom d'une tribu d'Indiens.

La plupart vont à Santa Fé, cette colonie mexicaine avancée dans les montagnes Rocheuses, mais ce ne sont que de vulgaires marchands que le gain facile attire et qui ne s'occupent jamais de ce qu'il y a plus loin.

Johann August Suter est un homme d'action.

Il bazarde sa ferme et réalise tout son avoir[6]. Il achète trois wagons couverts, les remplit de marchandises, monte à cheval armé du fusil à deux coups. Il s'adjoint[7] à une compagnie de trente-cinq marchands qui se rendent à Santa Fé, à plus de 800 lieues. Mais l'affaire était mal montée, l'organisation peu sérieuse et ses compagnons, des vauriens qui s'égaillèrent[8] rapidement. Aussi bien Suter y aurait tout perdu, car la saison était trop avancée, s'il ne s'était établi parmi les Indiens de ces territoires, aux extrêmes confins[9] du monde civilisé, troquant[10] et trafiquant.

Et c'est là, chez ces Indiens, qu'il apprend l'existence d'un autre pays, s'étendant encore beaucoup plus loin à l'ouest, bien au-delà des montagnes Rocheuses, au-delà des vastes déserts de sable. Enfin il en sait le nom.

La Californie.

Mais pour se rendre dans ce pays, il doit s'en retourner en Missouri.

Il est hanté.

Blaise Cendrars, *L'Or*, chapitre II, 7, © Denoël, 1925.

6. Convertit son bien en argent liquide.
7. S'associe.
8. Se dispersèrent.
9. Limites, frontières.
10. Échangeant des biens.

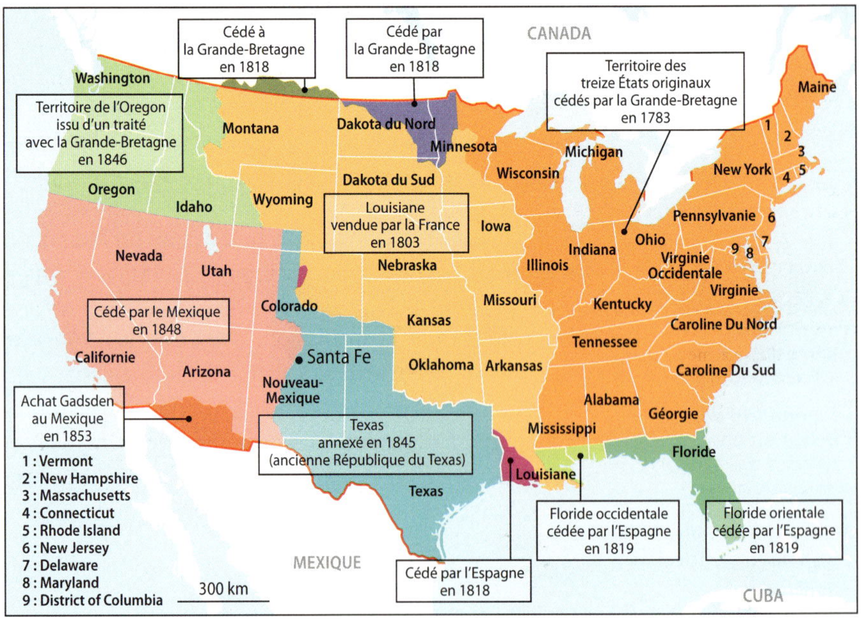

Questions

1. Quelle est la situation de la Californie vers 1837 ?

2. La ville de Santa Fé appartient-elle déjà aux États-Unis ?

Le destin de Suter

Pour entrer dans le texte

1. Faites une recherche sur le mythe de l'Eldorado : quel passage du texte pourrait y faire allusion ?

Au fil du texte

2. Comment le narrateur met-il en valeur le mot « Ouest », dans les deux premiers paragraphes ?

3. Montrez comment les récits des Indiens et des voyageurs construisent le mythe de l'Ouest.

4. Quel portrait de Suter se dessine dans ce texte ?

5. Observez comment « La Californie » est introduite : que représente ce nom ? Appuyez-vous sur l'ensemble du texte pour répondre.

Vers le commentaire ▶ En quoi le texte de *L'Or* s'inspire-t-il de l'épopée (→ fiche 23, p. 422-423) ? Aidez-vous de la carte pour le montrer.

Texte 2

Regard poétique sur l'Histoire

Nathan live! TEXTE AUDIO

Alors que l'exploitation de Suter prospère, un ouvrier trouve de l'or sur le domaine.

Contexte historique

La Ruée vers l'or eut lieu de 1848 à 1856 en Californie. Elle attira plus de 300 000 personnes qui cultivaient tous l'espoir, souvent déçu, de faire fortune.

Et tout cela s'est déclenché par un simple coup de pioche.
Ces foules qui se ruent. D'abord celles de New York et de tous les ports américains de l'Atlantique, et, immédiatement après, celles de l'Hinterland et du Middle West. Un drainage[1] s'effectue. On se parque dans les cales[2] des steamers[3] qui vont à Chagres. Puis c'est la traversée de l'Isthme[4], à pied, à travers les marécages. 90 % des effectifs meurent de la fièvre jaune. Les rescapés qui atteignent la côte du Pacifique affrètent[5] des voiliers.
San Francisco ! San Francisco !
The Golden Gate[6].
L'Île aux Chèvres[7].
Les wharfs[8] en bois. Les rues boueuses de la ville naissante que l'on pave avec des sacs pleins de farine.
Le sucre vaut 5 dollars ; le café, 10 ; un œuf, 20 ; un oignon, 200 ; un verre d'eau, 1 000. Les coups de feu retentissent et les revolvers, des 45[9], font office de shérif. Et derrière cette première marée humaine, d'autres foules, d'autres foules se ruent, venues de bien plus loin, des rives d'Europe, d'Asie, d'Afrique, du Nord et du Sud. En 1856, plus de 600 navires franchissent la baie ; ils déversent des foules sans cesse renouvelées qui se ruent aussitôt à l'assaut de l'or.
San Francisco ! San Francisco !
Et cet autre nom magique : SUTER.
On ignore généralement le nom de l'ouvrier qui donna ce fameux coup de pioche. Il s'appelait James W. Marshall, il était charpentier de son métier et originaire de New Jersey.

Blaise Cendrars, *L'Or*, chapitre VIII, 28,

1. Fait de rassembler des personnes en un point donné.
2. Fond de bateau.
3. Bateaux à vapeur.
4. Langue de terre qui rassemble deux continents. Il s'agit ici de l'isthme de Panama.
5. Louent.
6. Célèbre pont de San Francisco.
7. L'une des nombreuses îles du détroit de San Francisco.
8. Appontements auxquels les navires accostent.
9. Calibre d'une arme à feu, qui a donné son nom à cette arme.

Image du film *La Ruée vers l'or*, de Ch. Chaplin, 1925.

La ruée vers l'or en nombres et en mots

Pour entrer dans le texte

1. Sur quelle image « frappante » s'ouvre le texte ? En quoi est-elle à la fois concrète et symbolique ?

Au fil du texte

2. Pourquoi le narrateur cumule-t-il autant de nombres ? Quel en est l'intérêt ?
3. Quels sont les premiers indices de civilisation dans les terres nouvellement conquises ?
4. **Étude de la langue** Ligne 41, à qui le pronom indéfini « on » fait-il référence ?
5. Comment l'adjectif « magique » (l. 23) reflète-t-il le sens du texte ?
6. Par quels procédés le narrateur représente-t-il la ruée vers l'or ?

Texte 3

La chute du héros

Nathan live! TEXTE AUDIO

Après des années de procès, le juge Thompson reconnaît enfin à Suter la propriété des immenses territoires sur lesquels villes et villages se sont construits au moment de la ruée.

Contexte historique

Lors de la ruée vers l'or, villes et villages se sont construits spontanément sur des terrains parfois privés, comme ceux de Suter. Quand le juge Thompson lui donne raison, l'émeute populaire l'emporte sur le droit.

La sentence[1] du juge Thompson est à peine connue du public qu'elle ameute[2] la ville entière. Des groupes se forment au coin des rues, et les bars et les saloons sont envahis par une foule de buveurs vociférant[3]. Des discussions violentes éclatent. Des orateurs s'improvisent. Les distillateurs[4] offrent à boire gratuitement, défoncent des tonneaux d'eau-de-vie sur les marchés. L'attitude des gens devient menaçante. Suter a trop d'ennemis. Des émissaires[5] de la partie adverse excitent le peuple et tous les hommes de loi qui avaient partie liée contre lui, provoquent des rassemblements et des échauffourées[6]. Des meetings ont lieu dans tous les quartiers. Le soir, des émeutes éclatent dans San Francisco. On incendie le Palais de Justice, on démolit le Greffe[7], on détruit les Archives, on prend les prisons d'assaut. La populace veut lyncher le juge Thompson. Le lendemain, tout le pays est en révolution et aussitôt des bandes s'organisent.

Les autorités sont impuissantes.

Ce peuple qui venait à peine d'acclamer le général Suter, qui était venu le chercher, qui l'avait porté en triomphe, qui lui avait fait une réception, une apothéose unique dans l'histoire des États-Unis, se dirige encore une fois vers l'Ermitage[8] ; mais c'est pour l'attaquer. Ils sont une dizaine de mille et leur troupe grossit sans cesse en cours de route. Les hommes sont armés et des camions charrient des barils de poudre à canon. Le drapeau étoilé flotte sur cette multitude désordonnée et c'est aux cris de : « Vive l'Amérique ! », « Vive la Californie ! » que tout est pillé, saccagé, détruit de fond en comble. L'Ermitage est incendié, on fait sauter les manufactures, les usines, les scieries, les ateliers, les moulins, on coupe les arbres fruitiers, on perfore les canalisations d'eau, les troupeaux sont massacrés à coups de fusils et les Indiens, les Canaques, les Chinois que l'on peut attraper sont pendus haut et court. Tout ce qui porte l'estampille, la marque de Suter, disparaît. On met le feu aux plantations, on ravage les vignobles. Enfin on s'attaque aux caves et aux réserves de vins. Et la fureur destructrice de cette foule devient enragée, elle tue, elle casse, elle brûle, elle pille, et son acharnement est tel qu'elle abat jusqu'aux volailles par feux de salves commandés. Puis l'on monte à Burgdorf et à Grenzach, où tout est également nivelé, abrasé[9], réduit en cendres. On scie les écluses, on défonce les routes, on fait sauter les ponts. Ruines et cendres.

Blaise Cendrars, *L'Or*, chapitre XIV, 57, © Denoël, 1925.

Lexique

Paradoxe : expression simultanée de deux idées contradictoires.

1. Décision, jugement.
2. Attroupe.
3. Qui pousse des hurlements.
4. Fabricants d'alcool.
5. Porteurs de messages.
6. Accrochages, bagarres.
7. Bureau du tribunal.
8. Nom de la propriété de Suter.
9. Brûlé.

L'écriture pour retarder la mort

Pour entrer dans le texte

1. « Ruines et cendres. » (l. 32) : pourquoi le narrateur termine-t-il par ces mots ?

Au fil du texte

2. Comment est décrite la foule en colère ? Comment est-elle composée ?

3. En quoi les bâtiments détruits sont-ils symboliques ?

4. **Étude de la langue** Étudiez la construction de la phrase l. 14 à 17 : « Ce peuple… pour l'attaquer ». Quelle partie de la phrase est mise en relief ? Pourquoi ?

5. Quels paradoxes sont mis en évidence, lignes 14 à 32 ?

Vers le commentaire ▶ En quoi ce texte montre-t-il bien que la Californie est encore un État jeune et instable ?

Texte 4

La mort d'un homme

TEXTE AUDIO

Suter a finalement tout perdu. Une rente annuelle lui permet de survivre. Des années plus tard, désormais à Washington, il attend de faire valoir ses droits.

À propos de...
Le véritable **John Suter** est mort dans un hôtel de Washington, le 17 juin 1880, un jour où le Congrès s'est réuni mais n'a pas statué sur sa demande.

Par un chaud après-midi de juin, le général est assis sur la dernière marche de l'escalier monumental qui mène au palais du Congrès. Sa tête est vide comme celle de beaucoup de vieillards, c'est un rare moment de bien-être, il ne fait que chauffer sa vieille carcasse au soleil.

– Je suis le général. Oui. Je suis le général, ral.

Tout à coup un môme de sept ans dévale quatre à quatre le grand escalier de marbre, c'est Dick Price, le petit marchand d'allumettes, le préféré du général.

– Général ! général ! crie-t-il à Suter en lui sautant au cou, général ! tu as gagné ! le Congrès vient de se prononcer ! il te donne 100 millions de dollars !

– C'est bien vrai ? c'est bien vrai ? tu en es sûr ? lui demande Suter tenant l'enfant étroitement embrassé.

– Mais oui, général, même que Jim et Bob sont partis, il paraît que c'est déjà dans les journaux. Ils vont en vendre ! Et moi aussi je vais en faire des journaux ce soir, des tas !

Suter ne remarque pas sept petits voyous qui se tordent comme des gnomes sous le haut portique du Congrès et qui rigolent et font des signes à leur petit copain. Il s'est dressé tout raide, n'a dit qu'un mot : « Merci ! » puis il a battu l'air des bras et est tombé tout d'une pièce.

Le général Johann August Suter est mort le 17 juin 1880, à 3 heures de l'après-midi.

Le Congrès n'avait même pas siégé ce jour-là.

Les gamins se sont sauvés.

L'heure sonne dans l'immense place déserte et comme le soleil tourne, l'ombre gigantesque du palais du Congrès recouvre bientôt le cadavre du général.

Blaise Cendrars, *L'Or*, chapitres XVI-XVII, 73, © Denoël, 1925.

Portrait de John Sutter, lithographie de J. Rau, vers 1858.

Mise en scène de la mort du héros

Pour entrer dans le texte

1. **Lexique** Quelle image est donnée du général, dans le premier paragraphe ? Commentez l'adjectif « vide » (l. 2) et le substantif « carcasse » (l. 4).

Au fil du texte

2. En quoi la phrase des lignes 8-9 nous invite-t-elle à relire l'épisode précédent ?

3. Le petit marchand d'allumettes est-il bien ou mal intentionné ? Justifiez.

4. **Étude de la langue** Lignes 20-21 : faites l'analyse syntaxique de cette phrase.

5. Comment l'image de la dernière phrase revêt-elle une dimension symbolique ?

6. Quelle est la tonalité dominante de ce passage ? Justifiez votre réponse. (→ Fiche 25, p. 426-427).

Vers la dissertation ▶ À la lumière de votre lecture de l'œuvre, expliquez le titre original de l'œuvre : *La Merveilleuse Histoire du général Johann August Suter.* Vous vous concentrerez sur le sens de l'adjectif « merveilleuse ».

Texte écho

Heredia, *Les Trophées*, 1893

Les Conquérants

José Maria de Heredia
(1842-1905)
Né à Cuba, Heredia étudia à La Havane avant de suivre les cours de l'école des Chartes, à Paris. Membre du Parnasse contemporain, il n'écrivit qu'un seul recueil de sonnets, *Les Trophées* (1893).

Comme un vol de gerfauts[1] hors du charnier natal,
Fatigués de porter leurs misères hautaines,
De Palos de Moguer[2], routiers et capitaines
Partaient, ivres d'un rêve héroïque et brutal.

Ils allaient conquérir le fabuleux métal
Que Cipango[3] mûrit dans ses mines lointaines,
Et les vents alizés inclinaient leurs antennes
Aux bords mystérieux du monde Occidental.

Chaque soir, espérant des lendemains épiques,
L'azur phosphorescent[4] de la mer des Tropiques
Enchantait leur sommeil d'un mirage doré ;

Ou penchés à l'avant des blanches caravelles[5],
Ils regardaient monter en un ciel ignoré
Du fond de l'océan des étoiles nouvelles.

R. Monleon y Torres, *Les Caravelles de Christophe Colomb en 1492* (détail), aquarelle, 1885, musée de la Marine, Madrid.

1. Rapaces.
2. Port d'Andalousie d'où est parti Christophe Colomb.
3. Le Japon.
4. Fluorescent.
5. Bateaux utilisés aux XVe et XVIe siècles.

Lecture comparée

▶ Comment cette image des conquistadors rejoint-elle le portrait de Suter dans *L'Or*, de Cendrars ?

L'ŒUVRE EN PERSPECTIVE — *L'Or*, de Blaise Cendrars

1 La démarche de Cendrars

- **La biographie romancée** est un genre particulier, à mi-chemin entre l'Histoire, avec son exigence d'objectivité, et le roman, où la fiction est reine. On parle aussi d'**exofiction**.
- Cendrars revendique son « droit le plus absolu » de « faire œuvre d'artiste ». Le sous-titre de l'œuvre le prouve : il s'agit de « la merveilleuse histoire » de Suter – c'est-à-dire « imaginaire ». Suter – avec un seul *t* – est avant tout un être de fiction.
- Ainsi l'intention de Cendrars est-elle bien de **conter le récit fondateur** d'un continent à peine né.
- Le roman de Cendrars s'apparente à une **épopée** (➔ fiche 3, p. 22-23). La fatalité joue avec la vie des hommes. En outre, des adresses plus ou moins implicites au lecteur le prennent à parti et soulignent l'aspect édifiant du mythe.
- L'écrivain autrichien Stefan Zweig a aussi publié une nouvelle sur John Sutter, « Les Heures étoilées de l'humanité » (1927).

2 Analyser une biographie romancée

- Pour analyser une biographie romancée, on s'interrogera sur :
  – **la place du vrai et du faux :** les entorses à la réalité ou les omissions sont-elles de l'ordre du détail ? Quelle est leur fonction ?
  – **le statut du narrateur :** quel est son point de vue ? Comment intervient-il dans la narration ?
  – **le projet de l'auteur :** qu'y a-t-il *au-delà* du personnage (historique) ?
  – **la forme, la structure :** de quels genres l'exofiction se rapproche-t-elle ?
- Parmi les exofictions célèbres :
  – *Les Mémoires d'Hadrien*, de M. Yourcenar (1951) ;
  – *Courir*, de J. Echenoz (2008) ;
  – *La Dernière Nuit du Raïs*, de Y. Khadra (2015).

Activité

- Justifiez le choix du texte écho par un exposé oral de 10 minutes en vous appuyant sur des arguments et des exemples précis.

Récits de voyage

Texte 1

Bougainville, *Voyage autour du monde*, 1771

Nathan live! TEXTE AUDIO

Bougainville
(1729-1811)

Passionné de géographie, il se voit confier par Louis XV une expédition à la recherche du continent austral. Il embarque en 1766 à bord de *La Boudeuse* pour le premier tour du monde français avec un naturaliste, un ingénieur et un astronome. Il a participé à la guerre d'indépendance américaine.

Contexte historique

Au XVIIIe siècle, en Europe, les voyages sont à la mode : les savants, comme les lecteurs, sont attirés par la découverte de nouvelles terres et des trésors qu'elles recèlent. Ces voyages vont nourrir la pensée et les connaissances, en même temps qu'ils assureront la richesse et le pouvoir des nations.

Dans son journal, Bougainville raconte notamment sa découverte de Tahiti. La description de ce « paradis » fera le succès de son ouvrage.

Chaque jour nos gens[1] se promenaient dans le pays sans armes, seuls ou par petites bandes. On les invitait à entrer dans les maisons, on leur y donnait à manger ; mais ce n'est pas à une collation[2] légère que se borne ici la civilité[3] des maîtres de maisons ; ils leur offraient des jeunes filles ; la case[4] se remplissait à l'instant d'une foule curieuse d'hommes et de femmes qui faisaient un cercle autour de l'hôte et de la jeune victime du devoir hospitalier ; la terre se jonchait de feuillage et de fleurs, et des musiciens chantaient aux accords de la flûte un hymne de jouissance. […]

J'ai plusieurs fois été, moi second ou troisième, me promener dans l'intérieur. Je me croyais transporté dans le jardin d'Eden[5] : nous parcourions une plaine de gazon, couverte de beaux arbres fruitiers et coupée de petites rivières qui entretiennent une fraîcheur délicieuse, sans aucun des inconvénients qu'entraîne l'humidité. Un peuple nombreux y jouit des trésors que la nature verse à pleines mains sur lui. Nous trouvions des troupes d'hommes et de femmes assises à l'ombre des vergers ; tous nous saluaient avec amitié ; ceux que nous rencontrions dans les chemins se rangeaient à côté pour nous laisser passer ; partout nous voyions régner l'hospitalité, le repos, une joie douce et toutes les apparences du bonheur.

Bougainville, *Voyage autour du monde*, 1771.

1. Les marins de *La Boudeuse*.
2. En-cas, repas léger.
3. Politesse, courtoisie.
4. Habitation traditionnelle.
5. Dans la Bible, paradis où vivaient Adam et Ève.

Mission d'exploration et découverte de l'autre

Pour entrer dans le texte

1. D'après ce passage, en quoi consiste l'hospitalité à la mode tahitienne ?

Au fil du texte

2. **Étude de la langue** Quelle est la valeur de l'imparfait dans le premier paragraphe (l. 1 à 8) ?
3. Comment comprenez-vous le passage à la première personne du singulier au début du deuxième paragraphe (l. 9-10) ?
4. Qu'est-ce qui caractérise ce « jardin d'Eden » (l. 10) ?
5. Quels indices montrent la cohésion de la société tahitienne ? Par quels procédés Bougainville la rend-il sensible ?

Vers le commentaire ▶ Récapitulez, en vous appuyant sur le texte, les éléments qui font de Tahiti un paradis.

Question

Comment le peintre Gauguin a-t-il rendu l'atmosphère de Tahiti ?

Paul Gauguin (1848-1903), *Mata Mua (Dans les Temps anciens)*, huile sur toile, 1892, musée Thyssen-Bornemisza, Madrid.

Texte écho

Denis Diderot
(1713-1784)

Philosophe des Lumières, initiateur de l'*Encyclopédie*, Diderot a aussi été romancier, dramaturge et critique littéraire. Son œuvre aux multiples facettes illustre la diversité et la curiosité de l'esprit des Lumières.

> p. 521

Diderot, *Supplément au Voyage de Bougainville*, 1772

Dans ce texte en forme de dialogue, Diderot revient sur l'hospitalité tahitienne pour confronter deux systèmes de valeurs.

Dans la division que les Taïtiens se firent de l'équipage de Bougainville, l'aumônier[1] devint le partage d'Orou[2]. L'aumônier et le Taïtien étaient à peu près du même âge, trente-cinq à trente-six ans. Orou n'avait alors que sa femme et trois filles appelées Asto, Palli et Thia. Elles le déshabillèrent, lui lavèrent le visage, les mains et les pieds, et lui servirent un repas sain et frugal[3]. Lorsqu'il fut sur le point de se coucher, Orou, qui s'était absenté avec sa famille, reparut, lui présenta sa femme et ses trois filles nues, et lui dit :

« Tu as soupé, tu es jeune, tu te portes bien ; si tu dors seul, tu dormiras mal ; l'homme a besoin la nuit d'une compagne à son côté. Voilà ma femme, voilà mes filles : choisis celle qui te convient ; mais si tu veux m'obliger, tu donneras la préférence à la plus jeune de mes filles qui n'a point encore eu d'enfants. »

La mère ajouta : « Hélas ! je n'ai point à m'en plaindre ; la pauvre Thia ! ce n'est pas sa faute. »

L'aumônier répondit que sa religion, son état, les bonnes mœurs[4] et l'honnêteté ne lui permettaient pas d'accepter ces offres.

Orou répliqua :

« Je ne sais ce que c'est que la chose que tu appelles religion ; mais je ne puis qu'en penser mal, puisqu'elle t'empêche de goûter un plaisir innocent, auquel nature, la souveraine maîtresse, nous invite tous ; de donner l'existence à un de tes semblables ; de rendre un service que le père, la mère et les enfants te demandent ; de t'acquitter avec un hôte qui t'a fait un bon accueil, et d'enrichir une nation, en l'accroissant d'un sujet de plus. »

Diderot, *Supplément au Voyage de Bougainville*, 1772.

1. Prêtre, religieux.
2. Celui qu'Orou devait héberger.
3. Composé d'aliments simples et peu abondants.
4. Habitudes, façons de vivre

À propos de...

Diderot publie le ***Supplément au Voyage de Bougainville*** qu'il présente comme une suite et une réponse au journal de Bougainville. Les mœurs tahitiennes sont le point de départ d'une réflexion sur les mœurs et les valeurs européennes.

Lecture comparée

▶ Qu'ajoute le texte de Diderot à celui de Bougainville ?

Texte 2

Nathan live! TEXTE AUDIO

TEXTE ENRICHI

Chateaubriand, *Itinéraire de Paris à Jérusalem*, 1811

Chateaubriand rend compte de son voyage au jour le jour, comme ici, à Athènes.

J'ai vu, du haut de l'Acropolis[1], le soleil se lever entre les deux cimes du mont Hymette[2]; les corneilles[3] qui nichent autour de la citadelle, mais qui ne franchissent jamais son sommet, planaient au-dessous de nous ; leurs ailes noires et lustrées étaient glacées de rose par les premiers reflets du jour ; des colonnes de fumée bleue et légère montaient dans l'ombre le long des flancs de l'Hymette et annonçaient les parcs ou les chalets des abeilles ; Athènes, l'Acropolis et les débris du Parthénon se coloraient de la plus belle teinte de la fleur du pêcher ; les sculptures de Phidias[4], frappées horizontalement d'un rayon d'or, s'animaient et semblaient se mouvoir sur le marbre par la mobilité des ombres du relief ; au loin la mer et le Pirée[5] étaient tout blancs de lumière ; et la citadelle de Corinthe[6], renvoyant l'éclat du jour nouveau, brillait sur l'horizon du couchant comme un rocher de pourpre et de feu.

Du lieu où nous étions placés, nous aurions pu voir, dans les beaux jours d'Athènes, les flottes sortir du Pirée pour combattre l'ennemi ou pour se rendre aux fêtes de Délos[7] ; nous aurions pu entendre éclater au théâtre de Bacchus[8] les douleurs d'Œdipe, de Philoctète et d'Hécube[9] ; nous aurions pu ouïr les applaudissements des citoyens aux discours de Démosthène[10]. Mais, hélas ! aucun son ne frappait notre oreille... Je me disais, pour me consoler, ce qu'il faut se dire sans cesse : Tout passe, tout finit en ce monde. Où sont allés les génies divins qui élevèrent le temple sur les débris duquel j'étais assis ?... Ce tableau de l'Attique[11], ce spectacle que je contemplais, avait été contemplé par des yeux fermés depuis deux mille ans. Je passerai à mon tour ; d'autres hommes aussi fugitifs que moi viendront faire les mêmes réflexions sur les mêmes ruines.

François-René de Chateaubriand, *Itinéraire de Paris à Jérusalem*, 1811.

1. L'Acropole. – **2.** Montagne au sud-est d'Athènes. – **3.** Oiseau de couleur noire. – **4.** Sculpteur grec (500-430 av. J.-C.). Il réalisa notamment les frises du Parthénon. – **5.** Port d'Athènes situé à quelques kilomètres de la ville. – **6.** Cité grecque à l'ouest d'Athènes. – **7.** Petite île où serait né Apollon. – **8.** Dieu du vin. – **9.** Personnages de tragédies antiques. – **10.** Grand orateur du Ve siècle av. J.-C. – **11.** Région d'Athènes.

François-René de Chateaubriand
(1768-1848)

Il est considéré comme l'un des premiers romantiques français. Témoin des excès de la Révolution française, il part en Amérique, puis en Angleterre. De retour en France en 1800, il publie plusieurs œuvres marquées par ses voyages et par la religion. Il est connu surtout pour ses *Mémoires d'Outre-tombe* (1809-1841).
> p. 520

Contexte littéraire

Les romantiques sont attirés par les ruines et aussi par l'Orient. Chateaubriand s'embarque en 1806 pour un périple de cent jours à travers l'Italie, la Grèce, la Turquie, la Palestine et l'Égypte. Son *Itinéraire* fut utilisé par de nombreux touristes comme un guide de voyage.

Le voyage à la mode romantique

Pour entrer dans le texte

1. Quel emplacement et quel moment de la journée Chateaubriand a-t-il choisis pour observer le paysage ?

Au fil du texte

2. Quelles sont les couleurs du paysage ? Vous semblent-elles naturelles ?

3. Quel est le rôle de la lumière ?

4. Quelle est la fonction des noms propres cités dans le texte ? Quel effet leur accumulation produit-elle ?

5. Quelle sorte de « déplacement » s'opère dans le début du deuxième paragraphe ?

6. **Étude de la langue** Quel temps apparaît dans les phrases l. 13-17 ? Que révèle-t-il ?

Carnet de lecteur ▶ À votre tour, développez les réflexions qu'a pu faire naître la visite d'un site.

Texte 3

Léonie d'Aunet, *Voyage d'une femme au Spitzberg*, 1854

live! TEXTE AUDIO

Léonie d'Aunet
(1820-1879)
Elle épouse le peintre François-Auguste Biard en 1840 et devient quelques années plus tard la maîtresse de Victor Hugo. Elle se sépare de son mari en 1855 et fait son entrée en littérature avec la publication du récit de son voyage.

La narratrice profite d'une halte à La Haye, en Hollande, pour visiter des musées.

Pendant tout un jour, je suis restée enfermée dans les musées. Que dire ? C'est un encombrement de trésors et de chefs-d'œuvre. Les trésors sont dans le musée chinois, les chefs-d'œuvre dans le musée hollandais ; on sort de là avec des éblouissements.

J'ai passé deux heures en Chine et une heure au Japon. Que personne ne s'avise[1] de me soutenir qu'il connaît mieux que moi ces deux pays : j'y ai été. Je dirais comment se croisent les rues de Pékin ; comment sont bâties les maisons ; quels dessins courent sur les murs de porcelaine ; combien d'étages ont les pagodes[2] ; quels costumes portent les femmes ; quels cordonniers-joailliers fabriquent leurs souliers extravagants de petitesse ; de quelles épingles longues comme des quenouilles[3] elles chargent leur tête ; la couleur des colibris[4] dont elles se coiffent les jours de fête ; comment sont faites les fleurs là-bas, et à quels fruits elles ressemblent ; combien sont gros les légumes, et de quelles bêtes ils ont l'air : je sais tout enfin. J'irais, non, je veux dire je retournerais en Chine demain, j'y serais comme chez moi.

Pour parler sérieusement, on s'épargne huit mois de traversée et les tempêtes du cap de Bonne-Espérance, en passant une journée dans les musées de la Haye.

Léonie d'Aunet, *Voyage d'une femme au Spitzberg*, 1854.

1. N'ait l'idée.
2. Édifice religieux traditionnel en Orient.
3. Tiges utilisées pour filer la laine.
4. Petits oiseaux.

Contexte historique
En 1839, une expédition française, commanditée par le roi Louis-Philippe, tente de rallier le Pacifique en passant par le nord de l'Europe. Léonie d'Aunet, âgée de 19 ans, accompagne son fiancé, le peintre François-Auguste Biard, chargé de « photographier » l'expédition. Elle raconte son voyage dans des lettres qu'elle adresse à son frère.

François Biard (1798-1882), *Femme en Laponie*, vers 1839, aquarelle.

D'un voyage à l'autre

Pour entrer dans le texte

1. En quoi ce texte raconte-t-il un voyage à l'intérieur d'un voyage ?

Au fil du texte

2. Pourquoi l'expression « encombrement de trésors et de chefs-d'œuvre » (l. 2) est-elle surprenante ?
3. Comment l'écriture du texte rend-elle compte de « l'encombrement » des musées ?
4. Quels sentiments traduit le premier paragraphe ?
5. **Étude de la langue** Qu'est-ce qui justifie l'emploi du conditionnel dans « je dirais » (l. 6) ?
6. Quelle image du voyage le dernier paragraphe donne-t-il ?

Vers le commentaire ▶ Dressez une liste des procédés qui montrent la richesse des musées et reliez-les aux citations qui les illustrent.

Texte 4

Morand, *New York*, 1930

TEXTE AUDIO

Entre 1925 et 1929, Paul Morand fit quatre séjours à New York, alors en pleine expansion.

Paul Morand
(1888-1976)

Diplomate, il commence par publier des poèmes et un recueil de nouvelles. Il voyage beaucoup et publie notamment plusieurs récits de voyage. Exilé en Suisse après la Seconde Guerre mondiale, il devient le chef de file de jeunes écrivains impertinents : *les Hussards.*

Manger ? on mange tout le temps et jamais. Le repas de midi, cette détente latine du milieu du jour, est inconnu. L'air est si vif, si pareil à celui des hautes cimes[1], le cœur vous bat si fort qu'on ne pense pas non plus à dormir. On est enivré, intoxiqué, empli du bien-être fictif[2] que donne la kola[3]. Il n'y a pas de lits, mais des divans, des sommiers à ressorts qui rentrent, pendant la journée, dans les cloisons. La nuit est supprimée. Comment reposer parmi cette lumière, ces spasmes[4], ces déflagrations[5] ? Même vides, les boutiques fermées demeurent éclairées jusqu'au matin. Nous avons vu des restaurants pleins, à l'aube : ces gens seront au travail quatre heures plus tard. New York est une ville qui ne s'arrête, ne se détend jamais. Les métros, les tramways y courent de haut en bas toute la nuit, vingt-quatre heures par jour... On s'endort au grondement du chemin de fer aérien et l'on se réveille au même bruit, comme de mille patins à roulettes. Edison a dit, dans une interview, que le sommeil est le dernier reste d'époques préhistoriques où les hommes dormaient parce qu'ils n'avaient rien de mieux à faire dans l'obscurité.

Tout va vite. Le vent y souffle à cent cinquante kilomètres à l'heure, ébranlant les gratte-ciel ; les tempêtes de neige, les tornades d'été s'abattent comme des ripostes de boxe. Personne ne marche ; on saute d'un taxi orangé dans un taxi à carreaux, d'un tube horizontal dans un tube vertical ; on vit d'impulsions : le téléphone est une arme automatique, avec laquelle on mitraille en quelques minutes des quartiers entiers.

Paul Morand, *New York*, © Flammarion, 1930.

1. Point le plus élevé, d'une montagne, d'un arbre...
2. Imaginaire.
3. Noix riche en caféine.
4. Contraction des muscles.
5. Explosion.

Contexte historique

Dans la première moitié du XXe siècle, New York connaît une formidable expansion économique et culturelle ; on y voit fleurir théâtres, journaux, radios et ses célèbres gratte-ciel. La ville voit aussi arriver de toute l'Europe migrants et réfugiés politiques.

Question

Quel angle de vue adopte le photographe pour rendre compte de l'agitation de la ville ?

Herald Square, 34th and Broadway, Manhattan.

Reportage

Pour entrer dans le texte

1. Quels sont les signes de la modernité dans cette description de New York ?

Au fil du texte

2. Quels sont, parmi les cinq sens, ceux qui sont le plus sollicités ? Justifiez votre réponse en relevant les différents champs lexicaux.
3. Quelle impression produisent le rythme des phrases et leur enchaînement ?
4. Comment le vocabulaire employé est-il le plus souvent connoté ?
5. Lignes 16 à 21, que révèlent les comparaisons et les métaphores employées ?

Vers le commentaire ▶ Faites le plan détaillé d'une partie de commentaire intitulée « une ville trépidante ».

Texte 5

Bouvier, *Le Poisson-scorpion*, 1982

Malade et épuisé par son périple, l'auteur lutte pour ne pas perdre pied.

J'ai rasé ce matin la barbe que je portais depuis l'Iran : le visage qui se cachait dessous a pratiquement disparu. Il est vide, poncé comme un galet, un peu écorné[1] sur les bords. Je n'y perçois justement que cette usure, une pointe d'étonnement, une question qu'il me pose avec une politesse hallucinée et dont je ne suis pas certain de saisir le sens. Un pas vers le moins est un pas vers le mieux. Combien d'années encore pour avoir tout à fait raison[2] de ce moi qui fait obstacle à tout ? Ulysse ne croyait pas si bien dire quand il mettait les mains en cornet pour hurler au Cyclope qu'il s'appelait « Personne ». On ne voyage pas pour se garnir d'exotisme et d'anecdotes comme un sapin de Noël, mais pour que la route vous plume[3], vous rince, vous essore, vous rende comme ces serviettes élimées[4] par les lessives [qu'on vous tend avec un éclat de savon dans les bordels]. On s'en va loin des alibis[5] ou des malédictions natales, et dans chaque ballot[6] crasseux coltiné[7] dans des salles d'attente archibondées, sur de petits quais de gare atterrants de chaleur et de misère, ce qu'on voit passer c'est son propre cercueil. Sans ce détachement et cette transparence, comment espérer faire voir ce qu'on a vu ? Devenir reflet, écho, courant d'air, invité muet au petit bout de la table avant de piper mot[8].

Nicolas Bouvier, *Le Poisson-scorpion*, © Éditions Gallimard, 1982.

1. Abîmé. – **2.** Venir à bout de. – **3.** Dépouiller. – **4.** Dont la trame est usée. – **5.** Excuses. – **6.** Paquet. – **7.** Transporté avec difficulté. – **8.** Parler.

Nicolas Bouvier
(1929-1998)
Cet écrivain suisse fait ses premiers voyages en tant que reporter puis entame en 1953, avec son ami illustrateur Thierry Vernet, un voyage vers l'Afghanistan, dont il rend compte dans L'*Usage du monde*. Ses récits de voyage sont à la fois découverte du monde et quête d'identité.

À propos de...
Après un an et demi de voyage, les routes de Th. Vernet et N. Bouvier se séparent. Ce dernier poursuit sa route vers l'Inde et la Chine. *Le Poisson-scorpion* raconte son séjour à Ceylan, entre mars et novembre 1955.

Nicolas Bouvier et Thierry Vernet au col d'Ordu.

Voyager pour se retrouver

Pour entrer dans le texte

1. Peut-on considérer ce texte comme une description ?

Au fil du texte

2. Expliquez la référence à Ulysse. Qu'apporte-t-elle ?
3. L'auteur donne-t-il une image positive du voyage ? Quel champ lexical parcourt le texte ?
4. **Étude de la langue** Quel pronom remplace la première personne à partir de la ligne 8 ? Quelle est sa signification ?
5. **Lexique** Cherchez l'étymologie du mot « alibi » (l. 12). En quoi son emploi est-il intéressant dans ce contexte ?
6. Quel but Nicolas Bouvier assigne-t-il au voyage ?

Vers l'essai ▶ « Comment espérer faire voir ce qu'on a vu ? » (l. 15-16) : que cherche finalement à transmettre N. Bouvier à son lecteur ? En quoi cela s'oppose-t-il à l'idée qu'on se fait habituellement du voyage ?

Texte 6

Nathan live! TEXTE AUDIO

Garde, *Marcher à Kerguelen*, 2018

Les trois marcheurs de l'expédition traversent l'île en solitaire et en autonomie. Ils ont trouvé une grotte où s'abriter pour la nuit.

Nous nettoyons de notre mieux le sol des crottes de souris, étalons les couvertures de survie, déplions les matelas et duvets. Ensuite j'écris.

Étrange idée tout de même qu'un livre entier consacré à la marche. Il repose sur une illusion, voire un mensonge. Qui peut croire que chaque ligne a été écrite pendant l'effort, dans la spontanéité du mouvement et le vagabondage de l'esprit ? À l'évidence, si j'écris pendant que je marche, je tombe. De même qu'un livre traitant de l'amour n'est pas écrit au fond d'un lit, dans la tiédeur des corps enchevêtrés, de même celui-ci n'a pas été rédigé au fil des pas.

Rien ne serait plus hypocrite que de laisser croire à la chronique d'un exploit. L'effort que nous affrontons – vingt-cinq jours de marche avec vingt-cinq kilos sur le dos – n'eût pas impressionné les grognards[1] de la grande Armée[2]. Il ne surprend que notre paresse contemporaine, où ascenseurs, escaliers mécaniques, voitures, trains et métros nous reposent en permanence.

Ici, ces paysages sans variété, sans habitants, sans mémoire, ne se prêtent pas aux habituelles scènes de genre[3] : le thé sous la yourte, le mariage dans la tribu, la fête religieuse dans le campement, la transhumance du bétail… Pourtant, au-delà des océans, il me fallait ces plateaux, ces vallées, ces péninsules, ces cartes approximatives, ces contraintes logistiques. En choisissant Kerguelen, je dis quelque chose de moi. Mais quoi ? Je ne suis pas le mieux placé pour l'élucider.

François Garde, *Marcher à Kerguelen*,

François Garde
(Né en 1959)
Après une carrière d'homme politique et de diplomate, Garde s'est lancé dans l'écriture. Son roman *Ce qu'il advint du sauvage blanc* (2012) lui a valu plusieurs prix littéraires, dont le Goncourt du premier roman.

1. Soldats de la Garde impériale de Napoléon.
2. L'armée de Napoléon Ier qui affronta la campagne de Russie, en 1812.
3. Tableau qui représente une scène du quotidien.

Contexte géographique
Les **îles Kerguelen** constituent un archipel français de terres inhabitées, situées près du cercle polaire antarctique. Le climat y est froid, mais non glacial et très venteux.

Marcheurs aux îles Kerguelen, septembre 2012.

Comment écrire le voyage ?

Pour entrer dans le texte

1. Dans le premier paragraphe, qu'indique le changement de pronom personnel ? Observez ensuite l'alternance de ces pronoms au fil du texte.

Au fil du texte

2. Par qui pourrait être prononcée la première phrase du deuxième paragraphe ?
3. De quel type est la question posée dans le deuxième paragraphe ? À qui s'adresse-t-elle ?
4. Quel rapport François Garde établit-il entre la marche et la pensée ?
5. **Étude de la langue** L. 14-15, repérez les différents outils de négation et interprétez-les.
6. Quelle relation François Garde établit-il avec son lecteur ?
7. Comment l'auteur présente-t-il notre société ?

Lecture comparée ▶ Qu'est-ce qui rapproche ce texte de celui de Nicolas Bouvier (texte 5, p. 270) ?

Carnet de lecteur ▶ Si vous rencontriez François Garde, quelles questions aimeriez-vous lui poser ?

L'étranger, un personnage romanesque

Texte 1 — Claire de Duras, *Ourika*, 1823

Nathan live! TEXTE AUDIO

Claire de Duras
(1777-1828)

Duchesse française lettrée. C'est son ami Chateaubriand qui la convainquit de publier *Ourika*, ce qu'elle fit anonymement. Elle apparaît aujourd'hui comme une des premières à avoir traité des liens interraciaux dans un récit fictif.
> p. 521

Contexte historique

Au début du XIXe siècle, des navires négriers continuent d'assurer le transport des esclaves dans ce que l'on appelle le commerce triangulaire. L'esclavage ne sera vraiment aboli en France qu'en 1848.
> p. 329

Ourika est la narratrice. À l'âge de deux ans, elle a été achetée par le gouverneur du Sénégal avant son embarcation sur un navire négrier. Il l'a offerte à sa tante, Mme de B. qui lui offre affection et éducation. À l'âge de douze ans, Ourika prend brutalement conscience de sa différence et de son statut de « négresse », en surprenant une conversation entre Mme de B. et une amie.

Des combinaisons infinies des mêmes pensées occupaient tout mon temps ; elles se reproduisaient sous mille formes différentes ; mon imagination leur prêtait les couleurs les plus sombres ; souvent mes nuits entières se passaient à pleurer. J'épuisais ma pitié sur moi-même : ma figure me faisait horreur, je n'osais plus me regarder dans une glace ; lorsque mes yeux se portaient sur mes mains noires, je croyais voir celles d'un singe ; je m'exagérais ma laideur, et cette couleur me paraissait comme le signe de ma réprobation[1] : c'est elle qui me séparait de tous les êtres de mon espèce, qui me condamnait à être seule, toujours seule, jamais aimée ! Un homme, à prix d'argent, consentirait[2] peut-être que ses enfants fussent nègres !... Tout mon sang se soulevait d'indignation à cette pensée. J'eus un moment l'idée de demander à madame de B. de me renvoyer dans mon pays ; mais là encore j'aurais été isolée... Qui m'aurait entendue ? Qui m'aurait comprise ? Hélas ! Je n'appartenais plus à personne ! J'étais étrangère à la race humaine tout entière !

Claire de Duras, *Ourika*, 1823.

1. Condamnation.
2. Accepterait à regret.

Exclue de l'humanité ?

Pour entrer dans le texte

1. Quelle représentation d'elle-même Ourika livre-t-elle ? Faites-en un rapide portrait, en vous attachant à ses paroles et à leur formulation.

Au fil du texte

2. **Étude de la langue** Au début du texte, quel est le temps principalement employé ? Quelle est sa valeur ? (→ fiche 5, p. 386-387)
3. Par quels procédés se traduit la violence de la révélation qui lui est faite ?
4. Montrez, en relevant des termes précis, que les sentiments l'envahissent de manière peu rationnelle.
5. Expliquez le rôle de l'argent dans le destin d'Ourika. En quoi l'éloigne-t-il de l'humanité ?
6. En quoi les pensées d'Ourika constituent-elles une condamnation des préjugés et des mœurs de son temps ?

Vers la dissertation ► Comment peut-on rattacher ce texte et ce personnage au mouvement romantique ? (→ Histoire littéraire, p. 42-43)

Carnet de lecteur ► Le 27 avril 1848, un décret déclare l'abolition de l'esclavage dans les colonies françaises :

> Au nom du Peuple Français
> Le Gouvernement provisoire,
> Considérant que l'esclavage est un attentat contre la dignité humaine ;
> Qu'en détruisant le libre arbitre de l'homme, il supprime le principe naturel du droit et du devoir ;
> Qu'il est une violation flagrante du dogme républicain : « Liberté – Égalité – Fraternité » [...]

Trouvez des arguments pour étayer ces trois affirmations.

Texte 2

Camus, *L'Étranger*, 1942

live! TEXTE AUDIO

Meursault, personnage principal et narrateur, a passé la journée sur une plage d'Alger avec un groupe d'amis. L'un deux, Raymond, est en conflit avec un Arabe avec qui il a déjà eu une altercation violente.
Alors que Raymond est rentré chez lui, Meursault continue sa promenade sur la plage, seul, et retrouve, par hasard, l'ennemi de son ami.

Albert Camus
(1913-1960)
Écrivain français né en Algérie, auteur de nombreux romans, nouvelles, essais ou pièces de théâtre dans lesquels il décline ses interrogations philosophiques, notamment sur la notion de l'absurde, de la révolte qui donne un sens à l'existence.
> p. 519

J'ai pensé que je n'avais qu'un demi-tour à faire et ce serait fini. Mais toute une plage vibrante de soleil se pressait derrière moi. J'ai fait quelques pas vers la source. L'Arabe[1] n'a pas bougé. Malgré tout, il était encore assez loin. Peut-être à cause des ombres sur son visage, il avait l'air de rire. J'ai attendu. La brûlure du soleil gagnait mes joues et j'ai senti des gouttes de sueur s'amasser dans mes sourcils. C'était le même soleil que le jour où j'avais enterré maman[2] et, comme alors, le front surtout me faisait mal et toutes ses veines battaient ensemble sous la peau. À cause de cette brûlure que je ne pouvais plus supporter, j'ai fait un mouvement en avant. Je savais que c'était stupide, que je ne me débarrasserais pas du soleil en me déplaçant d'un pas. Mais j'ai fait un pas, un seul pas en avant. Et cette fois, sans se soulever, l'Arabe a tiré son couteau qu'il m'a présenté dans le soleil. La lumière a giclé sur l'acier et c'était comme une longue lame étincelante qui m'atteignait au front. Au même instant, la sueur amassée dans mes sourcils a coulé d'un coup sur les paupières et les a recouvertes d'un voile tiède et épais. Mes yeux étaient aveuglés derrière ce rideau de larmes et de sel. Je ne sentais plus que les cymbales du soleil sur mon front et, indistinctement, le glaive éclatant jailli du couteau toujours en face de moi. Cette épée brûlante rongeait mes cils et fouillait mes yeux douloureux. C'est alors que tout a vacillé[3]. La mer a charrié[4] un souffle épais et ardent. Il m'a semblé que le ciel s'ouvrait sur toute son étendue pour laisser pleuvoir du feu. Tout mon être s'est tendu et j'ai crispé ma main sur le revolver. La gâchette a cédé, j'ai touché le ventre poli de la crosse et c'est là, dans le bruit à la fois sec et assourdissant, que tout a commencé. J'ai secoué la sueur et le soleil. J'ai compris que j'avais détruit l'équilibre du jour, le silence exceptionnel d'une plage où j'avais été heureux. Alors, j'ai tiré encore quatre fois sur un corps inerte où les balles s'enfonçaient sans qu'il y parût. Et c'était comme quatre coups brefs que je frappais sur la porte du malheur.

Albert Camus, *L'Étranger*,

1. Ce personnage est uniquement désigné ainsi, il n'a pas de nom.
2. Le narrateur a enterré sa mère peu de temps auparavant.
3. Tremblé, basculé.
4. Porté, amené.

Contexte historique
Le roman se déroule en 1942 en Algérie qui était alors une colonie française. Après de violents affrontements, l'Algérie obtiendra son indépendance en 1962.

Étranger aux émotions humaines

Pour entrer dans le texte

1. Le narrateur semble-t-il vouloir tuer ? Justifiez votre réponse en citant le texte.

Au fil du texte

2. Relevez les termes qui évoquent les sensations physiques du narrateur. Quel est leur rôle dans le meurtre ?

3. Quelle importance est accordée à l'environnement et au paysage ?

4. Quel est le temps employé dans ce passage ? Quel effet produit-il ? (→ fiche 5, p. 386-387)

5. **Étude de la langue** Relevez les connecteurs logiques et temporels pour découper l'enchaînement des faits. Comment comprenez-vous le sens du mot « alors » l. 23 ?

6. « La gâchette a cédé » (l. 20) : comparez cette formulation avec « j'ai tiré » (l. 23). Qu'en déduisez-vous ?

7. Pourquoi peut-on dire que Meursault est « l'étranger » ?

Vers le commentaire ▶ Rédigez un paragraphe dans lequel vous montrerez que le crime de Meursault est le produit d'un enchaînement tragique (→ fiche 20, p. 416-417).

Texte écho

Daoud, *Meursault, contre-enquête*, 2014

Kamel Daoud
(Né en 1970)
Ce journaliste et écrivain algérien d'expression française a obtenu, avec *Meursault, contre-enquête*, de nombreux prix littéraires, dont le Goncourt du premier roman.

Le roman se présente comme le discours du frère de la victime de Meursault dans *L'Étranger* de Camus (texte 2, p. 273). Il réécrit l'histoire du meurtre, comme si elle était vraie, en adoptant le point de vue de la famille de la victime.

As-tu bien noté ? Mon frère s'appelait Moussa. Il avait un nom. Mais il restera l'Arabe, et pour toujours. Le dernier de la liste, exclu de l'inventaire de ton Robinson[1]. Étrange, non ? Depuis des siècles, le colon[2] étend sa fortune en donnant des noms à ce qu'il s'approprie et en les ôtant à ce qui le gêne. S'il appelle mon frère l'Arabe, c'est pour le tuer comme on tue le temps, en se promenant sans but. Pour ta gouverne, sache que pendant des années, M'ma s'est battue pour une pension[3] de mère de martyr après l'Indépendance[4]. Tu penses bien qu'elle ne l'a jamais obtenue, et pourquoi s'il te plaît ? Impossible de prouver que l'Arabe était un fils – et un frère. Impossible de prouver qu'il avait existé alors qu'il avait été tué publiquement. Impossible de trouver et de confirmer un lien entre Moussa et Moussa lui-même ! Comment dire ça à l'humanité quand tu ne sais pas écrire de livres ? M'ma s'usa quelque temps, pendant les premiers mois de l'Indépendance, à essayer de réunir des signatures ou des témoins, en vain. Moussa n'avait même pas de cadavre !

Moussa, Moussa, Moussa… j'aime parfois répéter ce prénom pour qu'il ne disparaisse pas dans les alphabets. J'insiste sur ça et je veux que tu l'écrives en gros. Un homme vient d'avoir un prénom un demi-siècle après sa mort et sa naissance. J'insiste.

C'est moi qui paie l'addition ce premier soir. Et ton prénom ?

Kamel Daoud, *Meursault, contre-enquête*, © Actes Sud, Babel 2014.

1. Allusion à Robinson Crusoé qui avait baptisé son « sauvage » Vendredi en raison du jour où il l'avait rencontré.
2. Celui qui colonise, le Français en Algérie donc, de 1830 à 1962.
3. Indemnisation pour avoir perdu un enfant.
4. Indépendance de. l'Algérie, obtenue par les accords d'Évian, en 1962.

L'Étranger d'A. Camus, illustration de J. Muñoz, © Futuropolis, 2012.

Lecture comparée

▶ Alice Kaplan, critique littéraire, a dit au sujet de l'absence de nom donné à l'Arabe : « pour peindre une société raciste, on peut réduire l'homme à son identité ethnique. Si [Camus] n'a pas donné de nom à "l'Arabe", c'est bien dans ce but. Il considérait son roman comme un cliché négatif, l'envers de son humanisme. […] Kamel Daoud m'a d'ailleurs dit : "On ne fait pas la même lecture de *L'Étranger* selon que l'on est américain, français ou algérien". » Comprenez-vous alors la volonté de Kamel Daoud exprimée ainsi : « Cette histoire devait donc être réécrite dans la même langue, mais de droite à gauche » ?

Texte 3

Gaudé, *Eldorado*, 2006

Nathan live! TEXTE AUDIO

Le roman mêle plusieurs destins : celui d'un douanier de Lampedusa, qui surveille les embarcations des immigrés clandestins et celui de deux frères soudanais qui tentent à leur tour de fuir leur pays. L'extrait présente ici la narration de Soleiman, l'un des deux frères, juste avant leur départ.

Laurent Gaudé
(Né en 1972)

Cet écrivain et dramaturge français a obtenu le Prix Goncourt en 2004 pour son roman *Le Soleil des Scorta*. Il s'intéresse aux destins hors de l'Europe, et enrichit son activité littéraire de nombreux voyages.

Je contemple mon frère qui regarde la place. Le soleil se couche doucement. J'ai vingt-cinq ans. Le reste de ma vie va se dérouler dans un lieu dont je ne sais rien, que je ne connais pas et que je ne choisirai peut-être même pas. Nous allons laisser derrière nous la tombe de nos ancêtres. Nous allons laisser notre nom, ce beau nom qui fait que nous sommes ici des gens que l'on respecte. Parce que le quartier connaît l'histoire de notre famille. Il est encore, dans les rues d'ici, des vieillards qui connurent nos grands-parents. Nous laisserons ce nom ici, accroché aux branches des arbres comme un vêtement d'enfant abandonné que personne ne vient réclamer. Là où nous irons, nous ne serons rien. Des pauvres. Sans histoire. Sans argent.

Je regarde mon frère qui contemple la place et je sais qu'il pense à tout cela. Nous buvons notre thé avec une lenteur peureuse. Lorsque les verres seront vides, il faudra se lever, payer et saluer les amis. Sans rien leur dire. Les saluer comme si nous allions les revoir dans la soirée. Aucun de nous deux n'a encore la force de faire cela. Alors nous buvons nos thés comme des chats laperaient de l'eau sucrée. Nous sommes là. Encore pour quelques minutes. Nous sommes là. Et bientôt plus jamais.

Laurent Gaudé, *Eldorado*, © Actes Sud, 2006.

Contexte culturel

À l'origine, *eldorado* (en espagnol : « le doré ») désigne une cité mythique, d'or, recherchée par les Européens dans le Nouveau Monde (le continent américain) aux XVIe et XVIIe siècles. Ce terme symbolise désormais un lieu qui fait rêver.

Étranger aux émotions humaines

Pour entrer dans le texte

1. Quels sentiments éprouve le narrateur avant ce départ ? Pourquoi, avec son frère, ne peuvent-ils dirent adieu à leurs amis ?

Au fil du texte

2. **Étude de la langue** Relevez les phrases à la forme négative. Comment interprétez-vous cette négation ?

3. Comme dans les romans *L'Étranger* ou *Meursault, contre-enquête,* le nom apparaît central pour l'identité. Expliquez ce que l'abandon du nom représente pour Jamal, en commentant la figure de style l. 8.

4. **Étude de la langue** Quelle est la particularité syntaxique des dernières phrases du premier paragraphe ? Quelle impression cet effet de style renforce-t-il ?

5. À quoi ressemble ce départ ?

6. **Analyse d'image :** Situez sur une carte de l'Europe l'île de Lampedusa. Comment peut-on expliquer son rôle dans le parcours des migrants ?

Vers le commentaire ▶ Rédigez une partie de commentaire. Vous montrerez comment l'auteur utilise le mythe de l'Eldorado pour révéler la vision qu'a Jamal de son futur.

Texte 4

Fatou Diome, *Le Ventre de l'Atlantique,* 2003

TEXTE AUDIO

Salie, enfant illégitime née au Sénégal, a quitté son pays natal pour la France où elle a connu le racisme, mais aussi l'amitié. Quand elle retourne au Sénégal, elle est accueillie comme une étrangère jugée trop indépendante et différente.

Fatou Diome
(Née en 1968)

Rejetée par sa mère et une partie de sa famille parce qu'elle était illégitime, F. Diome a vite souffert du poids des traditions de son pays, le Sénégal. Elle poursuit ses études en Afrique, puis en France où elle a émigré. Devenue professeur d'université, elle se lance dans l'écriture.

Chez moi ? Chez l'Autre ? Être hybride, l'Afrique et l'Europe se demandent, perplexes, quel bout de moi leur appartient. Je suis l'enfant présenté au sabre de Salomon[1] pour le juste partage. Exilée en permanence, je passe mes nuits à souder les rails qui mènent à l'identité. L'écriture est la cire chaude que je coule entre les sillons creusés par les bâtisseurs de cloisons des deux bords. Je suis cette chéloïde[2] qui pousse là où les hommes, en traçant leurs frontières, ont blessé la terre de Dieu. Lorsque, lasses d'être plongées dans l'opaque repos nocturne, les pupilles désirent enfin les nuances du jour, le soleil se lève, inlassablement, sur des couleurs volées à la douceur de l'art pour borner le monde. Le premier qui a dit : « Celles-ci sont mes couleurs » a transformé l'arc-en-ciel en bombe atomique, et rangé les peuples en armées. Vert, jaune, rouge ? Bleu, blanc, rouge ? Des barbelés ? Évidemment ! Je préfère le mauve, cette couleur tempérée, mélange de la rouge chaleur africaine et du froid bleu européen. Qu'est-ce qui fait la beauté du mauve ? Le bleu ou le rouge ? Et puis, à quoi sert-il de s'en enquérir si le mauve vous va bien ?

Le bleu et le rouge, les chants et les loups, je les ai dans la tête. Je les emporte partout avec moi. Où qu'on aille, il y aura toujours des chants et des loups, ce n'est pas une question de frontières.

Je cherche mon pays là où on apprécie l'être-additionné, sans dissocier ses multiples strates[3]. Je cherche mon pays là où s'estompe la fragmentation identitaire. Je cherche mon pays là où les bras de l'Atlantique fusionnent pour donner de l'encre mauve qui dit l'incandescence et la douceur, la brûlure d'exister et la joie de vivre. Je cherche mon territoire sur une page blanche ; un carnet, ça tient dans un sac de voyage. Alors, partout où je pose mes valises, je suis chez moi. Aucun filet ne saura empêcher les algues de l'Atlantique de voguer et de tirer leur saveur des eaux qu'elles traversent. Racler, balayer les fonds marins, tremper dans l'encre de seiche, écrire la vie sur la crête des vagues.

Fatou Diome, *Le Ventre de l'Atlantique,* © Éd. Anne Carrière, 2003.

1. Allusion à l'histoire biblique du roi Salomon qui dut décider qui était la vraie face à deux mères qui prétendaient au même nourrisson.
2. Tumeur de la peau, fréquente chez les personnes à la peau noire.
3. Différents niveaux constitutifs d'un ensemble.

Partout étrangère

Pour entrer dans le texte

1. À la lecture de ce texte, la narratrice, Salie, vous paraît-elle en colère, apaisée, heureuse, optimiste ?

Au fil du texte

2. **Étude de la langue** Relevez des exemples de verbes qui correspondent à des valeurs différentes du présent (→ fiche 5, p. 386-387).

3. Quel est le sens de la phrase « Le premier [...] a transformé l'arc-en-ciel en bombe atomique » (l. 9-11) ? Expliquez le choix des couleurs citées par la narratrice.

4. Sur quels effets de style s'appuie le lyrisme ?

5. Expliquez le néologisme : « être-additionné » (l. 19).

6. Quelle solution logique la narratrice trouve-t-elle à cette quête ? En quoi le territoire, l'identité peuvent-ils se trouver sur « une page blanche » (l. 23)?

Vers le commentaire ▶ Rédigez un paragraphe dans lequel vous analyserez et interpréterez les différentes métaphores et comparaisons que la narratrice utilise pour définir son identité.

Texte écho

Chimamanda Ngozi Adichie, *Americanah*, 2015

Americanah raconte l'histoire d'Ifemelu, une jeune fille qui quitte le Nigéria, où elle a grandi et cherche sa place aux États-Unis. À son arrivée, elle retrouve sa compatriote, Ginika. Cette dernière lui raconte son expérience américaine.

Chimamanda Ngozi Adichie
(Née en 1977)
À 19 ans, elle quitte son pays d'origine, le Nigéria pour les États-Unis où elle suit un cursus universitaire en création littéraire. Remarquée pour son premier roman, *L'Hibiscus pourpre* (2003), sa conférence sur le féminisme, diffusée en 2012, a connu un énorme succès.

Ginika s'était remise à parler l'anglais du Nigéria, une version datée, dépassée, voulant prouver qu'elle n'avait pas changé. Elle était restée en contact au cours des années, avec une loyauté sans faille, téléphonant et écrivant des lettres, envoyant des livres et des pantalons informes qu'elle appelait des slacks. Et maintenant elle disait « possiblement tu sais » et Ifemelu n'avait pas le cœur de lui dire que personne ne disait plus « possiblement » de nos jours.
Ginika racontait des anecdotes à propos de ses premières expériences en Amérique, comme si elles étaient pleines d'une sagesse subtile dont Ifemelu pourrait profiter. « Si tu les avais vu rire de moi au lycée quand j'ai dit que quelqu'un m'avait baisée. Parce que baiser veut dire faire l'amour. Et j'ai dû expliquer qu'au Nigéria, ça signifie se faire avoir. Et peux-tu croire que "métis" est péjoratif dans ce pays ? Quand j'étais en première année à l'Université, je racontais à des amis que j'avais été élue la plus jolie fille de l'école au Nigéria. Tu te souviens ? Je n'aurais jamais dû gagner. C'est Zainab qui aurait dû gagner. C'était uniquement parce que j'étais métisse. C'est encore pire ici ; il y a des trucs que vous disent les Blancs que je ne supporte pas. Mais quoi qu'il en soit, comme je leur disais que chez moi, tous les garçons me couraient après parce que j'étais métisse, ils ont répliqué que je me dévalorisais. Alors maintenant je dis biraciale, et je suis censée me sentir insultée quand quelqu'un dit métisse. »

Chimamanda Ngozi Adichie, *Americanah*, © Éditions Gallimard, trad. A. Damour, 2015.

Contexte
Le roman *Le Ventre de l'Atlantique* est largement autobiographique ; il évoque, à travers plusieurs destins, l'histoire du Sénégal. Colonie française de 1895 à 1946, ce pays obtint son indépendance en 1960.

Lecture comparée

▶ Cette page de roman pose-t-elle la question de l'identité de la même manière que Fatou Diome dans *Le Ventre de l'Atlantique* ?

Femme marchant dans une rue de Saint-Louis, Sénégal.

Parcours artistique et culturel

Les voyages d'artistes

Objectif : Comprendre en quoi le voyage est une source d'inspiration pour les artistes

A. Eugène Delacroix au Maroc

Doc 1. Carnet, 1832, musée du Louvre, Paris.

Pour comprendre l'image

- En 1832, le peintre romantique Delacroix (1798-1863), accompagne une mission diplomatique française, pendant six mois, au Maroc. Il relate quotidiennement cette expérience dans ses carnets où se mêlent annotations et esquisses (de bâtiments, de silhouettes, de costumes…).
- À une époque où la photographie n'existe pas encore, ces carnets lui servent de mémoire.

Pour comprendre l'image

- Dès son retour en France, Delacroix utilise ses carnets comme une source d'inspiration où il n'aura de cesse de puiser.
- Trois ans avant sa mort, il réalise cette toile, inspirée d'un combat de chevaux auquel il a assisté 30 ans auparavant, au Maroc.

Doc 2. *Chevaux arabes se battant dans une écurie,* 1860, huile sur toile, 65 x 81 cm, musée d'Orsay, Paris.

B. Maxime Du Camp en Égypte

Docs 3. et 4. *Égypte, Nubie, Palestine et Syrie : dessins photographiques recueillis pendant les années 1849, 1850 et 1851, accompagnés d'un texte explicatif et précédés d'une introduction par Maxime Du Camp, chargé d'une mission archéologique en Orient par le ministère de l'Instruction publique*, Paris, Gide et Baudry, 1852.

Pour comprendre les images

- Entre novembre 1849 et avril 1851, l'écrivain Maxime Du Camp (1822-1894) part en Égypte, avec son ami Gustave Flaubert, pour assurer une mission archéologique. Grâce à un appareil photographique, toute nouvelle invention, il rapporte « *des images qui [lui] permettraient une reconstitution exacte* » des sites et monuments croisés.
- Du Camp rêve des péripéties qu'il imagine vivre avec son ami, mais la réalité est plus rude : le temps passé à développer les négatifs et le poids du matériel sont considérables. Il parvient néanmoins à rapporter des images d'Égypte, se révélant l'un des pionniers de la photographie documentaire.

Questions

1. **Doc 1.** Observez le carnet et analysez sa mise en page : comment Eugène Delacroix parvient-il à imbriquer le texte et l'image ? Quel effet visuel cela procure-t-il ?
2. **Doc 2.** Faites l'analyse du tableau de Delacroix. Comment le peintre donne-t-il de la vie à la scène ? (→ fiche 42, p. 460-461 et 43, p. 462-463).
3. **Docs 3 et 4.** Comment les monuments sont-ils mis en valeur par le photographe ?

C. Marina Abramovic et Ulay en Chine

Marina Abramovic (Née en 1946) et Ulay (Né en 1943)

Ce couple d'artiste pratique l'art-performance depuis les années 1970. Au début des années 1980, ils imaginent un nouveau concept : partir chacun de leur côté d'une extrémité de la Grande Muraille de Chine et se retrouver au centre après une marche de 2 000 kilomètres.

Lexique

Performance : art éphémère centré sur une action inhabituelle en train de se produire, ainsi que sur les effets qu'elle provoque sur l'artiste qui la réalise, et/ou sur le public qui en est témoin.

Docs 5. et 6. *The Great Wall Walk*, 1988, narré par Jung Chang.

Pour comprendre les images

- Lors de la conception du projet, la réunion des deux artistes devait symboliser le couple amoureux. Toutefois, lorsqu'ils obtiennent l'autorisation des autorités chinoises, huit ans après, le couple s'était séparé. Les artistes maintiennent leur projet, mais après leur marche solitaire, ils n'échangent qu'une accolade.
- Cette performance est immortalisée par un documentaire, *The Great Wall Walk,* qui revient sur les 90 jours de périple.

D. Lee Jeffries aux États-Unis

Lee Jeffries
(Né en 1971)
Photographe anglais qui parcourt le monde depuis dix ans pour rencontrer des sans-abris. C'est après avoir discuté longtemps avec un S.D.F. que l'artiste lui demande la permission de le photographier. Ce que l'artiste recherche dans le voyage, ce n'est pas le paysage, mais l'humanité.

Docs 7. et 8. Lee Jeffries, série *Homeless*, depuis 2008.

Pour comprendre les images

- Toujours sur fond noir, en cadrage serré et en vue frontale, les œuvres de Jeffries ne laissent aucune place à l'environnement.
- Sans complaisance, Jeffries n'hésite pas à accentuer les reliefs du visage. Il ne cherche pas à faire du beau, mais à produire une image qui témoigne de la misère et de la souffrance dans le monde.
- Après avoir partagé les conditions de vie des sans-abris, il prend la photographie, qui clôt la rencontre. Cette galerie de visages devient alors son récit de voyage.

À retenir

▶ Plus que de paysages, de coutumes, d'étrangers et d'architectures, les œuvres témoignent de l'expérience vécue par l'artiste voyageur : l'émerveillement, le dépassement des difficultés, l'expérience de l'introspection ou le bouleversement d'une rencontre.

Questions

1. **Docs 5 et 6 :** Pour M. Abramovic, « l'art [doit] être la vie ». Comment cette citation s'applique-t-elle au projet *The Great Wall Walk* ?
2. **Docs 7 et 8 :** En quoi les voyages de L. Jeffries diffèrent-ils de ceux des autres artistes présentés ?
3. **Docs 1 à 8 :** Comparez ces quatre voyages. Les artistes avaient-ils les mêmes motivations ? Ont-ils vécu des expériences similaires ? Les œuvres qui en découlent ont-elles la même fonction ?

Faire le point → # D'un pays à l'autre

Au fil des siècles

1 Au Moyen Âge et au XVIe siècle

- *Le Livre des merveilles,* de **Marco Polo,** ouvre, en 1298, la tradition du **récit de voyage.** Écrit au présent, à la première personne, avec un recours régulier à l'hyperbole, il inspire l'émerveillement ou l'horreur.
- À l'époque des **Grandes Découvertes,** au **XVIe siècle,** les **journaux et récits des explorateurs** (Colomb, Cortès, Léry) font vibrer les Européens, qui vivent l'inconnu par procuration, d'autant plus qu'il s'agit « d'histoires vraies ».

2 Au XVIIIe siècle

- Le récit de voyage, à l'époque des **Lumières,** devient l'occasion de **réflexions sur les mœurs** et le rapport avec **« l'étranger »** qui donneront naissance à **l'ethnographie** (étude des peuples et de leurs coutumes) (Diderot).
- L'exotisme, entretenu par l'expansion coloniale, favorise le succès de ces récits, parfois **fictifs :** ils reprennent alors les codes du genre pour dénoncer les **travers du monde occidental.**
- Si certains se revendiquent imaginaires (*Les Voyages de Gulliver*, de Swift), d'autres poussent la supercherie jusqu'au bout (Montesquieu se présente comme le traducteur de « lettres persanes » qu'il aurait trouvées).

3 Au XIXe siècle

- À l'époque romantique, les récits de voyage contiennent de nombreuses **descriptions de paysages.** Ces « tableaux » reflètent les **états d'âme** des artistes (Chateaubriand, Delacroix).

4 Au XVIIIe siècle

- Le thème de l'**errance,** prisé des poètes (Cendrars), nourrit le récit de voyage : l'accent est mis moins sur la destination, la découverte, que sur le **trajet** lui-même.
- Les écrivains prétendent désormais faire vivre au lecteur leur **expérience initiatique du voyage** (Morand, Bouvier, Garde).

Zoom sur… L'étranger, cet autre nous-mêmes

L'étranger

- Être étranger, c'est être **« hors de » :** hors d'un pays, d'une communauté, d'une culture.
- L'étranger fait l'expérience de **l'altérité** (Bougainville).
- Parfois, l'étranger ne se sent pas autre, mais est **exclu** par ceux qui le considèrent différent (Duras).

Les étrangers

- Le pluriel introduit une dimension politique qui est aujourd'hui particulièrement sensible avec les vagues de migrations.
- Les étrangers se caractérisent par l'idée de **déplacement imposé** par un contexte **politique** ou **économique.**
- Se pose alors le problème de leur **identité** tant dans le pays d'accueil que dans leur pays d'origine. (Gaudé, Diome, Adichie).

Étranger à soi même

- Le mot « étranger » fait écho à la notion d'**étrangeté.** Meursault, dans *L'Étranger,* de Camus, est en marge. Au même titre que l'Arabe qu'il tue n'a **pas de nom,** il n'a **pas d'existence** définie au monde (Camus, Daoud).

Enrichir son vocabulaire

Découvrir

- Littéralement, il s'agit d'ôter la couverture, de mettre à nu ce qui est caché. L'intérêt du verbe réside dans la diversité : on peut découvrir un pays, une culture, une personne, mais aussi soi-même. On peut également re-découvrir, parce que la découverte fonctionne parfois par degrés, par étapes.

Étranger

- Du latin *extraneus*, « qui vient du dehors, qui n'est pas de la famille », l'étranger est d'abord un *alien*, c'est-à-dire un autre. Il se distingue par défaut, c'est-à-dire par sa non-appartenance au groupe, et non par son lieu d'origine.

Ruée

- Ce mot désigne, dans notre contexte, la précipitation d'un grand nombre de personnes en un même endroit, souvent à cause de la découverte d'une denrée précieuse : l'or, le pétrole, etc.

Exploration

- Fortement associée au voyage, à la découverte de l'inconnu, l'exploration est l'idée de parcourir – avec les yeux, avec les jambes – un nouveau lieu, un nouveau territoire, de chercher à le comprendre.

Itinéraire

- Popularisé par les GPS, ce mot a longtemps été boudé au profit de « route » ou « trajet », pourtant moins précis. L'itinéraire désigne véritablement le chemin que l'on emprunte pour atteindre sa destination. Il évoque l'idée d'une feuille de route, donc d'une intention, d'une planification pour pallier les aléas du voyage.

Périple

- Issu du grec ancien signifiant « naviguer autour », il correspondait à l'origine à un document listant les ports, particularités de la côte ou dangers à destination des marins. Aujourd'hui, le terme a conservé l'idée de danger, mais n'est plus limité à l'univers marin et ne connote aucune intention de préparation : il désigne un voyage marqué d'obstacles.

Lectures cursives

CARNET DE LECTEUR

→ * **Guy Delisle, *Chroniques de Jérusalem*, Delcourt, 2011**

L'INTRIGUE

Une année à Jérusalem racontée en bande-dessinée. Le dessinateur esquisse les questions essentielles autour de cette ville animée par les passions et les conflits depuis près de 4 000 ans.

- Quel regard d'étranger Delisle porte-t-il sur la ville ?

→ ** **Sylvain Tesson, *Dans les forêts de Sibérie*, Gallimard, 2011**

L'INTRIGUE

Une cabane au fond des bois, le froid glacial de la taïga sibérienne, la chaleur d'un thé fumant. Au croisement du récit et de l'essai, ce texte invite à la contemplation, l'observation, l'introspection.

- Comment Tesson tire-t-il profit de son séjour dans une nature hostile ?

→ *** **Nicolas Bouvier, *L'Usage du monde*, 1963**

L'INTRIGUE

« Un voyage se passe de motifs. Il ne tarde pas à prouver qu'il se suffit à lui-même. On croit qu'on va faire un voyage, mais bientôt c'est le voyage qui vous fait, ou vous défait. »

- Dans quelle mesure le voyage de Bouvier en Afghanistan est-il aussi un voyage intérieur ?

CHAPITRE 12

Histoires de familles, enjeu du récit autobiographique

NRP
- **Analyse filmique** *Tel père, tel fils*
- **Séquence** Lire *Le Père Goriot* aujourd'hui

Les XXe et XXIe siècles sont traversés par l'urgence de raconter son ascendance et son existence. La littérature devient, pour le lecteur, un lieu où observer la vie des autres : autant de destins individuels, auparavant passés sous silence ou racontés de l'extérieur, se font alors connaître.

Problématique :
Le récit autobiographique peut-il rendre compte de la vérité d'une vie ?

LIRE UNE ŒUVRE INTÉGRALE

La Place, d'Annie Ernaux (1983)

Annie Ernaux
(Née en 1940)

Professeure de lettres et auteure de nombreux ouvrages à caractère autobiographique, Annie Ernaux rejette la fiction et relie profondément la littérature à la sociologie et à l'Histoire. Son œuvre vise à travailler le matériau de la vie individuelle pour y retrouver ce qu'elle a de collectif.
> p. 522

▶ Présentation de l'œuvre

Dans *La Place*, Annie Ernaux esquisse un portrait de son père, qui tenait un café-épicerie en Normandie. C'est la mort de ce dernier qui déclenche l'écriture et ce souvenir se mêle à d'autres, fragmentaires, relatés dans un style froid et plat.
La Place **explore les limites du récit romanesque : en écrivant, Annie Ernaux comprend et nous fait comprendre que le roman traditionnel est ici impossible.**

Une rue d'Yvetot dans les années 1950.

Texte 1 La belle conversation

Nathan live! TEXTE AUDIO

La Place **s'ouvre sur une scène inhabituelle : la narratrice va devenir professeur et enseigner la langue française à ses élèves. Elle s'éloigne de la classe sociale de son père. Ici, elle s'interroge sur la langue que parlait son père.**

Le patois[1] avait été l'unique langue de mes grands-parents.
Il se trouve des gens pour apprécier le « pittoresque du patois » et du français populaire. Ainsi Proust relevait avec ravissement les incorrections et les mots anciens de Françoise[2]. Seule l'esthétique lui importe parce que Françoise est sa bonne et non sa mère. Que lui-même n'a jamais senti ces tournures lui venir aux lèvres spontanément.
Pour mon père, le patois était quelque chose de vieux et de laid, un signe d'infériorité. Il était fier d'avoir pu s'en débarrasser en partie, même si son français n'était pas bon, c'était du français. Aux kermesses d'Y., des forts en bagout[3], costumés à la normande, faisaient des sketches en patois, le public riait. Le journal local avait une chronique normande pour amuser les lecteurs. Quand le médecin ou n'importe qui de *haut placé* glissait une expression cauchoise[4] dans la conversation comme « elle pète par la sente » au lieu d'« elle va bien », mon père répétait la phrase du docteur à ma mère avec satisfaction, heureux de croire que ces gens-là, pourtant si chics, avaient quelque chose de commun avec nous, une petite infériorité. Il était persuadé que cela leur avait échappé. Car il lui a toujours paru impossible que l'on puisse parler « bien » naturellement. Toubib ou curé, il fallait se forcer, s'écouter, quitte chez soi à se laisser aller.

1. Langue régionale.
2. Françoise est la bonne du narrateur dans *À la recherche du temps perdu* (1913-1927), de M. Proust. Elle est inspirée de Céleste Albaret, servante de l'auteur.
3. Des hommes à l'aise à l'oral pour convaincre ou tromper leurs interlocuteurs.
4. Du pays de Caux (région en Normandie).

Bavard, au café, en famille, devant les gens qui parlaient bien il se taisait, ou il s'arrêtait au milieu d'une phrase, disant « n'est-ce pas » ou simplement « pas » avec un geste de la main pour inviter la personne à comprendre et à poursuivre à sa place. Toujours parler avec précaution, peur indicible[5] du mot de travers, d'aussi mauvais effet que de lâcher un pet.

Mais il détestait aussi les grandes phrases et les expressions nouvelles qui ne « voulaient rien dire ». Tout le monde à un moment disait : « Sûrement pas » à tout bout de champ, il ne comprenait pas qu'on dise deux mots se contredisant. À l'inverse de ma mère, soucieuse de faire évoluée, qui osait expérimenter, avec un rien d'incertitude, ce qu'elle venait d'entendre ou de lire, il se refusait à employer un vocabulaire qui n'était pas le sien.

Annie Ernaux, *La Place*, © Éditions Gallimard.

5. Si grande qu'on ne peut l'exprimer.

Façade du « Café du Commerce », Senlis, dans les années 1950.

Utiliser la langue, penser la langue

Pour entrer dans le texte

1. Décrivez la façon dont le père s'exprime en français.

Au fil du texte

2. **Étude de la langue** Dans « ma mère, soucieuse de faire évoluée » (l. 27), par quel verbe pouvez-vous remplacer « faire » ?
3. Le père de la narratrice perçoit le patois comme « un signe d'infériorité » (l. 7-8). Cette opinion est-elle partagée par tous les personnages du récit ?
4. Selon vous, la comparaison entre le « mot de travers » et le pet lâché par inadvertance est-elle appropriée ? Pourquoi ?
5. Diriez-vous que le style de ce passage est littéraire ?

Vers la dissertation ▶ Annie Ernaux affirme dans *L'Écriture comme un couteau* (2003) qu'elle « importe dans la littérature quelque chose de dur, de lourd, de violent ». Rédigez un paragraphe pour éclairer cette affirmation en vous servant de cet extrait.

Carnet de lecteur ▶ Élaborez votre dictionnaire personnel en listant dix mots et expressions que vous aimez utiliser et en leur donnant votre propre définition.

Texte 2

TEXTE AUDIO

Plus rien à se dire

Après avoir raconté des souvenirs d'enfance, la narratrice évoque la distance de plus en plus grande qui sépare le père de sa fille adolescente. Tous deux comprennent qu'ils font désormais partie de deux mondes distincts.

Contexte culturel

Dans les années 1950, Annie Ernaux étudie les lettres et la philosophie au lycée. La lecture de *La Nausée* de Sartre et du *Deuxième Sexe* de Beauvoir sont des révélations pour elle.

Une complicité me liait à ma mère. Histoires de mal au ventre mensuel, de soutien-gorge à choisir, de produits de beauté. Elle m'emmenait faire des achats à Rouen, rue du Gros-Horloge, et manger des gâteaux chez Périer, avec une petite fourchette. Elle cherchait à employer mes mots, flirt[1], être une crack[2], etc. On n'avait pas besoin de lui.

La dispute éclatait à table pour un rien. Je croyais toujours avoir raison parce qu'il ne savait pas *discuter*. Je lui faisais des remarques sur sa façon de manger ou de parler. J'aurais eu honte de lui reprocher de ne pas pouvoir m'envoyer en vacances, j'étais sûre qu'il était légitime de vouloir le faire changer de manières. Il aurait peut-être préféré avoir une autre fille.

Un jour : « Les livres, la musique, c'est bon pour toi. Moi je n'en ai pas besoin pour *vivre*. »

Le reste du temps, il vivait patiemment. Quand je revenais de classe, il était assis dans la cuisine, tout près de la porte donnant sur le café, à lire *Paris-Normandie*[3], le dos voûté, les bras allongés de chaque côté du journal étalé sur la table. Il levait la tête :

– Tiens voilà la fille.

– Ce que j'ai faim !

– C'est une bonne maladie. Prends ce que tu veux.

Je pensais qu'il ne pouvait plus rien pour moi. Ses mots et ses idées n'avaient pas cours dans les salles de français ou de philo, les séjours à canapé de velours rouge des amies de classe. L'été, par la fenêtre ouverte de ma chambre, j'entendais le bruit de sa bêche aplatissant régulièrement la terre retournée.

J'écris peut-être parce qu'on n'avait plus rien à se dire.

Annie Ernaux, *La Place*, © Éditions Gallimard.

1. Séduction, drague *(familier)*.
2. Être très compétent *(familier)*.
3. Journal quotidien régional diffusé en Normandie.

Faire ressentir la distance entre deux mondes

Pour entrer dans le texte

1. Quelles différences la narratrice relève-t-elle entre son père et sa mère ?

Au fil du texte

2. Diriez-vous que l'adolescente et son père sont violents l'un envers l'autre ?
3. Le texte montre-t-il des signes d'amour de la narratrice pour son père ?
4. **Étude de la langue** « Tiens » (l. 17). À quel mode ce verbe est-il ? Quelle est sa valeur ?
5. Pourquoi l'auteure évoque-t-elle le souvenir du « bruit de sa bêche aplatissant régulièrement la terre retournée » (l. 23) ? Avancez plusieurs hypothèses.
6. L'auteure avance qu'elle écrit sur son père parce qu'elle n'avait plus rien à lui dire. Pensez-vous que cette affirmation soit contradictoire ? Justifiez votre réponse.

Vers le commentaire ▶ « L'été, par la fenêtre […] n'avait plus rien à se dire. » (l. 22-24) En vous aidant des réponses aux questions précédentes, rédigez un paragraphe de commentaire sur ce passage.

Carnet de lecteur ▶ Comment filmeriez-vous la narratrice revenant de classe et trouvant son père lisant le journal à la table ? Imaginez les acteurs que vous choisissez, le décor, le type de plan (gros plan, plan large, plan fixe ou qui suit un personnage), la musique… Vous pouvez schématiser vos intentions ou bien les décrire.

Texte écho

Éribon, *Retour à Reims*, 2009

***Retour à Reims* est un ouvrage autobiographique : son auteur revient à Reims après la mort de son père et retrace l'histoire de sa famille en mêlant l'expression de l'intime et l'analyse sociologique.**

Didier Éribon
(Né en 1953)
Sociologue et philosophe français notamment connu pour son essai *Réflexions sur la questions gay* publié à la fin des années 1990.

Quand j'essaie de réfléchir, je me dis que je ne sais pas grand-chose de mon père. Que pensait-il ? Oui, que pensait-il du monde dans lequel il vivait ? De lui-même ? Et des autres ? Comment percevait-il les choses de la vie ? Les choses de sa vie ? Et notamment nos relations, de plus en plus tendues, puis de plus en plus distantes, puis notre absence de relations ? Je fus stupéfait, il y a peu, d'apprendre que, me voyant un jour dans une émission de télévision, il s'était mis à pleurer, submergé par l'émotion. Constater qu'un de ses fils avait atteint à ce qui représentait à ses yeux une réussite sociale à peine imaginable l'avait bouleversé. Il était prêt, lui que j'avais connu si homophobe, à braver le lendemain le regard des voisins et des habitants du village et même à défendre, en cas de besoin, ce qu'il considérait comme son honneur et celui de sa famille. Je présentais, ce soir-là, mon livre *Réflexions sur la question gay*, et, redoutant les commentaires et les sarcasmes[1] que cela pourrait déclencher, il avait déclaré à ma mère : « Si quelqu'un me fait une remarque, je lui fous mon poing dans la gueule. »

Je n'eus jamais – jamais ! – de conversation avec lui. Il en était incapable (du moins avec moi, et moi avec lui). Il est trop tard pour le déplorer. Mais il y a tant de questions que j'aimerais lui poser aujourd'hui, ne serait-ce que pour écrire le présent livre. Là encore, je suis étonné de lire cette phrase dans le récit de Baldwin : « À sa mort, je m'aperçus que je ne lui avais pour ainsi dire jamais parlé. Quand il fut mort depuis un certain temps, je commençai de le regretter. »

Didier Éribon, *Retour à Reims*, © Librairie Arthème Fayard, 2009.

1. Moqueries.

Contexte littéraire

James Baldwin (1924-1987) est un homme de lettres américain. Il questionne dans son œuvre les distinctions de race, de sexualité et classe sociale.

Didier Éribon cite *Notes of a Native son*, un essai de J. Baldwin (1955). La phrase est traduite par Éribon.

Retour à Reims, de Didier Éribon, mise en scène de Th. Ostermeier, théâtre de la Ville, 2016, avec C. Eeckhout et I. Jacob.

Lecture comparée

▶ Éribon décrit-il son père de la même manière qu'Ernaux décrit le sien ?

Texte 3

L'imminence

Nathan live! TEXTE AUDIO

La Place commence et s'achève sur la mort du père : à la fin de l'œuvre, l'auteure mêle le récit des jours précédant cette mort et une réflexion sur l'écriture.

Contexte

Y. désigne Yvetot, la commune normande dans laquelle Ernaux a grandi. L'auteure la décrit comme une ville où les différences sociales sont très marquées : les quartiers bourgeois se démarquent clairement des quartiers pauvres où elle vivait. Aujourd'hui, Ernaux habite Cergy-Pontoise, ville de banlieue située au nord-ouest de Paris.

Il aimait de plus en plus la vie.

Plusieurs mois se sont passés depuis le moment où j'ai commencé ce récit, en novembre. J'ai mis beaucoup de temps parce qu'il ne m'était pas aussi facile de ramener au jour des faits oubliés que d'inventer. La mémoire résiste. Je ne pouvais pas compter sur la réminiscence[1], dans le grincement de la sonnette d'un vieux magasin, l'odeur d'un melon trop mûr, je ne retrouve que moi-même, et mes étés de vacances, à Y. La couleur du ciel, les reflets des peupliers dans l'Oise toute proche, n'avaient rien à m'apprendre. C'est dans la manière dont les gens s'assoient et s'ennuient dans les salles d'attente, interpellent leurs enfants, font au revoir sur les quais de gare que j'ai cherché la figure de mon père. J'ai retrouvé dans des êtres anonymes rencontrés n'importe où, porteurs à leur insu[2] des signes de force ou d'humiliation, la réalité oubliée de sa condition.

Il n'y a pas eu de printemps, j'avais l'impression d'être enfermée dans un temps invariable depuis novembre, frais et pluvieux, à peine plus froid au cœur de l'hiver. Je ne pensais pas à la fin de mon livre. Maintenant, je sais qu'elle approche. La chaleur est arrivée début juin. À l'odeur du matin, on est sûr qu'il fera beau. Bientôt je n'aurai plus rien à écrire. Je voudrais retarder les dernières pages, qu'elles soient toujours devant moi. Mais il n'est même plus possible de revenir trop loin en arrière, de retoucher ou d'ajuster des faits, ni même de me demander où était le bonheur. Je vais prendre un train matinal et je n'arriverai que dans la soirée, comme d'habitude. Cette fois, je leur amène leur petit-fils de deux ans et demi.

Annie Ernaux, *La Place*, © Éditions Gallimard.

1. Souvenir vague.
2. Sans qu'ils le sachent

L'écriture pour retarder la mort

Pour entrer dans le texte

1. Relevez les lignes qui montrent la narratrice après la mort de son père et celles qui la montrent avant cette mort.

Au fil du texte

2. Comparez « Maintenant, je sais qu'elle approche » (l. 15-16) et « Cette fois, je leur amène leur petit-fils » (l. 21-22) : ces deux actions se déroulent-elles au même moment ?

3. **Étude de la langue** Relevez les verbes au présent dans le dernier paragraphe. Quelles sont les valeurs de ce temps pour chaque verbe ?

4. Quels renseignements l'auteure nous donne-t-elle sur l'écriture de son livre ?

5. Pourquoi nous montrer sa méthode d'écriture à la toute fin de son ouvrage ? Avancez plusieurs hypothèses.

6. Qualifieriez-vous cette fin de « poétique » ? Justifiez votre réponse.

Vers la dissertation ▶ La narratrice affirme qu'il n'est pas « aussi facile de ramener au jour des faits oubliés que d'inventer ». Comment, dans son récit, fait-elle face à cette difficulté ?

Carnet de lecteur ▶ L'auteure montre comment elle procède pour écrire son œuvre. Et vous, comment procédez-vous lors de la rédaction d'une copie scolaire ? Faites votre portrait de rédacteur scolaire.

Texte écho

Annie Ernaux, *Les Années*, 2008

***Les Années* est une œuvre décrite comme une autobiographie impersonnelle. Elle a l'ambition d'entremêler la vie de l'auteure à un flux d'images, de réflexions et de citations qui ont traversé l'histoire de tous. L'extrait montre le début de l'œuvre.**

Toutes les images disparaîtront. […]

[L]es images réelles ou imaginaires, celles qui suivent jusque dans le sommeil les images d'un moment baignées d'une lumière qui n'appartient qu'à elles.

Elles s'évanouiront toutes d'un seul coup comme l'ont fait les millions d'images qui étaient derrière les fronts des grands-parents morts il y a un demi-siècle, des parents morts eux aussi. Des images où l'on figurait en gamine au milieu d'autres êtres déjà disparus avant qu'on soit né, de même que dans notre mémoire sont présents nos enfants petits aux côtés de nos parents et de nos camarades d'école. Et l'on sera un jour dans le souvenir de nos enfants au milieu de nos petits-enfants et de gens qui ne sont pas encore nés. Comme le désir sexuel, la mémoire ne s'arrête jamais. Elle apparie[1] les morts aux vivants, les êtres réels à l'imaginaire, le rêve à l'histoire.

1. Unir par paire.

Annie Ernaux, *La Place*,

Lecture comparée

▶ Comparez le texte 3 (p. 289) et cet extrait : la mort y est-elle abordée différemment ?

L'ŒUVRE EN PERSPECTIVE — *La Place*, d'Annie Ernaux

1 La démarche d'Annie Ernaux

- Écrire sur soi n'est pas une pratique nouvelle. Le genre **autobiographique** compte de nombreux sous-genres, comme les **mémoires,** dans lesquels l'écrivain met l'accent sur sa vie publique, ou les **journaux**, plus intimes et structurés par des entrées datées.
- Il est difficile de faire entrer *La Place* d'Ernaux dans une catégorie précise. Certains parlent d'« **autosociobiographie** », pour décrire ce nouveau genre mêlant roman, autobiographie et sociologie.
- Cependant, l'intention de l'auteure est claire : elle **recherche la vérité**. Elle s'inscrit ainsi notamment dans la lignée d'autres auteurs :
  - Rousseau : *Les Confessions* (1782) (→ texte p. 291) « Je veux montrer à mes semblables un homme dans toute la vérité de la nature ; et cet homme, ce sera moi. » (Second préambule des *Confessions*, livre I, 1782) ;
  - Proust : *À la recherche du temps perdu* (1913-1927) (→ texte p. 293). « La vraie vie, la vie enfin découverte et éclaircie, la seule vie par conséquent réellement vécue, c'est la littérature. » (*Le Temps retrouvé*, 1927)

2 Analyser des récits autobiographiques

Les œuvres autobiographiques sont diverses mais on s'interrogera toujours sur :
- le **point de départ** de l'œuvre (une mort, une naissance, un amour, un souvenir banal…) ;
- le **projet de l'auteur** (rechercher une vérité, témoigner, interroger le rapport entre réalité et fiction…) ;
- le **choix des souvenirs** et leur enchaînement.

Activité

- Faites une recherche sur les vingt dernières œuvres à avoir obtenu le prix Goncourt et sur les vingt dernières à avoir reçu le prix Femina. Combien sont, selon vous, des œuvres autobiographiques ?

Père et mère dans les récits à la 1re personne

Texte 1

Rousseau, *Les Confessions*, 1782

TEXTE AUDIO

Les Confessions, considérées comme le premier modèle du genre autobiographique, comprennent douze livres, chacun couvrant une partie de la vie de Rousseau. Le Livre I revient sur son enfance.

Jean-Jacques Rousseau
(1712-1778)
Homme de lettres et philosophe des Lumières, Rousseau est d'abord connu pour ses romans (*Julie ou la Nouvelle Héloïse*, 1761) et ses essais politiques (*Du contrat social*, 1762). Après sa mort seront publiées *Les Confessions* et *Les Rêveries du promeneur solitaire* (1782), œuvres plus intimes où il observe et analyse ses propres sentiments.
> p. 528

Mon père, après la naissance de mon frère unique, partit pour Constantinople, où il était appelé, et devint horloger du sérail[1]. Durant son absence, la beauté de ma mère, son esprit, ses talents lui attirèrent des hommages. M. de la Closure, résident de France, fut un des plus empressés à lui en offrir. Il fallait que sa passion fût vive, puisque au bout de trente ans je l'ai vu s'attendrir en me parlant d'elle. Ma mère avait plus que de la vertu pour s'en défendre ; elle aimait tendrement son mari. Elle le pressa de revenir : il quitta tout, et revint. Je fus le triste fruit de ce retour. Dix mois après, je naquis infirme et malade. Je coûtai la vie à ma mère, et ma naissance fut le premier de mes malheurs.

Je n'ai pas su comment mon père supporta cette perte, mais je sais qu'il ne s'en consola jamais. Il croyait la revoir en moi, sans pouvoir oublier que je la lui avais ôtée ; jamais il ne m'embrassa que je ne sentisse à ses soupirs, à ses convulsives[2] étreintes, qu'un regret amer se mêlait à ses caresses : elles n'en étaient que plus tendres. Quand il me disait : Jean-Jacques, parlons de ta mère ; je lui disais : Hé bien ! mon père, nous allons donc pleurer : et ce mot seul lui tirait déjà des larmes. Ah ! disait-il en gémissant, rends-la-moi, console-moi d'elle, remplis le vide qu'elle a laissé dans mon âme. T'aimerais-je ainsi, si tu n'étais que mon fils ? Quarante ans après l'avoir perdue, il est mort dans les bras d'une seconde femme, mais le nom de la première à la bouche, et son image au fond du cœur. Tels furent les auteurs de mes jours. De tous les dons que le ciel leur avait départis, un cœur sensible est le seul qu'ils me laissèrent : mais il avait fait leur bonheur, et fit tous les malheurs de ma vie.

Jean-Jacques Rousseau, *Les Confessions*, 1782.

1. Palais d'un sultan dans l'ancien Empire ottoman.
2. Nerveuses.

Triste fruit d'un amour perdu

Pour entrer dans le texte

1. La naissance de Rousseau est-elle évoquée de manière joyeuse par l'auteur ?

Au fil du texte

2. Pour quelles raisons la mère de l'auteur presse-t-elle son mari de revenir auprès d'elle ?
3. Quelles sont les qualités de la mère énumérées par l'auteur ?
4. Comment se traduit le sentiment de culpabilité éprouvé par Rousseau ?
5. Relevez la périphrase par laquelle l'auteur désigne sa naissance, et interprétez-la.
6. Analysez la tonalité pathétique (→ Fiche 20, p. 416) qui parcourt le deuxième paragraphe.
7. Quel « héritage » les parents de Rousseau lui ont-ils légué ? En est-il satisfait ?

Vers la dissertation sur œuvre ▶ Dans « De la littérature considérée comme une tauromachie » (1946), Michel Leiris écrit : « Me dévoiler devant les autres [...] c'était tenter de les séduire pour qu'ils me soient indulgents. » Rédigez un paragraphe pour montrer en quoi cette citation s'applique à cet extrait des *Confessions*.

Texte écho

Maryse Condé, *La Vie sans fards*, 2012

« Pourquoi faut-il que toute tentative de se raconter aboutisse à un fatras de demi-vérités ? » C'est ainsi que Maryse Condé débute son autobiographie, *La Vie sans fards*, qui vise à détruire les images trompeuses et les mythes séduisants sur sa vie.

Maryse Condé
(Née en 1934)

Cette femme de lettres et journaliste française se revendique Guadeloupéenne indépendantiste. Auteure de nombreux essais, de pièces de théâtre ou de romans jeunesse, elle est connue avant tout pour son roman historique *Segou* sur la chute de l'empire bambara et pour son récit d'esclaves *Moi, Tituba, sorcière noire de Salem.*

Paraphrasant donc Jean-Jacques Rousseau dans *Les Confessions*, je déclare aujourd'hui que *je veux montrer à mes semblables une femme dans toute la vérité de la nature et cette femme sera moi*[1].

D'une certaine manière, j'ai toujours éprouvé de la passion pour la vérité, ce qui, sur le plan privé comme public, m'a souvent desservie[2]. Dans mon récit de souvenirs *Le Cœur à rire et à pleurer – Contes vrais de mon enfance*, je raconte comment ma « vocation d'écrivain », si on peut employer pareils termes, aurait pris naissance. J'aurais environ dix ans. C'était, semble-t-il, un 28 avril, jour de l'anniversaire de ma mère que j'idolâtrais, mais dont le caractère singulier[3], complexe et fantasque ne manquait pas de me déconcerter. J'aurais donc élaboré une composition, mi poème mi-saynète[4], où je me serais efforcée de peindre les multiples facettes de sa personnalité, tantôt tendre et sereine comme brise de mer, tantôt moqueuse et grinçante. Ma mère m'aurait écoutée sans mot dire tandis que je paradais devant elle, vêtue d'une robe bleue. Puis, elle aurait levé sur moi des yeux à ma stupeur remplis de larmes et aurait soufflé :

« C'est ainsi que tu me vois ? »

J'aurais éprouvé à ce moment-là un sentiment de puissance que j'aurais cherché à revivre, livre après livre.

Cette anecdote construite *a posteriori*[5] me semble parfaitement illustrer ces involontaires (?) tentatives d'embellissement que je dénonce.

Maryse Condé, *La Vie sans fards*, avant-propos, © J.-C. Lattès, 2012.

Lecture comparée

▶ Quelle image de leur mère J.-J. Rousseau et M. Condé présentent-ils dans ces deux extraits ?

1. Condé réécrit le très célèbre préambule des *Confessions* de Rousseau : « Je forme une entreprise qui n'eut jamais d'exemple et dont l'exécution n'aura point d'imitateur. Je veux montrer à mes semblables un homme dans toute la vérité de la nature ; et cet homme ce sera moi. »
2. M'a souvent nui.
3. Étonnant.
4. Courte scène comique au théâtre.
5. Après les faits.

Maryse Condé, le 12 septembre 1986, en Guadeloupe.

Texte 2

Nathan live! TEXTE AUDIO

Marcel Proust
(1871-1922)

Marcel Proust est un écrivain issu d'une famille bourgeoise qui fait des études de droit puis de lettres avant d'intégrer le milieu mondain parisien. Après la mort de sa mère, il se consacre presque exclusivement à son activité littéraire et écrit *À la recherche du temps perdu*, considéré comme un des romans du XXe siècle les plus aboutis.
> p. 527

Contexte littéraire

Au début du XXe siècle, le roman se nourrit de plus en plus des expériences singulières des auteurs, comme dans les œuvres de Colette ou Henri Barbusse. Dans toute l'Europe, on constate aussi un renouveau du roman psychologique avec, notamment, James Joyce ou Frantz Kafka.

Proust, *Du côté de chez Swann*, 1906

TEXTE ENRICHI

À la recherche du temps perdu **est un roman en sept tomes, largement inspiré par la vie de l'auteur, écrit de 1906 à 1922, sur le passage du temps et la mémoire. Dans** ***Du côté de chez Swann*****, le premier tome, le narrateur raconte son enfance.**

Ma seule consolation, quand je montais me coucher, était que maman viendrait m'embrasser quand je serais dans mon lit. Mais ce bonsoir durait si peu de temps, elle redescendait si vite, que le moment où je l'entendais monter, puis où passait dans le couloir à double porte le bruit léger de sa robe de jardin en mousseline bleue, à laquelle pendaient de petits cordons de paille tressée, était pour moi un moment douloureux. Il annonçait celui qui allait le suivre, où elle m'aurait quitté, où elle serait redescendue. De sorte que ce bonsoir que j'aimais tant, j'en arrivais à souhaiter qu'il vînt le plus tard possible, à ce que se prolongeât le temps de répit où maman n'était pas encore venue. Quelquefois quand, après m'avoir embrassé, elle ouvrait la porte pour partir, je voulais la rappeler, lui dire « embrasse-moi une fois encore », mais je savais qu'aussitôt elle aurait son visage fâché, car la concession[1] qu'elle faisait à ma tristesse et à mon agitation en montant m'embrasser, en m'apportant ce baiser de paix, agaçait mon père qui trouvait ces rites absurdes, et elle eût voulu tâcher de m'en faire perdre le besoin, l'habitude, bien loin de me laisser prendre celle de lui demander, quand elle était déjà sur le pas de la porte, un baiser de plus. Or la voir fâchée détruisait tout le calme qu'elle m'avait apporté un instant avant, quand elle avait penché vers mon lit sa figure aimante, et me l'avait tendue comme une hostie[2] pour une communion de paix où mes lèvres puiseraient sa présence réelle et le pouvoir de m'endormir.

Marcel Proust, *Du côté de chez Swann*, 1906.

1. Compromis, effort.
2. Chez les catholiques, petite rondelle de pain distribuée par le prêtre pendant la messe et qui symbolise le corps du Christ.

La mémoire affective

Pour entrer dans le texte

1. Distinguez les passages qui relèvent du récit et ceux où le narrateur analyse ses sentiments.

Au fil du texte

2. Proust décrit-il un seul souvenir précis ?

3. **Étude de la langue** « Il annonçait celui qui allait le suivre […] où maman n'était pas encore venue. » (l. 6-9) : réécrivez ce passage au présent en commençant par « Il annonce… ». Quels temps avez-vous utilisés ?

4. Peut-on dire que Proust écrit un souvenir en mouvement ? Justifiez votre réponse.

5. Pour l'auteur, le baiser maternel est-il un bonheur ou bien un tourment ?

6. Comment le narrateur fait-il entendre son affection pour sa mère ?

Vers le commentaire ▶ Montrez, à l'aide d'un paragraphe rédigé, que l'amour de l'enfant pour sa mère est empreint d'images de la religion catholique.

Carnet de lecteur ▶ Prenez une photographie inspirée de ce texte et s'intitulant « Un baiser maternel » : à quoi ressemble-t-elle ? Décrivez-la.

Texte 3

Perec, *W ou le Souvenir d'enfance*, 1975

W ou le souvenir d'enfance est un double récit : le roman est construit sur une alternance entre une fiction décrivant une société fasciste d'une part et, d'autre part, une autobiographie dont est extrait le passage suivant.

Georges Perec
(1936-1982)

Georges Perec est célèbre pour ses romans *Les Choses* ou *La Vie mode d'emploi*, dans lesquels il se place en observateur scrupuleux de la vie quotidienne, ainsi que pour *La Disparition*, roman entièrement rédigé sans la lettre *e*.
> p. 526

Militaire, portrait commandé par M. Voisin, janvier 1940.

Question

Comment cette photographie illustre-t-elle le thème du texte de Perec ?

Le projet d'écrire mon histoire s'est formé presque en même temps que mon projet d'écrire. Les deux textes qui suivent datent de plus de quinze ans. Je les recopie sans rien y changer, renvoyant en note les rectifications et les commentaires que j'estime aujourd'hui devoir ajouter.

Sur la photo le père a l'attitude du père. Il est grand. Il a la tête nue, il tient son calot[1] à la main. Sa capote[2] descend très bas (1). Elle est serrée à la taille par l'un de ces ceinturons de gros cuir qui ressemblent aux sangles des vitres dans les wagons de troisième classe. On devine, entre les godillots nets de poussière – c'est dimanche – et le bas de la capote, les bandes molletières[3] interminables. Le père sourit. C'est un simple soldat. Il est en permission à Paris, c'est la fin de l'hiver, au bois de Vincennes (2).

1. Sorte de béret militaire.
2. Manteau militaire.
3. Ruban qui entoure les mollets de la cheville au genou, porté surtout par les militaires.

A propos de…

L'enfance de Perec est marquée par une tragédie : son père est mort lors de la Seconde Guerre mondiale, en 1940. Trois ans plus tard, sa mère est déportée au camp d'extermination d'Auschwitz. Juif, il a vécu caché une partie de son enfance.

Mon père fut militaire pendant très peu de temps. Pourtant quand je pense à lui c'est toujours à un soldat que je pense. Il fut un peu coiffeur, il fut fondeur et mouleur, mais je ne parviens pour ainsi dire jamais à me l'imaginer comme un ouvrier (3). […]

(1). Non, précisément, la capote de mon père ne descend pas très bas : elle arrive aux genoux ; de plus, les pans sont relevés à mi-cuisse. On ne peut donc pas dire que l'on « devine » les bandes molletières : on les voit entièrement et l'on découvre une grande partie du pantalon.

(2). Dimanche, permission, bois de Vincennes : rien ne permet de l'affirmer. La troisième photo que j'ai de ma mère – l'une de celles où je suis avec elle – a été prise au bois de Vincennes. Celle-ci, je dirais plutôt aujourd'hui qu'elle a été prise à l'endroit même où mon père était cantonné[3] ; à en juger par son seul format (15,5 × 11,5 cm) ce n'est pas une photo d'amateur : mon père, dans son uniforme quasi neuf, a posé devant un des photographes ambulants qui font les Conseils de révision, les casernes, les mariages et les classes en fin d'année scolaire.

(3). Mon père est venu en France en 1926, quelques mois avant ses parents David et Rose (Rozja). Il avait été auparavant mis en apprentissage chez un chapelier de Varsovie. Sa sœur aînée, Esther (qui depuis m'a adopté), était déjà à Paris depuis cinq ans et il a vécu chez elle, rue Lamartine, pendant quelque temps, apprenant, avec, paraît-il, une grande facilité, le français. Le mari d'Esther, David, travaillait dans une maison de perles fines et il n'est pas impossible qu'il ait proposé à mon père de travailler dans la bijouterie. Ce qui est sûr, en tout cas, c'est que Rose, femme d'une grande énergie, a ouvert un petit magasin d'alimentation et que mon père a été son commis : c'est lui qui allait, la nuit, chercher les marchandises aux Halles.

Georges Perec, *W ou le Souvenir d'enfance*, © Éditions Denoël, 1975.

3. Installé dans un lieu particulier par l'armée.

La mémoire affective

Pour entrer dans le texte

1. Selon vous, Perec a-t-il sous les yeux la photographie qu'il décrit ?

Au fil du texte

2. Comment Perec fait-il ressentir sa propre incertitude ?
3. **Étude de la langue** Dans la phrase : « Sa sœur… français. » (l. 34-36), relevez la marque principale de modalisation.
4. Diriez-vous que les modifications apportées par l'auteur à son premier texte sont importantes ? Aidez-vous du paratexte.
5. D'après vous, Perec se rappelle-t-il un souvenir d'enfance ou bien le reconstruit-il ?

Vers l'oral ▶ Préparez l'étude de ce texte pour l'oral, et choisissez l'un de ces deux plans. Justifiez votre choix.

Un plan linéaire :

I. Une première description inexacte (du début du texte à « comme un ouvrier. »)

II. La rectification du souvenir pour atteindre la vérité (de « 1. Non, précisément » à la fin du texte)

Un plan thématique :

I. Décrire sobrement un père disparu

II. Des autocorrections permanentes

Carnet de lecteur ▶ Demandez à l'un de vos proches de décrire une photographie familiale. Apportez-y vos propres notes pour rendre cette description plus exacte.

Texte 4

Chalandon, *Profession du père*, 2015

Roman personnel, *Profession du père* montre un narrateur, Émile, qui reste longtemps sous l'emprise de son père mythomane et violent. À la fin du roman, Émile, en présence de sa femme Fadila et de son fils Clément, apprend que son père, devenu dément, va mourir.

Sorj Chalandon
(Né en 1952)
Sorj Chalandon est un journaliste et écrivain français. Ses nombreux reportages lui ont valu le prix Albert-Londres. Ses ouvrages littéraires comme *Mon Traître* ou *Profession du père* sont inspirés, eux, de son histoire personnelle. Ils relèvent de l'autofiction.

Clément a abattu le cerf-volant aux premières gouttes de pluie. Fadila tournoyait sur la plage, bras écartés, en chantant. J'ai envié son bonheur, relevé mon col de veste. Elle a couru vers moi, passé son bras autour de mon épaule. Notre fils jouait avec les vagues, évitant l'eau, la mousse, courant sur les galets.
Et puis ma mère a appelé. « Parents » inscrit sur l'écran de mon téléphone.
– Tu ne réponds pas ?
Non. Je savais. Depuis le matin je savais. J'avais dormi avec la peur. Je n'avais pas aimé l'aube. Toute la journée, j'ai attendu un mot d'elle. Je n'avais pas appelé la semaine dernière.
– *Il dort toujours.*
M'avait-elle dit sur le répondeur.
Il refusait de s'alimenter, de boire. Il était nourri par sonde, attaché toutes les nuits. Il avait maigri. Cheveux plaqués par la sueur, mauvaise barbe blanche.
– *Affreux, affreux…*
Disait ma mère.

Je lui ai laissé quelques minutes pour délivrer son message. Lorsque nous sommes arrivés sur le trottoir, ma femme m'a regardé.
– Prends ton temps, m'a-t-elle dit.
J'avais le téléphone à la main. Je n'osais ni appuyer sur la touche ni le porter à mon oreille. Je savais la voix fébrile qui m'attendait.
Clément était fatigué et heureux. Le vent avait fouetté ses joues. Il est entré dans l'hôtel avec sa mère, est ressorti en courant. J'étais resté sur le trottoir.
– Clément, laisse papa. Il nous rejoindra, a lancé Fadila.
Mon fils m'a regardé. Il a hésité un moment. Sa mère, son père ? Il a couru vers moi, cerf-volant dans les bras. Il m'a embrassé, dressé sur ses pointes de pied.
– Je t'aime, a murmuré mon fils.
Son petit mot du soir. Celui que je lui répète trois fois chaque nuit depuis qu'il est né, avant que ses yeux ne se ferment.
J'ai sorti mon inhalateur[1] de mon blouson. J'ai aspiré un grand coup.

– *Mon fils, c'est moi. Je viens de recevoir un coup de fil de l'hôpital. Ils m'ont demandé d'apporter un pantalon et une chemise, alors je comprends très bien que c'est la fin. Voilà, c'était pour te dire ça.*
Il était 18 h 41.

À 23 h 31, mon père a réclamé la présence du général de Gaulle.
Il a aussi demandé qu'on lui retire ses sangles.
Il a juré qu'il serait sage.
L'infirmière a libéré ses poignets et ses chevilles pour la nuit.

Il est parti le lendemain, à 6 h 20.
Mort de rien, comme ça.
Le cœur qui renonce.

Sorj Chalandon, *Profession du père*, © Éditions Grasset et Fasquelle, 2015.

1. Appareil qui permet d'absorber un médicament gazeux contre l'asthme.

Planche tirée de la bande dessinée *Profession du père*, de S. Gnaedig, d'après le roman de S. Chalandon, © Futuropolis, 2011.

Question

Comment la distance entre le père, d'une part, et Émile et sa mère, d'autre part, est-elle signifiée, à la fois dans le graphisme et dans le discours ?

Grandeur et décadence de la paternité

Pour entrer dans le texte

1. Qui sont les personnages ? Élaborez un arbre généalogique.

Au fil du texte

2. Comment caractériseriez-vous la scène familiale au bord de la mer ?
3. **Étude de la langue** Quel est le temps choisi par le narrateur ? Quel effet ce choix produit-il ?
4. Montrez comment la mort du père du narrateur se mêle peu à peu à cette scène familiale.
5. En quoi la mort du père est-elle émouvante ?
6. Peut-on dire que cet extrait célèbre l'amour porté à un père ?

Vers le commentaire ▶ Rédigez une partie d'un commentaire littéraire qui s'intitulerait « Contraste entre bonheur familial et mort du père ».

Carnet de lecteur ▶ Si vous deviez associer une chanson ou un morceau de musique à ce passage, que choisiriez-vous ? Justifiez ce choix.

Parcours artistique et culturel

La figure de la mère au cinéma

Objectif : Comprendre comment l'autofiction permet de dépasser l'intime pour atteindre une portée universelle.

On a longtemps considéré que l'objectif premier du cinéma était de raconter le monde avec un point de vue subjectif, celui du réalisateur, mais pas de se raconter. L'autofiction n'était souvent pas assumée et la figure de l'acteur permettait alors aux réalisateurs de se cacher derrière un *alter ego*. Cet *alter ego* permet à Truffaut de traiter un sujet intime et difficile : la relation douloureuse à la mère. En 2009, Dolan traitera ce même thème en jouant son propre rôle.

François Truffaut
(1932-1984)
Il commence sa carrière comme critique dans les *Cahiers du cinéma*. *Les 400 coups* est son premier long-métrage. Il annonce sa rencontre avec le comédien J.-P. Léaud (Antoine Doinel), qui sera son double à l'écran pendant vingt ans.

A. François Truffaut, *Les quatre cents coups*, 1959

1 Antoine Doinel, un autoportrait ?

Doc 1. Affiche du film *Les quatre cents coups*, de Fr. Truffaut, 1959.

Fiche technique

Date de sortie : 1959

Scénario et réalisation : François Truffaut

Avec : Jean-Pierre Léaud, Claire Maurier, Albert Rémy, Guy Decomble

Résumé : Antoine Doinel, 12 ans, est un écolier espiègle délaissé par sa mère. Il pratique volontiers l'absentéisme scolaire pour traîner dans les rues, commettre de petits larcins et fréquenter les cinémas du quartier de la place Clichy avec son meilleur ami, René. Sa malice le conduira au commissariat, puis en centre de correction d'où il s'échappera.

Pour comprendre l'image

Le film est autobiographique : comme son personnage, Fr. Truffaut est né de père inconnu, puis placé chez sa grand-mère avant d'aller vivre chez sa mère à l'âge de 8 ans. Enfant, il pratiqua l'école buissonnière. Comme Antoine Doinel, c'est le vol d'une machine à écrire qui le conduisit dans un centre de correction.

2 Un enfant non désiré

Doc 2. Image du film *Les 400 coups* : Antoine et ses parents.

Pour comprendre l'image

Antoine Doinel est un enfant non désiré. Afin de montrer le poids de l'absence maternelle, Truffaut, au début du film, réalise une séquence dans laquelle Antoine hume les parfums de sa mère dans la chambre parentale. Mais durant tout le film, il ne connaît que réprimandes, gifles et punitions. Ce n'est que lorsqu'il surprendra sa mère dans la rue en train d'embrasser un inconnu qu'elle lui manifestera une tendresse exagérée.

3 Paris, un abri protecteur

Doc 3. Image du film *Les 400 coups* : Antoine et René viennent de voler la machine à écrire.

Pour comprendre l'image

Visuellement, Truffaut organise ses séquences selon une opposition binaire : dans les scènes en intérieur, les plans sont très serrés, contraignant le décor dans un arrière-plan étouffant. L'espace est exigu et empêche toute intimité. À l'inverse, dans les scènes en extérieur, les plans sont mobiles et larges, Antoine n'est plus prisonnier et peut vagabonder en toute liberté dans Paris.

Lexique

Vue en plongée : vue de dessus. En général, ce plan sert à écraser ce qui est filmé et à donner l'idée l'infériorité, d'accablement, de solitude. Exemple : Antoine est filmé en plongée lorsqu'il subit les condamnations de sa mère alors en visite dans le centre de correction.

Vue en contre-plongée : vue de dessous. En général, ce plan sert à magnifier ce qui est filmé, à donner l'idée de supériorité et de puissance. Exemple : au début du film, un travelling en contre-plongée montre les immeubles de Paris.

Questions

1 **Doc 3.** Pourquoi peut-on dire que la ville de Paris est, pour Antoine, une figure maternelle de substitution ?

2 **Doc 2.** Quelle est la place du père (en réalité, du beau-père) dans ce film ?

3 **Doc 1.** Analysez l'affiche du film. Comment est montré Antoine ? Que traduit ce choix ?

4 **Doc 2.** Selon le Jacques Lecarme, il ne peut y avoir d'autobiographie au cinéma à cause de la présence de l'acteur entre le réalisateur et son personnage. Rédigez un paragraphe pour soutenir ou contredire cette affirmation.

B. Xavier Dolan, *J'ai tué ma mère*, 2009

1 Une relation difficile

Xavier Dolan (Né à Montréal en 1989)

Dolan commence sa carrière d'acteur très jeune. *J'ai tué ma mère* est son premier long-métrage. Il a remporté trois prix lors de la 41e Quinzaine des Réalisateurs du festival de Cannes.

Fiche technique

Date de sortie : 2009

Scénario et réalisation : Xavier Dolan

Avec : Xavier Dolan, Anne Dorval, François Arnaud, Suzanne Clément

Résumé : Le film raconte la relation entre Hubert Minel, 16 ans, et sa mère Chantal. L'adolescent méprise sa mère, femme immature et peu maternelle. Pour échapper à cette relation conflictuelle, il se réfugie chez son petit-ami, Antonin et se confie à Julie, son professeur. Toutefois, Hubert cherche maladroitement à se rapprocher de sa mère. Mais chaque initiative confirme l'existence du gouffre qui les sépare. Débordée par la situation, Chantal décide d'envoyer son fils dans un pensionnat d'où il s'échappera.

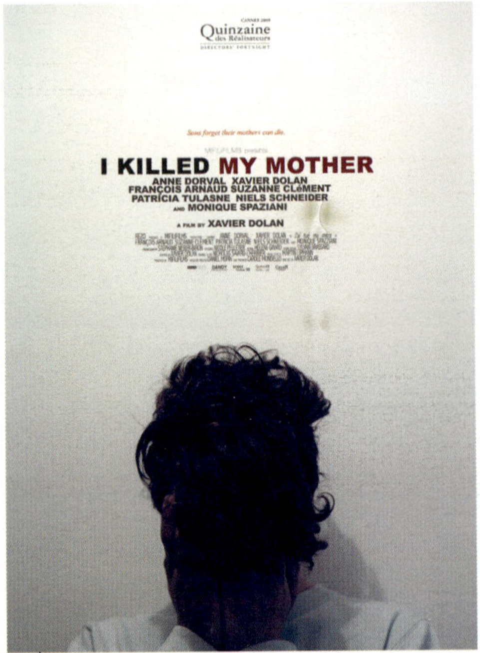

Doc 4. Affiche du film *J'ai tué ma mère*, 2009.

Doc 5. Hubert et sa mère Chantal.

Pour comprendre l'image

Le film repose sur de longues séquences dialoguées, conversations sourdes où l'incompréhension est reine. Chantal apparait comme une mère maladroite. « J'ai écrit [le scénario] comme une lettre vindicative qu'on écrit à quelqu'un sans jamais lui envoyer. » Xavier Dolan s'est ainsi inspiré de sa vie pour écrire ce film, de ses « griefs contre [sa] mère ». Les dialogues sont d'ailleurs en partie issus de vraies conversations entre le réalisateur et sa mère.

2 Entre haine et amour

Doc 6. Le matricide.

Pour comprendre l'image

Hubert, dans ses accès de colère, imagine sa mère morte dans un cercueil fleuri. Cependant, et malgré ses nombreuses fugues, l'adolescent revient toujours vers celle qu'il hait d'amour : « je ne sais pas ce qu'il s'est passé. Quand j'étais petit, on s'aimait. Je l'aime [...] mais je ne peux pas être son fils. Je pourrais être le fils de n'importe qui, mais pas d'elle. »

À retenir

- En 1959, Truffaut montrait les conséquences du **manque d'amour dans la vie d'un pré-adolescent**. Cinquante ans plus tard, Dolan reprend ce thème en approfondissant la **confusion des sentiments** entre l'enfant et sa mère.
- Dans les deux films, l'enfant multiplie les fugues et les refuges, connaît l'**abandon** et le **déracinement**. En 1959, Antoine Doinel, pour justifier une absence, et en 2009, Hubert Minel, pour éviter un devoir de sociologie, donnent tous les deux cette excuse : « Ma mère est morte. »
- Les deux réalisateurs racontent la même histoire, l'universel bouleversement de l'adolescence et les relations parents-enfants. Truffaut l'aborde avec **pudeur**, car il passe par l'intermédiaire d'un acteur, Dolan le fait avec **vigueur** car il choisit de se mettre en scène.

Questions

1. Comment Dolan dépeint-il la relation entre Antonin et sa mère ? Pourquoi cette relation est-elle importante dans le film ? Aidez-vous de l'affiche du film **(doc. 4)** pour répondre.
2. **Doc 5.** Décrivez l'appartement de Chantal. Pourquoi Dolan a-t-il choisi de le représenter ainsi ?
3. **Doc 5 et 6.** Hubert : « Qu'est-ce que tu fais si je meurs aujourd'hui ? »
Chantal, murmurant pour elle-même : « Je mourrai demain ».
Pourquoi peut-on dire du personnage de Chantal qu'il est paradoxal ?
4. Visionnez l'intégralité du film. Montrez en quoi les deux scènes suivantes se font écho : Antoine avec la psychologue et Hubert se filmant pour son journal intime vidéo.

Faire le point

→ Le récit autobiographique

Au fil des siècles

1 Du XVIIIe siècle au début du XXe siècle

Roman et autobiographe

- On distingue **le roman**, fictif, et l'**autobiographie** supposant l'honnêteté d'un auteur qui s'engage à dire la vérité.

Plusieurs buts

- **Se justifier** (devant Dieu, sa famille…) ;
- être un **témoin** privilégié de **l'Histoire** ;
- revivre la joie ou le malheur de ses **souvenirs** ;
- effectuer une analyse **psychologique**.

Quelques œuvres à retenir

- *Les Confessions*, de J.-J. Rousseau (1782).
- *Vie de Henry Brulard*, de Stendhal (1835-1836).
- *Les Mémoires d'Outre-tombe*, de F.-R. de Chateaubriand (1841).
- À *la recherche du temps perdu*, de M. Proust (1913-1927).

2 De la seconde moitié du XXe siècle à nos jours

L'autofiction

- La frontière s'atténue entre roman et autobiographie. La part d'imagination devient bien plus assumée dans les récits de vie. Ces deux éléments favorisent l'émergence et le succès d'un nouveau sous-genre : l'**autofiction**.

Plusieurs buts

- Révéler la **condition** d'un individu ou d'une classe sociale ;
- utiliser **sa vie** comme matière **fictionnelle** ;
- lutter contre l'**oubli** ;
- poursuivre une **quête identitaire** (à l'aide de la psychanalyse ou non).

Quelques œuvres à retenir

- *La Promesse de l'aube*, de R. Gary (1960).
- *Les Mots*, de J.-P. Sartre (1964).

ZOOM sur… Romans et chroniques familiales

L'importance de la psychanalyse

- Comme la psychanalyse, l'écriture peut être un **moyen de révéler**, parfois de se révéler à soi-même, des **secrets** de famille.
- Le nombre de romans qui traitent de la famille, les écrivains qui choisissent d'écrire sur leur père ou leur mère démontrent combien l'**enfance** est une étape essentielle dans le développement de l'individu.
- L'objet à décrire est souvent **douloureux** et impose pour les auteurs des **stratégies d'écriture spécifiques**.

La recherche d'une écriture

- De nombreux écrivains choisissent la forme d'une **enquête**. Ils s'appuient parfois sur des documents, en particulier des photographies (Perec).
- Des auteurs choisissent le voile de la **fiction**, afin d'établir une **distance** et d'éviter une confrontation directe avec un passé douloureux (Chalandon).
- Pour d'autres, une **langue factuelle et descriptive** permet d'éviter de se laisser aller à l'expression des sentiments. Ernaux utilise pour cela un lexique populaire, une syntaxe orale pour être au plus près du monde auquel elle appartenait, celui de ses parents.

Enrichir son vocabulaire

Autobiographie
- Écrit sur la propre vie de l'auteur. Auteur, narrateur et personnage principal sont donc la même personne.

Autofiction
- Terme inventé en 1977 qui désigne une autobiographie romancée, mélange de souvenirs réels et faits inventés.

Journal
- Parfois appelé journal intime, texte rédigé régulièrement et dont les entrées datées présentent les actions et les réflexions de son auteur.

Autosociobiographie
- Œuvre à la croisée de l'Histoire, de la littérature et de la sociologie.

Récit de filiation
- Récit qui interroge les liens de son auteur avec son ascendance, ses parents, son passé, son héritage.

Mémoires
- Œuvre historique et littéraire où la vie de l'auteur se mêle aux événements historiques de son temps.

Lectures cursives

CARNET DE LECTEUR

→ * Marjane Satrapi, *Persepolis*, L'Association, 2000-2003.

L'INTRIGUE
Dans cette bande dessinée autobiographique en noir et blanc, l'auteure retrace son enfance à Téhéran et son arrivée en Europe.

a. La bande dessinée est-elle, selon vous, un bon moyen de rendre compte de sa vie ?

b. Pourquoi Satrapi a-t-elle choisi de raconter son enfance en Iran ?

c. Regardez l'adaptation en film d'animation : quelles sont les différences avec la bande dessinée ?

→ ** Scholastique Mukasonga, *Notre-Dame du Nil*, Gallimard, « Folio », 2014.

L'INTRIGUE
Ce roman raconte, dans les années 1970, la vie d'adolescentes scolarisées dans un lycée de jeunes filles au Rwanda.

a. Notez les passages qui vous ont le plus marqué(e), ceux que vous considérez comme les plus choquants.

b. Comment vous représentez-vous le lycée Notre-Dame du Nil ? Dessinez-le.

c. Quels sont les signes qu'un génocide va se produire ?

→ *** Simone de Beauvoir, *Mémoires d'une jeune fille rangée*, Gallimard, « Folio », 1958.

L'INTRIGUE
Ce récit autobiographique va de la petite enfance de l'auteure, dans une famille bourgeoise, jusqu'à l'obtention d'un concours d'enseignement. Le début de sa vie est marqué par le souhait de devenir quelqu'un d'important.

a. Expliquez le titre : pour vous, Simone de Beauvoir est-elle une jeune fille rangée ?

b. Quelle critique de la société opère-t-elle dans ces mémoires ?

Ce qu'il faut retenir

Le roman et le récit, du XVIIIe au XXIe siècles

1 Un genre : le roman

Nathan live! EXERCICE INTERACTIF

Qu'est-ce que le roman ?

- Le mot « roman » vient de la langue **romane**, qui s'oppose au latin savant, et est utilisé pour la première fois au XIIe siècle. Le roman prend naissance au **Moyen Âge**, avec les récits de **chevalerie** et les romans **courtois**, alors encore écrits en vers (.
- On considère que et sont à l'origine du **roman moderne**, au XVIe siècle, mais c'est qui élabore la première, au XVIIe siècle, des romans psychologiques proches de la forme actuelle du genre : un **long récit en prose,** qui développe un **récit fictionnel** dans un **cadre donné**, autour de **personnages construits**.

« Puisque ma dame de Champagne veut que j'entreprenne un roman, je l'entreprendrai très volontiers. »

Chrétien de Troyes

Roman et société

- Au **XVIIIe siècle**, le roman subit l'influence des Lumières et porte principalement un **regard critique** sur son temps, destiné à faire évoluer les mentalités. Le **roman épistolaire** rencontre un franc succès (,).
- Au **XIXe siècle**, les écrivains **romantiques** accordent une place nouvelle à l'exotisme, aux aspects fantastiques. Les romanciers **réalistes et naturalistes** posent un regard nouveau sur leur époque, donnant la parole à l'ensemble des classes sociales, des prostituées aux grands bourgeois (, , ,).
- À partir du **XXe siècle**, c'est une société bouleversée par les deux guerres mondiales que le roman donne à voir. Les personnages perdent leur **identité** (; personnages du Nouveau Roman). En parallèle, des romanciers s'inspirent de leur propre vie ().

« Un roman est un miroir qui se promène sur une grande route. Tantôt il reflète à vos yeux l'azur des cieux, tantôt la fange des bourbiers de la route. »

Stendhal

Fonctions du roman

- Le roman peut :

– **embellir la réalité** : personnages héroïques, aventures extraordinaires qui divertissent le lecteur.

– donner à voir **la réalité telle qu'elle est**. Le lecteur devient l'observateur d'une société donnée ;

– être le lieu d'un **engagement de l'auteur**, qui tente de rallier le lecteur à son opinion.

« Le roman se distingue de tous les autres genres littéraires [...] par son aptitude, non pas à reproduire la réalité, [...] mais à remuer la vie pour lui recréer sans cesse de nouvelles conditions et en redistribuer les éléments. »

Marthe Robert

2 D'autres formes et d'autres manières

Le récit biographique et autobiographique

L'autobiographie

- Au XVIe siècle s'affirme un intérêt pour l'individu. Mais il faut attendre au XVIIIe siècle la publication des *Confessions* de Jean-Jacques pour trouver une **autobiographie** au sens où on l'entend aujourd'hui : un genre qui se définit par l'identité entre l'auteur et le narrateur.
- **Les récits autobiographiques** portent un regard rétrospectif qui donne lieu à des considérations historiques ou sociologiques ().

Le récit biographique

- Inspirés de la vie d'un homme ou d'une femme, les **récits biographiques** prennent des formes variées. Ils s'apparentent parfois à des reportages journalistiques ou à des biographies historiques. Des écrivains leur donnent une forme littéraire qui les apparente à des romans ().
- Quand le récit biographique est à la croisée de l'histoire et de la fiction, on parle d'**exofiction**.

L'autofiction

- C'est un récit qui ressemble à une autobiographie en ce que le narrateur, l'auteur et le personnage se confondent en une seule entité, mais dont les modalités narratives se rapprochent de celles d'une fiction : le narrateur peut choisir la 3e personne, les noms peuvent être modifiés.
- **L'autofiction**, ou roman personnel, est souvent associé à une quête identitaire, dont la matrice serait *À la Recherche du temps perdu* de .

> « Proust est un prisme. Son seul objet est de réfracter, et, par réfraction, de recréer rétrospectivement un monde. »
>
> **Nabokov**

La nouvelle

Une construction resserrée

- La **nouvelle** est un **genre** qui prend naissance à la fin du Moyen Âge. Plus **courte** que le roman, elle propose un récit prenant naissance dans un **cadre réaliste**, au sein duquel surgit parfois la tonalité **fantastique**. L'action est resserrée et s'appuie sur un **effet de chute** final.

Des personnages simplifiés

- Assez **peu nombreux** dans le récit, les personnages d'une nouvelle ont tous un lien direct avec l'action racontée.
- Leur **psychologie** est simplifiée, leur **portrait physique et moral** est souvent brossé de manière sommaire.

> « La nouvelle, c'est une course au clocher [...]. On va toujours au galop, on ne connaît pas d'obstacle ; on traverse le buisson d'épines, on franchit le fossé, on se brise les os, on va tant que va son histoire. »
>
> **Janin**

Le conte

Un schéma narratif traditionnel

- Le **conte** s'inscrit dans un **registre merveilleux**. Souvent **court**, il suit les étapes du schéma narratif (situation initiale, élément perturbateur, péripéties, éléments de résolution, situation finale).
- Ce **genre** connaît un succès grandissant au XVIIe puis au XVIIIe siècles : les moralistes s'en emparent pour plaire à leurs lecteurs, petits et grands, tout en les instruisant (,
).

> « Une morale nue apporte de l'ennui ; le conte fait passer le précepte avec lui. »
>
> **La Fontaine**

Des personnages stéréotypés

- Les personnages de contes renvoient à des **stéréotypes** aisément identifiables : jeune fille innocente, personnage du méchant, monstre, etc.

Le conte philosophique

- Au XVIIIe siècle, donne naissance au **conte philosophique**, qui allie aux aspects **merveilleux** du conte une **réflexion plus philosophique** sur les travers des hommes. Les contes de Voltaire sont souvent plus étoffés que les contes traditionnels.

Vers le CARNET DE LECTEUR

Devenir un lecteur de récit

Méthode
Fiche 68, p. 512

▶ On se laisse facilement emporter par le plaisir d'un récit, par les aventures extraordinaires d'un héros de roman. Mais devenir un lecteur actif, cela s'apprend !

Les questions-clés

1 Le contexte

- À quelle période l'œuvre a-t-elle été écrite ? Quel est le contexte historique à l'époque ? A-t-il une influence sur l'auteur ? sur l'œuvre ?
- Le récit prend-il place à la même époque que l'écriture de l'œuvre ? Est-il daté ? Dans le cas d'un conte, renvoie-til à une époque indéterminée ? Quel effet cela a-t-il sur le lecteur ? → p. 430

2 L'auteur

- Qui était l'auteur ? À quel milieu appartenait-il ? A-t-il vécu des événements familiaux ou historiques importants ? Ont-ils influencé son œuvre ? Retrouve-t-on des éléments biographiques dans l'œuvre lue ?

3 Les personnages

- Quels sont les personnages principaux du récit ? Quels sont les rapports qu'ils entretiennent les uns avec les autres ?
- Quel portrait physique et moral peut-on dresser de chacun d'eux ? Dans le cadre des contes et des nouvelles, a-t-on affaire à des stéréotypes ? → p. 434

4 L'intrigue

- Que raconte le récit ? Quel résumé peut-on en faire ?
- Quels sont les événements essentiels du récit ? Quelles sont les étapes du schéma narratif ? → p. 432

5 L'enjeu de l'œuvre

- Pourquoi l'auteur a-t-il écrit cette œuvre ? Qu'a-t-il voulu « raconter » ? A-t-il voulu faire une critique sociale ? inventer des mondes extraordinaires ? relater la vie d'un personnage ? → p. 426

Ateliers d'écriture

Écriture d'intervention

1 | **MONOLOGUE.** Suite au pacte noué entre la Bête et le marchand (p. 225), ce dernier regagne sa maison de campagne. Lors du trajet, il réfléchit aux solutions qui s'offrent à lui et à leurs conséquences. Imaginez son monologue intérieur.

Écriture d'invention

2 | **RÉCIT ORIENTAL.** « [...] *nous étions adorés de cette petite nation qui formait notre maison.* » (Montesquieu, p. 232). Imaginez en cinquante lignes la vie au quotidien dans cette petite nation. Elle devra correspondre à l'idéal décrit par l'extrait.

Rédaction d'un extrait de scénario

3 | **PLAN-SÉQUENCE.** Comment filmeriez-vous Duroy montant les marches qui le mènent au salon des Forestier (p. 252) ? Imaginez l'acteur que vous choisissez, le décor, les types de plan, les mouvements de caméra, la musique… Schématisez vos intentions ou décrivez-les.

Écriture d'invention

4 | **TRANSPOSITION.** Transposez en un sonnet la ruée vers l'or décrite dans *L'Or* de Cendrars (p. 261). Respectez les caractéristiques du sonnet.

Écriture d'invention

5 | **TRANSPOSITION.** Théâtralisez la scène du meurtre de « l'Arabe » (p. 273). Respectez les enjeux de l'extrait (le crime comme produit d'un enchaînement tragique). Réinvestissez les caractéristiques du genre théâtral.

Écriture d'invention

6 | **LETTRE.** Rédigez la lettre que Soleiman adresse à Jamal resté au Soudan (p. 275). Il racontera son périple jusqu'en Europe, les épreuves endurées, les rencontres qui ont changé son existence. Il fera part de ses sentiments.

Écriture d'intervention

7 | **DIALOGUE.** « *Je n'eus jamais – jamais ! – de conversation avec lui* » déplore Didier Eribon à propos de son père (page 288). Imaginez le dialogue qu'ils auraient pu avoir dans le cadre de l'extrait.

Écriture d'intervention

8 | **ASSOCIATION TEXTE-IMAGE.** Associez au texte de Maryse Condé, *La Vie sans fards* (p. 292), une œuvre iconographique qui rendra compte du sens du texte. Justifiez votre choix d'association.

Vers le BAC

Le commentaire de texte

Objectifs

- Apprendre à interpréter des procédés d'écriture
- Rédiger un paragraphe de commentaire

SUJET

Expliquez ce texte en vue d'un commentaire. Vous en rédigerez ensuite un paragraphe.

TEXTE Romain Gary, *Les oiseaux vont mourir au Pérou*, 1975

Dans cette nouvelle, le personnage principal, qui est aussi le narrateur, décide de quitter la civilisation pour une île du Pacifique.

Légende

- Ce que le narrateur reproche au monde civilisé
- Ce que le narrateur recherche en quittant la civilisation
- **Champ lexical de l'argent**
- Termes péjoratifs
- Marques de la première personne : pronoms, déterminants
- Énumération
- Superlatif absolu
- Ironie de l'auteur

J'avais soif d'innocence. J'éprouvais le besoin de m'évader de cette atmosphère de compétition frénétique[1] et de lutte pour **le profit** où l'absence de tout scrupule était devenue la règle et où, pour une nature un peu délicate et une âme d'artiste comme la mienne, il devenait de plus en plus difficile de se procurer ces quelques facilités matérielles indispensables à la paix de l'esprit. Oui, c'est surtout de **désintéressement** que j'avais besoin. Tous ceux qui me connaissent savent **le prix** que j'attache à cette qualité, la première et peut-être même la seule que j'exige de mes amis. Je rêvais de me sentir entouré d'êtres simples et serviables, au cœur incapable de **calculs sordides**, auxquels je pourrais tout demander, leur accordant mon amitié en échange, sans craindre que quelque mesquine considération d'**intérêt** ne vînt ternir[2] nos rapports. Je liquidai donc les quelques affaires personnelles dont je m'occupais et arrivai à Tahiti au début de l'été.

Je fus déçu par Papeete.

La ville est charmante mais la civilisation y montre partout le bout de l'oreille, tout y a **un prix**, **un salaire**, un domestique y est un **salarié** et non un ami et s'attend à être **payé** au bout du mois, l'expression « gagner sa vie » y revient avec une insistance pénible, et ainsi que je l'ai dit, **l'argent** était une des choses que j'étais décidé à fuir le plus loin possible.

Je résolus donc d'aller vivre dans une île perdue des Marquises, Taratora [...] Dès que je pris pied sur l'île, je sentis que mes rêves étaient sur le point de se réaliser. (...)

Je pus m'installer dans la meilleure paillote du village et m'entourer de toutes les nécessités immédiates de l'existence, avoir mon pêcheur, mon jardinier, mon cuisinier, tout cela **sans bourse délier**, sur la base de l'amitié et de la fraternité la plus simple et la plus touchante et dans le respect mutuel.

Romain Gary, « J'ai soif d'innocence », *Les oiseaux vont mourir au Pérou*,

1. Incessante.
2. Assombrir.

Méthode ▶ Dégager les principaux axes

ÉTAPE 1 Analyser le texte

1. Quels reproches le narrateur adresse-t-il à la société dans laquelle il vit ?
2. Regroupez ces reproches autour de deux thématiques.
3. Quels procédés identifiés dans la marge du texte pouvez-vous citer pour justifier votre réponse ?

Conseils

- Retrouvez les citations du texte.
- Reformulez ces reproches en employant d'autres mots que ceux de l'auteur.

ÉTAPE 2 Trouver une problématique

Choisissez la problématique qui convient

a. Pourquoi le personnage-narrateur mène-t-il « la belle vie » sur l'île de Taratora ?

b. Comment le narrateur démasque-t-il, grâce au jeu de l'écriture, la véritable nature de son personnage ?

c. Comment l'auteur montre-t-il que le changement de vie peut être propice à une existence meilleure ?

ÉTAPE 3 Rédiger un paragraphe

1. Commentez les éléments surlignés en gris dans le texte de Romain Gary. Que traduisent-ils ?
2. Commentez l'énumération surlignée en jaune.
3. Commentez le superlatif surligné en vert.
4. Quels défauts le personnage manifeste-t-il ?
5. En quoi peut-on parler de « paradoxe » ?
6. Rédigez à votre tour le paragraphe de commentaire correspondant à une sous-partie consacrée au comportement du personnage sur l'île de Taratora.

- Appuyez-vous sur vos relevés et citez le texte.
- Prenez modèle sur l'exemple du paragraphe rédigé ci-dessous.

Exemple de paragraphe rédigé

→ Le narrateur-personnage de la nouvelle critique la société dans laquelle il vit. Tout d'abord, il l'accuse d'être avide d'argent, d'être cupide et seulement attirée par les gains financiers. Le champ lexical de l'argent domine dans l'extrait. Il reproche la recherche constante du « profit », les « calculs sordides » et la recherche du seul « intérêt ». Il cherche à fuir un monde où tout s'achète. De plus, c'est l'absence de « scrupule » qu'il ne tolère plus, les hommes manquant à ses yeux de valeurs morales, de générosité, d'humanité, de « désintéressement ». Les termes péjoratifs accusent certains comportements comme l'esprit de « compétition frénétique » et les « calculs sordides ». Pour l'ensemble de ces raisons, le personnage souhaite changer de cadre de vie.

Le vocabulaire, le lexique, les termes grâce auxquels vous évoquez l'idée directrice du paragraphe

Les citations que vous puisez dans le texte et que vous placez entre guillemets

L'identification des procédés d'écriture

Les connecteurs qui structurent votre paragraphe

Vers le BAC

La dissertation sur œuvre

Objectifs

- Réfléchir à un problème littéraire dans une œuvre
- Élaborer un brouillon de dissertation sur une œuvre

SUJET

Dans *La Place*, pour écrire sur son père, Annie Ernaux affirme :
« Je n'ai pas le droit [...] de chercher à faire quelque chose de "passionnant" ou d'"émouvant". »
En quoi cette phrase éclaire-t-elle votre lecture de *La Place* ?

Méthode ▶ Organiser un plan détaillé

ÉTAPE 1 Analyser les mots-clés du sujet

1. Relevez les **mots importants** du sujet : les mots « passionnant » et émouvant », mais aussi l'expression « je n'ai pas le droit ».

2. Définissez ces mots, **analysez leur sens**, tout ce qu'ils peuvent signifier mais aussi tout ce qu'ils ne recouvrent pas.

   • On distingue bien « passionnant » qui correspond à ce qui suscite l'intérêt, ce qui porte un message, d'« émouvant » qui s'adresse aux sentiments et non à la raison.

   • « Je n'ai pas le droit » est une expression surprenante, car l'auteure est toute-puissante. Annie Ernaux se donne des contraintes fortes.

Conseils

• Recopiez le sujet ou la citation de la dissertation sur votre brouillon pour pouvoir en entourer les mots-clés et y réfléchir facilement.

ÉTAPE 2 Répertorier les arguments et les exemples (citations exactes, passages précis)

Déterminez comment **utiliser ces exemples** pour répondre au sujet de dissertation.

Exemple : Les deux arguments suivants permettent de discuter le mot clé « émouvant ».

1. Certes, le style est très factuel : « Mon père est mort deux mois après, jour pour jour. »

2. Cependant, il suscite une émotion collective car il renvoie à la mémoire d'un monde disparu.

• Pour chaque œuvre étudiée, élaborez une banque de citations que vous apprendrez.
• Chaque exemple peut répondre à plusieurs sujets selon votre façon de le rattacher à la question qui vous est posée.

ÉTAPE 3 Construire un plan

1. **Rassemblez vos idées et vos exemples** pour créer des parties cohérentes (de deux minimum à quatre maximum).

2. **Organisez votre plan** pour aller de la réponse la plus évidente à la réponse la plus recherchée.

Exemple de plan détaillé

I. Le style plat

1. Une description froide, peu émouvante

Idée : Annie Ernaux reste factuelle en abordant des épisodes importants de la vie de son père.

Exemple : « Mon père est mort deux mois après, jour pour jour (Seine-Maritime). »

2. Une œuvre à la frontière avec la biographie, pas un roman « passionnant ».

Idée : L'œuvre d'Ernaux n'est pas romanesque. L'auteure refuse la fiction ne cherche pas à tenir en haleine son lecteur comme dans un roman policier ou à le bouleverser comme dans un roman sentimental.

Exemple : Le passage de l'histoire de son père depuis la ferme jusqu'au café-épicerie en passant par l'usine.

Transition : Ne pas rechercher l'émotion ou la passion est une question éthique pour l'auteure.

II. Le roman comme devoir

1. Décrire un homme avec sa langue

Idée : Ernaux doit intégrer une langue non littéraire *a priori* peu émouvante à son œuvre pour faire entendre son père.

Exemple : « Elle pète par la sente. »

2. Ne rien trahir.

Idée : L'auteure ne veut pas se laisser entraîner dans des souvenirs séduisants qui conduiraient à donner une fausse image de son père et des classes populaires en général.

Exemple : La citation de Genet : « Je hasarde une explication : écrire c'est le dernier recours quand on a trahi. »

Transition : Peut-on dire que, malgré cette absence de recherche d'une langue émouvante, *La Place* n'est pas un roman émouvant ?

III. Un roman qui échappe aux intentions de son auteur ?

1. L'émotion de l'effort d'une auteure

Idée : C'est l'effort et la rigueur de l'auteure pour décrire son père qui forcent le respect et qui provoquent l'émotion du lecteur.

Exemple : « Naturellement, aucun bonheur d'écrire, dans cette entreprise où je me tiens au plus près des mots et des phrases entendues. »

2. La résonance collective de l'œuvre

Idée : *La Place* passionne son lecteur car l'œuvre fait appel à la mémoire et à la connaissance des classes populaires. Tout le monde peut reconnaître quelqu'un dans le père de l'auteure.

Exemple : « J'ai retrouvé dans des êtres anonymes rencontrés n'importe où, porteurs à leur insu des signes de force ou d'humiliation, la réalité oubliée de sa condition. »

Conseils

- On examine d'abord pourquoi on peut qualifier *La Place* d'œuvre peu émouvante ou de peu passionnante par son style, volontairement neutre et plat.
- On commence par le plus évident. Ici, on n'est pas obligé d'utiliser une citation précise. On peut évoquer simplement le refus de la fiction dans un passage en particulier sans l'avoir préalablement appris.

- Dans la troisième partie, on peut remettre en question les mots du sujet, essayer de dépasser l'affirmation initiale pour examiner un autre aspect de l'œuvre et nuancer ce qu'on vient d'expliquer dans les parties précédentes.

La littérature d'idées et la presse, du XIXe au XXIe siècle

VOIR AUSSI...

Histoire littéraire
→ Le réalisme et le naturalisme 44
→ La modernité littéraire au XXe siècle 50
→ La littérature contemporaine 54

Outils d'analyse
→ Fiches 36 à 41 448

Manifestation pour la Journée des droits de la femme,
8 mars 2018, place de la République,
Paris, photographie de Vincent Loison.

Du collège **AU LYCÉE**

Mobiliser ses connaissances sur la littérature d'idées et la presse

RAPPELS ▶ Les textes de la littérature d'idées

Définitions

■ La littérature d'idées regroupe les textes à **visée argumentative**, l'auteur cherche à partager son point de vue sur un sujet de société.

■ Il peut le faire :
– de manière **directe**, dans des **essais**, **discours**, **traités**, **lettres ouvertes** ou **articles de journaux** ;
– de manière **indirecte** par l'intermédiaire d'une **histoire** et de **personnages fictifs** (**fable**, **conte**, **roman**).

■ Le dialogue théâtral, qui confronte des points de vue, est souvent argumentatif. La poésie peut aussi avoir une dimension argumentative.

Caractéristiques

■ Argumenter consiste à exposer une **thèse** à l'aide d'**arguments** et d'**exemples, pour obtenir l'adhésion d'une personne à une opinion**. Il s'agit donc d'un **raisonnement** organisé selon un ordre **logique** qui cherche à la fois à **convaincre** (s'adresser à la raison, à la réflexion) et à **persuader** (toucher la sensibilité, jouer sur l'émotion) le destinataire.

■ L'argumentation se pratique à l'écrit comme à l'oral, dans des domaines divers : littérature, justice, politique, information, publicité…

Notions utiles vues au collège

1 Les étapes du raisonnement

Le thème
le sujet du texte

↓

La thèse
le point de vue soutenu sur le thème

↓

Les arguments
les idées, les raisons avancées comme des preuves pour démontrer la thèse

↓

Les exemples
les faits particuliers qui illustrent les arguments et les rendent plus convaincants

2 L'expression du point de vue

■ L'auteur peut exprimer son point de vue en employant les marques de la **1re personne** (*je*, *nous*).

■ Il peut avoir recours à des **modalisateurs** qui expriment la certitude ou le doute. L'auteur peut aussi émettre un jugement en jouant sur les connotations positives et négatives des mots.

■ L'usage de **connecteurs logiques** permet de souligner l'organisation du raisonnement (*premièrement*), introduire un exemple (*ainsi*), marquer une opposition (*cependant*, *bien que*), exprimer la cause et la conséquence (*car*, *donc*), introduire une hypothèse (*si*).

3 Les articles de presse

■ Le travail du journaliste est d'**informer** avec rigueur, en ne rapportant que des faits qui ont été **vérifiés** auprès de **sources**.

■ Pour chaque article, le journaliste adopte un **angle** et engage une **réflexion** sur le sujet traité.

Je vérifie mes connaissances

Le crédo du docteur Pascal

– Veux-tu que je te dise mon *Credo*, à moi, puisque tu m'accuses de ne pas vouloir du tien… Je crois que l'avenir de l'humanité est dans le progrès de la raison par la science. Je crois que la poursuite de la vérité par la science est l'idéal divin que l'homme doit se proposer. Je crois que tout est illusion et vanité, en dehors du trésor des vérités lentement acquises et qui ne se perdront jamais plus. Je crois que la somme de ces vérités, augmentées toujours, finira par donner à l'homme un pouvoir incalculable, et la sérénité, sinon le bonheur… Oui, je crois au triomphe final de la vie.

Émile Zola, *Le Docteur Pascal*, 1893.

Questions

1. Quelles est la thèse exprimée par le docteur Pascal ?
2. Quel est son principal argument ?
3. Par quels moyens est exprimé son jugement sur le progrès scientifique ?
4. Quels termes structurent ce discours ?

Qu'avez-vous lu ? Que savez-vous ?

Œuvres	Auteurs
« J'accuse », *Lettre à M. Félix Faure, président de la République* (1898)	Charles de Gaulle
Le Racisme expliqué à ma fille (1998)	Voltaire
« Le Corbeau et le Renard » (1678)	Tahar Ben Jelloun
Appel du 18 juin 1940	Émile Zola
Discours sur l'abolition de la peine de mort (1981)	Robert Badinter
Traité sur la tolérance (1763)	Victor Hugo
Le Dernier Jour d'un condamné (1829)	Jean de La Fontaine

Questions

1. En vous aidant des dates de publication indiquées, reliez chaque œuvre à son auteur.
2. Précisez, pour chaque œuvre, s'il s'agit d'une forme d'argumentation directe ou indirecte.
3. Quel mot correspond à chacune de ces définitions ?
   - Catégorie d'articles (politique, société, sport…) : une r..................
   - Article situé dans les premières pages et qui reflète la position ou l'opinion du journal : l'é..................
   - Périodicité d'un journal qui paraît deux fois par mois : b..................

Repères HISTORIQUES et CULTURELS La littérature d'idées et la

1800	1815	1830	1848	1852	1870	1900

IIe République

Restauration — Monarchie de Juillet — 2nd Empire (Napoléon III)

● 1881 : Loi sur la liberté de la presse

Abolition de l'esclavage : 27 avril 1848 ●● 15 sept. 1848 : Discours d'Hugo contre la peine de mort

● 1857 : Procès de *Mme Bovary*, de **Flaubert**

Fin XVIIIe-XIXe **Révolution industrielle**

1826 ● Fondation du quotidien *Le Figaro*

1836 ● Création des quotidiens *La Presse* et *Le Siècle*

1853 ● **Hugo**, *Les Châtiments*

21 nov. 1893 : Discours de **Jaurès** ● (émancipation sociale des travailleurs)

1898 ● **Zola**, « J'accuse »

1 Le XIXe siècle : les écrivains à la tribune

- En cette ère d'industrialisation, la France passe de la monarchie à la démocratie républicaine.
- Le **débat d'idées** traverse les genres littéraires, du **théâtre romantique** (Hugo, Musset) au **roman réaliste** ou **naturaliste** (Balzac, Zola) et à la **poésie engagée** (Hugo).
- De célèbres écrivains font connaître leur engagement par le biais de l'action **politique** (Lamartine, Hugo) ou du **journalisme** (Maupassant, Zola).
- Les inégalités sociales sont au cœur des débats. Le socialisme naissant (Proudhon) dénonce le capitalisme sauvage et l'exploitation des prolétaires, également représentée dans les romans populaires de Sue, Sand, Zola ou Vallès.

« J'accuse », portrait d'Émile Zola, illustration originale par T. Bianco pour une carte postale unique vers 1905.

2 Le XXe siècle : les intellectuels engagés

- Depuis la fin du XIXe siècle (Zola dans l'affaire Dreyfus) jusqu'aux années 1980 (Sartre, Foucault), le monde des idées est marqué par la figure de l'**intellectuel engagé** dans les combats de son temps.
- Les catastrophes qui ont jalonné cette période (guerres mondiales, génocides, bombes atomiques) ont ébranlé les valeurs humanistes et les croyances (Camus et l'absurde), mais ont également suscité la nécessité de témoigner au nom du « devoir de mémoire » (récits de rescapés de la Shoah).
- De nombreux écrivains ont soutenu les **combats** en faveur des **droits de l'Homme**, de la **décolonisation**, des **revendications féministes** (Beauvoir) ou de la **libération des mœurs** (mouvement de mai 68).
- Le développement des sciences humaines (sociologie, ethnologie, psychologie…) et des médias a nourri la littérature d'idées, notamment le genre de l'essai.

Albert Camus lisant le journal de l'Armée du Salut *En avant* au café Les Deux Magots à Paris, 1945.

presse du XIXe au XXIe siècles

Nathan live! FRISE ANIMÉE

1940 – 44 – 1946 – 1958 – 2000

IIIe République | Gouvernement de Vichy | IVe République | Début de la Ve République (De Gaulle)

1914-1918 1re Guerre mondiale
1939-1945 2de Guerre mondiale
1945-1960 Décolonisation
● Mai 68 : Insurrection étudiante et ouvrière
● 1989 : Chute du mur de Berlin
Attentats à New York : 11 sept. 2001 ●
2015-18 : Attentats islamistes en Europe

Camus, *Le Mythe de Sisyphe* : 1942 ●
Création du quotidien *Le Monde* : 1944 ●
Beauvoir, *Le Deuxième sexe* : 1949 ●
Césaire, *Discours sur le colonialisme* : 1950 ●
Création du quotidien *Libération* : 1973 ●
Discours de **Veil** (IVG) : 1974 ●
17 sept. 1981 : Discours de **Badinter** ● (abolition de la peine de mort)
Hessel, *Indignez-vous !* : 2010 ●
Création de Facebook : 2004 ●
Années 1990 : Débuts de la démocratisation d'Internet
● 2006 Création de Twitter
● 29 janv. 2013 Discours de **Taubira** (mariage pour tous)

3 Le XXIe siècle : le règne des opinions

- La chute du mur de Berlin, en 1989, puis du communisme en Europe de l'Est a initié une nouvelle phase de la **mondialisation**, qui s'est accélérée sous l'effet de la **révolution numérique**.
- Ce phénomène concerne non seulement l'économie (généralisation du capitalisme financier), mais aussi la **culture** et la **pensée**.
- Il engendre toutefois des **effets paradoxaux** : la circulation instantanée des informations apparente le monde à un « village planétaire », alors menacé d'uniformisation, mais permet aussi de faire connaître les diversités culturelles.
- La **mondialisation** affecte également les **nouveaux périls** (désordre écologique, terrorisme, conflits identitaires, montée des populismes) : il n'y a plus de maîtres à penser mais des opinions multiples.

4 Du XIXe au XXIe siècles : essor et crise de la presse écrite

- La presse écrite a connu un **grand essor au XIXe siècle** : les progrès des techniques d'impression, du transport et de l'instruction, puis la loi sur la liberté de la presse (1881) ont permis l'avènement des quotidiens de masse. La presse a été l'alliée de la démocratie en jouant un rôle de contre-pouvoir face aux forces de l'État.
- Au XXe siècle, la presse écrite, concurrencée par la radio puis la télévision, n'a plus le monopole de l'information. Mais elle résiste grâce à la multiplication des **magazines**.
- À partir des années 2000, les **médias numériques** précipitent le déclin de la presse écrite. Si l'information gratuite sur Internet a d'abord paru réaliser l'utopie de la transparence, la prolifération des sources multiplie le risque des fausses nouvelles et impose à tous (journalistes, lecteurs) une vigilance critique.

PJ Crook, *Friday, 2012*, 2013, coll. privée.

Activités

1. Cherchez ce qu'est un « manifeste » et présentez-en quelques exemples célèbres au XIXe et au XXe siècles.
2. Faites un exposé sur l'histoire d'un quotidien français de votre choix.

CHAPITRE 13 Des œuvres face à la censure

NRP
- **Dossier** Lire *Madame Bovary* aujourd'hui
- **Séquence** *Mademoiselle Bovary*
- **Lecture cursive** *Contre-enquête sur la mort d'Emma Bovary*

L'existence de procès littéraires tend à suggérer que la littérature a le pouvoir de transformer les mentalités. Si elle était inefficace et inutile, nul n'éprouverait le besoin de la mettre en accusation.

Étudier les accusateurs ou les défenseurs des œuvres littéraires – ici *Madame Bovary* – révèle quels effets on leur prête.

Problématique :
Comment une œuvre littéraire ou une œuvre d'art peut-elle menacer l'ordre public ?

Madame Bovary en accusation

live! VIDÉO

Texte 1

live! TEXTE AUDIO

Gustave Flaubert
(1821-1880)
Ce fils de chirurgien naît dans une des famille respectable de Rouen. Il abandonne ses études de droit après une crise d'épilepsie et s'installe à Croisset et se consacre à la littérature.

Lexique
Réquisitoire : dans un procès, discours de l'accusation.

Flaubert, *Madame Bovary*, 1857

Emma Bovary prend Léon pour amant dans un fiacre. Cette scène est censurée par les éditeurs de *La Revue de Paris* dans laquelle le roman était diffusée en feuilleton. Flaubert, en colère, exige qu'une note soit insérée. Il n'en fallait pas plus pour attirer l'attention de la justice sur le roman. Ernest Pinard, dans son réquisitoire, critiquera ce passage avec mépris.

– Ah ! Léon !... Vraiment..., je ne sais... si je dois... !

Elle minaudait[1]. Puis, d'un air sérieux :

– C'est très inconvenant[2], savez-vous ?

– En quoi ? répliqua le clerc[3]. Cela se fait à Paris !

Et cette parole, comme un irrésistible argument, la détermina.

Cependant le fiacre n'arrivait pas. Léon avait peur qu'elle ne rentrât dans l'église. Enfin le fiacre parut.

– Sortez du moins par le portail du nord ! leur cria le Suisse[4], qui était resté sur le seuil, pour voir la *Résurrection*, le *Jugement dernier*, le *Paradis*, le *Roi David*, et les *Réprouvés*[5] dans les flammes d'enfer.

– Où Monsieur va-t-il ? demanda le cocher.

– Où vous voudrez ! dit Léon poussant Emma dans la voiture.

Et la lourde machine se mit en route.

Elle descendit la rue Grand-Pont, traversa la place des Arts, le quai Napoléon, le pont Neuf et s'arrêta court devant la statue de Pierre Corneille.

– Continuez ! fit une voix qui sortait de l'intérieur.

La voiture repartit, et, se laissant, dès le carrefour La Fayette, emporter par la descente, elle entra au grand galop dans la gare du chemin de fer.

– Non, tout droit ! cria la même voix.

Le fiacre sortit des grilles, et bientôt, arrivé sur le Cours, trotta doucement, au milieu des grands ormes. Le cocher s'essuya le front, mit son chapeau de cuir entre ses jambes et poussa la voiture en dehors des contre-allées, au bord de l'eau, près du gazon.

Elle alla le long de la rivière, sur le chemin de halage[6] pavé de cailloux secs, et, longtemps, du côté d'Oyssel, au-delà des îles.

Mais tout à coup, elle s'élança d'un bond à travers Quatremares, Sotteville, la Grande-Chaussée, la rue d'Elbeuf, et fit sa troisième halte devant le Jardin des plantes.

– Marchez donc ! s'écria la voix plus furieusement.

Et aussitôt, reprenant sa course, elle passa par Saint-Sever, par le quai des Curandiers, par le quai aux Meules, encore une fois par le pont, par la place du Champ-de-Mars et derrière les jardins de l'hôpital, où des vieillards en veste noire se promènent au soleil, le long d'une terrasse toute verdie par des lierres. Elle remonta le boulevard Bouvreuil, parcourut le boulevard Cauchoise, puis tout le Mont-Riboudet jusqu'à la côte de Deville.

Elle revint ; et alors, sans parti pris ni direction, au hasard, elle vagabonda.

1. Faire des manières pour séduire.
2. Non conforme à la morale.
3. Secrétaire d'un notaire.
4. Gardien d'une église.
5. Sculptures du portail de l'église.
6. Chemin le long d'un cours d'eau qui permet aux chevaux de tirer les bateaux.

À propos de...

Madame Bovary (1857) est le premier roman de Flaubert. Le romancier s'inspire d'un fait-divers normand et s'y consacre pendant 5 ans.

On la vit à Saint-Pol, à Lescure, au mont Gargan, à la Rouge-Mare, et place du Gaillard-bois ; rue Maladrerie, rue Dinanderie, devant Saint-Romain, Saint-Vivien, Saint-Maclou, Saint-Nicaise, – devant la Douane, – à la basse Vieille-Tour, aux Trois-Pipes et au Cimetière Monumental.

De temps à autre, le cocher sur son siège jetait aux cabarets des regards désespérés. Il ne comprenait pas quelle fureur de la locomotion poussait ces individus[7] à ne vouloir point s'arrêter. Il essayait quelquefois, et aussitôt il entendait derrière lui partir des exclamations de colère. Alors il cinglait[8] de plus belle ses deux rosses[9] tout en sueur, mais sans prendre garde aux cahots, accrochant par-ci par-là, ne s'en souciant, démoralisé, et presque pleurant de soif, de fatigue et de tristesse.

Et sur le port, au milieu des camions et des barriques, et dans les rues, au coin des bornes, les bourgeois ouvraient de grands yeux ébahis devant cette chose si extraordinaire en province, une voiture à stores tendus[10] et qui apparaissait ainsi continuellement, plus close qu'un tombeau et ballottée comme un navire.

Une fois, au milieu du jour, en pleine campagne, au moment où le soleil dardait le plus fort contre les vieilles lanternes argentées[11], une main nue passa sous les petits rideaux de toile jaune, et jeta des déchirures de papier[12] qui se dispersèrent au vent, et s'abattirent plus loin, comme des papillons blancs, sur un champ de trèfles rouges tout en fleur.

Puis, vers six heures, la voiture s'arrêta dans une ruelle du quartier Beauvoisine, et une femme en descendit qui marchait le voile baissé, sans détourner la tête.

Gustave Flaubert, *Madame Bovary*, 1857.

7. Emma et Léon. – **8.** Frapper d'un coup vif avec le fouet. – **9.** Vieux chevaux poussifs. – **10.** Les stores des fenêtres du fiacre sont baissés. – **11.** Lanternes de la voiture, équivalents de nos phares. – **12.** Il s'agit sans doute de la lettre qu'Emma avait écrite pour repousser Léon et qu'elle voulait lui remettre.

Jean Béraud (1849-1936), *En avant vite !*, fin du XIXe siècle, huile sur bois (40 x 32 cm), coll. part.

Du voyage en fiacre au scandale

Pour entrer dans le texte

1. Flaubert, dans ses brouillons, écrit à propos de cette scène : « trimbalement du fiacre partout, boule du cocher – rien que la boîte ». Que se passe-t-il dans « la boîte » ?

Au fil du texte

2. **Étude de la langue** Identifiez la nature et la fonction de la proposition « et qui apparaissait ainsi continuellement » (l. 49-50).
3. Comment le romancier insiste-t-il sur le mouvement de la voiture ?
4. Relevez les connecteurs de temps. Quel est le passage mis en valeur ? Pourquoi ?
5. Quels sont les points de vue adoptés ? Quel est l'effet produit ?

Vers le commentaire ▶ Vous rédigerez deux paragraphes argumentés pour étudier comment le romancier suggère la relation amoureuse au lieu de la montrer.

Vers le carnet de lecteur ▶ Faites une recherche sur le code Hays. Regardez la dernière minute du film d'Alfred Hitchcock *La Mort aux trousses*, qui en est l'application.
Écrivez un débat entre deux lycéens. L'un voudrait que les artistes osent tout montrer. L'autre, sans défendre la censure, prétend qu'il est parfois plus intéressant de suggérer que de dévoiler.

Texte 2

live! TEXTE AUDIO

Pinard, *Réquisitoire contre* Madame Bovary, 1857

Voici la fin du réquisitoire de maître Pinard. Après s'être arrêté sur quatre scènes – la chute avec Rodolphe, la transition religieuse entre deux adultères, la chute avec Léon, la mort de Mme Bovary –, il conclut qu'il y a bien eu outrage à la morale et anticipe les objections de la partie adverse.

Ernest Pinard
(1822-1909))
Magistrat et homme politique important sous le Second Empire. Il est procureur impérial. En 1857 c'est donc lui qui signe les réquisitoires, non seulement contre *Madame Bovary*, mais aussi contre *Les Fleurs du mal* de Baudelaire.

Qui est-ce qui lit le roman de M. Flaubert ? Sont-ce des hommes qui s'occupent d'économie politique ou sociale ? Non ! Les pages légères de *Madame Bovary* tombent en des mains plus légères, dans des mains de jeunes filles, quelquefois de femmes mariées. Eh bien ! lorsque l'imagination aura été séduite, lorsque cette séduction sera descendue jusqu'au cœur, lorsque le cœur aura parlé aux sens, est-ce que vous croyez qu'un raisonnement bien froid sera bien fort contre cette séduction des sens et du sentiment ? Et puis, il ne faut pas que l'homme se drape trop dans sa force et dans sa vertu, l'homme porte les instincts d'en bas et les idées d'en haut, et, chez tous, la vertu n'est que la conséquence d'un effort, bien souvent pénible. Les peintures lascives[1] ont généralement plus d'influence que les froids raisonnements. Voilà ce que je réponds à cette théorie[2], voilà ma première réponse, mais j'en ai une seconde.

Je soutiens que le roman de *Madame Bovary*, envisagé au point de vue philosophique, n'est point moral. Sans doute madame Bovary meurt empoisonnée ; elle a beaucoup souffert, c'est vrai ; mais elle meurt à son heure et à son jour, mais elle meurt, non parce qu'elle est adultère, mais parce qu'elle l'a voulu ; elle meurt dans tout le prestige de sa jeunesse et de sa beauté ; elle meurt après avoir eu deux amants, laissant un mari qui l'aime, qui l'adore, qui trouvera le portrait de Rodolphe, qui trouvera ses lettres et celles de Léon, qui lira les lettres d'une femme deux fois adultère, et qui, après cela, l'aimera encore davantage au-delà du tombeau. Qui peut condamner cette femme dans le livre ? Personne. [...]

Cette morale stigmatise la littérature réaliste, non pas parce qu'Elle peint les passions : la haine, la vengeance, l'amour ; le monde ne vit que là-dessus, et l'art doit les peindre ; mais quand Elle les peint sans frein, sans mesure. L'art sans règle n'est plus l'art ; c'est comme une femme qui quitterait tout vêtement. Imposer à l'art l'unique règle de la décence[3] publique, ce n'est pas l'asservir, mais l'honorer.

Ernest Pinard, *Réquisitoire contre* Madame Bovary, 1857.

1. Liés à la sensualité, à la volupté.
2. Théorie que Pinard attribue à ses opposants, selon laquelle « le roman est moral au fond, puisque l'adultère est puni ».
3. Respect des convenances morales.

Contexte

Le 29 janvier 1857, s'ouvre le procès de Gustave Flaubert, accusé d'outrage à la morale publique et religieuse et aux bonnes mœurs. Il est acquitté le 7 février mais blâmé pour son « réalisme vulgaire et souvent choquant ».

Pour un art moral

Pour entrer dans le texte

1. Comment E. Pinard répond-il à la théorie selon laquelle « le roman est moral au fond, puisque l'adultère est puni » ?

Au fil du texte

2. **Étude de la langue** Quels différents types de phrase observez-vous des lignes 1 à 7 ? Quelle est leur fonction dans l'argumentation ?
3. Dans quel but E. Pinard oppose-t-il « imagination » (l. 4) et « raisonnement » (l. 6) ?
4. Comment E. Pinard raconte-t-il la mort d'Emma Bovary ? Son interprétation est-elle orientée ? dans quelle direction ?

Vers la contraction de texte ▶ Résumez le texte en respectant l'énonciation et le mouvement argumentatif du procureur. Votre écrit devra compter le même nombre de paragraphes que l'original. (→ Fiches 36, p. 46, et 37, p. 448)

Carnet de lecteur ▶ Pinard a également prononcé un réquisitoire contre *Les Fleurs du mal* (voir p. 326), recueil de Baudelaire, qu'il a réussi à faire condamner. Cherchez les six poèmes qui ont été censurés. Comprenez-vous sur quels critères ils ont été choisis ?

Texte 3

Sénard, *Plaidoirie pour* Madame Bovary, 1857

Nathan live! TEXTE AUDIO

Dans sa longue plaidoirie, Maître Sénard, avocat de Flaubert, défend l'idée que *Madame Bovary* est « l'excitation à la vertu par l'horreur du vice ».

C'est que chez lui les grands travers de la société figurent à chaque page ; c'est que chez lui l'adultère marche plein de dégoût et de honte. Il a pris dans les relations habituelles de la vie l'enseignement le plus saisissant qui puisse être donné à une jeune femme. Oh ! mon Dieu, celles de nos jeunes femmes qui ne trouvent pas dans les principes honnêtes, élevés, dans une religion sévère de quoi se tenir fermes dans l'accomplissement de leurs devoirs de mères, qui ne le trouvent pas surtout dans cette résignation, cette science pratique de la vie qui nous dit qu'il faut s'accommoder de ce que nous avons, mais qui portent leurs rêveries au dehors, ces jeunes femmes les plus honnêtes, les plus pures qui, dans le prosaïsme[1] de leur ménage[2], sont quelquefois tourmentées par ce qui se passe autour d'elles, un livre comme celui-là, soyez-en sûrs, en fait réfléchir plus d'une. [...]

À chaque ligne de son livre il fait ressortir la désillusion, et, au lieu de terminer par quelque chose de gracieux, il s'attache à nous montrer cette femme arrivant, après le mépris, l'abandon, la ruine de sa maison, à la mort la plus épouvantable. En un mot, je ne puis que répéter ce que j'ai dit en commençant la plaidoirie, que M. Flaubert est l'auteur d'un bon livre, d'un livre qui est l'excitation[3] à la vertu par l'horreur du vice.

Jules Sénard, *Plaidoirie pour* Madame Bovary, 1857.

Honoré Daumier (1808-1879), *L'Avocat plaidant*, vers 1845, dessin, collection Armand Hammer.

Jules Sénard **(1800-1885)**
Avocat et homme politique. Né à Rouen, il connaît bien la famille de Gustave Flaubert. Quand il défend ce dernier, c'est une véritable vedette du barreau.

1. Caractère monotone, orienté vers le matériel.
2. Couple.
3. Stimulation.

Contexte social
Le Second Empire n'est pas une période particulièrement puritaine ! Mais si les bourgeois se dévergondent, ils le cachent derrière une vie familiale rigoureuse et une pratique religieuse régulière.

Peindre le vice pour en dégoûter le lecteur

Pour entrer dans le texte

1. Quelle est la thèse de Maître Sénard ?

Au fil du texte

2. **Étude de la langue** Dans la longue phrase « Oh ! mon Dieu [...] en fait réfléchir plus d'une » (l. 4-12), quel est l'antécédent du pronom « en » (l. 11) ? Quel est l'effet produit par cette construction ?
3. En quoi réside l'efficacité morale du roman de Flaubert, selon Maître Sénard ?
4. D'après Sénard, à quel public Flaubert destine-t-il son roman?
5. Quelle vision de la femme développe-t-il ?
6. Quels procédés de persuasion l'avocat met-il en œuvre ?

Vers l'essai ▶ Maître Sénard s'appuie, comme Pinard, sur des arguments d'ordre moral. Selon vous, la littérature doit-elle nécessairement obéir à des critères moraux ?

Carnet de lecteur ▶ Lisez *Fahrenheit 451* de Ray Bradbury (1953). Expliquez pourquoi la lecture est considérée comme dangereuse dans ce roman (voir p. 327). Si vous deviez sauver un livre, lequel choisiriez-vous, et pourquoi ?

Texte écho

Rodrigues, *Bovary*, 2014

Tiago Rodrigues met en scène le procès de *Madame Bovary* à partir du roman de Flaubert et des plaidoiries du procès.

Tiago Rodrigues
Né en 1977
Auteur, acteur et metteur en scène, il monte des spectacles qui font écho à des questions actuelles. En 2015, il crée à Paris *Bovary*, une réflexion sur la censure et sur la liberté de l'artiste.

SÉNARD, *pour la défense*. – [...] Si Gustave Flaubert a peint un tableau, c'est celui de la réalité. S'il y a de l'immoralité, elle n'est pas propre à l'auteur mais au monde qu'il dépeint. Le seul péché de mon client est d'être par trop talentueux, décrivant le monde avec une fidélité toute daguérrienne[1], cette technologie moderne qu'on appelle photographie et qui nous permet de capter le monde tel qu'il est. Mon client ne peint pas, il photographie. Ce qu'il y a d'immoral et de laid. Ce qu'il y a d'immoral et de laid dans le monde n'échappe pas à sa photographie, mais elle inclut aussi tout ce qui est moral et beau. Ce qui nous dérange, monsieur Pinard, c'est peut-être le déséquilibre dans les quantités, la manière dont l'immoralité vous semble dépasser la moralité. Allez vous plaindre au monde, monsieur Pinard ! Plaignez-vous à Dieu, au gouvernement ou à la société. Plaignez-vous à vous-même, mais ne reprochez pas les maux du monde à celui qui n'a fait que les voir.

PINARD. – Votre client ne fait pas que voir, monsieur Sénard. Votre client donne à voir et il est responsable de ce qu'il montre.

SÉNARD. – Monsieur Pinard, vous ne parlez pas au nom de tous les lecteurs. Vous parlez uniquement en votre nom et vous parlez mal. Quant à la responsabilité, le lecteur en a sa part, lui aussi. Le lecteur est responsable de ce qu'il imagine.

PINARD. – Le lecteur n'imagine que ce qui lui est suggéré.

SÉNARD. – Et qu'imaginez-vous quand vous lisez le roman de mon client ?

PINARD. – Je n'imagine rien. Tout y est.

SÉNARD. – Non, monsieur, vous imaginez. Et au vu de l'histoire que vous nous avez racontée, vous n'imaginez que ce qui vous convient.

Tiago Rodrigues, *Bovary*, © Les Solitaires intempestifs, trad. Th. Resendes, 2015.

1. Daguerre (1787-1851) est l'inventeur du daguerréotype, premier procédé photographique.

Lecture comparée

▶ Quel est l'intérêt d'adapter et de mettre en scène aujourd'hui le procès intenté à Flaubert ?

Bovary, d'après *Madame Bovary* et les minutes du procès de G. Flaubert, texte et mise en scène T. Rodrigues, avec M. Boisliveau, D. Geselson, G. Monsaingeon, A. Palacios et R. Vega-Fernandez, théâtre de la Bastille, mars 2018.

Parcours artistique et culturel

La censure et l'art contemporain

Objectif : Censure-t-on encore des œuvres d'art aujourd'hui ?

Être libre de s'exprimer ne signifie pas avoir le droit de tout dire. Ainsi, la loi Gayssot (1990) réprime tout propos raciste. La censure travaille alors au respect de la personne humaine. Mais, parfois, elle traduit la pression des institutions sur les individus.

1 Les principes

Pour comprendre le texte

- La **censure** est d'abord l'affaire de l'Église (1581), puis de l'État (1629). La Déclaration des Droits de l'Homme la met en cause en affirmant la liberté d'expression. La censure est rétablie en 1810 puis disparaît en 1906. Toutefois, à l'occasion des guerres, la presse est surveillée.

Art. 10. Nul ne doit être inquiété pour ses opinions, même religieuses, pourvu que leur manifestation ne trouble pas l'ordre public établi par la Loi.
Art. 11. La libre communication des pensées et des opinions est un des droits les plus précieux de l'Homme : tout Citoyen peut donc parler, écrire, imprimer librement, sauf à répondre de l'abus de cette liberté dans les cas déterminés par la Loi.

Doc 1. Extrait de la Déclaration universelle des Droits de l'Homme, 1789.

2 Une œuvre qui dénonce la censure de l'État

Ai Weiwei (né en 1957)
Artiste chinois, il ne cesse de contester la politique de son pays.

Pour comprendre l'œuvre

- Pour ne pas s'être soumis aux injonctions du pouvoir chinois, Weiwei est arrêté en avril 2011 et emprisonné pendant 81 jours. Pendant son incarcération, il fait déposer quotidiennement un bouquet de fleurs dans un panier de vélo placé devant son atelier pékinois. Une fois sorti, il dénonce, par cette sculpture, la censure à l'œuvre en Chine.

Doc 2. Ai Weiwei, *Panier de bicyclette avec fleurs,* porcelaine, 2015, jardins de Meijer, Michigan, États-Unis.

3 Les citoyens, nouveaux censeurs

Doc 3. Anish Kapoor, *Dirty Corner*, jardins du Château de Versailles, 2015.

Pour comprendre l'œuvre

- Kapoor installe l'œuvre monumentale *Dirty corner* (« Coin sale ») dans les jardins du château de Versailles. Il s'agit d'un tunnel d'acier rouillé de 60 mètres de long, qu'on surnomme « Le Vagin de la reine ».
- L'œuvre est vandalisée à quatre reprises et couverte de propos antisémites, entre autres, que Kapoor a souhaité conserver à titre de témoignage. Ainsi, ce n'est pas l'État qui censure, mais des groupuscules qui s'en prennent aux origines de l'artiste, affirment leurs convictions royalistes ou encore leur austérité morale.

Anish Kapoor
(né en 1954)

Artiste plasticien britannique, il est connu pour ses œuvres monumentales brisant la frontière entre sculpture et architecture. En 2015, il est invité à en exposer dans les jardins du château de Versailles.

À retenir

- Les œuvres plastiques, moins diffusées et moins compréhensibles, sont moins censurées que les œuvres littéraires ou cinématographiques.
- Dans certains pays, elles peuvent toutefois être la cible d'une censure d'État et/ou de la vindicte d'associations de citoyens.

Questions

1. Par qui, pourquoi et comment Weiwei et Kapoor sont-ils censurés ?
2. Estimez-vous que leurs œuvres « troublent l'ordre public » ?
3. Dans quels cas, selon vous, une œuvre d'art peut-elle « abus[er] » de la liberté d'expression ?

Faire le point → Censure et liberté d'expression

Au fil des siècles

1 Au XIXe siècle

▶ Dès **1810, Napoléon** réintroduit la censure, qui sera ensuite assouplie ou renforcée au cours du siècle. Elle concerne la presse, mais aussi la littérature et toutes les formes d'art.

▶ Le **Second Empire**, dont la légitimité est contestable, s'appuie sur les lois de Serre (1819) : « Tout outrage à la morale publique et religieuse, ou aux bonnes mœurs [...] sera puni d'un emprisonnement d'un mois à un an, et d'une amende de seize francs à cinq cents francs ». Ce texte est en vigueur jusqu'en **1881**.

▶ Le grand principe qui sous-tend les débats littéraires est le suivant : « Le vrai, le beau et le bien [sont] une seule et même essence considérée dans ses attributs fondamentaux. » (V. Cousin, *Du Vrai, du Beau et du Bien*, 1818).

2 Au XXe siècle

▶ La France ne connaît plus de censure depuis **1906**, sauf pendant les deux guerres mondiales et la guerre d'Algérie.

▶ Apparaît une censure **économique** : un film pornographique, par exemple, voit sa TVA majorée.

3 Et aujourd'hui ?

▶ La censure prend des **formes nouvelles** et insidieuses :
– elle est exercée par les réseaux sociaux ou des groupes privés qui dégradent une œuvre ou intentent des procès ;
– elle prend la forme d'autocensure, dans les journaux, propriétés de grands groupes financiers dont on ne doit pas heurter les intérêts.

▶ **La liberté d'expression** est garantie par la Constitution, mais limitée par **deux lois** qui visent à protéger la personne humaine, en réprimant « tout propos raciste, antisémite ou xénophobe » et en protégeant ceux qui sont soumis à la discrimination « en raison de leur sexe, de leur orientation sexuelle ou de leur handicap ».

ZOOM sur... 1857 : deux procès retentissants

Le procès de *Madame Bovary*, de Flaubert

- **L'accusation**
Maître Pinard ne conteste pas la valeur littéraire de l'œuvre, mais lui reproche sa « couleur lascive » : la glorification de l'adultère, et l'offense à la religion.
- **La défense**
Maître Sénart insiste sur la réputation de la famille Flaubert. Pour lui, la dimension morale du roman réside dans le dénouement, puisque Madame Bovary est punie.
- **Le jugement**
Flaubert est acquitté mais blâmé pour des scènes « d'un réalisme vulgaire et souvent choquant ».

Le procès des *Fleurs du mal*, de Baudelaire

- **L'accusation**
Maître Pinard plaide « l'outrage à la morale publique ». On reproche à Baudelaire une forme de pornographie.
- **La défense**
Son avocat assure que Baudelaire peint le vice pour mieux le condamner.
- **Le jugement**
Baudelaire est condamné à une amende, et six de ses poèmes sont censurés pour « réalisme grossier et offensant pour la pudeur ». Ils resteront interdits de publication jusqu'en 1949.

Enrichir son vocabulaire

Censure
- Examen d'une œuvre d'art ou d'une production informative par une autorité instituée à cet effet ; action de censurer, d'interdire une œuvre.

Liberté d'expression
- Droit de penser ce que l'on veut et d'exprimer ses opinions. Affirmée dans la Déclaration des Droits de l'Homme en 1789, elle est aussi au cœur de la Déclaration Universelle des Droits de l'Homme (1948). Elle va de pair avec la liberté de la presse et constitue un droit fondamental.

Bonnes mœurs
- Comportement conforme à la moralité, à la culture ou à la religion d'une société.

Outrage
- Offense grave – dans les paroles ou dans les faits. Outrage aux bonnes mœurs : délit d'atteinte à la moralité.

Chef d'accusation
- Motif sur lequel on fonde l'accusation. Il peut ensuite se traduire par un acte d'accusation. Selon lequel l'auteur d'une infraction est poursuivi.

Procureur
- Représentant du ministère public, chargé de la poursuite en justice (au nom de la sauvegarde des intérêts généraux de la société).

Réquisitoire
- Dans un procès, discours de l'accusation.

Plaidoirie
- Exposé des faits lors d'un procès pour défendre le point de vue de l'une des parties.

Lectures cursives

CARNET DE LECTEUR

→ * **Tetsuya Tsutsui, *Poison city*, éd. Ki-oon, trad. D. Le Quéré, 2014**

L'INTRIGUE
Ce manga met en scène Mikio Hibino, jeune auteur de manga, qui doit faire face à une censure accrue du fait des Jeux Olympiques de Tokyo de 2020.

a. Quelles sont les scènes systématiquement censurées ?

b. Quelles sont les ruses mises en œuvre pour contourner la censure ?

c. Pourquoi les mangas sont-ils particulièrement visés par la censure ?

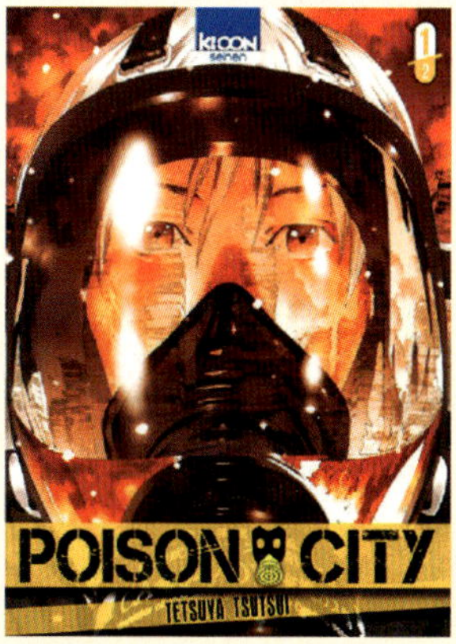

→ ** **Ray Bradbury, *Fahrenheit 451*, Gallimard, 1953**

L'INTRIGUE
Dans un futur où les livres, jugés dangereux sont systématiquement brûlés, Guy Montag rencontre Clarisse, qui continue à lire malgré l'interdiction.

a. À quoi correspond la température de 451 degrés Fahrenheit ?

b. Quelle est la cible de Ray Bradbury ?

→ ** **Philippe Doumenc, *Contre-enquête sur la mort d'Emma Bovary*, Actes Sud, 2008**

L'INTRIGUE
Et si Emma Bovary ne s'était pas suicidée ? Et si elle avait été assassinée ? Un jeune détective, qui a été en classe avec Charles Bovary, mène l'enquête...

a. Quels sont les différents personnages que le détective soupçonne ?

b. Que dénonce Philippe Doumenc à travers cette enquête ?

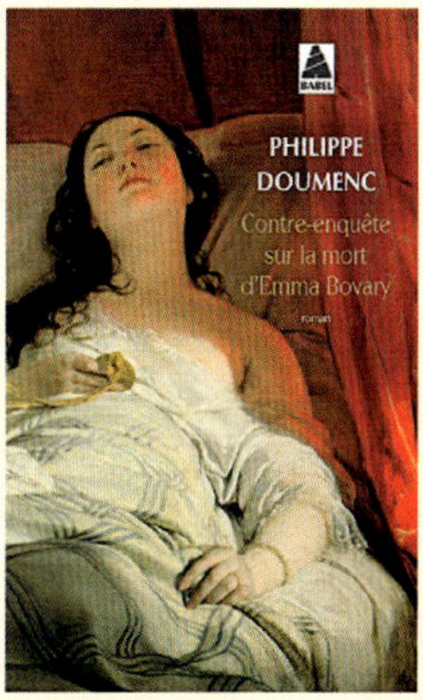

CHAPITRE 14 Défendre la cause noire

NRP
• **Séquences**
– Le travail de l'éloquence
– Étude du discours *I have a dream* de M. Luther King
– Une parole incarnée : exister et agir par le discours
– De la stratégie à la littérature : de César à de Gaulle

La parole d'une seule personne, en un lieu et à un moment donné, peut contenir une force agissante. Les mots des grands orateurs, si bien choisis, semblent répondre à une nécessité historique et entrainent des faits. Toute la dimension politique du discours est alors à l'œuvre : ici, la cause noire est défendue par des hommes et des femmes à travers les époques et les continents.

Problématique :
Comment le discours parvient-il à porter des causes politiques et sociales majeures ?

Des voix qui portent

Texte 1

Nathan live! TEXTE AUDIO

Schoelcher, *Abolition immédiate de l'esclavage*, 1842

Dans un livre écrit en 1842, six ans avant l'abolition, Victor Schoelcher rédige un plaidoyer en faveur de l'abolition de l'esclavage, qui commence par la phrase suivante : « Émancipation des noirs, tel est mon premier vœu. »

Victor Schoelcher
(1804-1893)
Homme politique français, sensibilisé aux méfaits du colonialisme, il est l'auteur du décret célèbre du 27 avril 1848, qui impose l'abolition de l'esclavage dans les colonies françaises.

Celui qui prétend avoir le droit de garder des hommes en servitude[1], parce qu'on ne trouverait pas de bras libres pour planter des cannes[2], et celui qui soutiendrait qu'on a le droit de voler parce qu'on n'a pas d'argent, sont à nos yeux deux fous ou deux scélérats[3] absolument pareils.

Lorsque j'arrive à réduire ce droit à son expression la plus concrète, lorsque m'isolant par abstraction[4] du monde matériel et me retirant dans le monde intellectuel, je me représente que de deux hommes, l'un se dit le maître de l'autre, de sa volonté, de son travail, de sa vie, de son cœur, cela me donne tantôt un fou-rire, tantôt des vertiges de rage.

Que l'esclavage soit ou ne soit pas utile, il faut le détruire ; une chose criminelle ne doit pas être nécessaire. La raison d'impossibilité n'a pas plus de valeur pour nous que les autres, parce qu'elle n'a pas plus de légitimité[5]. Si l'on dit une fois que ce qui est moralement mauvais peut être politiquement bon, l'ordre social n'a plus de boussole et s'en va au gré[6] de toutes les passions des hommes. La violence commise envers le membre le plus infime de l'espèce humaine affecte l'humanité entière ; chacun doit s'intéresser à l'innocent opprimé, sous peine d'être victime à son tour, quand viendra un plus fort que lui pour l'asservir[7]. La liberté d'un homme est une parcelle de la liberté universelle, vous ne pouvez toucher à l'une sans compromettre tout à la fois.

Autant que qui que [ce] soit nous apprécions la haute importance politique et industrielle des colonies, nous tenons compte des faits, nous n'ignorons pas la valeur attribuée à ce qui se passe autour de nous, et cependant c'est notre cri bien décidé, pas de colonies si elles ne peuvent exister qu'avec l'esclavage.

Victor Schoelcher, *Des colonies françaises. Abolition immédiate de l'esclavage*, 1842.

1. Esclavage.
2. Il s'agit des cannes à sucre, dont les exploitations appartenaient à des blancs mais étaient cultivées par des esclaves noirs.
3. Bandits, menteurs.
4. Pensée, notion.
5. Raison d'être légale.
6. Selon la volonté.
7. Rendre esclave.

La logique au service d'une conviction

Pour entrer dans le texte

1. Qu'affirme Victor Schoelcher dans ce texte ?

Au fil du texte

2. Pourquoi la colonisation était-elle utile sur le plan économique ?
3. Comment l'auteur décrit-il les défenseurs de l'esclavage ? Relevez les deux mots qui les désignent.
4. **Étude de la langue** Quel est le rapport logique utilisé dans la phrase : « Si l'on dit … hommes » (l. 12-14) ? (→ fiche 14, p. 404)
5. Quelle est l'idée directrice du troisième paragraphe ?
6. Quelles émotions Schoelcher manifeste-t-il tout au long du texte ? Dans quel but ?

Vers l'essai ▶ Expliquez la phrase « La violence commise envers […] l'humanité entière » (l. 14-16) ? Vous semble-t-elle juste ?

Carnet de lecteur ▶ Recherchez la position de Victor Hugo sur ce thème : a-t-il le même regard que Victor Schoelcher ?

Texte 2

Césaire, *Hommage à Victor Schoelcher*, 1945

live! TEXTE AUDIO

La fête de l'abolition de l'esclavage aux Antilles, appelée la fête Victor Schoelcher, se déroule tous les ans le 21 juillet (jour férié). En ce jour de fête de l'année 1945, en hommage à l'abolitionniste, Aimé Césaire prononce ce discours.

Aimé Césaire
(1913-2008)

Homme politique et écrivain français né en Martinique, représenté le mouvement littéraire de la « négritude ». Il est l'auteur de recueils poétiques (*Cahiers d'un retour au pays natal*, 1939), d'essais et de pièces de théâtre.

> p. 520

Et maintenant, j'en arrive à la plus belle œuvre de Schoelcher. Une œuvre non écrite et pourtant vivante. Une œuvre publiée par des milliers de visages et imprimée dans les milliers de cœurs : le 27 avril 1848, un peuple qui depuis des siècles piétinait sur les degrés de l'ombre, un peuple que depuis des siècles le fouet maintenait dans les fosses de l'histoire, un peuple torturé depuis des siècles, un peuple humilié depuis des siècles, un peuple à qui on avait volé son pays, ses dieux, sa culture, un peuple à qui ses bourreaux tentaient de ravir jusqu'au nom d'homme, ce peuple-là, le 27 avril 1848, par la grâce de Victor Schoelcher et la volonté du peuple français, rompait ses chaînes et au prometteur soleil d'un printemps inouï, faisait irruption sur la grande scène du monde.

Et voici la merveille : ce qu'on leur offrait à ces hommes montés de l'abîme, ce n'était pas une liberté diminuée ; ce n'était pas un droit parcellaire[1] ; on ne leur offrait pas de stage ; on ne les mettait pas en observation, on leur disait : « Mes amis il y a depuis trop longtemps une place vide aux assises de l'humanité. C'est la vôtre ».

Et du premier coup, on nous offrait toute la liberté, tous les droits, tous les devoirs, toute la lumière. Eh bien la voilà, l'œuvre de Victor Schoelcher ! L'œuvre de Schoelcher, ce sont des milliers d'hommes noirs se précipitant aux écoles, se précipitant aux urnes, se précipitant aux champs de bataille, ce sont des milliers d'hommes noirs accourant partout où la bataille est de l'homme ou de la pensée et montrant, afin que nul n'en ignore, que ni l'intelligence ni le courage ni l'honneur ne sont le monopole d'une race élue.

Aimé Césaire, *Discours lors de la fête traditionnelle dite de Victor Schoelcher*, le 21 juillet 1945, © Le Capucin, 2004.

1. Limité.

Contexte littéraire et politique

La négritude est un courant littéraire fondé dans les années 1950. Il rassemble des écrivains noirs originaires d'Afrique et d'Amérique (Aimé Césaire, Léopold Senghor, Birago Diop, René Depestre...) dont les œuvres et les positions sont ancrées dans le mouvement anticolonialiste de l'époque.

« Suis-je un homme ou un frère ? », illustration pour un poème de J. Greenleaf Whittier, 1835.

Des paroles aux faits

Pour entrer dans le texte

1. Quelle est cette « œuvre » (l. 1-2, 17-18), dont Césaire fait l'éloge ?

Au fil du texte

2. **Étude de la langue** Relevez les propositions subordonnées qui complètent le groupe nominal « un peuple » (l. 3-7). Quel champ lexical est largement illustré dans ces expansions du nom ? (→ fiche 7, p. 390)

3. Cherchez les sens du mot « merveille » (l. 11). Quel sens est ici utilisé ?

4. Quelles paroles imaginaires sont citées pour symboliser ce que fut le décret ? Comment Césaire désigne-t-il le peuple noir ?

5. Quelle figure de style est contenue dans la phrase « on nous offrait [...] la lumière » (l. 16-17) ? Sur quoi repose sa force ?

6. Quel pronom personnel (l. 16) est utilisé pour désigner ceux auxquels Schoelcher offre la liberté ?

Vers le commentaire ▶ Rédigez un paragraphe pour montrer comment le lyrisme et l'émotion sont au service de l'argumentation.

Texte écho

Mandela, discours du Prix Nobel de la Paix, 1993

En 1993, Mandela, avec le président de Klerk, reçoit le Prix Nobel de la Paix. Il sera élu président d'Afrique du Sud l'année suivante.

Nelson Mandela
(1918-2013)
Homme politique de l'État sud-africain. D'abord avocat, il participe à la lutte non-violente contre l'Apartheid. Il est arrêté et emprisonné pendant vingt-sept années pour ses convictions. Relâché en 1990, il soutient alors la réconciliation avec le gouvernement et parvient à mettre fin au régime de l'Apartheid.

Nous sommes ici aujourd'hui pour représenter les millions de personnes qui ont osé se soulever contre un système social dont l'essence profonde était la guerre, la violence, le racisme, l'oppression, la répression, et l'appauvrissement de tout un peuple. [...] Ces innombrables humains, à la fois à l'intérieur et en dehors de l'Afrique du Sud, ont eu la noblesse d'esprit de s'opposer à la tyrannie et à l'injustice, sans chercher leur gain personnel. Ils ont compris qu'une blessure faite à une personne est une blessure faite à l'humanité, et ont agi ensemble pour défendre la justice et le sens commun de la décence humaine.

Notre récompense ne se mesurera que par la paix joyeuse qui triomphera un jour, car l'humanité qui unit les blancs et les noirs en une seule et même race nous permettra de vivre un jour tels des enfants du paradis. Ainsi vivrons-nous, car nous aurons créé une société qui reconnaît que tous les hommes naissent égaux, et que tous ont le droit à la vie, à la liberté, à la prospérité, aux droits humains et à une bonne gouvernance. Une telle société n'autorisera plus jamais que certains soient faits prisonniers à cause de leurs idées. [...] Qu'il ne soit jamais dit par les générations futures que l'indifférence, le cynisme et l'égoïsme nous ont empêchés d'être à la hauteur des idéaux humanistes. Que chacune de nos aspirations prouve que Martin Luther King avait raison, quand il disait que l'humanité ne peut plus être tragiquement liée à la nuit sans étoiles, du racisme et de la guerre. Que les efforts de tous prouvent qu'il n'était pas un simple rêveur quand il parlait de la beauté de la véritable fraternité et de la paix, plus précieuse que les diamants en argent ou en or.

Nelson Mandela, discours de la réception du Prix Nobel de la Paix,
le 10 octobre 1993.

Contexte
L'Apartheid, instauré en 1948 en Afrique du Sud par le gouvernement blanc de l'époque (les Afrikaners), instaure une séparation géographique des Sud-Africains en fonction de la couleur de leur peau et interdit aux Noirs leurs droits primordiaux.

Lecture comparée

- Quelles idées de Schoelcher et de Césaire retrouve-t-on dans le texte de Mandela ?
- Comment l'optimisme de Mandela rejoint-il celui de Césaire ?

Nelson Mandela, leader de l'ANC et le président F.W. de Klerk lors de la cérémonie de remise de leur prix Nobel de la paix, le 10 décembre 1993.

Texte 3

Nathan live! TEXTE AUDIO

Léonora Miano, *Habiter la frontière*, 2012

Léonora Miano expose son expérience personnelle pour expliquer le problème d'identité auquel les « Afrodescendants » font face.

Léonora Miano
Née en 1973
Écrivaine franco-camerounaise, elle publie des romans à succès et anime, entre 2009 et 2011, plusieurs conférences sur l'identité africaine, réunies dans le recueil *Habiter la frontière*. Attachée à la question de l'hybridité culturelle, elle se définit comme une « subsaharienne occidentalisée ».

La frontière, telle que je la définis et l'habite, est l'endroit où les mondes se touchent, inlassablement. C'est le lieu de l'oscillation[1] constante : d'un espace à l'autre, d'une sensibilité à l'autre, d'une vision du monde à l'autre. C'est là où les langues se mêlent, pas forcément de manière tonitruante, s'imprégnant naturellement les unes des autres, pour produire, sur la page blanche, la représentation d'un univers composite, hybride[2].

La frontière évoque la relation. Elle dit que les peuples se sont rencontrés, quelquefois dans la violence, la haine, le mépris, et qu'en dépit de cela, ils ont enfanté du sens. Ma *multi appartenance* est porteuse de sens. Elle rappelle, à ceux qui croient en la fixité des choses, des identités notamment, que non seulement la plante ne se réduit pas à ses racines, mais que ces dernières peuvent être rempotées, s'épanouir dans un nouveau sol. Une plante peut également croiser ses racines avec celles d'une autre, et engendrer un nouvel être vivant. Le monde auquel nous appartenons est d'abord celui que nous portons en nous.

Née au Cameroun, pays dont les langues officielles sont le français et l'anglais, avec des dizaines de langues locales, j'ai grandi dans un environnement qu'on dira acculturé, puisqu'on n'y parlait que le français. Pourtant, l'Afrique, terre puissante, extrême, n'a eu aucun mal à pénétrer cette bulle, pour la marquer de son empreinte. Elle était dans la famille élargie[3] qui avait conservé des usages anciens, dans les comptines que chantait ma grand-mère, dans l'odeur de la terre, dans le mouvement des êtres et choses, dans la qualité de la lumière, dans la fureur des orages tropicaux, dans les voix des gens de la rue, dans les fleurs qui ne poussent que là-bas, dans les jeux, dans le peigne qui crissait dans mes cheveux lorsqu'on me les tressait, dans les superstitions, dans l'alimentation, dans la langue que parlaient les adultes, lorsqu'ils ne voulaient pas être compris des enfants.

Ce continent a donc nourri mon imaginaire, autant que des éléments venus d'ailleurs l'ont fait. Je pense à la musique de jazz qu'écoutait mon père, à la bibliothèque de mes parents, aux vieilles comédies musicales américaines ou aux dessins animés japonais que mes sœurs et moi regardions… Si mes compatriotes m'ont toujours perçue comme étrange, étrangère, ils n'ont pas pu me faire douter de mon africanité. Très tôt, ce qu'ils m'ont fait comprendre, c'était que leur monde n'était qu'en partie le mien. Je suis, depuis toujours, une Afro-occidentale parfaitement assumée, refusant de choisir entre ma part africaine et ma part occidentale.

Léonora Miano, *Habiter la frontière*,

1. Mouvement régulier de va-et-vient
2. En biologie, qui est issu de deux espèces distinctes. Qui est constitué d'éléments différents.
3. Une famille qui va au-delà des liens de sang.

Défendre une double identité

Pour entrer dans le texte

1. Quelle est cette « frontière » dont parle l'auteure ?

Au fil du texte

2. À quoi Léonora Miano fait-elle référence à travers les termes « violence », « haine », « mépris » (l. 8) ?
3. Quelle métaphore rend compte de la possibilité d'avoir une identité « hybride » ?
4. Comment la question de la langue est-elle liée à celle de l'identité ?

Vers la dissertation ▶ Vous répondrez à la question suivante en vous appuyant sur le texte de L. Miano : comment le discours, les arguments et les mots parviennent-ils à impliquer et à toucher l'auditoire ? Aidez-vous du « Zoom sur… », p. 336.

Texte écho

Du Bois, *Les Âmes du peuple noir*, 1903

Les Âmes du peuple noir **regroupe des essais dans lesquels l'auteur explore la double nature de la conscience chez les noirs des États-Unis, et le concept de voile qui masque, aux yeux des blancs, la réalité de ce que vivent les Afro-américains.**

William Edward Burghardt Du Bois
(1868-1963)

Historien et écrivain, W. E. B. Du Bois est le premier Afro-Américain à avoir otenu un doctorat à Harvard. Il fonde le Niagara Movement, puis le NAACP (National Association for the Advancement of Colored People), la plus ancienne et la plus influente organisation de droits civiques aux États-Unis.

Après l'Égyptien et l'Indien, le Grec et le Romain, le Teuton et le Mongol, le Noir est une sorte de septième fils[1], né avec un voile et doué de double vue dans ce monde américain – un monde qui ne lui concède aucune vraie conscience de soi, mais qui, au contraire, ne le laisse s'appréhender[2] qu'à travers la révélation de l'autre monde. C'est une sensation bizarre, cette conscience dédoublée, ce sentiment de constamment se regarder par les yeux d'un autre, de mesurer son âme à l'aune d'un monde qui vous considère comme un spectacle, avec un amusement teinté de pitié méprisante. Chacun sent constamment sa nature double – un Américain, un Noir ; deux âmes, deux pensées, deux luttes irréconciliables ; deux idéaux en guerre dans un seul corps noir, que seule sa force inébranlable prévient[3] de la déchirure.

L'histoire du Noir américain est l'histoire de cette lutte – de cette aspiration à être un homme conscient de lui-même, de cette volonté de fondre son moi double en un seul moi meilleur et plus vrai. Dans cette fusion, il ne veut perdre aucun de ses anciens moi. Il ne voudrait pas africaniser l'Amérique, car l'Amérique a trop à enseigner au monde et à l'Afrique. Il ne voudrait pas décolorer son âme noire dans un flot d'américanisme blanc, car il sait qu'il y a dans l'âme noire un message pour le monde. Il voudrait simplement qu'il soit possible à un homme d'être à la fois un Noir et un Américain, sans être maudit par ses semblables, sans qu'ils lui crachent dessus, sans que les portes de l'Opportunité se ferment brutalement sur lui.

W. E. B. Du Bois, préface des *Âmes du peuple noir* (1903) trad. M. Bessone, © Rue d'Ulm, 2004.

1. Celui qui, comme David dans la Bible, est appelé à régner.
2. Connaître.
3. Empêche.

À propos de...

L'émancipation des Noirs aux États-Unis

1865 : le 13ᵉ amendement à la Constitution abolit l'esclavage.
1954 : la Cour Suprême interdit la ségrégation dans les écoles.
1955 : Rosa Parks est arrêtée pour avoir refusé de céder sa place à un blanc dans un bus.
1957 : loi sur les droits civiques.
1963 : discours « Je fais un rêve » de Martin Luther King.
1968 : assassinat de Luther King.
2008 : Barack Obama est élu président des États-Unis.

Le *Martin Luther King day* (15 janvier), photographie de C. de Meyser, 1990, St. Petersburg, Floride.

Lecture comparée

▶ Dans cette Amérique du début du XXᵉ siècle, quelles injustices W. E. B. Du Bois combat-il ? À un siècle d'intervalle, qu'est-ce qui le rapproche de la franco-camerounaise Léonora Miano ?

Parcours artistique et culturel

Quand l'art dénonce

Objectif : Comprendre comment les artistes transforment l'horreur en œuvre d'art

1 La lutte pour les droits civiques aux États-Unis

Doc 1. Joe Jones (1909-1963), *American justice*, 1933, huile sur toile, 76 x 91 cm, Columbus Museum of Art, Ohio, États-Unis.

Pour comprendre l'image

- Très engagé dans la dénonciation des injustices de son époque, le peintre américain Joe Jones représente une femme noire violée et pendue par des membres du Ku Klux Klan, une organisation suprémaciste blanche, tandis que sa maison brûle derrière elle.
- Le lynchage est une mise à mort d'un individu par une foule sans jugement. Les membres du Ku Klux Klan ont assassiné de nombreux Afro-américains, depuis l'abolition de l'esclavage par le président Lincoln en 1862 jusqu'aux années 1960.

Southern trees bear strange fruit	Les arbres du Sud portent un fruit étrange
Blood on the leaves and blood on the root	Du sang sur leurs feuilles et du sang sur leurs racines
Black bodies swinging in the southern breeze	Des corps noirs qui se balancent dans la brise du Sud
Strange fruit hanging from the poplar trees [...]	Un fruit étrange suspendu aux peupliers [...]
Here is a fruit for the crows to pluck	Voici un fruit que les corbeaux picorent
For the rain to gather, for the wind to suck	Que la pluie fait pousser, que le vent assèche
For the sun to ripe, for the tree to drop	Que le soleil fait mûrir, que l'arbre fait tomber
Here is a strange and bitter crop!	Voici une bien étrange et amère récolte !

Doc 2. *Strange Fruit*, écrit par Abel Meeropol, 1939.

Pour comprendre le document

- *Strange Fruit* est une chanson interprétée par la chanteuse de blues et de jazz Billie Holiday en 1939. Le texte, écrit par Abel Meeropol, dénonce les lynchages subis par les Afro-américains aux États-Unis.
- L'auteur utilise une métaphore filée, celle du fruit, image rassurante, pour évoquer la putréfaction d'un corps noir pendu à un arbre.

2 Les traces de l'Histoire coloniale en Afrique

Pour comprendre l'image

- Mary Sibande a grandi dans une Afrique du Sud post-apartheid. Elle interroge la question de l'identité à travers Sophie, un personnage de domestique noire pendant l'apartheid. Avec cet *alter ego*, elle retrace la vie de quatre générations de femmes de sa famille, au service des bourgeois blancs.
- Les sculptures sont moulées directement sur l'artiste avant d'être mises en scène. Dans cette photographie, Mary Sibande joue sur des contrastes ironiques pour célébrer ses ancêtres : vêtue d'un tablier et d'un fichu, portant une ombrelle et une robe d'inspiration victorienne, Sophie la domestique est une dame.

Doc 3. Mary Sibande (née en 1982), *I'm a Lady*, photographie, 2009.

Doc 4. Felwine Sarr, co-auteur du rapport *Restituer le patrimoine africain*, commandé par Emmanuel Macron.

90 % du patrimoine africain se trouve [en France]. L'Afrique subsaharienne est l'une des régions du monde qui ont subi l'expatriation la plus massive de leur patrimoine.
Admettons simplement qu'il existe un profond déséquilibre auquel il faut remédier, déséquilibre enchâssé dans un mode de relation né dans le temps colonial, et qui n'a plus cours. [...] Certains objets [des musées français] relèvent de la spoliation[1] ; d'autres, d'expéditions scientifiques. S'agissant de ceux pour lesquels le non-consentement est avéré, tels les butins de guerre, c'est clair, on restitue. En revanche, pas de restitution pour ceux qui ont été vendus.

© *L'Express*, 26 janvier 2019.

1. Vol par abus de pouvoir.

Pour comprendre le document

- En 2017, le Quai d'Orsay rejetait la demande du gouvernement du Bénin, qui réclamait la restitution des œuvres d'art pillées pendant la colonisation.
- En 2018, le Sénégal adressait à la France une requête similaire. Le président Macron a alors déclaré vouloir réfléchir à « des restitutions temporaires ou définitives du patrimoine africain. »
- Les opposants à la restitution critiquent le mauvais état des musées africains qui menacerait la conservation des œuvres. Les partisans de la restitution renvoient la France à son passé colonial.

À retenir

- L'art permet d'**alerter**, d'**interpeller**, de **critiquer**, de **témoigner**. Reflet de son temps ou héritage assumé, il transmet l'Histoire.
- Le 6 décembre 2018 a été inauguré à Dakar (Sénégal) **un musée consacré aux civilisations noires** depuis l'apparition de l'humanité jusqu'à l'art contemporain. L'idée d'un tel musée avait été imaginée par le poète Léopold Sédar Senghor, premier président du pays.

Questions

1. **Doc 1.** En vous aidant de la fiche 43, p. 462-463, analysez la composition du tableau. Comment le peintre exprime-t-il l'horreur de la situation ?
2. **Doc 2.** Écoutez *Strange Fruit*. Comment la chanteuse de blues Billie Holiday, par sa vie, sa voix et ses origines, donne-t-elle encore plus de sens à la chanson ?
3. **Doc 3.** Comment Mary Sibande prend-elle de la distance pour transformer un traumatisme familial en œuvre d'art ?
4. **Doc 4.** Que pensez-vous de ce texte ? Quel est votre point de vue sur le sujet de ces restitutions ?

Faire le point → # Du discours aux actes

Au fil des siècles

1 Au XVIIIe siècle

- Le XVIIIe siècle est à la fois le siècle où prospère le **commerce triangulaire**, et celui qui voit naître une **contestation de l'esclavage**. *De l'esclavage des nègres* de MONTESQUIEU, et le chapitre sur le nègre de Surinam dans *Candide* de VOLTAIRE en témoignent.
- On retrouve cette question dans le roman de BERNARDIN DE SAINT-PIERRE, *Paul et Virginie*.

2 Au XIXe siècle

- L'esclavage est aboli par la Révolution française, puis rétabli par Napoléon. C'est finalement SCHOELCHER qui, après avoir été un avocat de l'abolition, l'obtient en 1848 (voir p. 329).
- Aux États-Unis, l'esclavage est aboli par le président Lincoln en 1865. L'écrivain HARRIET BEECHER STOWE en raconte l'histoire dans *La Case de l'Oncle Tom*, tout comme MARK TWAIN dans *Tom Sawyer*.

3 Au XXe siècle

- Le XXe siècle a été le théâtre de **nombreux combats pour la cause noire**.
- Un mouvement mené par MANDELA lutte plus de trente ans pour **vaincre l'apartheid** en **Afrique du Sud**.
- Aux **États-Unis**, le **Mouvement des droits civiques** (DU BOIS, LUTHER KING) cherche à donner aux Noirs Américains des droits égaux et complets.
- Dans les années 1950, des écrivains d'Afrique de l'Ouest (SENGHOR) et des Antilles (CÉSAIRE) inventent le concept de la **négritude**, une forme d'affirmation et de fierté.

4 Et aujourd'hui...

- La question de l'identité de ceux qui se réclament d'une double culture devient un thème récurrent dans les conférences, les essais et les romans.
- Les écrivains de la francophonie occupent une part importante du paysage littéraire français (DIOME, MIANO).

ZOOM sur... Les techniques oratoires

Maîtriser la rhétorique

- L'art de la **rhétorique** impose un ensemble de compétences :
  - L'***inventio*** : l'art de trouver des **arguments** ;
  - La ***dispositio*** : l'**organisation** efficace des arguments ;
  - L'***elocutio*** : le **style**, le **choix** des **bonnes formules**.
  - À cet art du discours, s'ajoute l'***actio***, les gestuelle de l'orateur.

Convaincre et émouvoir

- L'art de convaincre passe par le **raisonnement logique** et l'**exposé de preuves indiscutables**.
- L'argumentation de SCHOELCHER repose sur l'exposé d'une **vérité incontestable** : l'impossibilité morale pour un homme d'en dominer un autre.
- **S'adresser aux émotions** en exprimant les siennes (la colère de Schoelcher) s'avère efficace. C'est l'art de **persuader**. Ces **sentiments** prennent parfois une forme poétique (le **lyrisme** de CÉSAIRE).

Le sens de la formule

- Un bon orateur **choisit ses mots** avec soin. **Césaire** parle de « **droit parcellaire** » : ce terme dit précisément les limitations de liberté infligées à certains peuples.
- Les **images** donnent aux idées une forme et leur confèrent de la force.
- LÉONORA MIANO invoque la notion de **frontière**, une image efficace pour montrer cet espace ambigu entre deux pays qui réunit en même temps qu'il sépare.
- Dans la chanson « *Strange Fruit* », la **métaphore** filée du fruit déshumanise les victimes et rend compte de la violence des meurtres.

Enrichir son vocabulaire

Colonisation

- Processus qui consiste à conquérir et occuper, souvent par des guerres, un nouveau territoire.

Colonialisme

- Théorie qui justifie la colonisation d'un pays par un autre.

Abolition de l'esclavage

- Interdiction juridique de l'esclavage. En France, le 1er décret d'abolition de 1794 ne sera que très partiellement appliqué, et l'esclavage est rétabli pendant le consulat de Napoléon Bonaparte, en 1802. La traite des Noirs est interdite sous Louis XVIII, en 1817. L'abolition définitive de l'esclavage est ratifiée par un traité du 27 avril 1848.

Négritude

- Courant littéraire anticolonialiste fondé dans les années 1950 et rassemblant des écrivains noirs (Aimé Césaire, Léopold Sédar Senghor, Birago Diop, René Depestre…).

Apartheid

- Mot *afrikaans* (parler néerlandais d'Afrique du Sud), issu du français et signifiant « séparation, mise à part ». Il désigne une politique de séparation selon des critères raciaux, mise en place en 1948 et abolie en 1991.

Ségrégation

- Action de mettre un individu ou un groupe à part. En Afrique du Sud, l'Apartheid et, aux États-Unis, les lois Jim Crows (abrogées en1964) étaient des lois ségrégationnistes.

Nègre

- Mot dérivé du latin *niger*, qui signifie « noir ». Très peu utilisé avant le XVIIIe siècle (on parlait de *maures*, même si de nombreux maures ne sont pas noirs), il est alors lié à la traite négrière et désigne un homme de condition inférieure. Au XXe siècle, le concept de négritude tentera de redonner ses lettres de noblesse à ce mot, mais il reste péjoratif. Le mot neutre devient « Noir », généralement avec une capitale, remplacé parfois par « homme de couleur » (fin du XXe siècle) ou par l'anglicisme « *black* ».

Lectures cursives

CARNET DE LECTEUR

→ * **Marguerite Abouet et Clément Oubrerie, *Aya de Yopougon*, 6 tomes, Gallimard, coll. « Bayou », 2005-2013.**

L'INTRIGUE

Cette saga raconte la vie d'une jeune fille à la fin des années 1970 en Côte d'Ivoire, avec légèreté et humour.

- Un critique a dit au sujet de cette BD qu'elle évoquait « cette Afrique si proche et pourtant si lointaine » : la lecture de cette œuvre vous paraît-elle correspondre à cette remarque ?

→ ** **Toni Morrison, *Un don*, 10/18, 2009.**

L'INTRIGUE

Dans ce roman polyphonique, nous sommes transportés à la fin du XVIIe siècle, en Virginie, dans une colonie, où des fils et des filles sont vendus pour devenir une main d'œuvre exploitée et maltraitée.

- En quoi les femmes vous semblent-elles doublement victimes après la lecture de ce roman ?

→ *** **Harper Lee, *Ne tirez pas sur l'oiseau moqueur*, Le Livre de Poche, 1961.**

L'INTRIGUE

Dans les années 1930, en Alabama, un Noir accusé de viol aura du mal à prouver son innocence. Ce classique de la littérature américaine adopte le point de vue d'une fillette culottée et débrouillarde, surnommée Scout, dont le père avocat est commis d'office pour l'accusé noir.

- Ce livre a été écrit en 1961. Pouvez-vous expliquer son succès, au regard du contexte aux États-Unis à la même époque ?

CHAPITRE 15

Du journal au réseau social : info et intox

NRP
- **Séquences**
  - Débusquer l'infaux
  - Faire barrage à l'infox
  - L'information : vivre sans ?

La rumeur est la déformation ou l'amplification d'informations sur des personnalités ou des événements. Ce phénomène fut favorisé par la mise en scène des puissants et du pouvoir royal sous l'Ancien Régime et par l'essor de la presse, au siècle des Lumières et au XIXe siècle. Aujourd'hui, le développement des réseaux sociaux fait de la rumeur un problème social majeur et mondialisé.

Problématique :
Comment la rumeur déforme-t-elle l'information, et quel usage la fiction en fait-elle ?

ÉTUDIER UN PARCOURS

La course folle de la rumeur

ÉTUDIER UN GROUPEMENT DE TEXTES

Du fait divers à l'œuvre d'imagination

Parcours artistique et culturel

Méthode

ÉTUDIER UN PARCOURS

La course folle de la rumeur

Texte 1

Nathan live! TEXTE AUDIO

Le Portefeuille d'un Talon rouge, 1779

D'auteur inconnu, condamné et saisi en 1783, *Le Portefeuille d'un Talon rouge* est un des premiers libelles prérévolutionnaires dirigés contre Marie-Antoinette, épouse de Louis XVI. Cet extrait met paradoxalement en lumière le fonctionnement de la calomnie, à l'œuvre dans la suite du texte.

Contexte

Le libelle (*libellus*, « petit livre » en latin) est à l'origine un texte ou un ouvrage court, anonyme, fondé souvent sur le mensonge et les accusations calomnieuses, amplifiant les rumeurs orales pour détruire la réputation d'un personnage public. Les plus célèbres sont les mazarinades, vers 1650, ou les libelles contre la reine Marie-Antoinette, avant la Révolution.

Continuez donc plutôt à endocumenter[1], du haut de votre grenier, tous les Beaux-esprits de l'Europe ; cela vaudra mieux que de dévoiler ce que vous appelez les petites infamies[2] des Dames de la cour : d'ailleurs la plupart de ces infamies sont de grossières calomnies. Un lâche courtisan les ourdit[3] dans les ténèbres, un autre courtisan les met en vers et en couplet et, par le ministère de la valetaille[4], les fait passer jusqu'aux halles et aux marchés aux herbes. Des halles elles sont portées chez l'artisan qui, à son tour, les rapporte chez les Seigneurs qui les ont forgées, et lesquels, sans perdre de temps, s'en vont à l'œil-de-bœuf[5] se demander à l'oreille les uns aux autres, et du ton de l'hypocrisie la plus consommée : les avez-vous lues ? Les voilà. Elles courent dans le peuple de Paris. Telle est l'origine de ces mauvais petits vers qui [...] sèment dans Paris des anecdotes abominables sur des personnes d'une vertu reconnue.

Anonyme, *Le Portefeuille d'un Talon rouge, contenant des anecdotes galantes et secrètes de la cour de France*, 1779.

1. Fournir en informations.
2. Actions déshonorantes.
3. Prépare.
4. Ensemble des valets d'une maison, et par extension, personnes de caractère servile.
5. Fenêtre ovale ou ronde d'une façade.

Animal à deux têtes, caricature de Louis XVI et de Marie-Antoinette en 1791.

Question

Quels animaux reconnaissez-vous sur cette caricature ?

Lexique

Un « Talon rouge » était un courtisan qui portait des chaussures à talons rouges, signes de noblesse.

La rumeur ou le vice des relations humaines

Pour entrer dans le texte

1. Quels mots du texte désignent la rumeur et son contenu ?

Au fil du texte

2. Relevez les adjectifs qualificatifs caractérisant la rumeur : que nous révèlent-ils ?
3. À quoi sert la calomnie, selon l'auteur ?
4. Quel est le rôle des courtisans dans cette entreprise ?
5. Peut-on parler de désinformation dans ce texte ?
6. **Étude de la langue** Quel est le temps des verbes utilisé ? Quelle est la valeur de ce temps ?

Vers le commentaire ▶ Dans un paragraphe rédigé, vous répondrez à la question suivante : comment le rythme du texte mime-t-il la course de la rumeur ?

Texte 2

Beaumarchais, *Le Barbier de Séville*, 1775

Nathan live! TEXTE AUDIO

Beaumarchais
(1732-1799)
Homme de l'époque pré-révolutionnaire, Beaumarchais met en scène, dans sa trilogie théâtrale (*Le Barbier de Séville*, *Le Mariage de Figaro* et *La Mère coupable*), les valets, comme Figaro, et leur donne le premier rôle, pour dénoncer les inégalités de la société de l'Ancien Régime.
> p. 518

***Le Barbier de Séville* est la pièce précédant *Le Mariage de Figaro*. Don Bazile, maître à chanter de la jeune Rosine, est un être faible, lâche, qui se laisse corrompre facilement par Bartholo, un vieillard qui veut épouser Rosine. Il propose à Bartholo d'écarter le comte Almaviva qui, lui aussi, la convoite. Une des armes favorites de Bazile est la rumeur.**

BAZILE. – La calomnie, Monsieur ! Vous ne savez guère ce que vous dédaignez ; j'ai vu les plus honnêtes gens près d'en être accablés. Croyez qu'il n'y a pas de plate méchanceté, pas d'horreurs, pas de conte absurde, qu'on ne fasse adopter aux oisifs d'une grande ville en s'y prenant bien : et nous avons ici des gens d'une adresse !... D'abord un bruit léger, rasant le sol comme hirondelle avant l'orage, *pianissimo* murmure et file, et sème en courant le trait empoisonné. Telle bouche le recueille, et *piano, piano*, vous le glisse en l'oreille adroitement. Le mal est fait ; il germe, il rampe, il chemine, et *rinforzando* de bouche en bouche il va le diable[1] ; puis tout à coup, ne sais comment, vous voyez calomnie se dresser, siffler, s'enfler, grandir à vue d'œil ; elle s'élance, étend son vol, tourbillonne, enveloppe, arrache, entraîne, éclate et tonne, et devient, grâce au Ciel, un cri général, un *crescendo* public, un *chorus* universel de haine et de proscription. Qui diable y résisterait ?

Beaumarchais,
Le Barbier de Séville ou la précaution inutile,
II, 8, 1775.

1. Partout, dans toutes les directions.

Honoré Daumier (1808-1879), *Crispin et Scapin*, musée d'Orsay, Paris.

Lexique
- **Calomnie** : accusation mensongère qui attaque la réputation, l'honneur.
- **Rumeur** : le mot désigne d'abord un bruit qui se répand et, par analogie, une nouvelle qui court, de source incontrôlée.

La rumeur : de la musique avant toute chose

Pour entrer dans le texte

1. Auquel des cinq sens Beaumarchais associe-t-il la rumeur ? Aidez-vous de la rubrique « Lexique ».

Au fil du texte

2. Quelles images animales et végétales représentent la calomnie ?
3. **Lexique** recherchez le sens précis de *pianissimo, piano, rinforzando, crescendo* et *chorus*. À quel champ lexical appartiennent-ils ?
4. **Étude de la langue** L. 7 et 9 à 12, quelle classe de mots domine ? Quel sens donnez-vous à cette accumulation ?
5. « Qui diable y résisterait ? » (l. 13) : quelle peut être la fonction d'une telle réplique dans une pièce de théâtre ? (→ fiche 30, p. 436)

Vers l'oral ▶ Apprenez cet extrait par cœur pour le jouer. Vous expliquerez en quoi le rythme du texte est important pour comprendre le phénomène de la rumeur.

Carnet de lecteur ▶ *Le Barbier de Séville* a été adapté en opéra par Rossini. Écoutez « l'air de la Calomnie ». Comment la musique accompagne-t-elle le texte du livret ?

Texte 3

Hugo, *Toute la lyre*, 1888

Le recueil *Toute la lyre*, publié après la mort de Victor Hugo, avait pour objectif de présenter toutes les facettes de sa poésie. Ce poème met en scène le phénomène incontrôlable et intemporel de la rumeur.

Victor Hugo
(1802-1885)
Dramaturge, romancier, poète, dessinateur, Victor Hugo joue également un rôle politique important et s'engage contre les injustices de son temps, notamment dans son roman, *Les Misérables* (1862).

> p. 523

Le mot

Jeunes gens, prenez garde aux choses que vous dites !
Tout peut sortir d'un mot qu'en passant vous perdîtes ;
Tout, la haine et le deuil ! Et ne m'objectez pas
Que vos amis sont sûrs et que vous parlez bas...
Écoutez bien ceci :

Tête-à-tête, en pantoufle,
Portes closes, chez vous, sans un témoin qui souffle,
Vous dites à l'oreille du plus mystérieux
De vos amis de cœur ou si vous aimez mieux,
Vous murmurez tout seul, croyant presque vous taire,
Dans le fond d'une cave à trente pieds sous terre,
Un mot désagréable à quelque individu.
Ce mot – que vous croyez qu'on n'a pas entendu,
Que vous disiez si bas dans un lieu sourd et sombre,
Court à peine lâché, part, bondit, sort de l'ombre !
Tenez, il est dehors ! Il connaît son chemin ;
Il marche, il a deux pieds, un bâton à la main,
De bons souliers ferrés, un passeport en règle ;
Au besoin, il prendrait des ailes, comme l'aigle !
Il vous échappe, il fuit, rien ne l'arrêtera ;
Il suit le quai, franchit la place, *et cætera*[1]
Passe l'eau sans bateau dans la saison des crues,
Et va, tout à travers un dédale de rues,
Droit chez le citoyen dont vous avez parlé.
Il sait le numéro, l'étage ; il a la clé,
Il monte l'escalier, ouvre la porte, passe,
Entre, arrive, et railleur, regardant l'homme en face,
Dit : « Me voilà ! Je sors de la bouche d'un tel. »

Et c'est fait. Vous avez un ennemi mortel.

Victor Hugo, « Le mot », *Toute la lyre*, 1888.

1. Expression venant du latin médiéval signifiant « Et les autres choses manquent », abrégée en « etc. » et utilisée sans points de suspension.

Contexte
Victor Hugo participe à la vie politique de son temps. Selon lui, le poète peut influencer les gouvernants et l'opinion. À partir de 1849, il devient républicain et lutte contre le régime autoritaire de Napoléon III, contre la peine de mort, pour la vérité et la justice sociale.

La rumeur comme figure poétique

Pour entrer dans le texte

1. Comment qualifieriez-vous le rythme du texte ?

Au fil du texte

2. **Étude de la langue** Quels modes verbaux sont utilisés dans la première partie du poème (v. 1 à 5) ? À qui Hugo s'adresse-t-il ?

3. Quelle figure de style rend compte de la rumeur dans ce texte ? (→ fiche 16, p. 408)

4. Comment le poète rend-il cette image puissante ?

Vers le commentaire ▶ Comment Hugo mêle-t-il théâtre et poésie pour mettre en scène la rumeur ? Faites un plan de commentaire et rédigez l'introduction.

Texte 4

live! TEXTE AUDIO

Aldrin, « Rumeurs : il n'y a pas que la vérité qui compte », 2005

Un sociologue étudie les phénomènes sociaux en évolution dans la société contemporaine. Dans ce texte, Philippe Aldrin analyse le fonctionnement et les enjeux de communication de la rumeur aboutissant aux fausses informations (*fake news*).

Philippe Aldrin
Né en 1970
Docteur en science politique et professeur à l'Institut des sciences politiques d'Aix-en-Provence, ses recherches portent sur l'économie sociale de l'information et la formation des opinions politiques. Il a publié une *Sociologie politique des rumeurs* (2005).

Le phénomène des rumeurs fascine, passionne, intrigue. De Virgile (*L'Énéide*) à Beaumarchais (*Le Barbier de Séville*), en passant par Gabriel Garcià Marquez (*La Mala hora*), la rumeur compose pour la littérature une matière première dont les ressorts[1] sont infinis. Notre quotidien, lui aussi, fourmille de ces nouvelles où le réel côtoie l'imaginaire. Les attentats du 11 septembre[2], le tsunami en Asie[3] ou, plus près de nous, la vie privée [des hommes politiques] démontrent que les événements qui pénètrent l'espace public et médiatique sont très souvent, pour ne pas dire immanquablement, escortés par leur cortège de rumeurs. [...] Contre-versions des versions officielles, ces rumeurs flottent dans l'opinion, surnagent au conditionnel dans les médias et inondent Internet.

Du point de vue sociologique, ce que le langage commun nomme « rumeur » est la diffusion d'une information doublement illégitime[4], au regard des discours conventionnels et des canaux de contrôle de l'information, aujourd'hui les autorités et les médias habituels. [...]

La rumeur n'a ni raison, ni substance, ni intention propre. Surgie de la trame[5] continue et changeante de nos liens, elle n'existe que par nos échanges de parole et le crédit que nous leur donnons. Récit du temps immédiat, la révélation qu'elle porte est faite de nos représentations, de nos préoccupations et des événements qui ébrouent[6] les univers de notre existence. Si des nouvelles extravagantes circulent sous la forme de rumeurs, c'est que, individuellement et collectivement, certains trouvent à ces récits informels une valeur d'échange. Composée des préjugés et des imaginaires communs, la rumeur conforte le sentiment d'entre-soi. Dire une rumeur dans une conversation, c'est profiter d'un moment de connivence[7], fondé sur un implicite[8] partagé pour creuser davantage et faire vibrer cet agréable sentiment de complicité.

Philippe Aldrin, article « Rumeurs : il n'y a pas que la vérité qui compte », revue *Sciences Humaines*, n°164, octobre 2005.

1. Toutes les versions possibles.
2. Attentats du 11 septembre 2001 commandités par Ben Laden, qui ont détruit deux gratte-ciel emblématiques de New York.
3. Tsunami meurtrier du 26 décembre 2004 dans l'Océan Indien.
4. Qui n'est pas justifié par la vérité.
5. Fils grâce auxquels le tissu est fabriqué.
6. Remuent.
7. Complicité.
8. Sens caché, dissimulé.

La rumeur en partage

Pour entrer dans le texte

1. Quelle est la nature de la rumeur, et quel lien entretient-elle avec la vérité ?

Au fil du texte

2. L'auteur livre-t-il son opinion ? Quel est son projet en écrivant ce texte ?
3. Qu'entend l'auteur quand il dit que les rumeurs « surnagent au conditionnel » ?
4. **Étude de la langue** « du point de vue sociologique » (l. 11) : quelle est la nature précise du complément ? Quelle est sa fonction dans la phrase ?
5. Comment Aldrin évalue-t-il l'ampleur du phénomène de la rumeur ?
6. Quelle explication le sociologue en donne-t-il ?

Vers l'essai ▶ En vous appuyant sur les textes étudiés dans ce chapitre, vous expliquerez ce qui « fascine, passionne, intrigue » dans le phénomène de la rumeur.

Texte écho

« La prolifération des fake news », article de Capital.fr, 29 septembre 2017

Mensonges éhontés ou blagues potaches, les fausses nouvelles prolifèrent sur les réseaux sociaux. Quelques pistes pour les identifier.

« Emmanuel Macron avait une oreillette pendant le débat du second tour de la présidentielle. » « Une infirmière a échangé 9 000 bébés dans une maternité. » « Nicolas Dupont-Aignan tente un *come-back* avec un album de chansons alsaciennes. » Ces affirmations sont toutes fausses, mais elles ont pourtant toutes été largement diffusées et reprises sur Internet, imitant plus ou moins bien les apparences et les codes de véritables informations.

Selon le journaliste Samuel Laurent, responsable des Décodeurs, la rubrique de vérification des faits du journal *Le Monde*, on trouve principalement trois types d'intox : les informations militantes, émanant des mouvances extrêmes ou conspirationnistes par exemple, les informations tirées de sites parodiques, comme *Le Gorafi* en France, mais prises au sérieux, et les sites qui cherchent à attirer des clics à tout prix, pour récolter de la publicité.

Si ces fausses nouvelles ne datent pas d'hier, elles se propagent aujourd'hui à une vitesse sans précédent et bénéficient d'un écho considérable à travers les réseaux sociaux. Et pour cause, ces derniers fonctionnant souvent sur l'émotion, les contenus révoltants, choquants ou amusants ont de bonnes chances de provoquer des réactions nombreuses – partages, *likes* ou commentaires. Or, pour certains, c'est justement la viralité d'un *post* qui tend à valider son contenu. « Les élèves que l'on rencontre dans le cadre de nos ateliers considèrent parfois que, si une vidéo a beaucoup de vues, c'est qu'elle doit être vraie », explique Sébastien Rochat, du Centre pour l'éducation aux médias et à l'information (Clemi).

Lexique

- ***Fake news*** : anglicisme signifiant « fausse nouvelle », information fausse, présentée comme vraie. Synonyme d'un autre anglicisme, *hoax*.
- **Post-vérité** : reconstruction des faits, après coup, au mépris de la vérité.

Lecture comparée

▶ Quels exemples concrets, cités dans cet article, illustrent les propos du sociologue Philippe Aldrin ?

Texte 5 Stromae, « Carmen », 2013

Nathan live! TEXTE AUDIO

Sur une musique inspirée de *Carmen* de Georges Bizet (1875), Stromae critique la superficialité et la viralité des réseaux sociaux, Twitter dans la chanson, qui amplifient l'aliénation et l'addiction des individus tout en propageant très rapidement rumeurs et fausses informations.

Luke Newton, *Hashtag Mondrian, Composition 004*, 2014, acrylique sur toile (108 x 140 cm).

L'amour est comme l'oiseau de twitter
On est bleu de lui, seulement pour 48 heures
D'abord on s'affilie, ensuite on se follow
On en devient fêlé, et on finit solo
Prends garde à toi
Et à tous ceux qui vous *like*
Les sourires en plastique sont souvent des coups d'hashtag
Prends garde à toi
Ah les amis, les potes ou les followers
Vous faites erreur, vous avez juste la cote

Prends garde à toi
Si tu t'aimes
Prends garde à moi
Si je m'aime
Garde à nous. Garde à eux. Garde à vous
Et puis chacun pour soi
Et c'est comme ça qu'on s'aime s'aime s'aime s'aime
Comme ça consomme somme somme somme somme

L'amour est enfant de la consommation
Il voudra toujours toujours toujours plus de choix
Voulez voulez-vous des sentiments tombés du camion
L'offre et la demande pour unique et seule loi
Prends garde à toi
« Mais j'en connais déjà les dangers moi
J'ai gardé mon ticket et s'il le faut j'vais l'échanger moi »
Prends garde à toi
« Et s'il le faut j'irais m'venger moi
Cet oiseau d'malheur j'le mets en cage
J'le fait chanter moi »

Prends garde à toi
Si tu t'aimes
Prends garde à moi
Si je m'aime

Stromae
(Né en 1985)

Ce chanteur belge a connu un succès fulgurant dès 2011 avec l'album *Cheese*, confirmé par *Racine carrée* en 2013, qui évoque les maux de notre époque (aliénation aux réseaux sociaux, cancer ou divorce). Son style musical est influencé par la musique électronique, le hip-hop et la *world music*.

Lexique

- **Tweet** : message bref, de 280 caractères maximum, posté sur le web, par l'intermédiaire d'une plateforme qui le transmet à ses abonnés. (→ fiche 41, p. 458)
- **Viralité** : diffusion rapide et imprévisible d'un contenu sur Internet.
- **Hashtag** : symbole matérialisé par un croisillon (#), qui, associé à un mot, regroupe toute référence à ce mot.

Garde à nous. Garde à eux. Garde à vous
Et puis chacun pour soi
Et c'est comme ça qu'on s'aime s'aime s'aime s'aime
Comme ça consomme somme somme somme somme (bis)

Un jour t'achètes, un jour tu aimes
Un jour tu jettes, mais un jour tu payes
Un jour tu verras, on s'aimera
Mais avant on crèvera tous, comme des rats

Stromae, « Carmen », album *Racine Carrée*, 2013, © Mercury records.

« Prends garde aux réseaux sociaux »

Pour entrer dans le texte

1. Quel est le rôle du refrain dans cette chanson ?

Au fil du texte

2. Quels sont les thèmes principaux de la chanson ?
3. La chanson ressemble-t-elle à un texte poétique ? Relevez-en les caractéristiques.
4. Pourquoi Stromae utilise-t-il des mots anglais ?
5. Écoutez « L'amour est enfant de Bohème », dans l'opéra de Bizet. Quelles traces en retrouvez-vous dans cette chanson ?
6. **Étude de la langue** Relevez les verbes à l'impératif. Quelles valeurs de ce mode Stromae utilise-t-il ?

Vers la dissertation ▶ Comment la chanson traduit-elle le jugement que porte l'artiste sur les réseaux sociaux ? Rédigez deux paragraphes dans lesquels vous montrerez bien la différence entre une chanson et un poème.

Carnet de lecteur ▶ Racontez l'amplification d'une rumeur ou d'une fausse information : vous le ferez en rédigeant une succession de *tweets*.

Texte écho

Meilhac et Halévy, *Carmen*, 1875

Cet air populaire de *Carmen* est inspiré d'une habanera, une danse d'origine cubaine en vogue au XIXe siècle. Pour la première fois, la jeune gitane paraît sur scène et parle d'amour.

L'amour est un oiseau rebelle
Que nul ne peut apprivoiser
Et c'est bien en vain qu'on l'appelle
S'il lui convient de refuser […]

L'amour est enfant de bohème
Il n'a jamais jamais connu de loi
Si tu ne m'aimes pas je t'aime
Et si je t'aime prends garde à toi.

Henri Meilhac et Ludovic Halévy, Habanera de l'opéra *Carmen*, 1875.

À propos de ...

Meilhac et Halévy ont écrit le livret de *Carmen* à partir de la nouvelle de Prosper Mérimée. C'est Georges Bizet qui a composé la musique de cet opéra qui, s'il n'a pas connu un succès immédiat, est aujourd'hui un des plus joués dans le monde. music.

Lexique

- **La parodie** est le détournement d'un texte dans le but de produire un effet ludique ou moqueur.
- **Le pastiche** est l'imitation du style d'un auteur, sans intention moqueuse. Il constitue souvent un hommage à l'auteur qu'on imite.

Lecture comparée

▶ Quel usage Stromae fait-il des paroles de l'opéra ? S'agit-il d'une parodie ou d'un pastiche ?

Du fait divers à l'œuvre d'imagination

Texte 1

live! Nathan TEXTE AUDIO

TEXTE ENRICHI

Colette
(1873-1954)
Colette est l'une des écrivaines majeures du XXe siècle, connue surtout comme romancière. Elle est aussi mime, actrice et journaliste. Auteure de *Chérie*, *Dialogues de bêtes*, elle renouvelle le genre autobiographique avec *Sido*, par son écriture lyrique et poétique.
> p. 520

Colette, « Voici Landru ! », *Le Matin*, 1921

L'écrivaine Colette est aussi chroniqueuse pour le journal *Le Matin*. Comme d'autres, elle est fascinée par l'affaire Landru.

La foule n'émettra jamais d'opinion unanime sur Landru. L'homme aux cinquante noms, l'homme aux deux cent quatre-vingt-trois aventures féminines, même sans bouger et avant qu'il ait parlé est déjà Protée[1]. Séduisant ce séducteur ? Correct certainement. Faunesque[2], verlainien[3], comme on l'a décrit ? Non. Ni génial, ni difforme. [...] Je cherche en vain, dans cet œil profondément enchâssé, une cruauté humaine car il n'est point humain. C'est l'œil de l'oiseau, son brillant particulier, sa longue fixité, quand Landru regarde droit devant lui. Mais s'il abaisse à demi ses paupières, le regard prend cette langueur[4], ce dédain insondable qu'on voit au fauve encagé. Je cherche encore, sous les traits de cette tête singulière, le monstre, et ne l'y trouve pas. Si ce visage effraie, c'est qu'il a l'air, osseux mais normal, d'imiter parfaitement l'humanité, comme ces mannequins immobiles qui présentent les vêtements d'homme aux vitrines. A-t-il tué ? N'a-t-il pas tué ? Nous ne sommes pas près de le savoir. Il écoute, il paraît écouter l'interminable acte d'accusation, débité sur un ton de messe triste [...] « Sinistre fiancé... Spoliée et assassinée... Le meurtrier de madame Guilin ». Landru prend des notes, attentif et lointain tout ensemble, ou promène sur la salle, sans bravade[5], le regard qui fit amoureuses tant de victimes.

Colette, « Voici Landru ! », chronique judiciaire, journal *Le Matin*, 8 novembre 1921.

1. Divinité marine de la mythologie grecque ayant la faculté de se métamorphoser à volonté. – **2.** Se dit d'une créature mythologique proche du satyre. – **3.** Landru ressemble physiquement au poète Paul Verlaine. – **4.** Mélancolie rêveuse. – **5.** Attitude de défi.

Contexte
Henri Désiré Landru (1869-1922), surnommé le « Barbe-bleu de Gambais », est considéré comme le premier tueur en série français. Profitant du contexte trouble de la Première Guerre mondiale, il tue onze femmes veuves, entre 1914 et 1919, pour s'accaparer leurs revenus.

Quand l'écrivain se fait journaliste

Pour entrer dans le texte

1. Quel est l'intérêt pour un écrivain de faire le portrait d'un assassin ?

Au fil du texte

2. Relevez toutes les comparaisons utilisées par Colette pour décrire Landru.
3. Comment l'auteure perçoit-elle le personnage ?
4. Pour quelles raisons peut-on dire que cette description est ambiguë ?
5. Landru correspond-il à l'image que l'on peut se faire d'un assassin ?

Vers le commentaire ▶ Retrouvez dans cet extrait les références littéraires, les figures de style et les marques de modalisation. Grâce à ce relevé, définissez l'écriture journalistique de Colette.

Carnet de lecteur ▶ En adoptant le style de Colette, écrivez le portrait d'un meurtrier célèbre des XXe ou XXIe siècles.

Analyse d'images

Le procès de Landru (1921)

Landru eut un procès très médiatique, chroniqué par tous les grands journaux de l'époque. Il fut condamné à la peine de mort en 1922.

Landru et son défenseur, maître de Moro Giafferi à la Cour d'assises de Versailles, pendant le procès, du 7 au 30 novembre 1921, photographie de l'agence de presse Rol, musée du Barreau de Paris.

À retenir

- La photographie de presse devient un élément essentiel de l'information au XXe siècle, en complément des articles de journaux.
- Elle apporte une information, souvent en rapport avec un fait d'actualité, et aide le lecteur à la compréhension des événements.
- Elle illustre un événement ou le met en scène grâce à l'angle de vue et au cadre choisis par le photographe. La photographie de presse valorise l'élément humain dans un décor et met l'accent sur le visage et le regard.
- Les grands procès d'assises furent largement médiatisés jusqu'à ce qu'une loi, en 1954, interdise de photographier ou de filmer les audiences et les accusés. Désormais, la presse fait réaliser des reportages dessinés lors des grands procès.

Questions

1. Quel est le rôle de cette photographie ?
2. Une photographie est souvent structurée selon la règle des tiers (3 bandes horizontales et 3 verticales) pour valoriser un point précis dans le cliché : est-ce le cas ici ? Justifiez votre réponse.

Texte 2

Nathan live! TEXTE AUDIO

« L'affaire Canaby », article de *Gil Blas*, 26 mai 1906

En 1905, une affaire d'épouse empoisonneuse défraye la chronique à Bordeaux. Son procès se tient un an plus tard et est suivi par toute la presse locale et nationale.

À propos de...

Le journal ***Gil Blas*** est un quotidien paru entre 1889 et 1938. Il est lu par un grand nombre de lecteurs dès la fin du XIXe siècle. Il traite des sujets d'actualité mais publie aussi des nouvelles, notamment de Maupassant.

Lexique

- **Cour d'assises** : tribunal où sont jugés les crimes.
- **Audience** : séance lors d'un procès.
- **Débats** : partie orale des échanges.
- **Acte d'accusation** : exposé des faits reprochés à un accusé.

GAZETTE JUDICIAIRE

L'AFFAIRE CANABY

L'audience

Hier ont commencé, devant la cour d'assises de la Gironde siégeant à Bordeaux, les débats de l'obscure affaire Canaby. Mme Canaby est accusée :

D'avoir volontairement attenté à la vie de son mari par l'effet de substances pouvant donner la mort plus ou moins promptement ;

D'avoir frauduleusement fabriqué ou fait fabriquer, à quatre reprises, des ordonnances de médecin paraissant émaner du docteur Gaube et au moyen desquelles elle s'est fait délivrer : 1° 30 grammes de chloroforme, 1 gramme d'aconitine, 5 centigrammes de digitaline ; 2° 1 gramme de digitaline ; 3° 1 gramme d'aconitine, 20 centigrammes de digitaline ; 4° 1 gramme de cyanure de potassium et 1 gramme de digitaline ;

D'avoir fait usage de ces pièces fausses, sachant qu'elles étaient fausses.

Mme Canaby est fort connue à Bordeaux, où son mari occupe une situation enviable dans le commerce des vins. Mme Canaby était de toutes les fêtes mondaines. [...]

L'audience est présidée par le conseiller Pradet-Balade, qui prononce l'ouverture à neuf heures et demie et ordonne d'introduire l'accusée.

Mme Canaby arrive d'une allure saccadée.

Dès qu'elle a franchi la porte de la salle, les larmes lui viennent aux yeux, elle sanglote, la figure dans son mouchoir. Mme Canaby a beaucoup changé. Les gens qui la connaissent disent qu'elle a vieilli de dix ans. C'est une femme d'une quarantaine d'années, de taille moyenne, brune, plutôt maigre, à la figure plate. Elle est simplement habillée de noir et gantée de même. L'élégance d'autrefois est pour elle abolie.

L'acte d'accusation

Après les formalités d'usage, le greffier lit l'acte d'accusation. Cette pièce n'apprend rien qui ne soit déjà connu dans son ensemble.

M. et Mme Canaby vivaient heureux ; un ami d'enfance, M. Rabot, vint il y a trois ans, habiter avec eux et le ménage fut dès lors en but aux critiques.

Le 4 avril 1905, M. Canaby fut pris de vomissements. Il avait absorbé le matin un mauvais chocolat. Sa femme fit la solitude autour de lui et seul M. Rabot pouvait encore le voir.

M. Canaby soignait depuis un certain temps une persistante anémie au moyen de la liqueur de Fowler. Mme Canaby s'était procuré une quantité injustifiable de cette liqueur arsénicale.

Le docteur de la famille reçut une lettre anonyme où l'empoisonnement de M. Canaby lui était signalé. Sous prétexte de grippe infectieuse, le docteur, aidé de deux confrères, mit son client en observation.

D'un autre côté, un pharmacien, étonné de ce que Mme Canaby était venue à trois reprises acheter chez lui, au moyen d'ordonnances, des produits éminemment toxiques, avertit le docteur qui prit une mesure énergique et fit transporter le malade dans une maison de santé. Les ordonnances étaient signées toutes du nom d'un docteur de Roquefort, dans les Landes, M. Gaube.

Elles étaient fausses et fabriquées, une expertise graphologique le prouve, par Mme Canaby.

Un fait divers qui fascine

Pour entrer dans le texte

1. Comment le journaliste fait-il vivre le procès à son lecteur ?

Au fil du texte

2. Par quels moyens montre-t-il son impartialité dans l'exposé des faits ?
3. Quelle représentation fait-il de l'accusée ? Quelles informations apporte-t-il à son sujet ?
4. Quelles pointes de satire relevez-vous dans cet article ? Quelle est, d'après vous, leur fonction ?

Vers l'essai ▶ Quelles sont, d'après cet exemple, les caractéristiques de l'écriture journalistique ? Ont-elles évolué depuis ?

Texte 3

Mauriac, *Thérèse Desqueyroux*, 1927

Nathan live! TEXTE AUDIO

Thérèse Desqueyroux, une femme intelligente, s'est mariée par intérêt à Bernard Desqueyroux, qui ne la comprend pas. Alors qu'il est malade, elle tente de l'empoisonner… Dans la voiture qui la ramène de son procès, elle se prépare à tout dire à son mari.

La voici au moment de regarder en face l'acte qu'elle a commis. Quelle explication fournir à Bernard ? Rien à faire que de lui rappeler point par point comment la chose arriva. C'était ce jour du grand incendie de Mano[1]. Des hommes entraient dans la salle à manger où la famille déjeunait en hâte. Les uns assuraient que le feu paraissait très éloigné de Saint-Clair ; d'autres insistaient pour que sonnât le tocsin[2]. Le parfum de la résine brûlée imprégnait ce jour torride et le soleil était comme sali. Thérèse revoit Bernard, la tête tournée, écoutant le rapport de Balion[3], tandis que sa forte main velue s'oublie au-dessus du verre et que les gouttes de Fowler[4] tombent dans l'eau. Il avale d'un seul coup le remède sans qu'abrutie de chaleur, Thérèse ait songé à l'avertir qu'il a doublé sa dose habituelle. […] Elle s'est tue par paresse, sans doute par fatigue. Qu'espère-t-elle à cette minute ? « Impossible que j'aie prémédité de me taire. »

Pourtant cette nuit-là, lorsqu'au chevet de Bernard vomissant et pleurant, le docteur Pédemay l'interrogea sur les incidents de la journée, elle ne dit rien de ce qu'elle avait vu à table. Il eût été pourtant facile, sans se compromettre, d'attirer l'attention du docteur sur l'arsenic[5] que prenait Bernard. Elle aurait pu trouver une phrase comme celle-ci : « Je ne m'en suis pas rendu compte au moment même… Nous étions tous affolés par cet incendie… mais je jurerais, maintenant, qu'il a pris une double dose… ». Elle demeura muette ; éprouva-t-elle seulement la tentation de parler ? L'acte qui, durant le déjeuner, était déjà en elle à son insu, commença alors d'émerger du fond de son être, – informe encore mais à demi baigné de conscience.

François Mauriac, *Thérèse Desqueyroux*, 1927, © Éditions Grasset et Fasquelle.

1. L'action se passe lors d'un terrible incendie dans la forêt landaise. – **2.** Cloche qui sert à alerter la population d'un danger. – **3.** Balion est l'intendant de Bernard. – **4.** Médicament à base d'arsenic qui soigne les maladies cardiaques. – **5.** Substance chimique, hautement toxique, utilisée à faible dose dans certains médicaments.

François Mauriac
(1885-1970)

Mauriac, écrivain puis journaliste, se définit lui-même comme « un catholique qui écrit des romans ». La modernité des romans de Mauriac tient à l'analyse de ses personnages, pris dans une problématique sociale (*Le Sagouin* et *Thérèse Desqueyroux*), religieuse (*La Pharisienne*) ou amoureuse (*Le Baiser au lépreux*).

Contexte littéraire

Comme Flaubert l'avait fait pour *Madame Bovary* avec l'affaire Delamare, Mauriac se sert du « matériau » réel du fait divers pour créer son plus célèbre personnage, Thérèse Desqueyroux.

Une criminelle, une héroïne romanesque

Pour entrer dans le texte

1. Qui raconte cette scène, et quel est le point de vue utilisé par Mauriac ?

Au fil du texte

2. **Étude de la langue** Comment sont rapportées les paroles et les pensées de Thérèse ?
→ fiche 9, p. 394-395.

3. Mauriac fait entrer le lecteur dans la conscience de son personnage : quel est l'effet produit, d'après vous ?

4. En faisant référence à l'histoire du roman au XXe siècle (p. 50-51), expliquez quelle est l'originalité de ce texte.

Vers la dissertation ▶ Comment François Mauriac se sert-il de la réalité pour construire une fiction ? Aidez-vous, pour répondre, du texte 2, page ci-contre.

Carnet de lecteur ▶ Imaginez-vous à la place du jeune François Mauriac assistant aux audiences de l'affaire Canaby : en utilisant la première personne, vous ferez un récit de ses réactions et émotions face à l'accusée.

Texte 4

TEXTE AUDIO

Simenon, *L'Affaire Saint-Fiacre*, 1932

Maigret est le fils du régisseur du château de Saint-Fiacre. Devenu commissaire, averti par une lettre anonyme, il assiste, impuissant, à la mort de la comtesse, qui succombe à une crise cardiaque. Il découvre un papier glissé dans le livre de messe de la comtesse.

Georges Simenon
(1903-1989)
Écrivain belge francophone, Georges Simenon a publié plus de 400 romans et nouvelles sous son nom ou sous des pseudonymes. Il est le créateur d'un des plus célèbres personnages enquêteurs, le commissaire Maigret, mais il a aussi développé le genre du roman policier psychologique. En 1952, il est élu à l'Académie royale de Belgique.
> p. 528

C'est en marchant lentement vers le château que [Maigret] ouvrit le livre relié aux armes[1] des Saint-Fiacre. Ou plutôt il ne l'ouvrit pas. Le missel[2] s'ouvrit de lui-même, à une page où un papier était intercalé entre deux feuillets.

Page 221. « Prière après la communion. »

Ce qu'il y avait là, c'était un morceau de journal découpé à la diable[3] et qui, dès le premier examen, avait drôle d'allure, comme s'il eut été mal imprimé.

« Paris, 1er novembre. Un dramatique suicide a eu lieu ce matin dans un appartement de la rue de Miromesnil occupé depuis plusieurs années par le comte de Saint-Fiacre[4] et son amie, une Russe nommée Marie V…

« Après avoir déclaré à son amie qu'il avait honte du scandale provoqué par certain membre de sa famille, le comte s'est tiré une balle de browning dans la tête et est mort quelques minutes plus tard sans avoir repris connaissance. » […]

Maigret avait poussé dans la poche de son pardessus le missel trop épais qui déformait le vêtement. Il s'était arrêté pour examiner ce terrible bout de papier. L'arme du crime ! Un morceau de journal grand de sept centimètres sur cinq !

La comtesse de Saint-Fiacre se rendait à la première messe, s'agenouillait dans la stalle qui depuis deux siècles était réservée à ceux de sa famille.

Elle communiait. C'était prévu. Elle ouvrait son missel afin de lire la « Prière après communion ».

L'arme était là ! […]

Il s'agissait d'une simple épreuve[5], tirée à plat, à la main. La preuve c'est que l'envers de la feuille de papier portait exactement le même texte. […]

La comtesse d'ailleurs aurait-elle eu l'idée de retourner le papier ? Ne serait-elle pas morte avant, d'émotion, d'indignation, de honte, d'angoisse ? La physionomie de Maigret était effrayante, parce qu'il n'avait jamais vu un crime aussi lâche et en même temps qu'aussi habile.

Et l'assassin avait eu l'idée d'avertir la police !

Georges Simenon, *L'Affaire Saint-Fiacre*, chap. 3 © Simenon Ltd, Omnibus, 1932.

1. Emblèmes d'une famille aristocratique.
2. Livre de messe.
3. Sans soin.
4. Fils unique de la comtesse.
5. Exemplaire d'un article de journal avant son impression.

À propos de…
Le roman policier, genre romanesque à part entière, s'est développé depuis le XIXe siècle. Il prouve l'intérêt des écrivains et du public pour la mise en scène romanesque de crimes, de meurtriers et d'enquêteurs hors du commun, explorant la psychologie (Maigret) ou la dimension la plus noire de la société (roman noir américain).

La mise en scène de l'observation rationnelle

Pour entrer dans le texte

1. Comment Simenon renouvelle-t-il l'image habituelle de l'arme du crime ?

Au fil du texte

2. Comment sont mises en scène les pensées du commissaire Maigret ?

3. **Étude de la langue** Quel type de phrase l'auteur emploie-t-il pour reproduire le cheminement de la pensée de Maigret (l. 23-27) ?

4. Quelles sont les étapes de la résolution de l'énigme ?

Vers l'essai ▶ Est-il facile, pour les policiers, d'enquêter sur un secret de famille ? Trouvez des exemples pris dans l'actualité et rédigez une réponse argumentée.

Texte écho

Messac, *Le « Detective Novel » et l'Influence de la pensée scientifique*, 1929

Régis Messac
(1893-1945)
Écrivain, professeur et journaliste, il est aussi le premier spécialiste universitaire français du roman policier car il s'intéresse à tous les genres de la littérature (utopie, science-fiction, fantastique...), ainsi qu'aux nouvelles méthodes d'analyse des textes, comme l'approche thématique ou comparée. Arrêté pour faits de résistance, il est déporté et meurt en Allemagne, en 1945.

Dans *Le Detective Novel*, Messac définit le genre du roman policier, qui se développe, selon lui, avec l'essor de la pensée scientifique au XIXe siècle, d'où l'apparition de personnages ne se fiant qu'à la déduction logique, comme Sherlock Holmes. Les enquêtes policières seraient ainsi « des raisonnements fondés sur l'observation d'un fait particulier conduisant à un autre fait particulier ».

Nous nous croyons donc autorisés maintenant à définir le *detective novel*[1], qu'il s'agisse d'un roman ou d'une courte histoire, comme un récit consacré avant tout à la découverte méthodique et graduelle, par des moyens rationnels, des circonstances exactes d'un événement mystérieux.

Mais à cette source principale d'intérêt pourront se joindre d'autres sources d'intérêt secondaire, dont quelques-unes se confondront harmonieusement avec elle. Il est certain que les crimes et les milieux criminels se prêtent particulièrement bien à la création de mystères compliqués, et fournissent des moyens variés de les dissiper. C'est pourquoi le détective a presque invariablement des accointances[2] plus ou moins occultes[3] avec la police, et déploie fréquemment son activité autour d'un cadavre. Mais encore une fois le cadavre n'est nullement indispensable, et, même lorsqu'il est là, le véritable artiste se garde bien de l'étaler, de le mettre en scène avec trop d'insistance. Il le dissimule au contraire, sachant bien qu'en faisant un appel trop direct à des émotions brutales et élémentaires, il paralyserait les facultés intellectuelles de son lecteur, dont le jeu habilement ménagé doit être la principale source de plaisir esthétique.

De même, une part de l'intérêt se portera naturellement sur le criminel, et une partie du récit pourra être consacrée à la peinture des mœurs des assassins ou des voleurs, et des lieux qu'ils fréquentent habituellement : bouges[4], cabarets, prisons, bagnes, avec leur cortège habituel d'argousins[5], de prostituées, d'individus louches aux pittoresques haillons et au pittoresque langage, l'argot[6]. Chez beaucoup d'écrivains, les descriptions de ce milieu prennent une place prépondérante, et on y a vu aussi l'essentiel du roman policier. Les histoires de voleurs sont vieilles comme le monde, et nous ne pourrions les englober toutes sans nous jeter dans une confusion inextricable.

Régis Messac, *Le « Detective novel » et l'Influence de la pensée scientifique*, 1929,

1. Fiction racontant un crime et son enquête.
2. Complicités.
3. Secrètes.
4. Maisons closes ou bars de mauvaise fréquentation.
5. Policiers, en argot.
6. Dialecte utilisé par les truands.

Jean Richard dans le rôle du commissaire Maigret, 1962.

Lecture comparée

▶ Comment cette analyse s'applique-t-elle au personnage de Maigret (texte 4, page ci-contre) ?

Parcours artistique et culturel

Le crayon, une arme politique

Objectif : Découvrir la puissance du dessin de presse

Si on trouve des traces de caricature dans l'Antiquité, au Moyen Âge et à la Renaissance, ce sont la Révolution de 1789, les lois sur la liberté de la presse et l'invention de la lithographie et de la presse rotative qui vont permettre la multiplication de ces images. Rapidement, la caricature devient un langage politique.

Doc 1. Honoré Daumier, *Gargantua*, lithographie, 15 déc. 1831.

Pour comprendre l'image

- En 1831, Charles Philipon, directeur du journal *La Caricature*, est condamné pour une série de caricatures apparentant le roi Louis-Philippe à une poire. Malgré la censure, la série remporte un vif succès et les poires royales se multiplient dans la presse.
- Complice de Philipon, Daumier représente Louis-Philippe en géant glouton. Assis sur une chaise percée (ancêtre des toilettes), le roi digère l'argent du peuple et le redistribue aux notables sous forme de brevets et de décorations. Pour cette caricature, Daumier fut condamné à six mois de prison.

Pour comprendre l'image

- Depuis Philipon et Daumier, la poire est devenue, dans la caricature politique française, symbole de la faiblesse et de la passivité du pouvoir.
- En 1995, alors que Jacques Chirac et Édouard Balladur s'affrontent pour représenter leur parti à l'élection présidentielle, Wiaz, dessinateur au *Nouvel Observateur* et à *Libération*, entre autres, croque un Balladur léthargique à tête de poire, face à un Chirac incisif comme un couteau.

Doc 2. Wiaz (Pierre Wiazemsky), *Chirac-Balladur*, vers 1995.

Pour comprendre l'image

- En 1834, le roi Louis-Philippe fait face à une insurrection populaire que le gouvernement réprime très durement.
- Le républicain François Gervais dénonce publiquement cette violence. Accusé de calomnie, il sera condamné à un mois de prison. Traviès, pour légender cette lithographie, reprend ironiquement l'argumentaire de la police : « *C'est un rêve, une erreur, un mensonge. M. Gervais est un calomniateur.* »

Doc 3. Charles Joseph Traviès de Villers, « Quel rêve ! », dans *La Caricature*, 26 juin 1834.

Pour comprendre l'image

- En mai 1968, pendant le mandat du général de Gaulle, la France connaît une crise politique qui paralyse le pays. Des manifestations violentes éclatent dans Paris, les rues sont le théâtre d'affrontements entre les contestataires et les forces de l'ordre.
- Le slogan « CRS SS », qui compare les forces de l'ordre à l'armée nazie, est largement diffusé pour dénoncer les violences policières.
- Cette caricature repose sur les procédés de comparaison, de détournement et d'exagération, qui permettent de critiquer violemment sa cible.

Doc 4. Atelier populaire de l'École des Beaux-Arts, auteur anonyme, 1968.

À retenir

- L'État – son chef, ses représentants, son armée, ses fonctionnaires – est la victime privilégiée des caricaturistes depuis l'essor de la presse au XIXe siècle.
- Le nombre et la violence de ces images témoignent du degré de liberté d'une société.

Questions

1. **Doc 1.** Décrivez précisément cette caricature. Que critique Honoré Daumier ?
2. **Doc 1 et 2.** Comment une simple poire est-elle devenue un symbole de la critique politique ?
3. **Doc 3.** Comment et dans quel but Traviès oppose-t-il le texte et l'image ? Pourquoi exagère-t-il la taille des poires sur l'arbre ?
4. **Docs 3 et 4.** Comment la caricature « CRS SS » dénonce-t-elle la violence des forces de l'ordre ? Comparez-la avec celle de Traviès.

Faire le point → Info et intox

Au fil des siècles

1 Au XIXe siècle

Le mot « fait divers »

▶ Il est inventé par Zola, Maupassant et Ponson du Terrail, et est lié au développement de la presse écrite.

Rumeur et fait-divers : un lien constant

▶ Les écrivains s'intéressent aux affaires criminelles, sources d'inspiration et reflets de la nature humaine. Pour *Madame Bovary* (1857), Flaubert s'inspire de l'affaire Delamare.

▶ En revanche, Zola invente de toute pièce l'intrigue criminelle de *Thérèse Raquin* (1867).

Le roman policier

▶ Il naît en France, d'abord sous la forme de feuilletons publiés dans les journaux : *L'Affaire Lerouge* de Gaboriau (1868).

2 Au XXe siècle

Multiplication des écrivains-journalistes

▶ Des écrivains couvrent des faits divers dans la presse : Colette (affaires Landru et Violette Nozières) ; Kessel (affaire Eichmann).

▶ Certains transposent la réalité judiciaire dans leurs œuvres romanesques ou théâtrales : Mauriac (affaire Canaby), Genet (affaire des sœurs Papin, voir p. 158).

Naissance du web

▶ Au début des années 1990, le web est inventé. Il est régi par le principe de libre-circulation de l'information, né au XIXe siècle et garant de la liberté d'expression.

3 Et aujourd'hui ?

▶ Le **développement des réseaux sociaux** favorise l'amplification des informations vraies, fausses ou déformées.

▶ Les affaires criminelles et les assassins sont désormais très **médiatisés.** Le tueur en série devient un **personnage de fiction** à part entière (*Le Silence des agneaux*, de J. Demme, 1991 ; série *Dexter*…).

ZOOM sur… Le roman policier au XXe siècle

Un genre anglo-saxon

- Le roman policier apparaît dans les années 1840 avec la publication de *Double assassinat dans la rue Morgue*, de l'américain Edgar Allan Poe.
- Arthur Conan Doyle puis Agatha Christie, au XXe siècle, créent des personnages d'enquêteurs légendaires, Sherlock Holmes, Hercule Poirot…

Principes

- Un **crime mystérieux** est commis, que seul le **raisonnement implacable** de l'enquêteur peut résoudre.
- L'enquêteur peut être un **fonctionnaire** de police (Maigret, de Simenon) mais aussi un **détective privé** (Sherlock Holmes, de Conan Doyle), un **journaliste** (Rouletabille, de Leroux) ou même un **voleur** (Arsène Lupin, de Leroux).

De multiples formes

- Dans le **roman policier psychologique**, l'enquêteur s'imprègne d'un milieu et d'une atmosphère (Simenon).
- Dans le **roman noir américain**, l'action se déroule souvent dans le milieu de la pègre, violent et corrompu (Chandler, Ellroy).
- Le **roman à suspense** est centré sur la victime, usant du registre dramatique (Higgins Clark, Highsmith).

Enrichir son vocabulaire

Detective novel
- Terme anglophone désignant le récit policier.

Calomnie
- Accusation mensongère qui attaque la réputation, l'honneur.

Rumeur
- Le mot désigne d'abord un bruit qui se répand et, par analogie, une nouvelle qui court, de source incontrôlée.

Roman policier
- Récit fondé sur la narration d'un crime mystérieux ayant fait une ou plusieurs victimes et qui sera résolu de manière logique par un enquêteur.

Fait divers
- Événement tragique de la vie réelle retranscrit dans les journaux (accidents, meurtres, vols, escroqueries…), qui ne relève ni de l'actualité mondiale ni de la politique ni de l'économie.

Post-vérité
- Reconstruction des faits, après coup, au mépris de la vérité.

Libelle
- Texte ou ouvrage court, anonyme, fondé souvent sur le mensonge et les accusations calomnieuses, amplifiant les rumeurs orales pour détruire la réputation d'un personnage public. Il peut prendre la forme du pamphlet.

Fake news (ou « infox »)
- Informations délibérément fausses dont l'objectif est de tromper ou de manipuler un public.

Lectures cursives

CARNET DE LECTEUR

→ * **Emmanuel Carrère, *L'Adversaire*, POL, 2000.**

LE THÈME
Le 9 janvier 1993, J.-Cl. Romand tue sa famille. L'enquête révèle l'incroyable mensonge de celui qui, pendant dix-huit ans, se prétendait médecin.

a. Quelle place occupe le romancier dans le récit ?

b. L'auteur porte-t-il un jugement sur le personnage ?

→ ** **Didier Daeninckx, *Meurtres pour mémoire*, 1983.**

LE THÈME
Roger Thiraud et son fils Bernard, tous deux historiens, sont assassinés à 20 ans d'intervalle. L'inspecteur Cadin enquête sur leur mort, liée à des pages sombres de l'histoire du XXe siècle.

a. Sur quels événements historiques s'appuie l'auteur pour construire son récit ?

b. En quoi les deux crimes vous semblent-ils singuliers ?

→ ** **François Mauriac, *Thérèse Desqueyroux*, 1927.**

LE THÈME
Lorsqu'elle se rend compte qu'elle n'aimera jamais son mari, Thérèse Desqueyroux va tenter de l'empoisonner avec un médicament à base d'arsenic.

a. Élucidez les raisons qui ont poussé Thérèse à empoisonner son mari.

b. Même s'il met en scène une tentative de meurtre, ce roman est-il policier ?

c. Quel est l'objectif principal de Mauriac dans cette œuvre ?

CHAPITRE 16 Vers une éthique de la nature

NRP
• **Hors série :** *Une terre et des hommes*, anthologie

Au cœur des problématiques du XXIe siècle, l'écologie, qui étudie les relations des êtres vivants avec leur environnement, nous alerte sur l'avenir de la planète. L'homme doit désormais repenser l'impact de son action sur la nature.

Problématique :
Comment les enjeux écologiques rassemblent-ils artistes et scientifiques ?

ÉTUDIER UN PARCOURS

Écrire pour un monde en danger

Texte 1

Tesson, *Sur les chemins noirs*, 2016

TEXTE AUDIO

Sylvain Tesson
Né en 1972

Géographe de formation et aventurier renommé, Tesson se forge un nom en littérature avec *Dans les forêts de Sibérie*, récit autobiographique dans lequel il narre une expérience solitaire.

En convalescence après un grave accident, Sylvain Tesson doit réapprendre à marcher. Il se donne comme objectif de traverser la France à pied, en évitant au maximum les zones urbaines et périurbaines.

Je reliai entre elles les parcelles[1] forestières, traquant les vestiges des chemins noirs. C'est un destin de bête que de naviguer de bosquets en taillis. Avant la hache de pierre des sociétés défricheuses, nos ancêtres avaient connu des déplacements dangereux, de grottes en abris, sauts de puces au milieu des océans forestiers où vaquaient[2] les hyènes. Puis l'homme avait soumis le monde et l'équation s'était inversée : désormais la forêt était en miettes et c'était au tour des animaux de chercher ce qu'il restait de caches dans un espace ouvert. Un archipel[3] en négatif s'était dessiné. [...]

L'IGN[4] ne signalait pas tous les chemins privés. Quand je passai devant une parcelle grillagée où les écriteaux annonçaient un « verger sous surveillance », je compris que j'étais entré dans l'orbite[5] de la ville. Tours approchait. Des villes comme des planètes : leur gravitation attire les météores mais à trop s'en approcher on entre dans les zones de turbulence. [...]

Le plateau entre l'Indre et le Cher se mouchetait de lotissements, de hangars, de ronds-points. Voilà deux mois que je baguenaudais[6] entre ce mobilier[7], tâchant de le masquer à ma vue. Cette fois je n'y parvenais plus. Les chemins noirs avaient au moins cette vertu : ils sinuaient[8] entre les verrues des plans d'occupation des sols[9]. Il fallait que les hommes fussent drôles pour imaginer qu'un paysage eût besoin qu'on l'aménageât. D'autres parlaient d'augmenter la réalité. Un jour peut-être s'occuperaient-ils d'éclairer le soleil ?

Sylvain Tesson, *Sur les chemins noirs*, chapitre 5, © Éditions Gallimard, 2016.

1. Pièces de terre.
2. Se promenaient.
3. Groupe d'îles.
4. L'Institut national de l'information géographique.
5. Courbe fermée que décrit un corps céleste dans l'espace.
6. Me promenais.
7. Il s'agit des constructions et infrastructures urbaines.
8. Faisaient des détours, serpentaient.
9. Document administratif visant à organiser les zones urbaines et qui prend en compte les besoins en matière d'habitat.

À propos de...

Sylvain Tesson a créé l'expression « chemins noirs », qui désigne les chemins et sentiers non balisés, ceux qui ne figurent pas sur les cartes et échappent aux relevés topographiques.

Un marcheur contre une nature grillagée

Pour entrer dans le texte

1. Comment l'auteur décrit-il les « chemins noirs » qu'il emprunte ?

Au fil du texte

2. Pourquoi peut-on dire que l'auteur vit une expérience animale dans ce texte ?

3. **Étude de la langue** Relevez tous les compléments circonstanciels de temps dans le premier paragraphe et indiquez leur nature. Comment évolue le rapport de l'homme au monde au fil des époques ?

4. Que signifie l'expression « aménagement du territoire » ? En quoi cette expression peut-elle éclairer votre lecture du texte ?

Vers le commentaire ▶ Sylvain Tesson, géographe de formation, dessine métaphoriquement une carte du monde. Décrivez et expliquez cette métaphore filée dans le texte.

Texte 2

Mégie, *Profession chercheur*, 1989

Gérard Mégie a étudié l'évolution de la composition chimique de l'atmosphère en relation avec les changements climatiques, à une époque où le débat n'était pas ouvert. Dans un film réalisé par le CNRS, il exprime ses craintes et définit quelle est, selon lui, la fonction du chercheur.

Gérard Mégie
1946-2004
Physicien de l'atmosphère et Professeur d'université, spécialiste des équilibres physiques et chimiques de l'atmosphère terrestre, G. Mégie fut un acteur majeur du Protocole de Montréal pour la protection de la couche d'ozone. En 1992, il a créé l'IPSL, Institut des sciences de l'environnement global. Il présida le CNRS de 2000 à 2005.

Les questions d'environnement à l'échelle globale sont une des grandes questions qui vont se poser à la fin de ce siècle[1] et tout à fait au début de l'autre, à savoir comment l'homme peut maîtriser son environnement. Si on continue sur la lancée d'aujourd'hui, ce que nous comprenons des mécanismes nous conduit probablement à ce qu'on pourrait appeler une catastrophe écologique à l'échelle d'un siècle ; donc il est important de comprendre, il est important de prédire, et il est important d'agir. […]

Risque et incertitude sont étroitement mêlés dans les problèmes d'environnement global. Cette imbrication est encore renforcée par la perception diffuse que chacun d'entre nous peut avoir d'un danger dont les conséquences sont difficilement tangibles[2] aux échelles de temps et d'espace qui nous concernent directement.

Devant la présomption[3] du risque, la seule attitude est alors celle d'un « pari de Pascal » inversé. Pour gagner le temps nécessaire à une meilleure connaissance du système et à la réduction des incertitudes, il nous faut faire dès aujourd'hui le pari de l'existence du problème et de notre capacité à y remédier. Si le progrès des connaissances apportait par la suite la preuve de son inexistence, le coût à payer serait certainement sans commune mesure avec le risque que prendrait l'humanité dans la situation inverse.

Transcription des propos de G. Mégie dans le film *Profession chercheur*, © CNRS, 1989.

1. Le XXe siècle.
2. Qu'on peut toucher et se représenter.
3. Supposition fondée sur des apparences et non sur des preuves formelles.

À propos de…

Le pari de Pascal
Argument du mathématicien Blaise Pascal (1623-1662) qui suppose qu'il est dans l'intérêt de tout homme de croire en Dieu : si Dieu n'existe pas, il ne perd rien, et si Dieu existe, il gagne le paradis.

Un militant du principe de précaution

Pour entrer dans le texte

1. Quelle évolution ce climatologue prédit-il et à quelle échelle ?

Au fil du texte

2. Au moment où il parle, Mégie a-t-il la preuve formelle de ce qu'il avance ? Justifiez votre réponse.

3. **Étude de la langue** Quelle est la nature de la proposition subordonnée présente au début de la dernière phrase du texte (l. 16-17) ? Pourquoi ce type de subordonnée est-il particulièrement présent dans le discours scientifique ?

4. Que peut-être, pour un scientifique, la « présomption du risque » (l. 13) ?

5. Quelle stratégie argumentative l'auteur utilise-t-il pour défendre le principe de précaution ?

Vers l'essai ▶ Rendez compte d'un débat environnemental auquel le principe proposé par Gérard Mégie pourrait s'appliquer. Expliquez pourquoi.

Texte 3

Brunner, *Le Troupeau aveugle*, 1972

Nathan live! TEXTE AUDIO

John Brunner
(1943-1995)
Auteur anglais de science-fiction. Son œuvre, *La Tétralogie noire*, dystopie cyberpunk, rassemble les différentes fins du monde possibles.

Le Troupeau aveugle **imagine l'histoire d'un monde hostile post-apocalyptique, dévasté par la pollution chimique. Une nouvelle catastrophe écologique se produit.**

« J'ai fait de mon mieux », déclara Gerry Thorne[1] d'une voix chagrinée, à juste titre. Moïse Greenbriar[2] et lui avaient réellement accompli du bon travail avec le programme d'aide alimentaire de la fabrique hydroponique Bamberley[3]. Un demi-cent par personne nourrie, cela faisait une somme considérable avec les années. De plus, plusieurs formations de gauche et du centre du Congrès préconisaient l'achat de Nutripon[4] par des organisations comme le Fonds de solidarité planétaire en vue de maintenir les allocations d'aide sociale dans les grandes villes où les maires de droite faisaient des coupes claires dans leur budget social pour des raisons d'économies. La famine s'était répandue partout l'hiver dernier.

« Je ne peux tout de même pas faire des miracles », ajouta-t-il.

Enfin… peut-être quelques tours de passe-passe, tout au plus. Comme cette résidence secondaire dans les îles Vierges, splendide avec ses murs de pierre de taille, sa charpente de bois et sa véranda où l'on pouvait souvent s'asseoir en plein air, à condition que les vents ne soufflent pas du sud, de la mare fétide du golfe du Mexique ou du gigantesque égout des Sargasses. Peu importe si le venin des trainites[5] l'avait suivi jusque-là et si une ligne à moitié effacée de têtes de mort et de tibias[6] ornait la façade qui donnait sur la mer. Personne ne songeait réellement à lui reprocher un luxe qu'il avait gagné en œuvrant pour la bonne cause. Après tout, il aurait pu travailler pour Du Pont de Nemours[7].

Le plus remarquable, c'est qu'on pouvait encore se baigner ici malgré les ordures que le courant des Canaries amenait parfois d'Europe, le courant des Antilles qui venait de la côte encore relativement sous-développée d'Amérique du Sud était à peu près propre. Ce matin, le bulletin des garde-côtes avait annoncé que l'eau était propre.

John Brunner, *Le Troupeau aveugle*, © Éd. Le Livre de poche, trad. G. Abadia, 1972.

1. Membre d'une ONG.
2. Trésorier du Trust Bamberley.
3. Philanthrope qui fabrique le Nutripon dans des fermes hydroponiques. La technique consiste à faire pousser des plantes hors-sol.
4. Aliment chimique à base de manioc, une fécule alimentaire cultivée dans les zones tropicales.
5. Adeptes qui suivent Austin Train, prophète écologiste.
6. Symbole des trainites, emprunté à la signalétique des emballages des produits toxiques.
7. Firme agro-alimentaire.

Les enjeux de l'éco-fiction

L'**éco-fiction**, sous-genre de la science-fiction, traite de thèmes liés à l'écologie, en s'intéressant aux effets des activités humaines sur la nature. Dans le roman, le Nutripon est un aliment industriel que la pollution des sols a rendu toxique et qui pousse au meurtre ou au suicide. Cet exemple fictif fait écho à plusieurs cas de contamination de la nourriture par des produits dangereux.

Un scénario possible de désastre écologique ?

Pour entrer dans le texte

1. Selon vous, pourquoi Brunner dépeint-il ce monde dévasté ?

Au fil du texte

2. Grâce aux indications topographiques, situez l'espace du roman. Quelles zones sont menacées ?
3. Quelle est la condition sociale de Bamberley, Thorne et de Greenbriar ?
4. Pourquoi peut-on dire que leur action est paradoxale ?
5. Notre monde ressemble-t-il sous certains aspects à la fiction de Brunner ?

Vers la dissertation ▶ « L'éco-fiction rend l'avenir présent, [le met] sous nos yeux, afin de le maîtriser par l'imagination ». C. Chelebourg, *Les Éco-fictions*.
Vous répondrez aux deux questions suivantes :
a. Comment ce texte répond-il à cette définition du genre littéraire de l'éco-fiction ? **b.** Quel rôle joue ce type de roman dans le débat d'idées sur l'écologie ?

Texte 4

Barrau, « Quel nouveau contrat social avec le vivant ? », 2018

Nathan live! TEXTE AUDIO

Aurélien Barrau
Né en 1973
Professeur d'université, Aurélien Barrau est astrophysicien, spécialiste en cosmologie et astrophysique des hautes énergies. Il est également titulaire d'un doctorat de philosophie.

Invité au festival « Climax » pour la défense de l'environnement, Aurélien Barrau a transformé son intervention scientifique en tribune. Son discours a été suivi en masse sur internet et relayé par les réseaux sociaux.

Le dérèglement climatique qui ne fait plus question et dont l'origine anthropique[1], c'est-à-dire humaine, est acté. Il est aussi dramatique […] du point de vue de l'utilisation exponentiellement croissante des ressources, dans un monde de taille finie. Cela n'est pas possible, cela n'est pas durablement possible. En physique, dans mon domaine, on appelle cela une instabilité et un système instable, c'est un système qui va crasher[2] automatiquement. Nous sommes en train de mettre en œuvre le crash du système « planète Terre » ; ce qui est un peu contrariant. La situation est au moins aussi dramatique […] du point de vue de la pollution de l'eau, de l'air, des sols et je dirais que les effets sur la biodiversité sont comparables, voire supérieurs, à ceux du réchauffement climatique. Et, enfin, la situation est dramatique, et on en parle beaucoup moins en ce moment, alors que c'est tout aussi grave de par l'étiolement[3] (dont l'atrophie[4]), si vous voulez, des espaces de vie. Les animaux n'ont simplement plus de lieu pour vivre et, par conséquent, ils meurent.

On fait en ce moment face à une crise en Europe, une crise majeure avec cet afflux de réfugiés qui, à mon sens d'ailleurs, est traitée de façon absolument scandaleuse, puisque nous n'accueillons pas essentiellement ces pauvres gens qui meurent devant nos frontières closes. On parle de quelques centaines de milliers de réfugiés ; […] nous aurons entre 200 millions et un milliard de réfugiés climatiques dans 30 ans, pas dans cinq siècles, dans 30 ans, ce que, si tout se passe bien, nous allons vivre quand nos enfants seront dans la force de l'âge. Que voulez-vous qu'il se passe ? Ça ne peut pas être autre chose que la guerre. Je veux dire : ce n'est pas ici une sorte de fantasme catastrophiste, c'est une analyse géo-stratégique[5] élémentaire. Nous sommes donc en train de décider de léguer à nos enfants un monde en guerre.

J'avoue ne plus avoir peur maintenant de parler de fin du monde, de la possibilité, en tout cas, d'une fin du monde.

Aurélien Barrau, extrait de son intervention à la conférence « Quel nouveau contrat social avec le vivant ? » lors du festival « Climax », le 8 septembre 2018.

1. Due à la présence de l'homme.

2. *Familier :* exploser, s'anéantir.

3. Affaiblissement de la vitalité d'une plante en la privant des conditions favorables à un épanouissement normal.

4. Arrêt de développement ou diminution de volume, de poids, de pouvoir fonctionnel d'un être vivant.

5. Étude du lien entre les questions de stratégie (les guerres) et la gestion des ressources d'un pays.

Lexique

Tribune : espace de parole qu'on offre à un individu pour exprimer ses idées.

De la science à la tribune : alerter sur les dangers qui menacent la Terre

Pour entrer dans le texte

1. Ce texte est la transcription d'un discours. Relevez les éléments qui le prouvent.

Au fil du texte

2. **Lexique** Pourquoi Barrau répète-t-il le mot « dramatique » ? Expliquez le sens de ce mot dans le texte. Quels en sont les autres sens ?

3. Quel rapport l'auteur établit-il entre la guerre et l'effondrement climatique ?

4. Quels termes scientifiques Barrau emprunte-t-il dans cette tribune adressée au plus grand nombre ? Quel effet cela produit-il ?

Vers l'essai ▶ Vous répondrez de manière construite et argumentée à la question suivante : ce discours revêt-il la forme qu'on attend habituellement d'un scientifique ? Justifiez votre réponse.

Texte écho

live! DOCUMENTS COMPLÉMENTAIRES

Claire Lévy, *Le GIEC, définition et enjeux*, 2019

Le GIEC (Groupe d'experts intergouvernemental sur l'évolution du climat) est un organisme intergouvernemental, ouvert à tous les pays membres de l'ONU. Il a été créé en 1988 à la demande du G7[1].

Claire Lévy
Née en 1958
Ingénieure de recherche au CNRS.

Le mandat du GIEC est d'évaluer l'information scientifique, technique et socio-économique pertinente pour comprendre les bases scientifiques des risques du changement climatique dû à l'influence humaine, pour évaluer les impacts potentiels de ces changements ainsi que les options d'adaptation et d'atténuation.

Le GIEC produit des rapports qui doivent être exhaustifs[2], objectifs, transparents, rigoureux, robustes. Ces rapports sont pertinents pour éclairer les choix politiques mais ils ne sont pas prescriptifs[3] : ils servent de base pour les discussions des COP[4].

Le GIEC ne fait pas de recherche mais stimule la production de connaissances nouvelles et la maturation des connaissances scientifiques.

Les rapports d'évaluation se décomposent en trois documents : le rapport (trois volumes de 1 500 pages chacun) ; un rapport de synthèse (30 à 50 pages) ; un résumé pour les décideurs (5 à 10 pages). Ces deux derniers sont rédigés dans un style non technique. Le rapport final est adopté au consensus : voté par tous les scientifiques et tous les gouvernements faisant partie du GIEC.

Les conclusions sont traçables à la littérature scientifique et socio-économique, et rapportées en utilisant un vocabulaire calibré pour exprimer le niveau de confiance. Le rapport identifie les limites des connaissances et les sources d'incertitude. Le rapport du GIEC du 8 octobre 2018 établit la responsabilité des activités humaines dans le réchauffement climatique, annonce les changements dans le cas d'une variation de 1,5°, et montre qu'une augmentation de 2° décuplerait les conséquences.

Claire Lévy, 2019.

1. Groupe des sept pays les plus riches du monde.
2. Complets.
3. Ces décisions ne sont pas obligatoires.
4. Conférences organisées sur le climat depuis 1979 (Accords de Paris, COP21, 2015).

Lecture comparée

▶ Pourquoi le rapport du Giec d'octobre 2018 est-il essentiel pour comprendre les inquiétudes du physicien Aurélien Barrau (texte 4, page ci-contre) ?

Parcours artistique et culturel

L'art écologique et environnemental

Objectif : Comprendre comment l'art s'empare des préoccupations écologiques contemporaines.

A. Le *land art*, la valorisation du paysage

Le Land art – ou « art du paysage » – est un mouvement artistique né aux États-Unis à la fin des années 1960. Les artistes cherchent à se rapprocher de la nature en développant une pratique loin des villes et de la société de consommation.

1 Le dialogue entre l'homme et la nature

Doc 1. Robert Morris, *L'Observatoire*, terre, bois, granit, gazon, 1971, Lelystad, Pays-Bas.

Pour comprendre l'image

Cette sculpture circulaire, réalisée à partir de matériaux naturels, compte trois ouvertures, permettant au spectateur, placé en son centre, d'avoir trois points de vue différents sur l'environnement. Conçue en fonction de la position du soleil, elle propose une rencontre directe avec les phénomènes naturels et le paysage afin de stimuler le dialogue entre l'homme et la nature.

2 Un art éphémère

Pour comprendre l'image

- Les œuvres du *Land art* sont souvent éphémères car soumises à l'érosion naturelle. Goldsworthy n'utilise généralement que ses mains, ses dents ou des éléments naturels comme outils improvisés.
- Ses réalisations en bambou sont des fenêtres sur le monde. Construites grâce à un procédé d'assemblage complexe et au reflet de l'eau, elles invitent à la contemplation, encourageant ainsi les retrouvailles entre le passant et le paysage.

Doc 2. Andy Goldsworthy, installation en bambou issue de la série « Screens », 1988, Crook, Angleterre.

B. L'architecture organique

L'architecture organique est une philosophie architecturale qui se développe depuis les années 1940 et qui favorise l'harmonie entre l'habitat et l'environnement.

3 Une intégration à l'environnement

Doc 3. Franck Lloyd Wright, « La maison sur la cascade », entre 1936 et 1939, Pennsylvanie, États-Unis.

Pour comprendre l'image

Pionnier de l'architecture organique, Lloyd Wright (1867-1959) a réalisé une maison dont la conception a été pensée en fonction du site et des éléments naturels : les murs porteurs sont en pierres taillées provenant des bords de la rivière, les roches de la cascade ont été conservées dans le salon, le mur arrière s'appuie sur la paroi rocheuse, de l'ocre clair et du rouge recouvrent le béton et l'acier.

Doc 4. Patrick Marsilli, concept « Domespace », épicéa et liège, depuis 1988, Neuziou, Finistère.

Pour comprendre l'image

Ce dôme tourne sur lui-même en fonction du soleil, à une vitesse allant de 2 à 10 cm par seconde. Cette rotation permet d'exposer les pièces à vivre et de faire des économies de chauffage. Réalisée en bois, la maison est écologique et pensée pour se fondre parfaitement dans son environnement.

À retenir

Le *land art* et l'architecture organique ont bouleversé la création en faisant du paysage le lieu et l'outil de la conception de l'œuvre. Les artistes contribuent ainsi à favoriser l'union respectueuse de l'homme avec son environnement.

Questions

1. Ne pouvant être vendues ou exposées dans les musées, les œuvres du *land art* ne s'inscrivent pas dans le marché de l'art. Pourquoi sont-elles, malgré cela, considérées comme des œuvres d'art ?
2. Quels sont les avantages de l'architecture organique pour les propriétaires ou les locataires ?

C. L'écodesign, la création responsable

- L'écodesign est une approche moderne qui prend en compte le respect de l'environnement dans la création et la conception des produits qui nous entourent.
- Elle repose sur plusieurs points :
  – une esthétique simple, se limitant à l'essentiel ;
  – une recherche de la durabilité ;
  – une valorisation de l'artisanat ;
  – des matériaux issus du recyclage, naturels ou encourageant le développement durable ;
  – la prise en compte de tous les aspects de la production, de l'extraction des matières premières à la distribution ;
  – la vigilance sur les composants du produit (emballage, éléments de promotion...)

4 L'art de la récupération

Pour comprendre l'image

- Les frères Campana sont parmi les premiers designers à avoir proposé un design écologique fondé sur la récupération et le reconditionnement de déchets industriels.
- Ce fauteuil, composé de tasseaux de bois collés, est fabriqué en petite série, de manière artisanale.

Doc 5. Fernando et Humberto Campana, fauteuil « Favela », 1991, bois, 74 x 67 x 62 cm.

Lexique

Des matériaux voués à être des déchets sont ainsi transformés en un produit de qualité et d'utilité supérieure : c'est le principe de l'***upcycling***.

D. Le rythme de la nature

S'opposant à un monde qui tend à survaloriser l'immédiateté, certains écodesigners livrent un véritable éloge de la lenteur et cherchent à se rapprocher des rythmes propres aux processus naturels.

5 Des artistes ouvrières

Pour comprendre l'image

Tomáš Libertiny (né en 1979) a conçu ce vase en collaboration avec 40 000 abeilles. Le designer met en place une structure recouverte de cire et attend que les abeilles viennent y construire leurs alvéoles. Le temps de réalisation d'un vase est d'environ une semaine. Les protubérances et les trous visibles sont entièrement dus au travail non prévisible des ouvrières. La cire étant un matériau très pérenne, l'œuvre s'inscrit par ailleurs dans la durabilité.

Doc 6. Tomáš Libertiny, vase « Honeycomb », cire d'abeille, 2007, 24 x 16 x 16 cm.

6 Un éloge de la lenteur

Pour comprendre l'image

Gavin Munro a mis au point un système pour faire pousser des meubles afin de montrer que l'on peut travailler le bois tout en préservant les forêts. Pour cela, il cultive des saules qui poussent selon les contours d'un moule. Au fil des saisons, les meubles sortent de terre. La culture d'une chaise peut prendre jusqu'à six ans. Il suffit ensuite de couper les arbres, de leur enlever les feuilles et les meubles sont prêts à l'emploi.

Doc 7. Gavin Munro, série « *Full Grown* », depuis 2008.

À retenir

- Le design doit répondre à **trois questions** : **quoi ?** (la fonction) ; **pour qui ?** (la cible et son besoin) ; **pourquoi ?** (l'enjeu).
- Les créateurs pratiquant l'écodesign s'opposent aux industries polluantes et à la destruction de l'écosystème, en privilégiant des pratiques respectueuses de l'environnement.

Questions

1. Les objets éco-design conservent-il leur fonction d'origine ? Offrent-ils le même confort à l'utilisateur ? Lui apportent-ils quelque chose en plus ?
2. Pourquoi peut-on dire que l'écodesign s'oppose à l'industrialisation et à la société de consommation ?

Faire le point

→ Paroles d'écrivains et discours scientifiques

Au fil des siècles

1 Du XVIIIe au XIXe siècle

Naissance de l'écologie

▶ Une **pensée écologique** existe depuis longtemps. Au XVIIIe siècle, sous l'impulsion de Commerson, botaniste, et de Bernardin de Saint-Pierre, des mesures se mettent en place contre la déforestation excessive de l'île Maurice.

▶ Le **terme « écologie »** est employé pour la première fois en français à la fin du XIXe siècle. Il vient du grec ancien *oikos* (maison, habitat) et *lógos* (discours) et désigne la science de la maison, de l'habitat. L'écologie est une science qui étudie les êtres vivants dans leur milieu en tenant compte de leurs interactions.

2 Au XXe siècle

Prise de conscience de la fragilité environnementale

▶ L'écologie se développe dans les différents domaines de la science. L'écologie humaine apparaît dans les années 1920 aux États-Unis. Elle étudie l'espèce humaine et son activité dans son environnement.

▶ **Hiroshima** (1945), la **crise de Cuba** (1962), les **marées noires** pétrolières, **Tchernobyl** (1986), **Fukushima** (2011)… sont autant d'événements qui entraînent une **prise de conscience** dans les mentalités de la fragilité de l'environnement.

▶ En 1970, l'écologie est reconnue comme **science** et **s'inscrit** dans les **sciences humaines** (économie, sociologie, politique, littérature).

3 Au XXIe siècle

Réponses politiques et débats d'idées

▶ Une réelle prise de conscience a lieu, suscitée par des rapports émanant de la communauté scientifique (GIEC, p. 361). Des artistes et des scientifiques tentent de mobiliser à travers des tribunes et des œuvres de fiction (, p. 359).

▶ Plusieurs accords politiques sont signés autour de la question climatique. Les **accords de Paris**, signés en 2015, visent à limiter le réchauffement climatique.

ZOOM sur… La démarche et le discours scientifiques

La science et le savoir

- L'objet de la science est de **comprendre le monde** et d'accroître les connaissances. Les progrès considérables des XIXe et XXe siècles ont pu laisser croire à la possibilité d'une **connaissance universelle**.
- Depuis le XXe siècle, mathématiciens et physiciens découvrent des **limites** indépassables au **savoir**.
- La science avance quand on montre que quelque chose est faux : c'est en corrigeant ses **erreurs** que la science **progresse**.

Un discours pertinent et mesuré

- Le **langage scientifique** est nécessairement **technique**. Chaque **discipline** a son **lexique** (, p. 358).
- Pour cela, ils cherchent à rendre le résultat de leurs recherches **accessible** au plus grand nombre.
- Les rapports du GIEC produisent des résultats scientifiques. Ils évaluent aussi le niveau de confiance qu'on peut leur accorder, en mentionnant les sources d'incertitude (, p. 361).

Un discours nécessaire

- Les scientifiques ont pour mission d'**alerter** sur les évolutions néfastes de la pollution. Des tribunes, des articles ont pour but d'avoir des effets concrets et de provoquer des décisions politiques et économiques.

Enrichir son vocabulaire

Éco-fiction
- Partie de la littérature d'imagination qui s'intéresse aux questions écologiques.

Tribune
- Discours qui vise à exprimer ses convictions devant une assemblée ou à l'écrit pour les lecteurs dans un journal.

Récit post-apocalyptique
- Récit qui se situe dans un monde après une catastrophe provoquée par la main de l'homme (accident climatique, nucléaire, pandémie, transhumanisme) et en envisage ses conséquences sur la société.

Réchauffement climatique
- Augmentation des températures moyennes de l'atmosphère et des océans induite par les activités humaines via l'émission de gaz à effet de serre. Conséquences : changements des climats moyens, évènements extrêmes, fonte des glaces, montée du niveau des océans, déplacements de populations…

Écodesign
- Approche moderne de design qui prend en compte le respect de l'environnement dans la création et la conception des produits qui nous entourent.

Land art
- Mouvement artistique né aux États-Unis à la fin des années 1960. Les artistes cherchent à se rapprocher de la nature en développant une pratique loin des villes et de la société de consommation.

Vulgarisation
- Fait de rendre accessibles des connaissances techniques et scientifiques à un public non spécialiste.

Développement durable
- Conception de la croissance économique qui s'inscrit dans une perspective de long terme et qui intègre les contraintes environnementales.

Principe de précaution
- Principe selon lequel, en l'absence de certitudes scientifiques, on fait le choix d'adopter des mesures visant à prévenir le risque.

Lectures cursives

CARNET DE LECTEUR

→ ** **Henry David Thoreau, *Walden ou la Vie dans les bois*, 1854.**

LE THÈME

Thoreau, précurseur de l'écologie et initiateur du *nature writing* aux États-Unis, livre dans son essai son expérience de vie solitaire dans une cabane forestière. Il explique comment vivre heureux en s'opposant à ce qu'on appelle aujourd'hui la société de consommation.

- Quels principes qui nous semblent actuels Thoreau défend-il ?

→ * **Kim Stanley Robinson, *Les 40 signes de la pluie*, Pocket, 2011**

LE THÈME

Premier volume d'une trilogie, cet « eco-thriller » revient, par le biais de la science-fiction, sur les inondations qui ont dévasté la Nouvelle-Orléans.

- À votre avis, la science-fiction peut-elle contribuer à avertir des dangers qui menacent la planète ? Ou contraire, les rend-elle inconcevables ?

→ * **Pablo Servigne et Raphaël Stevens, *Comment tout peut s'effondrer*, Le Seuil, 2015**

LE THÈME

Pour interroger l'état de notre planète, les auteurs enquêtent sur les risques d'effondrement civilisationnel.

- Trouvez-vous que les auteurs font preuve de pessimisme ?

Ce qu'il faut retenir

La littérature d'idées et la presse, du XIXe au XXIe siècles

1 Le genre

live! Nathan EXERCICE INTERACTIF

Qu'est-ce que la littérature d'idées ?

- On désigne par cette expression les genres qui permettent aux écrivains de partager leurs idées, c'est-à-dire leur **avis** (thèse) sur un **sujet** donné (thème), grâce à une **argumentation**, directe ou indirecte.
- La littérature d'idées prend des formes très diverses (roman, poésie, théâtre, discours, articles de presse…). Au XIXe siècle, elle s'engage sur des **sujets de société** (la peine de mort, HUGO) ou des **combats littéraires** (la bataille d'*Hernani*, HUGO).
- De nos jours, les auteurs se consacrent souvent à la défense de **grandes causes** écologiques (GIONO, BRUNNER), sociales ou éthiques.

« La littérature vous jette dans la bataille ; écrire, c'est une certaine façon de vouloir la liberté ; si vous avez commencé, de gré ou de force vous êtes engagé. »

Sartre

La presse et la littérature

- À partir du **XIXe siècle**, la littérature entretient des liens étroits avec la presse. Écrivant souvent pour les journaux pour **gagner leur vie**, les auteurs ne se sont cependant pas privés de critiquer ce milieu (MAUPASSANT, *Bel Ami*).
- Au **XXe siècle**, de grands auteurs rédigent des textes pour la presse : KESSEL, COLETTE, PROUST, CAMUS, MAURIAC, SARTRE…
- La presse devient elle-même une **source d'inspiration**, et les **faits divers** nourrissent les récits (l'affaire Delamare pour *Madame Bovary*, de FLAUBERT ; l'affaire des sœurs Papin pour *Les Bonnes*, de GENET ; l'affaire Canaby pour *Thérèse Desqueyroux* de MAURIAC…).

« D'abord le grand fléau qui nous rend tous malades,
Le seigneur Journalisme et ses pantalonnades,
Ce droit quotidien qu'un sot a de berner
Trois ou quatre milliers de sots, à déjeuner. »

Musset

La littérature face à la justice

- La littérature a souvent été au cœur de **grands procès**, en raison de son caractère jugé scandaleux.
- Au **XIXe siècle**, la **censure** s'empare de certaines publications pour les condamner lors de procès retentissants (*Madame Bovary*, de FLAUBERT ; *Les Fleurs du Mal*, de BAUDELAIRE).
- Cette censure s'assouplit au **début du XXe siècle.**
- Aujourd'hui, en France, les condamnations littéraires portent principalement sur des œuvres qui ne respecteraient pas la vie privée de personnes citées dans les œuvres. Dans certains pays, la censure tient encore un rôle très important.

« L'art sans règle n'est plus l'art ; c'est comme une femme qui quitterait tout vêtement. Imposer à l'art l'unique règle de la décence publique, ce n'est pas l'asservir, mais l'honorer. »

Pinard

2 Des formes et des manières

Formes de l'argumentation directe

Les articles de presse

- Le rédacteur met en œuvre une **argumentation directe** dans certains articles de presse, par exemple les éditoriaux et les billets d'humeur.

Les discours

- Les grands discours ont marqué l'histoire des idées et ont permis de réelles avancées sociétales. Des discours de Hugo ou de Lamartine au Parlement pour dénoncer la misère, à ceux de Badinter pour l'abolition de la peine de mort ou de Simone Veil pour la légalisation de l'avortement, les orateurs ont su déployer de grandes qualités de **conviction** et de **persuasion** pour rallier leur auditoire à leur cause.

> « Le philosophe ne fait que convaincre, l'orateur, outre qu'il convainc, persuade. »
>
> **Fénelon**

Les essais

- Genre inventé par **Montaigne** au XVIe siècle, l'essai est la forme la plus classique de l'**argumentation directe**. L'auteur y prend parti de **manière personnelle**, sur un ou plusieurs sujets qu'il souhaite défendre (Tesson).

La plaidoirie et les réquisitoires

- Caractéristique du discours judiciaire, la **plaidoirie** est un discours qui défend une cause, et le **réquisitoire** un discours qui attaque (Pinard).

Formes de l'argumentation indirecte

Le roman

- Le roman a toujours été le lieu d'une **transmission indirecte** des idées de l'auteur. C'est particulièrement vrai à partir du XIXe siècle, dans les romans engagés de Hugo (*Les Travailleurs de la mer*) ou d'auteurs plus modernes comme Camus (*La Peste*).

La poésie et la chanson

- La poésie a parfois mené ses auteurs en prison. Exilé à cause de ses *Châtiments*, Hugo n'a fait que poursuivre une longue lignée de poètes engagés. Au XXe siècle, de nombreux poètes se sont également engagés (Eluard, Desnos, Ferré…).
- De nos jours, si la poésie est toujours le lieu d'un engagement, ce rôle de dénonciation est surtout portée par la **chanson**, qui touche un plus grand nombre d'auditeurs, et en particulier, par les textes de rap.

> « Nous sommes tous en train de livrer des batailles dont personne ne sait rien. »
>
> **XXXTentacion, rappeur.**

Le dialogue et l'argumentation

- Le théâtre est un genre qui permet à son auteur de porter un regard **critique** sur son époque et grâce aux dialogues, de confronter les points de vue.. Depuis *Ruy Blas* de Hugo jusqu'aux *Justes* de Camus, c'est en effet un **genre politique**.
- Aujourd'hui encore, des auteurs (Pommerat) utilisent le théâtre pour **décrire et dénoncer** nos sociétés.
- **Les dialogues philosophiques** mettent en œuvre des débats d'idées.

Vers le CARNET DE LECTEUR

Devenir un lecteur de presse

▶ **Devenir lecteur de presse, c'est connaître les codes journalistiques pour décrypter l'information et identifier les sources fiables.**

Les questions-clés

1 Connaître la presse écrite

- Lisez-vous des journaux, des revues, des magazines ? Est-ce un moyen pour vous de suivre l'actualité ?
- Pensez-vous que journaux et réseaux sociaux sont des moyens équivalents de suivre l'actualité ?
- Recherchez-vous des informations dans la presse papier, ou plutôt dans la presse en ligne ? Connaissez-vous des *pure players* d'information, appelés aussi presse web ?
- Quelles différences pouvez-vous repérer entre un article papier et un article web ?
- Quels quotidiens connaissez-vous ? Que pouvez-vous en dire ?
- Quels magazines connaissez-vous ? Lesquels lisez-vous ? Quelle est la différence entre un journal et un magazine ?
- Faites des recherches sur la charte d'éthique professionnelle des journalistes, adoptée en mars 2011 par le SNJ (Syndicat national des journalistes). Quelles garanties offre ce code de déontologie pour le lecteur de presse ? → **p. 454**

2 Lire un article de presse

Choisissez un article que vous avez lu, actuel ou historique.

- Dans quel organe de presse l'article a-t-il été publié ? Quelle est la date de parution ? Qui l'a rédigé ?
- Dans quelle rubrique paraît-il ?
- Résumez l'information rapportée par l'article. Quel angle a choisi le journaliste ?
- Est-ce un article informatif, ou une enquête qui relève du journalisme d'investigation ?
- Dans un article, quel peut être le rôle des images ? Celui du chapo et des intertitres ? → **p. 456**

3 Lire un journal ou un magazine

Choisissez un journal ou un magazine que vous connaissez, actuel ou historique.

- Quelle est la périodicité de ce journal ou de ce magazine ?
- Quelle est l'histoire de ce journal ? Quand a-t-il été fondé ? Dans quelles circonstances ?
- Les sujets traités y sont-ils variés ? Retrouvez-vous cette variété dans le fil d'actualités des réseaux sociaux ?
- Les journaux ont toujours une ligne éditoriale : c'est une orientation morale, éthique, parfois politique défendue par le journal. Recherchez des informations sur la ligne éditoriale des journaux suivants : *Le Monde*, *Le Figaro*, *Libération*, *Le Parisien*, *La Croix*, *Ouest-France*.

Ateliers d'écriture

Note d'intention

1 | **MISE EN SCÈNE.** À partir de la scène du procès de *Madame Bovary* (p. 320 à 323) et d'une interview de Tiago Rodrigues (theatre-contemporain.net), imaginez les conseils de ce metteur en scène aux comédiens incarnant Pinard et Sénard sur la manière de jouer.

Écriture d'appropriation

2 | **PRÉFACE.** Charles Baudelaire, dans ses « Notes et documents pour mon avocat » en 1857, regrette ne pas avoir écrit de préface à son œuvre. Lisez six poèmes de la partie « Tableaux parisiens » dans *Les Fleurs du Mal* puis rédigez cette préface.

Restitution des impressions de lecture

3 | **ORAL.** Proposez une mise en voix du discours d'Aimé Césaire ou de Nelson Mandela (p. 330-331). Mettez en évidence le lyrisme et l'émotion au service de l'argumentation.

Écriture d'appropriation

4 | **DISCOURS.** Lisez la lettre de Victor Hugo adressée aux États-Unis d'Amérique, pour s'insurger contre la condamnation à mort de John Brown, abolitionniste américain. Résumez-la en respectant le contexte historique.

Écriture d'invention et oral

5 | **PROCÈS.** Suite à votre lecture de *Thérèse Desqueyroux* de Mauriac (p. 349), imaginez son procès. Par deux, rédigez le réquisitoire de la partie civile et le plaidoyer de la défense. Les arguments seront tirés de l'œuvre. Jouez ce procès.

Écriture d'intervention

6 | **ESSAI.** Écrivez un essai argumenté sur la rumeur et ses conséquences. Appuyez-vous sur des références et des citations issues du chapitre 15, valeur illustrative et argumentative.

Écriture d'invention

7 | **CRITIQUE LITTÉRAIRE.** Lisez un des romans proposés en lecture cursive p. 337. Rédigez une critique littéraire qui donne votre appréciation argumentée de l'œuvre.

Écriture d'invention

8 | **ASSOCIATION TEXTE-IMAGE.** Choisissez un des quatre textes du chapitre 16 sur l'écologie (p. 357-361). Associez à ce texte une séquence filmique ou vidéo qui l'étayera. Justifiez votre choix d'association.

Écriture d'invention

9 | **DIALOGUE.** Imaginez le dialogue entre deux auditeurs du discours d'Aurélien Barrau (p. 360). L'un déplore le catastrophisme dont l'astrophysicien fait preuve, l'autre se réjouit de son discours militant. Le dialogue fera une soixantaine de lignes.

La contraction de texte

Objectifs
- Savoir dégager la structure d'un texte argumentatif
- Apprendre à résumer un texte

SUJET

Résumez le texte d'Édouard Bonnefous en 75 mots, en respectant son énonciation.

TEXTE Édouard Bonnefous, *Sauvons l'Humain*, 1992

Désormais, l'homme s'avise que, dans son propre intérêt bien entendu, il lui faut surveiller, contrôler sa conduite envers la nature, et souvent protéger celle-ci contre lui-même. Ce souci, ce devoir de sauvegarder la nature, on en parle beaucoup à l'heure présente et ce ne sont plus seulement les naturalistes qui en rappellent la nécessité : il s'impose à l'intention des hygiénistes, des médecins, des sociologues, des économistes, des spécialistes de la prospective, plus généralement de tous ceux qui s'intéressent à l'avenir de la condition humaine...

Multiples sont, il est vrai, les motifs que nous avons de protéger la nature. Et d'abord, en défendant la nature, l'homme défend l'homme : il satisfait à l'instinct de conservation de l'espèce. Les innombrables agressions dont il se rend coupable envers le milieu naturel ne sont pas sans avoir des conséquences funestes pour sa santé et pour l'intégrité de son patrimoine héréditaire. Rappellerons-nous que, du fait de la pollution radioactive causée par les explosions de bombes nucléaires, tous les habitants de la planète, surtout les plus jeunes, portent dans leur squelette des atomes de métal radioactif ? Que, du fait de l'emploi abusif des insecticides, le lait de toutes les mères contient une certaine dose du pernicieux D.D.T.[1] ? Protéger la nature, c'est donc, en premier lieu, accomplir une tâche d'hygiène planétaire.

Il y a, en outre, le point de vue des biologistes qui, soucieux de la nature pour elle-même, n'admettent pas que tant d'espèces vivantes (irremplaçables objets d'étude) s'effacent de la faune et de la flore terrestre, et qu'ainsi s'appauvrisse, par la faute de l'homme, le somptueux et fascinant musée que la planète offrait à la curiosité.

1. Produit chimique largement utilisé comme insecticide, jusque dans les années 1970.

Édouard Bonnefous, *Sauvons l'Humain*, © Flammarion, 1992.

Méthode ▶ Comment résumer un texte

ÉTAPE 1 Respecter les exigences de l'exercice de la contraction de texte

1. Reformulez le texte avec vos propres mots.
2. Par conséquent, vous ne devez en aucun cas recopier des phrases et des mots du texte, sauf ceux exprimant une idée abstraite (le temps, la liberté, la rumeur...).

Conseils
- Employez des synonymes.
- Respectez la structure et le sens.
- Respectez l'énonciation du texte.

ÉTAPE 2 Analyser le texte pour comprendre sa structure

Les textes à résumer sont **argumentatifs.**

3 Trouvez **le schéma d'organisation** :

– la thèse (position de l'auteur sur le sujet) :
elle est formulée dans la phrase suivante :
« Désormais, l'homme [...] contre lui-même. » (l. 1-3)

– les arguments,

– les exemples,
Ex. : la pollution radioactive causée par les explosions de bombes nucléaires ; l'emploi abusif des insecticides.

4 **Relevez les connecteurs logiques** pour comprendre la structure du texte.
Ex. : *désormais, et d'abord, en outre.*

5 **Comptez les paragraphes :** votre résumé devra en compter le même nombre.

ÉTAPE 3 Rédiger le résumé

6 Copiez au brouillon la structure argumentative du texte.

7 Écrivez une courte phrase exprimant l'idée principale de chaque paragraphe

8 Cachez le texte et rédigez un premier jet du résumé en vous remémorant les idées principales.

9 Reprenez le texte pour bien vérifier la reformulation fidèle des idées du texte.

10 Relisez-vous, respectez la mise en forme des paragraphes et comptez les mots.

Exemple de résumé rédigé

[Paragraphe 1] L'homme réalise maintenant qu'il a intérêt à adopter un comportement écologiste [Thèse]. Cette préoccupation essentielle, autrefois réservée aux naturalistes, est désormais partagée par tous les spécialistes soucieux du devenir de l'humanité [exemple structurant 1].

[Paragraphe 2] De nombreuses raisons justifient notre désir de protéger la nature. Premièrement [connecteur 1 argument 1], il s'agit de sauvegarder l'espèce humaine : agresser la nature, c'est également agresser l'humain, le DDT et le nucléaire ont déjà prouvé leur nocivité [exemples structurant 2].

[Paragraphe 3] Deuxièmement [connecteur 2 argument 2], les biologistes refusent que l'irremplaçable patrimoine terrestre s'appauvrisse.

Conseils

- Lisez deux ou trois fois le texte pour vous en imprégner.

- Les exemples sont souvent indispensables à l'argumentation, il faut garder l'exemple concret et le reformuler.
- Rayez au crayon ceux qui semblent superflus.

- Surlignez **thèse**, **arguments**, **exemples**, **connecteurs**, avec des stylos fluos de différentes couleurs.

- Prenez le temps de vous relire.
- Vérifiez que chaque phrase comporte un sujet, un verbe et, au moins, un complément.

- Chaque paragraphe doit reprendre les éléments essentiels du texte argumentatif :
  – la place de la thèse ;
  – chaque exemple structurant qui sert d'argument.

- Les relations logiques entre les paragraphes doivent être conservées. Vous devez utiliser un connecteur synonyme comme « maintenant » pour « désormais ».

Vers le BAC

L'essai

Objectifs

- Analyser un sujet
- Écrire un développement argumenté en respectant un plan

SUJET

« Étrange époque, où il est plus facile de désintégrer l'atome que de vaincre un préjugé » : commentez et au besoin, discutez cette citation d'Albert Einstein.

Méthode ▶ Organiser un essai

ÉTAPE 1 Analyser le sujet

1. Soulignez les **mots clés** du texte et expliquez-les brièvement sur votre brouillon : « Étrange époque », « désintégrer l'atome », « vaincre un préjugé »

   Ex. : « Étrange époque » : Albert Einstein était le plus grand physicien du XXe siècle. Le contexte de cette citation est ce siècle plutôt que notre époque contemporaine.

2. Rédigez une **problématique** : à partir des mots-clés, réfléchissez au problème soulevé par le sujet :
   C'est une reformulation personnelle du sujet.

ÉTAPE 2 Trouver des idées

3. Écrivez toutes vos **idées** à propos du sujet :
   – la science a montré que la terre était ronde et tournait autour du soleil ; cependant, certains fanatiques religieux, aujourd'hui encore, croient que la Terre est plate !

4. Ajoutez un **exemple précis** emprunté à votre culture personnelle ou à l'actualité pour illustrer chacune des idées.
   Au XVIIIe siècle, Diderot affirme que le savoir permet de corriger les préjugés.

ÉTAPE 3 Élaborer un plan en deux ou trois parties

5. À partir de votre recherche, trouvez **deux ou trois grandes perspectives** pour trier vos idées et réfléchir déjà à ce que vous voulez montrer.

6. Notez vos grandes parties au brouillon. Trouvez au moins deux ou trois sous-parties qui formeront votre argumentation illustrée d'exemples (ceux auxquels vous avez pensé lors du *brainstorming*).

Conseils

- Pour chaque mot-clé, cherchez un **synonyme** ou une expression permettant de bien comprendre le sujet.
- Écrivez cette problématique sous la forme d'une ou deux phrases concises : elles seront nécessaires pour rédiger l'introduction.
- Utilisez une feuille de brouillon pour chaque étape afin d'avoir une vision claire.
- Un plan doit être équilibré pour être efficace. Chaque paragraphe correspond à une idée.
  Le plan doit être détaillé car il constitue une feuille de route.

ÉTAPE 4 Rédiger l'introduction et la conclusion

7 Votre **introduction** est un paragraphe d'une dizaine de lignes qui doit comporter :
– une phrase générale sur le sujet ;
– la problématique (déjà écrite !) ;
– l'annonce du plan (que vous venez d'élaborer !).

8 Votre **conclusion** est déjà pensée, puisque vous savez ce que vous voulez montrer : c'est un paragraphe de 7 ou 8 lignes qui comporte deux éléments :
– le résumé de votre argumentation (sans exemples) ;
– une ouverture sur un sujet voisin ou une piste que vous n'avez pas développé.

Exemple de plan détaillé

→ I. Malgré de nombreuses prouesses scientifiques, les préjugés persistent siècle après siècle

1. Le décalage souligné par Einstein n'est pas nouveau mais il semble plus criant de nos jours.
2. Les connaissances scientifiques n'aident guère à extirper une idée reçue.
3. Les scientifiques se heurtent souvent aux préjugés.

→ II. Pourquoi les idées reçues font-elles partie de la nature humaine ?

1. Les préjugés sont souvent fondés sur l'irrationnel et la paresse de l'esprit.
2. Les idéologies se nourrissent de préjugés
3. La force des préjugés se mesure au nombre de personnes qui les partagent.

→ III. La science est-elle faite pour combattre les préjugés ?

1. L'objet de la science est de comprendre rationnellement notre environnement.
2. De nombreuses recherches ont permis de se débarrasser de préjugés tenaces. Celles sur la physiologie de l'être humain ont annihilé des théories sur la prétendue supériorité de certains groupes humains sur d'autres : nous descendons tous d'une seule et même espèce, l'*Homo sapiens*.
3. La diffusion des découvertes scientifiques et leur compréhension par le plus grand nombre est salutaire pour faire disparaître le prêt-à-penser, susciter la curiosité et l'ouverture de l'esprit.

Conseils

• Rédigez entièrement votre introduction au brouillon. N'ajoutez jamais d'idées ou d'exemples dans la conclusion, puisque vous avez terminé votre démonstration.

• Pour bien gérer votre temps, écrivez soigneusement le plan à l'aide de phrases. Cela facilite la rédaction directe et permet ne pas faire de brouillon.

• N'hésitez pas à choisir des exemples avec un statut différent : une œuvre ou un texte littéraire, un documentaire télévisuel, un événement historique, des actualités…

• Pensez à bien séparer l'introduction, la conclusion et les grandes parties pour que la structure de l'essai soit visible immédiatement pour votre correcteur.

Langue et méthode

Étude de la langue

Outils d'analyse littéraire

Méthode BAC

Robert Delaunay (1885-1941),
Rythme n°1, décoration pour le Salon des Tuileries,
1938, huile sur toile, musée d'Art moderne de la Ville de Paris.

Fiche 1

▶ Grammaire et orthographe

Maîtriser les classes de mots

Observation

a. Imaginez que Manon ait deux frères. Transformez le texte.

b. Quelles modifications faites-vous sur les mots en gras ?

c. Les mots en italique sont-ils modifiés ? Pourquoi ?

Manon avait **un frère**, qui **était garde** du corps. **Il** se **trouva** *malheureusement* **logé**, *à Paris, dans* la même rue que nous. **Il reconnut sa** sœur, en la voyant le matin à sa fenêtre. **Il accourut** *aussitôt chez* nous. C'**était un homme brutal** *et sans* principes d'honneur.

Abbé Prévost, *Histoire du chevalier Des Grieux et de Manon Lescaut*, 1731.

Leçon

Les mots se répartissent en deux grandes catégories : les mots variables et les mots **invariables.**

1. Les catégories de mots variables

- **nom** commun et propre
- **déterminant** : article défini, indéfini, partitif ; déterminant possessif, démonstratif, indéfini, numéral, interrogatif, exclamatif
- **adjectif**
- **pronom** : personnel, relatif, possessif, démonstratif, indéfini, interrogatif
- **verbe**

2. Les catégories de mots invariables

- **préposition**
- **adverbe**
- **conjonction** de coordination ou de subordination
- **interjection**

Exemples

Ses yeux étaient obliques, **mais admirablement** fendus ; ses lèvres **un peu** fortes, **mais bien** dessinées **et** laissant voir des dents **plus** blanches **que** des amandes **sans** leur peau.

(Mérimée)

J'ai embrassé l'aube d'été.
Rien ne **bougeait** encore au **front des palais. L'eau était morte. Les camps** d'**ombres** ne **quittaient** pas **la route** du **bois. J'ai marché, réveillant les haleines vives** et **tièdes**, et **les pierreries regardèrent**, et **les ailes** se **levèrent** sans **bruit**.

(Rimbaud)

Ah ! **Puisqu'**il faut partir, partons **sans** lui déplaire.
Retirons-nous, sortons ; **et**, **sans** nous découvrir,
Allons **loin de** ses yeux l'oublier, **ou** mourir.
Eh quoi ! souffrir **toujours** un tourment qu'elle ignore !

(Racine)

Exercices

1 Relevez les mots variables dans les phrases suivantes.

a. C'est des beaux yeux derrière des voiles,
C'est le grand jour tremblant du midi,
C'est, par un ciel d'automne attiédi,
Le bleu fouillis des claires étoiles ! (Verlaine)

b. Fabrice sortait du bureau escorté par trois gendarmes ; on le conduisait à la chambre qu'on lui avait destinée ; Clélia regardait par la portière, le prisonnier était fort près d'elle. (Stendhal)

c. Es-tu mon fidèle serviteur, mon valet de chambre dévoué ? Apprends que j'ai à me venger d'un outrage. (Musset)

2 **Le nombre de mots invariables est indiqué à la fin de chaque vers. Trouvez-les.**

[…] Oh ! Tu pleures ! Tu pleures ! *(1)*
Et c'est encor ma faute ! Et qui me punira ? *(3)*
Car tu pardonneras encor ! Qui te dira *(2)*
Ce que je souffre au moins, lorsqu'une larme noie *(3)*
La flamme de tes yeux, dont l'éclair est ma joie ! *(1)*
(HUGO)

3 **Les mots en gras sont-ils variables ou invariables ? Justifiez votre réponse en donnant la classe grammaticale de chacun d'eux.**

Cette nuit **m'**avait été **douce**, et je ne **songeais** qu'à **Sylvie** ; **cependant** l'aspect du **couvent** me donna un instant l'idée que c'était **celui** peut-être qu'habitait Adrienne. Le **tintement** de la cloche **du** matin était encore dans **mon** oreille **et** m'avait sans doute réveillé.

Gérard de Nerval, *Sylvie*, 1853.

4 **Trouvez l'intrus dans chacune des listes suivantes en relevant les classes grammaticales.**

a. soulèvement – événement – lentement – bouleversement.

b. habiller – voter – alléger – abriter – rocher – souligner.

c. banal – journal – signal – cheval – animal – bal.

d. en – de – pour – quoique – à – parmi.

e. chacun – personne – rien – quelque – quelqu'un.

f. le – leurs – me – toi – nous – lui.

g. doucement – soulèvement – aujourd'hui – ici – patiemment – ailleurs.

5 **Dans chacun des extraits suivants, les mots en gras appartiennent à la même classe grammaticale de mots variables. Précisez laquelle.**

a. Agathe n'était pas **belle**, mais elle avait beaucoup de délicatesse dans les traits, avec des yeux **vifs** et **pleins** de feu, mais d'un feu que la **petite** personne retenait. (MARIVAUX)

b. SGANARELLE. – Entendez-**vous**, Monsieur ?
DOM JUAN. – **Qui** ose tenir ces paroles ? **Je** crois connaître cette voix.
SGANARELLE. – Ah, Monsieur, **c'**est un spectre, **je le** reconnais au marcher. (MOLIÈRE)

c. **Montre**-toi digne fils d'un père tel que moi.
Accablé de malheurs où le destin me **range**,
Je **vais** les déplorer : **va**, **cours**, **vole**, et nous **venge**.
(CORNEILLE)

d. Jusqu'à **douze** ans **la** fillette est aussi robuste que **ses** frères, elle manifeste **les mêmes** capacités intellectuelles ; il n'y a **aucun** domaine où il lui soit interdit de rivaliser avec eux. (BEAUVOIR)

e. Aucune **stupeur** n'égale la subite **apparition** de la **pieuvre, Méduse** servie par huit **serpents.** Pas de **saisissement** pareil à l'**étreinte** du **céphalopode.** (HUGO)

6 **Dans chacun des extraits suivants, les mots en gras appartiennent à la même classe grammaticale de mots invariables. Trouvez-la.**

a. Cette salle, **entièrement** boisée, fut **jadis** peinte en une couleur indistincte **aujourd'hui**. (BALZAC)

b. Hector de Gribelin avait été élevé **en** province, **dans** le manoir paternel, **par** un vieil abbé précepteur. (MAUPASSANT)

c. Vatel monte à sa chambre, met son épée contre la porte, **et** se la passe au travers du cœur, **mais** ce ne fut qu'au troisième coup, **car** il s'en donna deux qui n'étaient pas mortels ; il tombe mort. (MADAME DE SÉVIGNÉ)

7 **a. Repérez la classe de mots la plus fréquente dans chacun des textes suivants.**
b. Expliquez l'effet produit.

a. Premier jour
Des draps blancs dans une armoire
Des draps rouges dans un lit
Un enfant dans sa mère
Sa mère dans les douleurs
Le père dans le couloir
Le couloir dans la maison
La maison dans la ville
La ville dans la nuit
La mort dans un cri
Et l'enfant dans la vie.

Jacques Prévert, *Paroles*, © Gallimard, 1949.

b. Et dans une des plus grandes promenades que nous faisions de Combray, il y avait un endroit où la route resserrée débouchait tout à coup sur un immense plateau fermé à l'horizon par des forêts déchiquetées que dépassait seule la fine pointe du clocher de Saint-Hilaire, mais si mince, si rose, qu'elle semblait seulement rayée sur le ciel par un ongle qui aurait voulu donner à ce paysage, à ce tableau rien que de nature, cette petite marque d'art, cette unique indication humaine. Quand on se rapprochait et qu'on pouvait apercevoir le reste de la tour carrée et à demi détruite qui, moins haute, subsistait à côté de lui, on était frappé surtout du ton rougeâtre et sombre des pierres.

Marcel Proust, *Du côté de chez Swann*, 1913.

c. Il prit la jatte, la vida, le doux nectar
le ravit à tel point qu'il en redemanda :
« Sois gentil, donne-m'en encore, puis dis-moi ton nom,
tout de suite, que je te fasse un cadeau qui te plaise ! »
[…]
Ainsi dit-il, et je lui reversai du vin de feu ;
Trois fois je l'en servis, et trois fois l'imprudent le but.

Homère, *L'Odyssée*, trad. Ph. Jaccottet, © La Découverte, 2004.

Fiche 2

▶ Grammaire et orthographe

Maîtriser les principales fonctions

Observation

a. De quels mots les groupes nominaux en gras sont-ils les compléments ?
b. Quelle est la fonction de « une jeune fille » ?
c. De quel mot dépendent les groupes soulignés ?

À quelques pas de moi, sur une pelouse bordée de framboisiers verts, se tenait une jeune fille, grande et élancée, vêtue d'une robe rose à raies et coiffée d'un petit fichu blanc.

Ivan Tourgueniev, *Premier Amour*, 1860.

Leçon

1. Les fonctions dans la phrase

- **sujet** : il entraîne l'accord du verbe.
- **attribut du sujet** : il caractérise le sujet après un verbe d'état (être, paraître…).

→ [Le Père Milon] était **petit**, **maigre**, un peu **tors**, avec de grandes mains pareilles à des pinces de crabe. […] **Il** passait dans la contrée pour **avare** et **difficile** en affaires. (Maupassant)

- **complément d'objet :** direct (question *qui ?* ou *quoi ?* après le verbe) ou indirect (question *de qui ?*, *de quoi ?* ou *à qui ?*, *à quoi ?* après le verbe).
- **complément d'agent** : dans une phrase à la forme passive.
- **complément circonstanciel** : lieu (*où ?*), temps (*quand ?*), manière (*comment ?*), cause (*pourquoi ?*), conséquence, but (*pour qui ? pour quoi ?*), moyen (*avec quoi ?*)…

→ Un homme assis **à la table voisine** *(lieu)* ne paraissait pas prendre part **à l'enthousiasme général**. **La tête renversée en arrière** *(manière)*, il tambourinait **distraitement** *(manière)*, **avec ses doigts** *(moyen)*, **sur le fond de son chapeau** *(lieu)*, **une marche militaire**. […] Henrich était choqué **de la nonchalance de cet homme**. Ce silence si dédaigneux ôtait **leur valeur** **aux éloges** dont ses bruyants compagnons **l'**accablaient. (Gautier)

2. Les fonctions dans le groupe nominal

- **épithète** : s'accorde avec le nom en genre et en nombre. L'épithète est détachée quand elle est séparée du nom par une virgule.
- **complément du nom ou de l'adjectif** : introduit par les prépositions *de*, *à*, *pour*, *sans* après un nom ou un adjectif.

→ Malade, une **jeune** femme se promène sur la promenade **de Croisette**.
Elle regarde le ciel **plein** **de soleil et d'hirondelles**, les sommets **capricieux** **de l'Estérel** là-bas, et, tout près, la mer si **bleue**, si **tranquille**, si **belle**. (Maupassant)

Exercices

1 Identifiez les sujets dans les phrases suivantes et donnez leur classe grammaticale.

a. Nul ne peut écrire la vie d'un homme que lui-même. Sa manière d'être intérieure, sa véritable vie n'est connue que de lui. (Rousseau)

b. Un jour, sur ses longs pieds, allait, je ne sais où,
Le Héron au long bec emmanché d'un long cou.
(La Fontaine)

c. Où est-il ? Où se cache-t-il ? Que ferai-je pour le trouver ? Où courir ? Où ne pas courir ? N'est-il point là ? N'est-il point ici ? (Molière)

d. Alors, dans Besançon, vieille ville espagnole,
Jeté comme la graine au gré de l'air qui vole,
Naquit d'un sang breton et lorrain à la fois
Un enfant sans couleur, sans regard et sans voix. (Hugo)

2 Repérez parmi les groupes en gras :
– un attribut du sujet ;
– deux compléments d'objet direct ;
– un complément d'objet indirect ;
– un complément d'agent.

L'or éclate, dites-vous, sur les habits de Philémon. – Il éclate de même chez les marchands. – Il est habillé **des plus belles étoffes**. – Le sont-elles moins **toutes déployées** dans les boutiques et à la pièce ? – Mais la broderie et les ornements **y** ajoutent encore **la magnificence**. – Je loue donc **le travail de l'ouvrier**. (La Bruyère)

3 Donnez la fonction des groupes en gras.

a. **En octobre, quelques pluies** avaient rafraîchi **les prés,** les arbres étaient encore **verts** et feuillés au milieu du mois **de novembre.** (Balzac)

b. Tout de suite elle fut étourdie, stupéfaite **par le tapage des ménétriers, les lumières dans les arbres, la bigarrure des costumes, les dentelles, les croix d'or, cette masse de monde sautant à la fois.** (Flaubert)

c. Fatigué **d'avoir grimpé un peu vite les étages,** il s'assit, ne doutant pas de voir apparaître Angiolina. (Svevo)

d. 93 ans. C'est un peu la toute dernière étape. La fin n'est plus bien loin. Quelle chance de pouvoir en profiter pour rappeler ce qui a servi de socle à mon engagement politique. (Hessel)

4 Relevez les compléments circonstanciels dont vous préciserez le sens : lieu, temps, but, comparaison, manière, cause, conséquence.

a. Elle savonna le linge sale, les chemises et les torchons, qu'elle faisait sécher sur une corde ; elle descendit à la rue, chaque matin, les ordures, et monta l'eau, s'arrêtant à chaque étage pour souffler. (Maupassant)

b. Bonaparte n'est point grand par ses paroles, ses discours et ses écrits, par l'amour des libertés qu'il n'a jamais eu et n'a jamais prétendu établir ; il est grand pour avoir créé un gouvernement régulier et puissant, un code de lois adopté en divers pays, des cours de justice, des écoles, une administration forte, active, intelligente [...]. (Chateaubriand)

c. Forte est l'amour, qui lors me vient saisir,
Quand haine vient et vengeance me crie :
Ainsi me fait haïr mon vain désir
Celle pour qui mon coeur toujours me prie. (Scève)

d. On vous rebroussait les cheveux en les peignant à contresens [...] de manière à faire de la tête une boule allongée surmontée d'une petite boule de cheveux. (Sand)

e. Il y avait au couvent une vieille fille qui venait tous les mois, pendant huit jours, travailler à la lingerie. Protégée par l'archevêché comme appartenant à une ancienne famille de gentilshommes ruinée sous la Révolution, elle mangeait au réfectoire à la table des bonnes sœurs, et faisait avec elles, après les repas, un petit bout de causette avant de remonter à son ouvrage. (Flaubert)

5 Relevez tous les adjectifs épithètes, épithètes détachées et les compléments de nom et d'adjectif.

a. L'alambic, sourdement, sans une flamme, sans une gaieté dans les reflets éteints de ses cuivres, continuait, laissait couler sa sueur d'alcool, pareil à une source lente et entêtée. (Zola)

b. Au bout, à l'extrême bout de la rangée de baraques, [...], je vis un pauvre saltimbanque, voûté, caduc, décrépit, une ruine d'homme, adossé contre un des poteaux de sa cahute. (Baudelaire)

c. Elle semblait un portrait de Véronèse avec ses cheveux d'un blond luisant qu'on aurait dit avoir déteint sur sa chair, une chair d'aristocrate à peine nuancée de rose, ombrée d'un léger duvet, d'une sorte de velours pâle qu'on apercevait un peu quand le soleil la caressait. (Maupassant)

6 Lisez ce texte où les compléments circonstanciels, les adjectifs épithètes ou attributs et les compléments de nom ont été rayés. Est-il compréhensible ? Quel est l'effet produit par leur présence dans le texte original ?

~~Dans la plaine rase, sous la nuit sans étoiles, d'une obscurité et d'une épaisseur d'encre~~, un homme suivait ~~seul~~ la ~~grande~~ route ~~de Marchiennes à Montsou, dix kilomètres de pavé coupant tout droit, à travers les champs de betteraves. Devant lui~~, il ne voyait même pas le sol ~~noir~~ [...].

D'après Émile Zola, *Germinal*, 1885.

Vers le commentaire

7 a. Relevez tous les adjectifs et précisez s'ils sont épithètes, épithètes détachées ou attributs.
b. Quel effet produit cette profusion ? Rédigez un paragraphe en citant précisément le texte.

Mes yeux sont bruns, avec le bord de paupières habituellement enflammé ; mon teint est coloré ; j'ai honte d'une fâcheuse tendance aux rougeurs et à la peau luisante. Mes mains sont maigres, assez velues, avec des veines très dessinées ; mes deux majeurs, incurvés vers le bout, doivent dénoter quelque chose d'assez faible ou d'assez fuyant dans mon caractère. Ma tête est plutôt grosse pour mon corps ; j'ai les jambes un peu courtes par rapport à mon torse, les épaules trop étroites relativement aux hanches. Je marche le haut du corps incliné en avant ; j'ai tendance, lorsque je suis assis, à me tenir le dos voûté ; ma poitrine n'est pas très large et je n'ai guère de muscles. J'aime à me vêtir avec le maximum d'élégance ; pourtant à cause des défauts que je viens de relever dans ma structure et de mes moyens qui, sans que je puisse me dire pauvre, sont plutôt limités, je me juge d'ordinaire profondément inélégant.

Michel Leiris, *L'Âge d'homme*, © Gallimard, 1939.

Fiche 3

▶ Grammaire et orthographe

Maîtriser les accords

Observation

a. Avec quel auxiliaire est conjugué le participe passé en gras ? Avec quel mot s'accorde-t-il ?

b. Précisez le genre et le nombre des mots soulignés. Avec quel nom s'accordent-ils ?

> L'homme était **parti** de Marchiennes vers deux heures. Il marchait d'un pas allongé, grelottant sous le coton aminci de sa veste et de son pantalon de velours. Un petit paquet, noué dans un mouchoir à carreaux, le gênait beaucoup.
>
> Émile Zola, *Germinal*, 1885.

Leçon

1. L'accord sujet/verbe

- Le **verbe** s'accorde toujours en personne et en nombre avec le **sujet**.
- Lorsque le sujet est **qui**, le **verbe** s'accorde avec l'**antécédent**.

Exemples

> SCAPIN. – Eh bien ! Monsieur, puisque vous le **voulez**, **je** vous **confesse** [...] que c'est moi **qui** **fis** une fente au tonneau, et **répandis** de l'eau autour pour faire croire que le vin **s'était échappé.**
>
> (MOLIÈRE)

2. L'accord de l'attribut

- Lorsque l'attribut est un **adjectif,** il s'accorde en genre et en nombre avec le **sujet** du verbe.

> L'on parle d'une région où les vieillards sont **galants, polis** et **civils.**
>
> (LA BRUYÈRE)

3. L'accord du participe passé

- Lorsque le **participe passé** est employé seul, il s'accorde avec le **nom** ou le **pronom** qu'il qualifie.

> Légère et court **vêtue**, elle allait à grands pas.
>
> (LA FONTAINE)

- Lorsque le **participe passé** est employé avec l'auxiliaire **être**, il s'accorde en genre et nombre avec le **sujet**.
- Lorsque le **participe passé** est employé avec l'auxiliaire **avoir**, **il s'accorde** avec le **complément d'objet direct** si celui-ci est placé **avant le verbe.**

> Quand j'**ai** **connu** la Vérité,
> J'**ai** **cru** que c'était une amie ;
> Quand je **l'ai** **comprise** et **sentie,**
> J'en **étais** tout **dégoûté.**
>
> (MUSSET)

4. L'accord dans le groupe nominal

- Le **déterminant** prend le genre et le nombre du **nom** auquel il se rapporte.
- L'**adjectif** s'accorde en genre et en nombre avec le **nom** qu'il qualifie.
- Lorsqu'un adjectif qualifie un nom masculin et un nom féminin, il s'accorde au masculin pluriel.

> Que **ces** vains **ornements**, que **ces voiles** me pèsent !
> **Quelle** importune **main**, en formant tous **ces nœuds**,
> A pris soin sur **mon front** d'assembler **mes cheveux** ?
>
> (RACINE)

Exercices

1 Identifiez les sujets et choisissez la forme verbale qui convient.

a. Peut-être *[séjourneront / séjournera-t]*-ils à Champagny cet été ?

b. Donne ton avis, toi qui *[a / as]* une grande expérience de ce genre de situation.

c. Quand la colère et la haine se *[déchaîne / déchaînent]*, tout incident *[devient / deviennent]* un drame.

d. Les enfants et toi *[partirez / partent]* en avance. Je vous *[rejoindrez / rejoindrai]*.

e. L'étiquetage des colorants alimentaires *[est / sont]* une réussite.

f. Toi et moi *[avez / avons]* les mêmes loisirs.

g. Karim et Lola [*va / vont*] au cinéma cet après-midi ; ils sont [*partis / parties*] en bus.

2 Accordez les verbes entre parenthèses au présent de l'indicatif ou du subjonctif.

Pour moi, qui ne *(être)* point fait à ce train, et qui *(aller)* souvent à pied sans changer d'allure, j'*(enrager)* quelquefois comme un Chrétien, car passe qu'on m'*(éclabousser)* depuis les pieds jusqu'à la tête, mais je ne *(pouvoir)* pardonner les coups de coude que je *(recevoir)* régulièrement et périodiquement. Un homme qui *(venir)* après moi, et qui me *(passer)*, me *(faire)* faire un demi-tour, et un autre, qui me *(croiser)* de l'autre côté, me *(remettre)* soudain où le premier m'avait pris.

Montesquieu, *Lettres persanes*, 1721.

3 Accordez les adjectifs attributs entre parenthèses.

a. SUZANNE. – [...] Ce n'est donc plus pour ma maîtresse que vous soupirez en secret ?
CHÉRUBIN. – Ah ! Suzon, qu'elle est *(noble)* et *(beau)* ! mais qu'elle est *(imposant)*. (BEAUMARCHAIS)

b. Le sentiment et la vie sont *(éternel)*. (DIDEROT)

c. Les roses étaient toutes *(rouge)*
Et les lierres étaient tout *(noir)*.
Chère, pour peu que tu te bouges
Renaissent tous mes désespoirs.
Le ciel était trop *(bleu)*, trop *(tendre)*
La mer trop *(vert)* et l'air trop *(doux)*. (VERLAINE)

4 Expliquez l'accord des participes passés en gras.

a. Il était **vêtu** d'une robe de ratine blanche, ou plutôt d'une espèce de manteau que je n'ai **vu** qu'à lui. Sa tête, demi-chauve, était **couverte** d'un grand bonnet blanc qui se tenait tout droit. Lorsqu'en se promenant il s'éloignait du foyer, la vaste salle était si peu **éclairée** par une seule bougie qu'on ne le voyait plus ; on l'entendait seulement encore marcher dans les ténèbres.

Chateaubriand, *Mémoires d'outre-tombe*, 1849.

b. L'opération de tatouage **achevée**, on nous a **enfermés** dans une baraque où on nous a laissés seuls. Les couchettes sont **faites**, mais on nous a formellement **interdit** d'y toucher et de nous asseoir dessus : nous passons donc la demi-journée à tourner en rond dans le peu d'espace disponible, toujours **tenaillés** par la soif. (LEVI)

Primo Levi, *Si c'est un homme*, © Julliard, 1947.

5 Conjuguez les verbes au passé composé et accordez ou non les participes passés.

a. Le grave magistrat qui *(acheter)* pour quelque argent le droit de faire ces expériences sur son prochain, va conter à dîner à sa femme ce qui *(se passer)* le matin. La première fois madame en *(être révolté)*, à la seconde elle y *(prendre)* goût, parce qu'après tout les femmes sont curieuses. (VOLTAIRE)

b. Après les écoles littéraires qui *(vouloir)* nous donner une vision déformée, surhumaine, poétique, attendrissante, charmante ou superbe de la vie, *(venir)* une école réaliste ou naturaliste qui *(prétendre)* nous montrer la vérité, rien que la vérité et toute la vérité. (MAUPASSANT)

6 Réécrivez ces textes au passé composé.

a. Cette fois, la pièce de quarante sous lui échappa, et vint rouler vers la broussaille jusqu'à Jean Valjean. Jean Valjean posa le pied dessus. Cependant, l'enfant avait suivi la pièce du regard, et l'avait vu. Il ne s'étonna point et marcha droit à l'homme. (HUGO)

b. Elle danse la partie de piano solo, les thèmes de l'orchestre sont traités par le groupe. Seule face à lui, elle le provoque par des gestes assenés. Elle parvient à capter cinq danseuses et à les entraîner dans son sillage. La masse résiste et recule. Doris l'attaque de nouveau, la pénètre et la parcourt, la travaille. Cette fois, elle en extrait treize danseuses et les attire dans une séance rageuse. Elle leur impose ses rythmes. (PUJADE-RENAUD)

7 Accordez les adjectifs entre parenthèses.

a. C'est là que le tueur de bœufs et de chevaux,
Le long des *(vieux)* troncs *(mort)* à l'écorce *(moussu)*,
(Sinistre) et *(fatigué)*, revient à pas *(égal)*. (LECONTE DE LISLE)

b. Les façades *(gris)*, comme *(nettoyé)* de leur lèpre et *(badigeonné)* d'ombre, s'étendaient, montaient. [...] Les fenêtres *(clos)* dormaient. Quelques-unes, *(épars)*, vivement *(allumé)*, ouvraient des yeux, semblaient faire loucher certains coins. (ZOLA)

c. Je vois très bien ma tante, telle qu'elle m'apparaissait quand j'aimais regarder les boucles (*argenté*) de ses cheveux, son teint de rose, ses yeux... les (*seul*) yeux (*bleu*) que j'ai vus avec une nuance vraiment (*violet*)... même cet écart entre ses deux dents de devant très (*blanc*) qui avancent légèrement. (SARRAUTE)

Fiche 4

Grammaire et orthographe

Identifier les modes et les temps des verbes

Observation

a. Quel est le mode et le temps des verbes en gras ?

b. Quel est le mode et le temps des verbes soulignés ?

c. Le verbe en italique est-il à un temps simple ou à un temps composé ? Au subjonctif ou à l'indicatif ?

Au lieu de **commencer** à m'**arranger** dans mon logement, je commençai par m'**arranger** pour mes promenades, et il n'y eut pas un sentier, pas un taillis, pas un bosquet, pas un réduit autour de ma demeure que je n'*eusse parcouru* dès le lendemain.

Jean-Jacques Rousseau, *Les Confessions*, 1782.

Leçon

1. Les modes personnels
- **indicatif**
- **conditionnel**
- ***subjonctif***
- **impératif**

2. Les modes non personnels
- **infinitif**
- **participe**
- ***gérondif***

3. Les temps simples
- **présent** (existe à tous les modes)
- **futur simple** (indicatif)
- ***imparfait*** (***indicatif,*** subjonctif)
- **passé simple** (indicatif)

4. Les temps composés
- **passé composé** (indicatif)
- **futur antérieur** (indicatif)
- ***plus-que-parfait*** (***indicatif***, subjonctif)
- **passé antérieur** (indicatif)
- **passé** (**conditionnel**, subjonctif, impératif, infinitif, participe)

Exemples

Petit poisson **deviendra** grand,
Pourvu que Dieu lui ***prête*** vie. [...]
Que ferez-vous de moi ? je ne saurais fournir
Au plus qu'une demi-bouchée ;
Laissez-moi Carpe devenir. [...]

(La Fontaine)

Le jeune ambitieux qui venait de **s'introduire** dans l'hôtel de Bargeton ***en jetant*** la gloire comme un pont volant entre la ville et le faubourg, était inquiet de la décision de sa maîtresse, comme un favori qui craint une disgrâce après avoir essayé d'**étendre** son pouvoir.

(Balzac)

Iphicrate. – [...] **Va**, mon cher enfant, **oublie** que tu fus mon esclave, et je me ressouviendrai toujours que je ne ***méritais*** pas d'être ton maître.

(Marivaux)

Lorenzo. – Si j'***étais resté*** tranquille au fond de mes solitudes de Cafaggiuolo, il ne **serait** pas **venu** m'y chercher, et moi, je **suis venu** le chercher Florence.

(Musset)

Suzanne. – Mais quand il aura tinté le matin, pour te donner quelque bonne et longue commission, zeste ! en deux pas, il est à ma porte.

(Beaumarchais)

Notre hôte voyant les efforts que nous faisions pour comprimer nos bâillements et tenir les yeux ouverts, aussitôt que nous **eûmes soupé,** nous fit conduire chacun dans notre chambre.

(Gautier)

Exercices

1 a. Quel est le mode et le temps des verbes en gras ?
b. Quel est le mode et le temps des verbes soulignés ?

N'**ayez** pas peur de ressentir pleinement les élans de la bienveillance et de la sympathie, et de subir les émotions douces ou pénibles des nombreuses sollicitudes qui réclament des esprits généreux ; mais n'en **vouez** pas moins un culte à l'amitié particulière, et ne vous **croyez** pas dispensé d'avoir un ami, un ami parfait, c'est-à-dire une personne que vous aimiez assez pour vouloir être parfait vous-même envers elle, une personne qui vous soit sacrée et pour qui vous soyez également sacré.

George Sand, *Histoire de ma vie*, 1854.

2 Dans ce texte tous les modes personnels sont employés. Relevez : 8 verbes à l'indicatif, 1 verbe au conditionnel, 2 verbes au subjonctif, 5 verbes à l'impératif.

JULIE. – Mon Dieu, Éraste, gardons[1] d'être surpris ; je tremble qu'on ne nous voie ensemble ; et tout serait perdu, après la défense que l'on m'a faite.
ÉRASTE. – Je regarde de tous côtés, et je n'aperçois rien.
JULIE. – Aie aussi l'œil au guet, Nérine, et prends bien garde qu'il ne vienne personne.
NÉRINE. – Reposez-vous sur moi, et dites hardiment ce que vous avez à nous dire.
JULIE. – Avez-vous imaginé pour notre affaire quelque chose de favorable ? et croyez-vous, Éraste, pouvoir venir à bout de détourner ce fâcheux mariage que mon père s'est mis en tête ?

Molière, *Monsieur de Pourceaugnac*, 1669.

1. Gardons : évitons.

3 Lisez le texte suivant et repérez : les infinitifs, les participes présents, le participe passé.

Quelquefois, la nuit, tout à coup, se dressant sur le bord du lit, elle mettait ses pieds nus sur le froid du carreau, et restait là, farouche, penchée sur ce qui respire dans une chambre qui dort. Et peu à peu ce qui était autour d'elle, l'obscurité de l'heure, semblait l'envelopper. Elle se paraissait à elle-même tomber et rouler dans l'inconscience et l'aveuglement de la nuit. La volonté de ses idées s'éteignait. Toutes sortes de choses noires, ayant comme des ailes et des voix, lui battaient contre les tempes.

Edmond et Jules de Goncourt,
Germinie Lacerteux, 1865.

4 a. Quels sont les temps de l'indicatif employés dans le récit ?
b. Relevez les temps utilisés dans les paroles rapportées.
c. Expliquez les différences d'emploi.

Un coup de timbre les fit tressaillir ; et, d'une secousse, ils s'éloignèrent l'un de l'autre.

Elle murmura : « Ce doit être Laurine. »

L'enfant parut, puis s'arrêta interdite, puis courut vers Duroy en battant des mains, transportée de plaisir en l'apercevant, et elle cria : « Ah ! Bel-Ami ! »

Mme de Marelle se mit à rire : « Tiens ! Bel-Ami ! Laurine vous a baptisé ! C'est un bon petit nom d'amitié pour vous, ça ; moi aussi je vous appellerai Bel-Ami ! »

Il avait pris sur ses genoux la fillette, et il dut jouer avec elle à tous les petits jeux qu'il lui avait appris.

Guy de Maupassant, *Bel-Ami*, 1885.

Vers le commentaire

5 a. Quels sont les temps et le mode du verbe en gras ? Trouvez deux autres verbes conjugués aux mêmes mode et temps dans le 1er paragraphe.
b. Précisez le mode et le temps dominants dans le 2e paragraphe ?
c. Quels sont le mode et le temps les plus utilisés dans le 3e paragraphe ?
d. Aidez-vous des réponses précédentes pour trouver la structure du passage.

Je suppose, Rhédi, qu'on ne **souffrît** dans un royaume que les arts absolument nécessaires à la culture des terres, qui sont pourtant en grand nombre, et qu'on en bannît tous ceux qui ne servent qu'à la volupté ou à la fantaisie, je le soutiens, cet État serait un des plus misérables qu'il y eût au monde.

Quand les habitants auraient assez de courage pour se passer de tant de choses qu'ils doivent à leurs besoins, le peuple dépérirait tous les jours ; et l'État deviendrait si faible qu'il n'y aurait si petite puissance qui ne fût en état de le conquérir. […]

De tout ceci, on doit conclure, Rhédi, que, pour qu'un prince soit puissant, il faut que ses sujets vivent dans les délices ; il faut qu'il travaille à leur procurer toutes sortes de superfluités[1] avec autant d'attention que les nécessités de la vie.

Montesquieu, *Lettres persanes*, 1721.

1. Choses superflues.

Fiche 5

Grammaire et orthographe

Connaître la valeur des temps

Observation

a. Quels sont les temps utilisés dans le 1er paragraphe ? Pourquoi sont-ils employés ?

b. Relevez les temps utilisés dans le 2e paragraphe. Pour quelle raison sont-ils différents ?

Le samedi 19 septembre, le lendemain du départ de Dora et de son père, les autorités d'occupation imposèrent un couvre-feu en représailles à un attentat qui avait été commis au cinéma Rex. Personne n'avait le droit de sortir, de trois heures de l'après-midi jusqu'au lendemain matin. La ville était déserte, comme pour marquer l'absence de Dora.

Depuis, le Paris où j'ai tenté de retrouver sa trace est demeuré aussi désert et silencieux que ce jour-là. Je marche à travers les rues vides.

Patrick Modiano, *Dora Bruder*, 1997.

Leçon

1. Les valeurs du présent de l'indicatif

- **Présent d'actualité ou d'énonciation :** le fait se déroule au moment où l'on parle.
- **Présent d'habitude :** le fait se répète dans le présent.
- **Présent de vérité générale :** le fait ou l'idée sont présenté comme atemporels.
- **Présent de narration :** dans un récit au passé, le fait raconté au présent est dramatisé.

Exemples

Oui, je **veux** bien, perfide, oublier vos forfaits. (MOLIÈRE)

Je **pars** tous les jours à 8h.

Rien ne **sert** de courir. Il **faut** partir à temps. (LA FONTAINE)

Un Loup n'avait que les os et la peau
Tant les chiens faisaient bonne garde.
Ce Loup **rencontre** un Dogue aussi puissant que beau. (LA FONTAINE)

2. Les valeurs des temps simples du passé

- **L'imparfait :**
  – pour une action passée de second plan, dont on ne connaît ni le début ni la fin ;
  – pour une description ou un portrait ;
  – pour indiquer une habitude dans le passé.

Le vent **soufflait** depuis des heures.

Lucien **était** rouge et **affectait** une mine simple. (STENDHAL)

Il **rentrait** tard, à dix heures, minuit quelquefois. (FLAUBERT)

- **Le passé simple :**
  – pour une action passée de premier plan et limitée dans le temps ;
  – pour une succession d'actions rapides.

Brusquement je **revins** à moi. (BOSCO)

3. Les valeurs des temps composés du passé

- **Le passé composé :**
  – pour établir un « pont » temporel entre le passé et le présent ;
  – pour marquer l'antériorité par rapport au présent.

Aujourd'hui maman **est morte**. (CAMUS)

Je **suis revenue** de voyage il y a une semaine.

- **Le plus-que-parfait et le passé antérieur :** pour marquer l'antériorité par rapport à d'autres faits du passé.

Estimant qu'elle **avait** assez **dit** de bêtises, Marie a déclaré, alors, que c'était à mon tour de raconter quelque chose. (ROBBE-GRILLET)

Quand il **eut fini**, il s'assit.

4. Les valeurs du futur

- **Le futur simple :**
  – pour indiquer la certitude d'une action qui aura lieu dans l'avenir ;
  – pour exprimer un ordre.

  Toi, tu **te noieras** dans la fange. (HUGO)

  Les candidats **se muniront** de leur convocation.

- **Le futur antérieur :** pour marquer l'antériorité par rapport au futur.

  Quand il **aura compris**, il sera content.

- **Le conditionnel présent :** pour marquer un futur dans le passé.

  Je repartis. Mais l'heure ? l'heure ? qui me **dirait** l'heure ? (MAUPASSANT)

Exercices

1 Quelles sont les différentes valeurs du présent dans les extraits suivants ?

a. Une grenouille vit un bœuf
Qui lui sembla de belle taille.
Elle, qui n'était pas grosse en tout comme un œuf,
Envieuse, s'étend, et s'enfle et se travaille,
Pour égaler l'animal en grosseur. (LA FONTAINE)

b. Qui va là ? Heu ! Ma peur, à chaque pas s'accroît. (MOLIÈRE)

c. L'homme est ainsi fait qu'à force de lui dire qu'il est un sot, il le croit. (PASCAL)

2 Précisez les différentes valeurs de l'imparfait dans les textes suivants.

a. Chaque matin, j'allais la voir baigner. (FLAUBERT)

b. L'hôtel se trouvait sur le boulevard de la Chapelle, à gauche de la barrière Poissonnière. (ZOLA)

c. Il montait lentement les marches, le cœur battant, l'esprit anxieux, harcelé surtout par la crainte d'être ridicule. (MAUPASSANT)

3 Expliquez l'emploi du passé simple dans les textes suivants.

a. Sans motif, il se secoua soudain, appuya ses mains sur le bord de son bureau et se leva. (VIAN)

b. Bien des années avant 1830, dans le temps où nos armées parcouraient l'Europe, le hasard me donna un billet de logement pour la maison d'un chanoine. (STENDHAL)

4 Identifiez les différents temps composés et expliquez leur emploi.

a. Mais aussitôt que j'eus goûté à la biscotte, ce fut tout un jardin, jusque là vague et terne, qui se peignit, avec ses allées oubliées. (PROUST)

b. La mariée, Rosalie Roussel, avait été fort courtisée par tous les partis des environs, car on la trouvait avenante, et on la savait bien dotée. (MAUPASSANT)

c. Rien de tout ce qui m'est arrivé durant cette époque chérie, rien de ce que j'ai fait, dit et pensé tout le temps qu'elle a duré, n'est échappé de ma mémoire. (ROUSSEAU)

5 Quel temps est utilisé dans l'extrait a pour parler de l'avenir ? et dans l'extrait b ? Expliquez la différence.

a. « Mon cher Gil Blas, continua le prélat, j'exige une chose de ton zèle ; quand tu t'apercevras que ma plume sentira la vieillesse, lorsque tu me verras baisser, ne manque pas de m'en avertir. » (LESAGE)

b. Ils parlaient de ce qu'ils feraient plus tard quand ils seraient sortis du collège. (FLAUBERT)

Vers le commentaire

6 a. Quel est la valeur du premier imparfait de cet extrait ?

b. Les imparfaits qui suivent pourraient-ils être remplacés par des passés simples ? Quel est l'effet produit par l'emploi de l'imparfait ?

c. Que marque l'emploi du passé simple à la fin du passage ?

L'action se passe pendant la bataille de Waterloo.

L'instant fut épouvantable. Le ravin était là, inattendu, béant, à pic sous les pieds des chevaux, profond de deux toises entre son double talus ; le second rang y poussa le premier, et le troisième y poussa le second ; les chevaux se dressaient, se rejetaient en arrière, tombaient sur la croupe, glissaient les quatre pieds en l'air, pilant et bouleversant les cavaliers, aucun moyen de reculer, toute la colonne n'était plus qu'un projectile, la force acquise pour écraser les Anglais écrasa les Français, le ravin inexorable ne pouvaient se rendre que comblé, cavaliers et chevaux y roulèrent pêle-mêle se broyant les uns sur les autres, ne faisant qu'une chair dans ce gouffre, et, quand cette fosse fut pleine d'hommes vivants, on marcha dessus et le reste passa.

Victor Hugo, *Les Misérables*, 1862.

Fiche 6

▶ Grammaire et orthographe

Analyser la phrase complexe

Observation

a. Combien de phrases cet extrait contient-il ?

b. Combien de verbes conjugués comptez-vous ?

Il est venu alors la nuit et c'était le moment où, sortis du bois, ils allaient glisser dans le vallon d'Aubignane ; il est venu alors la nuit, la vieille nuit qu'ils connaissent, celle qu'ils aiment, celle qui a des bras tout humides comme une laveuse, celle qui est toute brillante de poussière, celle qui porte la lune.

Jean Giono, *Regain*, © Gallimard, 1930.

Leçon

1. La proposition

- **Une proposition** est un ensemble de termes liés par la grammaire et le sens, généralement autour d'un verbe.
  La phrase simple contient une seule proposition.
  La phrase complexe en contient plusieurs.
- Les différentes propositions peuvent être **juxtaposées**, **coordonnées** ou **subordonnées**.
- Lorsqu'une proposition ne dépend pas d'une autre proposition, elle est **indépendante**.

2. Les différentes propositions subordonnées

- Une proposition **subordonnée** dépend d'une proposition **principale**.
  Il existe deux types de subordonnées :
  – les **conjonctives**, introduites par une conjonction de subordination, complètent un **verbe**. Les conjonctives peuvent être **complétives** (COD) ou **circonstancielles**.
  – les **relatives**, introduites par des pronoms relatifs, complètent un **nom**. (→ voir p. 390).

Exemples

Glissez encore un peu d'insensible façon :
Des larmes au baiser il n'y **a** qu'un frisson !

(ROSTAND)

1 phrase avec 2 propositions

Il vêtit alors, nourrit, chaussa la pauvre fille, lui donna des gages et l'employa sans trop la rudoyer.

(BALZAC)

5 propositions : 4 juxtaposées, 1 coordonnée

Tout à coup la Marseillaise retentit. Hussonnet et Frédéric se penchèrent sur la rampe. C'était le peuple.

(FLAUBERT)

3 propositions indépendantes

Et la jeune femme emporta le marmot qui hurlait, comme on emporte un bibelot désiré d'un magasin.

(MAUPASSANT)

3 propositions : **1 principale**, 1 subordonnée relative, 1 subordonnée conjonctive circonstancielle

Exercices

1 Recopiez les phrases suivantes et identifiez les propositions comme dans l'exemple suivant :
Nous sommes aussi bouffons que nos patrons, / mais nous sommes plus sages.

a. Quand tu auras souffert, tu seras plus raisonnable.

b. Tu me traitais comme un pauvre animal, et tu disais que cela était juste, parce que tu étais le plus fort.

c. Écoute, je te défends de mourir par malice.

d. Ne vois-tu pas que je t'aime ?

e. Mon cher patron, vos compliments me charment ; vous avez coutume de m'en faire à coups de gourdin qui ne valent pas ceux-là. (MARIVAUX)

f. Si je ne me sauve, je suis perdu, je ne reverrai jamais Athènes, car nous sommes sur l'île des Esclaves. (MARIVAUX)

2 Les phrases suivantes sont-elles simples ou complexes ?

a. Les plus coupables sont les moins généreux ; c'est la règle.

b. C'est qu'ils n'ont point de valet pour les y aider.

c. Passer ainsi la vie à chamailler, c'est peser sur le collier sans relâche.

d. Ô bizarre suite d'événements !

e. En fait d'amour, vois-tu, trop n'est pas même assez.

(BEAUMARCHAIS)

3 Ces propositions peuvent-elles être indépendantes ?

a. La tranquillité en amour est un calme désagréable.

b. Et les difficultés réveillent les plaisirs.

c. Dont je vais goûter le plaisir.

d. Alors que je vais envoyer la justice après lui.

e. Voilà tout. (D'après MOLIÈRE)

4 Les phrases suivantes sont-elles construites en juxtaposition, en coordination ou en subordination ?

a. L'hypocrisie est un vice à la mode, et tous les vices à la mode passent pour vertus.

b. Tu veux qu'on se lie à demeurer au premier objet qui nous prend.

c. Je vous ai aimé avec une tendresse extrême, rien au monde ne m'a été si cher que vous : j'ai oublié mon devoir pour vous, j'ai fait toutes choses pour vous.

d. L'endurcissement au péché entraîne une mort funeste, et les grâces du Ciel que l'on renvoie ouvrent un chemin à sa foudre.

e. Mais, avec mon petit sens, mon petit jugement, je vois les choses mieux que tous les livres, et je comprends fort bien que ce monde que nous voyons n'est pas un champignon qui soit venu tout seul en une nuit.

(MOLIÈRE)

5 Identifiez les propositions subordonnées et dites si chacune complète un verbe ou un nom.

a. Je me demande comment va mon oncle.

b. Nous irons voir le film que tu nous as conseillé.

c. Le livre sur lequel ma petite sœur a gribouillé est abîmé.

d. On sait tous que tu as menti.

6 Proposez des conjonctions de subordination pour lier ces propositions l'une à l'autre.

a. Je préfère te prévenir ... tu n'attendes pas inutilement.

b. Faisons quelque chose ... l'occasion se présente !

c. Tu ne sais pas ... tu es malheureux ?

d. Tu vas le dire ... ce n'est pas vrai.

e. Je me demande ... sera notre planète dans cent ans.

f. Molière est resté célèbre ... c'est un dramatrurge génial !

Vers le commentaire

7 Le texte suivant correspond aux derniers mots de la pièce de Beckett, *En attendant Godot*.

a. Quels sont les types de phrase employés par le dramaturge ?

b. Quel effet l'enchaînement de ces propositions produit-il ?

ESTRAGON. – Alors, on y va ?
VLADIMIR. – Relève ton pantalon.
ESTRAGON. – Comment ?
VLADIMIR. – Relève ton pantalon.
ESTRAGON. – Que j'enlève mon pantalon ?
VLADIMIR. – RE-lève ton pantalon.
ESTRAGON. – C'est vrai.
Il relève son pantalon. Silence.
VLADIMIR. – Alors, on y va ?
ESTRAGON. – Allons-y.
Ils ne bougent pas.

Samuel Beckett, *En attendant Godot*,
© Les Éditions de Minuit, 1952.

8 Dans l'extrait suivant, Gervaise, une jeune blanchisseuse, rend visite à un ouvrier surnommé Gueule-d'Or.
Rédigez un paragraphe pour expliquer comment l'organisation des propositions rend compte :
– du travail de l'ouvrier,
– de l'énergie qui se dégage du personnage.

C'était le tour de la Gueule-d'Or. Avant de commencer, il jeta à la blanchisseuse un regard plein d'une tendresse confiante. Puis, il ne se pressa pas, il prit sa distance, lança le marteau de haut, à grandes volées régulières. Il avait le jeu classique, correct, balancé et souple. Fifine[1], dans ses deux mains, ne dansait pas un chahut de bastringue[2], les guibolles emportées par-dessus les jupes ; elle s'enlevait, retombait en cadence, comme une dame noble, l'air sérieux, conduisant quelque menuet[3] ancien. Les talons de Fifine tapaient la mesure, gravement, et ils s'enfonçaient dans le fer rouge, sur la tête du boulon, avec une science réfléchie, d'abord écrasant le métal au milieu, puis le modérant par une série de coups d'une précision rythmée. Bien sûr, ce n'était pas de l'eau-de-vie que la Gueule-d'Or avait dans les veines, c'était du sang, du sang pur, qui battait puissamment jusque dans son marteau, et qui réglait la besogne. Un homme magnifique au travail, ce gaillard-là ! Il recevait en plein la grande flamme de la forge.

Émile Zola, *L'Assommoir*, 1876.

1. Personnification du marteau. – **2.** Bal populaire. – **3.** Danse.

Fiche 7

▶ Grammaire et orthographe

Connaître la syntaxe des propositions subordonnées relatives

Observation

a. De quels noms dépendent les propositions subordonnées en gras ?

b. Par quels mots sont-elles introduites ? À quelle classe grammaticale ces mots appartiennent-ils ?

Cette vieille fille, à l'oreille si alerte, se présentait dépouillée des artifices en tout genre **qu'elle employait pour s'embellir** : elle n'avait ni son tour de faux cheveux ni sa collerette. Elle portait cet affreux petit sac en taffetas **avec lequel les vieilles femmes s'enveloppent l'occiput, et qui dépassait son bonnet de nuit relevé par les mouvements du sommeil.** Ce désordre donnait à cette tête l'air menaçant **que les peintres prêtent aux sorcières.**

Balzac, *Pierrette*, 1840.

Leçon

1. Une expansion du groupe nominal

La proposition subordonnée relative apporte des précisions sur un nom, un groupe nominal ou un pronom, appelé **antécédent**.

- L'ensemble de la proposition relative a pour fonction : **complément de l'antécédent**.

2. Les pronoms relatifs

- La relative est introduite par un pronom relatif simple : *qui, que, quoi, dont, où* ou composé : *lequel, auquel, duquel*… Le pronom relatif **composé** s'accorde avec son **antécédent**.

3. Fonction du pronom relatif

Dans la subordonnée relative, le pronom relatif a **la fonction du mot qu'il remplace**. Il peut être :

– **sujet** = *qui*

– **COD** = *que*

– **COI** = *dont, duquel, auquel, lequel* ; après une préposition, *qui, quoi*

– **CC** = *où, lequel, qui* ou *quoi* après une préposition

– **complément du nom** = *dont, duquel*

Exemples

De toutes les **occupations** qui peuvent fournir la subsistance à l'homme, **celle** qui le rapproche le plus de l'état de nature est le travail des mains.

(ROUSSEAU)

Petit animal du genre des animaux à quatre pieds qui font des œufs, comme **le crocodile et le lézard**, avec lesquels il a beaucoup de ressemblance.

(DAUBENTON)

Nous foulions une nature qui *[sujet de « semblait »]* semblait souffrante, maladive, des marais salants qu'*[COD de « nommer »]* on peut, à bon droit, nommer les écrouelles de la terre. Là le sol est divisé en carrés inégaux de forme, tous encaissés par d'énormes talus de terre grise, tous pleins d'une eau saumâtre, à la surface de laquelle *[CC de lieu de « arrive »]* arrive le sel.

(BALZAC)

Exercices

1 Relevez les pronoms relatifs et les propositions subordonnées relatives dans les phrases suivantes.

a. Lis le livre dont je t'ai parlé. Je pense qu'il te plaira. Il aborde des questions qui t'intéresseront et pour lesquelles il te donnera des réponses.

b. Je me demande qui viendra à la réunion qui a lieu ce soir et qu'un message envoyé à la dernière minute annonçait.

c. C'est le seul jour où je pourrai venir te voir. Où dois-je te rejoindre ?

2 **Dans le texte suivant, relevez les propositions subordonnées relatives et expliquez l'accord des pronoms relatifs composés.**

Je vivais dans l'isolement le plus complet, n'ayant, hors mon service, que la conversation de Monsieur et Madame B. chez lesquels j'étais logé, et qui s'absorbaient dans un deuil récent… Il arriva que le Rhin débordât et prît par endroits jusqu'à quatre kilomètres de large. L'eau venait jusqu'au village, préservé par un système de digues par lesquelles on avait accès à l'arrière-pays. L'une de ces digues, parallèle au fleuve, traversait les bois dépouillés qui le bordent et menait vers un poste de chasseurs, près duquel un grand projecteur, surpris par la crue subite, avait été noyé.

Louis Aragon, *Les Aventures de Télémaque*, 1922.

3 **Complétez les phrases suivantes avec le pronom relatif qui convient.**

a. C'est un film … mérite d'être vu.

b. Elle mène la vie … elle a toujours rêvé.

c. Cet été la région a fait dans le lycée les travaux de rénovation … tout le monde attendait.

d. La maison devant … nous passons est celle … Mallarmé a fini ses jours.

e. Voici le cadeau … tous tes amis ont participé.

f. Voici des chênes au pied … poussent des truffes.

4 **Ces phrases contiennent des erreurs. Réécrivez-les pour qu'elles soient correctes.**

a. *Je fais tous les efforts que je suis capable.

b. * Le voyage dont je me rappelle le mieux est celui où je suis allé en Italie.

c. *Le rap est une musique où les paroles y sont aussi importantes que le rythme.

d. *Voici les erreurs sur lesquels le professeur souhaite attirer l'attention des élèves.

e. * Je vous conseille d'apprendre des citations que vous aurez besoin dans vos dissertations.

f. * Yann dont ses parents sont partis pendant trois jours en voyage viendra chez moi.

g. * C'est certainement un jour qu'ils se souviendront longtemps !

5 **Transformez les deux phrases en une seule : la deuxième phrase deviendra une proposition subordonnée relative.**

a. Je vais vous présenter la biographie de Victor Hugo. Victor Hugo est né en 1802, à Besançon.

b. Son père était général d'Empire. Victor Hugo admirait beaucoup son père.

c. Victor Hugo a remporté des prix de poésie dès son adolescence. Le génie de Victor Hugo s'est révélé très tôt.

d. Les nombreux combats idéologiques de Victor Hugo ont fait sa renommée. Victor Hugo s'est impliqué dans de nombreux combats idéologiques.

e. Il est mort en 1885 et il a eu droit à des obsèques nationales. Plus d'un million de personnes auraient assisté à ses obsèques nationales.

6 **Donnez la fonction du pronom relatif en gras.**

a. Son bol sur le plateau, deux tartines à la confiture – gelée de groseille **que** sa voisine vient de faire, et **dont** elle lui a donné deux pots. Voilà. C'est un de ces jours du tout début juillet **où** le beau temps s'installe avec une tranquille évidence. (DELERM)

b. L'horrible aspect de ces marécages, **dont** la boue était symétriquement ratissée, et de cette terre grise **dont** a horreur la flore bretonne, s'harmonisait avec le deuil de notre âme. (BALZAC)

c. Trahi de toutes parts, accablé d'injustices,
Je vais sortir d'un gouffre **où** triomphent les vices,
Et chercher sur la terre un endroit écarté
Où d'être homme d'honneur on ait la liberté. (MOLIÈRE)

d. [Un homme sincère] cherche à détruire, par ses sages conseils, le vice de la cour, comme ces peuples **qui**, par la force de leur voix, voulaient épouvanter le dragon **qui** éclipsait, disaient-ils, le soleil ; et comme on adorait autrefois la main de Praxitèle[1] dans ses statues, on chérit un homme sincère dans la félicité des peuples **qu'**il procure, et dans les actions vertueuses des princes **qu'**il anime. (MONTESQUIEU)

1. Célèbre sculpteur grec du IVe s. av. J.-C.

Vers le commentaire

7 **a. Relevez les propositions subordonnées relatives dans cet extrait.**

b. Quel effet produit leur grand nombre ?

C'était une merveilleuse grimace, en effet, que celle qui rayonnait en ce moment au trou de la rosace. […] L'acclamation fut unanime. On se précipita vers la chapelle. On en fit sortir en triomphe le bienheureux pape des fous. Mais c'est alors que la surprise et l'admiration furent à leur comble. La grimace était son visage. Ou plutôt toute sa personne était une grimace. Une grosse tête hérissée de cheveux roux ; entre les deux épaules une bosse énorme dont le contrecoup se faisait sentir par devant ; un système de cuisses et de jambes si étrangement fourvoyées qu'elles ne pouvaient se toucher que par les genoux, et, vues de face, ressemblaient à deux croissants de faucilles qui se rejoignent par la poignée, de larges pieds, des mains monstrueuses, et, avec toute cette difformité, je ne sais quelle allure redoutable de vigueur, d'agilité et de courage ; étrange exception à la règle éternelle qui veut que la force, comme la beauté, résulte de l'harmonie. Tel était le pape que les fous venaient de se donner.

Victor Hugo, *Notre-Dame de Paris*, 1831.

Fiche 8

▶ Grammaire et orthographe

Utiliser la ponctuation

Observation

a. Par quel signe de ponctuation se termine le récit ?

b. Par quels signes le dialogue est-il ponctué ?

c. Comment interprétez-vous les points de suspension ?

Elle hésita quelques secondes comme si elle eût fait un grand effort pour chercher dans son souvenir, puis elle répondit :

« Oui… oui… j'en suis sûre.

– Il vous a écrit ? »

Guy de Maupassant, *Le Horla*, 1887.

Leçon

1. Les signes de ponctuation suivis d'une majuscule

- **Le point**
- **Le point d'interrogation**
- **Le point d'exclamation**

Exemples

Douce **?** **B**érénice **?** **D**ouce **?** **E**h bien, mon vieux, je t'en souhaite à la douzaine des douces comme elle **!** **L**a chose la plus drôle que j'aie jamais entendue **!** **T**u veux rire**.** **T**u ne l'as pas regardée **?** (ARAGON)

2. Les signes de ponctuation suivis d'une minuscule

- **La virgule**
- **Le point-virgule** entre deux propositions dans une phrase.
- **Les parenthèses** pour isoler des mots qui apportent des précisions, des commentaires.

MONSIEUR REMY. […] Oh çà**, m**es enfants**,** ***(i****l leur prend la main à tous deux***)** **j**e vous fiance**, e**n attendant mieux. Je ne saurai rester **; j**e reviendrai tantôt. (MARIVAUX)

3. Les signes de ponctuation suivis d'une majuscule ou d'une minuscule

- **Deux points :**

– avant des paroles rapportées → signe suivi de guillemets et d'une majuscule.
– avant une énumération, une explication → minuscule.

Elle sourit encore et murmure **: « O**h ! Que je suis heureuse. » (MAUPASSANT)
Je crie, je demande grâce, et j'appelle mon père **: j**e vois, avec ma terreur d'enfant, sa main qui pend toute hachée. (VALLÈS)

- **Guillemets :**

– en début et fin de paroles rapportées au discours direct → majuscule.
– au début et à la fin d'une citation → minuscule.

« Racontez-nous l'Empereur ! » crièrent plusieurs personnes ensemble. (BALZAC)
D'abord ils l'appelaient **« m**onsieur ». (SARTRE)

- **Tiret :**

– pour marquer un changement d'interlocuteur dans un dialogue → majuscule.
– pour isoler des mots qui apportent une précision → minuscule.

– Vous avez vu la pièce de Tristan Bernard que…
– Bien sûr ! (MAURIAC)
Je me souviens aussi **— e**st-ce vraiment un souvenir ou ce qu'on m'a raconté ? **— d**es jours de fête. (DUPEREY)

- **points de suspension :**

– entre deux phrases pour indiquer une durée → majuscule.
– dans une phrase pour marquer un arrêt, une hésitation → minuscule.

Je trouvai l'escalier, je descendis**… j**e n'entendais pas le courant bouillonner sous les arches du pont**… D**es marches encore… (MAUPASSANT)

Exercices

1 Recopiez le texte suivant en rétablissant la ponctuation entre les phrases, à l'intérieur des phrases et en mettant des majuscules aux endroits qui conviennent.

Il fut étrange ce premier retour à Saigon sans personne pour m'accueillir à l'aérodrome j'aurais voulu pouvoir donner au taxi une autre adresse que celle de la rue Catinat je pensai en moi-même la douleur est-elle un peu moins vive qu'à mon départ j'essayais de me persuader qu'elle s'était atténuée

Graham Greene, *Un Américain bien tranquille*, 1956.

2 Sept virgules ont été supprimées dans le texte suivant. Replacez-les.

Fouquet fait construire le château de Vaux-le-Vicomte.

Cinq années de labeur incessant vingt kilomètres de tuyauteries et neuf de charmilles jusqu'à dix mille hommes travaillant ensemble sur le site... Scies pinceaux et bêches œuvrent ensemble lorsque en la fin d'après-midi du 17 août 1661 le carrosse de Louis XIV franchit la grille. Fouquet l'attend et toute la Cour. Une fête commence la plus raffinée du siècle.

Érik Orsenna, *Portrait d'un homme heureux. André Le Nôtre 1613-1700*, © Gallimard, 2000.

3 Expliquez la différence de sens entre les phrases 1 et 2.

a. **1.** Il déguste une glace au café. **2.** Il déguste une glace, au café.

b. **1.** J'aperçois les volets de la fenêtre de ma chambre. **2.** J'aperçois les volets, de la fenêtre de ma chambre.

c. **1.** Les élèves qui ont fini cet exercice passent au suivant. **2.** Les élèves, qui ont fini cet exercice, passent au suivant.

4 Recopiez le texte en complétant avec le signe de ponctuation qui convient (point-virgule, deux points, points de suspension, virgule, guillemets). Tenez compte des majuscules.

Pierre Loti raconte ses souvenirs d'enfance.

J'avais déjà ce besoin de noter ... de fixer des images fugitives ... de lutter contre la fragilité des choses et de moi-même ... qui m'a fait poursuivre ainsi ce journal jusqu'à ces dernières années ... Mais ... en ce temps-là ... l'idée que quelqu'un pourrait un jour y jeter les yeux m'était insupportable ... à tel point que ... quand je partais pour quelque petit voyage dans l'île ou ailleurs ... j'avais soin de le cacheter et d'écrire solennellement sur l'enveloppe ... ... C'est ma dernière volonté que l'on brûle ce cahier sans le lire ... .

Pierre Loti, *Le Roman d'un enfant*, 1890.

5 Dans le texte suivant, les signes de ponctuation ont été supprimés. Rétablissez-les en vous aidant des majuscules.

Deux hommes habillés de bleu le remarquèrent Camarade dit l'un voilà un jeune homme très bien fait et qui a la taille requise Ils s'avancèrent vers Candide et le prièrent à dîner très civilement Messieurs leur dit Candide avec une modestie charmante vous me faites beaucoup d'honneur mais je n'ai pas de quoi payer mon écot Ah monsieur lui dit un des bleus les personnes de votre figure et de votre mérite ne payent jamais rien n'avez-vous pas cinq pieds cinq pouces de haut Oui, messieurs, c'est ma taille dit-il en faisant la révérence

Voltaire, *Candide*, 1759.

6 a. À quoi sert le tiret dans la première phrase du texte ci-dessous ? Est-il suivi d'une majuscule ? Pourquoi ?

b. Quel signe de ponctuation relie les deux phrases en gras ? Que marque-t-il ?

c. Quel signe de ponctuation unit les propositions dans la phrase soulignée ? Est-il suivi d'une majuscule ? Pourquoi est-il employé ?

d. Commentez l'utilisation des deux points dans la phrase en italique.

e. Repérez les deux passages entre parenthèses. À quoi sert ce signe de ponctuation ?

f. Les guillemets sont employés deux fois dans cet extrait avec des significations différentes. Lesquelles ?

Vendredi 20 novembre 1914

La nuit dans la tranchée – tranchée de deuxième ligne, le long de la route. Elle est bien installée, formée de petites niches individuelles avec de la paille. On peut y dormir. Voici leur aspect, si maladroit que je sois, ça vous donnera une idée.

On déroule le couvre-pieds et bonsoir... Je m'éveille tout à coup. Partout des coups de fusil ; mes voisins s'éveillent aussi et bouclent les sacs en vitesse et mettent bidon et musettes. *Les Boches attaquent : les balles sifflent*. Visages ahuris et inquiets. Silhouettes qui passent sur la route en courant et en se baissant. On va renforcer la tranchée à quelques pas ; je me fous par terre dans du fil de fer coupé, et d'autres aussi ; le sac monté à la diable ballotte, les musettes battent les jambes (une araignée se promène sur mon papier à lettres) et l'on se précipite dans les trous de tranchée n'importe comment, on se terre au fond, assez inquiets. « Baïonnette au canon ! » crie « Dérange-tout » qui se promène au milieu des balles sur la route, comme un paysan dans ses blés (je ne veux lui enlever aucune de ses qualités).

Lettre d'Étienne Tanty, cité dans *Paroles de Poilus*, Radio-France, 1998.

Fiche 9

▶ Grammaire et orthographe

Repérer et interpréter les paroles rapportées

Observation

a. Repérez les paroles rapportées directement. Qui les prononce ?

b. À la fin de l'extrait, d'autres paroles sont rapportées au discours indirect. Qui parle ?

c. Quelle est la particularité des passages soulignés ?

« Je voudrais aller une fois aux Frères-Provençaux ou chez Véfour ; pour une fois, on n'en meurt pas, va ; puis ton père a fait une si bonne année ! »

J'ai eu toutes les peines du monde à éviter Véfour. Elle était disposée à ne pas lésiner ; s'il fallait dix francs, on les mettrait ! « Ah ! tant pis ! on fait la noce ! »

Dix francs, fichtre ! J'entrevis la note montant à un louis, ma mère les appelant voleurs. [...] Je mentis un peu, je dis qu'il y avait des amis qui y avaient dîné, et qu'ils m'avaient juré que les côtelettes coûtaient trente sous.

Jules Vallès, *L'Enfant*, 1881.

Leçon

On appelle **paroles rapportées** les paroles ou pensées d'un personnage.

1. Le discours direct

- **Verbe de paroles**
- **Marques typographiques** : deux-points ; guillemets ; tirets.
- **Indices de l'énonciation** : 1re et 2e personnes ; présent, passé composé, imparfait et futur.
- **Marques éventuelles d'oralité**
  → Le discours direct **donne un effet de réel** et place le lecteur en position de témoin des propos.

Exemples

« Bah ! vous êtes donc prophète, monsieur Vautrin ? dit madame Vauquer.
– Je suis tout, dit Jacques Collin.
– C'est-y singulier ! » reprit madame Vauquer.

(BALZAC)

2. Le discours indirect

- **Verbe** introducteur de paroles suivi de propositions **subordonnées complétives** ou d'un infinitif.
- **Disparition des indices de l'énonciation :** souvent 3e personne, **imparfait**, *plus-que-parfait* et conditionnel.
  → Le discours indirect permet **d'intégrer les paroles au récit**.

Madame lui dit qu'il n'y **avait** point de personne comme celle qu'il **dépeignait** et que, s'il y en **avait** quelqu'une, elle serait connue de tout le monde. Mme de Dampierre [...] lui dit tout bas que **c'était** sans doute Mlle de Chartres que M. de Clèves *avait vue*.

(LA FAYETTE).

3. Le discours indirect libre

- Pas de verbe introducteur ni de subordination.
- **Pronoms personnels** et **temps verbaux** du **discours indirect**.
- **Marques éventuelles d'oralité.**
  → Le discours indirect libre fait entrer le lecteur **dans la subjectivité du personnage**.

Dès qu'elle fut seule, elle alla, par instinct, vers la glace pour se regarder, comme pour voir si rien n'était changé en elle, tant ce qui arrivait lui paraissait impossible, monstrueux. Suzanne était amoureuse de Bel-Ami ! Et Bel-Ami voulait épouser Suzanne ! Non ! elle s'était trompée, ce n'était pas vrai.

(MAUPASSANT)

Exercices

1 Repérez les paroles rapportées au discours direct et celles qui sont rapportées au discours indirect. Relevez les marques d'oralité du discours direct.

« Mé, j'm'en retourne à Criquetot. J'ai pu que fé au Havre à cette heure. »

Le cocher lui dit :

« N'importe, paye ta place !

– Je t'en dé que la moitié pisque j'ai point passé mi-chemin.

– Tu dois tout pisque t'as r'tenu jusqu'au bout. »

Et une dispute commença qui devint bientôt une querelle furieuse : Belhomme jurait qu'il ne donnerait que vingt sous, Césaire Horlaville affirmait qu'il en recevrait quarante.

Guy de Maupassant, « La Bête à Maît'Belhomme », 1885.

2 a. Quelles sont les deux formes choisies par Flaubert pour rapporter les paroles d'Emma Bovary ? Montrez que chacune de ces formes correspond à des arguments différents d'Emma.

b. Comment sont rapportées les paroles de L'Heureux[1] ? Quel est l'effet produit ?

Charles vient de trouver un billet de dettes contractées par sa femme Emma.

Charles, bouleversé, attendit patiemment le retour de sa femme pour avoir des explications.

Si elle ne l'avait point instruit de ce billet, c'était afin de lui épargner des tracas domestiques ; elle s'assit sur ses genoux, le caressa, roucoula, fit une longue énumération de toutes les choses indispensables prises à crédit.

« Enfin, tu conviendras que, vu la quantité, ce n'est pas trop cher. »

Charles, à bout d'idées, bientôt eut recours à l'éternel L'Heureux, qui jura de calmer les choses, si Monsieur lui signait deux billets, dont l'un de sept cents francs, payable dans trois mois.

Gustave Flaubert, *Madame Bovary*, 1857.

1. Nom du marchand qui fait crédit à Emma.

3 a. Réécrivez ce dialogue au discours indirect.

b. Quel est l'avantage du discours direct ?

« Bonjour, petit cousin, dit-il à Fortunato en l'abordant ; comme te voilà grandi ! As-tu vu passer un homme tout à l'heure ?

– Oh ! je ne suis pas encore si grand que vous, mon cousin, répondit l'enfant d'un air niais.

– Cela viendra. Mais n'as-tu pas vu passer un homme, dis-moi ?

– Si j'ai vu passer un homme ? »

Prosper Mérimée, *Mateo Falcone*, 1829.

4 Continuez le texte par quelques phrases rapportant les pensées du personnage au discours indirect libre, comme dans le texte original.

Quand le vicomte fut rentré chez lui, il marcha pendant quelques minutes à grands pas vifs, à travers sa chambre. Il était trop agité pour réfléchir à rien. Une seule idée planait sur son esprit : « un duel », sans que cette idée éveillât encore en lui une émotion quelconque.

Puis il s'assit et il se mit à réfléchir. [...]

Guy de Maupassant, « Un lâche », 1884.

Vers le commentaire

5 a. Relevez les paroles rapportées en discours indirect libre.

b. Zola voulait que *L'Assommoir* ait « l'odeur du peuple ». Comment le passage que vous avez relevé restitue-t-il le langage des ouvriers de Paris au XIXe siècle ?

Cependant, Mes-Bottes, accompagné de ses deux camarades, était venu s'accouder sur la barrière en attendant qu'un coin du comptoir fût libre. Il avait un rire de poulie mal graissée, hochant la tête, les yeux attendris, fixés sur la machine à soûler[1].

Tonnerre de Dieu ! elle était bien gentille ! Il y avait, dans ce gros bedon de cuivre, de quoi se tenir le gosier au frais pendant huit jours. [...] Dame !

Émile Zola, *L'Assommoir*, 1877.

1. Alambic qui permet de fabriquer l'absinthe.

6 a. Distinguez le discours direct et le discours indirect libre.

b. Que permet le discours indirect libre ?

[Denise] continuait de se défendre par des paroles entrecoupées. N'avait-elle pas trop souffert déjà des commérages de la maison ? Voulait-il donc qu'elle passât aux yeux des autres et à ses propres yeux pour une gueuse ? Non, non, elle aurait de la force, elle l'empêcherait bien de faire une telle sottise. Lui, torturé, l'écoutait, répétait avec passion :

« Je veux... je veux...

– Non, c'est impossible... Et mes frères ? j'ai juré de ne point me marier, je ne puis vous apporter deux enfants, n'est-ce pas ?

– Ils seront aussi mes frères... Dites oui, Denise.

– Non, non, oh ! laissez-moi, vous me torturez ! »

Peu à peu, il défaillait, ce dernier obstacle le rendait fou. Eh quoi ! même à ce prix, elle se refusait encore !

Émile Zola, *Au Bonheur des dames*, 1883.

Fiche 10

▶ Lexique et expression

Les reprises nominales et pronominales

Observation

a. Dans la première phrase, par quel élément le mot en gras est-il repris ? Quelle est la classe grammaticale de cette reprise ?

b. Dans la seconde phrase, relevez toutes les reprises du mot en gras. Quelle est la classe grammaticale de ces reprises ?

Prenez donc garde, Vicomte, […] que je ne succombe pas à la crainte de votre **vengeance** ; d'autant que, comme vous savez, si vous me faisiez une noirceur, il me serait impossible de vous la rendre. […]

Ou vous avez un **rival**, ou vous n'en avez pas. Si vous en avez un, il faut plaire pour lui être préféré ; si vous n'en avez pas, il faut plaire encore pour éviter d'en avoir.

Choderlos de Laclos, *Les Liaisons dangereuses*, 1782.

Leçon

1. Les reprises pronominales

- Le pronom permet de **faire référence** à un élément déjà évoqué : il donne de la **cohérence** à un texte tout **en évitant de répéter** le même groupe de mots. Le pronom peut reprendre un nom isolé, un groupe nominal ou même une phrase entière. On appelle **référent** ce qui est repris par le pronom.
- Les pronoms sont **nombreux** en français. On distingue :
  - les **pronoms relatifs** qui servent à construire des subordonnées relatives ;
  - les **pronoms personnels** qui renvoient à un individu ou à une idée ;
  - les **pronoms indéfinis** (*la plupart…*) ;
  - les **pronoms démonstratifs** (*ceci, celui-ci, celles-là…*) ;
  - les **pronoms possessifs** (*le mien, les vôtres…*) ;
  - les **pronoms adverbiaux** (*en* et *y*).

  La plupart des pronoms **varient** en **nombre**, en **genre**, en **personne** et **selon leur fonction dans la phrase**.

2. Les reprises nominales

- Une reprise nominale est **un nom** ou **un groupe nominal** qui reprend un élément déjà évoqué. Elle peut être constituée par :
  - la reprise du même nom en changeant le **déterminant** : *des femmes → ces femmes ;*
  - un **synonyme** (→ voir p. 400) : *le professeur → l'enseignant ;*
  - un **hyperonyme** (→ voir p. 400): *le lycée → le bâtiment ;*
  - une **périphrase** : *Jennifer → ma meilleure amie ;*
  - une **nominalisation** : *J'ai réussi mon examen → cette réussite*
- La reprise nominale **évite la répétition** mais peut aussi servir à décrire plus **précisément** l'élément repris, à nuancer le sens.

Exemples

Je suis amoureux d'une personne de grande qualité, et je souhaiterais que vous m'aidassiez à lui écrire quelque chose. (MOLIÈRE)

Ils avaient avec eux un troisième compagnon, bien connu de moi, qui sans doute leur avait fait faire connaissance. (DUMAS)

Je fus tiré de mes réflexions par le gazouillement d'une grive perchée sur la plus haute branche d'un bouleau. À l'instant, **ce son magique** fit reparaître à mes yeux le domaine paternel. (CHATEAUBRIAND)

Exercices

1 Supprimez la répétition grâce à un pronom relatif comme dans l'exemple (→ voir p. 390).

Exemple : C'est un bel appartement. Ce bel appartement me plaît beaucoup. → C'est un bel appartement qui me plaît beaucoup.

a. Cette jeune fille est brillante. Elle s'appelle Flora.

b. Le film passe à 20h30. Tu m'as parlé de ce film.

c. On a passé les vacances dans ce village. Je suis née dans ce village.

d. Les forêts sont belles en automne. Les faons vivent à l'ombre des forêts.

e. Je me souviendrai toujours de ces instants. Pendant ces instants, je n'ai jamais été aussi heureux.

2 Supprimez la répétition grâce à *l'*, *la*, *lui* ou *leur*.

a. Pour apprendre la nouvelle à ses camarades, elle annonce la nouvelle à la récréation.

b. Bilal a commencé les séances de relaxation et elles font du bien à Bilal.

c. Leur mère est inquiète mais les deux frères rassurent leur mère.

d. Sa fille adore sa cuisine, alors il prépare toujours de bons repas à sa fille.

3 Supprimez la répétition grâce à *y* ou *en*.

a. Tu m'as déjà parlé de ce film. Tu n'arrêtes pas de parler de ce film.

b. Le jeudi, Nadia doit me donner ses clefs avant de partir et elle pense toujours à me donner ses clefs.

c. Fabien va très souvent au bowling. Il a rendez-vous avec ses amis au bowling.

d. Il veut de la tarte : donne-lui de la tarte.

4 Réécrivez la deuxième phrase de chaque item pour qu'elle soit plus claire. Utilisez une périphrase.

a. Une fille m'a dit que c'était à gauche et une autre m'a dit que c'était à droite. Je pense qu'elle a raison.

b. L'auteur évoque le héros du roman dès les premières lignes. Il a dix-huit ans, il est sur un bateau.

c. Dans cet alexandrin, le poète est comparé à l'albatros. Il commence par « Le Poète » avec une majuscule.

d. Dans une autobiographie, narrateur et auteur ne font qu'un. Il passe un pacte avec le lecteur.

5 Qui se cache derrière *ils* ou *on* ? Remplacez ces pronoms par des groupes nominaux.

a. Harry Potter n'est pas le bienvenu dans son école et **ils** le traitent de menteur.

b. Je suis allé à la préfecture et **on** m'a dit de revenir ici.

c. Au conseil de classe **ils** lui ont dit qu'elle pourrait passer dans la classe supérieure.

6 Dans le texte suivant, réécrivez les passages soulignés pour supprimer les répétitions.

De tous les monstres et créatures qui hantent nos contrées, il n'en est guère de plus étrange ni de plus mortel que le Basilic, connu également sous le nom de Roi des Serpents. <u>Le Basilic</u> naît d'un œuf de poulet couvé par un crapaud. Pour tuer ses victimes, <u>le Basilic</u> recourt à une méthode des plus singulières : outre ses crochets venimeux, <u>le Basilic</u> possède en effet des yeux meurtriers qui condamnent à une mort immédiate quiconque croise son regard. <u>Le Basilic</u> répand également la terreur parmi les araignées dont <u>le Basilic</u> est sans nul doute le plus mortel ennemi. <u>Le Basilic</u> redoute plus que tout le chant du coq qui est fatal <u>au Basilic</u>.

D'après J.K. Rowling, *Harry Potter et la Chambre des secrets*, © Gallimard, 1999.

Vers le commentaire

7 a. Relevez toutes les reprises nominales qui désignent le Rat.

b. Quelles nuances de sens ces reprises nominales apportent-elles au personnage ?

« Le Rat qui s'est retiré du monde »

Les Levantins[1] en leur légende
Disent qu'un certain Rat las des soins[2] d'ici-bas,
Dans un fromage de Hollande
Se retira loin du tracas.
La solitude était profonde,
S'étendant partout à la ronde.
Notre ermite nouveau subsistait là-dedans.
Il fit tant de pieds et de dents
Qu'en peu de jours il eut au fond de l'ermitage
Le vivre et le couvert : que faut-il davantage ?
Il devint gros et gras ; Dieu prodigue ses biens
À ceux qui font vœu d'être siens.
Un jour, au dévot personnage
Des députés du peuple Rat
S'en vinrent demander quelque aumône légère :
[…] Mes amis, dit le Solitaire,
Les choses d'ici-bas ne me regardent plus :
En quoi peut un pauvre Reclus
Vous assister ? que peut-il faire,
Que de prier le Ciel qu'il vous aide en ceci ?
J'espère qu'il aura de vous quelque souci.
Ayant parlé de cette sorte,
Le nouveau Saint ferma sa porte. […]

Jean de La Fontaine, *Fables*, VII, 3, 1678.

1. Habitants du Proche-Orient. – **2.** Soucis.

Fiche 11

▶ Lexique et expression

La formation des mots

Observation

a. **Observez ces quatre vers. Relevez les paires de mots de la même famille.**

b. **Donnez la classe grammaticale de chacun de ces mots.**

Sur la mer maritime se perdent les perdus
Les morts meurent en chassant des chasseurs
dansent en rond une ronde
Dieux divins ! Hommes humains !

Robert Desnos, « Vent nocturne »,
Corps et biens, 1930.

Leçon

On distingue deux grands types de mots en français : les **mots simples** qu'on ne peut pas décomposer (*chaise*, *maison*, *araignée*…) et les **mots construits,** dont on peut retracer l'élaboration.

1. La dérivation

La dérivation permet de construire un nouveau mot à partir d'un mot simple en lui ajoutant un préfixe, un suffixe ou les deux.
Le mot simple est alors appelé **radical**.

- L'adjonction d'un préfixe **modifie le sens** d'un mot sans changer sa classe grammaticale. → voir → **pré**voir ; possible → **im**possible
- L'adjonction d'un suffixe **modifie souvent la classe grammaticale** d'un mot. → sage → sage**sse** → sage**ment** (adjectif, nom, adverbe)

Le suffixe peut aussi **nuancer le sens** d'un mot, sans changer sa classe grammaticale. → amour → amour**ette**

2. La composition

La composition consiste à **assembler deux mots**, collés, séparés par un trait d'union, par une préposition ou simplement placés l'un à côté de l'autre.

- La **composition populaire** assemble deux mots qui existent déjà en français. → Un portemonnaie ; un va-et-vient ; une pomme de terre ; un fait divers.
- La **composition savante** est formée à partir d'éléments latins ou grecs. → Homicide, démocratie…

3. L'emprunt et autres procédés

- La langue française peut aussi **emprunter** ses mots à **d'autres langues.** Ces mots s'accordent le plus souvent en nombre. → Un week-end → des week-ends ; Un scénario → des scénarios
- Le **mot-valise** se rapproche de la composition. On rapproche deux mots déjà existants pour n'en former qu'un seul, souvent en supprimant des syllabes. → Franglais, adulescent…
- La **troncation** consiste à raccourcir des mots. → Une photo, un prof…
- La **siglaison** montre des sigles qui sont devenus des mots ordinaires. → Sida, VTT…

Exercices

1 Indiquez si ces mots sont formés par dérivation ou par composition

Algérienne – mépris – madame – piratage – illégal – infrarouge – malheur – transporter – bavasser – franchement – extraordinaire – bonshommes – réviser – pourfendre – romancière – supermarché

2 Quel est le sens exprimé par chaque préfixe dans ces séries de mots ?

a. illégal – immobile – s'impatienter – inévitable

b. désorganiser – désillusion – décommander – désaccord – déverrouiller

c. retour – reprendre – rebond – rassembler – refroidi

d. assombrir – atterrissage – assoiffé – affaiblir – amener

3 Ajoutez un suffixe à ces noms ou à ces verbes pour qu'ils deviennent des adjectifs.

a. Épouvanter c. Boire e. Rire

b. Individu d. Pouvoir f. Protéger

4 Ces mots relèvent-ils de la composition populaire ou savante ? Donnez la signification des deux parties du mot.

a. Portefeuilles c. Monsieur e. Xénophobe

b. Biographie d. Gratte-ciel f. Omnivore

5 Selon vous, à quelle langue ces mots sont-ils empruntés ? Effectuez des recherches si nécessaire.

a. Confetti c. Bistro e. Banane

b. Algèbre d. Karaoké f. Cacahuète

6 a. En vous aidant éventuellement d'un dictionnaire, donnez le sens des racines savantes de la liste ci-dessous

b. Composez des mots à partir de ces racines en leur ajoutant un préfixe et/ou un suffixe.

c. Donnez la définition et les classes grammaticales des mots que vous avez composés.

Anthropo – archi – biblio – chrono – démo – graphe – logie – ortho – phile.

7 a.Décomposez les mots suivants en indiquant quel est, pour chacun d'entre eux, la racine, le préfixe ou le suffixe.

Romanesque – capitalisme – transposer – douceâtre – désordre – analphabète – antithèse.

8 a. Relevez toutes les couleurs présentes dans ce passage.

b. Dans ce relevé, repérez un suffixe régulièrement utilisé par Zola. Quelles remarques pouvez-vous faire sur ce suffixe ?

Au bout de la rue Guénégaud, lorsqu'on vient des quais, on trouve le passage du Pont-Neuf, une sorte de corridor étroit et sombre qui va de la rue Mazarine à la rue de Seine. Ce passage a trente pas de long et deux de large ; il est pavé de dalles jaunâtres, usées, descellées, suant toujours une humidité âcre ; le vitrage qui le couvre, coupé à angle droit, est noir de crasse.

Par les beaux jours d'été, quand un lourd soleil brûle les rues, une clarté blanchâtre tombe des vitres sales et traîne misérablement dans le passage.

À gauche, se creusent des boutiques obscures, basses, écrasées, laissant échapper des souffles froids de caveau. Il y a là des bouquinistes, des marchands de jouets d'enfant, des cartonniers, dont les étalages gris de poussière dorment vaguement dans l'ombre ; les vitrines, faites de petits carreaux, moirent étrangement les marchandises de reflets verdâtres.

Émile Zola, *Thérèse Raquin*, 1867.

Vers le commentaire

9 Lisez cet échange entre le médecin Monsieur Purgon et son patient Argan.

Monsieur Purgon se met en colère contre son patient qui n'a pas suivi le traitement prescrit…

MONSIEUR PURGON. – Et je veux qu'avant qu'il soit quatre jours vous deveniez dans un état incurable.

ARGAN. – Ah ! miséricorde !

MONSIEUR PURGON. – Que vous tombiez dans la bradypepsie[1].

ARGAN. – Monsieur Purgon !

MONSIEUR PURGON. – De la bradypepsie dans la dyspepsie.

ARGAN. – Monsieur Purgon !

MONSIEUR PURGON. – De la dyspepsie dans l'apepsie.

ARGAN. – Monsieur Purgon !

MONSIEUR PURGON. – De l'apepsie dans la lienterie.

ARGAN. – Monsieur Purgon !

MONSIEUR PURGON. – De la lienterie dans la dysenterie.

ARGAN. – Monsieur Purgon !

MONSIEUR PURGON. – De la dysenterie dans l'hydropisie.

ARGAN. – Monsieur Purgon !

MONSIEUR PURGON. – Et de l'hydropisie dans la privation de la vie, où vous aura conduit votre folie.

Molière, *Le Malade imaginaire*, III, 5, 1673.

1. En grec ancien, *pepsè* signifie *digestion* ; *brady* signifie *lent*, et *dys* signifie *difficile*. Ce nom et tous les autres noms en *–ie* qui suivent désignent des maladies de la digestion et des diarrhées.

a. Que souhaite Monsieur Purgon à Argan ?

b. Selon vous, pourquoi Monsieur Purgon emploie-t-il des mots aussi savants ?

c. Montrez l'effet comique créé par l'enchaînement de ces noms de maladie.

Fiche 12

▶ Lexique et expression

Synonymie, antonymie, hyperonymie

Observation

▶ Relevez tous les mots de sens contraire dans ce texte.

Tout lui plaît et déplaît ; tout le choque et l'oblige ;
Sans raison il est gai, sans raison il s'afflige ;
Son esprit au hasard aime, évite, poursuit,
Défait, refait, augmente, ôte, élève, détruit [...].

Nicolas Boileau, *Satires*, 1666.

Leçon

1. Synonymie

- La synonymie est **un rapport de similarité** : deux synonymes ont un sens très proche et appartiennent à la même classe grammaticale. La synonymie peut aussi s'appliquer à des expressions ou des phrases de même sens.
- Il n'existe **pas de synonymes parfaits,** ils apportent des **nuances de sens** dans la phrase : *arpenter*, *se mouvoir* ou *se traîner* sont trois synonymes de *marcher*.

Exemples

Cependant, Monsieur, nous avons *orgueil, superbe, hauteur, fierté, morgue, élévation, dédain, arrogance, gloire, gloriole, présomption, outrecuidance.* (VOLTAIRE)

2. Antonymie

- L'antonymie est **un rapport d'opposition** entre plusieurs mots dont le sens est contraire et qui appartiennent à la même classe grammaticale.
- Comme dans le rapport de synonymie, **il n'existe pas de rapport d'antonymie parfait** : l'antonyme de *fade* varie selon le contexte et pourra être *bon*, *épicé*, *trop salé*...

Je sens l'amour, la haine, et la crainte, et l'espoir,
La joie et la douleur tour à tour l'émouvoir.
(CORNEILLE)

3. Hyperonymie et hyponymie

- La relation d'hyperonymie est **un rapport de hiérarchie** : un **hyperonyme** (ou mot générique) est une catégorie générale regroupant plusieurs autres sous-catégories. Par exemple, *fruit* est l'hyperonyme de *citron*, *fraise* et *pomme*. On dit alors que *citron*, *fraise* et *pomme* sont des **hyponymes** (ou mots spécifiques) de *fruit*.
- **Attention**, un hyponyme peut aussi être hyperonyme : *agrume* est hyperonyme de *citron* et d'*orange* mais c'est un hyponyme de *fruit*.

Les tables furent couvertes de viandes : antilopes avec leurs cornes, paons avec leurs plumes, moutons entiers cuits au vin doux, gigots de chamelles et de buffles.
(FLAUBERT)

Exercices

1 Relevez les synonymes dans les phrases suivantes.

a. Il était magnifique, sublime, un peu idiot aussi.

b. En pleine conversation, leur dialogue – à moins qu'il ne s'agisse d'un tête-à-tête – s'est interrompu à l'arrivée du surveillant.

c. Je partais pour un long voyage. Le périple allait durer trois mois.

d. Il était vif. Il comprenait vite. Aussitôt qu'on lui expliquait, il saisissait.

2 **Quelles nuances de sens les synonymes apportent-ils dans chaque couple de phrases ?**

a. Les forces de l'ordre ont arrêté un manifestant. Les policiers ont arrêté un manifestant.

b. Il est très frêle ! Il est très mince !

c. Puis elle a hurlé « Je t'aime ! » à Anaïs. Puis elle a crié « Je t'aime ! » à Anaïs.

d. Il était plein de fierté. Il était plein d'orgueil.

e. Tous ces garçons jacassent gaiement. Tous ces garçons bavardent gaiement.

3 **Réécrivez ce texte en conservant son sens pour supprimer les répétitions du verbe *faire*.**

Dans le film À bout de souffle, Michel Poiccard, incarné par Jean-Paul Belmondo, fait semblant de plaisanter sans cesse. Il fait apparaître une décontraction extrêmement séduisante.
Il retrouve Patricia (Jean Seberg), une jeune américaine dont il avait fait la conquête quelques mois plus tôt. En réalité il est poursuivi : un commissaire de Police fait une enquête sur le meurtre d'un gendarme, et la presse fait savoir à Patricia que Poiccard est l'assassin.
Le cinéaste Jean-Luc Godard a fait un film qui fait référence au genre du polar. Dans les rues de Paris ou dans une chambre, le rythme rapide et musical de la narration, ainsi que les plans sur les deux personnages font ressortir la modernité de la mise en scène et la grâce des deux acteurs.

4 **Trouvez au moins trois antonymes à ces mots.**

a. Avoir mal
b. Contraire
c. Présence
d. Incolore
e. Comprendre
f. Indifférent

5 **Les mots soulignés sont-ils des antonymes ? Justifiez votre réponse.**

a. Une femme différente. – Une femme indifférente

b. Un homme traqué. – Un homme détraqué.

c. Un auteur primé. – Un auteur déprimé

d. Un vêtement lavé. – Un vêtement délavé.

e. Des cheveux séchés. – Des cheveux desséchés.

6 **Trouvez un antonyme pour chaque adjectif souligné.**

a. Un repas froid – un accueil froid.

b. Un homme grand – un grand homme.

c. Une voix grave – une faute grave.

d. Une pauvre femme – une femme pauvre.

e. Un exercice simple – une feuille simple.

7 **Réécrivez ces phrases en remplaçant les expressions soulignées par des antonymes.**

> La plus jeune fée lui donna pour don qu'elle serait la plus belle personne du monde, celle d'après, qu'elle aurait de l'esprit comme un Ange […] la quatrième qu'elle danserait parfaitement bien, la cinquième qu'elle chanterait comme un Rossignol.
>
> Charles Perrault, *La Belle au bois dormant*, 1697.

8 **Quel est l'hyperonyme de ces groupes de mots ?**

a. Minutes, années, heures, jours.

b. Prairie, mer, montagne, plaine.

c. Chien, baleine, rat, cochon.

d. Enfance, vieillesse, adolescence, mort.

e. Synagogue, église, sanctuaire, mosquée, temple.

9 **Le mot souligné est-il un hyperonyme ou un synonyme du mot (ou des mots) en gras ?**

a. **Frédéric** et **Rosanette** dînent à Fontainebleau. Ces personnages ne semblent pas s'aimer.

b. Au début de la pièce, le **valet** se cache sous un fauteuil. Le domestique apporte d'emblée un relief comique à la pièce.

c. **Apollinaire** peint la guerre de manière inhabituelle. Le poète la décrit comme un spectacle.

d. La **Cigale** représente l'oisiveté. Chez La Fontaine, l'animal est surtout une allégorie.

Vers le commentaire

10 **a. Dans ce poème, relevez toutes les relations d'antonymie.**

b. Pourquoi Ronsard a-t-il recours à ces antonymies ? Avancez des hypothèses.

Amour me tue, et si je ne veux dire
Le plaisant mal que ce m'est de mourir :
Tant j'ai grand peur, qu'on veuille secourir
Le mal, par qui doucement je soupire.

Il est bien vrai, que ma langueur désire
Qu'avec le temps je me puisse guérir :
Mais je ne veux ma dame requérir
Pour ma santé : tant me plaît mon martyre.

Tais-toi langueur je sens venir le jour,
Que ma maîtresse, après si long séjour,
Voyant le soin qui ronge ma pensée,

Toute une nuit, folâtrement m'ayant
Entre ses bras, prodigue, ira payant
Les intérêts de ma peine avancée.

Pierre de Ronsard, *Premier livre des Amours*, 1552.

Fiche 13

▶ Lexique et expression

L'hypothèse et la condition

Observation

▶ Quelle hypothèse émet le poète ?

Si je vous le disais pourtant, que je vous aime,
Qui sait, brune aux yeux bleus, ce que vous en diriez ?
L'amour, vous le savez, cause une peine extrême ;
C'est un mal sans pitié que vous plaignez vous-même ;
Peut-être cependant que vous m'en puniriez.

Alfred de Musset, *Poésies nouvelles*, « À Ninon », 1850.

Leçon

1. Les subordonnées introduites par *si*

L'hypothèse et la condition s'expriment dans les subordonnées introduites par *si*. On peut trouver l'expression de :

- **l'éventuel** (quand la condition est remplie, la principale est vraie) : ***si*** + **présent de l'indicatif** / principale au **présent** ou au **futur simple de l'indicatif** ; → Si tu vas au Japon en hiver, tu pourras voir la neige sur les temples.
- **le potentiel** (la condition peut se réaliser) : ***si*** + **imparfait de l'indicatif** / principale au **conditionnel présent** ; → Si tu avais le temps de prendre des vacances, tu serais moins irritable.
- **l'irréel du présent** (l'événement ne peut pas se réaliser) : ***si*** + **imparfait** / principale au **conditionnel présent ;** → Si j'étais milliardaire, j'achèterais un château.
- **l'irréel du passé** (l'événement ne s'est pas produit) : ***si*** **+ plus-que-parfait** / principale au **conditionnel passé**. → Si tu m'avais prévenue, je t'aurais attendu.

2. Les autres subordonnées

- Les subordonnées au **subjonctif** introduites par *que*, *à condition que*, *à moins que*, *si tant est que*, *à supposer que*, *pour peu que*, *soit que… soit que*, etc. → J'irai au théâtre ce soir à condition que tu m'accompagnes.
- Les subordonnées au **conditionnel** ou à **l'indicatif** introduites par *au cas où*, *dans l'hypothèse où*, *dans la mesure où*, *quand bien même*, *selon que*, etc. → Il faut que tu te prépares au cas où Inès arriverait.
- Les subordonnées **uniquement à l'indicatif** introduites par *même si*, *excepté si*, *comme si*, etc. → Même si tu venais, nous n'irons pas au théâtre ce soir.

3. Les compléments circonstanciels de condition

- Les **groupes gérondifs** formé de *en* + participe présent. → En passant par cette route, tu éviterais les bouchons.
- Les **groupes prépositionnels** introduits par *en cas de*, *avec*, *moyennant*, *sans*, *à condition de*, etc. → En cas de neige, il y aurait des bouchons.
- Les **locutions adverbiales** comme *éventuellement*, *peut-être*, *le cas échéant*, *à l'occasion*, etc. → Tu éviteras les bouchons à condition de prendre cette route.

4. L'hypothèse implicite

L'hypothèse peut être exprimée simplement à l'aide du **conditionnel.** Elle peut être aussi marquée par la **coordination** ou la **juxtaposition** de deux propositions (→ voir p. 388). → Son absence gâcherait le réveillon. Elle me le rend mon cahier, elle ne me le rend pas, peu importe !

Exercices

1 Dans les phrases suivantes, relevez les groupes de mots qui expriment l'hypothèse.

a. Si tu passes à Nantes, fais-moi signe !

b. N'oublie pas d'étendre le linge, sauf si ton frère l'a déjà fait.

c. Je lui rendrai son livre, à condition qu'elle vienne tout à l'heure.

d. En vivant ici, on aurait accès à tout.

e. Qu'il s'excuse et je lui pardonnerai.

2 Pour chaque phrase, indiquez s'il s'agit de l'éventuel, du potentiel, de l'irréel du présent ou de l'irréel du passé.

a. Si mon père n'était pas arrivé à temps, nous aurions manqué notre train.

b. Si les transports en commun étaient plus développés, les déplacements en seraient facilités.

c. Ce matin, s'il ne neigeait pas, je pourrais partir en vélo.

d. Si un jour l'occasion se présente, je ferai un voyage en Asie.

3 Conjuguez le verbe au temps et au mode qui conviennent.

a. Si je viens, que (*préparer*)-tu pour le dîner ?

b. Si Samia n'avait pas été là, je ne (*avoir*) jamais le courage d'y aller.

c. Si Antoine nous écoutait, il ne (*être*) pas dans cette situation aujourd'hui.

d. Si tu (*arrêter*) tes études maintenant, tu aurais travaillé tout ce temps pour rien !

e. Si nous (*avoir*) le temps, nous irons l'en informer.

4 Conjuguez le verbe au temps et au mode qui conviennent.

a. Il a emprunté un parapluie au cas où il (*pleuvoir*).

b. Prends ton portefeuille pour peu qu'elle (*vouloir*) aller au cinéma.

c. Selon qu'il (*avoir*) son bac ou non, il pourra aller à l'université.

d. C'est toi qui conduiras si tant est que tu (*obtenir*) ton permis.

e. Qu'ils (*être*) là, qu'ils ne (*être*) pas là, on fêtera quand même mon anniversaire.

5 Ces phrases sont incorrectes : corrigez-les.

a. Elle ne lui aurait pas dit si elle aurait su.

b. Je lui donnerai sa clef USB à condition qu'il vient.

c. C'est comme si elle serait là.

d. Si nous serions venus nous aurions pu voir les feux d'artifice.

6 Transformez les groupes de mots soulignés en subordonnées de condition.

a. <u>Sans repas de Noël à la cantine</u>, le jour des vacances sera gâché.

b. <u>Il l'a fait ou il ne l'a pas fait,</u> peu m'importe.

c. <u>Silencieux,</u> tu retiendras bien mieux le cours.

d. <u>Une petite soif ?</u> On a tout prévu pour vous.

e. <u>Qui ne tente rien</u> n'a rien.

f. <u>En révisant</u>, tu seras plus tranquille.

g. Appelle-moi <u>le cas échéant</u>.

h. Compte sur elle <u>en cas de problème.</u>

7 Robespierre exprime ici l'éventualité d'un fait. Réécrivez ce passage de sorte qu'il exprime le regret.

En effet, si Louis peut être encore l'objet d'un procès, Louis peut être absous ; il peut être innocent. Que dis-je ? Il est présumé l'être jusqu'à ce qu'il soit jugé. Mais, si Louis est absous, si Louis peut être présumé innocent, que devient la révolution ? Si Louis est innocent, tous les défenseurs de la liberté deviennent des calomniateurs.

Robespierre, « Discours à la Convention », 1792.

Vers le commentaire

8 Cette réplique est prononcée par Dieu dans le texte.

Si je mets dix hommes sur une île déserte, la loi d'attraction va les rassembler en deux groupes, et la loi d'opposition leur inspirer des idées absolument contraires sur la façon d'organiser l'île. Si un groupe pense « nord », l'autre groupe, par réflexe immédiat, pensera « sud ». Et ils commenceront à ramasser des cailloux pour se convaincre réciproquement en se les envoyant sur la figure. Si un des deux groupes se montre plus fort et absorbe l'autre, une force d'opposition va naître en lui, grandir et le couper de nouveau en deux ou en plusieurs morceaux. C'est la loi !

Ce n'est pas cela qui fait le malheur des hommes. Ils pourraient, entre l'attraction et l'opposition, trouver un équilibre et vivre en paix, comme le soleil et les planètes. Ce qui les rend malheureux, c'est le bonheur. L'idée qu'ils s'en font, et le besoin de l'attraper. Ils s'imaginent qu'ils sont malheureux aujourd'hui, mais qu'ils pourront être heureux demain, s'ils adoptent certaine forme d'organisation.

René Barjavel, *Si j'étais Dieu*, © Garnier, 1976.

a. Relevez les expressions de l'hypothèse.

b. Selon vous, pourquoi le romancier fait-il formuler ces hypothèses à Dieu ?

Fiche 14

▶ Lexique et expression

La cause, la conséquence, le but

Observation

▶ Qu'expriment les différents groupes de mots en gras : la cause ou le but ?

Les hommes, **avec leurs intérêts grossiers**, viennent tirer [le poète] des jardins d'Armide, **pour le pousser dans un bourbier fétide**, et ils ne peuvent guère le rendre attentif à eux qu'en l'irritant. C'est **par l'habitude de nourrir son âme de rêveries touchantes**, et **par son horreur pour le vulgaire**, qu'un grand artiste est si près de l'amour.

Stendhal, *De l'amour*, 1822.

Leçon

1. La cause

La cause s'exprime par :

- des propositions **subordonnées** introduites par *parce que, vu que, comme, puisque*, etc. + **indicatif** ;
- des **groupes gérondifs** introduit par ***en*** + **participe présent** ;
- des **groupes prépositionnels** introduits par *par, à cause de, grâce à, sous prétexte de, faute de, à force de*, etc. ;
- des propositions introduites par les **conjonctions de coordination *car, en effet*.**

Exemples

Je t'aime parce que tu es venue. (ZOLA)

L'avarice perd tout en voulant tout gagner. (LA FONTAINE)

Que j'ai pitié de me voir si content à cause d'une plume qui marche bien [...] (COHEN)

Mon père examinait le baromètre, car il aimait la météorologie. (PROUST)

2. Le but

Le but s'exprime par :

- des **subordonnées conjonctives** introduites par *afin que, de peur que, pour éviter que, pour que*, etc. **+ subjonctif** ;
- des **subordonnées relatives** au **subjonctif** ou au **conditionnel** ;
- des **groupes prépositionnels** introduits par *pour, en vue de, afin de, de peur de, de façon à*, etc. **+ subjonctif** ou **infinitif**.

J'aurais pu me retourner et aller à leur rencontre pour que tout aille plus vite. (GAUDÉ)

Je vous donne un an tout entier pour vous y résoudre. (PERRAULT)

3. La conséquence

La conséquence s'exprime par :

- des **subordonnées** introduites par *si bien que, de telle sorte que, tellement... que, si... que*, etc. + **indicatif**.
- des **groupes prépositionnels** introduit par *au point de, à, jusqu'à, assez... pour*, etc.
- une **proposition indépendante coordonnée** introduite par *c'est pourquoi* ou contenant *donc*, *ainsi*, *aussi*, etc.

La vanité est si ancrée dans le cœur de l'homme, qu'un goujat, un marmiton, veut avoir ses admirateurs. (PASCAL)

À trop parler, péché on fait, c'est pourquoi je vous interdis de trop parler. (TROYES)

4. Les deux-points et l'implicite

- **Les deux-points** peuvent exprimer à la fois un rapport de cause, de conséquence et de but.
- Parfois, ces rapports sont **implicites** et sont simplement exprimés par la **coordination** et la **juxtaposition** (→ *voir p. 388*) des propositions.

Elle respirait vite : elle semblait impatiente et anxieuse. (NÉMIROVSKY)

J'avais conservé mon accent de province ; mon premier discours au tribunal fit éclater de rire. (YOURCENAR)

Exercices

1 Dans les phrases suivantes, dites si les subordonnées expriment la cause, le but ou la conséquence.

a. Simon rit parce qu'il est heureux et qu'il a un caractère enjoué.

b. Kim a tellement travaillé qu'elle a réussi son examen.

c. Puisque tu me le demandes et que je t'aime bien, je t'accompagnerai demain.

d. Karim est assez intelligent pour qu'on lui fasse confiance.

e. Hélène fait tout pour que cette réunion importante soit efficace.

2 Transformez les deux phrases en une seule pour exprimer la cause. N'utilisez pas deux fois le même procédé.

a. Il est puni. Il est coupable.

b. Elle réussira. Elle est très travailleuse.

c. La route est barrée. Elle a besoin d'être entretenue.

d. Mon fils n'ira pas à l'école aujourd'hui. Il est malade.

e. Ce roman ne me plaît pas. Les personnages ne sont pas crédibles.

3 Réécrivez ces phrases pour transformer la cause en conséquence, comme dans l'exemple. Utilisez différents procédés.

Exemple : J'ai bu car j'avais soif. → J'avais soif, donc j'ai bu.

a. J'ai détesté ce film parce qu'il était beaucoup trop long.

b. Son opinion ne m'a pas influencé puisque j'avais déjà mon avis.

c. Il est inutile que je repense à ce que j'ai entendu aujourd'hui car je l'aurai déjà oublié demain matin.

d. Elle fait du sport parce qu'elle a envie d'être plus musclée.

e. Cherchons une autre destination puisque nous devons renoncer à ce voyage.

4 Par quels mots la conséquence est-elle exprimée dans les phrases suivantes ?

a. Je pense donc je suis.

b. Cette série est tellement émouvante que j'en ai les larmes aux yeux.

c. Alice était en colère au point d'insulter son camarade.

d. Farid joue si bien du piano qu'il remportera sûrement le premier prix.

e. Tu es trop intelligent pour prêter attention à ces commérages.

f. Moussa s'est arrangé de telle sorte qu'il sera hébergé par des amis lors de son voyage à Berlin.

5 Quel rapport (cause, conséquence, but) les deux-points expriment-ils ici ?

a. Elle a connu un grand succès : les critiques ne la touchent pas.

b. Ses résultats scolaires s'améliorent : il a compris comment travailler.

c. Ma mère s'entraîne beaucoup en ce moment : elle veut remporter la médaille.

d. Appelle-moi : je dois savoir où aller te chercher.

e. Il conduit beaucoup trop vite : tous les passagers sont terrifiés.

f. Je suis allée à la préfecture : je voulais essayer de débloquer la procédure.

6 Dites si ces phrases expriment implicitement la cause, la conséquence ou le but.

a. C'était ce qu'il y avait de plus important à faire. Je l'ai fait.

b. Il a trop mangé et il a mal au ventre.

c. On a balisé le chemin. Vous ne vous perdrez pas.

d. Ce chanteur ne réussira jamais. Il n'a qu'un seul bon morceau.

e. Il m'a accompagné chez le médecin. Je me sens plus serein.

Vers le commentaire

7 a. Relevez dans ce texte toutes les expressions de cause, de but et de conséquence.

b. Montrez quelle conception de l'artiste ces expressions permettent à Maupassant de défendre.

Voilà pourquoi l'artiste, ayant choisi son thème, ne prendra dans cette vie encombrée de hasards et de futilités que les détails caractéristiques utiles à son sujet, et il rejettera tout le reste, tout l'à-côté.

Un exemple entre mille :

Le nombre des gens qui meurent chaque jour par accident est considérable sur la terre. Mais pouvons-nous faire tomber une tuile sur la tête d'un personnage principal, ou le jeter sous les roues d'une voiture, au milieu d'un récit, sous prétexte qu'il faut faire la part de l'accident ?

La vie encore laisse tout au même plan, précipite les faits ou les traîne indéfiniment. L'art, au contraire, consiste à user de précautions et de préparations, à ménager des transitions savantes et dissimulées, à mettre en pleine lumière, par la seule adresse de la composition, les événements essentiels et à donner à tous les autres le degré de relief qui leur convient, suivant leur importance, pour produire la sensation profonde de la vérité spéciale qu'on veut montrer.

Guy de Maupassant, *Pierre et Jean*, préface, 1888.

Fiche 15

▶ Lexique et expression

L'opposition et la concession

Observation

▶ Comment le conteur marque-t-il l'opposition entre les personnages ?

La cadette, qui n'était pas si malhonnête que son aînée, l'appelait Cendrillon ; cependant Cendrillon, avec ses méchants habits, ne laissait pas d'être cent fois plus belle que ses sœurs, quoique vêtues très magnifiquement.

Charles Perrault, « Cendrillon », 1697.

Leçon

L'**opposition** et la **concession** s'expriment de la même façon.

- L'**opposition** rapproche deux faits qui ne se contredisent pas logiquement.
- La **concession** souligne une contradiction apparente entre deux faits.

Exemples

→ Même si je parle suédois, je préfère m'exprimer en français.

→ Même s'il a grandi en Suède, il ne parle pas du tout suédois.

1. Les propositions

- Les **subordonnées au subjonctif** introduites par *bien que, si… que, quoique, quel(lle) que, quelque(s)… que, tout… que*, etc.

→ Quelques efforts que je fasse pour parler, pour écrire avec calme, tout ce que j'ai de sang me remonte au cœur. (STAËL)

- Les **subordonnées à l'indicatif** introduites par *tandis que, alors que, même si*, etc.
- La **proposition** construite autour d'***avoir beau* + infinitif.**

→ L'oncle Édouard a eu beau faire, beau s'évertuer, s'époumoner... ils démordaient pas de leur avis. (CÉLINE)

- Les **propositions coordonnées** par *or* ou *mais*, plus rarement par *et*.

2. Les compléments circonstanciels

- Les **groupes prépositionnels** introduits par *au lieu de, loin de, en dépit de, malgré, contrairement à*, etc.
- **Les adverbes ou locutions adverbiales** : *cependant, toutefois, pourtant, en revanche, certes, bien sûr*, etc.

→ Après s'être jetée sur un petit canapé, qui certes avait été fort beau vers 1809, la baronne […] lui fit signe de s'asseoir. (BALZAC)

3. Opposition et concession implicites

Les relations d'opposition et de concession peuvent être sous-entendues dans la **juxtaposition** de deux propositions (→ *voir p. 388*) ou bien dans l'**apposition**.

Exercices

1 Les groupes de mots en gras expriment-ils une concession ou bien une opposition ?

a. Il est sorti **alors qu'**il pleuvait.

b. **Même si** elle prend ses médicaments, elle est quand **même** très malade.

c. **Alors qu'**ils n'avaient pas beaucoup révisé, les trois élèves obtinrent la note maximale.

d. Elle est toute petite **bien que** sa mère soit très grande.

e. Il **a eu beau** s'emmitoufler, il a tout de même eu très froid la nuit dernière.

2 Transformez les deux phrases en une pour exprimer une opposition en utilisant pour chaque item un moyen différent.

a. Tu es partie. Il est venu te voir.

b. Mon père m'a dit de passer l'aspirateur. Il n'accomplit lui-même jamais aucune tâche ménagère.

c. Je lui parlerai. Je ne le convaincrai jamais.

d. Il essayait. Il n'y parvenait pas.

e. On peut l'interpréter de cette façon dans un premier temps. La métaphore située au vers 13 remet en question cette interprétation.

f. Il arrive toujours en avance au lycée. Il habite très loin.

3 Transformez les deux phrases en une pour exprimer une concession en utilisant pour chaque item un moyen différent.

a. Il est parti en retard. Il est arrivé à l'heure.

b. Elle est très désinvolte. Elle a paniqué.

c. Tu es très concentré en cours. Tu ne retiens pas la leçon.

d. Je suis très fatigué. Je vais à mon cours de natation.

e. Ma mère lui reconnaît des qualités. Elle le trouve très agaçant.

f. Ce travail me demande toute mon énergie. J'ai envie de persévérer.

4 À l'aide d'une locution adverbiale, exprimez l'opposition ou la concession.

a. Peu pertinent, il a réussi à poser une question très intéressante.

b. Je n'aime pas trop cette couleur, Il faut reconnaître qu'elle lui va bien.

c. Il est propriétaire de son appartement, il ne peut pas y habiter.

d. Elle le sait déjà, n'hésitez pas à le lui rappeler.

e. Vous préférez les fast-foods, vous acceptez de déjeuner au restaurant.

f. Je reste quelques minutes avec vous. Je n'ai pas beaucoup de temps.

5 Ces phrases contiennent toutes des erreurs. Corrigez-les.

a. Malgré que je sois parti à Barcelone, je ne parle toujours pas espagnol.

b. Quoique tu fasses, tu ne pourras jamais finir à temps.

c. Quels qu'efforts que nous fassions, nous aurons du mal à être champions du monde.

d. Quoi que très disciplinée, elle était partie en claquant la porte.

e. Quelque soit l'heure, passe me voir.

6 Réécrivez ces phrases pour en expliciter le rapport d'opposition ou de concession.

a. Ma sœur travaille dur tous les jours. Moi, je dors tout le temps.

b. Colérique, elle a réussi à garder son calme.

c. On est en plein hiver, il fait 15°C aujourd'hui !

d. Ces gens qui ne m'ont jamais parlé connaissent toute mon histoire.

7 Relevez les marques de l'opposition dans ce texte.

J'ai étudié son caractère et j'y ai trouvé des contradictions qu'il m'est impossible de résoudre : par exemple, il a un ministre qui n'a que dix-huit ans, et une maîtresse qui en a quatre-vingts ; il aime sa religion, et il ne peut souffrir ceux qui disent qu'il la faut observer à la rigueur ; quoiqu'il fuie le tumulte des villes, et qu'il se communique peu, il n'est occupé depuis le matin jusqu'au soir qu'à faire parler de lui ; il aime les trophées et les victoires, mais il craint autant de voir un bon général à la tête de ses troupes qu'il aurait sujet de le craindre à la tête d'une armée ennemie. Il n'est, je crois, jamais arrivé qu'à lui d'être en même temps comblé de plus de richesses qu'un prince n'en saurait espérer, et accablé d'une pauvreté qu'un particulier ne pourrait soutenir.

Montesquieu, *Lettres persanes*, 1721.

Vers le commentaire

8 a. Relevez les éléments d'opposition explicite et les éléments d'opposition implicite.

b. Comment les hésitations du personnage sont-elles représentées dans ce texte ?

J'aimais à le voir, sans me douter du plaisir que j'y trouvais ; j'étais coquette pour les autres, et je ne l'étais pas pour lui ; j'oubliais à lui plaire, et ne songeais qu'à le regarder.

Apparemment que l'amour, la première fois qu'on en prend, commence avec cette bonne foi-là, et peut-être que la douceur d'aimer interrompt le soin d'être aimable.

Ce jeune homme, à son tour, m'examinait d'une façon toute différente de celle des autres ; elle était plus modeste, et pourtant plus attentive : il y avait quelque chose de plus sérieux qui se passait entre lui et moi. Les autres applaudissaient ouvertement à mes charmes, il me semblait que celui-ci les sentait ; du moins je le soupçonnais quelquefois, mais si confusément, que je n'aurais pu dire ce que je pensais de lui, non plus que ce que je pensais de moi.

Tout ce que je sais, c'est que ses regards m'embarrassaient, que j'hésitais de les lui rendre, et que je les lui rendais toujours ; que je ne voulais pas qu'il me vît y répondre, et que je n'étais pas fâchée qu'il l'eût vu.

Marivaux, *La Vie de Marianne*, 1731.

Fiche 16

Repérer et interpréter les figures d'analogie et de substitution

▶ **Les figures d'analogie s'appuient sur une ressemblance entre deux éléments. Les figures de substitution créent une équivalence entre deux éléments. S'adressant à l'imagination du lecteur, ces figures occupent une place essentielle dans la poésie.**

Figures d'analogie	Caractéristiques	Exemples
Comparaison	• Elle crée un lien entre un compare et un comparant, grâce à un outil de comparaison. Le point commun entre comparé et comparant n'est pas toujours immédiatement apparent.	L'amour s'en va comme cette eau courante. (APOLLINAIRE) Son regard est pareil au regard des statues. (VERLAINE)
Métaphore	• Elle rapproche un comparé à un comparant, sans outil de comparaison. • Elle a souvent besoin d'être explicitée pour être interprétée. • Quand plusieurs métaphores sur le même thème s'enchaînent, on parle de **métaphore filée.**	Pour que la société fonctionne, il faut que le désir croisse, s'étende et dévore la vie des hommes. (HOUELLEBECQ) → Le verbe « dévore » associe le désir à un monstre.
Personnification	• Image qui attribue des **caractéristiques humaines** à un animal, un végétal ou une chose.	La rue assourdissante autour de moi **hurlait**. (BAUDELAIRE)
Allégorie	• Analogie qui permet de rendre concret un concept abstrait. • Elle peut prendre la forme d'une personnification, ou se développer sous la forme d'un récit complet.	Une ruine où la mort s'exerce aux osselets. (ARAGON)
Figures de substitution	**Caractéristiques**	**Exemples**
Métonymie	• Elle remplace un mot par un autre mot qu'on lui associe logiquement : le contenant pour le contenu, une partie pour le tout, la matière pour l'objet, etc.	Mais cependant, mon fils, tu meurs si je n'arrête/Le fer que le cruel tient levé sur ta tête. (RACINE)
Périphrase	• Elle consiste à remplacer un mot par un groupe de mots, souvent imagé.	Les citoyennes des étangs (LA FONTAINE) → les grenouilles

Exercices

Identifier les figures d'analogie et de substitution

1 Identifiez la figure employée dans chacun des extraits suivants d'*Antigone* de Jean Anouilh.

a. C'est beau un jardin qui ne pense pas encore aux hommes.

b. Et il y aura les gardes… avec leur regard de bœuf.

c. Tu penses que toute la ville hurlante contre toi… C'est assez.

d. Et tu risques la mort maintenant que j'ai refusé à ton frère ce passeport dérisoire, ce bredouillage en série sur sa dépouille, cette pantomime dont tu aurais été la première à avoir honte et mal si on l'avait jouée.

e. Tu as toute la vie devant toi… tu as ce trésor, toi, encore.

f. Tu es en train de défendre ton honneur en ce moment comme un os.

g. Tout Thèbes sait ce qu'elle a fait.

h. Ton bonheur est là… tu n'as qu'à le prendre.

2 a. Dans l'extrait suivant, identifiez une allégorie.
b. Expliquez-la.

Âgé de cent mille ans, j'aurais encore la force
De t'attendre, Ô demain pressenti par l'espoir.
Le temps, vieillard souffrant de multiples entorses,
Peut gémir : neuf est le matin, neuf est le soir.

Robert Desnos, « État de veille »,
Destinées arbitraires, 1942.

3 Analysez ces comparaisons : identifiez l'outil de comparaison, le comparé, le comparant et leur point commun. Qu'ont-elles de particulier ?

a. La terre est bleue comme une orange. (Éluard)

b. L'orage qui bouchait les défilés du fleuve s'est levé. Comme un taureau fouetté d'herbes, il s'est arraché à la boue des plaines ; son dos musculeux s'est gonflé ; puis il a sauté les collines, et il s'est mis en marche dans le ciel. (Giono)

4 Identifiez des métonymies de la vie courante dans les phrases suivantes.

a. Pendant la guerre froide, le Kremlin pouvait joindre la Maison Blanche en un coup de téléphone.

b. Qu'as-tu pensé du dernier Marvel ?

c. La France était championne du monde ! Quelle meilleure occasion pour boire un verre ?

d. La cymbale conclut le concert en beauté.

e. Les deux frères se partageaient alors le trône.

f. À ta place, j'enfilerais une petite laine avant de sortir.

Interpréter les figures d'analogie et de substitution

5 a. Repérez toutes les images qui justifient la comparaison finale du Voreux à un monstre.
b. Que dénonce Zola, par cette image ?

Étienne découvre pour la première fois le Voreux, nom de la mine dans laquelle il va travailler.

Le Voreux, à présent, sortait du rêve. […] Cette fosse, tassée au fond d'un creux, avec ses constructions trapues de briques, dressant sa cheminée comme une corne menaçante, lui semblait avoir un air mauvais de bête goulue, accroupie là pour manger le monde. […] Oui, c'était bien une fosse, les rares lanternes éclairaient le carreau, une porte brusquement ouverte lui avait permis d'entrevoir les foyers des générateurs, dans une clarté vive. Il s'expliquait jusqu'à l'échappement de la pompe, cette respiration grosse et longue, soufflant sans relâche, qui était comme l'haleine engorgée du monstre.

Émile Zola, *Germinal*, 1885.

6 Comment les figures de style manifestent-elles l'admiration des sédentaires pour les voyageurs ?

Étonnants voyageurs ! Quelles nobles histoires
Nous lisons dans vos yeux profonds comme les mers !
Montrez-nous les écrins de vos riches mémoires,
Ces bijoux merveilleux, faits d'astres et d'éthers.
Nous voulons voyager sans vapeur et sans voile !
Faites, pour égayer l'ennui de nos prisons,
Passer sur nos esprits, tendus comme une toile,
Vos souvenirs avec leurs cadres d'horizons.

Charles Baudelaire, « Le Voyage »,
Les Fleurs du Mal, 1857.

7 a. Relevez les figures d'analogie.
b. Montrez comment elles servent la satire.

Le couvert était mis dans ce lieu de plaisance,
Où j'ai trouvé d'abord, pour toute connaissance,
Deux nobles campagnards grands liseurs de romans,
Qui m'ont dit tout Cyrus[1] dans leurs longs compliments.
J'enrageais. Cependant on apporte un potage.
Un coq y paraissait en pompeux équipage,
Qui, changeant sur ce plat et d'état et de nom,
Par tous les conviés s'est appelé chapon[2].
Deux assiettes suivaient, dont l'une était ornée
D'une langue en ragoût, de persil couronnée […]

Nicolas Boileau, *Satire III*, 1665.

1. *Le Grand Cyrus* est le plus long roman de la littérature française.
2. Jeune coq.

Vers le commentaire

8 a. Identifiez les deux métaphores de l'amour maternel développées dans ce passage.

b. Analysez comment le narrateur file la métaphore. En quoi est-elle pertinente pour désigner l'amour maternel ?

c. Que dit cette métaphore du lien qui unissait le narrateur et sa mère ?

Avec l'amour maternel, la vie vous fait à l'aube une promesse qu'elle ne tient jamais. […] Des bras adorables se referment autour de votre cou et des lèvres très douces vous parlent d'amour, mais vous êtes au courant. Vous êtes passé à la source très tôt et vous avez tout bu. Lorsque la soif vous reprend, vous avez beau vous jeter de tous côtés, il n'y a plus de puits, il n'y a que des mirages. […] Si ma mère avait eu un amant, je n'aurais pas passé ma vie à mourir de soif auprès de chaque fontaine.

Romain Gary, *La Promesse de l'aube*,
© Gallimard, 1960.

Fiche 17

▶ Outils d'analyse : les figures de style

Repérer et interpréter les figures de construction

▶ Les figures de construction sont liées à la syntaxe, c'est-à-dire à la place des mots dans la phrase. Elles sont souvent employées dans l'argumentation, pour convaincre ou persuader. Mais elles ont aussi une fonction poétique, le rapprochement des antonymes créant des images fécondes. Les dramaturges y recourent souvent pour exprimer le dilemme d'un personnage ou des destins opposés.

Figures	Caractéristiques	Exemples
Antithèse	• Elle réunit dans une même phrase deux éléments qui s'opposent.	Dans mes instants de prospérité, j'ai eu à parler de mes temps de misère [...]. (CHATEAUBRIAND) Paris est tout petit ; / C'est là sa vraie grandeur. (PRÉVERT)
Oxymore	• On parle d'oxymore quand deux termes de sens opposé sont juxtaposés et grammaticalement liés.	Hâte-toi lentement. (Proverbe latin, repris par BOILEAU) [...] et mon luth constellé / Porte le Soleil noir de la Mélancolie. (NERVAL)
Chiasme	• Il correspond à une construction symétrique, en miroir, type ABBA. Il peut porter sur la syntaxe, sur le sens, ou encore sur les sons. • Le chiasme produit un parallélisme ou une antithèse.	Et ce champ me faisait un effet singulier ; Des cadavres dessous et dessus des fantômes ; (HUGO)

Exercices

Identifier une figure de construction

1 S'agit-il d'antithèse ou d'oxymore ? Justifiez votre réponse.

a. [...] je prédis que vous serez le plus grand petit vaurien ! (BEAUMARCHAIS)

b. Innocents dans un bagne, anges dans un enfer. (HUGO)

c. Je suis plein du silence assourdissant d'aimer. (ARAGON)

d. Je n'ai jamais vu un enfant sans penser qu'il deviendrait vieillard, ni un berceau sans songer à une tombe. (FLAUBERT)

e. Je l'adorais vivant et je le pleure mort. (CORNEILLE)

f. Les nuits luisantes sont plus joyeuses que les grands jours de soleil. (MAUPASSANT)

g. Cette petite grande âme venait de s'envoler. (HUGO)

2 Antithèse, chiasme, ou les deux ? Justifiez votre réponse.

a. Et monté sur le faîte, il aspire à descendre. (CORNEILLE)

b. Quelques hameaux flambaient ; au loin brûlaient les chaumes. (HUGO)

c. Je t'aimais inconstant, qu'aurais-je fait fidèle ? (RACINE)

d. Un roi chantait en bas, en haut mourait un dieu. (HUGO)

e. Vous êtes aujourd'hui ce qu'autrefois je fus. (CORNEILLE)

f. Ces murs maudits par Dieu, par Satan profané. (HUGO)

3 Pour chaque item, mettez en évidence les différents éléments du chiasme. Indiquez s'il porte sur la syntaxe, le sens ou les sons (ou une combinaison de ces éléments).

a. Et mon pied peureux froisse, au bord du marécage, / Des crapauds imprévus et de froids limaçons. (BAUDELAIRE)

b. Et osent les vaincus les vainqueurs dédaigner. (DU BELLAY)

c. Sur une barricade, au milieu des pavés / Souillés d'un sang coupable et d'un sang pur lavés / Un enfant de douze ans est pris avec des hommes. (HUGO)

d. Il faut manger pour vivre, et non pas vivre pour manger. (MOLIÈRE)

4 a. Dans ces extraits du dénouement de *L'Illusion comique* de Corneille (1636), identifiez toutes les figures de construction.

b. Repérez les cas où la versification (jeu avec la césure, avec la rime) souligne l'opposition.

1. Ainsi de notre espoir la fortune se joue,
Tout s'élève, ou s'abaisse, au branle de sa roue,
Et son ordre inégal qui régit l'univers
Au milieu du bonheur a ses plus grands revers.

2. Quel charme en un moment étouffe leurs discords,
Pour assembler ainsi les vivants et les morts ?

3. L'un tue et l'autre meurt, l'autre vous fait pitié,
[…]
Le traître et le trahi, le mort et le vivant
Se trouvent à la fin amis comme devant.

4. J'ai pris sa mort pour vraie, et ce n'était que feinte.

5. Et ce que votre temps voyait avec mépris
Est aujourd'hui l'amour de tous les bons esprits.

Interpréter une figure de construction

5 Identifiez toutes les figures d'opposition dans les extraits suivants. Quelle tonalité est ainsi créée ?

a. Je revois son respect de paysanne pour le médecin, sonore niais qui nous paraissait la merveille du monde et dont j'adorais tout, même une trace de variole sur son pif majestueux. (COHEN)

b. Porte-moi sur tes vagues dures, mer figée, mer sans reflux ; tempête solide emportant le vol des nues et mes espoirs. (SEGALEN)

c. Une mère à tête de morte montrait en riant sa fille à tête d'orpheline au vieux diplomate ami de la famille qui s'était fait la tête de Soleilland. (PRÉVERT)

6 a. Repérez les antithèses que Pascal utilise pour définir l'homme.

b. Que veut-il démontrer à travers ces oppositions ?

Quelle chimère est-ce donc que l'homme ? Quelle nouveauté, quel monstre, quel chaos, quel sujet de contradiction, quel prodige ! Juge de toute chose, imbécile ver de terre ; dépositaire du vrai, cloaque d'incertitude et d'erreur : gloire et rebut de l'univers.

Blaise Pascal, *Pensées*, 1670.

7 a. Qu'illustrent les antithèses de cet extrait de l'autobiographie de Chateaubriand ?

b. Pourquoi est-il important qu'elles soient perçues par le lecteur ?

Les formes changeantes de ma vie sont ainsi entrées les unes dans les autres : il m'est arrivé que, dans mes instants de prospérité, j'ai eu à parler de mes temps de misère ; dans mes jours de tribulation, à retracer mes jours de bonheur. Ma jeunesse pénétrant dans ma vieillesse, la gravité de mes années légères, les rayons de mon soleil, depuis son aurore jusqu'à son couchant, se croisant et se confondant, ont produit dans mes récits une sorte de confusion, ou, si l'on veut, une sorte d'unité indéfinissable.

F.-R. de Chateaubriand, *Mémoires d'outre-tombe*, 1848.

8 Comment les figures d'oppositions rendent-elles la leçon de Boileau plus efficace ?

Il est certains esprits dont les sombres pensées
Sont d'un nuage épais toujours embarrassées ;
Le jour de la raison ne le saurait percer.
Avant donc que d'écrire apprenez à penser.
Selon que notre idée est plus ou moins obscure,
L'expression la suit, ou moins nette, ou plus pure.
Ce que l'on conçoit bien s'énonce clairement,
Et les mots pour le dire arrivent aisément.
[…]
Sans la langue, en un mot, l'auteur le plus divin,
Est toujours, quoi qu'il fasse, un méchant écrivain.
[…]
J'aime mieux un ruisseau qui, sur la molle arène,
Dans un pré plein de fleurs lentement se promène,
Qu'un torrent débordé qui, d'un cours orageux,
Roule, plein de gravier, sur un terrain fangeux.
Hâtez-vous lentement ; et, sans perdre courage,
Vingt fois sur le métier remettez votre ouvrage :
Polissez-le sans cesse et le repolissez ;
Ajoutez quelquefois, et souvent effacez.

Nicolas Boileau, *Art poétique*, 1669.

Vers le commentaire

9 a. Sur quelle figure d'opposition ce poème est-il construit ? Expliquez.

b. Observez l'évolution des thèmes abordés : que remarquez-vous ?

c. Qu'expriment, en définitive, ces figures d'opposition ?

Je n'écris point d'amour, n'étant point amoureux,
Je n'écris de beauté, n'ayant belle maîtresse,
Je n'écris de douceur, n'éprouvant que rudesse,
Je n'écris de plaisir, me trouvant douloureux :

Je n'écris de bon heur[1], me trouvant malheureux,
Je n'écris de faveur, ne voyant ma Princesse,
Je n'écris de trésors, n'ayant point de richesse,
Je n'écris de santé, me sentant langoureux :

Je n'écris de la Cour, étant loin de mon Prince,
Je n'écris de la France, en étrange province[2],
Je n'écris de l'honneur, n'en voyant point ici :

Je n'écris d'amitié, ne trouvant que feintise,
Je n'écris de vertu, n'en trouvant point aussi,
Je n'écris de savoir, entre les gens d'Église.

Joachim Du Bellay, *Les Regrets*, 1558.

1. Avec bonne humeur. **2.** À l'étranger.

Fiche 18

▶ Outils d'analyse : les figures de style

Repérer et interpréter les figures de répétition

▶ **Les figures de répétition produisent un effet d'insistance et souvent un effet dramatique par le rythme qu'elles imposent au texte.**

Figures	Caractéristiques	Exemples
Répétition	• Répétition fréquente et volontaire du même mot dans une portion de texte.	[…] à travers les rues solitaires et noires, noires, noires comme la mort. (MAUPASSANT)
Accumulation	• Énumération de termes (noms, adjectifs, verbes, etc.) qui s'additionnent, s'accumulent. • Elle illustre l'abondance, la quantité, avec une connotation positive ou négative selon le contexte.	Des piquets de fleurs garnissaient le bas, des violettes, des muguets, des jacinthes, des marguerites, toutes les blancheurs délicates des plates-bandes. (ZOLA)
Anaphore	• Répétition d'un mot ou d'une expression en début de vers, de strophe ou de proposition. • Généralement utilisée en poésie versifiée, on peut néanmoins la trouver en prose. • Elle met en valeur la construction et produit un effet musical.	Il y a des petits ponts épatants Il y a mon cœur qui bat pour toi Il y a une femme triste sur la route… (APOLLINAIRE)
Parallélisme	• Répétition de la même construction syntaxique. Les deux phrases ou portions de phrase sont ainsi littérairement mises en parallèle. • Il souligne une similitude, ou une opposition s'il va de pair avec une antithèse.	Quel transport me saisit ? Quel chagrin me dévore ? (RACINE)
Gradation	• Énumération de termes d'intensité croissante (ou décroissante).	Marchez, courez, volez où l'honneur vous appelle (BOILEAU)

Exercices

Identifier les figures de répétition

1 Identifiez la ou les figures de répétition utilisées dans chaque phrase.

a. Mais soudain, sur la route, un bourdonnement s'éveilla, grossit, roula vers nous, et les murs se mirent à trembler… (DORGELÈS)

b. Une fusillade intensive, furieuse, inouïe, battait les parapets de la tranchée. (BARBUSSE)

c. Songe, songe, Céphise, à cette nuit cruelle. (RACINE)

d. Nous étions faits pour être libres / Nous étions faits pour être heureux (ARAGON)

e. Je suis perdu, je suis assassiné, on m'a coupé la gorge. (MOLIÈRE)

f. Les trompettes, les fifres, les hautbois, les tambours, les canons, formaient une harmonie telle qu'il n'y en eut jamais en enfer. (VOLTAIRE)

g. Je veux sans que la mort ose me secourir / Toujours aimer, toujours souffrir, toujours mourir. (CORNEILLE)

2 a. Quelle répétition pouvez-vous identifier dans ce passage ?
b. Quel effet produit-elle ?

[M. de Nemours] sentait tout ce que la passion peut faire sentir de plus agréable ; il aimait la plus aimable personne de la Cour ; il s'en faisait aimer malgré elle, et il voyait dans toutes ses actions cette sorte de trouble et d'embarras que cause l'amour dans l'innocence de la première jeunesse.

Mme de La Fayette, *La Princesse de Clèves*, 1678.

3 Relevez les figures de répétition dans ce texte.

Paris a froid Paris a faim
Paris ne mange plus de marrons dans la rue
Paris a mis de vieux vêtements de vieille
Paris dort tout debout sans air dans le métro […]
Paris ma belle ville
Fine comme une aiguille forte comme une épée
Ingénue et savante
Tu ne supportes pas l'injustice
Pour toi c'est le seul désordre
Tu vas le libérer Paris
Paris tremblant comme une étoile
Notre espoir survivant
Tu vas te libérer de la fatigue et de la boue
Frères ayons du courage
Nous qui ne sommes pas casqués
Ni bottés ni gantés ni bien élevés
Un rayon s'allume en nos veines

Paul Éluard, « Courage »,
Au rendez-vous allemand, © Éd. de Minuit, 1945.

Interpréter les figures de répétition

4 Quelle caractéristique des habitants de l'abbaye de Thélème les répétitions illustrent-elles dans ce passage ?

Par cette liberté, entrèrent en louable émulation de faire tous ce qu'à un seul voyaient plaire. Si quelqu'un ou quelqu'une disait : « Buvons », tous buvaient. Si disait : « Jouons », tous jouaient. Si disait : « Allons à l'ébat dans les champs », tous y allaient. (Rabelais)

5 a. Repérez le parallélisme de la première phrase.
b. Expliquez-en la composition et montrez que le dernier élément (souligné) diffère légèrement des autres.
c. Comment la syntaxe de la première phrase permet-elle de mettre en valeur le « répit » de la seconde ?

Quand cette légion ne fut plus qu'une poignée, quand leur drapeau ne fut plus qu'une loque, quand leurs fusils épuisés de balles ne furent plus que des bâtons, <u>quand le tas de cadavres fut plus grand que le groupe vivant</u>, il y eut parmi les vainqueurs une sorte de terreur sacrée autour de ces mourants sublimes, et l'artillerie anglaise, reprenant haleine, fit silence. Ce fut une espèce de répit. (Victor Hugo, *Les Misérables*, 1862)

6 a. Repérez toutes les figures de répétition.
b. D'après vous, quelle est leur fonction ?

Je m'en vais vous mander la chose la plus étonnante, la plus surprenante, la plus merveilleuse, la plus miraculeuse, la plus triomphante, la plus étourdissante, la plus inouïe, la plus singulière, la plus extraordinaire, la plus incroyable, la plus imprévue, la plus grande, la plus petite, la plus rare, la plus commune, la plus éclatante, la plus digne d'envie : […] M. de Lauzun épouse dimanche au Louvre, devinez qui ? […] Il faut donc à la fin vous le dire : il épouse, dimanche, au Louvre, avec la permission du Roi, Mademoiselle, Mademoiselle de… devinez le nom : il épouse Mademoiselle, ma foi ! par ma foi ! ma foi jurée ! Mademoiselle, la grande Mademoiselle ; Mademoiselle, fille de feu Monsieur ; Mademoiselle, petite-fille de Henri IV ; mademoiselle d'Eu, mademoiselle de Dombes, mademoiselle de Montpensier, mademoiselle d'Orléans ; Mademoiselle, cousine germaine du Roi ; Mademoiselle, destinée au trône ; Mademoiselle, le seul parti de France qui fût digne de Monsieur.

Mme de Sévigné, *Lettres*, 1670.

Vers le commentaire

7 a. Identifiez la répétition qui traverse l'extrait. Comment cette répétition se justifie-t-elle ?
b. À quelles autres figures de répétition est-elle associée ? Pourquoi ?
c. Relisez la dernière phrase : quel nouveau sens prend alors la répétition ?

Rien que du blanc, tous les articles blancs de chaque rayon, une débauche de blanc, un astre blanc dont le rayonnement fixe aveuglait d'abord, sans qu'on pût distinguer les détails, au milieu de cette blancheur unique. Bientôt les yeux s'accoutumaient : à gauche, la galerie Monsigny allongeait les promontoires blancs des toiles et des calicots, les roches blanches des draps de lit, des serviettes, des mouchoirs ; tandis que la galerie Michodière, à droite, occupée par la mercerie, la bonneterie et les lainages, exposait des constructions blanches en boutons de nacre, un grand décor bâti avec des chaussettes blanches, toute une salle recouverte de molleton blanc, éclairée au loin d'un coup de lumière. […] Et la merveille, l'autel de cette religion du blanc, était, au-dessus du comptoir des soieries, dans le grand hall, une tente faite de rideaux blancs, qui descendaient du vitrage. […] On aurait dit un grand lit blanc, dont l'énormité virginale attendait, comme dans les légendes, la princesse blanche, celle qui devait venir un jour, toute puissante, avec le voile blanc des épousées.

Émile Zola, *Au Bonheur des Dames*, 1883.

Fiche 19

▶ Outils d'analyse : les figures de style

Repérer et interpréter les figures de pensée

▶ **Les figures de pensée sont avant tout des jeux d'esprit, qu'il s'agisse d'exploiter le décalage entre ce que l'on dit et la réalité (hyperbole, antiphrase), ou d'anticiper les attentes du destinataire (litote, prétérition).**

Figures	Caractéristiques	Exemples
Hyperbole	• Exagération, emphase. L'hyperbole recourt souvent à d'autres figures pour se déployer, comme l'**analogie** ou l'**accumulation**. Elle est autant utilisée dans les registres épique et tragique que comique et satirique. • Son opposé est **l'euphémisme**.	Je crois que je pourrais rester dix mille ans sans parler. (SARTRE) Et rose elle a vécu ce que vivent les roses L'espace d'un matin. (MALHERBE) → Elle est morte très jeune.
Antiphrase	• Fait de dire l'inverse de ce que l'on pense. • L'antiphrase permet l'**ironie**, ce qui en fait une figure privilégiée des satiristes.	Il joignait une avarice sordide à une foule d'autres belles qualités. (STENDHAL)
Litote	• **Atténuation** d'une idée pour la **renforcer**. • Souvent employée pour créer une tonalité comique, ou par ironie, on la trouve également dans les tragédies.	La seule douceur que je pouvais goûter, c'était de croire que tu ne me haïssais pas. (MARIVAUX)
Prétérition	• Fait d'affirmer qu'on ne dit pas ce que pourtant on dit. • Arme évidente du rhétoricien, la prétérition sert tous les registres. • Elle est introduite par des propositions du type « Je ne dirais pas que… ».	Je n'essaierai donc pas de vous décrire quel sombre enthousiasme se manifesta dans l'armée insurgée après l'allocution de Biassou. Ce fut un concert distordant de cris, de plaintes, de hurlements. Les uns se frappaient la poitrine, les autres heurtaient leurs massues et leurs sabres. (HUGO)

Exercices

Identifier les figures de pensée

1 Identifiez la figure de pensée utilisée dans ces expressions courantes.

a. Je ne suis pas fâchée d'être rentrée à la maison.

b. Cette charmante jeune fille n'a pas cessé de hurler et de nous empêcher de parler.

c. Tu ne peux vraiment pas attendre une seconde ?

d. Il n'est pas peu fier de sa rédaction.

e. C'est du joli !

f. Il l'attendit pendant une éternité.

g. Ce n'est pas désagréable de prendre quelques jours de vacances.

h. Ne me faites pas dire que j'ai encore fait ce lapsus !

i. Tu as eu 3/20 ? Tu t'es surpassé !

2 a. Repérez dans ce texte les éléments qui construisent la prétérition.

b. Quel est ici l'intérêt du conditionnel ?

Je pourrais faire remarquer qu'elle connaissait si bien la beauté des ouvrages de l'esprit, que l'on croyait avoir atteint la perfection quand on avait su plaire à Madame : je pourrais encore ajouter que les plus sages et les plus expérimentés admiraient cet esprit vif et perçant qui embrassait sans peine les plus grandes affaires, et pénétrait avec tant de facilité dans les plus secrets intérêts. Mais pourquoi m'étendre sur une matière où je puis tout dire d'un mot ?

J.-B. Bossuet, *Oraison funèbre de la duchesse d'Orléans*, 1670.

3 a. Repérez les hyperboles appliquées au jardin.
b. Quels procédés composent ces hyperboles ?

Lors j'entrai dans le jardin tout vert
Par l'huis[1] qu'Oyseuse[2] m'a ouvert
Et quand par dedans je le vis
Je fus de joie si ravi
Qu'à vrai dire je pensais être
Venu en Paradis terrestre.
Tant était beau de ce lieu le ramage[3]
Qu'il semblait bien divin ouvrage
Car comme il me sembla de fait
En aucun Paradis ne fait
Si bon être comme il faisait
Au verger qui tant me plaisait.
D'oiseaux chantants y eut assez
Par tout le jardin amassés,
En un lieu avait étourneaux
En l'autre geais et moineaux
Pinsons, piverts, merles, mésanges
Qui ne semblaient oiseaux, mais anges

Guillaume de Lorris, *Le Roman de la rose*, 1230-1235.

1. La porte. 2. La jeune fille que le narrateur a rencontrée. 3. La végétation.

Interpréter les figures de pensée

4 Que mettent en valeur les hyperboles dans cet extrait ?

Le comte Roland chevauche par le champ. Il tient Durendal, qui bien tranche et bien taille. Des Sarrasins il fait grand carnage. Si vous eussiez vu comme il jette le mort sur le mort, et le sang clair s'étaler par flaques ! Il en a son haubert ensanglanté, et ses deux bras et son bon cheval, de l'encolure jusqu'aux épaules. Et Olivier n'est pas en reste, ni les douze pairs, ni les Français, qui frappent et redoublent.

Chrétien de Troyes, *La Chanson de Roland*, XIIe s.

5 Même exercice.

J'entends Théodecte de l'antichambre ; il grossit sa voix à mesure qu'il s'approche ; le voilà entré : il rit, il crie, il éclate, on bouche ses oreilles, c'est un tonnerre. Il n'est pas moins redoutable par les choses qu'il dit que par le ton dont il parle. Il ne s'apaise et il ne revient de ce grand fracas que pour bredouiller des vanités et des sottises. Il a si peu d'égard au temps, aux personnes, aux bienséances que chacun a son fait sans qu'il ait eu l'intention de le lui donner : il n'est pas encore assis qu'il a, à son insu, désobligé toute l'assemblée. A-t-on servi, il se met le premier à table et dans la première place ; les femmes sont à sa droite et à sa gauche. Il mange, il boit, il conte, il plaisante, il interrompt tout à la fois. Il n'a nul discernement des personnes, ni du maître, ni des conviés ; il abuse de la folle déférence qu'on a pour lui.

La Bruyère, *Les Caractères*, « De la société », 1688.

6 a. Quel niveau de langue domine dans cet extrait ? Comment l'expliquez-vous ?
b. Repérez toutes les hyperboles. Quelles impressions produisent-elles ?
c. Expliquez comment la dernière phrase justifie les hyperboles précédentes.

Gervaise, modeste blanchisseuse, convie ses voisins à un festin. Coupeau, son mari, sert les invités.

Mais Coupeau se fâcha et servit un haut de cuisse à Virginie, criant que, tonnerre de Dieu ! Si elle ne le décrottait pas, elle n'était pas une femme. Est-ce que l'oie avait jamais fait du mal à quelqu'un ? Au contraire, l'oie guérissait les maladies de rate. On croquait ça sans pain, comme un dessert. Lui, en aurait bouffé toute la nuit, sans être incommodé ; et, pour crâner, il s'enfonçait un pilon entier dans la bouche. […] Quand on y est, on y est, n'est-ce pas ? et si l'on ne se paie qu'un gueuleton par-ci par-là, on serait joliment godiche de ne pas s'en fourrer jusqu'aux oreilles. Vrai, on voyait les bedons se gonfler à mesure. Les dames étaient grosses. Ils pétaient dans leur peau, les sacrés goinfres ! La bouche ouverte, le menton barbouillé de graisse, ils avaient des faces pareilles à des derrières, et si rouges, qu'on aurait dit des derrières de gens riches, crevant de prospérité.

Émile Zola, *L'Assommoir*, 1877.

Vers le commentaire

7 a. Relevez toutes les figures de style de cet extrait.
b. Analysez pour expliquer comment elles donnent de la force au propos de Césaire.

Que l'on pille, que l'on torture au Congo, que le colonisateur belge fasse main basse sur toute richesse, qu'il tue toute liberté, qu'il opprime toute fierté, qu'il aille en paix, le révérend Père Tempels y consent.

Mais, attention ! Vous allez au Congo ? Respectez, je ne dis pas la propriété indigène (les grandes compagnies belges pourraient prendre ça pour une pierre dans leur jardin), je ne dis pas la liberté des indigènes (les colons belges pourraient y voir propos subversifs), je ne dis pas la patrie congolaise (le gouvernement belge risquant de prendre fort mal la chose), je dis : Vous allez au Congo, respectez la philosophie bantoue !

« Il serait vraiment inouï, écrit le R. P. Tempels, que l'éducateur blanc s'obstine à tuer dans l'homme noir son esprit humain propre, cette seule réalité qui nous empêche de le considérer comme un être inférieur ! Ce serait un crime de lèse-humanité, de la part du colonisateur, d'émanciper les races primitives de ce qui est valeureux, de ce qui constitue un noyau de vérité dans leur pensée traditionnelle, etc. »

Quelle générosité, mon Père ! Et quel zèle !

Aimé Césaire, *Discours sur le colonialisme*, 1955.

Les tonalités tragique et pathétique

▶ En musique, la tonalité correspond à un ensemble de notes qui sonnent pour exprimer une humeur particulière. **La tonalité littéraire** spécifie quant à elle **l'atmosphère** qui se dégage d'un texte. Les tonalités pathétique et tragique expriment la douleur d'un personnage confronté à une situation extrême. Le pathétique cherche à inspirer de l'empathie chez le spectateur et le lecteur. Le tragique, en montrant le caractère inéluctable de la destinée, entraîne aussi la terreur.

1 Le tragique : le poids de la fatalité

À l'origine, la tragédie grecque	• D'origine religieuse, la tragédie est un genre dramatique noble représentant des personnages de haut rang en proie à un **destin implacable** qui les terrasse et contre lequel ils se battent en vain.
Caractéristiques et procédés	• La tonalité tragique est induite par le poids de la **fatalité** qui s'abat sur le personnage et à laquelle il ne peut échapper. Il peut commettre des actes atroces malgré lui. • Elle est exprimée par le **lexique** de la **fatalité**, de la **souffrance**, de l'**effroi**.
Exemples	On trouve la tonalité tragique au théâtre mais aussi dans les autres genres. • Dans le **théâtre du XVIIe siècle**, le poids de la prédestination se conjugue avec le caractère insurmontable de la passion (pour l'être aimé ou pour le pouvoir). • Le **personnage romanesque** peut aussi être soumis à une fatalité tragique, notamment d'ordre social : « J'ai choisi des personnages souverainement dominés par leurs nerfs et leur sang, dépourvus de libre arbitre, entraînés à chaque acte de leur vie par les fatalités de leur chair. » (É. Zola, préface de *Thérèse Raquin*, 1867) • Pour les écrivains de **l'absurde**, au XXe siècle, la tonalité tragique vient de l'absurdité d'un **monde sans signification** (exemple : S. Beckett, *En attendant Godot*, 1952 → voir p. 204).

2 Le pathétique : l'empathie du lecteur ou du spectateur

Caractéristiques	• Le pathétique naît de la **compassion** éprouvée par le lecteur pour le personnage dans une situation poignante.
Procédés	• Ce processus d'identification du lecteur peut être obtenu par une **ponctuation expressive**, qui restitue l'émotion du personnage ou du narrateur, et le lexique de la **douleur**, de la **tristesse**, de **l'injustice**.
Exemples	• La tonalité pathétique est présente dans **tous les genres** : la poésie, le théâtre, le récit, à toutes les époques. • Dans le roman, en particulier le **roman naturaliste** du XIXe siècle, elle permet une dénonciation de la misère sociale (exemple : É. Zola, *Germinal*, 1885). • Très présente au **théâtre**, cette tonalité caractérise notamment les récits qui rapportent la **mort d'un héros** (Racine, *Britannicus*, 1669 → voir p. 127-134). • En **poésie**, la tonalité pathétique est souvent convoquée pour dénoncer des **injustices** (Ronsard, *Discours des misères de ce temps*, 1562 → voir p. 65).

Exercices

Identifier les tonalités pathétique et tragique

1 Dans cet extrait d'*Andromaque*, quels vers pourraient constituer une définition de la tonalité tragique ? Justifiez votre réponse.

ORESTE
Puisque après tant d'efforts ma résistance est vaine,
Je me livre en aveugle au destin qui m'entraîne.
J'aime : je viens chercher Hermione en ces lieux,
La fléchir, l'enlever, ou mourir à ses yeux.

Jean Racine, *Andromaque*, acte I, scène 1, 1667.

2 a. Dans le texte ci-dessous, relevez les éléments qui relèvent de la tonalité pathétique.

Gervaise dura ainsi pendant des mois. Elle dégringolait plus bas encore, acceptait les dernières avanies, mourait un peu de faim tous les jours. Dès qu'elle possédait quatre sous, elle buvait et battait les murs. […] Maintenant, elle habitait la niche du père Bru. C'était là-dedans, sur de la vieille paille, qu'elle claquait du bec, le ventre vide et les os glacés. La terre ne voulait pas d'elle, apparemment. Elle devenait idiote, elle ne songeait seulement pas à se jeter du sixième sur le pavé de la cour, pour en finir. La mort devait la prendre petit à petit, morceau par morceau, en la traînant ainsi jusqu'au bout dans la sacrée existence qu'elle s'était faite.

Émile Zola, *L'Assommoir*, 1877.

Analyser les tonalités pathétique et tragique

3 a. Dans quelle situation Fantine se trouve-t-elle ?
b. À la fin de l'extrait, quel effet produit le passage du dialogue à la description ?

Marguerite […] trouva Fantine assise sur son lit, pâle, glacée. Marguerite s'arrêta sur le seuil, pétrifiée de cet énorme désordre, et s'écria :

– Seigneur ! la chandelle qui est toute brûlée ! il s'est passé des événements !

Puis elle regarda Fantine qui tournait vers elle sa tête sans cheveux.

Fantine depuis la veille avait vieilli de dix ans.

– Jésus ! fit Marguerite, qu'est-ce que vous avez, Fantine ?

– Je n'ai rien, répondit Fantine. Au contraire. Mon enfant ne mourra pas de cette affreuse maladie, faute de secours. Je suis contente.

En parlant ainsi, elle montrait à la vieille fille deux napoléons qui brillaient sur la table.

– Ah, Jésus Dieu ! dit Marguerite. Mais c'est une fortune ! Où avez-vous eu ces louis d'or ?

– Je les ai eus, répondit Fantine.

En même temps elle sourit. La chandelle éclairait son visage. C'était un sourire sanglant. Une salive rougeâtre lui souillait le coin des lèvres, et elle avait un trou noir dans la bouche.

Les deux dents étaient arrachées.

Victor Hugo, *Les Misérables*, 1862.

4 Dans cet extrait, montrez comment Marguerite Duras renouvelle la tonalité tragique en la faisant correspondre à son époque.

Comme toi, moi aussi, j'ai essayé de lutter de toutes mes forces contre l'oubli. Comme toi, j'ai oublié. Comme toi, j'ai désiré avoir une inconsolable mémoire, une mémoire d'ombres et de pierre. J'ai lutté pour mon compte, de toutes mes forces, chaque jour, contre l'horreur de ne plus comprendre du tout le pourquoi de se souvenir. Comme toi, j'ai oublié… Pourquoi nier l'évidente nécessité de la mémoire ?... Écoute-moi. Je sais encore. Ça recommencera. Deux cent mille morts. Quatre-vingt mille blessés. En neuf secondes. Ces chiffres sont officiels. Ça recommencera. Il y aura dix mille degrés sur la terre. Dix mille soleils, dira-t-on. L'asphalte brûlera. Un désordre profond régnera. Une ville entière sera soulevée de terre et retombera en cendres… Des végétations nouvelles surgissent des sables…

Marguerite Duras, *Hiroshima mon amour*, (scénario) film réalisé en 1959 par Alain Resnais.

Vers le commentaire

5 Montrez comment l'auteur installe une tension tragique dans ce monologue délibératif qui montre le héros face à un choix impossible.

RODRIGUE
Percé jusques au fond du cœur
D'une atteinte imprévue aussi bien que mortelle,
Misérable vengeur d'une juste querelle,
Et malheureux objet d'une injuste rigueur,
Je demeure immobile, et mon âme abattue
Cède au coup qui me tue.
Si près de voir mon feu récompensé,
Ô Dieu ! l'étrange peine !
En cet affront mon père est l'offensé,
Et l'offenseur le père de Chimène !

Que je sens de rudes combats !
Contre mon propre honneur mon amour s'intéresse :
Il faut venger un père, et perdre une maîtresse ;
L'un m'anime le cœur, l'autre retient mon bras.
Réduit au triste choix, ou de trahir ma flamme,
Ou de vivre en infâme,
Des deux côtés mon mal est infini.
Ô Dieu ! l'étrange peine !
Faut-il laisser un affront impuni ?
Faut-il punir le père de Chimène ?

Pierre Corneille, *Le Cid*, Acte I, scène 6, 1637.

La tonalité comique et l'humour

▶ Le rire provient du décalage entre la situation attendue et celle vécue. Ainsi rit-on d'une chute dans la rue. Le comique est l'ensemble des moyens construits par l'auteur pour provoquer le rire chez le spectateur. Cette tonalité est présente surtout au théâtre, mais on la retrouve dans tous les modes littéraires d'expression : récit, poésie, littérature d'idées.

1 Les types de comique

Type de comique	Définition
Comique de mots	• Jeu sur le **sens** ou la **sonorité** des mots : contrepèterie, calembour, mélange de niveaux de langue, polysémie, sens littéral et figuré… (A. Jarry, *Ubu roi*, 1896, « Merdre ! » → p. 194).
Comique de gestes	• Gag **visuel**, propre au théâtre. Mimiques, costumes, pantomime, chutes, coups de bâton.
Comique de situation	• Situation **embarrassante** ou **inattendue**, qu'on trouve au théâtre comme dans les récits : quiproquo, inversion… (La Fontaine, « La laitière et le pot au lait », 1678 → p. 100).
Comique de répétition	• Répétition d'un élément de manière **mécanique**. Le comique de répétition peut se combiner avec les autres formes de comique (E. Ionesco, *Les Chaises*, 1952 → p. 203).
Comique de caractère	• **Portrait caricatural** : exagération des idées, vices ou des défauts de personnages (Molière, *L'Avare*, 1668 → p. 172).

2 Quelques formes d'humour

	Définition
Parodie	• Elle **imite** la réalité, ou un autre texte, en les travestissant. • Elle a un **caractère ludique** : l'auteur de parodie mélange le jeu et la moquerie. • La plupart des humoristes aujourd'hui s'appuient sur la parodie.
Absurde	• Forme d'humour fondée sur des comportements ou des propos **sans logique**. (S. Beckett, *En attendant Godot*, 1953 → p. 204 : Vladimir parle d'une « immense confusion ».)
Ironie (→ voir aussi p. 420)	• Moquerie **implicite**, qui joue sur le **décalage** entre ce qui est dit et ce que pense l'auteur. • Le rire a alors une **fonction critique**. (Voltaire, *Histoire d'un bon Bramin*, 1761 → p. 231)
Humour noir	• Il consiste à **rire de sujets graves** comme la souffrance ou la mort. L'humour noir suscite de la gêne en même temps qu'il amuse. • Il peut permettre de **dénoncer** l'impuissance face à certaines situations. (*Ionesco, Les Chaises*, 1952 → p. 202 : on rit de deux vieillards qui perdent la tête.)

Identifier les types de comique

1 a. Sur quels types de comique repose cet extrait ?
b. Comment la mise en scène peut-elle accentuer le comique du texte ?

SGANARELLE. – Qui est cette grande femme-là ?
GÉRONTE. – C'est la nourrice d'un petit enfant que j'ai.
SGANARELLE. – Peste ! le joli meuble que voilà. Ah nourrice, charmante nourrice, ma médecine est la très humble esclave de votre nourricerie ; et je voudrais bien être le petit poupon fortuné, qui tétât le lait de vos bonnes grâces *(Il lui porte la main sur le sein)*. Tous mes remèdes ; toute ma science, toute ma capacité est à votre service, et...
LUCAS. – Avec votte parmission, Monsieu le Médecin, laissez là ma femme, je vous prie.
SGANARELLE. – Quoi, est-elle votre femme ?
LUCAS. – Oui.
SGANARELLE. *Il fait semblant d'embrasser Lucas : et se tournant du côté de la nourrice, il l'embrasse.* – Ah vraiment, je ne savais pas cela : et je m'en réjouis pour l'amour de l'un et de l'autre.

Molière, *Le Médecin malgré lui*, Acte II, scène 2, 1666.

2 a. Comment le langage se met-il au service de la dynamique du vaudeville dans cet extrait ?
b. Que remarquez-vous sur les didascalies ?

MARCEL, *se laissant tomber sur l'extrême droite du canapé, le coude gauche sur le dossier, la tête dans la main.* – Eh ! parce que j'en ai assez de la mouise où je me débats depuis un an !
IRÈNE, *qui ne comprend pas.* – La mouise ?
AMÉLIE. – Oui, c'est-à-dire la purée.
IRÈNE, *même jeu.* – La purée ?
ETIENNE. – La débine.
IRÈNE, *même jeu.* – La débine ?
POCHET, *très gentiment.* – La crotte.
IRÈNE, *répétant machinalement.* – La cr… Oh !
MARCEL, *sans se lever, se retournant vers Irène.* – Je n'ai plus le sou, quoi ! Je n'ai plus le sou, voilà !

Georges Feydeau, *Occupe-toi d'Amélie !*, 1908.

Analyser les différentes formes d'humour

3 Quel type d'humour reconnaissez-vous dans cet extrait ? Justifiez votre réponse.

Zazie parle de sa vocation d'institutrice…

– Je serai vache comme tout avec elles [les élèves]. Je leur ferai lécher le parquet. Je leur ferai manger l'éponge du tableau noir. Je leur enfoncerai des compas dans le derrière. Je leur botterai les fesses. Parce que je porterai des bottes. En hiver. Hautes comme ça (*geste*). Avec des grands éperons pour leur larder la chair du derche.

R. Queneau, *Zazie dans le métro*, © Gallimard, 1959.

4 a. Pour quelle raison la scène suivante est-elle comique ?
b. Quel type d'humour percevez-vous ? Pourquoi ?

M. SMITH. – Tiens, on sonne.
MME SMITH. – Je ne vais plus ouvrir.
M. SMITH. – Oui, mais il doit y avoir quelqu'un !
MME SMITH. – La première fois, il n'y avait personne. La deuxième fois, non plus. Pourquoi crois-tu qu'il y aura quelqu'un maintenant ?
M. SMITH. – Parce qu'on a sonné !
MME MARTIN. – Ce n'est pas une raison.
M. MARTIN. – Comment ? Quand on entend sonner à la porte, c'est qu'il y a quelqu'un à la porte, qui sonne pour qu'on lui ouvre la porte.
MME MARTIN. – Pas toujours. Vous avez vu tout à l'heure !
M. MARTIN. – La plupart du temps, si.

E. Ionesco, *La Cantatrice chauve*, © Gallimard, 1950.

5 Sur quoi repose l'humour dans cette page de roman ?

Bouvard et Pécuchet sont deux copistes (on dirait aujourd'hui employés de bureau) qui, à chaque fois qu'ils entreprennent quelque chose, échouent.

Satisfaits de leur régime, ils voulurent s'améliorer le tempérament par de la gymnastique. Et ayant pris le manuel d'Amoros[1], ils en parcoururent l'atlas.

Tous ces jeunes garçons, accroupis, renversés, debout, pliant les jambes, écartant les bras, montrant le poing, soulevant des fardeaux, chevauchant des poutres, grimpant à des échelles, cabriolant sur des trapèzes, un tel déploiement de force et d'agilité excita leur envie.

Cependant ils étaient contristés[2] par les splendeurs du gymnase, décrites dans la préface. Car jamais ils ne pourraient se procurer un vestibule pour les équipages, un hippodrome pour les courses, un bassin pour la natation, ni une « montagne de gloire », colline artificielle, ayant trente-deux mètres de hauteur.

Un cheval de voltige en bois avec le rembourrage eût été dispendieux, ils y renoncèrent ; le tilleul abattu dans le jardin leur servit de mât horizontal ; et quand ils furent habiles à le parcourir d'un bout à l'autre, pour en avoir un vertical, ils replantèrent une poutrelle des contre-espaliers, Pécuchet gravit jusqu'au haut. Bouvard glissait, retombait toujours, finalement, y renonça.

Gustave Flaubert, *Bouvard et Pécuchet*, 1881.

1. Célèbre manuel d'éducation physique. – 2. Attristés.

6 a. Recherchez et visionnez la bande-annonce du film *Les Dieux sont tombés sur la tête* de James Uys (1981).
b. Étudiez les formes de comique présentes dans cette bande-annonce.

Fiche 22

▶ Outils d'analyse : les tonalités

Les tonalités polémique, satirique et l'ironie

▶ Les tonalités argumentatives (polémique, satirique et ironique) critiquent un sujet grâce à un ton mordant qui invite le public à réfléchir et à prendre position.

1 La tonalité polémique : la guerre des idées

Définition	• Du grec « *polemos* » signifiant « **guerre** » en grec, la tonalité polémique désigne **l'affrontement** de positions dans le domaine **idéologique**. • La tonalité polémique repose autant sur le fait de **convaincre** que de **persuader** (→ voir p. 448). Dévaloriser les thèses de l'adversaire permet **d'emporter l'adhésion** du lecteur ou de l'auditeur.
Exemples	La tonalité polémique est principalement employée dans les genres du **pamphlet**, de la **lettre ouverte** et dans les discours. L'histoire des idées est ponctuée de nombreuses controverses : • Des **querelles littéraires** : la bataille d'*Hernani*, de Victor Hugo, en 1830. • Des **combats politiques** : le positionnement d'**Émile Zola** en faveur du capitaine Dreyfus en 1898, le combat de **Robert Badinter** pour l'abolition de la peine de mort en France (1981). • Des **débats scientifiques** : l'héliocentrisme par **Nicolas Copernic** en 1543, le réchauffement climatique par le Giec en 2018 (→ voir p. 356 à 361).

2 La tonalité satirique : se moquer pour dénoncer

Définition	• La **tonalité satirique** permet à l'auteur de **critiquer les mœurs** de son époque en adoptant un ton moqueur. • Les procédés de la satire sont ceux de **l'insistance** et de **l'exagération** : **caricature** et **parodie**, lexique de la **dévalorisation**.
Exemples	• La tonalité satirique est très présente au **XVIIe siècle** dans la **littérature de salon**, et au **XVIIIe siècle** chez les **philosophes**. C'est également le registre dominant dans la **fable**. • À partir du **XIXe siècle**, naît une **presse satirique** : *L'Assiette au beurre, Le Charivari*.

3 L'ironie : le double sens du discours

Définition	• **L'ironie**, c'est le **sens caché et critique** de la phrase que le lecteur doit décoder grâce à un indice : **double sens** d'un mot, **hyperbole**, **mimique**. • Le destinataire doit être capable de prendre de la **distance avec le sens littéral**, et entrer en connivence avec l'auteur pour comprendre le sens caché. Cette tonalité oblige le lecteur à réfléchir et à prendre position.
Exemples	Propre au discours et à ses ambiguïtés, l'ironie se retrouve dans **tous les genres littéraires**. Parmi les auteurs passés maîtres dans l'art de l'ironie, on peut citer Rabelais, Montaigne, Voltaire, Flaubert, Proust et Dostoïevski.

Exercices

Identifier et analyser les tonalités polémique et satirique

1 Cherchez l'étymologie et la définition des mots : « conversation » et « discussion », puis employez-les dans une phrase pour faire comprendre leur différence. Lequel se rapporte au registre polémique ?

2 Quelle est la tonalité de ce texte ? Justifiez.

On fait apprendre les *Fables* de La Fontaine à tous les enfants, et il n'y en a pas un qui les entende[1] ; quand ils les entendraient ce serait encore pis, car la morale en est tellement mêlée et si disproportionnée à leur âge qu'elle les porterait plus au vice qu'à la vertu. [...] Je demande si c'est à des enfants de six ans qu'il faut apprendre qu'il y a des hommes qui flattent et qui mentent pour leur profit ?

Jean-Jacques Rousseau, *Émile ou de l'Éducation*, 1762.

1. Comprenne.

3 Pourquoi peut-on qualifier cet extrait romanesque de polémique ? Faites des recherches sur le contexte historique pour justifier votre réponse.

En 1914, le héros du roman, Bardamu et son ami Arthur discutent devant un régiment militaire qui passe.

– Bardamu, qu'il me fait alors gravement et un peu triste, nos pères nous valaient bien, n'en dis pas de mal !...

– T'as raison, Arthur, pour ça t'as raison ! Haineux et dociles, violés, volés, étripés et couillons toujours, ils nous valaient bien ! Tu peux le dire ! Nous ne changeons pas ! Ni de chaussettes, ni de maîtres, ni d'opinions, ou bien si tard, que ça n'en vaut plus la peine. On est nés fidèles, on en crève nous autres ! Soldats gratuits, héros pour tout le monde et singes parlants, mots qui souffrent, on est nous les mignons du Roi Misère. C'est lui qui nous possède ! [...] C'est pas une vie...

– Il y a l'amour, Bardamu !

– Arthur, l'amour c'est l'infini mis à la portée des caniches et j'ai ma dignité moi ! que je lui réponds.

– Parlons-en de toi ! T'es un anarchiste et puis voilà tout !.

L.-F. Céline, *Voyage au bout de la nuit*, © Gallimard, 1933.

Analyser l'ironie

4 a. Repérez l'ironie de l'extrait suivant.
b. Quelle est la tonalité de ce texte ?

La famine, la peste et la guerre sont les trois ingrédients les plus fameux de ce bas monde. [...] On comprend dans la peste toutes les maladies contagieuses [...]. Mais la guerre, qui réunit tous ces dons, nous vient de l'imagination de trois ou quatre cents personnes répandues sur la surface du globe sous le nom de princes ou de ministres ; et c'est peut-être pour cette raison que dans plusieurs dédicaces on les appelle images vivantes de la Divinité.

Voltaire, *Dictionnaire philosophique*, article « Guerre », 1764.

5 a. Comment perçoit-on que l'article suivant vient d'un journal satirique ?
b. Que cherche-t-il à dénoncer ?

UNE ÉTUDE PERTURBANTE

Les fabricants de pesticides vont encore dire que les écolos leur cherchent des poux dans la tête. Ceux de l'ONG Générations futures ont voulu mesurer les retombées sur les enfants des 60 000 tonnes de fongicides, insecticides et autres herbicides répandues chaque année dans nos champs. Ils ont fait analyser les cheveux de 29 gamins de 3 à 10 ans. Le résultat est stupéfiant : chaque tignasse aligne en moyenne 21 résidus de pesticides, qui plus est tous estampillés perturbateurs endocriniens. [...] Tout ça est un poil irritant quand on sait que les perturbateurs endocriniens s'attaquent au système hormonal. [...] L'étude de Générations futures tombe comme un cheveu sur la soupe pour les fabricants de pesticides, qui venaient tout juste de remporter une victoire à Bruxelles.

© *Le Canard enchaîné*, rubrique « Conflit de canard », 29 avril 2014.

Vers le commentaire

6 Par quels moyens Zola cherche-t-il à provoquer une décision du président de la République ? Faites des recherches sur l'affaire Dreyfus si nécessaire.

Lettre à M. Félix Faure, Président de la République

Monsieur le Président,

Me permettez-vous, dans ma gratitude pour le bienveillant accueil que vous m'avez fait un jour, d'avoir le souci de votre juste gloire et de vous dire que votre étoile, si heureuse jusqu'ici, est menacée de la plus honteuse, de la plus ineffaçable des taches ? [...] Mais quelle tache de boue sur votre nom — j'allais dire sur votre règne — que cette abominable affaire Dreyfus ! Un conseil de guerre vient, par ordre, d'oser acquitter un Esterhazy, soufflet suprême à toute vérité, à toute justice. [...] Mon devoir est de parler, je ne veux pas être complice. Mes nuits seraient hantées par le spectre de l'innocent qui expie là-bas, dans la plus affreuse des tortures, un crime qu'il n'a pas commis. Et à qui donc dénoncerai-je la tourbe malfaisante des vrais coupables, si ce n'est à vous, le premier magistrat du pays ?

Émile Zola, « J'accuse », article paru dans le journal *L'Aurore* le 13 janvier 1898.

Fiche 23

Les tonalités dramatique et épique

1 La tonalité dramatique, au cœur de l'action

Définition	Procédés	Exemples
• Le mot « dramatique » tire son étymologie du grec « *drama* » qui signifie « **action** » et « **théâtre** ». Il ne faut pas le confondre avec son acception courante, synonyme de « triste » ou « grave ». • En littérature, la **tonalité dramatique** renvoie à l'aspect **spectaculaire et théâtral** dans des textes qui peuvent appartenir à d'autres genres, comme la poésie ou le récit.	• Les procédés qui révèlent un moment dramatique sont les **verbes d'action**, une **ponctuation expressive**, le vocabulaire de l'**émotion**, de l'**attente** et de la **surprise**. • Dans les textes **fantastiques**, cette tonalité rend compte autant du phénomène étrange que du trouble du personnage.	Il allongea sa main vers lui. Elle semblait ramper, s'approchait lentement ; et tout d'un coup je vis, oui, je vis le couteau lui-même tressaillir, puis il remua, puis il glissa doucement, tout seul, sur le bois vers la main arrêtée qui l'attendait, et il vint se placer sous ses doigts. (MAUPASSANT)

2 La tonalité épique : la démesure

Définition	Procédés	Exemples
• La tonalité épique emprunte son nom au genre antique et médiéval de l'**épopée**, long poème qui raconte des faits héroïques. • Elle ressurgit à l'époque du romantisme au XIXe siècle et des romans du XXe siècle (*Voyage au bout de la nuit*, L.-F. Céline, 1933 ; *La mort du roi Tsongor*, L. Gaudé, 2002).	• Cette tonalité est repérable à la présence de figures d'**amplification**, de **verbes d'action** et de **mouvement**, des **champs lexicaux** de la **guerre** et de la **force**.	Il se couchait, puis se redressait, s'effaçait dans un coin de porte, puis bondissait, disparaissait, reparaissait, se sauvait, revenait, ripostait à la mitraille par des pieds de nez, et cependant pillait les cartouches, vidait les gibernes et remplissait son panier. Les insurgés, haletants d'anxiété, le suivaient des yeux. La barricade tremblait ; lui, il chantait. (HUGO)
	• Des éléments relevant du **merveilleux** (présence d'éléments surnaturels) sont souvent présents.	Tsongor ne pleurait pas. Non. Il lui semblait voir passer une colonne de fous. Assoiffés de sang. Il se tenait immobile. Et n'essayait même pas de les appeler. Que du mépris. Il n'avait que du mépris pour ces combattants qui s'étaient tués jusqu'au dernier. Non. Il ne pleurait pas. Les morts, en passant devant lui, le sentirent et baissèrent la tête. Tsongor était là qui les jugeait de son regard d'ancêtre. (GAUDÉ)

Repérer et interpréter la tonalité dramatique

1 Pour quelles raisons peut-on dire que la rencontre de Manon et du chevalier Des Grieux est dramatisée ?

Elle me parut si charmante que moi, qui n'avais jamais pensé à la différence des sexes ni regardé une fille avec un peu d'attention, moi dis-je, dont tout le monde admirait la sagesse et la retenue, je me trouvai enflammé tout d'un coup jusqu'au transport. J'avais le défaut d'être excessivement timide et facile à déconcerter ; mais loin d'être arrêté alors par cette faiblesse, je m'avançai vers la maîtresse de mon cœur. Quoiqu'elle fût encore moins âgée que moi, elle reçut mes politesses sans paraître embarrassée.

Abbé Prévost, *Manon Lescaut*, 1731.

2 a. Indiquez les actions qu'accomplit le héros.
b. Quel est le temps majoritairement employé dans les passages narratifs ? Avec quelle valeur ?
c. Quels autres procédés renforcent la tonalité dramatique de ce passage ?

Alfred de Nerval tente tout au long du roman de sauver Pauline d'une mort certaine. Pauline vient d'absorber du poison quand Alfred la découvre.

– Partons, partons, lui dis-je, chaque minute peut être mortelle.

– Je commence à souffrir, dit-elle en se relevant.

Une sueur froide me passa sur le front, je la pris dans mes bras comme je l'aurais fait d'un enfant, je traversai les ruines, je sortis du cloître et je descendis en courant la montagne : arrivé sur la plage, je vis de loin le feu de mes deux hommes. […]

– Souffrez-vous davantage ?

– Oui, me dit Pauline.

Ce que j'éprouvais était quelque chose de pareil au désespoir : pas de secours, pas de contre-poison ; tout à coup je pensai à l'eau de mer, j'en remplis un coquillage qui se trouvait au fond de la barque et je le présentai à Pauline.

– Buvez, lui dis-je.

Alexandre Dumas, *Pauline*, 1838.

3 a. Quelles émotions ressent le lecteur face à la découverte du peintre ?
b. Comment le fantastique vient-il renforcer la tonalité dramatique de cet extrait ?

Le peintre Basil Hallward revoit après plusieurs semaines un portrait de Dorian Gray qu'il a réalisé.

Un cri d'épouvante jaillit des lèvres du peintre, lorsqu'il vit à la faible lueur de la lampe, la hideuse figure qui semblait grimacer sur la toile. Il y avait dans cette expression quelque chose qui le remplit de dégoût et d'effroi. Ciel ! Cela pouvait-il être la face, la propre face de Dorian Gray ? L'horreur, quelle qu'elle fut cependant, n'avait pas entièrement gâté cette beauté merveilleuse. De l'or demeurait dans la chevelure éclaircie et la bouche sensuelle avait encore de son écarlate. Les yeux boursouflés avaient gardé quelque chose de la pureté de leur azur, et les courbes élégantes des narines finement ciselées et du cou puissamment modelé n'avaient pas entièrement disparu. Oui, c'était bien Dorian lui-même. Mais qui avait fait cela ? Il lui sembla reconnaître sa peinture, et le cadre était bien celui qu'il avait dessiné. L'idée était monstrueuse, il s'en effraya !

Oscar Wilde, *Le Portrait de Dorian Gray*, 1890.

Analyser la tonalité épique

4 a. Identifiez les procédés qui donnent à ce passage une tonalité épique.
b. Quel ennemi affronte le personnage ?
c. En quoi la nature de cet ennemi relève-t-elle du merveilleux ?

THÉRAMÈNE

Un effroyable cri, sorti du fond des flots,
Des airs en ce moment a troublé le repos ;
Et du sein de la terre, une voix formidable
Répond en gémissant à ce cri redoutable.
Jusqu'au fond de nos cœurs notre sang s'est glacé ;
Des coursiers attentifs le crin s'est hérissé.
Cependant, sur le dos de la plaine liquide,
S'élève à gros bouillons une montagne humide ;
L'onde approche, se brise, et vomit à nos yeux,
Parmi des flots d'écume, un monstre furieux.
Son front large est armé de cornes menaçantes ;
Tout son corps est couvert d'écailles jaunissantes ;
Indomptable taureau, dragon impétueux,
Sa croupe se recourbe en replis tortueux.
Ses longs mugissements font trembler le rivage.

Jean Racine, *Phèdre*, Acte V, scène 6, 1677.

5 a. Relevez les éléments qui constituent une personnification du puits.
b. Quelle est la fonction de cette personnification ?

Étienne, le héros du roman, observe les mineurs qui descendent dans le puits de la mine pour aller extraire du charbon.

Il ne comprenait bien qu'une chose : le puits avalait des hommes par bouchées de vingt et de trente, et d'un coup de gosier si facile, qu'il semblait ne pas les sentir passer. […] Sans un bruit, d'un jaillissement doux de bête nocturne, la cage de fer montait du noir, se calait sur les verrous, avec ses quatre étages contenant chacun deux berlines pleines de charbon. […] Un ordre partait du porte-voix, un beuglement sourd et indistinct, pendant qu'on tirait quatre fois la corde du signal d'en bas, « sonnant à la viande », pour prévenir de ce chargement de chair humaine.

Émile Zola, *Germinal*, 1885.

Fiche 24

Les tonalités lyrique et élégiaque

1 La tonalité lyrique : la musique du cœur

Définition	Procédés	Exemples
Le **lyrisme** tire son origine de l'instrument de musique, la **lyre**, offerte par le dieu **Apollon** à **Orphée**, et grâce à laquelle le poète charme ceux qui l'entendent. Le lyrisme relie donc originellement **poésie** et **musique**.	• L'emploi de la **première personne** du singulier, et l'expression des **sentiments** caractérisent en premier lieu le lyrisme. • Utilisation de l'**apostrophe**, d'une **ponctuation expressive**, de **figures de style**, et recours à la **musicalité des mots et des phrases**.	Bouche qui d'un cœur gracieux Savez tant bien dire et répondre, Répondez-moi : doit mon cœur fondre Devant vous, comme au feu la cire ? (MAROT) Marie, qui voudrait votre beau nom tourner, Il trouverait Aimer : aimez-moi donc, Marie, Faites cela vers moi dont votre nom vous prie, Votre amour ne se peut en meilleur lieu donner. (RONSARD)

2 Le lyrisme romanesque

Définition	Procédés	Exemples
Le **lyrisme romanesque** se caractérise par l'expression d'un **individu** qui laisse vagabonder son esprit **parfois** vers des **réflexions métaphysiques**. Le sujet lyrique romanesque est souvent en lien étroit avec la **nature**.	• Emploi de la **première personne** du singulier, expression des **émotions**, et des **sensations** physiques **exaltées**. • Usage de **figures d'analogie**, recherche de la **musicalité** des mots, **phrases amples**. • Parfois, **champs lexicaux** de la nature ou de la rêverie.	Le flux et reflux de cette eau, son bruit continu mais renflé par intervalles frappant sans relâche mon oreille et mes yeux, suppléaient aux mouvements internes que la rêverie éteignait en moi et suffisaient pour me faire sentir avec plaisir mon existence sans prendre la peine de penser. De temps à autre naissait quelque faible et courte réflexion sur l'instabilité des choses de ce monde dont la surface des eaux m'offrait l'image. (ROUSSEAU)

3 La tonalité élégiaque : la plainte

Définition	Procédés	Exemples
Dans l'Antiquité, une élégie (du grec « plainte, gémissement ») était un **chant** composé à la **mort** d'une personne. Elle devient un poème lyrique qui peint douleurs et **tourments**.	• Le lexique renvoie aux thème de **l'amour**, de la **mort**, de la **fuite du temps** et de la **mélancolie**. • **Ponctuation expressive** qui met en valeur **la plainte, la tristesse**.	En verrai-je jamais la fin, De vos œuvres, Mélancolie ? Quand au soir de vous me délie Vous me rattachez au matin. (D'ORLÉANS) Ah ! des pleurs ! des regrets ! lisez, amis. C'est elle. On m'outrage, on me chasse, et puis on me rappelle. (CHÉNIER)

Exercices

Identifier et analyser le lyrisme dans la poésie

1 Quelles sont les marques du lyrisme dans le poème suivant ?

Ce n'est pas étonnant si je chante
Mieux que tous les autres chanteurs :
Mon cœur répond plus fort à l'appel de l'amour
Et j'obéis mieux à ses ordres !
Cœur et corps, savoir et sens,
Ma force et ma puissance,
Le frein[1] me tire tellement vers l'amour
Que je ne tourne pas mon attention ailleurs.

Bernard de Ventadour,
Chanson à la gloire de l'amour, vers 1180.

1. Mors que l'on met dans la bouche du cheval.

2 a. Comment Du Bellay manifeste-t-il son attachement à son pays natal ?
b. Quels procédés rendent ce poème lyrique ?

Ô de qui la vive course
Prend sa bienheureuse source,
D'une argentine fontaine,
Qui d'une fuite lointaine,
Te rends au sein fluctueux
De l'Océan monstrueux,
Loire, hausse ton chef ores
Bien haut, et bien haut encores,
Et jette ton œil divin
Sur ce pays Angevin,
Le plus heureux et fertile,
Qu'autre où ton onde distille.

Joachim du Bellay « Au fleuve Loire »,
L'Olive, 1550.

3 a. En quoi ce passage en prose est-il lyrique ?
b. Relevez les termes, les procédés d'écriture et les figures d'analogie qui vous permettent de répondre.
c. Quelles réflexions la communion avec la nature suscite-t-elle chez l'auteur ?

Ici même, je sais que jamais je ne m'approcherai assez du monde. Il me faut être nu et puis plonger dans la mer, encore tout parfumé des essences de la terre, laver celles-ci dans celle-là, et nouer sur ma peau l'étreinte pour laquelle soupirent lèvres à lèvres depuis si longtemps la terre et la mer. […]

Je comprends ici ce qu'on appelle gloire : le droit d'aimer sans mesure. Il n'y a qu'un seul amour dans ce monde. Étreindre un corps de femme, c'est aussi retenir contre soi cette joie étrange qui descend du ciel vers la mer. Tout à l'heure, quand je me jetterai dans les absinthes[1] pour me faire entrer leur parfum dans le corps, j'aurai conscience, contre tous les préjugés, d'accomplir une vérité qui est celle du soleil et sera aussi celle de ma mort. Dans un sens, c'est bien ma vie que je joue ici, une vie à goût de pierre chaude, pleine de soupirs de la mer et des cigales qui commencent à chanter maintenant. La brise est fraîche et le ciel bleu. J'aime cette vie avec abandon et veux en parler avec liberté : elle me donne l'orgueil de ma condition d'homme.

Albert Camus, *Noces*, « Noces à Tipasa »,
© Gallimard, 1939.

1. Plante médicinale dont on tire un alcool.

Analyser la tonalité élégiaque

4 Comment La Fontaine utilise-t-il la tonalité élégiaque pour émouvoir son lecteur ?

Amants, heureux amants, voulez-vous voyager ?
Que ce soit aux rives prochaines ;
Soyez-vous l'un à l'autre un monde toujours beau,
Toujours divers, toujours nouveau ;
Tenez-vous lieu de tout, comptez pour rien le reste.
J'ai quelquefois aimé : je n'aurais pas alors
Contre le Louvre et ses trésors,
Contre le firmament et sa voûte céleste,
Changé les bois, changé les lieux
Honorés par les pas, éclairés par les yeux
De l'aimable et jeune bergère
Pour qui, sous le fils de Cythère[1],
Je servis, engagé par mes premiers serments.
Hélas ! Quand reviendront de semblables moments ?
Faut-il que tant d'objets si doux et si charmants
Me laissent vivre au gré de mon âme inquiète ?
Ah ! si mon cœur osait encor se renflammer !
Ne sentirai-je plus de charme qui m'arrête ?
Ai-je passé le temps d'aimer ?

La Fontaine, « Les deux Pigeons », *Fables*, Livre 9, 1668.

1. Sous les ordres de l'amour.

5 Quels thèmes confèrent à ces strophes une tonalité élégiaque ?

Adieu le cœur, que j'estimais si bon,
Juste, loyal, que nul n'était semblable :
D'une chose vous demande pardon,
C'est que par trop vous ai cru véritable.
Adieu le siège où amour honorable
Devait régner, mais je vois qu'amour fol
Le conduit tant, qu'il en est trop muable.

Adieu le cœur, pour la fin de mon rôle,
Donnant au mien mort irrémédiable,
Par ferme foi et amour perdurable :
Je ne puis plus écrire une parole.

Marguerite de Navarre (1492-1549), « Les Adieux ».

Distinguer les points de vue

▶ Le point de vue désigne la situation à partir de laquelle une scène est racontée. Il peut changer au sein d'une œuvre ou d'un texte.

1 Le point de vue omniscient

Caractéristiques	Exemples
• Le mot « omniscient » vient du latin *scire* : savoir et *omnis* : tout. • L'action est présentée à travers les yeux d'un **narrateur extérieur** à l'histoire, qui **sait tout** des personnages : passé, présent, avenir, sentiments, pensées. Il peut **intervenir** dans le récit pour commenter. • Le récit se fait à la **3e personne** du singulier. • Le lecteur a l'impression de **surplomber** le récit. • C'est un type de point de vue très prisé par les **auteurs réalistes du XIXe siècle** pour donner l'illusion de la réalité.	Nous avouerons que notre héros était fort peu héros en ce moment. Toutefois la peur ne venait chez lui qu'en seconde ligne ; il était surtout scandalisé de ce bruit qui lui faisait mal aux oreilles. (STENDHAL) → Le narrateur traduit les émotions de son personnage ; il se moque de son idéalisme qui ne résiste pas à l'épreuve de la guerre.

2 Le point de vue interne

Caractéristiques	Exemples
• L'action est présentée à travers les yeux d'un **personnage de l'histoire**. On dit alors qu'il s'agit d'un **narrateur personnage**. Son point de vue est **subjectif.** • Le récit se fait à la **1e ou à la 3e personne.**	Aujourd'hui, maman est morte. Ou peut-être hier, je ne sais pas. (CAMUS) → Le lecteur découvre la situation à travers les yeux du personnage.

3 Le point de vue externe

Caractéristiques	Exemples
• L'action est présentée à travers les yeux d'un narrateur extérieur à l'intrigue qui ne porte aucun jugement. • Le récit se fait à la **3e personne ou à la 1re personne**. • Le lecteur a une impression d'**objectivité** du fait de l'absence de commentaires. Le **lecteur** a peu d'informations sur l'intrigue et l'observe donc de loin. • Les auteurs du **Nouveau roman**, qui laissent de côté le personnage et son intériorité, utilisent souvent ce point de vue.	Lol V. Stein est née ici, à S. Tahla [...]. Elle a un frère plus âgé qu'elle de neuf ans – je ne l'ai jamais vu – on dit qu'il vit à Paris. Ses parents sont morts. (DURAS) → Le narrateur est extérieur à l'intrigue et affirme n'avoir aucune certitude.

Identifier le point de vue

1 a. Relevez les indices qui révèlent le point de vue utilisé dans ce texte.

b. Que provoque la lecture chez le personnage d'Emma ?

Emma Bovary, au couvent, emprunte des romans à l'une des sœurs chargées de son éducation.

Avec Walter Scott, plus tard, elle s'éprit de choses historiques, rêva bahuts, salle des gardes et ménestrels. Elle aurait voulu vivre dans quelque vieux manoir, comme ces châtelaines au long corsage, qui, sous le trèfle des ogives, passaient leurs jours, le coude sur la pierre et le menton dans la main, à regarder venir du fond de la campagne un cavalier à plume blanche qui galope sur un cheval noir. Elle eut dans ce temps-là le culte de Marie Stuart, et des vénérations enthousiastes à l'endroit des femmes illustres ou infortunées. Jeanne d'Arc, Héloïse, Agnès Sorel, la belle Ferronnière et Clémence Isaure, pour elle, se détachaient comme des comètes sur l'immensité ténébreuse de l'histoire, où saillissaient encore çà et là, mais plus perdus dans l'ombre et sans aucun rapport entre eux, saint Louis avec son chêne, Bayard mourant, quelques férocités de Louis XI, un peu de Saint-Barthélemy, le panache du Béarnais, et toujours le souvenir des assiettes peintes où Louis XIV était vanté.

Gustave Flaubert, *Madame Bovary*, 1857.

2 a. Dans cet extrait, quel point de vue est adopté pour décrire le champ de bataille durant la Première Guerre mondiale ? Justifiez votre réponse.

b. Réécrivez ce passage en adoptant un autre point de vue de votre choix.

La fusée d'alarme de Castellac, peut-être, nous a coûté la vie. Elle a jailli dans le ciel avec un sifflement de pétard, et elle disait aux ennemis où nous étions. Ils n'avaient plus qu'à ajuster le tir, sans se presser même, car elle retombait lentement, comme un galet dans l'océan. La fusée d'alarme nous a tués mais pourtant je suis reconnaissant à Castellac d'avoir eu ce geste. Nous mourions comme des rats. Tirés comme du gibier. Sans plus de force pour nous battre, sans plus de force même pour nous retourner, juste le réflexe de courir comme une bête face à son prédateur. Tirer cette fusée, c'était prendre le temps de se retourner et de regarder la meute en face, c'était faire un dernier signe aux camarades, là-bas, à l'abri. C'était dire adieu. Et comme plus aucun d'entre nous n'avait la force de crier, comme aucun hurlement n'aurait couvert le bruit crépitant de la mitraille, ce faisceau bleu qui a fait crisser le ciel a été notre dernier mot, et c'est à Castellac que nous le devons.

Laurent Gaudé, *Cris*, © Actes Sud, 2001.

Interpréter l'utilisation d'un point de vue

3 a. Relevez les indices du point de vue adopté dans ce texte.

b. En quoi l'utilisation de ce point de vue contribue-t-elle au romantisme du texte (→ *voir p. 42*) ?

Chactas confie à René sa réaction après la mort tragique de sa bien-aimée, Atala, qui s'est suicidée.

Je n'entreprendrai point, ô René, de te peindre aujourd'hui le désespoir qui saisit mon âme, lorsque Atala eut rendu le dernier soupir. Il faudrait avoir plus de chaleur qu'il ne m'en reste ; il faudrait que mes yeux fermés se pussent rouvrir au soleil, pour lui demander compte des pleurs qu'ils versèrent à sa lumière. Oui, cette lune qui brille à présent sur nos têtes se lassera d'éclairer les solitudes du Kentucky ; oui, le fleuve qui porte maintenant nos pirogues suspendra le cours de ses eaux, avant que mes larmes cessent de couler pour Atala ! Pendant deux jours entiers, je fus insensible aux discours de l'ermite. En essayant de calmer mes peines, cet excellent homme ne se servait point des vaines raisons de la terre, il se contentait de me dire : Mon fils, c'est la volonté de Dieu, et il me pressait dans ses bras. Je n'aurais jamais cru qu'il y eût tant de consolation dans ce peu de mots du chrétien résigné, si je ne l'avais éprouvé moi-même.

François-René de Chateaubriand, *René*, 1802.

4 a. Identifiez le point de vue dans cet extrait du premier chapitre du *Tour du monde en 80 jours*.

b. Quel est l'intérêt d'adopter ce point de vue dans les premières pages d'un roman ?

On ne connaissait à Phileas Fogg ni femme ni enfants, – ce qui peut arriver aux gens les plus honnêtes, – ni parents ni amis, – ce qui est plus rare en vérité. Phileas Fogg vivait seul dans sa maison de Saville-row, où personne ne pénétrait. De son intérieur, jamais il n'était question. Un seul domestique suffisait à le servir. Déjeunant, dînant au club à des heures chronométriquement déterminées, dans la même salle, à la même table, ne traitant point[1] ses collègues, n'invitant aucun étranger, il ne rentrait chez lui que pour se coucher, à minuit précis, sans jamais user de ces chambres confortables que le Reform-Club tient à la disposition des membres du cercle. Sur vingt-quatre heures, il en passait dix à son domicile, soit qu'il dormît, soit qu'il s'occupât de sa toilette. S'il se promenait, c'était invariablement, d'un pas égal, dans la salle d'entrée parquetée en marqueterie, ou sur la galerie circulaire, au-dessus de laquelle s'arrondit un dôme à vitraux bleus, que supportent vingt colonnes ioniques en porphyre[2] rouge.

Jules Verne, *Le Tour du monde en 80 jours*, 1872.

1. Ne parlant pas à. **2.** Roche volcanique.

Fiche 26

▶ Outils d'analyse : étudier un texte narratif

Les rythmes et l'ordre du récit

▶ **Dans un récit, l'auteur est maître de l'organisation des événements racontés. Il peut mettre l'accent sur certains moments en leur accordant davantage de place ou au contraire les résumer, voire ne pas les raconter. Il peut aussi bouleverser la chronologie.**

1 Les rythmes du récit

Caractéristiques	Exemples
La scène Une scène repose sur une **correspondance** entre le **temps de la narration** et la **durée réelle** du passage. Une scène contient souvent des **dialogues**.	– Réponds-moi sans mentir, si tu le peux, chien de *lisard* ; d'où connais-tu madame de Rênal ? quand lui as-tu parlé ? – Je ne lui ai jamais parlé, répondit Julien, je n'ai jamais vu cette dame qu'à l'église. – Mais tu l'auras regardée, vilain effronté ? – Jamais ! Vous savez qu'à l'église je ne vois que Dieu, ajouta Julien, avec un petit air hypocrite, tout propre, selon lui, à éloigner le retour des taloches. (STENDHAL)
Le sommaire Un sommaire correspond au **résumé** d'une action par le narrateur.	Et ils vécurent heureux jusqu'à leur mort. (GRIMM)
L'ellipse Une ellipse correspond à un temps de l'histoire que le récit **passe sous silence**, soit parce qu'il ne présente pas un intérêt suffisant, soit pour laisser libre l'imagination du lecteur.	Une fois la première semaine écoulée, il dit à sa jeune compagne : – Si tu veux, nous partirons pour Paris mardi prochain. (MAUPASSANT)

2 La chronologie

Caractéristiques	Exemples
La prolepse La prolepse anticipe sur la suite du récit en évoquant **un fait à venir.**	Mais j'étais né pour les courtes joies et les longues douleurs. La fortune ne me délivra d'un précipice que pour me faire tomber dans un autre. (ABBÉ PRÉVOST)
L'analepse **L'analepse** est un **retour en arrière.** Elle correspond **au flash-back** cinématographique. Ce procédé narratif est souvent utilisé afin d'apporter des explications, compléter l'intrigue ou dynamiser le récit.	Il avait prêté plusieurs fois de l'argent à madame Vauquer et à quelques pensionnaires ; mais ses obligés seraient morts plutôt que de ne pas le lui rendre, tant, malgré son air bonhomme, il imprimait de crainte par un certain regard profond et plein de résolutions. (BALZAC)

Exercices

Étudier les rythmes d'un récit

1 a. Repérez le moment où le récit passe un événement sous silence.

b. Analysez l'effet produit.

Rodolphe se mit à lui parler de son amour. Il ne l'effraya point d'abord par des compliments. Il fut calme, sérieux, mélancolique.

Emma l'écoutait la tête basse, et tout en remuant, avec la pointe de son pied, des copeaux par terre. […]

– Oh ! Rodolphe !… fit lentement la jeune femme en se penchant sur son épaule.

Le drap de sa robe s'accrochait au velours de l'habit. Elle renversa son cou blanc, qui se gonflait d'un soupir ; et, défaillante, tout en pleurs, avec un long frémissement et se cachant la figure, elle s'abandonna.

Les ombres du soir descendaient ; le soleil horizontal, passant entre les branches, lui éblouissait les yeux. Çà et là, tout autour d'elle, dans les feuilles ou par terre, des taches lumineuses tremblaient, comme si des colibris, en volant, eussent éparpillé leurs plumes. Le silence était partout ; quelque chose de doux semblait sortir des arbres ; elle sentait son cœur, dont les battements recommençaient, et le sang circuler dans sa chair comme un fleuve de lait.

Gustave Flaubert, *Madame Bovary*, 1857.

2 a. Repérez dans l'extrait proposé des passages qui correspondent à un sommaire, à une scène et à une ellipse.

b. Quelles sont les conséquences de ces changements de rythme ?

Nous sommes arrivés en nage chez Céleste. Il était toujours là, avec son gros ventre, son tablier et ses moustaches blanches. Il m'a demandé si « ça allait quand même ». Je lui ai dit que oui et que j'avais faim. J'ai mangé très vite et j'ai pris du café. Puis je suis rentré chez moi, j'ai dormi un peu parce que j'avais trop bu de vin et, en me réveillant, j'ai eu envie de fumer. Il était tard et j'ai couru pour attraper un tram. J'ai travaillé tout l'après-midi. Il faisait très chaud dans le bureau et le soir, en sortant, j'ai été heureux de revenir en marchant lentement le long des quais. Le ciel était vert, je me sentais content. Tout de même, je suis rentré directement chez moi parce que je voulais me préparer des pommes de terre bouillies.

En montant, dans l'escalier noir, j'ai heurté le vieux Salamano, mon voisin de palier. Il était avec son chien. Il y a huit ans qu'on les voit ensemble. L'épagneul a une maladie de peau, le rouge, je crois, qui lui fait perdre presque tous ses poils et qui le couvre de plaques et de croûtes brunes. À force de vivre avec lui, seuls tous les deux dans une petite chambre, le vieux Salamano a fini par lui ressembler.

Albert Camus, *L'Étranger*, © Gallimard, 1942.

Repérer et analyser les ruptures chronologiques

3 a. Dans le récit suivant, identifiez les procédés qui perturbent la chronologie.

b. Restituez la succession des événements dans l'ordre dans lequel ils se sont déroulés.

La fille Prudent [Rosalie], bonne chez les époux Varambot, de Mantes, devenue grosse[1] à l'insu de ses maîtres, avait accouché, pendant la nuit, dans sa mansarde, puis tué et enterré son enfant dans le jardin.

C'était là l'histoire courante de tous les infanticides accomplis par les servantes. Mais un fait demeurait inexplicable. La perquisition opérée dans la chambre de la fille Prudent avait amené la découverte d'un trousseau complet d'enfant, fait par Rosalie elle-même, qui avait passé ses nuits à le couper et à le coudre pendant trois mois. L'épicier chez qui elle avait acheté de la chandelle, payée sur ses gages, pour ce long travail, était venu témoigner. De plus, il demeurait acquis que la sage-femme du pays, prévenue par elle de son état, lui avait donné tous les renseignements et tous les conseils pratiques pour le cas où l'accident arriverait dans un moment où les secours demeureraient impossibles. Elle avait cherché en outre une place à Poissy pour la fille Prudent qui prévoyait son renvoi, car les époux Varambot ne plaisantaient pas sur la morale.

Guy de Maupassant, « Rosalie Prudent »,
La Petite Roque, 1886.

1. Tombée enceinte.

4 a. Dans l'extrait suivant, relevez et identifiez les ruptures dans la chronologie du récit.

b. Imaginez une suite au texte sous la forme d'une analepse.

Le Comte de Monte-Cristo *est le récit de la vengeance d'un homme, Edmond Dantès, injustement accusé de trahison et enfermé dans la prison du château d'If. Il revient des années plus tard au même endroit mais sous l'identité du Comte de Monte-Cristo.*

Monte-Cristo se rappela qu'à ce même endroit, sur ce même rocher, il avait été violemment traîné par ses gardes, et qu'on l'avait forcé de monter cette rampe en lui piquant les reins avec la pointe d'une baïonnette.

La route avait autrefois semblé bien longue à Dantès. Monte-Cristo l'avait trouvée bien courte ; chaque coup de rame avait fait jaillir avec la poussière humide de la mer un million de pensées et de souvenirs. Depuis la Révolution de Juillet, il n'y avait plus de prisonniers au château d'If ; un poste destiné à empêcher de faire la contrebande habitait seul ses corps de garde ; un concierge attendait les curieux à la porte pour leur montrer ce monument de terreur, devenu un monument de curiosité.

Alexandre Dumas, *Le Comte de Monte-Cristo*, 1844.

La description et ses fonctions

▶ **Un récit est constitué d'une succession d'événements qui mettent en scène des personnages et doivent être situés dans un cadre spatio-temporel. C'est le rôle de la description. Il existe plusieurs types de description : les portraits, les paysages, les descriptions d'objets.**

1 Les indices de la description

Caractéristiques	Exemple
Dans les textes descriptifs, on trouve généralement : • des expansions du nom (adjectifs, compléments du nom et propositions subordonnées relatives…) qui apportent des précisions sur le sujet décrit ; • le champ lexical des **cinq sens**, en particulier des verbes de perception ; • des indicateurs de lieux (prépositions, adverbes) qui permettent de situer. La description obéit à un ordre : elle part du général vers le particulier ou suit des plans successifs. • des verbes conjugués au **présent** et/ou à l'imparfait.	Mais ils ne sortirent pas tout de suite ; elle eut la curiosité d'aller regarder, au fond, derrière la barrière de chêne, le grand alambic de cuivre rouge, qui fonctionnait sous le vitrage clair de la petite cour. (ZOLA)

2 L'expression de la subjectivité dans la description

La **fonction référentielle** de la description. Elle permet au lecteur de se représenter le cadre et les personnages est généralement reliée à une **fonction symbolique** : la description dit davantage que ce qui est représenté.

Caractéristiques	Exemples
Le point de vue • Un paysage ou une personne sont perçus par le **narrateur omniscient** ou par un ou plusieurs **personnages**. • Des indications sur **l'état d'esprit** du personnage ou sa **vision du monde** se dégagent de la description.	Michel Strogoff était haut de taille, vigoureux, épaules larges, poitrine vaste. Sa tête puissante présentait les beaux caractères de la race caucasique. Ses membres, bien attachés, étaient autant de leviers, disposés mécaniquement pour le meilleur accomplissement des ouvrages de force. (VERNE)
Des figures de style • Des **métaphores** et des **comparaisons** révèlent la fonction de ce qui est décrit dans le récit. • Le paysage peut alors avoir une **fonction poétique**, en s'adressant à l'imagination du lecteur.	Au fond à droite, mais beaucoup plus loin, une pente finissait dans le ciel, portant sur son épaule le troisième piton de roches, penché en arrière, qui dominait tout le paysage. – « Ça, c'est Garlaban. Aubagne est de l'autre côté, juste au pied. » (PAGNOL)

Analyser un portrait

1 a. Dans cet extrait, quels éléments composent le portrait physique de Carmen ?

b. Relevez les mots évoquant les cinq sens.

c. Quelle impression se dégage de ce personnage ?

Je levai les yeux, et je la vis. C'était un vendredi, et je ne l'oublierai jamais. Je vis cette Carmen que vous connaissez, chez qui je vous ai rencontré il y a quelques mois.

Elle avait un jupon rouge fort court qui laissait voir des bas de soie blancs avec plus d'un trou, et des souliers mignons de maroquin rouge attachés avec des rubans couleur de feu. Elle écartait sa mantille afin de montrer ses épaules et un gros bouquet de cassie[1] qui sortait de sa chemise. Elle avait encore une fleur de cassie dans le coin de la bouche, et elle s'avançait en se balançant sur ses hanches comme une pouliche du haras[2] de Cordoue.

Prosper Mérimée, *Carmen*, 1847.

1. Arbre proche du mimosa. 2. Lieu où l'on élève des chevaux.

2 Comment le portrait de Forestier révèle-t-il la catégorie sociale à laquelle il appartient ?

Georges Duroy, récemment installé à Paris, rencontre son ancien camarade, Forestier, devenu journaliste.

Duroy, surpris, le regardait. Il était bien changé, bien mûri. Il avait maintenant une allure, une tenue, un costume d'homme posé, sûr de lui, et un ventre d'homme qui dîne bien. Autrefois il était maigre, mince et souple, étourdi, casseur d'assiettes, tapageur et toujours en train. En trois ans Paris en avait fait quelqu'un de tout autre, de gros et de sérieux, avec quelques cheveux blancs sur les tempes, bien qu'il n'eût pas plus de vingt-sept ans.

Guy de Maupassant, *Bel-Ami*, 1885.

3 En vous appuyant sur une analyse précise des temps verbaux, du lexique utilisé et des expansions du nom, vous montrerez l'originalité de cet autoportrait.

Michel Leiris, au début de son autobiographie L'Âge d'homme, *dresse ce portrait de lui-même.*

Je viens d'avoir trente-quatre ans, la moitié de la vie. Au physique, je suis de taille moyenne, plutôt petit. J'ai des cheveux châtains coupés court afin d'éviter qu'ils ondulent, par crainte aussi que ne se développe une calvitie menaçante. […]

Ma tête est plutôt grosse pour mon corps ; j'ai les jambes un peu courtes par rapport à mon torse, les épaules trop étroites relativement aux hanches. Je marche le haut du corps incliné en avant ; j'ai tendance, lorsque je suis assis, à me tenir le dos voûté ; ma poitrine n'est pas très large et je n'ai guère de muscles. J'aime à me vêtir avec le maximum d'élégance ; pourtant, à cause des défauts que je viens de relever dans ma structure et de mes moyens qui, sans que je puisse me dire pauvre, sont plutôt limités, je me juge d'ordinaire profondément inélégant ; j'ai horreur de me voir à l'improviste dans une glace car, faute de m'y être préparé, je me trouve à chaque fois d'une laideur humiliante.

Michel Leiris, *L'Âge d'homme*, © Gallimard, 1939.

Analyser une description

4 a. Quels sont les contrastes et les jeux d'opposition dans ce tableau de Paris ?

b. Quel est le point de vue adopté pour cette description ? Quel est l'effet produit ?

À midi, tout est vivant, les cheminées fument, le monstre mange ; puis il rugit, puis ses mille pattes s'agitent. Beau spectacle ! Mais, ô Paris ! qui n'a pas admiré tes sombres paysages, tes échappées de lumière, tes culs-de-sac profonds et silencieux ; qui n'a pas entendu tes murmures, entre minuit et deux heures du matin, ne connaît encore rien de ta vraie poésie, ni de tes bizarres et larges contrastes. Il est un petit nombre d'amateurs, de gens qui ne marchent jamais en écervelés, qui dégustent leur Paris, qui en possèdent si bien la physionomie qu'ils y voient une verrue, un bouton, une rougeur. Pour les autres, Paris est toujours cette monstrueuse merveille, étonnant assemblage de mouvements, de machines et de pensées, la ville aux cent mille romans, la tête du monde. Mais, pour ceux-là, Paris est triste ou gai, laid ou beau, vivant ou mort ; pour eux, Paris est une créature ; chaque homme, chaque fraction de maison est un lobe du tissu cellulaire de cette grande courtisane de laquelle ils connaissent parfaitement la tête, le cœur et les mœurs fantasques.

Honoré de Balzac, *Ferragus*, 1833.

5 a. Quels éléments composent ce paysage ?

b. Quel est le sens le plus convoqué ?

c. Cette description de paysage a-t-elle une fonction référentielle ? Justifiez votre réponse.

L'empereur, penché en avant, la main sur les yeux, regardait s'éloigner la barque de Wang qui n'était plus qu'une tache imperceptible dans la pâleur du crépuscule. Une buée d'or s'éleva et se déploya sur la mer. Enfin, la barque vira autour d'un rocher qui fermait l'entrée du large ; le sillage s'effaça de la surface déserte, et le peintre Wang-Fô et son disciple Ling disparurent à jamais sur cette mer de jade bleu que Wang-Fô venait d'inventer.

Marguerite Yourcenar, « Comment Wang-Fô fut sauvé », *Nouvelles orientales*, © Gallimard, 1938.

Étudier la structure d'un récit

1 La structure

Le début du roman	• **Le prologue** se situe **avant** (*pro*) le récit, le discours (*logos*). Il ne fait pas partie du récit, mais l'annonce, le présente. Il fait office de préface ou de préambule, et permet généralement de situer les personnages et l'action avant qu'elle commence. • L'**incipit** (du verbe latin *incipio* : « commencer ») correspond aux premières lignes, aux premières pages, voire au premier chapitre du récit. Il renvoie à la **situation initiale** du schéma narratif. Un incipit doit remplir plusieurs fonctions : – présenter les **personnages**, le **cadre** spatio-temporel, l'**intrigue ;** – donner envie de poursuivre la lecture (**fonction d'accroche**) ; – indiquer à quel genre le récit appartient (**pacte de lecture**). Par ce pacte, le lecteur s'engage de manière implicite à croire à l'univers proposé par l'auteur. Lorsque le lecteur est plongé directement dans une action en cours au moment où commence le récit, on parle d'incipit « ***in medias res*** » (*au milieu des choses*).
Le cœur du roman	• Le point culminant de l'histoire, le cœur des péripéties se nomme le **climax**. On trouve aussi parfois les termes **acmée** ou **apogée** du récit. Il se situe généralement vers la fin des aventures, avant le dénouement.
La fin du roman	• L'**excipit** (ou **explicit**) correspond au dernier chapitre, aux dernières pages ou derniers mots du récit. Par rapport au schéma narratif, il renvoie à la **situation finale**. Il permet le plus souvent de faire connaître au lecteur la situation de stabilité retrouvée des personnages. Dans certains cas, la situation n'est pas stabilisée, on parle alors de « **fin ouverte** ». • **L'épilogue** (*epi* : au-dessus ; *logos* : le discours) à l'inverse du prologue permet de faire connaître la situation ou les actions **futures** de certains personnages du roman, ou de laisser libre cours aux réflexions de l'auteur sur son œuvre.

2 Le schéma narratif

La situation initiale	• Il s'agit du **début du récit**, avant que les aventures à proprement parler ne commencent. La situation est généralement stable, l'auteur présente les personnages, le cadre et l'intrigue (voir **incipit** ci-dessus).
L'élément perturbateur	• Il s'agit d'un **personnage** ou d'un **événement** qui vient perturber cette stabilité et déclencher le début des péripéties. Il est souvent introduit par un **connecteur temporel**.
Les péripéties	• On parle parfois de **nœud** ou d'**actions** pour décrire toutes les aventures vécues par le héros ou l'héroïne du récit. Ces péripéties visent un seul but : **résoudre le conflit engendré par l'élément perturbateur** et permettre de retrouver une situation stable.
L'élément de résolution	• Il peut prendre la forme d'un **personnage (adjuvant)** qui vient aider le **protagoniste,** ou d'un événement qui vient dénouer les conflits.
La situation finale	• Le calme est retrouvé, la **situation se fixe** de nouveau, de façon positive ou négative. Lorsqu'un récit appartient à une série constituée de plusieurs tomes, il est fréquent que la situation finale propose une fin ouverte qui engage le lecteur à lire le tome suivant.

Découvrir des incipits

1 a. Imaginez un résumé rapide de l'œuvre qui suit les incipits suivants.

b. Vous pourrez ensuite vérifier à l'aide de résumés trouvés sur Internet ou au CDI si vous aviez vu juste.

c. Indiquez quels incipits sont *in medias res*.

1. Longtemps, je me suis couché de bonne heure. Parfois, à peine ma bougie éteinte, mes yeux se fermaient si vite que je n'avais pas le temps de me dire : « Je m'endors. » (PROUST)

2. J'avais vingt ans. Je ne laisserai personne dire que c'est le plus bel âge de la vie. (NIZAN)

3. Aujourd'hui, maman est morte. Ou peut-être hier, je ne sais pas. J'ai reçu un télégramme de l'asile : « Mère décédée. Enterrement demain. Sentiments distingués. » Cela ne veut rien dire. C'était peut-être hier. (CAMUS)

4. Je ne sais pas trop par où commencer. C'est bien difficile. Il y a tout ce temps parti, que les mots ne reprendront jamais, et les visages aussi, les sourires, les plaies. Mais il faut tout de même que j'essaie de dire. De dire ce qui depuis vingt ans me travaille le cœur. Les remords et les grandes questions. il faut que j'ouvre au couteau le mystère comme un ventre, et que j'y plonge à pleines mains, même si ça ne changera rien à rien. (Ph. CLAUDEL)

5. Vint le moment où la souffrance des autres ne leur suffit plus ; il leur en fallut le spectacle. Aucune qualification n'était nécessaire pour être arrêté. Les rafles se produisaient n'importe où : on emportait tout le monde, sans dérogation possible. Être humain était le critère unique. (NOTHOMB)

Reconnaître les étapes du schéma narratif

2 a. À quels passages du schéma narratif les extraits suivants correspondent-ils ?

b. Quels différents éléments du récit vous ont permis de répondre ?

1. La Barbe bleue se mit à crier si fort que toute la maison en trembla. La pauvre femme descendit, et alla se jeter à ses pieds tout épleurée et tout échevelée. « Cela ne sert à rien, dit la Barbe bleue ; il faut mourir. » Puis, la prenant d'une main par les cheveux, et de l'autre, levant le coutelas en l'air, il allait lui abattre la tête. La pauvre femme, se tournant vers lui, et le regardant avec des yeux mourants, le pria de lui donner un petit moment pour se recueillir.

« Non, non, dit-il, recommande-toi bien à Dieu » et, levant son bras...

Dans ce moment, on heurta si fort à la porte que la Barbe bleue s'arrêta tout court. On l'ouvrit, et aussitôt on vit entrer deux cavaliers, qui mettant l'épée à la main, coururent droit à la Barbe bleue.

Charles Perrault, « La Barbe Bleue », *Contes*, 1697.

2. Il y avait en Westphalie, dans le château de M. le baron de Thunder-ten-tronckh, un jeune garçon à qui la nature avait donné les mœurs les plus douces. Sa physionomie annonçait son âme. Il avait le jugement assez droit, avec l'esprit le plus simple ; c'est, je crois, pour cette raison qu'on le nommait Candide. Les anciens domestiques de la maison soupçonnaient qu'il était fils de la sœur de monsieur le baron et d'un bon et honnête gentilhomme du voisinage, que cette demoiselle ne voulut jamais épouser parce qu'il n'avait pu prouver que soixante et onze quartiers, et que le reste de son arbre généalogique avait été perdu par l'injure du temps.

Voltaire, *Candide*, 1759.

3. Quand la place fut plongée dans la nuit, Adamsberg, appuyé au platane, ouvrit son carnet et en déchira une page. Il réfléchit, puis il écrivit *Camille*. Il attendit un moment, et ajouta *Je*.

Le début d'une phrase, songea-t-il. Ce n'est déjà pas si mal.

Après dix minutes, comme la suite de la phrase ne venait pas, il posa un point après le *Je*, et plia le feuillet autour d'une pièce de cinq.

Puis, d'un pas lent, il traversa la place et déposa son offrande dans l'urne bleue de Joss Le Guern.

Fred Vargas, *Pars vite et reviens tard*,
© Viviane Hamy, 2001.

Prologue ou épilogue ?

3 a. Les passages suivants sont-ils extraits de prologues ou d'épilogues ?

b. Quels éléments vous ont permis de répondre ?

1. Un soir d'été, j'ai eu envie de retourner dans le petit bois qui entoure le château, tout près de notre maison. J'ai demandé à ma fille de m'y accompagner. Rose et moi avons remonté la rue qui mène à la sortie du village [...] La fois précédente, j'avais franchi les limites de la propriété en toute innocence et le hasard m'avait mené non loin du petit cimetière. Qui reposait sous ces pierres ?

Philippe Grimbert, *Un secret*, © Grasset, 2004.

2. Bornons ici cette carrière :
Les longs ouvrages me font peur.
Loin d'épuiser une matière,
On n'en doit prendre que la fleur.
Il s'en va temps que je reprenne
Un peu de forces et d'haleine,
Pour fournir à d'autres projets.

Jean de La Fontaine, *Fables*, VI, 1678.

Étudier un personnage de récit

1 Le personnage au fil des siècles

Le héros antique	**À l'origine**, issu d'une lignée divine et mortelle, le **héros,** d'Ulysse aux chevaliers du Moyen Âge, accomplit des **exploits merveilleux** et sort vainqueur de toutes les situations. Il incarne les **valeurs collectives** d'un groupe dont il est le symbole.
Un héros plus humain	À **partir du XVIe siècle**, le personnage acquiert des valeurs plus humaines. Il a ses faiblesses (Don Quichotte, dans le roman de Cervantes, est fou) et éprouve des sentiments que le lecteur peut lui aussi ressentir (a princesse de Clèves de Mme de La Fayette).
Vers l'anti-héros	• **À partir du XVIIIe siècle**, le personnage incarne parfois les **valeurs les plus sombres** : les héros libertins et manipulateurs (la marquise de Merteuil et le vicomte de Valmont dans *Les Liaisons dangereuses* de Laclos) côtoient alors des héros dépravés (Sade). • **À partir du XIXe siècle** se développe la figure de l'**anti-héros** : –le héros **médiocre**, sans qualités particulières (par exemple Claude Lantier qui se suicide à la fin de *L'Œuvre* de Zola) ; – le héros ordinaire mais **décalé**, qui se trouve plongé au cœur d'une histoire qui le dépasse (Meursault dans *L'Étranger* de Camus) ; – le héros **négatif**, porteur de valeurs mauvaises (Bardamu dans *Voyage au bout de la nuit* de Céline).
La « mort » du personnage de roman	**Au XXe siècle**, avec le **Nouveau roman**, le personnage **se vide de toute identité**. Il ne porte plus de nom, n'a pas de passé ; il n'est qu'une conscience dénuée de certitudes dont l'enjeu n'est plus que de porter **l'écriture** de l'auteur.

2 La construction du personnage

La caractérisation directe	Avec la **description**, l'auteur peut donner un prénom, un nom, une identité précise, un passé, un métier à son personnage, et en faire un **portrait physique et moral** très précis.
La caractérisation indirecte	Le personnage peut également être dévoilé de manière **indirecte** : ses **gestes**, ses **discours**, ses **choix** donnent des indications sur sa personnalité. • Il y a trois façons principales de rapporter les **paroles d'un personnage** : le discours direct, le discours indirect et le discours indirect libre (→ *voir p. 394*).

3 Les fonctions du personnage

La fonction sociale	• Balzac ambitionne de « faire concurrence à l'état civil » en créant ses personnages. Il veut en effet créer des êtres fictifs **plus vrais que nature**, qui s'intégreraient à la société et porteraient sur elle un regard, souvent **critique**, partagé avec le lecteur. • Lorsque le personnage évolue entre le début et la fin du récit, qu'il apprend de ses erreurs et devient plus adulte, on parle de **récit d'apprentissage** (Frédéric Moreau *dans L'Éducation sentimentale* de Flaubert).
La fonction politique	Un personnage peut être le **porte-parole de la voix de l'auteur**, sur des sujets que le romancier dénonce ou défend (le narrateur du *Dernier jour d'un condamné* de Victor Hugo).

Exercices

Identifier et définir un personnage

1 a. Comment décririez-vous chacun des personnages présentés ci-dessous (classe sociale, caractéristiques physiques ou morales, etc.) ?

b. Quels éléments vous ont permis de répondre ?

c. Quels types de discours rapporté les auteurs ont-ils choisi ? Analysez leur effet dans chacun des extraits.

1. Sitôt qu'ils furent dans le bateau, le duc d'Anjou lui demanda à quoi ils devaient une si agréable rencontre, et ce qu'elle faisait au milieu de la rivière. Elle lui répondit, qu'étant partie de Champigni avec le prince son mari, dans le dessein de le suivre à la chasse, s'étant trouvée trop lasse, elle était venue sur le bord de la rivière, où la curiosité de voir prendre un saumon qui avait donné dans un filet, l'avait fait entrer dans ce bateau.

Madame de Lafayette, *La Princesse de Montpensier*, 1662.

2. Mon nom est Soledad.

Je suis née, dans ce pays où les corps sèchent, avec des bras morts incapables d'enlacer et de grandes mains inutiles. Ma mère a avalé tant de sable, avant de trouver un mur derrière lequel accoucher, qu'il m'est passé dans le sang. Ma peau masque un long sablier impuissant à se tarir. Nue sous le soleil peut-être verrait-on par transparence l'écoulement sableux qui me traverse.

Carole Martinez, *Le Cœur cousu*, © Gallimard, 2007.

3. On se mit à table, on mangea la soupe d'abord, puis, pendant que le mari étendait du beurre sur son pain, la femme prit l'œuf et l'examina d'un œil méfiant.

« Si y avait quelque chose dans c't'œuf ?
– Qué que tu veux qu'y ait ?
– J'sais ti, mé ?
– Allons, mange-le, et fais pas la bête. »

Elle ouvrit l'œuf. Il était comme tous les œufs, et bien frais.

Guy de Maupassant, *Conte de Noël*, 1882.

2 a. Les auteurs des extraits suivants ne vous sont pas donnés. Relisez la leçon et dites à quel siècle chacun de ces personnages de roman appartient.

b. Quels éléments vous ont permis de répondre ?

1. Ah, croyez-moi, Vicomte, quand une femme frappe dans le cœur d'une autre, elle manque rarement de trouver l'endroit sensible, et la blessure est incurable.

2. En parlant ainsi, il donna de l'éperon à son cheval Rossinante, sans prendre garde aux avis de son écuyer Sancho, qui lui criait qu'à coup sûr c'était des moulins à vent et non des géants qu'il allait attaquer.

3. Ses yeux s'attachèrent presque avidement entre la colonne de la place Vendôme et le dôme des Invalides, là où vivait ce beau monde dans lequel il avait voulu pénétrer. Il lança sur cette ruche bourdonnante un regard qui semblait par avance en pomper le miel, et dit ces mots grandioses : – À nous deux maintenant !

4. Le boy fait son entrée par la porte ouverte de l'office, tenant à deux mains la soupière pleine de potage. Aussitôt qu'il l'a déposée, A… lui demande de déplacer la lampe qui est sur la table, dont la lumière trop crue – dit-elle – fait mal aux yeux. Le boy soulève l'anse de la lampe et va porter celle-ci à l'autre bout de la pièce, sur le meuble que A… lui indique de sa main gauche étendue.

Repérer les fonctions du personnage

3 a. Lisez les extraits ci-dessous. Quels sont les pouvoirs des personnages de roman, selon les auteurs ?

b. Quel rapport existe-t-il entre la vie réelle et les aventures vécues par les personnages de roman ?

1. Un roman tout à fait pareil à la vie ne serait finalement composé que de points de suspension. Car, de toutes les passions, l'amour, qui est le fond de presque tous nos livres, nous paraît être celle qui s'exprime le moins. […]

Et cependant, grâce à tout ce trucage, de grandes vérités partielles ont été atteintes. Ces personnages fictifs et irréels nous aident à nous mieux connaître et à prendre conscience de nous-mêmes. Ce ne sont pas les héros de roman qui doivent servilement être comme dans la vie, ce sont, au contraire, les êtres vivants qui doivent peu à peu se conformer aux leçons que dégagent les analyses des grands romanciers.

François Mauriac, *Le Romancier et ses personnages*, © Buchet Chastel, 1933.

2. Ces après-midi-là étaient plus remplis d'événements dramatiques que ne l'est souvent toute une vie. C'était les événements qui survenaient dans le livre que je lisais ; il est vrai que les personnages qu'ils affectaient n'étaient pas « réels », comme disait Françoise. Mais tous les sentiments que nous font éprouver la joie ou l'infortune d'un personnage réel ne se produisent en nous que par l'intermédiaire d'une image de cette joie ou de cette infortune. […] Qu'importe dès lors que les actions, les émotions de ces êtres d'un nouveau genre nous apparaissent comme vraies, puisque nous les avons faites nôtres, puisque c'est en nous qu'elles se produisent ?

Marcel Proust, *Du Côté de chez Swann*, 1913.

3. Le personnage me fait accéder à mon tour au grand règne des métamorphoses. C'est par lui que le roman peut se faire expérience du monde, en m'obligeant à devenir moi aussi un être imaginaire. En lisant, je me livre, je m'oublie ; je me compare ; je m'absorbe, je m'absous. Sur le modèle et à l'image du personnage, je deviens autre.

Danièle Sallenave, *Le Don des morts*, © Gallimard, 1991.

Fiche 30

▶ Outils d'analyse : étudier un texte de théâtre

Connaître les spécificités du texte de théâtre

1 Les constituants du texte théâtral

Les didascalies (toujours composées en italique)	• **Indications pour le metteur en scène** : elles décrivent les lieux, les objets… La **didascalie initiale** joue un rôle spécifique, donnant parfois, un tableau de la scène. *Intérieur bourgeois anglais, avec des fauteuils anglais. Soirée anglaise. M. Smith, Anglais, dans son fauteuil et ses pantoufles anglais, fume sa pipe anglaise et lit un journal anglais, près d'un feu anglais. […] Un long moment de silence anglais. La pendule anglaise frappe dix-sept coups anglais.* (IONESCO) → Cette didascalie plonge d'emblée le lecteur dans l'univers absurde de la pièce, par la répétition de l'adjectif *anglais*. • **Indications pour les acteurs** : modulations de la voix, gestes, déplacements des personnages. Elles indiquent parfois l'état d'esprit des personnages. *Monsieur, furieux, envoie l'objet à la volée à l'autre extrémité de la pièce.* ELLE. – Tu commences par la fin ? Tant mieux ! Ça modifiera un peu la monotonie du programme. LUI, *se levant comme mû par un ressort.* – Ah ! Assez ! Ne m'exaspère pas ! (*Un temps.*) T'es-tu assez compromise !… (COURTELINE)
Les dialogues	• **Les stichomythies** : répliques brèves, souvent utilisées dans un moment de tension. Dans le théâtre versifié, un vers répond souvent à un vers. Le vers est parfois découpé en plusieurs répliques très courtes. • **La tirade** : longue réplique où le personnage explique, raconte ou argumente. • **Le monologue** : le personnage est seul. Il révèle ses sentiments ou délibère avant de prendre une décision. • **L'aparté** : indiqué par une didascalie, il met en relation le personnage et le public. Il est souvent utilisé à des fins comiques.

2 La double énonciation

Deux destinataires	On parle de double énonciation car, au théâtre, les paroles prononcées se comprennent sur **deux niveaux** : • les personnages sur scène s'adressent les uns aux autres ; • à travers les répliques des personnages, l'auteur s'adresse aussi aux spectateurs/lecteurs.
Enjeux	• **Informer** le spectateur. • Créer une **complicité.** • Interroger et susciter la **réflexion.** • Inviter le spectateur dans le jeu des comédiens **(rupture du 4e mur)**.

Repérer les spécificités du texte de théâtre

1 Quelle est la fonction des didascalies ?

DOÑA SOL

Vous avez un empire auquel nul roi ne touche,
Si vaste, que jamais le soleil ne s'y couche !
Et, quand vous avez tout, voudrez-vous, vous, le roi,
Me prendre, pauvre fille, à lui qui n'a que moi ?

Elle se jette à ses genoux. Il cherche à l'entraîner.

DON CARLOS

Viens ! Je n'écoute rien. Viens ! Si tu m'accompagnes,
Je te donne, choisis, quatre de mes Espagnes !
Dis, lesquelles veux-tu ? Choisis !

Elle se débat dans ses bras.

Victor Hugo, *Hernani*, Acte II, scène 2, 1830.

2 a. Quel type de réplique pouvez-vous identifier ?
b. Quelle est la fonction de ces propos ?

IRMA. – Je m'appelle Irma Lambert. Je déteste ce qui est laid, j'adore ce qui est beau. Je suis de Fursac, dans la Creuse. Je déteste les méchants, j'adore la bonté. Mon père était maréchal-ferrant, au croisement des routes. Je déteste Boussac, j'adore Bourganeuf. Il disait que ma tête est plus dure que son enclume. Souvent je rêve qu'il tape sur elle. Des étincelles en partent. Mais si j'avais été moins têtue, je n'aurais pas quitté la maison et eu cette vie merveilleuse. […] Je déteste le diable, j'adore Dieu. Puis ici, où je suis plongeuse et où j'ai l'après-midi du jeudi libre. J'adore la liberté, je déteste l'esclavage. Être plongeuse à Paris, cela n'a l'air de rien. Le mot séduit. Il est beau. Et cela semble tout. Mais qui a plus de relations qu'une plongeuse, à l'office, à la terrasse, sans compter que parfois je double le vestiaire, et moi je n'aime pas beaucoup les femmes, j'adore les hommes.

J. Giraudoux, *La Folle de Chaillot*, Acte I, 1945.

3 a. Dans l'extrait suivant, la parole est-elle répartie équitablement entre les deux personnages ?
b. Qu'est-ce que cela révèle d'Antigone ?

LA NOURRICE. – Tu as un amoureux ?

ANTIGONE, *étrangement, après un silence.* – Oui, nourrice, oui, le pauvre. J'ai un amoureux.

LA NOURRICE, *éclate.*– Ah ! c'est du joli ! c'est du propre ! Toi, la fille d'un roi ! Donnez-vous du mal ; donnez-vous du mal pour les élever ! Elles sont toutes les mêmes ! Tu n'étais pourtant pas comme les autres, toi, à t'attifer toujours devant la glace, à te mettre du rouge aux lèvres, à chercher à ce qu'on te remarque. Combien de fois je me suis dit : « Mon Dieu, cette petite, elle n'est pas assez coquette ! Toujours avec la même robe, et mal peignée. Les garçons ne verront qu'Ismène avec ses bouclettes et ses rubans et ils me la laisseront sur les bras. » Hé bien, tu vois, tu étais comme ta sœur, et pire encore, hypocrite ! Qui est-ce ? Un voyou, hein, peut-être ? Un garçon que tu ne peux pas dire à ta famille : « Voilà, c'est lui que j'aime, je veux l'épouser. » C'est ça, hein, c'est ça ? Réponds donc, fanfaronne !

ANTIGONE, *a encore un sourire imperceptible.* – Oui, nourrice.

Jean Anouilh, *Antigone*, 1944, © La Table ronde, 1946.

4 a. Le public en sait-il autant ou davantage que les personnages ?
b. Quelles répliques ont un sens différent pour Vatelin et pour les spectateurs ?

Pontagnac a suivi Lucienne Vatelin dans la rue et s'est introduit chez elle. Lucienne appelle son mari pour s'en débarrasser, mais elle découvre que les deux hommes sont amis.

VATELIN, *se levant et allant à sa femme.* – Il y a un homme qui te suit ?

LUCIENNE. – Tout le temps !

PONTAGNAC, *se levant et descendant.* – Mon Dieu ! si nous parlions d'autre chose, il me semble que cette conversation…

VATELIN, *allant à lui.* – Mais pas du tout ! ça m'intéresse ! pensez donc, un homme qui se permet de suivre ma femme !

PONTAGNAC. – Oh ! mais si discrètement !

VATELIN. – Qu'est-ce que vous en savez ? Un homme qui suit une femme est toujours indiscret. Mais aussi, pourquoi ne m'as-tu pas dit ça plus tôt ?

LUCIENNE. – Bah ! À quoi bon ! je tenais le galant pour si peu dangereux…

PONTAGNAC, *à part.* – Merci !

Georges Feydeau, *Le Dindon*, 1896.

Reconnaître la double énonciation

5 a. Comment Dorante décrit-il le paysage ?
b. En quoi cette description est-elle aussi un tableau du théâtre dans lequel se trouvent acteurs et spectateurs ? Utilisez la notion de double énonciation.

DORANTE

Ce mage, qui d'un mot renverse la nature,
N'a choisi pour palais que cette grotte obscure.
La nuit qu'il entretient sur cet affreux séjour,
N'ouvrant son voile épais qu'aux rayons d'un faux jour,
De leur éclat douteux n'admet en ces lieux sombres
Que ce qu'en peut souffrir le commerce des ombres.
N'avancez pas : son art au pied de ce rocher
A mis de quoi punir qui s'en ose approcher ;
Et cette large bouche est un mur invisible,
Où l'air en sa faveur devient inaccessible,
Et lui fait un rempart, dont les funestes bords
Sur un peu de poussière étalent mille morts.

Pierre Corneille, *L'Illusion comique*, Acte I, scène 1, 1636.

Fiche 31

▶ Outils d'analyse : étudier un texte de théâtre

Le lexique de la représentation théâtrale

▶ Le texte dramatique est écrit avant tout pour être joué. Le mot *théâtre* en français désigne d'ailleurs à la fois le genre littéraire des textes destinés à la scène, et le lieu où se déroule la représentation.

1 L'espace théâtral

Espace scénique	• Également appelé ***scène***, aire de jeu et coulisses, en opposition à la salle.
Plateau	• Pour les comédiens, le sol de l'espace scénique.
Coulisses	• À l'origine, glissières de part et d'autre de la scène permettant de déplacer les panneaux décoratifs. Aujourd'hui, les coulisses désignent la partie de la scène qui n'est pas visible du public.
Côté cour, côté jardin	• **Côté cour :** côté situé à droite de la scène depuis la salle. **Côté jardin :** côté situé à gauche de la scène. Ces termes permettent d'éviter des confusions, en particulier quand le metteur en scène, dans la salle, s'adresse aux comédiens, sur scène.
Fosse	• Dans certains théâtres, espace sous la scène qui peut accueillir un orchestre.
Rampe	• Rangée de lumières sur le devant de la scène qui éclairent en contre-plongée (vers le haut).
Quatrième mur	• Mur imaginaire entre la salle et la scène, qui sépare les deux espaces.
Hors scène	• Élément que le spectateur perçoit (une voix, un bruit) mais ne voit pas sur scène.

2 La mise en scène et la scénographie

Mise en scène	• Ensemble des dispositifs et des choix qui transforment un texte en spectacle : **direction des acteurs, costumes, décor, lumières, objets, musique, effets,** et aujourd'hui, souvent, **vidéo.** « Tout est langage au théâtre, les mots, les gestes, les objets. Il n'y pas que la parole. » (IONESCO)
Jeu des comédiens	• **Déplacements, gestuelle, expressions** du visage et **élocution** (**débit** des paroles, articulation), qui permettent aux comédiens de donner chair aux personnages. « Le théâtre, c'est du carton et c'est du plâtre… Mais c'est tout de même la vie… Comprenez-vous ça ? » (ADAMOV)
Décors, objets, et costumes	• Ces éléments ont une fonction **référentielle** : ils permettent d'identifier les personnages et de les situer dans un contexte donné. • Dans l'Antiquité, les acteurs, des hommes exclusivement, jouaient plusieurs rôles, distingués par des masques.
Distanciation	• Procédé choisi par le metteur en scène pour souligner le jeu des acteurs et les artifices du spectacle.
Scénographie	• Étude de l'art de la scène par des moyens techniques (de *skene* « scène » et *graphein* « écrire » en grec). Le dispositif traditionnel consiste à jouer devant les spectateurs, dans un espace surélevé par rapport à la salle. Dans les mises en scène contemporaines, l'aménagement de la scène oriente souvent l'interprétation de la pièce.

Envisager la représentation

1 a. Quelles expressions métaphoriques utilisent les comédiens pour désigner les deux côtés de la scène ?

b. D'où vient l'expression *les feux de la rampe* ?

c. Au cinéma, qu'est-ce qu'un plateau de tournage ? Pourquoi le nomme-t-on ainsi ?

d. Pourquoi dit-on qu'un comédien, au théâtre, *incarne* un personnage ? Appuyez-vous pour répondre sur l'étymologie du verbe *incarner*.

2 a. Lisez le texte ci-dessous. Quels sont les éléments du décor mentionnés dans la didascalie initiale ?

b. Quels éléments du texte, didascalies et répliques, permettent de vous représenter les personnages ?

c. Imaginez et expliquez ce qu'on voit sur scène. Vous emploierez les expressions : *espace scénique, scénographie, plateau, décor*.

Route à la campagne, avec arbre. Soir. Estragon, assis sur une pierre, essaie d'enlever sa chaussure. Il s'y acharne des deux mains, en ahanant. Il s'arrête, à bout de forces, se repose en haletant, recommence. Même jeu. Entre Vladimir.

ESTRAGON *(renonçant à nouveau)*. – Rien à faire.

VLADIMIR *(s'approchant à petits pas raides, les jambes écartées)*. – Je commence à le croire. *(Il s'immobilise.)* J'ai longtemps résisté à cette pensée, en me disant, Vladimir, sois raisonnable. Tu n'as pas encore tout essayé. Et je reprenais le combat. *(Il se recueille, songeant au combat. À Estragon.)* – Alors, te revoilà, toi.

ESTRAGON. – Tu crois ?

VLADIMIR. – Je suis content de te revoir. Je te croyais parti pour toujours.

ESTRAGON. – Moi aussi.

VLADIMIR. – Que faire pour fêter cette réunion ? *(Il réfléchit.)* Lève-toi que je t'embrasse. *(Il tend la main à Estragon.)*

ESTRAGON *((avec irritation)*. – Tout à l'heure, tout à l'heure.

Silence.

VLADIMIR *((froissé, froidement)*.– Peut-on savoir où monsieur a passé la nuit ?

ESTRAGON. – Dans un fossé.

S. Beckett, *En attendant Godot*, © Éd. Minuit, 1952.

3 Quel paradoxe Victor Hugo révèle-t-il dans cette description d'une représentation théâtrale ?

Le théâtre n'est pas le pays du réel : il y a des arbres en carton, des palais de toile, un ciel de haillons, des diamants de verre, de l'or de clinquant, du fard sur la pêche, du rouge sur la joue, un soleil qui sort de dessous la terre. C'est le pays du vrai : il y a des cœurs humains dans les coulisses, des cœurs humains dans la salle, des cœurs humains sur la scène.

Victor Hugo, *Tas de Pierres III*, 1830-1833.

Saisir les enjeux d'une mise en scène

4 a. Dans le texte suivant, que préconise Zola pour représenter des pièces écrites dans le passé ?

b. Qu'est-ce qui faisait office de décors dans les représentations des pièces de Shakespeare ?

c. Quel est le sens du mot *convention* (en gras) ?

Le décor exact s'est imposé de lui-même, peu à peu, comme le costume exact. Ce n'est pas une affaire de mode, c'est une affaire d'évolution humaine et sociale. Nous ne pouvons pas plus revenir aux écriteaux de Shakespeare, que nous ne pouvons revivre au XVIe siècle. Cela nous est défendu. Sans doute des chefs-d'œuvre ont poussé dans cette **convention** du décor ; car ils étaient là comme dans leur sol naturel ; mais, ce sol n'est plus le nôtre, et je défie un auteur dramatique d'aujourd'hui de rien créer de vivant, s'il ne plante pas solidement son œuvre dans notre terre du dix-neuvième siècle. La question des décors n'est pas ailleurs. Ils ont pris au théâtre l'importance que la description a prise dans nos romans. C'est montrer un singulier entêtement dans l'absolu, que de ne pas comprendre l'évolution fatale qui s'est accomplie, et la place considérable qu'ils tiennent légitimement aujourd'hui dans notre littérature dramatique.

Émile Zola, *Le Naturalisme au théâtre*, 1881.

5 a. Dans quelle mesure *Rhinocéros* est-elle une pièce historique ? Quelle période évoque-t-elle ?

b. D'après Ionesco, quel aspect de la pièce est souligné par la mise en scène de Barrault ?

Le propos de la pièce a bien été de décrire le processus de la nazification d'un pays ainsi que le désarroi de celui qui, naturellement allergique à la contagion, assiste à la métamorphose mentale de sa collectivité. Originairement, la « rhinocérite » était bien un nazisme. [...] Les idéologies devenues idolâtries, les systèmes automatiques de pensée s'élèvent, comme un écran entre l'esprit et la réalité, faussent l'entendement, aveuglent. Elles sont aussi des barricades entre l'homme et l'homme qu'elles déshumanisent, et rendent impossible l'amitié malgré tout des hommes entre eux ; elles empêchent ce qu'on appelle la coexistence, car un rhinocéros ne peut s'accorder avec celui qui ne l'est pas, un sectaire avec celui qui n'est pas de sa secte.

Je pense que Jean-Louis Barrault[1] a parfaitement saisi la signification de la pièce et qu'il l'a parfaitement rendue. Les Allemands en avaient fait une tragédie ; Jean-Louis Barrault, une farce terrible et une fable fantastique. Les deux interprétations sont valables, elles constituent les deux mises en scène types de la pièce.

Eugène Ionesco, *Notes et contre-notes*, *à propos de* Rhinocéros, © Gallimard, 1966.

1. Comédien et metteur en scène (1910-1994).

Fiche 32

▶ Outils d'analyse : étudier un texte de théâtre

Analyser la structure d'une pièce de théâtre

1 La structure

Actes, scènes et tableaux	• Dans le **théâtre classique du XVIIe siècle,** un **acte** correspond à une **unité de temps** : une vingtaine de minutes, soit le temps nécessaire pour que se consument les bougies qui éclairaient le spectacle. L'acte correspond aussi à un **épisode** de l'intrigue. Une pièce classique pouvait être composée de 5 actes, ou de 3 pour des œuvres moins ambitieuses. Les actes peuvent être séparés par des **entractes**. • Par convention, les changements de **scènes** se produisent lorsqu'un personnage entre en scène ou en sort. • On parle de **tableaux** quand les changements de décors se font sous les yeux des spectateurs.
Des structures plus libres	• Peu à peu, les dramaturges abandonnent ce découpage pour une construction plus personnelle (deux « parties » pour *En attendant Godot,* de Samuel Beckett). • Les entrées et les sorties sont indiquées par des **didascalies**, sans changement de scènes.

2 L'action et la progression de l'action

Les étapes de l'action	• L'**exposition**, c'est-à-dire le début de la pièce, est un moment essentiel. Dans le théâtre classique, cette « phase » peut durer un acte entier : on parle alors **d'acte d'exposition**. • La **scène d'exposition** apporte au spectateur plusieurs types d'informations : – le contexte (l'époque et le lieu) ; – l'identité des personnages (→ *voir p. 442*) ; – la mise en place de l'intrigue ; – le genre et le ton de la pièce. Tout ce que j'ai prédit n'est que trop assuré, Contre Bricannicus Néron s'est déclaré. (RACINE) → Agrippine informe le spectateur de l'intrigue (le conflit entre Néron et Britannicus) et du genre de la pièce (le mot « prédit » annonce la fatalité tragique). • Le **nœud** indique les obstacles que les personnages devront surmonter. Tout est mêlé et aucune solution ne semble possible. Il est suivi de **péripéties**. → Dans *L'Avare* de Molière, le nœud est constitué de tous les obstacles qu'Harpagon oppose aux projets des jeunes gens. • La **tension dramatique** est provoquée par le jeu entre ce que recherchent ou désirent les personnages et les obstacles qui se dressent devant eux. • Cette tension se traduit le plus souvent par des **conflits** entre les personnages, ou par des conflits intérieurs. → Dans *Les Chaises* de Ionesco, le vieux et la vieille organisent une soirée. La tension est créée par l'accumulation progressive de chaises pour accueillir des invités, et par leur absence. • Le **dénouement** est la résolution des conflits et le point d'aboutissement de la pièce.
La représentation de l'action	L'action se déroule le plus souvent sous les yeux des spectateurs, mais elle progresse aussi grâce au **récit** que font des personnages. → Dans *L'École des femmes* de Molière, l'action progresse grâce à la naïveté d'Horace qui fait à Arnolphe le récit de ses rencontre amoureuses avec Agnès.

Reconnaître la structure d'une pièce

1 a. Quel évènement nouveau survient dans la pièce ?
b. Comment la structure de la pièce souligne-t-elle l'importance de cet événement ?

ACTE TROISIÈME - SCÈNE I
Titus, Antiochus, Arsace
TITUS
Quoi, Prince, vous partiez ? Quelle raison subite
Presse votre départ, ou plutôt votre fuite ?
Vouliez-vous me cacher jusques à vos adieux ?
Est-ce comme ennemi que vous quittez ces lieux ?
Que diront avec moi la cour, Rome, l'empire ?
Mais, comme votre ami, que ne puis-je point dire ?
De quoi m'accusez-vous ? Vous avais-je sans choix
Confondu jusqu'ici dans la foule des rois ?

Jean Racine, *Bérénice*, Acte III, scène 1, 1670.

2 Ce texte est-il découpé en actes et en scènes ? Quelles parties du texte vous permettent de répondre à cette question ?

ISMÈNE. – Antigone !
Dès qu'Ismène est sortie, Créon entre par une autre porte avec son page.
CRÉON. – Un garde, dis-tu ? Un de ceux qui gardent le cadavre ? Fais-le entrer.
Le garde entre. C'est une brute. Pour le moment, il est vert de peur.
LE GARDE, *se présente, au garde à vous.* – Garde Jonas, de la Deuxième Compagnie.

Jean Anouilh, *Antigone*, 1944, © La Table ronde, 1946

Étudier l'action

3 a. Dans cet extrait de l'exposition, quels personnages sont en conflit ? À quel sujet ?
b. Qu'apprend le spectateur au sujet de Tartuffe ?
c. D'après cette scène d'exposition, à quel genre cette pièce appartient-elle ?

DAMIS
Votre Monsieur Tartuffe est bien heureux sans doute…

MADAME PERNELLE
C'est un homme de bien, qu'il faut que l'on écoute ;
Et je ne puis souffrir sans me mettre en courroux
De le voir querellé par un fou comme vous.

DAMIS
Quoi ? je souffrirai, moi, qu'un cagot de critique
Vienne usurper céans un pouvoir tyrannique,
Et que nous ne puissions à rien nous divertir,
Si ce beau Monsieur-là n'y daigne consentir ?

DORINE
S'il le faut écouter et croire à ses maximes,
On ne peut faire rien qu'on ne fasse des crimes ;
Car il contrôle tout, ce critique zélé.

MADAME PERNELLE
Et tout ce qu'il contrôle est fort bien contrôlé.
C'est au chemin du Ciel qu'il prétend vous conduire,
Et mon fils à l'aimer vous devrait tous induire.

Molière, *Tartuffe*, Acte I, scène 1, 1969.

4 À quelles étapes de l'action les trois extraits suivants correspondent-ils ?

Texte 1

CHIMÈNE
Elvire, m'as-tu fait un rapport bien sincère ?
Ne déguises-tu rien de ce qu'a dit mon père ?

ELVIRE
Tous mes sens à moi-même en sont encore charmés :
Il estime Rodrigue autant que vous l'aimez,
Et si je ne m'abuse à lire dans son âme,
Il vous commandera de répondre à sa flamme.

Texte 2

CHIMÈNE
J'aimais, j'étais aimée, et nos pères d'accord ;
Et je vous en contais la charmante nouvelle
Au malheureux moment que naissait leur querelle,
Dont le récit fatal, sitôt qu'on vous l'a fait,
D'une si douce attente a ruiné l'effet.

Texte 3

DON FERNAND
Ma fille, il ne faut point rougir d'un si beau feu,
Ni chercher les moyens d'en faire un désaveu ;
Une louable honte en vain t'en sollicite ;
Ta gloire est dégagée, et ton devoir est quitte ;
Ton père est satisfait, et c'était le venger
Que mettre tant de fois ton Rodrigue en danger.
Tu vois comme le ciel autrement en dispose.
Ayant tant fait pour lui, fais pour toi quelque chose,
Et ne sois point rebelle à mon commandement,
Qui te donne un époux aimé si chèrement.

Pierre Corneille, *Le Cid*, 1637.

5 Dans ce passage de *Phèdre*, qu'est-ce qui fait progresser l'action ?

THÉRAMÈNE
J'ai vu, seigneur, j'ai vu votre malheureux fils
Traîné par les chevaux que sa main a nourris.
Il veut les rappeler, et sa voix les effraie ;
Ils courent : tout son corps n'est bientôt qu'une plaie.
De nos cris douloureux la plaine retentit.
Leur fougue impétueuse enfin se ralentit :
Ils s'arrêtent non loin de ces tombeaux antiques
Où des rois ses aïeux sont les froides reliques.
J'y cours en soupirant, et sa garde me suit :
De son généreux sang la trace nous conduit ;
Les rochers en sont teints ; les ronces dégoûtantes
Portent de ses cheveux les dépouilles sanglantes.

Jean Racine, *Phèdre*, Acte V, scène 6, 1677.

Fiche 33

Analyser l'évolution du personnage théâtral

▶ **Au théâtre, l'absence de narrateur prive le lecteur et le spectateur de description. Les personnages sont identifiés par les dialogues et les didascalies, et lors de la représentation, par des moyens non verbaux.**

1 Découvrir le personnage

Le discours des personnages	• Les personnages sont **peints par leur propre discours**. Ils ont parfois des accents ou des tics de langage. Aga guien, Charlotte, je m'en vas te conter tout fin drait comme cela est venu. (MOLIÈRE) → Les paysans sont caractérisés par leurs propos en patois. • Ils sont **décrits par les répliques des autres personnages**.
La représentation des personnages	• Certaines **indications** sont présentes dans **les didascalies.** *Entre Hernani. Grand manteau, grand chapeau. Dessous, un costume de montagnard d'Aragon, gris, avec une cuirasse de cuir, une épée, un poignard, et un cor à la ceinture.* (HUGO)

2 L'identité du personnage

Personnages types	• Ils apparaissent surtout dans certaines formes théâtrales comme la *commedia dell'arte* ou, au XIXe siècle, le théâtre de boulevard. Le personnage est alors réduit à un **emploi** (par exemple, le mari trompé dans le vaudeville). • Ces personnages types servent de **référence** et réapparaissent sous des formes plus étoffées dans le théâtre classique et du XVIIIe siècle (Arlequin dans *Le Jeu de l'amour et du hasard*, de Marivaux → *voir p. 147-152*).
Une identité sociale ou familiale	• Les personnages au théâtre se définissent souvent par leur **condition sociale** ou **familiale** : roi, valet, nourrice, médecin, père. Le père autoritaire, le barbon, auquel Molière donne des caractères divers (Argan, *Le Malade imaginaire*).
Personnages plus individualisés	• Des personnages moins stéréotypés possèdent davantage de **personnalité** et de **singularités.** Dans *Ruy Blas,* de Victor Hugo, les nuances et le lyrisme de la déclaration d'amour du héros l'écartent de sa condition de valet (→ *voir p. 167*).
Personnages porteurs de valeurs	• Au théâtre, un personnage est aussi une **voix qui porte des idées**. Dans *Les Bonnes,* de Jean Genet (→ *voir p. 156*), les sœurs incarnent un discours politique qui dénonce leur condition comme une forme d'asservissement.

3 Les fonctions du personnage

Les personnages principaux	• Ces personnages sont les **moteurs** de l'intrigue. • La **fréquence** de leurs apparitions signale leur importance. • Ils donnent souvent leur **nom** à la pièce.
Les adjuvants	• Le protagoniste est **aidé** dans sa quête par des personnages qui ont parfois un rôle secondaire. Dans *L'Avare*, de Molière, Frosine favorise le projet des jeunes amoureux.
Les opposants	Ce terme désigne les personnages qui **font obstacle** à la quête des personnages. Dans *Antigone*, de Jean Anouilh, Créon s'oppose au désir d'Antigone.

Identifier un personnage

1 **a. Quelle est la relation des deux personnages ?**
b. Qu'est-ce qui indique leur condition sociale ?

MARTINE. – Que maudit soit l'heure et le jour, où je m'avisai d'aller dire oui !
SGANARELLE. – Que maudit soit le bec cornu[1] de notaire qui me fit signer ma ruine !
MARTINE. – C'est bien à toi, vraiment, à te plaindre de cette affaire ! Devrais-tu être un seul moment, sans rendre grâce au Ciel de m'avoir pour ta femme ? et méritais-tu d'épouser une personne comme moi ?
SGANARELLE. – Il est vrai que tu me fis trop d'honneur : et que j'eus lieu de me louer la première nuit de nos noces. Hé ! morbleu[2] ! ne me fais point parler là-dessus, je dirais de certaines choses…
MARTINE. – Quoi ? que dirais-tu ?
SGANARELLE. – Baste[3] ! laissons là ce chapitre ; il suffit que nous savons ce que nous savons : et que tu fus bien heureuse de me trouver.
MARTINE. – Qu'appelles-tu bien heureuse de te trouver ? Un homme qui me réduit à l'hôpital, un débauché, un traître qui me mange tout ce que j'ai…
SGANARELLE. – Tu as menti, j'en bois une partie.
MARTINE. – Qui me vend, pièce à pièce, tout ce qui est dans le logis…
SGANARELLE. – C'est vivre de ménage[4].
MARTINE. – Qui m'a ôté jusqu'au lit que j'avais…
SGANARELLE. – Tu t'en lèveras plus matin.
MARTINE. – Enfin qui ne laisse aucun meuble dans toute la maison…
SGANARELLE. – On en déménage plus aisément.
MARTINE. – Et qui, du matin jusqu'au soir, ne fait que jouer et que boire.
SGANARELLE. – C'est pour ne me point ennuyer.

Molière, *Le Médecin malgré lui*, I, 1, 1666.

1. Imbécile. 2. Juron : par la mort de Dieu. 3. Assez.
4. En ménage, mariés.

2 **a. Faites un portrait rapide de Raymonde.**
b. Quel personnage type du vaudeville incarne-t-elle ?

RAYMONDE. – *(tout en retirant son chapeau qu'elle dépose sur le meuble à droite de la porte du fond)* Je t'ai fait attendre.
LUCIENNE. – *(moqueuse)* Crois-tu ?
RAYMONDE. – C'est que je viens de faire une course d'un loin !… Je t'expliquerai ça. *(Brusquement, se rapprochant de Lucienne.)* Lucienne, si je t'ai écrit de venir, c'est qu'il se passe une chose grave ! Mon mari me trompe.
LUCIENNE. – Hein ! Victor-Emmanuel ?
RAYMONDE. – Victor-Emmanuel, parfaitement !
LUCIENNE. – Ah ! Tu as une façon de vous coller ça dans l'estomac.
RAYMONDE. – Le misérable ! Oh ! mais je le pincerai !

Georges Feydeau, *La Puce à l'oreille*, 1907.

3 **a. Quels traits de caractère d'Hippolyte sont soulignés ?**
b. Pourquoi cela est-il important ?

ARICIE
J'aime en lui sa beauté, sa grâce tant vantée ;
Présents dont la nature a voulu l'honorer,
Qu'il méprise lui-même, et qu'il semble ignorer :
J'aime, je prise en lui de plus nobles richesses,
Les vertus de son père, et non point les faiblesses ;
J'aime, je l'avouerai, cet orgueil généreux
Qui jamais n'a fléchi sous le joug amoureux[1].
Phèdre en vain s'honorait des soupirs de Thésée.
Pour moi, je suis plus fière, et fuis la gloire aisée
D'arracher un hommage à mille autres offert,
Et d'entrer dans un cœur de toutes parts ouvert.

Jean Racine, *Phèdre*, Acte II, scène 1, 1677.

1. Sous le poids de l'amour.

Comprendre le rôle du personnage

4 **Montrez comment les deux personnages défendent des systèmes de valeur opposés.**

BÉRENGER. – Réfléchissez, voyons, vous vous rendez bien compte que nous avons une philosophie que ces animaux n'ont pas, un système de valeurs irremplaçable. Des siècles de civilisation humaine l'ont bâti !…
JEAN, *toujours dans la salle de bains.* – Démolissons tout cela, on s'en portera mieux.
BÉRENGER. – Je ne vous prends pas au sérieux. Vous plaisantez, vous faites de la poésie.
JEAN. – Brrr… *(Il barrit presque.)*
BÉRENGER. – Je ne savais pas que vous étiez poète.
JEAN. – *(Il sort de la salle de bains.)* Brrr… *(Il barrit de nouveau.)*
BÉRENGER. – Je vous connais trop bien pour croire que c'est là votre pensée profonde. Car, vous le savez aussi bien que moi, l'homme…
JEAN, *l'interrompant.* – L'homme… Ne prononcez plus ce mot !
BÉRENGER. – Je veux dire l'être humain, l'humanisme…
JEAN. – L'humanisme est périmé ! Vous êtes un vieux sentimental ridicule. *(Il entre dans la salle de bains.)*
BÉRENGER. – Enfin, tout de même, l'esprit…
JEAN, *dans la salle de bains* – Des clichés ! vous me racontez des bêtises.
BÉRENGER. – Des bêtises !
JEAN, *de la salle de bains, d'une voix très rauque, difficilement compréhensible.* – Absolument.
BÉRENGER. – Je suis étonné de vous entendre dire cela, mon cher Jean ! Perdez-vous la tête ? Enfin, aimeriez-vous être rhinocéros ?
JEAN. – Pourquoi pas ? Je n'ai pas vos préjugés.

Eugène Ionesco, *Rhinocéros*, © Gallimard, 1959.

Fiche 34

▶ Outils d'analyse : étudier un texte poétique

La versification

1 Qu'est-ce qu'un texte en vers ?

Dans un texte versifié, on ne raisonne pas en lignes, mais en **vers**, souvent associés à des **rimes**. De même, on ne parle pas de paragraphes, mais de **strophes**.

Les vers Le nom des vers dépend du nombre de syllabes sonores qui les constituent : cette mesure s'appelle le **mètre**. Le nom des vers vient du grec.	Les mètres suivants sont les plus fréquents : • 8 syllabes sonores : **octosyllabe**, mètre « populaire » par excellence, souvent utilisé dans les comédies du XVIIe siècle et certaines fables. • 10 syllabes sonores : **décasyllabe,** notamment utilisé dans les premiers sonnets. • 12 syllabes sonores : **dodécasyllabe**, dit « **alexandrin** », mètre « noble » par excellence, traditionnellement employé dans les tragédies classiques et les sonnets.
Les schémas de rimes Les rimes sont généralement régulières.	Certaines configurations ont été nommées : • rimes **plates** ou **suivies** : AABB ; • rimes **croisées** ou **alternées** : ABAB ; • rimes **embrassées** : ABBA.
Les types de strophes Le nom des strophes dépend du nombre de vers qui les constituent. Il est formé sur le latin.	Les configurations les plus fréquentes sont les suivantes : • 2 vers : **distique ;** • 4 vers : **quatrain ;** • 5 vers : **quintil ;** • 6 vers : **sizain**, souvent divisé en deux **tercets** (trois vers).

2 Des formes fixes

Le sonnet	• D'origine italienne, le sonnet s'écrit en décasyllabes, puis en alexandrins. Constitué de **deux quatrains** en **rimes embrassées** et d'**un sizain** (lui-même souvent divisé en **deux tercets**). • Son **thème**, originellement **amoureux**, se diversifie au fil temps, et le dernier vers constitue souvent une chute, un retournement *(→ chap 3, p. 86-95)*.
La ballade	• Dans la ballade, le nombre de strophes et le schéma de rimes ont peu d'importance. • Elle se caractérise par un **refrain** au dernier vers et par une **dernière strophe égale à la moitié des précédentes**, qui constitue un « **envoi** » et qui contient généralement le nom ou le titre du destinataire du poème.
Le rondeau	• **Forme courte** à **refrain**. Le rondeau médiéval est constitué de **7 ou 8 vers** : les vers 4 et 7 reprennent le vers 1 ; le vers 8 (si présent) reprend le second ; il ne comporte que **deux rimes différentes**. • À partir du XVe siècle, le **refrain** (appelé « rentrement ») reprend seulement la première moitié du premier vers. On obtient le schéma suivant sur 10 vers : quatrain + distique + rentrement + quatrain + rentrement.

3 Quelques règles de diction

La césure	• La césure est une **pause** vocale dans le vers. Pour l'alexandrin, l'octosyllabe et l'hexasyllabe, elle se situe à **l'hémistiche**, c'est-à-dire au milieu du vers. Pour le décasyllabe, elle se trouve à la 4ᵉ ou à la 6ᵉ syllabe.
Le « e », muet ou non ?	• Le « e » est **muet** en **fin de vers** et **devant une voyelle**. Théoriquement, la ponctuation n'a pas d'impact, mais cette règle est diversement appliquée.
Diérèse et synérèse	• La **diérèse** implique de prononcer en **deux syllabes deux voyelles** collées l'une à l'autre : *pa-ssi-on* = 3 syllabes. • La **synérèse réduit** l'apposition de **deux voyelles** en **une seule syllabe**.

Exercices

Identifier les vers et les rimes

1 Un vers de 8 syllabes est un octosyllabe et un vers de10 syllabes est un décasyllabe. Sur ce modèle, retrouvez l'appellation désignant un vers de 4 syllabes sonores, de 5, de 6, de 7, de 9.

2 Selon quel schéma les rimes sont-elles disposées dans l'extrait suivant ?

Oh ! combien de marins, combien de capitaines
Qui sont partis joyeux pour des courses lointaines,
Dans ce morne horizon se sont évanouis !
Combien ont disparu, dure et triste fortune !
Dans une mer sans fond, par une nuit sans lune,
Sous l'aveugle océan à jamais enfouis !

Victor Hugo, « *Oceano nox* »,
Les Rayons et les ombres, 1840..

Identifier et analyser les formes poétiques

3 a. Analysez la composition de ce poème.
b. De quelle forme s'agit-il ?

De l'amoureux ardant
Au feu, qui mon cœur a choisi,
Jetez-y, ma seule Déesse,
De l'eau de grâce et de liesse,
Car il est consommé quasi.

Amour l'a de si près saisi
Que force est qu'il crie sans cesse
Au feu.

Si par vous en est dessaisi,
Amour lui doint plus grand détresse,
Si jamais sert autre maîtresse :
Doncques, ma dame, courez-y
Au feu.

Clément Marot, *L'Adolescence clémentine*, 1532-1538.

4 a. Repérez au moins une diérèse et une synérèse.
b. Le « e » souligné vers 5 doit-il être prononcé ? au vers 10 ?

À Monsieur le Comte de Brienne

Votre goût a servi de règle à mon ouvrage.
J'ai tenté les moyens d'acquérir son suffrage.
Vous voulez qu'on évite un soin trop curieux,
Et des vains ornements l'effort ambitieux ;
Je le veux comme vous : cet effort ne peut plaire.
Un auteur gâte tout quand il veut trop bien faire.
Non qu'il faille bannir certains traits délicats :
Vous les aimez, ces traits, et je ne les hais pas.
Quant au principal but qu'Ésope se propose,
J'y tombe au moins mal que je puis.
Enfin, si dans ces vers, je ne plais et n'instruis,
Il ne tient pas à moi ; c'est toujours quelque chose.

Jean de La Fontaine, *Fables*, V, 1, 1668.

5 a. Y a-t-il une césure à tous les vers ? Justifiez.
b. En quoi les césures sont-elles liées au sens du texte ?

Comme on voit sur la branche au mois de mai la rose,
En sa belle jeunesse, en sa première fleur,
Rendre le ciel jaloux de sa vive couleur,
Quand l'Aube de ses pleurs au point du jour l'arrose ;

La grâce dans sa feuille, et l'amour se repose,
Embaumant les jardins et les arbres d'odeur ;
Mais battue, ou de pluie, ou d'excessive ardeur,
Languissante elle meurt, feuille à feuille déclose.

Ainsi en ta première et jeune nouveauté,
Quand la terre et le ciel honoraient ta beauté,
La Parque[1] t'a tuée, et cendres tu reposes.

Pour obsèques reçois mes larmes et mes pleurs,
Ce vase plein de lait, ce panier plein de fleurs,
Afin que vif et mort, ton corps ne soit que roses.

Pierre de Ronsard, *Les Amours*, 1560.

1. Divinité mythologique qui décide de la vie et de la mort des hommes.

Fiche 35

▶ Outils d'analyse : étudier un texte poétique

Effets sonores, effets visuels

1 Les effets sonores

Le rythme

- Dans la poésie versifiée, le **mètre** est déjà porteur de rythme, puisqu'il impose une légère pause en fin de vers, et une autre à la césure. →

> Par les soirs bleus d'été, j'irai dans les sentiers,
> Picoté par les blés, fouler l'herbe menue
> (Rimbaud)

- Pour **l'alexandrin** ou **l'octosyllabe**, cette **césure** est placée à **l'hémistiche**, c'est-à-dire au milieu du vers. Pour le **décasyllabe**, en revanche, elle se situe après la **quatrième** ou la **sixième syllabe** sonore.

La musicalité

Pour créer de la musicalité, le poète peut recourir à divers procédés.

- **L'enjambement**, qui permet de briser le rythme du vers : il s'agit d'une unité syntaxique, c'est-à-dire un ensemble de mots indissociables, à cheval sur deux vers. On appelle **rejet** l'élément bref mis en relief au début du vers suivant, sans pause marquée entre les deux vers. Le **contre-rejet** est l'élément bref mis en relief à la fin du vers précédent. →

> La lune est rouge au brumeux horizon ;
> Dans un brouillard qui danse, **la prairie**
> **S'endort fumeuse**, et la grenouille crie
> Par les joncs verts où circule un frisson
> (Verlaine)

- Les **vers libres** : de mètres irréguliers, les vers libres permettent de jouer avec le rythme du poème.
- Les figures de **répétition** (→ *voir p. 412*).
- La **ponctuation** ou son absence.
- **L'allitération**, c'est-à-dire la répétition d'un même **son-consonne** au sein du vers. →

[m] [b] [p]	Allitération en **labiales**
[d] [t] [n] [ɲ]	Allitération en **dentales**
[v] [f]	Allitération en **labiodentales**
[s] [z]	Allitération en **sifflantes**
[ʒ] [ʃ]	Allitération en **chuintantes**
[l] [r]	Allitération en **liquides**
[k] [g]	Allitération en **gutturales**

> Pâle dans son lit vert où la lumière pleut.
> (Rimbaud)

- **L'assonance**, soit la répétition d'un même **son-voyelle** au sein du vers. →

> Oh ! Qui verra deux fois ta grâce et ta tendresse
> (Vigny)

- **La rime** et son degré de richesse : on distingue les rimes
  - **riches** (plus de deux sons en commun),
  - **suffisantes** (deux sons en commun)
  - et **pauvres** (un seul son en commun).

2 Les effets visuels

Les calligrammes	Un **calligramme** est un dessin-poème ou un poème formant une **image**. Si l'on en trouve des traces au IXe siècle, il faudra attendre 1918 et la publication d'un recueil d'**Apollinaire** intitulé *Calligrammes* pour que cette forme se popularise.
Les vers libres	La poésie en vers libres utilise des **mètres différents** dans un même texte. Chez **La Fontaine**, ce procédé permet de **mettre en valeur certains vers**.

Exercices

Repérer un effet sonore et/ou un effet visuel

1 a. Visuellement, quels vers sont mis en valeur ?
b. Identifiez les trois mètres utilisés dans cette fable.
c. Montrez que la morale subit un traitement particulier, sur le plan du rythme comme de la mise en page.

Un pauvre Bûcheron tout couvert de ramée,
Sous le faix[1] du fagot aussi bien que des ans
Gémissant et courbé marchait à pas pesants,
Et tâchait de gagner sa chaumine[2] enfumée.
Enfin, n'en pouvant plus d'effort et de douleur,
Il met bas son fagot, il songe à son malheur.
Quel plaisir a-t-il eu depuis qu'il est au monde ?
En est-il un plus pauvre en la machine ronde ?
Point de pain quelquefois, et jamais de repos.
Sa femme, ses enfants, les soldats, les impôts,
Le créancier, et la corvée
Lui font d'un malheureux la peinture achevée.
Il appelle la mort, elle vient sans tarder,
Lui demande ce qu'il faut faire
« C'est, dit-il, afin de m'aider
À recharger ce bois ; tu ne tarderas guère. »

Le trépas vient tout guérir ;
Mais ne bougeons d'où nous sommes.
Plutôt souffrir que mourir,
C'est la devise des hommes.

Jean de La Fontaine, *Fables*, I, 16, 1668.

1. Fardeau. 2. Petite chaumière.

2 Montrez comment le choix du mètre participe à l'expression des sentiments.

Que sont mes amis devenus
Que j'avais de si près tenus
Et tant aimés
Ils ont été trop clairsemés
Je crois le vent les a ôtés
L'amour est morte
Le mal ne sait pas seul venir
Tout ce qui m'était à venir
M'est advenu

Rutebeuf, *La Complainte Rutebeuf*, 1280.

Analyser les effets sonores

3 a. Dans les passages suivants, identifiez et nommer les assonances et/ou allitérations.
b. Quels effets produisent-elles ?

a. Pour qui sont ces serpents qui sifflent sur vos têtes ? (Racine)

b. Je n'ai plus que les os, un squelette je semble,
Décharné, dénervé, démusclé, dépoulpé (Ronsard)

c. Avec grand bruit et grand fracas
Un torrent tombait des montagnes :
Tout fuyait devant lui ; l'horreur suivait ses pas ;
Il faisait trembler les campagnes. (La Fontaine)

d. Au bon vieux temps un train d'amour régnait
Qui sans grand art et dons se démenait,
Si qu'un baiser, donné d'amour profonde,
C'était donné toute la terre ronde :
Car seulement au cœur on se prenait. (Marot)

4 a. Montrez comment, dans la première strophe, les jeux sur les sons illustrent la brise bienfaisante.
b. Montrez comment, à l'opposé, les effets sonores évoquent l'effort du vanneur.

À vous, troupe légère,
Qui d'aile passagère
Par le monde volez,
Et d'un sifflant murmure
L'ombrageuse verdure
Doucement ébranlez, […]
De votre douce haleine
Éventez cette plaine,
Éventez ce séjour,
Cependant que j'ahanne[1]
À mon blé que je vanne[2]
À la chaleur du jour.

Joachim du Bellay, « Chanson du vanneur », *Jeux rustiques*, 1560.

1. Je travaille avec effort. 2. Je secoue les grains de blé pour les séparer des brins.

Les stratégies argumentatives

▶ **Les stratégies argumentatives sont l'ensemble des moyens mis au service d'une thèse, qu'ils reposent sur la raison ou la sensibilité.**

1 Convaincre

Finalité et procédés	Genres	Exemple
• Défendre son point de vue dans un **discours rationnel** pour exprimer son opinion au public. • Recours à la **première personne**, tous raisonnements, particulièrement le **raisonnement concessif** (→ *voir p. 450*), tonalité **polémique**.	Essai, discours politique, controverse religieuse, littéraire ou scientifique.	Cette sorte de loterie judiciaire, quelle que soit la peine qu'on éprouve à prononcer ce mot quand il y va de la vie d'une femme ou d'un homme, est intolérable. […] Parce qu'aucun homme n'est totalement responsable, parce qu'aucune justice ne peut être absolument infaillible, la peine de mort est moralement inacceptable. Discours de Robert Badinter pour l'abolition de la peine de mort, 17 septembre 1981.

2 Persuader

Finalité et procédés	Genres	Exemple
• **Influencer** l'auditoire par un discours sensible. • Recours à la **deuxième personne**, argument *ad hominem* (→ *voir p. 450*), vocabulaire de **l'affect**, **ironie**, tonalités **satirique**, **lyrique**, **pathétique**.	Plaidoyer, pamphlet, publicité, discours amoureux.	Que la civilisation y songe, elle répond du bourreau. Ah ! vous haïssez l'assassinat jusqu'à tuer l'assassin ; moi je hais le meurtre jusqu'à vous empêcher de devenir meurtrier. Tous contre un, la puissance sociale condensée en guillotine, la force collective employée à une agonie, quoi de plus odieux ? Un homme tué par un homme effraye la pensée, un homme tué par les hommes la consterne. Victor Hugo, lettre du 17 novembre 1862 à un député de Genève.

3 Délibérer

Finalité et procédés	Genres	Exemple
• Peser le pour et le contre pour **résoudre une question** complexe. • Tous raisonnements, particulièrement le **raisonnement paradoxal** (→ *voir p. 450*).	Discours philosophique, dialogue, délibération de jury dans un tribunal.	Le choix qui s'offre à vos consciences est donc clair : ou notre société refuse une justice qui tue et accepte d'assumer, au nom de ses valeurs fondamentales — celles qui l'ont faite grande et respectée entre toutes — la vie de ceux qui font horreur, déments ou criminels ou les deux à la fois, et c'est le choix de l'abolition ; ou cette société croit, en dépit de l'expérience des siècles, faire disparaître le crime avec le criminel, et c'est l'élimination. Discours de Robert Badinter pour l'abolition de la peine de mort, 17 septembre 1981.

Identifier les stratégies argumentatives

1 a. De quelle stratégie argumentative use chaque auteur dans les extraits suivants ?

b. Quel effet chaque stratégie produit-elle sur le lecteur ?

Nos espérances sur l'état à venir de l'espèce humaine peuvent se réduire à trois points importants : la destruction de l'inégalité entre les nations ; les progrès de l'égalité dans un même peuple ; enfin le perfectionnement réel de l'homme. Toutes les nations doivent-elles se rapprocher un jour de l'état de civilisation où sont parvenus les peuples les plus éclairés, les plus libres, les plus affranchis des préjugés, tels que les Français et les Anglo-américains ?

Condorcet, *Esquisse d'un tableau des progrès de l'esprit humain*, 1794.

Lorsque nous avons surmonté des épreuves apparemment insurmontables ; lorsqu'on nous a dit que nous n'étions pas prêts, ou qu'il ne fallait pas essayer, ou que nous ne pouvions pas, des générations d'Américains ont répondu par un simple credo qui résume l'esprit d'un peuple.

Oui, nous pouvons.

Ce credo était inscrit dans les documents fondateurs qui déclaraient la destinée d'un pays.

Oui, nous pouvons.

Il a été murmuré par les esclaves et les abolitionnistes ouvrant une voie de lumière vers la liberté dans la plus ténébreuse des nuits.

Oui, nous pouvons.

Il a été chanté par les immigrants qui quittaient de lointains rivages et par les pionniers qui progressaient vers l'ouest en dépit d'une nature impitoyable.

Oui, nous pouvons.

Ce fut l'appel des ouvriers qui se syndiquaient ; des femmes qui luttaient pour le droit de vote ; d'un président qui fit de la Lune notre nouvelle frontière ; et d'un King[1] qui nous a conduits au sommet de la montagne et nous a montré le chemin de la Terre promise.

Oui, nous pouvons la justice et l'égalité. Oui, nous pouvons les chances et la prospérité. Oui, nous pouvons guérir cette nation. Oui, nous pouvons réparer ce monde.

Oui, nous pouvons.

Barack Obama, « *Yes we can* », discours de campagne, 10 janvier 2008.

1. Martin Luther King, pasteur pacifiste luttant pour l'obtention des droits civiques des Noirs aux États-Unis, mort assassiné en 1968.

2 a. De quelle stratégie argumentative Albert Camus use-t-il dans cet extrait ?

b. Quelle ambivalence du rôle de l'artiste cette stratégie souligne-t-elle ?

Je ne puis vivre personnellement sans mon art. Mais je n'ai jamais placé cet art au-dessus de tout. S'il m'est nécessaire au contraire, c'est qu'il ne se sépare de personne et me permet de vivre, tel que je suis, au niveau de tous. L'art n'est pas à mes yeux une réjouissance solitaire. Il est un moyen d'émouvoir le plus grand nombre d'hommes en leur offrant une image privilégiée des souffrances et des joies communes. Il oblige donc l'artiste à ne pas s'isoler ; il le soumet à la vérité la plus humble et la plus universelle. Et celui qui, souvent, a choisi son destin d'artiste parce qu'il se sentait différent, apprend bien vite qu'il ne nourrira son art, et sa différence, qu'en avouant sa ressemblance avec tous. L'artiste se forge dans cet aller-retour perpétuel de lui aux autres, à mi-chemin de la beauté dont il ne peut se passer et de la communauté à laquelle il ne peut s'arracher.

Albert Camus, « Discours de Suède » pour la remise du prix Nobel, le 10 décembre 1957.

Analyser les stratégies argumentatives

3 Montrez comment cet extrait repose sur deux stratégies argumentatives : convaincre et persuader.

Entre colonisateur et colonisé, il n'y a de place que pour la corvée, l'intimidation, la pression, la police, l'impôt, le vol, le viol, les cultures obligatoires, le mépris, la méfiance, la morgue, la suffisance, la muflerie, des élites décérébrées, des masses avilies.

Aucun contact humain, mais des rapports de domination et de soumission qui transforment l'homme colonisateur en pion, en adjudant, en garde-chiourme, en chicote[1] et l'homme indigène en instrument de production.

À mon tour de poser une équation : colonisation = chosification.

J'entends la tempête. On me parle de progrès, de « réalisations », de maladies guéries, de niveaux de vie élevés au-dessus d'eux-mêmes.

Moi, je parle de sociétés vidées d'elles-mêmes, de cultures piétinées, d'institutions minées, de terres confisquées, de religions assassinées, de magnificences artistiques anéanties, d'extraordinaires possibilités supprimées.

On me lance à la tête des faits, des statistiques, des kilométrages de routes, de canaux, de chemins de fer.

Moi, je parle de milliers d'hommes sacrifiés au Congo-Océan. Je parle de ceux qui, à l'heure où j'écris, sont en train de creuser à la main le port d'Abidjan. Je parle de millions d'hommes arrachés à leurs dieux, à leur terre, à leurs habitudes, à leur vie, à la vie, à la danse, à la sagesse.

Aimé Césaire, *Discours sur le colonialisme*, © Présence africaine, 1950.

1. Fouet.

Fiche 37

▶ Outils d'analyse : étudier un texte argumentatif

Les raisonnements et types d'arguments

Type de raisonnement	Définition	Exemple
Inductif	Mode de raisonnement qui part du cas particulier pour aller vers la généralisation.	En somme, toute l'opération consiste à prendre les faits dans la nature, puis à étudier le mécanisme des faits [...] Au bout, il y a la connaissance de l'homme, la connaissance scientifique, dans son action individuelle et sociale. (ZOLA)
Déductif	Mode de raisonnement qui part du général pour aller vers le particulier.	Il n'y a de vraiment beau que ce qui ne peut servir à rien, tout ce qui est utile est laid. [...] L'endroit le plus utile d'une maison, ce sont les latrines. (GAUTIER).
Concessif	On accorde à son adversaire un argument qui paraît juste, souvent pour mieux le critiquer ensuite.	Hélas, je suis tout de même obligé de reconnaître que Rodin était un artiste de génie. (CLAUDEL)
Par analogie	Raisonnement qui repose sur une comparaison. On rapproche deux faits pour en extraire une logique.	La passion criminelle n'est plus arrêtée par la peur de la mort [...]. Et si la peur de la mort arrêtait les hommes, vous n'auriez ni grands soldats ni champions automobiles. (BADINTER)
Syllogisme	Raisonnement en trois parties dont les deux premières, les prémisses, déterminent la conclusion.	Tous les hommes sont mortels. Or Socrate est un homme. Donc Socrate est mortel.
Par l'absurde	Consiste à pousser jusqu'à l'absurdité la thèse adverse pour la réfuter.	Il est démontré que les choses ne peuvent être autrement : car tout étant fait pour une fin, tout est nécessairement pour la meilleure fin. Remarquez bien que les nez ont été faits pour porter des lunettes ; aussi avons-nous des lunettes. (VOLTAIRE)
Paradoxal	Raisonnement qui heurte les idées communément admises car reposant sur une apparente contradiction.	Le seul moyen de se délivrer d'une tentation, c'est d'y céder. Résistez et votre âme se rend malade à force de languir ce qu'elle s'interdit. (WILDE)

Type d'argument	Définition	Exemple
Argument d'autorité	Argument attribué à une autorité reconnue de tous.	Ô la grande fatigue que d'avoir une femme ! et qu'Aristote a bien raison, quand il dit qu'une femme est pire qu'un démon ! (MOLIÈRE)
Argument *ad hominem*	C'est une attaque personnelle contre la personne qu'on combat.	Voyez Jean Jacques Rousseau, il traîne avec lui la belle demoiselle Levasseur, [...] à laquelle il a fait trois enfants, qu'il a pourtant abandonnés. (VOLTAIRE)
Exemplum	La preuve par l'exemple.	Simone Veil s'est battue pour que la France reste fidèle à elle-même, [...] pour rappeler le courage inouï et spontané de ces familles françaises qui, au péril de leur vie, avaient caché des enfants juifs. (Discours d'E. Macron pour l'entrée au Panthéon de Simone Veil, 1er juillet 2018)

Exercices

Repérer raisonnements et types d'arguments

1 Avec quel type d'argument Flaubert critique-t-il le roman de Lamartine ?

J'ai lu *Graziella*[1]. Le malheureux ! Quelle belle histoire il a gâtée là ! Cet homme, on a beau dire, n'a pas l'instinct du style. […] Ce ne sont pas des êtres humains mais des mannequins. Que c'est beau ces histoires d'amour où la chose principale est tellement entourée de mystères que l'on ne sait à quoi s'en tenir ! L'union sexuelle étant reléguée systématiquement dans l'ombre, comme boire, manger, pisser, etc. ! Ce parti pris m'agace. Voilà un gaillard qui vit continuellement avec une femme qui l'aime et qu'il aime, et jamais un désir ! Pas un nuage impur ne vient obscurcir ce lac bleuâtre ! Ô hypocrite ! S'il avait raconté l'histoire vraie, que c'eût été plus beau ! Mais la vérité demande des mâles plus velus que M. de Lamartine.

Gustave Flaubert, lettre à Louise Colet, avril 1852.

1. Roman d'Alphonse de Lamartine.

2 Quel type de raisonnement est utilisé dans ce texte ? Justifiez votre réponse.

En 2018, Christiane Taubira plaide pour l'accueil des réfugiés massés à bord du navire Aquarius.

À l'orée de la décennie 1990, la guerre des Balkans jette sur les routes d'Europe des colonnes silencieuses et accablées, invariablement composées d'enfants au regard étonné, de femmes qui s'obstinent à rester propres et dignes, d'hommes qui tentent de brider l'humiliation de n'être qu'un parmi d'autres dans une foule. Ils sont nombreux à être repartis, dès l'ombre de la paix revenue.

Il n'est pas question de dire ici qu'il est simple d'accueillir. Il ne s'agit ni d'enjoliver, ni de banaliser, ni même de dédramatiser. Ce n'est pas un conte. La population augmenta par pics et il en résulta sans doute des pressions sur les services publics, il fallut partager, il y eut des tensions. Mais le fait est : la société ne s'est ni effondrée ni même affaiblie. Elle absorba une part du monde et s'en épanouit, dans sa langue, sa gastronomie, ses arts, ses artisanats, sa littérature…

Christiane Taubira, tribune
dans *Le journal du dimanche*, juin 2018.

3 a. Repérez les deux types de raisonnements, inductif et déductif, utilisés dans ce texte.
b. Dans quel type de raisonnement l'exemple est-il le plus abouti ? Pourquoi ?

L'attitude la plus ancienne, et qui repose sans doute sur des fondements psychologiques solides puisqu'elle tend à réapparaître chez chacun de nous quand nous sommes placés dans une situation inattendue, consiste à répudier[1] purement et simplement les formes culturelles : morales, religieuses, sociales, esthétiques, qui sont les plus éloignées de celles auxquelles nous nous identifions. « Habitudes de sauvages », « cela n'est pas de chez nous », « on ne devrait pas permettre cela », etc., autant de réactions grossières qui traduisent ce même frisson, cette même répulsion, en présence de manières de vivre, de croire ou de penser qui nous sont étrangères. […]

Dans les Grandes Antilles, quelques années après la découverte de l'Amérique, pendant que les Espagnols envoyaient des commissions d'enquête pour rechercher si les indigènes possédaient ou non une âme, ces derniers s'employaient à immerger des blancs prisonniers afin de vérifier par une surveillance prolongée si leur cadavre était, ou non, sujet à la putréfaction.

Cette anecdote à la fois baroque et tragique illustre bien le paradoxe du relativisme culturel […]. En refusant l'humanité à ceux qui apparaissent comme les plus « sauvages » ou « barbares » de ses représentants, on ne fait que leur emprunter une de leurs attitudes typiques. Le barbare, c'est d'abord l'homme qui croit à la barbarie.

Claude Lévi-Strauss, *Race et Histoire*, © Denoël, 1952.

1. Rejeter.

Différencier le raisonnement par l'absurde et paradoxal

4 Dites pour chaque extrait s'il s'agit d'un raisonnement par l'absurde ou d'un raisonnement paradoxal. Justifiez vos réponses.

Il y a une quantité de femmes à qui les mœurs, la tradition refusent encore l'éducation, la culture, les responsabilités, les activités, qui sont le privilège des hommes et à qui, cependant, on met sans scrupule des enfants dans les bras, comme naguère on les consolait avec des poupées de leur infériorité par rapport aux petits garçons ; on les empêche de vivre ; par compensation, on leur permet de jouer avec des jouets de chair et d'os. Il faudrait que la femme fût parfaitement heureuse ou qu'elle fût une sainte pour résister à la tentation d'abuser de ses droits.

Simone de Beauvoir, *Le Deuxième Sexe*,
© Gallimard, 1949.

LE LOGICIEN, *au Vieux Monsieur.*
Voici donc un syllogisme exemplaire. Le chat a quatre pattes. Isidore et Fricot ont chacun quatre pattes. Donc Isidore et Fricot sont chats.
LE VIEUX MONSIEUR, *au Logicien.*
Mon chien aussi a quatre pattes.
LE LOGICIEN, *au Vieux Monsieur.*
Alors, c'est un chat.

Eugène Ionesco, *Rhinocéros*, Acte I, © Gallimard, 1959.

Fiche 38

▶ Outils d'analyse : étudier un texte argumentatif

L'argumentation directe et indirecte

1 L'argumentation directe

On parle d'**argumentation directe** lorsque l'auteur expose ses idées **en son nom**, sans passer par des personnages de fiction.

Genre	Caractéristiques
L'essai	• L'essai est une **œuvre argumentative en prose** et peut prendre des formes varées. Il peut mêler raisonnement général et récit d'expérience personnelle. Il est souvent écrit à la première personne du singulier ou du pluriel. • Le mot « essai » vient du latin *exagium* qui signifie « pesée », « examen ». C'est le sens qu'il a pour **Montaigne**, qui publie ses *Essais* à la fin du XVIe siècle.
La lettre	• La **lettre** engage un **débat** entre son auteur et son destinataire. La **lettre ouverte** s'adresse à un groupe de lecteur. • C'est le cas de « J'accuse », publiée par **Zola** dans le journal *L'Aurore* en 1898 pour prendre la défense du capitaine Dreyfus.
Le manifeste	• C'est une **déclaration** dans laquelle l'auteur présente des **conceptions**, des **principes** et des objectifs. • André **Breton** publie en 1924 le *Manifeste du surréalisme*.
Le pamphlet	• Écrit **bref** et **virulent**, le pamphlet clame une révolte, attaque des institutions, un système ou des personnes. Il associe souvent satire, violence verbale et caricature.
Le discours	• Prononcé **oralement** devant une **assemblée**, le discours exprime à la première personne du singulier les arguments de son auteur. • Victor **Hugo** prononce ainsi un fervent discours en faveur des lois sociales devant les députés de l'Assemblée nationale en 1849.
L'article de presse	L'article de presse a une visée argumentative lorsque l'auteur y exprime ses **convictions**, le plus souvent dans le cadre d'un **débat**.

2 L'argumentation indirecte

L'**argumentation indirecte** passe par la **fiction**. L'auteur exprime ses idées à travers des personnages, des situations, des descriptions. Elle peut être à l'œuvre dans la poésie, le théâtre ou le roman, mais il existe aussi des types d'écrits spécifiques, récits brefs et plaisants, que l'on peut regrouper sous le nom d'**apologue**.

Genre	Caractéristiques
Le conte merveilleux	Il se situe dans un **espace** et une **temporalité vagues**, met en scène des éléments **surnaturels**, propose une **fin heureuse** et édifiante.
Le conte philosophique	Il décrit les **aventures** peu vraisemblables de personnages découvrant un univers inconnu. Il a souvent une **portée satirique** et vise à faire réfléchir le lecteur sur des comportements ou des institutions.
La fable	La fable est un court récit en prose ou en vers, mettant souvent en scène des animaux humanisés, et se termine par une **moralité** qui énonce la leçon que le lecteur doit tirer de l'histoire.

Exercices

Repérer les types d'argumentation

1 a. Repérez dans les extraits suivants les arguments défendus.

b. Après avoir identifié le genre littéraire, vous direz s'il s'agit d'argumentation directe ou indirecte.

c. Quelle stratégie vous paraît la plus efficace ?

a. Il n'y a rien de plus beau que la destruction des mots. Bien sûr, l'épuration maximale se situe du côté des verbes et des adjectifs, mais il y a aussi des centaines de noms superflus. Pas seulement les synonymes, les antonymes aussi. Car enfin, pourquoi conserver un mot qui n'est que le contraire d'un autre ? Chaque mot contient son opposé en soi. Prends « bon », par exemple, si tu as « bon », quel besoin d'avoir « mauvais » ? « Inbon » fera l'affaire aussi bien et même mieux parce qu'il en sera l'exact contraire, ce qui n'est pas le cas de « mauvais ». De même, si tu veux une version renforcée de « bon », ça ne rime à rien d'avoir une kyrielle de mots approximatifs comme « excellent », « superbe » et compagnie. « Plusbon » couvre le sens, et même « doubleplusbon », si on veut insister. Bien sûr, nous employons déjà ces formes mais dans la version définitive du néoparler, il n'en aura plus d'autres. Au bout du compte, la notion de bon et de mauvais sera couverte par six mots seulement, qui se ramèneront à un seul. Tu vois comme c'est beau, Winston ? L'idée vient de Big Brother, bien sûr, ajoute-t-il comme pour réparer un oubli.

George Orwell, *1984*, © Gallimard, 1948.

b. Citoyens de la République universelle,

[…] République blanche et république noire sont sœurs, de même que l'homme noir et l'homme blanc sont frères. Il n'y a qu'une humanité, car il n'y a qu'un Dieu. La République française, cette initiatrice du monde avait des nègres parmi ses représentants du peuple ; et c'est là une des choses qui l'ont faite grande entre toutes. Cette fraternité des races, les États du Sud de l'Union américaine, l'ont méconnue. […] Blancs et Noirs, tous frères, tous égaux, serrons-nous plus que jamais autour du principe des principes : LIBERTÉ.

Votre ami,

Victo Hugo

Victor Hugo, lettre du 31 mars 1860 à Exilien Heurtelou, rédacteur en chef du journal de Port-au-Prince, *Le Progrès*.)

2 a. Que pense le journaliste de *La Gazette de France* de la pièce *Hernani* de Victor Hugo ? Reformulez son opinion.

b. Rédigez un court article de presse en retournant les arguments du journaliste pour faire l'éloge d'*Hernani*.

Qu'est-ce qu'*Hernani* ? Une fable grossière, digne des siècles les plus barbares, un tissu de crimes froidement déroulés, sans combinaison, sans art, sans moralité, et tout cela revêtu de ce style sans amour-propre *qui ne fait pas la petite bouche*, comme dit M. Victor Hugo.

Il y aurait quelque intérêt dans ce tissu d'incidents absurdes et invraisemblables, comme il y en a dans un conte des *Mille et une Nuits*, s'il n'était ralenti par des digressions, des tirades démesurées et des détails puérils. […] Je demanderai ensuite quel est le but de l'œuvre de M. Hugo. À quoi bon ce sang, ces poignards, ce poison, ces fureurs, et toutes ces atrocités, s'il n'en ressort aucune étude du cœur humain, aucune moralité, rien qui puisse perfectionner l'homme, rien même qui agrandisse le domaine de l'art ?

La Gazette de France, samedi 27 février 1830.

Vers le commentaire

3 Montrez comment, dans cet extrait, la fiction pose la question de l'engagement politique.

Tchen, un jeune révolutionnaire s'apprête à tuer un homme dans son sommeil.

21 mars 1927

Minuit et demi.

Tchen tenterait-il de lever la moustiquaire ? Frapperait-il au travers ? L'angoisse lui tordait l'estomac ; il connaissait sa propre fermeté, mais n'était capable en cet instant que d'y songer avec hébétude, fasciné par ce tas de mousseline blanche qui tombait du plafond sur un corps moins visible qu'une ombre, et d'où sortait seulement ce pied à demi incliné par le sommeil, vivant quand même — de la chair d'homme. La seule lumière venait du building voisin : un grand rectangle d'électricité pâle, coupé par les barreaux de la fenêtre dont l'un rayait le lit juste au-dessous du pied comme pour en accentuer le volume et la vie. Quatre ou cinq klaxons grincèrent à la fois. Découvert ? Combattre, combattre des ennemis qui se défendent, des ennemis éveillés ! La vague de vacarme retomba : quelque embarras de voitures (il y avait encore des embarras de voitures, là-bas, dans le monde des hommes…). Il se retrouva en face de la tache molle de la mousseline et du rectangle de lumière, immobiles dans cette nuit où le temps n'existait plus. Il se répétait que cet homme devait mourir. Bêtement : car il savait qu'il le tuerait. Pris ou non, exécuté ou non, peu importait. Rien n'existait que ce pied, cet homme qu'il devait frapper sans qu'il se défendît, — car, s'il se défendait, il appellerait. Les paupières battantes, Tchen découvrait en lui, jusqu'à la nausée, non le combattant qu'il attendait, mais un sacrificateur.

André Malraux, *La Condition humaine*, © Gallimard, 1933.

Fiche 39

▶ Outils d'analyse : se repérer dans la presse et les médias

Le lexique de l'information et des médias

▶ Les médias se mettent au service de l'information en la diffusant sur différents réseaux : Internet, télévision, radio, presse. Mais d'où proviennent ces informations ? Et qui les diffuse ?

1 L'information

Journaliste	• Personne qui collabore, par ses **articles**, à l'élaboration d'un journal ou d'un magazine. On appelle **pigiste** un journaliste payé à l'article, qui peut travailler pour différents journaux. • Un **reporter** est un journaliste qui va collecter des informations sur le terrain.
Source	• **Origine des informations publiées** dans les médias (agences de presse qui fournissent des **dépêches**, témoins, réseaux sociaux, etc.).
Sujet	• **Thème** choisi par un journaliste. L'**angle** est la façon dont le journaliste va aborder son sujet. • On appelle **marronnier** un sujet qui revient chaque année à la même date (Noël, les soldes, les départs en vacances, etc.)
Ligne éditoriale	• Ensemble des **valeurs** et des **engagements** qui guident les journalistes d'une rédaction pour choisir leurs sujets et l'angle avec lequel ils vont les traiter. Il peut s'agir d'une ligne **politique**.
Déontologie	• Ensemble des **droits** et des **devoirs** qui régissent une profession. La déontologie des journalistes a notamment été définie par la charte de Munich en 1971.
Censure et liberté de la presse	• La **censure** interdit ou empêche la publication d'une information. • La **liberté de la presse,** au contraire, est un droit normalement accessible dans les pays démocratiques, qui repose sur la liberté d'**opinion** et d'**expression**.

2 Les médias

Média	• Tout moyen permettant la **diffusion** ou la **communication** d'informations et de messages sonores ou audiovisuels.
Presse écrite	• Ensemble des **moyens de diffusion de l'information écrite**, qui englobe toutes les publications périodiques (journaux quotidiens, magazines hebdomadaires, mensuels, etc.). • La presse écrite (quotidiens et magazines) serait plébiscitée par 51 % des Français*.
Radio	• Diffusion de **programmes sonores** (et aujourd'hui parfois vidéo) par le biais de récepteur de radiodiffusion. La radio serait plébiscitée par 49 % des Français*.
Télévision	• La télévision reste l'une des **premières sources d'information** pour les Français (75 % des personnes interviewées regarderaient le journal télévisé du soir*).
Internet	• Toutes sources confondues (site Internet d'un journal : 31 % ; site d'information sans lien avec un journal : 18 % ; newsletter : 15 % ; média social : 43 %), Internet est le média le plus consulté aujourd'hui comme source d'information.

* Les résultats des sondages proviennent tous de l'enquête Yougov, menée dans le cadre du projet « Conspiracy and Democraty » par l'université de Cambridge en août 2018.

Identifier une ligne éditoriale

1 a. Allez sur Internet, et tapez dans la barre d'adresse : *news.google.com*.

b. Sélectionnez le premier titre de la rubrique « À la une » et comparez le traitement d'une même information par des journaux différents.

c. Rédigez un compte rendu de cette actualité du jour, en confrontant les informations lues sur les différents sites d'information.

2 a. Quelle définition, présentée dans la leçon, est synonyme de l'expression « ses couleurs, son ton, son style » dans le texte ci-dessous ?

b. À quel mot donné dans la leçon le terme « unanimité » peut-il s'opposer ?

c. Cherchez la définition du genre de la « chanson de geste », et expliquez en quoi cette expression utilisée par l'auteure peut paraître péjorative.

Chaque journal ou chaîne de télévision va bien sûr avoir ses couleurs, son ton, son style. [...] Pour autant, cette apparente diversité cache bien un profond accord. On a le droit de tout dire, mais à condition de parler de la même chose. [...] C'est sans doute dans le traitement des « personnalités » que cette unanimité est lisible avec le plus d'évidence. Là, tout le monde regarde la même personne, au même endroit, au même moment. [...] L'acteur Richard Gere en visite dans les camps de réfugiés, le président à la tribune pour un match de la coupe du Monde ou le joueur de football à la garden party de l'Élysée, la chanson de geste des héros n'en finit pas de vampiriser les actualités. Il a fait..., il a dit..., les moindres lapsus sont consignés.

F. Aubenas, M. Benasayag, *La Fabrique de l'information*, « Sur le Vif », © Éd. La Découverte, 1999.

Comprendre le travail du journaliste

3 Lisez le texte ci-dessous, extrait de la Charte d'éthique professionnelle des journalistes (SNJ, 1918/38/2011).

a. Quels sont les différents enjeux du métier de journaliste ?

b. Avec quels autres métiers le journalisme ne doit-il pas être confondu ?

c. Quelles qualités un journaliste doit-il posséder pour exercer correctement son métier ?

Le journalisme consiste à rechercher, vérifier, situer dans son contexte, hiérarchiser, mettre en forme, commenter et publier une information de qualité ; il ne peut se confondre avec la communication. Son exercice demande du temps et des moyens, quel que soit le support. Il ne peut y avoir de respect des règles déontologiques sans mise en œuvre des conditions d'exercice qu'elles nécessitent.

La notion d'urgence dans la diffusion d'une information ou d'exclusivité ne doit pas l'emporter sur le sérieux de l'enquête et la vérification des sources. [...]

C'est dans ces conditions qu'un journaliste digne de ce nom : [...]

• respecte la dignité des personnes et la présomption d'innocence ;

• tient l'esprit critique, la véracité, l'exactitude, l'intégrité, l'équité, l'impartialité, pour les piliers de l'action journalistique ; tient l'accusation sans preuve, l'intention de nuire, l'altération des documents, la déformation des faits, le détournement d'images, le mensonge, la manipulation, la censure et l'autocensure, la non-vérification des faits, pour les plus graves dérives professionnelles ; [...]

• refuse et combat, comme contraire à son éthique professionnelle, toute confusion entre journalisme et communication ;

• cite les confrères dont il utilise le travail, ne commet aucun plagiat ; [...]

• ne confond pas son rôle avec celui du policier ou du juge.

4 a. Lisez le texte ci-dessous, et réagissez à l'oral, en classe. Comment comprenez-vous l'expression en gras ?

b. Que pensez-vous de l'affirmation « L'information finira bien par me trouver » ?

Pour un jeune d'aujourd'hui, l'information fait bien partie de sa ration média quotidienne, surtout si elle est sociale et fun. Mais si elle n'est pas dans le fil d'actualité de Facebook, c'est qu'elle n'est pas importante. Et si les jeunes ne la jugent pas importante, ils n'iront pas à sa recherche. **Il n'y a plus de sentiment de responsabilité civique pour s'informer.** Je me souviens d'une citation d'un étudiant rapportée il y a plusieurs années par le *New York Times*. Il disait : « L'information finira bien par me trouver »... Là est le nœud du problème : si l'info nous trouve, c'est grâce à des algorithmes qui sont capables de prioriser, de classer, d'associer, de filtrer, mais aussi de masquer et de cacher des infos selon des critères non transparents. [...] Il faut réclamer des comptes à ces algorithmes qui échappent à tout contrôle. Il faut enquêter sur ces boîtes noires. Se demander si les algorithmes sont loyaux, s'il y a des manipulations.

Éric Scherer, entretien avec Éric Fottorino, revue *Le 1 Hebdo*, 09/03/2016.

c. Quelle(s) source(s) d'information consultez-vous pour vous tenir informé de l'actualité ?

d. Pensez-vous être libre de vos choix dans les articles que vous recevez sur vos comptes issus de réseaux sociaux ?

Fiche 40

▶ Outils d'analyse : se repérer dans la presse et les médias

Lire un article de presse

▶ La presse regroupe l'ensemble des journaux et des magazines qui délivrent des informations aux lecteurs. Lorsque ces informations concernent des faits récents, on parle d'actualité. On trouve différents types d'articles dans la presse.

1 Périodicité des journaux et magazines

Quotidien	• Journal qui paraît **tous les jours**.
Hebdomadaire	• Journal ou magazine qui paraît **toutes les semaines**.
Mensuel	• Journal ou magazine qui paraît **tous les mois**.

2 L'organisation d'un article

Un article peut comporter	• Le **titre** principal. • Un **sous-titre.** • Un **chapeau :** résumé qui annonce le thème et accroche l'intérêt du lecteur. • L'**attaque :** la première phrase de l'article, qui doit donner envie de poursuivre la lecture. • Des **intertitres** qui structurent et aèrent le texte de l'article. • Une **chute :** dernière phrase du texte, parfois sous forme de question • La **signature** du journaliste. • Des **encadrés** pour mettre en valeur des informations ou une citation. • Une **illustration :** dessin de presse, photographie, caricature avec sa **légende**. • Les articles sont généralement rédigés en **plusieurs colonnes** sur une page, les phrases sont courtes, le style simple et accrocheur.

3 Les différents contenus

Brève ou filet	• Reprise en quelques lignes d'une **dépêche d'agence de presse**.
Éditorial	• Texte généralement rédigé par le **rédacteur en chef**, qui livre son avis sur un point d'actualité ou met en valeur un dossier traité dans le journal.
Reportage	• **Récit** journalistique qui met en avant les **témoignages** directs.
Enquête	• Article assez long dans lequel un journaliste confronte différentes **sources**, en se rendant sur le **terrain**, et explique les faits, leurs causes et leurs conséquences.
Interview	• Article basé sur un échange de **questions/réponses** avec une personnalité ou un témoin.
Critique	• Article donnant l'**opinion**, favorable ou défavorable, du journaliste sur un livre, un film, une émission, une exposition…
Synthèse ou analyse	C'est le type d'articles que l'on trouve principalement dans les journaux d'informations. • La **synthèse** relate des événements en s'appuyant sur des arguments, des analyses, des citations. • L'**analyse** laisse une place plus grande à l'expression de l'opinion du journaliste.

Exercices

Aborder un article de presse

1 **Dites à quoi correspond chaque chiffre en vous appuyant sur la liste donnée dans la leçon.**

LE PARISIEN

04 | **POLITIQUE** — JEUDI 7 FÉVRIER 2019 — @le_Parisien

6 Le vote de la loi anticasseurs est l'une des raisons qui ont poussé Matthieu Orphelin à quitter le groupe majoritaire à l'Assemblée.

LREM fait **1** un nouvel Orphelin

Le député Matthieu Orphelin, un proche de Nicolas Hulot, a annoncé hier son départ du groupe la République en marche **2** *à l'Assemblée nationale.*

IP 3 PRESS/MAXPPP/CHRISTOPHE MORIN

CONFIDENTIEL

EN MARCHE ! A UN NOUVEAU DÉLÉGUÉ À LA SANTÉ

AFP/YOHAN BONNET

Thomas Mesnier, député la République en marche (LREM) de Charente, prend de nouveaux galons. Le jeune médecin urgentiste de 32 ans, qui vient d'être nommé rapporteur général du projet de loi Santé débattu à l'Assemblée nationale à la mi-mars, va se voir confier les fonctions de délégué national à la santé au sein de LREM. Sa feuille de route : la lutte contre la désertification médicale, la fin du numerus clausus et la santé numérique.

EN BREF

EUROPÉENNES
Boris Vallaud, porte-parole du PS, a estimé hier qu'il n'était pas « trop tard » pour réaliser l'unité **4** che aux europé[…] 26 mai, pour ne pas « laisser les Français dans un tête-à-tête entre libéraux et nationalistes ».

CONSULTATIONS
Marine Le Pen a conseillé hier à Emmanuel Macron, au cours d'une rencontre à l'Elysée, de dissoudre l'Assemblée nationale et d'organiser des législatives à la

PAR PAULINE THÉVENIAUD **5**

MÊME UN BISOUNOURS peut finir par claquer la porte. Il n'est pas encore 17 heures, hier, lorsque le député la République en marche (LREM) Matthieu Orphelin fait connaître sa décision à ses collègues du groupe majoritaire. Une rupture par mail. Dans ce « message personnel » – c'est l'intitulé de ce courriel que nous avons consulté –, l'ex-membre d'Europe Ecologie-les Verts (EELV) sonne l'alerte : « Nous ne sommes malheureusement au bon rythme sur aucun des grands chantiers de la transition [...] Plus grave, nous ne nous donnons plus les moyens d'y être, ni de tenir nos engagements, prisonniers de logiques budgétaires et d'arbitrages politiques de court terme. »

Voilà qui rappelle furieusement les raisons invoquées par Nicolas Hulot, dont le député est très proche, lors de sa démission choc fin août. A l'époque, Matthieu Orphelin voulait encore croire à un « électrochoc ». Las. « Je pars après avoir fait tout mon possible », écrit celui qui avait notamment créé une boucle Telegram baptisée... « Les Bisounours », réunissant plusieurs dizaines de députés LREM dans l'espoir de faire bouger les lignes. Bis repetita, donc, même si la manière diffère de celle de l'ancien ministre de l'Ecologie. Avant d'envoyer son mail, l'élu du Maine-et-Loire a prévenu ses amis les plus proches ainsi que les patrons du groupe, Gilles Le Gendre, et du parti LREM, Stanislas Guerini.

Son côté franc-tireur ne plaisait pas à tous. En témoigne l'exclamation de l'un de ses collègues Marcheurs, hier, en recevant son courrier : « Enfin ! Depuis des mois, il se donne une importance qu'il n'a pas et ne joue jamais collectif. » Il n'en demeure pas moins que son départ porte un nouveau coup à la majorité, privée là d'une des figures de son aile gauche, « absolument sincère dans tous ses combats », selon son ami Guillaume Chiche.

> **« ENFIN ! DEPUIS DES MOIS, IL SE DONNE UNE IMPORTANCE QU'IL N'A PAS ET NE JOUE JAMAIS COLLECTIF »**

L'ÉCOLOGIE, LA GRANDE OUB[LIÉE] **3**

Depuis le départ de Hulot, les déceptions se sont accumulées comme autant de cailloux sur la route d'Orphelin. Il y a eu le discours d'Emmanuel Macron consacré à la transition écologique le 27 novembre, qui l'avait laissé sur sa faim. Ou la réception, par le président encore, des parlementaires de la majorité à l'Elysée début décembre, en pleine crise des Gilets jaunes. Ce soir-là, l'élu est apparu « marri » qu'il soit si peu question d'écologie. « Il considère que depuis le départ de Hulot, rien ne s'est

« Je ne pourrai pas rester indéfiniment... » soufflait Orphelin il y a trois semaines, en petit comité, exprimant sa désapprobation face aux orientations de Bercy et Matignon durant la crise des Gilets jaunes. Selon un proche, les discussions tendues en commission des Affaires sociales, la semaine dernière, sur la création d'un fonds d'indemnisation des victimes des produits phytopharmaceutique, et le vote de la loi anticasseurs ont fait office de goutte d'eau.

« Certains choix politiques du gouvernement [...] me semblent contradictoires avec l'idée de plus de justice fiscale », juge encore Orphelin. Dans le même temps, vingt-deux députés LREM proposaient un « nouvel ISF »... Soupir d'un cadre du groupe, après l'abstention massive (ils étaient 50, dont Orphelin) des Marcheurs lors du vote, avant-hier, de la loi anticasseurs : « Ce n'est pas la meilleure des semaines... »

Analyser un article de presse

2 **Lisez l'article suivant, et relevez les informations correspondant aux « 5W » (*who/what/when/where/why* ou *how* : qui/quoi/quand/où/pourquoi ou comment).**

INTERPELLATION DE LYCÉENS À MANTES-LA-JOLIE : PLAINTE DÉPAYSÉE[1] À NANTERRE

Lors d'une mobilisation nationale des lycéens le 6 décembre, 151 jeunes âgés de 12 à 21 ans avaient été interpellés près du lycée Saint-Exupéry après des incidents.

La plainte pour violences policières déposée en décembre à Versailles par le syndicat lycéen UNL après l'interpellation de 151 adolescents près d'un lycée de Mantes-la-Jolie (Yvelines) a été dépaysée à Nanterre, a annoncé, mardi 5 février, Me Arié Alimi, l'avocat du syndicat, qui en avait fait la demande.

« Il [ce dépaysement] est amplement justifié par l'implication éventuelle du ministère public et du préfet des Yvelines dans les faits extrêmement graves et choquants commis sur ces mineurs. On espère maintenant que l'enquête avancera plus vite », a-t-il poursuivi.

C'est lors d'une mobilisation nationale des lycéens le 6 décembre que 151 jeunes âgés de 12 à 21 ans avaient été interpellés près du lycée Saint-Exupéry après des incidents. La vidéo de leur arrestation, genoux au sol et mains sur la tête, avait provoqué un tollé. À l'issue de leur garde à vue, la plupart d'entre eux avaient écopé de simples rappels à la loi.

Le Monde avec AFP, sur *lemonde.fr*, 5 février 2019.

1. Dépayser une affaire judiciaire : la confier à un autre tribunal que celui normalement compétent pour la traiter.

3 **Dites à quel type d'articles ces extraits correspondent.**

a.

CATHERINE DENEUVE FAIT LES FONDS DE TERROIR

Dans « la Dernière Folie de Claire Darling », Julie Bertucelli met platement en scène l'actrice en bourgeoise déboussolée. [...]

Didier Péron, *libération.fr*, 5 février 2019.

b.

Depuis 2010, Julian Assange face à la pression plus ou moins discrète de la justice britannique

Le fondateur de WikiLeaks est réfugié à l'ambassade d'Équateur à Londres depuis 2012. Les procédures en cours au Royaume-Uni sont l'une des clés pour comprendre l'issue possible de cette situation. [...]

Yves Eudes, *lemonde.fr*, 5 février 2019.

c.

INÉGALITÉS : LA RÉVOLTE DES OUBLIÉS

Depuis près d'un mois, les Gilets jaunes font, non sans désordre ni contradictions, entendre la voix d'une France qui se sent oubliée des pouvoirs publics et méprisée par la classe politique comme par les puissances économiques. S'ils n'appartiennent pas, en règle générale, aux couches les plus pauvres de notre société, beaucoup font partie de ces ménages qui ont du mal à boucler leurs fins de mois. Ils dénoncent des inégalités grandissantes et un système fiscal qui accable les classes moyennes tout en épargnant les plus riches.

Le 1 Hebdo, sommaire du N° 229, 12 décembre 2018.

Fiche 41

▶ Outils d'analyse : se repérer dans la presse et les médias

S'informer sur Internet

▶ **Internet est un formidable outil d'information. On y trouve tout mais aussi n'importe quoi ! Il est donc essentiel d'apprendre à faire le tri et de rester vigilant sur les renseignements qui nous sont fournis sur la toile.**

1 Trouver l'information

Les sites des journaux de presse écrite	• Les **grands quotidiens nationaux** tels que *Le Monde*, *Le Figaro*, *Libération*, *La Croix*, etc. disposent de sites Internet qui mettent en ligne leurs articles, dont certains sont en **accès libre** et d'autres réservés aux **abonnés**.
Les sites d'information qui vivent grâce aux abonnements	• Certains sont très **fiables**, et proposent des **articles de qualité**, rédigés par des **journalistes de renom** : *lesjours.fr* ; *le1hebdo.fr* ; *mediapart.fr* ; *francetvinfo.fr*… Ces sites rendent généralement leurs articles accessibles après un **abonnement** qui permet de rémunérer les journalistes.
Les sites collaboratifs	• Ils sont entretenus par des **bénévoles**. Chacun peut **contribuer** à les enrichir, soit en corrigeant des informations, soit en rédigeant des textes pour de nouvelles entrées. • Le plus connu de ces sites est **Wikipédia**, créé en 2001 aux États-Unis.
Les sites d'information qui vivent grâce à la publicité	• **Attention méfiance !** Sur ces sites, les articles ne sont pas toujours de très grande qualité. • Souvent, les rédacteurs font des « copier-coller » de **dépêches AFP** ou de **communiqués de presse**, sans vérifier les informations[1].
Les réseaux sociaux	• *Twitter*, *Facebook*, *LinkedIn*… Les réseaux sociaux seraient le premier moyen d'information des 15-34 ans, qui les utilisent tous les jours pour 71 % d'entre eux[2]. • Mais attention à ces informations qui **viennent à vous** : « Supposez que vous êtes abonné au compte Facebook d'un média que vous aimez. Vous pensez à tort que vous allez tout recevoir de ce média. Or c'est **l'algorithme** qui va choisir les articles qu'il juge pertinent de vous fournir. C'est donc lui qui décide de la distribution des informations d'un média. » (Éric Scherer, revue *Le 1*, mars 2016)

1. Des chercheurs ont réalisé au cours d'une étude que dans le cas des « actualités chaudes », 64 % des informations publiées sur Internet étaient du simple « copier-coller » (J. Cagé, M.-L. Viaud et N. Hervé, *L'information à tout prix*, Ina Éditions, 2017).
2. Étude Médiamétrie commandée par le ministère de la Culture, publiée en juillet 2018.

2 Vérifier l'information

Remonter à la source	• Chercher le **nom** du journaliste. • **Recouper les informations** en confrontant **différentes sources**.
Vérifier les images	• Certains sites utilisent des images qui ne correspondent pas à l'événement qu'elles illustrent. • Pour vérifier la provenance des photos de presse, vous pouvez **enregistrer l'image**, puis vous rendre sur *Google.images* et **importer l'image** enregistrée grâce à l'icône « appareil photo » dans la barre de recherche. À vous de « remonter » le flux pour en trouver l'origine !
Distinguer « information » et « opinion »	• Une **information** s'appuie sur des éléments concrets, sur des sources fiables, sur des chiffres. • Une **opinion** consiste à donner son avis sur un sujet, sans forcément apporter de preuves tangibles.

Exercices

Distinguer news et « *fake news* »

1 Classez ces différents sites selon qu'ils appartiennent à des médias d'information fiables, ou parodiques :
lefigaro.fr ; legorafi.fr ; nordpresse.be ; la voixdunord.fr ; bilboquet-magazine.fr ; bibamagazine.fr ; rue89.nouvelobs.com ; boulevard69.com.

2 a. Rendez-vous sur ces sites qui permettent de traquer les fausses informations (ou encore « fake news »).

b. Sélectionnez une « fake news » et présentez-la à vos camarades :
- lemonde.fr/les-decodeurs/
- factuel.afp.com
- liberation.fr/checknews
- francetvinfo.fr/vrai-ou-fake/

3 Sélectionnez une vidéo sur le site désintox d'Arte (tapez « desintox arte tv » dans la barre de recherche) et faites la liste des « infos » que vous pensiez être vraies et qui se révèlent être des « fake news ».

4 a. Faites des recherches sur cette photo de Bernard-Henri Lévy, philosophe et membre du conseil de surveillance du *Monde*, qui le montre à Kiev, en Ukraine, en 2014.

© Emeric Fohlen/News Pictures.

b. Présentez le contexte politique agitant l'Ukraine en 2014. Bernard-Henri Lévy s'est-il rendu à Kiev en février 2014 ?

c. Cette photo du philosophe sur les barricades a-t-elle été prise pendant les combats ?

d. Quel reproche a alors été fait à Bernard-Henri Lévy par un grand nombre de journalistes ?

Garder un œil critique sur l'information

5 a. Lisez cet extrait d'un essai du sociologue Pierre Bourdieu.

b. En quoi peut-il éclairer la course à l'information ayant lieu actuellement sur les sites d'actualités ? Vous pourrez vous appuyer sur la comparaison de plusieurs sites d'information qui traitent la même actualité avec les mêmes mots.

> C'est une contrainte terrible : celle qu'impose la poursuite du *scoop*. Pour être le premier à voir et à faire voir quelque chose, on est prêt à peu près à n'importe quoi, et comme on se copie mutuellement en vue de devancer les autres, de faire avant les autres, ou de faire autrement que les autres, on finit par faire tous la même chose, la recherche de l'exclusivité, qui, ailleurs, dans d'autres champs, produit l'originalité, la singularité, aboutit ici à l'uniformisation et à la banalisation.
>
> Pierre Bourdieu, *Sur la télévision*, © Éditions Raisons d'agir, 1996.

6 a. En salle informatique, rendez-vous sur le site Internet de l'Agence France Presse et sélectionnez en classe entière une dépêche.

b. En groupes de 4, faites des recherches sur cette actualité. Tous les groupes travaillent sur la même « actu ».

c. Rédigez un article d'une page environ (→ *voir p. 456*), illustré par une image dont vous donnerez la source précise.

d. Comparez les articles rendus :
– sont-ils très différents les uns des autres ?
– Y a-t-il des articles qui se démarquent ?
– Pour quelles raisons ?

e. Sélectionnez le meilleur article proposé par les groupes et mettez-le en ligne sur le site de votre établissement. Vous ne pouvez pas voter pour le vôtre !

7 a. Rendez-vous sur le site internet suivant : https://www.streetpress.com/sujet/1447946021-rumeur-fusillade-hotel-pullman

b. Quel événement est à l'origine du déploiement des forces de l'ordre aux abords de l'hôtel ?

c. Qui a envoyé le premier tweet à l'origine de la naissance de la rumeur ?

d. Quelle journaliste étrangère se trouvant dans l'hôtel a relayé la fausse information ? Pour quel média travaillait-elle ?

e. Quelles sont les « sources » qui rajoutent du crédit à cette fausse affaire ?

f. Quel journal officiel dément finalement l'information ?

Fiche 42

▶ Outils d'analyse : étudier l'image

Étudier la composition d'une image

▶ *La Liberté guidant le peuple* représente la révolution des 27, 28 et 29 juillet 1830, trois journées dites « Trois Glorieuses ». Ce soulèvement des Parisiens contre le roi Charles X et son ministre le prince de Polignac conduira au renversement du pouvoir en place.

Eugène Delacroix, *La Liberté guidant le peuple*, 1831, huile sur toile, 330 × 325 cm, musée du Louvre, Paris.

1 La construction de l'espace

	Principe théorique	Application : *La Liberté guidant le peuple*
Grille	Dans la peinture figurative, l'espace est découpé selon une **grille** par des lignes invisibles horizontales, verticales ou obliques. Cette organisation est pensée afin de disposer au mieux les éléments importants qui **composeront le tableau**. L'espace peut être scindé en deux, trois ou autant de subdivisions nécessaires à la bonne **répartition des objets et sujets**.	• L'espace du tableau est découpé en neuf parties. • Occupant pleinement la case 2 avec son drapeau, **l'allégorie de la Liberté** est le seul personnage de la partie haute de la toile. Son importance est soulignée par cette position dominante. • En dessous, les **meneurs de foule** de la partie 4 font symétriquement face à l'enfant seul dans la case 6. Cette composition donne un équilibre au tableau. • Le corps mort de l'espace 9 répond à celui de l'espace 7.
Vides et pleins	On parle de **répartition des masses** pour désigner la **distribution des volumes et des vides** dans les différentes parties.	• Delacroix a chargé son tableau de détails, afin **d'ancrer son sujet dans la réalité**. • On trouve toutefois deux zones de vide, dans les parties 1 et 3, qui servent de **respiration** et d'ouverture à cette atmosphère de révolte. Ces vides ont également pour vocation de mettre en valeur le **volume** qu'ils encadrent : la Liberté qui se détache du ciel de fumée.
Lignes de force	À l'intérieur de cet espace délimité, des **lignes de force**, plus importantes que les autres, donnent du **rythme** au tableau.	• Les lignes de force **obliques**, obtenues en prolongeant le mouvement des armes, forment un **triangle** dont le sommet est le visage de l'allégorie. Cette composition pyramidale accentue la focalisation sur la femme qui s'impose en chef de la lutte. • Le triangle est déséquilibré, reprenant le **mouvement dynamique** du personnage saisi dans l'action.

1. La structure

2. Les plans

2 La mise en place du sujet

	Principe théorique	Application : *La Liberté guidant le peuple*
Plans	Les différents **plans** donnent de la **profondeur** à l'image. Ils délimitent de manière **réaliste** des espaces différents dans la composition par rapport à l'œil du spectateur.	La composition compte **trois plans** : – le premier plan où gisent les corps ; – le deuxième plan comprenant les principaux acteurs de la fronde – l'arrière-plan où sont représentés le ciel et les tours de Notre-Dame de Paris.
Cadrage	Le **cadrage** est la **délimitation de l'espace**. Il se détermine en fonction des sujets principaux. Il peut être **large** (le sujet dans son environnement) ou **serré** (le sujet).	• Malgré le nombre de personnages, et la présence de la ville de Paris, le **cadrage est resserré** sur les protagonistes qui occupent presque tout l'espace de la toile. • Le spectateur, pris dans la foule, semble ainsi ne pas pouvoir échapper à la **course des révolutionnaires**.
Vue	La **vue** est la situation de l'œil du spectateur par rapport au sujet. Elle peut être : – en **plongée** (vue d'au-dessus),  – en **contre-plongée** (vue d'en-dessous),  – ou à **hauteur d'œil**.	• L'allégorie de la Liberté, surélevée, est vue en **contre-plongée**, ce qui a pour effet d'accentuer l'effet pyramidal. • Le **spectateur** se retrouve en position d'infériorité, **dominé par l'action**. L'atmosphère de révolte s'en trouve ainsi renforcée.

1 **Pourquoi les choix de composition de Delacroix concordent-ils avec le sujet qu'il a souhaité représenter ?**

2 **Quelle sensation aurait provoqué un cadrage plus large ?**

3 **Cherchez d'autres tableaux construits selon une composition pyramidale. L'effet produit est-il le même ?**

Fiche 43

Analyser les couleurs et la lumière

1. Vincent van Gogh, *Les Mangeurs de pommes de terre*, 1885, huile sur toile (82 x 114 cm), musée van Gogh, Amsterdam, Pays-Bas.

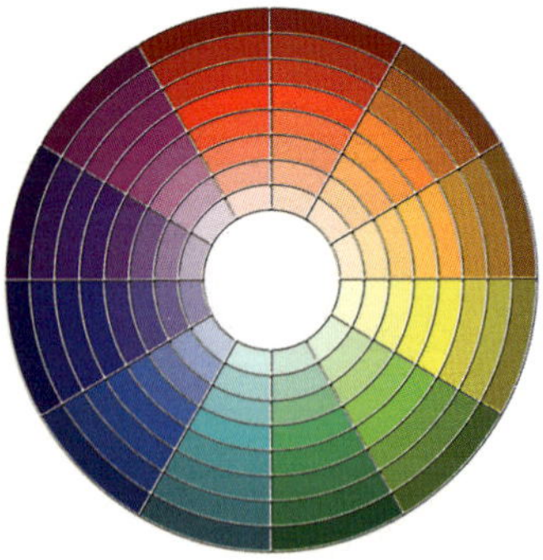

2. Un cercle chromatique est une façon de classer les couleurs selon la perception de l'œil. Le rouge s'oppose au vert, le violet au jaune, etc.

Les couleurs	
Tons	**Les tons froids** sont les domaines chromatiques du vert, du bleu et du violet. **Doc 4** Friedrich a utilisé des tons bleus afin d'accentuer la sensation de lointain et de rêve. **Les tons chauds** sont les domaines chromatiques du jaune, de l'orange et du rouge. **Doc 3** Dans le tableau de Turner, les tons chauds créent une atmosphère bouillante. **Doc 5** Afin de traduire la sensation d'étouffement du personnage, le peintre utilise une **opposition** entre les tons **chauds** et les tons **froids**. Cette confrontation permet de voir le paysage selon le point de vue du personnage : chaotique, tourmenté et agressif.
Valeur	La valeur d'une couleur est son intensité lumineuse, plus une couleur est claire, plus elle est lumineuse, plus elle est foncée, plus elle est sombre. **Doc 4** Le ciel et la mer de nuages bénéficient d'une valeur lumineuse, ils sont ainsi mis en avant et contrastent avec le premier plan beaucoup plus sombre.
Perspective atmosphérique	Elle consiste à marquer la **profondeur** de l'espace grâce au dégradé progressif des couleurs et l'adoucissement graduel des contours. **Doc 4** Plus on s'éloigne du voyageur, plus le paysage semble se fondre dans l'atmosphère.
Camaïeu	Image qui ne contient que des **nuances d'une même famille** de couleur. **Doc 1** Van Gogh a réalisé un **camaïeu** de brun-vert foncé pour évoquer la couleur des pommes de terre non pelées. Il associe ainsi les paysans à la terre qu'ils travaillent.
Couleurs complémentaires	Deux **couleurs complémentaires** sont **diamétralement opposées** sur le cercle chromatique. Leur juxtaposition les rend plus vives à l'œil et provoque un fort contraste visuel. **Doc 3** Turner a associé le **bleu** et **l'orange** au centre gauche de la composition pour mettre en exergue le navire s'enfuyant.
Vraisemblance des couleurs	Les couleurs peuvent être **réalistes** ou **infidèles**. **Doc 5** Munch ne se soucie pas de la vraisemblance des couleurs, il leur attribue un pouvoir **expressif** et subjectif. Les couleurs n'ont pas pour objectif de représenter la réalité mais de transmettre des **émotions**. Le rouge vif, tout comme les lignes courbes qui déforment le paysage, permet au peintre d'accentuer l'angoisse du personnage criant.

3. Joseph Mallord William Turner, *Le Négrier*, 1840, huile sur toile (90,8 x 122,6 cm), musée des Beaux-Arts, Boston, États-Unis.

4. Caspar David Friedrich, *Le Voyageur contemplant une mer de nuages*, 1818, huile sur toile, (94,4 x 74,8 cm), Kunsthalle de Hambourg, Allemagne.

Nathan live! ANIMATION

5. Edvard Munch, *Le Cri*, 1893, tempéra sur carton (91 x 73 cm), Nasjonalgalleriet, Oslo, Norvège.

La lumière	
Clair-obscur	Un clair-obscur est une **opposition** intense entre les **lumières** et les **ombres**, les valeurs lumineuses et les valeurs sombres. **Doc 1** En utilisant ce procédé, Van Gogh cherche à créer une **atmosphère intimiste**, plongeant le spectateur au cœur du foyer une fois la nuit tombée. Le clair-obscur accentue la sensation de pauvreté puisqu'il met en évidence la seule lampe possédée par la famille.
Type de lumière	La lumière peut être **naturelle** (soleil, lune) ou **artificielle** (lampe, bougie). **Doc 1** La seule source visible dans le tableau est une lampe surplombant les paysans. Elle permet, grâce aux ombres très marquées qu'elle dessine, d'accentuer la **rudesse des visages**. **Doc 3** Surnommé « le peintre de la lumière », Turner est un des premiers artistes à s'intéresser aux **effets de lumière**, et notamment à ses reflets et **vibrations sur l'eau**. Dans ce tableau, la lumière éblouissante noie les formes et fait disparaître l'horizon.

1 **Quelles sont, d'après vous, les émotions véhiculées par les principales couleurs du cercle chromatique (doc 2) ?**

2 **Vives, douces, pâles... Trouvez d'autres adjectifs pour qualifier les couleurs.**

Fiche 44

▶ Outils d'analyse : étudier l'image

Analyser une séquence filmique

▶ **Un film est le résultat artistique de la combinaison de techniques diverses : scénario, dialogues, images animées, montage, mixage des sons, etc. En ce qui concerne plus particulièrement les images d'un film, les types de plans, mouvements de caméra ou angles de vue sont autant de variations possibles qui relèvent d'un choix réfléchi pour obtenir un effet visé.**

Psychose, réalisé par Alfred Hitchcock en 1960, raconte l'histoire de Marion Crane, qui finit assassinée sous sa douche, lors d'une halte dans un motel isolé. Son amant et sa sœur partent alors à la recherche de la vérité.

1 Les plans

1. Le plan général permet de situer l'histoire en montrant une ville, un pays ou une région du monde.
En ouverture de *Psychose*, il présente la ville de Phoenix, où débute l'action.

2. Le plan d'ensemble présente une rue, une place, ou, comme dans le film, un motel isolé.

3. Le plan moyen montre le personnage en entier, ainsi qu'une partie du décor dans lequel il évolue. Ce plan est souvent utilisé pour accompagner quelqu'un qui marche.

4. Le plan américain, à mi-cuisse, dévoile le visage et l'attitude corporelle du personnage.

5. Le plan **rapproché taille** permet de saisir l'intimité du personnage, les réactions de son visage et de son buste, tout en gardant encore un peu de décor.

6. Le plan **rapproché poitrine** a les mêmes fonctions que le plan taille mais il accentue la focalisation sur le personnage. Le décor disparait.

7. Le gros plan permet d'exposer le spectateur aux émotions ressenties par le personnage.

8. Le très gros plan dévoile un détail dramatiquement frappant pour servir la progression du récit, de la tension ou du suspense.

1

2

3

4

5

6

7

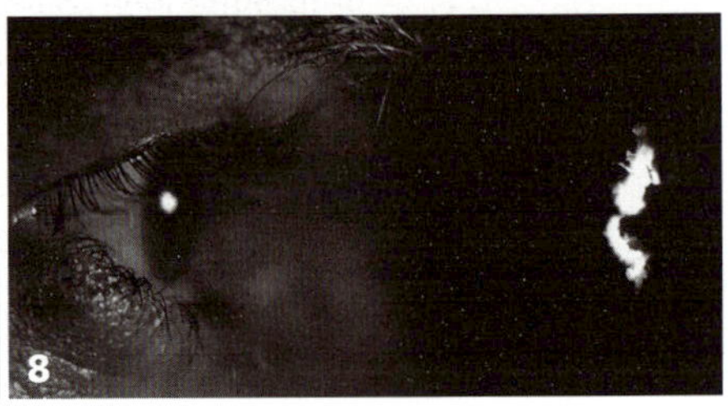
8

- Un **plan-séquence** est un plan sans coupe qui peut durer quelques minutes, souvent utilisé pour suivre un personnage pendant son déplacement. Certains films sont réalisés en un seul plan séquence de plusieurs heures (*Birdman*, A. G. Iñárritu.) Il s'agit d'une prouesse technique.

2 Les mouvements de caméra

- **Mouvement panoramique :** rotation de la caméra autour de son axe sans déplacement de l'appareil, souvent utilisé pour suivre un personnage ou pour explorer un espace. Par exemple, le plan général présentant la ville de Phoenix est filmé avec un mouvement panoramique.
- **Caméra portée à l'épaule :** mouvement non stabilisé, utilisé notamment dans les scènes d'action, pour montrer l'agitation et l'effervescence.
- **Travelling :** mouvement permis par un chariot monté sur rails. La caméra peut ainsi se déplacer comme un personnage, en avant, en arrière ou latéralement. Dans *Psychose*, après le meurtre de Marion, un lent travelling éloigne le spectateur de son visage inerte.
- **Le zoom** est un mouvement optique qui permet d'agrandir ou de rétrécir le cadre.

3 Les angles de vue

- **Vue en plongée :** vue de dessus. Elle permet de surplomber une grande étendue, ou d'écraser ce qui est filmé pour donner l'idée l'infériorité, d'accablement, de solitude. Marion est vue en plongée juste avant d'être assassinée. Le décentrement du personnage dans le cadre permet de laisser une large place à l'ombre du meurtrier qui apparait derrière le rideau de douche.

- **Vue en contre-plongée :** vue de dessous. Elle sert à magnifier ce qui est filmé, à donner l'idée de supériorité et de puissance. La maison de Norman Bates est filmée en contre-plongée pour paraître menaçante.

4 Les ombres et la lumière

L'éclairage permet d'exprimer les émotions du personnage. Dans les moments de tension ou de drame, **la lumière** joue souvent un rôle symbolique : elle prévient le spectateur qu'un évènement va se produire. **L'ombre** permet de cacher des éléments du cadre, afin de surprendre ou de laisser planer le mystère. Lors du meurtre de Marion, l'assassin est filmé en contre-jour afin de dissimuler son identité.

1 **Quel est, selon vous, le meilleur plan à utiliser pour filmer deux personnes qui se parlent ?**

2 **Quelles émotions peuvent susciter le travelling ou le zoom avant chez le spectateur ?**

3 **Regardez un film et trouvez un plan en contre-plongée. Expliquez son utilité dans la scène.**

▶ Outils d'analyse : étudier la musique

Analyser une œuvre musicale

▶ La musique est un art évocateur, dont la force est de faire ressentir des émotions. En classe, vous pouvez étudier des textes littéraires mis en musique. On peut vous demander également d'illustrer un texte par une musique en justifiant votre choix. Comment expliquer l'effet produit par la musique ?

1 Être à l'écoute de ses impressions

Identifier ses impressions	Vous pouvez vous poser les questions suivantes à l'écoute d'une œuvre musicale : • Quelles **émotions** suscite en vous cette musique ? • Quelle **atmosphère** ressentez-vous ? La joie, le calme, la légèreté, l'amusement, la peur, l'agressivité, la solennité, la mélancolie ? • Quel **paysage**, quelles **images** fait-elle naître dans votre imagination ? Un paysage de montagne vierge et glacial ? une rue de La Havane, colorée et festive ?

2 Analyser le genre musical

Identifier le genre musical	• **Jazz :** musique noire populaire du sud des États-Unis, forme d'expression improvisée. • **Blues** : même provenance que le jazz, chants mélancoliques (guitare et piano). • **Gospel** : chant religieux américain apparu vers 1870. Les textes évoquent le Salut, les chanteurs tapent dans les mains pour célébrer leur foi et leur communauté. • **Soul** : musique populaire créée par des musiciens afro-américains au début des années 1960 qui associe blues et gospel (Ray Charles, Aretha Franklin...). • **Rock** : musique de danse inspirée du *rythm'n blues* → Chuck Berry, Fats Domino, Elvis Presley... • **Rap** : musique populaire qui s'est développée parmi les Noirs américains à la fin des années 1970. • **Musique du monde :** flamenco, raï, reggae, salsa... • **Musique traditionnelle régionale** • **Chanson française :** genre musical en vogue depuis le début du XXe siècle, qui met en valeur la langue française → Charles Trenet, Édith Piaf, Georges Brassens, Jacques Brel, Barbara... • **Musique « classique » :** – **médiévale** : chants grégoriens, messes, danses instrumentales (harpe, luth, viole). → Guillaume de Machaut, Adam de la Halle... – **baroque** (1600-1750) : orchestre réduit (luth, violon), fugues, sonates, danses. → Bach, Vivaldi, Lully, Pergolese... – **classique** (1750-1800) : orchestre plus grand. Quatuors, sonates, concertos. → Mozart, Haydn... – **romantique** (XIXe siècle) : orchestre symphonique, pouvant aller jusqu'à 100 musiciens. Poèmes symphoniques, opéras, opérettes, âge d'or du piano. → Schumann, Beethoven, Brahms, Schubert, Chopin, Tchaïkovski... – **moderne** (1900-1950) : rôle plus important des percussions → Debussy, Ravel, Gershwin... – **contemporaine** : instruments électroniques, bruits du quotidien, musique assistée par ordinateur. Expérimentations, recherches sur l'acoustique → Boulez, Ligeti, Messiaen...

Identifier les instruments	• Les **cordes** : **frottées** (violons…), **pincées** (guitares, clavecin…), **frappées** (piano…). • Les **vents** : **bois** (flûtes, saxophones) et **cuivres** (trompettes, cors…). • Les **percussions** (tambours, maracas, timbales…). • Instruments **électroniques.**
Identifier les voix	• Quel **type** ? voix de femme(s), d'homme(s), d'enfant(s) ? en soliste, en duo, en chorale ? • Quelle **tessiture** ? soprano, mezzo, alto, ténor, baryton, basse ? • Quelle **identité vocale** ? traînante, stridente, rauque, fluette, suave, chaude, cristalline, sourde ?
Identifier le rythme	• Le **tempo** désigne l'allure d'exécution d'une œuvre. Très lent, lent, modéré, vif, rapide, très rapide ? • Le **rythme** est-il régulier, saccadé, statique, tournoyant ? Entend-on le retour d'un même rythme ?
Identifier les intensités	• Les **nuances** désignent les signes indiquant au musicien à quel niveau sonore jouer ses notes. • **Doux** (*piano*), **moyennement fort** (*mezzo forte*), **fort** (*forte*), **très fort** (*fortissimo*), **de plus en plus fort** (*crescendo*), **de moins en moins fort** (*diminuendo*).

Exercices

1 **450 ans après la parution des *Regrets* de Du Bellay, le poème « Heureux qui comme Ulysse » est mis en musique par le chanteur Ridan en 2007. Pour écouter et regarder le clip vidéo : youtube.com/watch ?v=WefxVZLhm9. Pour répondre aux questions suivantes, il faut avoir le texte du poème sous les yeux.**

a. Décrivez la voix du chanteur. Vous paraît-elle conforme à l'intention du poème ?

b. Quels vers constituent le refrain ? Pourquoi ?

c. Quel bruitage identifiez-vous dès les premières notes du morceau ?

d. Quelle technique vocale est ensuite utilisée par l'artiste au début du morceau ? Justifiez ce choix à l'aide du poème.

e. Confrontez le texte de la chanson au poème de Du Bellay. Est-il exactement fidèle ? Notez les paroles du couplet rajouté. En quoi peut-on dire que la chanson actualise le poème de Du Bellay ? Quelle nouvelle signification donne-t-il au mot « sirènes » ?

2 **a. Suivez le lien : youtube.com/watch?v=9E-6b3swbnWg.**

b. Pour illustrer le nocturne de Chopin opus 9 numéro 2, le tableau *La Nuit étoilée* de Van Gogh a été choisi. Que pensez-vous de ce choix ? Cette musique vous semble-t-elle correspondre au tableau de Van Gogh ? Développez votre réponse en tissant des liens entre le langage pictural et le langage musical.

3 **a. Lisez l'extrait du poème suivant.**

Sur la bruyère longue infiniment,
Voici le vent cornant novembre
Sur la bruyère, infiniment
Voici le vent
Qui se déchire et se démembre
En souffles lourds, battant les bourgs,
Voici le vent,
Le vent sauvage de novembre.

Émile Verhaeren, *Les Villages illusoires*, 1895.

b. Ecoutez l'extrait de musique suivant : youtube.com/watch?v=_3_1shMMX_4.

c. Cette musique vous semble-t-elle illustrer le poème ? Vous répondrez en trois paragraphes, en justifiant vos réponses :
– Les émotions que vous avez ressenties à la lecture et à l'écoute sont-elles les mêmes ?
– Le choix des instruments et les techniques de jeu utilisées font-ils écho au poème ?
– Le rythme et l'intensité font-ils écho au poème ?

d. Visionnez cet extrait des *Villes tentaculaires* de Verhaeren mis en musique par Nicolas Mispelaere en 2014. youtube.com/watch?v=u1Dma8ehiK4
– Quels instruments reconnaissez-vous ?
– Ces choix vous semblent-ils illustrer l'intention du poème ? Justifiez votre réponse en évoquant le langage musical exploité (rythme, intensité, voix, techniques de jeu instrumental).

Fiche 46

▶ Méthode BAC : outils pour écrire

Choisir le niveau de langue approprié

▶ **Pour communiquer efficacement à l'écrit comme à l'oral, il faut savoir adapter son niveau de langue à la situation et aux destinataires.
On ne s'exprime en effet pas de la même manière face à un camarade et face à un professeur, et selon que l'on s'exprime oralement ou par écrit.**

1. Le niveau de langue courant

- Un niveau courant de langue fait appel à un **langage correct et simple**. Il est utilisé dans des **situations quotidiennes**, entre professeurs et élèves par exemple.
- C'est la langue orale parlée lors des **examens** et la langue qu'il faut privilégier dans les **copies scolaires**. Il y a néanmoins une différence entre l'oral courant, utilisé lors d'exposés, par exemple, et l'écrit.

Exemples

Dans un premier temps, nous analyserons toutes les formes de répétitions et de reprises dans le texte. Nous aborderons ensuite la dimension idéale du lieu dans lequel se déroule l'intrigue.

2. Le niveau de langue familier

Le langage familier **prend des libertés avec les règles de grammaire.** Il se caractérise par :

- une syntaxe simplifiée, des ruptures avec la syntaxe habituelle, des phrases sans verbe ;
- des formes abrégées ;
- des expressions populaires (*vite fait*, *et tout*) ou utilisées surtout à l'oral (*bref*, *tu vois quoi*, *enfin voilà*…) ;
- la suppression du *ne* de la négation ;
- l'absence d'inversion entre sujet et verbe dans une question ;
- peu de liaisons à l'oral.

Il est à réserver aux **personnes avec qui on n'entretient aucune relation hiérarchique** (amis, frères et sœurs, collègues, camarades de classe…).

D'abord on analyse comment l'auteur fait des répétitions tout le temps puis ensuite on se demandera pourquoi est-ce que ça se passe dans un aussi bel endroit.

3. Le niveau de langue soutenu

- Le langage soutenu se caractérise par un **soin extrême porté à la langue,** au choix des mots, par une syntaxe complexe, une recherche dans les figures de style et l'emploi de l'imparfait du subjonctif à l'écrit et du passé simple à l'oral.
- Il est **rarement** utilisé.

Avant que d'aborder la notion de *locus amoenus*, nous privilégierons d'abord une réflexion autour de l'anaphorisation qui innerve le texte.

Exercices

Identifier les niveaux de langue

1 Selon vous, ces phrases relèvent-elles du langage courant ou familier ?

a. T'as bien pris ta carte de transport ?

b. Ce personnage inspire la pitié.

c. Je sais pas si tu as déjà vu ça.

d. Elle en a marre.

e. Ce que je pense, c'est surtout que ce cours est ennuyeux.

2 Réécrivez ces questions familières pour qu'elles soient acceptables dans le langage courant.

a. Tu m'as vue à la télé ?

b. Tu vas bien ?

c. C'est quoi ça encore ?

d. T'as une gomme ?

e. Et tu vas faire quoi si le train il est en retard ?

3 Donnez des synonymes de ces mots courants dans tous les niveaux de langue.

idiot – fou – enfant – en avoir assez – travailler – terminer – manger – bavard – argent – énormément – tache – ami.

4 Décrivez le contexte auquel chacune de ces phrases serait adaptées.

a. On analysera dans un premier temps la violence du poète.

b. Regarde ça !

c. Je vous prie d'agréer l'expression de ma considération distinguée.

d. Le personnage semble stéréotypé.

e. Bien que la détresse de Flora fût évidente, Marcus ne daigna pas se préoccuper d'elle.

Maîtriser les niveaux de langue

5 Réécrivez ces phrases pour qu'elles soient acceptables dans une copie scolaire.

a. L'auteur utilise une métaphore et il compare le ciel de Paris à un couvercle et on voit du coup qu'il est mélancolique.

b. Au final on se demandera donc : qu'est-ce que l'auteur veut provoquer chez le lecteur en montrant le souvenir de sa mère ?

c. Le personnage critique sa petite copine puisqu'il lui dit qu'il la trouve moche.

d. Le narrateur ajoute un détail important qui bouleverse ce récit, même qu'il l'ajoute à la toute fin de l'extrait.

e. On peut affirmer que le projet de Rousseau est aussi religieux que littéraire parce qu'il parle de Dieu de jugement dernier etc.

6 Imaginez qu'il s'agit de votre copie : réécrivez cette introduction de commentaire de texte.

Il y a plein de textes qui se sont intéressés à la colonisation ! Comme le texte que nous allons étudier de Sédar-Senghor. C'est un poème, il parle d'un chef de tribu qui s'appelle Chaka et qui parle vite fait avec une Voix mais on sait pas c'est qui. Tous les deux ils parlent de la colonisation, comme quoi la Voix a commis des crimes et Chaka du coup il est pas content. Du coup on va étudier comment l'auteur dit qu'il est pas content de la colonisation. En premier on verra que la Voix a abusé avec ce qu'elle a dit à Chaka et puis que Chaka reraconte l'histoire de l'Afrique mais un peu à sa façon.

7 Voici la retranscription d'un exposé oral. Adaptez-le pour qu'il devienne un exposé écrit.

Alors, Georges Perec est un auteur français, il a vécu de 1936 à 1982 et il a publié des romans comme *Les Choses* ou *La Vie mode d'emploi* et aussi une autobiographie, *W ou le Souvenir d'enfance*, et plein d'autres œuvres moins littéraires comme un traité de go par exemple. Bref, je vais vous présenter *W ou le Souvenir d'enfance*, c'est une autobiographie, ça signifie que l'auteur raconte son enfance, son rapport à ses origines juives, comment ses parents sont morts quand il était jeune, qu'il a été élevé par sa tante et tout. Le livre est partagé entre ça et une espèce de récit autour d'un personnage qui s'appelle Gaspard Winckler je crois.

8 Réécrivez ce passage de Raymond Queneau, au style volontairement soutenu et ridicule, pour qu'il corresponde à un niveau de langue courant.

À l'heure où commencent à se gercer les doigts roses de l'aurore, je montai tel un dard rapide dans un autobus à la puissante stature et aux yeux de vache de la ligne S au trajet sinueux. Je remarquai, avec la précision et l'acuité de l'Indien sur le sentier de la guerre, la présence d'un jeune homme dont le col était plus long que celui de la girafe au pied rapide, et dont le chapeau de feutre mou fendu s'ornait d'une tresse, tel le héros d'un exercice de style. La funeste Discorde aux seins de suie vint de sa bouche empestée par un néant de dentifrice, la Discorde, dis-je, vint souffler son virus malin entre ce jeune homme au col de girafe et à la tresse autour du chapeau, et un voyageur à la mine indécise et farineuse.

Raymond Queneau, *Exercices de style*,
© Gallimard, 1947.

Étude de la langue

Outils d'analyse

Méthode BAC

Fiche 47

▶ Méthode BAC : outils pour écrire

Nuancer son propos

Observation

▶ Relevez tous les éléments dont l'auteure se sert pour exprimer ses doutes.

Je me demande si je n'ai pas voulu, en fixant interminablement cette photo, moins redevenir cette fille de 1959, que capter cette sensation spéciale d'un présent différent du présent réellement vécu – celui où je suis en ce moment assise à mon bureau devant la fenêtre – un présent antérieur, une conquête fragile, peut-être inutile, mais qui me paraît une extension des pouvoirs de la pensée et de la maîtrise de notre vie.

Annie Ernaux, *Mémoire de fille*, © Gallimard, 2016.

On peut nuancer son propos par **concession** (→ *voir p. 406*) ou à l'aide de **modalisateurs**. Ces derniers sont l'expression d'une **subjectivité**. Il y a plusieurs types de modalisateurs :

Les types de phrases	• Les **phrases exclamatives** servent à exprimer un sentiment ou un jugement. • Les **phrases interrogatives** peuvent exprimer le doute ou la surprise. Mais pourquoi ? Comment as-tu pu faire cela ? C'est affreux !
Le vocabulaire	• **Les verbes d'opinion** (*penser*, *croire*, *douter*, *se demander*, *estimer*, *supposer que*, etc.) ou les **verbes d'état** (*paraître*, *sembler*, *avoir l'air*, etc.) Tartuffe semble inspirer peu de confiance à Dorine. • Les **adverbes** ou les **locutions adverbiales** qui modifient la **probabilité** d'un énoncé (*peut-être*, *probablement*, *vraisemblablement*, *sûrement*, *sans doute*, *apparemment*, etc.) ou qui révèlent un **jugement personnel** (*hélas*, *par bonheur*, etc.) L'auteur a vraisemblablement fait usage de cet adjectif dans le but d'inspirer la pitié au lecteur. • Les expressions qui marquent un point de vue (*à mon avis*, *d'après moi*, *selon moi*, etc.) • Le **péjoratif** et le **mélioratif** qui peuvent se trouver dans des **noms** (*débile*, *vaurien*, *alliée*, *prodige*, etc.) ou bien dans des **adjectifs** (*idiot*, *parfaite*, etc.). Les **suffixes** servent également à exprimer le péjoratif (*verdâtre*, *chauffard*, *tiédasse*, *lourdaud*, *vivoter*, *traînasser*, *traînailler*, etc.) comme le mélioratif (*richissime*, *rarissime*, etc.). Antoine est malade ce matin, il a le teint verdâtre.
Les temps et modes verbaux	Le **conditionnel présent** et le **futur antérieur** de l'indicatif expriment l'incertitude. Camille serait malade aujourd'hui. Elle aura pris froid hier soir.
Les procédés	Les procédés suivants apportent souvent une connotation subjective au propos : • les **figures d'analogie** : comparaison, métaphore… (→ *voir p. 408*) ; • les **figures de répétition** : anaphore, gradation… (→ *voir p. 412*) ; • les **figures de pensée** : litote, hyperbole… (→ *voir p. 414*) ; • l'**ironie** (→ *voir p. 420*).

NB : Dans une copie, on peut **nuancer** ce que l'on affirme, mais **pas exprimer son jugement personnel** sur une œuvre à commenter.

On dira : On se demandera si l'auteur a voulu mettre l'accent sur la beauté de la nature ou bien s'il insiste plutôt sur l'horreur de la guerre.

On ne dira pas : Par bonheur, dans ce texte très réussi, l'auteur parvient à faire entendre la beauté de la nature. Néanmoins, les passages sur la guerre sont plutôt ratés.

Exercices

Identifier les types de modalisation

1 Ces énoncés sont-ils neutres ou subjectifs ? Justifiez vos réponses.

a. Elle n'est pas venue hier.

b. Il a une tête qui fait penser à un dessin animé.

c. C'est vraiment un scandale !

d. Je n'ai jamais entendu parler de lui.

e. C'est encore une de ces comédies romantiques.

2 À l'aide de quels procédés de modalisation ces phrases font-elles entendre une opinion ?

a. La chair est triste, hélas, et j'ai lu tous les livres. (MALLARMÉ)

b. Ce fichu type est un chauffard.

c. Détruire la misère ! Oui, cela est possible ! (HUGO)

d. Il ne m'a donné que trente centimes, il est vraiment généreux.

e. Eh bien, messieurs, je dis que ce sont là des choses qui ne doivent pas être ; je dis que la société doit dépenser toute sa force, toute sa sollicitude, toute son intelligence, toute sa volonté, pour que de telles choses ne soient pas ! (HUGO)

3 À l'aide de quels procédés de modalisation la probabilité de ces énoncés est-elle modifiée ?

a. Cela me paraît être une bonne idée.

b. Karim est sûrement parti.

c. Il ne me semble pas qu'elles soient déjà allées en Asie.

d. Mon robinet ne fuit plus, le plombier sera venu le réparer.

e. On pourrait le voir ainsi.

Utiliser les procédés de modalisation

4 Les phrases suivantes sont-elles acceptables dans un commentaire de texte ? Justifiez vos réponses.

a. Par bonheur, Baudelaire évoque ensuite une autre image de la femme.

b. On pourrait qualifier cet extrait de polémique.

c. Dans ce sublime passage, Bérénice exprime toute la difficulté d'aimer.

d. Peut-être la présence de ces euphémismes suggère-t-elle que Victor Hugo veut adoucir la mort du personnage.

e. Cet article, légèrement ennuyeux, présente tout de même plusieurs qualités.

f. Le lecteur suppose donc que « la petite » désigne Cosette.

g. Le personnage semble perdre son statut de héros.

h. Hélas, les frères Goncourt ont vraisemblablement écrit beaucoup de roman.

5 Modifiez la probabilité de l'énoncé comme dans l'exemple suivant. Utilisez des procédés différents.

Il pleuvra demain. (incertitude) → Il pleuvra peut-être demain.

a. J'ai réussi mon devoir d'histoire-géographie. (certitude)

b. Il a changé de coupe de cheveux. (incertitude)

c. Ce morceau a été composé par Chopin. (incertitude)

d. Mes parents sont en route pour la Bretagne. (probabilité)

e. Ici, la narratrice se livre à sa propre analyse psychologique. (certitude)

6 Les phrases suivantes expriment inutilement un haut degré d'incertitude. Réécrivez-les pour en apporter une nuance plus fine.

a. Il se pourrait que le poète veuille retranscrire la beauté de Paris.

b. On suppose que l'auteure, dans cet extrait, a souhaité mettre en scène la violence d'un couple.

c. Ce roman policier paraît être aussi, pourquoi pas, un réquisitoire contre la peine de mort.

d. On peut constater que l'extrait dégage comme une sorte de sentiment mélancolique.

e. Mais alors est-il possible que ce texte soit un sonnet sur des amours passées ?

7 Réécrivez cette hypothèse de lecture pour en diminuer le degré de certitude.

Il est évident que l'auteur cherche à dénoncer l'esclavage. L'usage de l'ironie amène le lecteur à se questionner quant à la légitimité d'un rapport d'esclavage entre individus. L'hyperbole de la ligne 5 accentue cette idée, de même, évidemment, que la métaphore qui assimile les colonisateurs aux chiens. Alors pourquoi l'essayiste condamne-t-il aussi fermement la société des colonisés ? La réponse est simple : c'est assurément pour montrer l'absurdité de toutes les sociétés contemporaines.

8 Comment la modalisation est-elle à l'origine du caractère fantastique de cette description ?

Quelle heure était-il quand je repassai sous l'Arc de Triomphe ? Je ne sais pas. La ville s'endormait, et des nuages, de gros nuages noirs s'étendaient lentement sur le ciel.

Pour la première fois je sentis qu'il allait arriver quelque chose d'étrange, de nouveau. Il me sembla qu'il faisait froid, que l'air s'épaississait, que la nuit, que ma nuit bien-aimée, devenait lourde sur mon cœur. L'avenue était déserte, maintenant. Seuls, deux sergents de ville se promenaient auprès de la station des fiacres, et, sur la chaussée à peine éclairée par les becs de gaz qui paraissaient mourants, une file de voitures de légumes allait aux Halles. Elles allaient lentement, chargées de carottes, de navets et de choux.

Guy de Maupassant, « La nuit », *Gil Blas*, 1887.

Fiche 48

▶ Méthode BAC : outils pour écrire

Utiliser le mot juste

Pour commenter un texte, développer une idée ou défendre un point de vue, il est important d'être le plus précis possible et d'utiliser un vocabulaire varié.

Les adjectifs et les compléments du nom	On peut qualifier : • l'**atmosphère** ou du texte : *mystérieuse, bucolique, triste, joyeuse, oppressante, légère, pesante, exaltante, angoissante, rassurante...* Les personnages de Zola évoluent bien souvent dans un environnement sale et sordide. • la **tonalité** du texte (→ *voir p. 408 à 424*), de comique, lyrique, satirique, polémique… • le **style de l'auteur :** *impersonnel, incisif, ample, familier, soutenu* (→ *voir p. 468*), *sec, dépouillé, orné…* • **l'effet produit sur le lecteur** : *effet d'attente / de suspens / de surprise, inattendu, saisissant, frappant, violent, contradictoire…* Edgar Poe ménage ici un effet de surprise : la chute est saisissante et spectaculaire.
Les verbes	**1. Pour expliquer un texte** • Certains verbes expriment **l'intensité** : *souligner, accentuer, mettre en valeur, renforcer, appuyer, mettre en évidence, mettre en relief, confirmer, insister sur, mettre l'accent sur...* Ces hyperboles mettent en relief la démesure de l'avarice d'Harpagon, démesure renforcée par la répétition des exclamations dans la longue réplique du personnage. • D'autres verbes établissent un **rapport entre un texte et une idée**. Ce rapport peut être mince (*rappeler, évoquer, dénoter, suggérer, faire penser à, faire allusion à...*) ou bien plus évident (*traduire, trahir, refléter, signaler, marquer, être la marque de, témoigner de, symboliser, représenter, révéler, illustrer, donner au texte une dimension / un aspect / un caractère / une portée...*). Les nombreux adjectifs péjoratifs sont la marque du mépris qu'a le narrateur pour Jacques le Fataliste. L'expression « ce bon Jacques » suggère même que le narrateur se moque du personnage principal de son récit. **2. Pour décrire la démarche d'un auteur** Un auteur peut : • *décrire, dépeindre, dessiner, esquisser, qualifier, caractériser, représenter, montrer...* • *raconter, narrer, retracer, ménager une pause, poursuivre...* L'auteure ménage une pause dans son récit et décrit d'abord le lieu de villégiature de son personnage. Elle dépeint sa maison de vacances avant de narrer sa première aventure sur la plage. • *argumenter, affirmer, justifier, approuver, réprouver, s'indigner de, défendre, faire l'éloge de, célébrer, dénoncer, condamner, démontrer, analyser...* • *écrire, employer, recourir à, avoir recours à, utiliser, s'employer à, procéder par, s'efforcer de...* La dramaturge a ici recours à plusieurs très courtes répliques et procède par un jeu de rebond entre les rimes des alexandrins pour organiser sa scène. **3. Pour décrire la démarche de l'élève** Dans une dissertation ou un commentaire de texte, l'élève peut : *observer, examiner, analyser, étudier, commenter, réfléchir à, voir plus en détail, montrer que, interroger...* Nous allons examiner les images de la guerre avant de montrer que ces images sont teintées d'ironie. Enfin, nous réfléchirons à la notion de poésie engagée.

Exercices

Repérer les nuances

1 Décrivez la démarche de l'auteur dans ces phrases.

a. La blancheur de son teint et ses cheveux blonds lui donnaient un éclat que l'on n'a jamais vu qu'à elle ; tous ses traits étaient réguliers, et son visage et sa personne étaient pleins de grâce et de charmes. (LA FAYETTE)

b. Mais ces mots : « Mademoiselle Albertine est partie » venaient de produire dans mon cœur une souffrance telle que je ne pourrais pas y résister plus longtemps. Ainsi ce que j'avais cru n'être rien pour moi, c'était tout simplement toute ma vie. (PROUST)

c. Candide, qui tremblait comme un philosophe, se cacha du mieux qu'il put pendant cette boucherie héroïque. (VOLTAIRE)

2 Comment qualifieriez-vous l'ambiance de ces trois textes ? Utilisez le plus d'adjectifs et de compléments du nom possibles.

C'est un trou de verdure où chante une rivière,
Accrochant follement aux herbes des haillons
D'argent ; où le soleil, de la montagne fière,
Luit : c'est un petit val qui mousse de rayons.

Arthur Rimbaud, « Le dormeur du Val », *Les Cahiers de Douai*, 1870.

En se réveillant un matin après des rêves agités, Gregor Samsa se retrouva, dans son lit, métamorphosé en un monstrueux insecte. Il était sur le dos, un dos aussi dur qu'une carapace, et, en relevant un peu la tête, il vit, bombé, brun, cloisonné par des arceaux plus rigides, son abdomen sur le haut duquel la couverture, prête à glisser tout à fait, ne tenait plus qu'à peine.

Franz Kafka, *La Métamorphose*, trad. B. Lortholary, 1912.

La raison pour laquelle Georges file ainsi sur le périphérique avec des réflexes diminués et en écoutant cette musique-là, il faut la chercher surtout dans la place de Georges dans les rapports de production. Le fait que Georges a tué au moins deux hommes au cours de l'année n'entre pas en ligne de compte. Ce qui arrive à présent arrivait parfois auparavant.

Jean-Patrick Manchette, *Le Petit Bleu de la côte Ouest*, © Gallimard, 1976.

3 Quelle est la nuance de sens entre les deux phrases ?

a. Le poète parle du travail des enfants. / Le poète dénonce le travail des enfants.

b. L'hyperbole suggère la passion dévorante du personnage. / L'hyperbole témoigne de la passion dévorante du personnage.

c. L'expression met l'accent sur l'ambiance angoissante du roman. / L'expression montre l'ambiance angoissante du roman.

d. Nous examinerons la question des personnages stéréotypés dans ce passage. / Nous nous interrogerons sur la question des personnages stéréotypés dans ce passage.

Utiliser un vocabulaire précis

4 Choisissez le meilleur adjectif possible.

a. « Il ne l'avait jamais vue, et pourtant il la reconnut aussitôt, parce qu'en sa présence l'homme éprouve des nausées, le froid l'envahit, et il comprend tout de suite de quoi il s'agit même si c'est la première fois qu'il la rencontre. » (BUZZATI) L'atmosphère de ce passage paraît …

b. « Le Poète est semblable au prince des nuées / Qui hante la tempête et se rit de l'archer » (BAUDELAIRE) Ces vers sont …

c. « Ça a débuté comme ça. Moi je n'avais jamais rien dit. » (CÉLINE) Cet incipit est …

5 Ajoutez des adjectifs et des compléments du nom pour écrire un paragraphe cohérent.

Dans ce passage …, l'auteur installe une ambiance … et …. La phrase « Partout terrifiés d'avancer. » est … et … : elle souligne que les personnages paraissent …. La maison dans laquelle les personnages évoluent n'est jamais décrite mais l'auteur semble vouloir insuffler une tonalité … à son texte.

6 Dans les phrases suivantes, remplacez le verbe *faire* par un verbe plus précis.

a. L'auteure fait une défense de l'avortement.

b. Le romancier a fait une chute qui fait un effet de surprise.

c. Le dramaturge a fait une métaphore qui fait que Phèdre semble prisonnière de son destin.

d. Nous avons d'abord fait notre première partie sur la description du magasin et nous allons maintenant faire des remarques sur la relation des deux personnages.

7 a. Lisez l'extrait suivant.

Où vont tous ces enfants dont pas un seul ne rit ?
Ces doux êtres pensifs que la fièvre maigrit ?
Ces filles de huit ans qu'on voit cheminer seules ?
Ils s'en vont travailler quinze heures sous des meules ;
Ils vont, de l'aube au soir, faire éternellement
Dans la même prison le même mouvement.

Victor Hugo, « Melancholia », *Les Contemplations*, 1856.

b. À partir du brouillon ci-dessous, rédigez un paragraphe cohérent qui vise à analyser la tonalité pathétique du poème.

- questions rhétoriques → interpelle le lecteur.
- enfants : suscite la pitié, hyperbole « pas un seul ne rit », huit ans, expression « doux être ».
- répétition du mot « même » = → ennui et insistance sur travail répétitif.

Fiche 49

▶ Méthode BAC : outils pour apprendre

Prendre des notes

▶ **Pour prendre en notes un discours, oral ou écrit, il faut repérer sa structure, ses grandes thématiques, et distinguer l'essentiel de l'accessoire.**

1 La structure et les mots-clés

- Il faut tout d'abord repérer le **plan** et les grandes **articulations** du propos :
  – noter la structure, numéroter les parties ;
  – utiliser des tirets et une mise en page claire.
- Les grandes thématiques d'un propos se concentrent autour de **mots-clés**.
  S'il s'agit de prendre des notes pour résumer un document écrit, on peut utiliser :
  – des **couleurs**,
  – des **légendes**,
  – la **marge** pour y noter l'essentiel à retenir ou donner des titres aux différentes étapes.

2 Les abréviations et symboles

Lors de la prise de notes, on peut utiliser certaines abréviations ou symboles, à condition d'utiliser toujours les mêmes. Voici les principales :

Abréviations courantes	
C'est-à-dire	Cad *ou* ie (*id est*)
Par rapport à	/
Beaucoup	Bcp
Même	m̂
Population	Pop°
Fonction	f°
Femme / homme	♀ / ♂
L'être humain	H
Augmentation / déclin	➚ / ➘
La mort, mort	†
Le travail	W
Un paragraphe	§
Voir p. 8	Cf p. 8

Symboles « mathématiques »	
Existe / n'existe pas	$\exists$ / $\nexists$
Appartient / n'appartient pas	$\in$ / $\notin$
Inclus dans / exclu de	$\subset$ / $\not\subset$
La somme de	Σ
Supérieur / inférieur	> / <
Environ	$\simeq$
Différent, contraire	$\neq$
Identique à	$\equiv$
Absent, rien, aucun	$\varnothing$
Réel, réalité	$\mathbb{R}$
Infini	∞

Lettres grecques	
Physique ou philosophique	φ
Psychique ou psychologique	Ψ
Micro	μ
Théâtre	θ
Dieu	Δ

Exercices

Mettre en forme pour gagner du temps

1 Transcrivez les phrases suivantes en utilisant des abréviations et des symboles. Reportez-vous au tableau ci-contre pour vous aider.

a. Voltaire est un philosophe des Lumières. Il est mort en 1778.

b. Le théâtre antique grec était joué en l'honneur de Dionysos, dieu de la fête.

c. Pour les athées, Dieu n'existe pas.

d. La ligne de fuite crée une impression d'infini.

e. L'auteur évoque le monde réel.

f. Dans le deuxième paragraphe, l'idée est exactement la même.

2 Dans le cadre de l'étude du roman du XIXe siècle, voici la conclusion du cours sur le romantisme qu'un professeur de français a prononcée à l'oral devant la classe.

Il faut bien retenir que l'écrivain romantique a deux visages. Il apparaît d'une part comme celui qui traduit les émotions intenses que l'homme peut ressentir au cours d'une vie : la passion amoureuse, la solitude, la mélancolie, la souffrance devant la mort (pensez à René dans l'extrait du roman de Chateaubriand), mais il peut aussi avoir un autre rôle, celui, comme l'écrit Victor Hugo, de « marcher devant les peuples comme une lumière » et de dénoncer toutes les formes d'oppressions, d'injustices (nous en avons parlé avec l'étude des extraits des *Misérables* et du *Dernier jour d'un condamné*).

a. Repérez les articulations fortes du discours proposé.

b. Relevez les idées essentielles, les mots-clés.

c. Proposez un schéma qui permette de prendre en notes en abrégeant les termes courants et en utilisant des flèches, des tirets, des parenthèses si besoin.

Structurer pour mémoriser

3 Voici un résumé décousu de la biographie de Victor Hugo.

Victor Hugo est le plus grand romancier, le plus grand poète, le plus grand dramaturge de la littérature française. Pas une ville qui n'ait une rue ou une place à son nom. La rue qu'il habitait a d'ailleurs pris son nom de son vivant. Adoré par le peuple français qui voit en lui l'écrivain qui a le plus lutté pour la justice humaine, pour ses 80 ans, la France entière fait la fête et ce jour est alors déclaré férié. Enfant chétif, couvé par sa mère Sophie, il est l'objet de toutes les attentions. Elle lui donne une éducation très libre, à lui et à son frère Eugène. Abandonné par son père, il est élevé par le général Lahorie qui lui dit tout petit déjà « bats-toi toute ta vie pour la liberté ». Dans ses cahiers d'école, Victor Hugo déclare : « je serai Chateaubriand, ou rien ». D'abord royaliste au côté de sa mère, puis vite révolté par la misère des couches populaires, il plaide toute sa vie pour l'instruction. Révolté par l'injustice, il va lutter contre la peine de mort, deviendra député en 1848. Après le coup d'État de Napoléon III en 1852, il part en exil dans les îles anglo-saxonnes pendant 20 ans. En littérature, il sera le chef de file du mouvement romantique. Père de quatre enfants, Charles (Charlot), François-Victor (Totor) Léopoldine (Didi) et Adèle (Dédèle), à qui il consacre du temps et de l'amour, il confectionne des objets pour les vendre au profit des enfants pauvres. Il prend ainsi le contre-pied de sa propre enfance dont il a souffert.

a. Dégagez de ce texte cinq thématiques.

b. Associez-les aux titres suivants, que vous replacerez dans l'ordre.

– Un homme politique engagé
– L'enfance de Victor Hugo
– Un père dévoué à ses enfants et à l'enfance
– Victor Hugo, un monument national
– Le chef de file du romantisme

c. Rédigez une fiche biographique en ne conservant que les titres et les idées essentielles. Vous pouvez utiliser des symboles et/ou des abréviations tout en veillant à rester lisible.

Réduire à l'essentiel

4 Voici l'extrait d'un cours sur l'utopie.

L'utopie est un monde clos. Dans le *Critias* de Platon, c'est une île, alors que chez Rabelais, le lieu de l'utopie est une abbaye isolée. La nature y tient une place très importante. Dans *Utopia* de Thomas More, les habitants « entretiennent admirablement leur jardin, où ils cultivent des plants de vigne, des fruits, des légumes et des fleurs. » La vie individuelle est réglée par des lois soumises aux exigences de la communauté : dans l'abbaye de Thélème du roman *Gargantua* de Rabelais, « si l'un ou l'autre d'entre eux disait "buvons", tous buvaient. Si l'on disait "jouons", tous jouaient ». Elle a pour fonction de critiquer le présent, tant du point de vue social, que moral ou religieux.

a. Dégagez les quatre grandes caractéristiques de l'utopie que vous présenterez sous forme de liste, avec quatre tirets.

b. L'ensemble de votre synthèse comportera environ 30 mots ou 200 signes.

– Elle condensera un maximum d'idées en un minimum de mots tout en restant claire.

– Vous pouvez placer les exemples entre parenthèses.

– N'oubliez pas de souligner les titres d'œuvres.

Fiche 50

▶ Méthode BAC : outils pour apprendre

Construire une carte mentale

▶ **Les cartes mentales sont utilisées pour synthétiser certaines leçons. Elles aident particulièrement les élèves qui ont une mémoire visuelle. Vous pouvez aussi créer les vôtres pour faciliter la prise de notes, la synthèse des notions apprises, mais aussi pour travailler au brouillon, construire un plan de commentaire, de dissertation, d'essai ou d'écriture d'appropriation.**

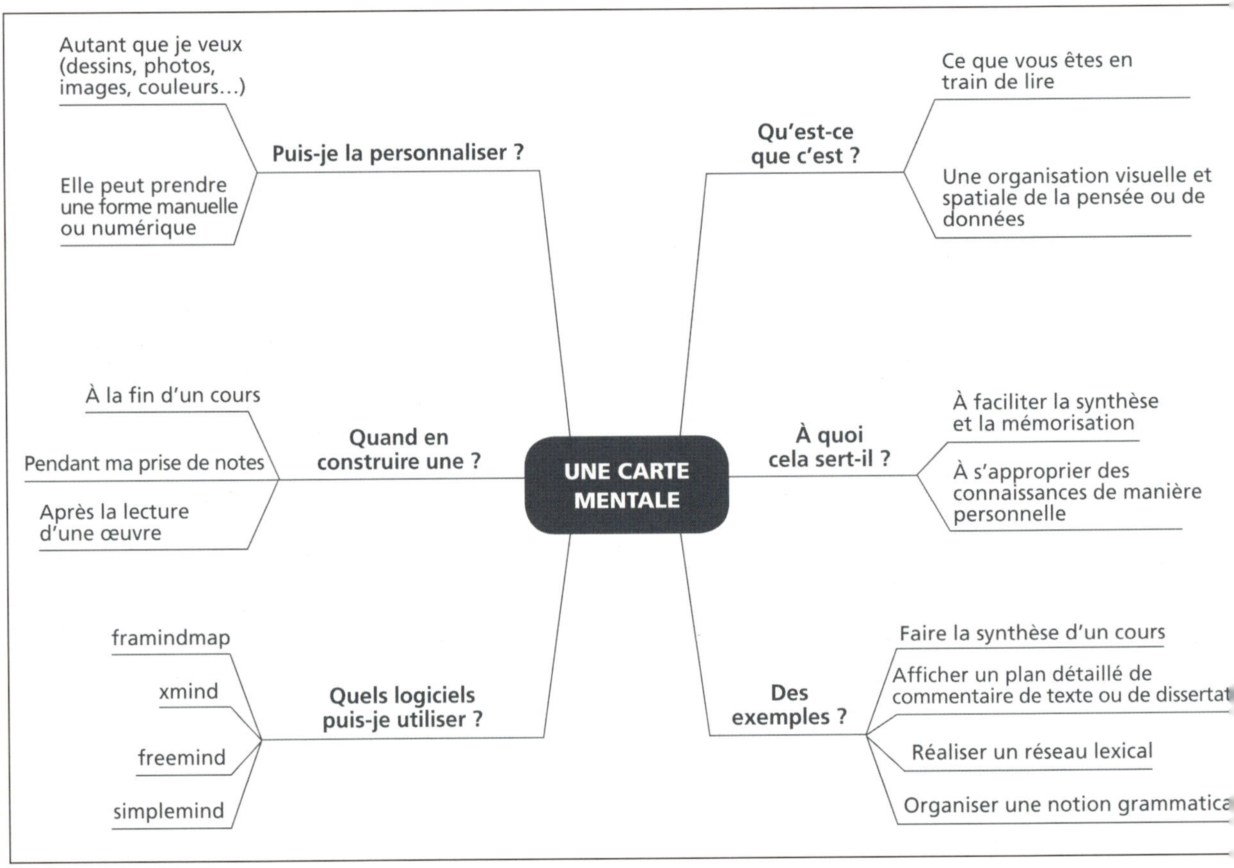

Construire une carte en quatre étapes

Étape 1	Placez dans un cercle central le sujet principal de la carte.
Étape 2	Construisez une branche par idée importante. La carte se lit dans le sens des aiguilles d'une montre.
Étape 3	Chaque branche pourra se subdiviser en sous-branches (exemples, idées secondaires).
Étape 4	Vous pourrez utiliser des couleurs différentes, décorer votre carte avec des illustrations, des images, des dessins.

Exercices

Présenter autrement un plan de commentaire

1 Voici un plan de commentaire portant sur un extrait du chapitre XVIII de *Candide* de Voltaire.

I. L'Eldorado, une utopie
- **a.** Un pays imaginaire
- **b.** Une fête pour les sens

II. Une utopie au service des idées des Lumières
- **a.** Un idéal de justice
- **b.** La foi dans le progrès

Présentez ce plan sous la forme d'une carte mentale. Vous pouvez reprendre les titres proposés.

S'approprier une lecture cursive

2 Voici l'extrait d'un cours sur *Les Regrets* de Du Bellay.

Le recueil des *Regrets* a été composé par Joachim du Bellay (1522-1560) à la fin de son séjour à Rome. Il a accompagné son cousin, le cardinal Du Bellay, ambassadeur de France auprès du pape, comme intendant. L'enthousiasme du poète, séduit par la splendeur des monuments, disparaît face aux ennuis du séjour. Il voit avec dégoût les bassesses des courtisans du pape. Il sait qu'on l'oublie en France et qu'on le remplace. Il perd le goût d'écrire. Il entend seulement livrer ses impressions. Les sonnets VII à XLIX sont consacrés à la nostalgie qui saisit l'exilé au souvenir de sa terre natale. La seconde partie (des sonnets L à CXXVI) est une satire de la cour romaine. La dernière partie raconte son retour et sa vie à Paris.

a. Placez le titre du recueil dans le cercle central de votre carte mentale.

b. Construisez ensuite votre carte. Vous pouvez donner à vos branches principales les titres suivants : Qui ? Quand ? Où ? Pourquoi ? Quoi ? Comment ?

Construire un plan au brouillon

3 a. À partir du sujet et des idées suivantes, construisez une carte mentale de deux branches principales dont vous donnerez les titres.

SUJET **Selon vous, le développement des nouveaux modes de communication améliore-t-il nos dialogues ?**

– Modes d'expressions variés : SMS, tweet, mail, Messenger, Snapchat, Skype, réseaux sociaux divers.
– Trop de messages tuent le message.
– L'absence de langage non verbal : on ne voit pas celui qui parle.
– On peut se parler à des milliers de kilomètres, quand on le souhaite.
– Tout le monde peut communiquer car les codes de la langue écrite n'y sont pas forcément respectés. Il existe un langage SMS, des aides orthographiques, qui désinhibent les moins instruits. La vidéo permet aussi de communiquer sans recourir à l'écrit.
– Sujets banals, superficiels parfois.
– L'écran protège de la timidité et facilite l'expression de soi.
– Une communication instantanée, pour davantage de réactivité.
– L'écran peut inciter au mensonge. L'autre peut chercher à falsifier la vérité.
– Communication trop instantanée, qui presse l'autre à répondre vite.

b. Rajoutez, pour chaque branche principale, cinq sous-branches.

c. Personnalisez votre carte en rajoutant vos arguments et vos exemples.

S'approprier un cours

4 Voici la trace écrite du cours sur la représentation de la passion dans la tragédie classique.

Au XVIIe siècle classique, la passion est jugée négativement. Elle rend le sujet esclave d'elle-même, annule toute action de la volonté raisonnable, mène à des excès, à la démesure, à la fureur. Ainsi, le théâtre met en scène les conséquences psychologiques des passions mais aussi ses effets physiques. En 1649, le philosophe Descartes, dans *Les Passions de l'âme*, explore les liens entre passions et modifications du corps (immobilité, frémissement, langueur). Certains auteurs, dont Racine, vont s'en inspirer (voir *Phèdre*). La passion conduit fatalement à l'exil ou à la mort. Mais une autre conception de la passion existe, plus positive : lorsque le pouvoir de la raison parvient à maîtriser celui de la passion, elle peut alors être source d'enseignement et d'épanouissement : Corneille introduit une part d'admiration dans la passion, car elle participe à la grandeur de l'âme humaine (par exemple la gloire). Le spectateur, admiratif, y trouve alors un exemple de modération des passions.

a. Quel est le thème central de cette leçon ? Inscrivez-le dans le cercle central.

b. Combien de conceptions différentes de la passion se dégagent de ce texte ? Combien de grandes branches allez-vous créer ?

c. Dans ses aspects négatifs, quels sont les deux types d'effets mis en scène ? Créez deux sous-branches.

d. Rajoutez les éléments qui vous semblent nécessaires et personnalisez votre carte.

5 Créez des cartes mentales à partir des pages d'histoire littéraire p. 28 à 55 et de vos cours de français.

a. Sélectionnez le ou les mouvement(s) que vous souhaitez réviser (la poésie du XVIe siècle, les Lumières, le réalisme et le naturalisme…).

b. Construisez au moins deux branches principales (principes, auteurs) auxquelles vous pourrez ajouter des sous-branches (procédés, œuvres…).

Fiche 51

▶ Méthode BAC : outils pour apprendre

Concevoir des fiches de révision

▶ **Le jour des épreuves écrites et orales, vous puisez dans votre culture littéraire les éléments nécessaires à la formulation de réponses. La confection de fiches vous permettra de saisir plus rapidement le contenu dont vous aurez besoin.**

1. Quels supports choisir ?

- Fiches bristol de différentes tailles et couleurs, supports numériques, visuels ou sonores, tableaux, schémas, frises, cartes mentales…
- Tout dépend de votre **type de mémoire**. Certains seront plus efficaces que d'autres selon votre façon d'apprendre. Il faut tester et adopter ce qui vous convient le mieux.

2. Recenser ses lectures

- Pour pouvoir exploiter rapidement **vos références bibliographiques** le jour des épreuves, vous devez les recenser.
  – Ouvrez un **fichier** de traitement de texte dans le sens paysage.
  – Insérez un **tableau** de sept colonnes, du XVIe siècle au XXIe siècle, la première restant vide.
  – Chaque **ligne** du tableau sera consacrée à un **objet d'étude** :
    › Poésie › Récit et roman
    › Théâtre › Littérature d'idées
  – Classez-y par **ordre chronologique** les œuvres lues ou les extraits d'œuvres étudiés ou lus à la maison.
- **Remplissez votre tableau** tout au long de l'année de seconde. Vous y rajouterez, en première, vos nouvelles lectures. N'oubliez pas de mettre le **titre des œuvres en italique**.

3. Recenser les auteurs étudiés

- Pour pouvoir avoir un aperçu chronologique des grands **mouvements littéraires**, vous pouvez également réaliser un tableau.
  – Ouvrez un fichier de traitement de texte dans le sens paysage.
  – Insérez un tableau de six colonnes, une par siècle, du XVIe au XXIe siècle.
  – À l'intérieur de chaque siècle, répertoriez **les écrivains que vous avez étudiés** et, lorsque c'est possible, classez-les par mouvement littéraire.
- À certains moments de l'année, vous pouvez **imprimer ces fiches**, les plastifier, les accrocher au mur ou vous en servir de sous-main.

Exercice 1 **Voici une liste d'écrivains. Placez-les dans la bonne colonne de votre tableau et, si possible, regroupez-les autour de leur mouvement littéraire. Aidez-vous de votre manuel.**

Boileau · Montaigne · Camus · Molière · Du Bellay · Racine · Beaumarchais · Ernaux
La Fontaine · Voltaire · Maupassant · Jean de Léry · Pommerat · La Bruyère · Érasme
Montesquieu · La Boétie · Marivaux · Sarraute · Beckett · Flaubert · Diderot · Gaudé
Dumas · Zola · Hugo · Ionesco · Rabelais · Ronsard

4. Réviser l'histoire littéraire

- Pour vous approprier **les grands mouvements de l'histoire littéraire**, vous pouvez concevoir un **diaporama** de **six diapositives** par mouvement :
  I. Nom du mouvement et bornes chronologiques
  II. Contexte historique et politique en quelques mots-clés
  III. Caractéristiques du mouvement en quelques mots-clés
  IV. Un texte littéraire s'inscrivant dans ce mouvement.
  V. Les grands auteurs et leurs œuvres : en choisir quatre environ
  VI. Une œuvre d'art (musique, sculpture, peinture…) s'inscrivant dans ce mouvement
- Vous pouvez aussi vous rendre sur le site www.mytoolspace/net/ qui vous permet de créer des **frises chronologiques** personnalisées.

Exercice **2** **À l'aide de votre manuel et de vos cours, concevez un diaporama de six diapositives sur le mouvement littéraire de votre choix.**

5. Réviser une œuvre intégrale

- Pour réviser une œuvre intégrale, il vous faut connaître le **résumé** de l'histoire ; la **structure** de l'œuvre ; les **personnages** principaux ; les grands **enjeux** de l'œuvre.
- Pour maîtriser **le résumé de l'histoire**, vous pouvez **l'oraliser**, c'est-à-dire le raconter à plusieurs personnes. Oraliser permet de clarifier, de retenir l'essentiel. Vous pouvez aussi vous **enregistrer** pour réécouter n'importe quand votre fiche, c'est-à-dire votre fichier audio.
- Pour faire une fiche **sur les personnages principaux**, vous pouvez utiliser une carte mentale (→ *voir p. 476*) :
  Pour vous souvenir des liens entre les personnages, vous pouvez créer un **schéma**, un **arbre généalogique**, un **schéma actantiel**…
- Pour retenir les **grandes thématiques** ou les **enjeux** de l'œuvre, vous pouvez concevoir un **abécédaire.** Vous n'êtes pas obligé de trouver un mot pour chaque lettre.

Candide de Voltaire :

Autorité	Guerre	Noblesse	Travail
Fanatisme	Liberté	Optimisme	Tromperie

6. Réviser un texte

- Recopiez le texte en le saisissant sur un fichier de traitement de texte.
- Appropriez-vous le texte en choisissant une mise en page personnelle.
- Vous pouvez varier la taille de la police pour grossir certains passages, les caractères gras, l'italique, les surlignements, les passages à la ligne.
- Vous pouvez également créer une **version enrichie** du texte :
  – placez le texte étudié au centre d'une feuille A3 ;
  – utilisez l'espace autour du texte pour y noter le **lexique** important, les grandes **notions**, les **idées** majeures du texte ;
  – Ajoutez éventuellement des documents complémentaires (autres textes, œuvres d'art, musiques…).

7. Réviser des notions stylistiques et grammaticales

Fabriquez un **jeu de cartes**.
– Utilisez un jeu de petites fiches bristol de couleurs.
– Adoptez une couleur pour les figures de style ou procédés littéraires et une couleur pour les notions grammaticales.
– Sur le recto de la fiche, inscrivez un ou plusieurs exemples. Sur le verso de la fiche, le nom de la ou des notions.
– Jouez ensuite en binôme ou en groupe.

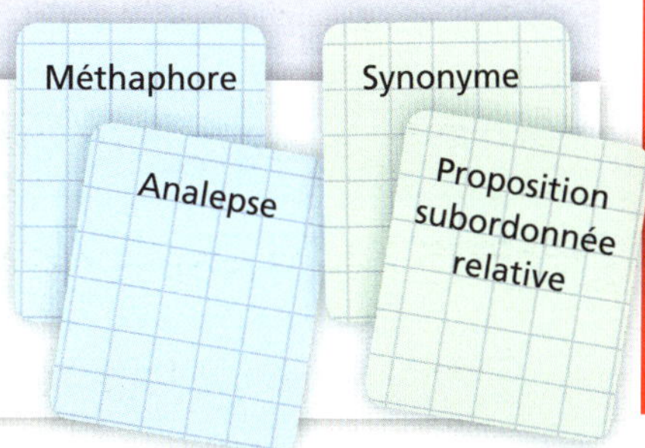

Fiche 52

▶ Méthode BAC : le commentaire de texte

Saisir la spécificité d'un texte

▶ **Après avoir observé le paratexte et lu deux ou trois fois le texte, il faut interroger ce qui fait la singularité de ce texte, c'est-à-dire sa spécificité, son intérêt particulier. Voici une série de questions que vous devrez vous poser pour y parvenir.**

Questions	Ce qu'il faut observer
Quoi ?	• **Le thème** : le sujet abordé par le texte. • **Le genre** : récit (roman, nouvelle, autobiographie) théâtre (tragédie, comédie…), poésie (sonnet, poème en prose), texte d'idées (article, essai, discours…) ? • S'agit-il d'un texte engagé ? Quelle est la thèse défendue ?
Qui ?	• **L'énonciation** : qui parle ? À qui ? • **Les personnages** décrits ou évoqués : identité, nom, portrait physique, moral, statut social, niveau de langage, fonction du personnage, rapports entre les personnages, voix, gestuelle, costume ou vêtement…
Quand ?	• **Le cadre temporel** de l'intrigue (date, saison, matin, soir, nuit…) ou le moment de la pièce (exposition, nœud, coup de théâtre, dénouement), l'écoulement du temps, le rythme du récit (pause, sommaire, scène, ellipse → *voir p. 428*).
Où ?	• **Le cadre spatial :** les lieux, les éléments liés à la représentation ou à la théâtralisation (didascalies externes, internes → *voir p. 436*).
Comment ?	• **La tonalité du texte :** pathétique, lyrique, épique, tragique, comique, satirique (→ *voir p. 416 à 424*). • **Les choix d'écriture** : le choix des temps des verbes, le rythme des phrases, leur longueur, la musicalité du texte (assonances, allitérations). • **La structure du texte** : regarder le début et la fin de l'extrait / le choix de la délimitation / les connecteurs logiques. • **Pour un texte narratif** : rôle et posture du narrateur, point de vue (omniscient, interne, externe → *voir p. 426*). • **Pour un texte poétique** : la forme poétique (sonnet, poème en prose, vers libres), la métrique choisie (nom du vers), les effets de rythme (rejets, contre-rejets, enjambements) (→ *voir p. 444*). • **Pour un texte de théâtre** : la forme de parole théâtrale (monologue, tirade, récit, dialogue, stichomythies) et les éléments de représentation (didascalies) (→ *voir p. 436*). • **Les stratégies argumentatives** : convaincre par des arguments, persuader en touchant les émotions, susciter le débat, emporter l'adhésion par un type de raisonnement : inductif, déductif, par l'absurde, par analogie (→ *voir p. 448 à 452*).
Pourquoi ?	• **La visée du texte** : divertir, toucher, plaire, instruire, dénoncer, défendre un point de vue…

Exercices

Un texte poétique

1 a. Quel est le thème commun aux trois premiers quatrains de ce poème ?

Le ciel est, par-dessus le toit,
Si bleu, si calme !
Un arbre, par-dessus le toit,
Berce sa palme.

La cloche, dans le ciel qu'on voit,
Doucement tinte.
Un oiseau sur l'arbre qu'on voit
Chante sa plainte.

Mon Dieu, mon Dieu, la vie est là,
Simple et tranquille.
Cette paisible rumeur-là
Vient de la ville.

– Qu'as-tu fait, ô toi que voilà
Pleurant sans cesse,
Dis, qu'as-tu fait, toi que voilà,
De ta jeunesse ?

Paul Verlaine, *Sagesse*, 1881.

b. Qui parle dans ce poème ? À qui ?

c. Quels mètres sont utilisés ? Comment interprétez-vous l'alternance de vers longs et de vers courts ?

d. Comment les mots et les sons présents à la rime donnent-ils un caractère musical à ce poème ?

Un texte de théâtre

2 a. Lisez le paratexte. À quel moment de la pièce en est-on ?

Hermione aime Pyrrhus, qui a annoncé son union avec Andromaque. Hermione vient de demander à Oreste d'assassiner Pyrrhus. Elle est seule sur scène.

HERMIONE

Où suis-je ? Qu'ai-je fait ? Que dois-je faire encore ?
Quel transport[1] me saisit ? Quel chagrin me dévore ?
Errante, et sans dessein[2], je cours dans ce palais.
Ah ! Ne puis-je savoir si j'aime ou si je hais ?
Le cruel ! De quel œil il m'a congédiée[3] !

Jean Racine, *Andromaque*, Acte V, scène 1, 1667.

1. Émotion. 2. But. 3. Rejetée.

b. Qu'éprouve Hermione pour Pyrrhus ? Dans quel état émotionnel est-elle ?

c. À qui Hermione s'adresse-t-elle ? Comment appelle-t-on cette forme de parole théâtrale ? Quel en est l'intérêt ici ?

d. Commentez la ponctuation du texte.

e. Donnez un titre à ce passage.

Un texte narratif

3 a. Lisez le texte suivant. Combien de personnages féminins sont présents dans la diligence ? Combien de personnages masculins ?

Trois couples de bourgeois fuient Rouen, pendant la guerre franco-prusienne de 1870 : ils partagent la diligence[1] avec une prostituée.

Mais bientôt la conversation reprit entre les trois dames, que la présence de cette fille[2] avait rendues subitement amies, presque intimes. Elles devaient faire, leur semblait-il, comme un faisceau de leurs dignités d'épouses. […] Les trois hommes aussi, rapprochés par un instinct de conservateurs, […] parlaient argent d'un certain ton dédaigneux[3] pour les pauvres. […] Bien que de conditions différentes, ils se sentaient frères par l'argent.

Guy de Maupassant, *Boule de suif*, 1880.

1. Voiture tirée par des chevaux. 2. La prostituée surnommée Boule de Suif. 3. Méprisant.

b. Quel est le point de vue du narrateur : interne, externe ou omniscient (→ *voir p. 426*) ? Justifiez votre réponse.

c. Quel regard le narrateur porte-t-il sur la réaction des dames et des hommes face à la prostituée ?

Un texte argumentatif

4 a. Quel est le thème du texte ?

Il faut commencer par se bien dire à soi-même et par se bien convaincre que nous n'avons rien à faire dans ce monde qu'à nous y procurer des sensations et des sentiments agréables. Les moralistes qui disent aux hommes : réprimez vos passions, et maîtrisez vos désirs, si vous voulez être heureux, ne connaissent pas le chemin du bonheur. On n'est heureux que par des goûts et des passions satisfaites […]. Mais, me dira-t-on, les passions ne font-elles pas plus de malheureux que d'heureux ? Je n'ai pas la balance nécessaire pour peser en général le bien et le mal qu'elles ont faits aux hommes[1] ; mais il faut remarquer que les malheureux sont connus parce qu'ils ont besoin des autres, qu'ils aiment à raconter leurs malheurs, qu'ils y cherchent des remèdes et du soulagement. Les gens heureux ne cherchent rien, et ne vont point avertir les autres de leur bonheur.

Émilie du Châtelet, *Discours sur le bonheur*, 1779.

1. Elle parle des êtres humains en général.

b. Qui parle ? À qui ? Quel est le genre de ce texte ?

c. Quelles sont les thèses en présence ?

d. Sur quel type de raisonnement le passage souligné est-il construit ?

e. Reformulez la réponse de l'auteur à la question de la ligne 10.

Fiche 53

Méthode BAC : le commentaire de texte

Repérer les mouvements d'un texte

▶ **Les mouvements d'un texte se définissent par leur unité : unité de sens, d'intention, de ton, d'écriture. Chaque mouvement peut se résumer par un titre. Un nouveau mouvement du texte s'ouvre lorsqu'un changement intervient.**

Type de changement	Exemples de procédés
Thème	Parfois associé à un changement de paragraphe ou de strophe.
Tonalité	Par exemple, passage d'une tonalité pathétique à un ton engagé et polémique, parfois accompagné d'un changement de ponctuation.
Type ou forme de texte	Le texte peut passer d'une narration à une description, d'un récit à un discours.
Destinataire	Dans un discours, le personnage peut se parler à lui-même puis s'adresser à un autre personnage. Au théâtre, le personnage peut s'adresser à un groupe, puis parler en aparté.
Temps verbaux	Dans un récit au passé, un passage peut être entièrement rédigé au présent de narration pour rendre la scène vivante dans l'esprit du lecteur.
Connecteurs logiques	Dans un texte argumentatif, les connecteurs peuvent indiquer les étapes d'un raisonnement : « en effet » indique qu'une justification va être apportée ; « donc » annonce une conclusion.
Pronoms	Un texte descriptif ou narratif peut consacrer un passage à un personnage féminin, « elle », un autre à un personnage masculin, « il », un autre encore à la réunion des deux personnages, « ils ». La position et le nombre de ces pronoms peuvent être intéressants à étudier pour saisir la construction d'un texte.

Exercices

1 Chaque couleur correspond à un mouvement du texte. Retrouvez à quelle couleur correspond chacun des titres suivants : Le nœud de l'histoire/La présentation générale du personnage/La réaction d'un menteur et d'un excessif/Arrias démasqué/Le portrait en action d'un vaniteux et d'un grossier.

Arrias a tout lu, a tout vu, il veut le persuader ainsi, c'est un homme universel, et il se donne pour tel ; il aime mieux mentir que de se taire ou de paraître ignorer quelque chose : on parle, à la table d'un Grand d'une cour du Nord, il prend la parole, et l'ôte à ceux qui allaient dire ce qu'ils en savent ; il s'oriente dans cette région lointaine comme s'il en était originaire ; il discourt des mœurs de cette cour, des femmes du pays, de ses lois et de ses coutumes ; il récite des historiettes qui y sont arrivées, il les trouve plaisantes et il en rit le premier jusqu'à éclater : quelqu'un se hasarde[1] de le contredire et lui prouve nettement qu'il dit des choses qui ne sont pas vraies ; Arrias ne se trouble point, prend feu au contraire contre l'interrupteur ; je n'avance, lui dit-il, je ne raconte rien que je ne sache d'original : je l'ai appris de *Sethon* ambassadeur de France dans cette cour, revenu à Paris depuis quelques jours, que je connais familièrement, que j'ai fort interrogé, et qui ne m'a caché aucune circonstance ; il reprenait le fil de sa narration avec plus de confiance qu'il ne l'avait commencée, lorsque l'un des conviés lui dit, « c'est Sethon à qui vous parlez, lui-même, et qui arrive de son ambassade ».

Jean de La Bruyère, *Les Caractères ou les mœurs de ce siècle*, 1688.

1. Tenter.

Justifier les changements de paragraphes

2 a. Deux mouvements structurent cet extrait. Donnez un titre à chacun.

b. À part le changement de paragraphe, donnez au moins deux indices du changement de mouvement.

Il fréquenta le monde, et il eut d'autres amours, encore. Mais le souvenir continuel du premier les lui rendait insipides ; et puis la véhémence du désir, la fleur même de la sensation était perdue. Ses ambitions d'esprit avaient également diminué. Des années passèrent ; et il supportait le désœuvrement de son intelligence et l'inertie[1] de son cœur.

Vers la fin de mars 1867, à la nuit tombante, comme il était seul dans son cabinet, une femme entra.

« Madame Arnoux ! »

Gustave Flaubert, *L'Éducation sentimentale*, 1869.

1. Le vide, l'immobilité.

3 a. Recopiez ce texte en passant à la ligne quand vous identifiez un nouveau mouvement.

b. Donnez un titre à chaque mouvement.

Quelques mauvais plaisants[1] ont abusé de leur esprit jusqu'au point de hasarder le paradoxe étonnant que l'homme est originairement fait pour vivre seul comme un loup-cervier[2] et que c'est la société qui a dépravé la nature. Autant vaudrait-il dire que dans la mer les harengs sont originairement faits pour nager isolés, et que c'est par un excès de corruption qu'ils passent en troupe de la mer Glaciale sur nos côtes ; qu'anciennement les grues volaient en l'air chacune à part, et que par une violation du droit naturel elles ont pris le parti de voyager en compagnie. Chaque animal a son instinct ; et l'instinct de l'homme, fortifié par la raison, le porte à la société comme au manger et au boire. Loin que le besoin de la société ait dégradé l'homme, c'est l'éloignement de la société qui le dégrade. Quiconque vivrait absolument seul perdrait bientôt la faculté de penser et de s'exprimer ; il serait à charge à lui-même ; il ne parviendrait qu'à se métamorphoser en bête.

Voltaire, *Encyclopédie*, article « Homme », 1770.

1. Impertinents. 2. Race de loup.

4 a. Identifiez quatre mouvements dans ce texte et donnez-leur un titre.

b. Il s'agit d'un poème en alexandrins. Combien de vers repérez-vous ? Quelle forme poétique comporte ce nombre de vers (→ *voir p. 444*) ?

c. Recopiez le poème en respectant les strophes. Retrouvez-vous les quatre mouvements ?

Ma jeunesse ne fut qu'un ténébreux orage traversé çà et là par de brillants soleils ; Le tonnerre et la pluie ont fait un tel ravage, qu'il reste en mon jardin bien peu de fruits vermeils. Voilà que j'ai touché l'automne des idées, et qu'il faut employer la pelle et les râteaux pour rassembler à neuf les terres inondées, où l'eau creuse des trous grands comme des tombeaux. Et qui sait si les fleurs nouvelles que je rêve trouveront dans ce sol lavé comme une grève le mystique aliment qui ferait leur vigueur ? Ô douleur ! ô douleur ! Le temps mange la vie, et l'obscur Ennemi qui nous ronge le cœur du sang que nous perdons croît et se fortifie !

Charles Baudelaire, « L'Ennemi »,
Les Fleurs du Mal, 1857.

Observer le jeu des pronoms

5 En observant le fonctionnement des pronoms, délimitez les trois mouvements du texte et donnez un titre à chaque mouvement.

Emma se répétait :

— Pourquoi, mon dieu, me suis-je mariée ?

Elle se demandait s'il n'y aurait pas eu moyen, par d'autres combinaisons du hasard, de rencontrer un autre homme ; et elle cherchait à imaginer quels eussent été ces événements non survenus, cette vie différente, ce mari qu'elle ne connaissait pas. Tous, en effet, ne ressemblaient pas à celui-là. Il aurait pu être beau, spirituel, distingué, attirant, tels qu'ils étaient, sans doute, ceux qu'avaient épousés ses anciennes camarades du couvent. Que faisaient-elles maintenant ? À la ville, avec le bruit des rues, le bourdonnement des théâtres et les clartés du bal, elles avaient des existences où le cœur se dilate, où les sens s'épanouissent. Mais elle, sa vie était froide comme un grenier dont la lucarne est au nord, et l'ennui, araignée silencieuse, filait sa toile dans l'ombre à tous les coins de son cœur.

Gustave Flaubert, *Madame Bovary*, 1857.

Percevoir des tonalités différentes

6 a. Quel regard Baudelaire porte-t-il sur son époque en général et sur les bourgeois en particulier ? À quels indices le voyez-vous ?

b. Comment comprenez-vous les termes mélioratifs du début de l'extrait, notamment celui de « beauté » ?

c. À quel signe de ponctuation bascule-t-on dans un second mouvement ?

Remarquez bien que l'habit noir et la redingote[1] ont non seulement leur beauté politique, qui est l'expression de l'égalité universelle, mais encore leur beauté poétique, qui est l'expression de l'âme publique ; une immense défilade de croque-morts, croque-morts politiques, croque-morts amoureux, croque-morts bourgeois. Nous célébrons tous quelque enterrement.

Charles Baudelaire, *Curiosités esthétiques*, 1846.

1. Long manteau.

Fiche 54

▶ Méthode BAC : le commentaire de texte

Construire un plan et choisir une problématique

▶ **Le commentaire est une présentation ordonnée de votre compréhension du texte. Votre plan en révèle progressivement les enjeux, en se fondant sur l'analyse et l'interprétation de citations du texte.**

Qu'est-ce qu'un plan de commentaire ?	• Un plan est **l'organisation de votre lecture** du texte. Il doit faire ressortir les grands enjeux que vous aurez relevés. • Un plan comporte **deux** ou **trois parties**. Une partie comporte deux ou trois sous-parties. • On appelle « sous-partie » un paragraphe de commentaire. **Un paragraphe** correspond à **une idée** : – *Le portrait physique du personnage* – *Le portrait moral* – *Un lieu lugubre* – *Un coucher de soleil* – *L'expression de la nostalgie* – *Une situation comique*
Comment travailler directement sur le texte distribué ?	Vous pouvez : • vous aider de **surligneurs** : chaque bloc d'idées correspondra à une couleur ; • vous aider des **marges du texte** et créer des espaces où vous rassemblerez les idées : en haut à droite du texte, en haut à gauche, au milieu à droite, au milieu à gauche, en bas à droite et en bas à gauche du texte ; • construire un **schéma**, une **carte mentale** (→ *voir p. 476*). **NB :** Travaillez toujours au crayon sur le texte dans un premier temps.
Combien de blocs d'idées dois-je dégager ?	• En fonction du texte et de votre analyse, dégagez entre quatre et neuf blocs d'idées : – deux parties comportant deux sous-parties (4 idées) ; – deux parties comportant trois sous-parties (6 idées) ; – trois parties comportant deux sous-parties (6 idées) ; – trois parties comportant trois sous-parties (9 idées).
Qu'est-ce qu'une problématique ?	• Une problématique est une **question** que l'on se pose sur le texte, à laquelle le **plan apporte une réponse**. On cherche donc à formuler la problématique une fois que l'on a trouvé un plan détaillé. L'annonce de la problématique et du plan sera rédigée dans l'introduction (→ *voir p. 488*).
Les erreurs à ne pas commettre	• Ne pas rédiger une partie sur le sens et une partie sur la forme : toujours lier les éléments formels et stylistiques, au sens et à l'interprétation que l'on en tire. • Ne pas oublier les sous-parties.

Exercices

Titrer des parties

1 Lisez ce poème.

Où vont tous ces enfants dont pas un seul ne rit ?
Ces doux êtres pensifs que la fièvre maigrit ?
Ces filles de huit ans qu'on voit cheminer seules ?
Ils s'en vont travailler quinze heures sous des meules
Ils vont, de l'aube au soir, faire éternellement
Dans la même prison, le même mouvement.
Accroupis sous les dents d'une machine sombre,
Monstre hideux qui mâche on ne sait quoi dans l'ombre,
Innocents dans un bagne, anges dans un enfer,
Ils travaillent. Tout est d'airain, tout est de fer.
Jamais on ne s'arrête et jamais on ne joue.

Victor Hugo, *Les Contemplations*, 1856.

a. Parmi ces titres de sous-parties, relevez-en trois qui peuvent correspondre à l'analyse de ce poème.
La fuite du temps / L'expression de la colère / Des conditions de travail inhumaines / Un poème lyrique / Des victimes innocentes / La dénonciation de la misère / Un enfermement tragique

b. Associez chaque titre retenu à la bonne couleur.

c. Rassemblez-les sous un titre de partie.

Trouver une problématique

2 Lisez le texte suivant.

C'est cette traite de nègres[1], c'est l'usage de la servitude qui a empêché l'Amérique de se peupler aussi promptement[2] qu'elle l'aurait fait sans cela. Que l'on mette les nègres en liberté, et dans peu de générations ce pays vaste et fertile comptera des habitants sans nombre. Les arts, les talents y fleuriront ; et au lieu qu'il n'est presque peuplé que de sauvages et de bêtes féroces, il ne le sera bientôt que par des hommes industrieux. C'est la liberté, c'est l'industrie qui sont les sources réelles de l'abondance. Tant qu'un peuple conservera cette industrie et cette liberté, il ne doit rien redouter. L'industrie, ainsi que le besoin, est ingénieuse et inventive ; elle trouve mille moyens différents de se procurer des richesses ; et si l'un des canaux de l'opulence[3] se bouche, cent autres s'ouvrent à l'instant. Les âmes sensibles et généreuses applaudiront sans doute à ces raisons en faveur de l'humanité ; mais l'avarice et la cupidité[4] qui dominent la terre ne voudront jamais les entendre.

Chevalier de Jaucourt, *Encyclopédie*, article « Traite des Nègres », 1766.

1. Le terme n'est pas péjoratif au XVIIIe siècle.
2. Rapidement. 3. La richesse. 4. L'appât du gain.

Choisissez la problématique qui, selon vous, correspond le mieux à ce texte et expliquez votre choix.

Proposition 1 : En quoi ce texte prend-il la défense de l'esclavage ?

Proposition 2 : En quoi ce texte est-il caractéristique d'un article de l'*Encyclopédie* ?

Proposition 3 : Quel est le point de vue de l'auteur sur « la traite des Nègres » ?

Proposition 4 : Comment l'auteur cherche-t-il, dans cet article, à faire adhérer le lecteur à l'idée qu'il faut abolir l'esclavage ?

3 Voici un plan de commentaire en deux parties et deux sous-parties. Quelles problématiques pourriez-vous formuler ?

Texte support : La Bruyère, « Arrias », *Les Caractères ou Les Mœurs de ce siècle*, 1688 (*→ texte de l'exercice 1 p. 482*).

I. Le portrait-charge d'un personnage du XVIIe siècle
- **a.** Un prétentieux
- **b.** Un hypocrite

II. Un texte narratif qui utilise les ressources théâtrales du comique
- **a.** Le comique de situation
- **b.** Le comique de geste

Construire un plan et formuler une problématique

4 Lisez le texte suivant.

Candide et son valet Cacambo arrivent dans le pays de l'Eldorado.

En attendant, on leur fit voir la ville, les édifices publics élevés jusqu'aux nues[1], les marchés ornés de mille colonnes, les fontaines d'eau pure, les fontaines d'eau rose, celles de liqueurs de canne de sucre, qui coulaient continuellement dans de grandes places, pavées d'une espèce de pierreries qui répandaient une odeur semblable à celle du gérofle et de la cannelle. Candide demanda à voir la cour de justice, le parlement ; on lui dit qu'il n'y en avait point, et qu'on ne plaidait jamais. Il s'informa s'il y avait des prisons, et on lui dit que non. Ce qui le surprit davantage, et qui lui fit le plus de plaisir, ce fut le palais des sciences, dans lequel il vit une galerie de deux mille pas, toute pleine d'instruments de mathématique et de physique.

Voltaire, *Candide*, 1759.

1. Nuages.

a. Donnez un titre de sous-partie pour réunir les éléments surlignés en jaune et un autre pour les éléments surlignés en rose.

b. Proposez un titre de partie qui rassemble ces deux sous-parties sans en reprendre les mêmes mots.

c. Donnez un titre de sous-partie pour réunir les éléments surlignés en bleu et un autre pour les éléments surlignés en rouge.

d. Proposez un titre de partie qui rassemble ces deux sous-parties sans en reprendre les mêmes mots.

e. À partir de ces éléments, quelle problématique pourriez-vous proposer ?

Fiche 55

▶ Méthode BAC : le commentaire de texte

Rédiger un paragraphe et insérer des citations

▶ **Dans un commentaire de texte, le développement complet comporte deux ou trois parties. Une partie est composée de deux ou trois paragraphes, chaque paragraphe correspond à une étape de cette organisation.**

1 L'enjeu d'un paragraphe

Comment commencer un nouveau paragraphe ?	• Un paragraphe commence par un alinéa.
Combien d'idées un paragraphe doit-il contenir ?	• Un paragraphe comporte une seule idée. Il correspond à une sous-partie. Toute l'analyse du paragraphe sert à démontrer une idée.
Quelles sont les étapes d'un paragraphe ?	• Annonce de l'idée directrice. • Justification de cette idée au moyen de citations et d'analyses. • Conclusion partielle qui prouve que l'idée annoncée a été démontrée. • Transition vers le paragraphe suivant ou la partie suivante.

2 La structure d'un paragraphe

Pour ajouter de nouvelles idées ou de nouveaux arguments	*De plus, en outre, mais encore, ensuite, également, d'autre part, de surcroît, qui plus est...*
Pour insérer un argument, une citation au service de l'idée	*En effet* (au début d'une phrase), *puisque X le souligne, comme X le met en valeur, car X prouve que...*
Pour introduire une conclusion partielle ou générale	*Ainsi, en somme, pour conclure, finalement, donc...*

3 L'insertion de citations

Pour développer :	Exemples de formulations
une affirmation	*X pense, croit, constate, exprime, déclare, affirme, évoque, considère que, reconnaît...*
une affirmation appuyée	*X soutient, souligne, proclame, revendique...*
une contestation	*X refuse, rejette, conteste, s'insurge contre, s'indigne, déplore, condamne, critique, réfute, s'oppose à, nie...*
une question	*X s'interroge sur, se demande si...*
un souhait, un conseil	*X souhaite, préconise, propose, conseille, prône...*
une information sous-entendue	*X laisse entendre, sous-entend, suggère...*

Exercices

Structurer un paragraphe

1 Lisez le texte puis le paragraphe rédigé.

Mais à tous ceux qui sont restés
Les pieds au chaud, sous leur bureau
En calculant le rendement
De la guerre qu'ils ont voulue
À tous les gras tous les cocus
Qui ventripotent dans la vie
Et comptent et comptent leurs écus
À tous ceux-là je dresserai
Le monument qui leur convient
Avec la schlague[1], avec le fouet
Avec mes pieds avec mes poings.

Boris Vian, « À tous les enfants », *Chansons*, 1954.

1. La trique.

Le poète accuse le gouvernement d'être intéressé par l'argent de la guerre. ..., le seul objectif des responsables de la guerre est de calculer « le rendement de la guerre qu'ils ont voulue ». Les conflits profitent bien à certains, au détriment des victimes ... l'on retrouve le champ lexical de l'argent grâce aux termes « calculant, rendement, écus, compter ». ..., ces responsables « comptent et comptent leurs écus ». L'allitération en [k] fait entendre le bruit des pièces accumulées. ..., Vian décrit les responsables de la guerre comme des êtres intéressés et cupides, ... au-delà, il leur dresse un monument de haine et de révolte.

a. **Voici les cinq mots de liaison qui manquent dans ce paragraphe : *ainsi, en effet, de plus, mais, puisque.* Dites à quel endroit chacun doit s'insérer.**

b. **Repérez et nommez les étapes du paragraphe.**

2 Lisez le texte ci-dessous.

Le narrateur est un écrivain fatigué en visite chez un forgeron.

Toute cette ferraille retentissante qui sonnait au-dessous de moi me mettait du fer dans le sang. Cela me valait mieux que les drogues des pharmacies. J'étais accoutumé à ce vacarme, j'avais besoin de cette musique des marteaux sur l'enclume pour m'entendre vivre. Dans ma chambre tout animée par les ronflements du soufflet, j'avais retrouvé ma pauvre tête. **Toc, toc, toc, toc,** c'était là comme le balancier joyeux qui réglait mes heures de travail. Au plus fort de l'ouvrage, lorsque le forgeron se fâchait, que j'entendais le fer rouge craquer sous les bonds des marteaux endiablés, j'avais une fièvre de géant dans les poignets, j'aurais voulu aplatir le monde d'un coup de ma plume.

Émile Zola, « Le Forgeron »,
Nouveaux contes à Ninon, 1874.

Voici l'idée directrice du paragraphe : le bruit de la forge est intense. Trois procédés sont repérés dans le texte, voici leur interprétation :

Champ lexical du bruit : Il y a un vacarme intense dans la forge.

Onomatopée : On entend le marteau taper, ce qui rend la scène plus vivante, plus réelle.

Métaphore : Le bruit fort n'est pas une gêne mais un accompagnement vital, un besoin.

À l'aide de ces éléments et de la leçon, rédigez un paragraphe.

Insérer des citations et reformuler

3 Lisez le texte suivant.

Jean Valjean, ancien bagnard, vient de sauver l'inspecteur Javert qui l'a reconnu. Javert, partagé entre le devoir et la reconnaissance, l'a finalement laissé partir, mais il ne supporte pas d'avoir manqué à son devoir. Il va s'accouder au bord de la Seine.

On ne voyait rien, mais on sentait la froideur hostile de l'eau et l'odeur fade des pierres mouillées. Un souffle farouche montait de cet abîme. Le grossissement du fleuve plutôt deviné qu'aperçu, le tragique chuchotement du flot, l'énormité lugubre des arches du pont, la chute imaginable dans ce vide sombre, toute cette ombre pleine d'horreur.

Javert demeura quelques minutes immobile, regardant cette ouverture de ténèbres.

Victor Hugo, *Les Misérables*, 1862.

a. **Relevez les citations qui montrent que le fleuve est personnifié.**

b. **Relevez les citations qui évoquent les sensations vécues par le personnage face à ce paysage.**

c. **Rédigez un paragraphe de commentaire sur le rapport entre le personnage et le paysage en insérant les citations relevées dans votre rédaction.**

4 Lisez le texte suivant.

Le docteur Rieux décida alors de rédiger le récit qui s'achève ici, pour ne pas être de ceux qui se taisent, pour témoigner en faveur de ces pestiférés, pour laisser du moins un souvenir de l'injustice et de la violence qui leur avaient été faites, et pour dire simplement ce qu'on apprend au milieu des fléaux, qu'il y a dans les hommes plus de choses à admirer que de choses à mépriser.

Albert Camus, *La Peste*, © Gallimard, 1947.

a. **Relisez la liste des verbes proposée dans le point 3 de la leçon.**

b. **Choisissez-en quatre à partir desquels vous rédigerez une phrase qui rende compte des idées du texte sans employer les mots de l'auteur.**

Fiche 56

▶ Méthode BAC : le commentaire de texte

Rédiger l'introduction et la conclusion

▶ L'introduction présente le texte et annonce un projet personnel et organisé de son analyse.
▶ La conclusion résume le parcours de lecture choisi et ouvre la réflexion.

Les étapes de l'introduction	Contenus	Exemples de formulations
Présenter	• **Le contexte** : les éléments historiques, culturels, politiques, biographiques, religieux qui permettent de situer le texte à étudier dans son contexte d'écriture.	Au XVIIe siècle, le règne de Louis XIV marque l'apogée du classicisme.
	• **L'auteur** : ses idées, ses combats, ses autres œuvres, les auteurs qui lui sont contemporains... Aidez-vous du paratexte en italique.	Poète, romancier, dramaturge, homme politique, Victor Hugo a lutté contre les inégalités sociales, la peine de mort, la misère. Il est l'auteur du Dernier jour d'un condamné et des Misérables.
	• **L'œuvre** : son titre, son genre, son enjeu principal. Un titre d'œuvre intégrale, de film, de magazine est en italique dans un texte imprimé (vous devez le souligner dans votre copie), alors que les titres de poèmes ou d'articles sont placés entre guillemets.	L'œuvre de La Bruyère, Les Caractères, est publiée en 1688. L'auteur y brosse des portraits caricaturaux qui mettent au jour les vices et les vertus de la nature humaine.
	• **L'extrait** : le situer dans l'œuvre intégrale, résumer ce qui précède.	Le texte qui nous intéresse ici est le dénouement de la pièce. Dom Juan, qui a vécu une vie de libertin sans scrupules, va affronter son destin.
Annoncer	• **La problématique ou le projet de lecture.**	Nous nous demanderons quelle vision du monde ce poème propose.
	• **Le plan** : les axes de lecture (les deux ou trois parties du commentaire).	Dans un premier temps, nous verrons en quoi ce récit décrit un coup de foudre, pour ensuite montrer que l'amour est présenté comme impossible.
Les étapes de la conclusion	**Contenus**	**Exemples de formulations**
Récapituler	Les **grandes idées** développées dans les parties.	Ainsi, nous avons vu, d'une part, en quoi la description des enfants à l'usine suscite la pitié, et d'autre part comment ce poème devient une tribune pour faire entendre les idées de l'auteur.
Ouvrir	Vers un **autre texte** qui traite du même sujet ou qui soutient un point de vue opposé, vers une **œuvre d'art**, un **film**, etc.	Si dans, cet extrait, l'avarice est ridiculisée, toutes les comédies de Molière visent des défauts de la nature humaine : nous pensons à l'hypocrisie de Tartuffe ou à la prétention ridicule d'Arnolphe dans L'École des femmes, puisqu'il s'agit de plaire pour instruire, selon les principes du classicisme.

Exercices

Formuler la problématique et introduire l'extrait étudié

1 **Transformez les questions directes suivantes en interrogatives indirectes. Vous commencerez par « nous nous demanderons… ». NB :** l'interrogative directe demande une inversion sujet-verbe et un point d'interrogation. Une interrogative indirecte n'exige pas d'inversion et se termine par un point.

a. Pourquoi ce texte fait-il à la fois pleurer le personnage et rire le lecteur ?

b. Dans quelle mesure la leçon de cette histoire est-elle morale ?

2 **Lisez les phrases suivantes.**

- Baudelaire a publié *Les Fleurs du Mal* en 1857 mais « À une passante » figure dans la seconde édition de 1861.
- La fable « Le Loup et l'Agneau » appartient au premier livre des *Fables* de La Fontaine.
- Dans *Phèdre* de Racine, le personnage de Phèdre est l'héroïne.

a. Recopiez chaque phrase en présentant correctement les titres et en justifiant vos choix.

b. « Phèdre » apparaît deux fois dans la troisième phrase. Soulignez-vous les deux ? Pourquoi ?

3 **Associez deux à deux les éléments de la série A aux éléments de la série B.**

SÉRIE A Du Bellay – Zola – Racine – Voltaire – Le surréalisme – Le Nouveau Roman

SÉRIE B La deuxième révolution industrielle – Louis XIV – La société de consommation – Les Lumières – La Pléiade – La découverte de l'inconscient

4 **a. Associez deux à deux les éléments de la série A aux éléments de la série B.**

b. Classez les auteurs dans l'ordre chronologique.

c. À votre tour, créez vos propres séries, travaillez en binômes et échangez vos énigmes.

SÉRIE A Ronsard – Diderot – Dumas – Nicolas Mathieu – La Fontaine – Robe-Grillet – Molière.

SÉRIE B philosophe des Lumières – fabuliste et moraliste – lauréat du prix Goncourt 2018 – dramaturge classique – poète du XVIe siècle – théoricien du Nouveau Roman – romancier du XIXe siècle.

Rédiger une introduction et une conclusion

5 **Voici un plan de commentaire qui rend compte d'une lecture de l'incipit de *Pierre et Jean* de Maupassant (1887).**

I. Une partie de pêche en famille
II. Le regard amusé du narrateur

a. Rédigez l'étape de l'introduction suivante : l'annonce du plan.

b. Rédigez l'étape de la conclusion suivante : la récapitulation des grandes idées.

NB. : Vous pouvez utiliser les verbes *analyser, étudier, montrer, voir, travailler sur*.
Ils seront au futur dans l'introduction, au passé composé dans la conclusion.

6 **Classez en deux colonnes les éléments qui introduisent un bilan et ceux qui introduisent une ouverture.**

On peut néanmoins / Ainsi / Au siècle suivant / Pour finir / L'intérêt de ce texte est donc / D'autres auteurs iront plus loin / Grâce à l'étude de… nous avons montré / Il est possible de comparer ce texte à…

7 **Lisez le texte suivant.**

Auteur de tragédies classiques, protégé du roi Louis XIV, Racine est proche des idées des jansénistes pour qui l'homme, depuis le péché originel, est corrompu, livré à l'amour de soi, alors qu'il devrait adorer Dieu, dominé par des passions qui le condamnent : la fureur amoureuse ou l'amour du pouvoir. Dans cette scène, Phèdre vient d'annoncer à sa nourrice, Œnone, sa passion interdite pour son beau-fils Hippolyte.

ŒNONE

Juste ciel ! tout mon sang dans mes veines se glace !
Ô désespoir ! ô crime ! ô déplorable race !
Voyage infortuné ! Rivage[1] malheureux,
Fallait-il approcher de tes bords dangereux ?

PHÈDRE

Mon mal vient de plus loin. À peine au fils d'Égée[2]
Sous ses lois de l'hymen[3] je m'étais engagée,
Mon repos, mon bonheur semblait être affermi.
Athènes me montra mon superbe ennemi.
Je le vis, je rougis, je pâlis à sa vue ;
Un trouble s'éleva dans mon âme éperdue.
Mes yeux ne voyaient plus, je ne pouvais parler ;
Je sentis tout mon corps, et transir et brûler.

Jean Racine, *Phèdre*, Acte I, scène 3, 1677.

1. Rivage de Trézène où Phèdre a rencontré Hippolyte.
2. Thésée, père d'Hippolyte. **3.** Mariage.

Voici le plan d'un commentaire possible :

I. Une scène d'aveu tragique
II. Le récit poignant d'un coup de foudre

a. En vous aidant du paratexte, vous rédigerez intégralement l'introduction du commentaire en n'oubliant aucune étape.

b. Quelle ouverture proposeriez-vous en conclusion ?

Fiche 57

▶ Méthode BAC : la contraction de texte

Identifier la structure et les idées principales d'un texte

▶ **Repérer la structure du texte est la première étape de la préparation à la contraction de texte. C'est elle qui permettra un résumé rigoureux des idées développées. Dans le cas d'un texte argumentatif, elle est essentielle pour comprendre la thèse et la stratégie de l'auteur, et pour repérer les idées et les exemples les plus importants.**

1 Identifier la structure du texte à résumer

Méthode	Exemple
• **Lire intégralement le texte** et observer attentivement le **paratexte** (date de publication, auteur, support, titre éventuel). • Repérer **les connecteurs logiques** pour reconnaître les mouvements du texte. • Isoler **chaque partie** du texte (//). Cet extrait d'un discours de Césaire en contient trois.	C'est tout cela qu'a été la Négritude : recherche de notre identité, affirmation de notre droit à la différence, sommation faite à tous d'une reconnaissance de ce droit et du respect de notre personnalité communautaire.// Je sais bien que cette notion d'identité est aujourd'hui contestée ou combattue par certains qui feignent de voir dans notre hantise identitaire une sorte de complaisance à soi-même annihilante et paralysante.// Pour ma part, je n'en crois rien. Je pense à une identité non pas archaïsante dévoreuse de soi-même, mais dévorante du monde, c'est-à-dire faisant main basse sur tout le présent pour mieux réévaluer le passé et, plus encore, pour préparer le futur.// Aimé Césaire, *Discours de Miami sur la Négritude*, prononcé le 26 février 1987.

2 Dégager l'idée principale de chaque partie

	Mots clés	Idée principale
Partie 1	« Identité » ; « droit à la différence » ; « communautaire »	La Négritude est une affirmation de son identité et implique l'appartenance à un groupe social.
Partie 2	« contestée » ; « hantise identitaire » ; « complaisance »	La notion de « communauté » est parfois péjorative, car elle peut supposer une forme de repli sur soi.
Partie 3	« dévorante du monde » ; « futur »	L'identité revendiqué par Césaire se veut tournée vers l'avenir et vers l'action.

Exercices

Identifier la structure d'un texte

1 a. Repérez les connecteurs logiques dans le texte suivant.

b. Identifiez les trois parties de cet extrait et reformulez l'idée principale de chacune.

L'évolution technique n'a pas que des conséquences heureuses sur le plan social : reconversion et restructuration sont quelques exemples de ces phénomènes associés à la marche du progrès et qui ont désormais une résonance très concrète pour bon nombre d'entre nous. Ce à quoi il faut ajouter le fait que la technique, certes appréciée pour sa contribution à l'amélioration de notre confort, introduit dans nos existences des innovations presque en continu et requiert de notre part un effort d'adaptation pratiquement permanent. La technique s'est immiscée partout et pour tout. Alors que les techniques étaient au départ conçues pour prolonger la main ou le cerveau de l'homme, on a aujourd'hui la ferme impression que c'est de plus en plus à l'homme de s'adapter à ces prothèses qu'il n'a pas toujours demandées et de suivre ces développements qui lui paraissent imposés.

Michel Claessens, *La Technique contre la démocratie*, © Le Seuil, 1990.

2 Repérez les différents mouvements de ce texte et donnez un titre à chaque partie.

Cette grande civilisation occidentale, créatrice des merveilles dont nous jouissons, elle n'a certes pas réussi à les produire sans contrepartie. Comme son œuvre la plus fameuse, pile où s'élaborent des architectures d'une complexité inconnue, l'ordre et l'harmonie de l'Occident exigent l'élimination d'une masse prodigieuse de sous-produits maléfiques dont la terre est infectée. Ce que d'abord vous nous montrez, voyages, c'est notre ordure lancée au visage de l'humanité.

Je comprends alors la passion, la folie, la duperie des récits de voyage. Ils apportent l'illusion de ce qui n'existe plus et qui devrait être encore, pour que nous échappions à l'accablante évidence que vingt mille ans d'histoire sont joués. Il n'y a plus rien à faire : la civilisation n'est plus cette fleur fragile qu'on préservait, qu'on développait à grand-peine dans quelques coins abrités d'un terroir riche en espèces rustiques, menaçantes sans doute par leur diversité, mais qui permettaient aussi de varier et de revigorer les semis. L'humanité s'installe dans la monoculture, elle s'apprête à produire la civilisation en masse, comme la betterave. Son ordinaire ne comporte plus que ce plat.

Claude Lévi-Strauss, *Tristes Tropiques*, © Plon, 1955.

Repérer les idées principales du texte

3 a. Repérez les connecteurs logiques et distinguez les différentes parties du texte.

b. Reformulez l'idée principale de chaque partie en utilisant des synonymes des mots en gras.

Le sport occupe peu à peu la place que libère, dans nos têtes et nos vies quotidiennes, ce qu'on appelait jadis, **l'héroïsme guerrier**. Et cet héroïsme-là, sachons-le, a joué pendant des siècles un rôle déterminant dans notre vision du monde. Les **qualités** que nous reconnaissions chez un homme ou une femme – courage, endurance, combativité – avaient partie liée avec **la violence**. La guerre, en somme, étalonnait obscurément notre perception du **mérite** individuel. Ce n'est pas tout. Les historiens savent que cette même guerre, ce « jeu de la guerre », libérait sporadiquement le potentiel de violence que toute société porte en elle.

Et si le sport, peu à peu, remplissait aujourd'hui cette **fonction** ? Et si, à mesure que la violence guerrière devient taboue, inacceptable, récusée, moralement condamnable, la belle frénésie des stades venait prendre le relais ? Comme un **paratonnerre symbolique** ; comme un **progrès** de la civilisation ; comme une **utopie** en marche…

Jean-Claude Guillebaud, « Faites du sport, pas la guerre ! », © *Sud-Ouest*, 8 avril 2018.

4 a. Isolez les différentes parties du texte suivant.

b. Notez les mots clés qui correspondent à chacune des idées de l'auteur.

c. Trouvez des synonymes pour chacun de ces mots clés.

d. Résumez ce texte en 40 mots.

Tel citoyen, telle cité ; tel individu, telle société. De là la nécessité de faire l'homme bon. De là autour de l'enfance, germe d'un univers nouveau, tout un groupe d'institutions qui manquent aujourd'hui. Enseignement gratuit et obligatoire, assistance, égalité par l'éducation, liberté par la pensée, écoles, collèges, gymnases, ateliers, laboratoires, hygiène, développement de l'esprit, développement du corps, ouverture de l'intelligence, science de la santé, versement de lumière sur le petit être. La civilisation humaine, depuis six mille ans inattentive à ce qui l'attend et vivant chétivement au jour le jour, se réveille enfin, s'aperçoit que Demain existe, comprend que Demain est son maître, et se sent prise de cette préoccupation immense : l'enfant.

L'enfant, c'est-à-dire l'avenir.

Victor Hugo, *Fragments philosophiques*, 1860-1865.

Fiche 58

▶ Méthode BAC : la contraction de texte

Reformuler pour résumer un texte

▶ **La contraction (ou résumé) est une reformulation synthétique d'un texte. Pour l'élaborer, il faut d'abord analyser le texte à résumer (→ voir p. 490), puis suivre des consignes de rédaction.**

1 Retranscrire les idées principales

- **Relisez le texte** au moins deux fois puis, à partir de l'analyse détaillée, essayez de retranscrire les **idées principales** du texte.
- Vérifiez cette première **reformulation** en reprenant le texte.
  – Ce premier jet reprend-il les idées du texte sans les déformer ?
  – Les idées ont-elles été reformulées et non recopiées ?
  – Le système d'énonciation est-il respecté ?
  – Le registre de langue est-il le même ?

2 Améliorer la rédaction de sa contraction

- Reprenez, paragraphe après paragraphe, la **structure argumentative** du texte pour le résumé.
- Ajoutez des **connecteurs logiques** qui relient les paragraphes (cause, conséquence, but, concession, addition) pour fluidifier votre résumé.
- Reprenez vos phrases pour apporter de la **concision** : utilisez des procédés grammaticaux ou lexicaux pour synthétiser l'expression et utiliser moins de mots.
  – Utilisez des **noms** pour réduire des groupes nominaux.
  Exemple : Les adolescents aiment *le retour sur soi pour s'analyser* [l'instropection], et ils y sont encouragés par leur *amour excessif de leur propre personne* [leur narcissisme].
  – Remplacez les groupes prépositionnels par des **adverbes**.
  Exemple : *Selon toute vraisemblance* [vraisemblablement], la conférence des pays producteurs de pétrole ne pourra pas avoir lieu *dans un délai aussi bref* [rapidement].
  – Remplacez les subordonnées complétives par des **noms**.
  Exemple : Il y a longtemps que les écologistes refusent *que soit implantée* [l'implantation] d'une nouvelle centrale nucléaire dans la vallée.
  – Remplacez les subordonnées relatives par un **adjectif**.
  Exemple : Les scandales boursiers sont souvent d'une complexité *qu'on ne peut pas démêler* [inextricable]

3 Relire le résumé pour vérifier sa cohérence

- La contraction doit être parfaitement **compréhensible** sans que le correcteur connaisse le texte de départ.
- La disposition des **paragraphes** doit mettre en évidence la structure du texte initial.
- Comptez le **nombre de mots** pour respecter la consigne. Une marge de 10 % est généralement tolérée. Si 120 mots sont imposés, votre résumé pourra compter 12 mots de plus ou de moins.
- **Améliorez le style** : supprimez les répétitions maladroites, corrigez les fautes d'orthographe, de ponctuation et de syntaxe (pensez à faire des phrases courtes).

Travailler la concision

1 Résumez ces phrases en manipulant la syntaxe et en utilisant des synonymes, des adverbes, des adjectifs.

a. Bien que le contrôleur des impôts soit incompétent, on est sûr qu'il découvrira la fraude du commerçant en antiquités.

b. Le journaliste a annoncé, sans que ce soit officiel, que le gouvernement allait démissionner avant que les prochaines élections n'aient lieu.

c. Il est facile à blesser, de sorte que je crains toujours de lui faire du mal sans le vouloir.

d. Il a révélé qu'il n'était pas apte à s'occuper de cette affaire. Son renvoi n'a pas encore un caractère officiel mais il va prochainement être annoncé.

2 Déterminez quels exemples doivent être conservés et résumez ce texte en 30 mots.

Dans *Thérèse Raquin*, j'ai voulu étudier des tempéraments et non des caractères. Là est le livre entier. J'ai choisi des personnages souverainement dominés par leurs nerfs et leur sang, dépourvus de libre-arbitre, entraînés à chaque acte de leur vie par les fatalités de leur chair. Thérèse et Laurent sont des brutes humaines, rien de plus. J'ai cherché à suivre pas à pas dans ces brutes le travail sourd des passions, les poussées de l'instinct, les détraquements cérébraux survenus à la suite d'une crise nerveuse. Les amours de mes deux héros sont le contentement d'un besoin ; le meurtre qu'ils commettent est une conséquence de leur adultère, conséquence qu'ils acceptent comme les loups acceptent l'assassinat des moutons ; enfin, ce que j'ai été obligé d'appeler leurs remords, consiste en un simple désordre organique, et une rébellion du système nerveux tendu à se rompre. L'âme est parfaitement absente, j'en conviens aisément, puisque je l'ai voulu ainsi.

Émile Zola, *Thérèse Raquin*, préface, 1867.

Résumer un texte

3 a. Retrouvez la structure argumentative du texte suivant dans le résumé proposé : la thèse, les arguments, les exemples et les connecteurs logiques.

L'injustice qui jette à la rue, je ne peux la comprendre ni l'expliquer en termes financiers, n'étant ni banquier ni entrepreneur, ni économiste, ni riche. Enseignant, chercheur et auteur de livres, je peux, en revanche, m'en faire une idée, facile à communiquer, en ce qui concerne le savoir et la formation.

Les grandes accumulations de richesses ne se comptent pas en argent seulement ni en outils de production, il faut y ajouter aussi les moyens et les contenus d'information : sciences, techniques, langues, culture, arts et métiers, concentrés, tout autant que la fortune, dans des coffres, dans des bibliothèques, banques de données, laboratoires de recherche, grands établissements ou ateliers de formation et d'enseignement. On parle moins de ce capital que de l'autre et pourtant son importance croît tous les jours et devient, parfois, plus décisive, pour nos vies quotidiennes, que celui qui se compose de valeurs financières. Or ces biens d'information se répartissent, parmi nous, avec autant, sinon plus d'inégalité que les premiers. Fondateur du mouvement ATD quart-monde, le père Joseph Wresinski disait l'inégalité plus grave dans la culture et le savoir que dans l'argent et les revenus. Il avait raison avant l'heure : cela devient tragiquement vrai. Aujourd'hui, en effet, […] le chômage atteint surtout les personnes privées de formation. La lutte contre la misère passe et passera, de plus en plus, par la bataille contre l'inégalité en matière de qualification […].

Michel Serres, « La Rue », *Éclaircissements. Cinq entretiens avec Bruno Latour*, © Flammarion, 1994.

En tant qu'intellectuel, je peux aisément concevoir l'injustice culturelle. En effet, la richesse n'est pas que matérielle : l'information constitue également une richesse, méconnue malgré son importance croissante. Ce bien est inégalement réparti : selon ATD quart-monde, la misère culturelle est pire que la misère matérielle. Elles sont d'ailleurs liées : la sous-qualification entraîne la pauvreté. Combattre l'une, c'est nécessairement combattre l'autre.

b. Voici la suite du texte. Continuez le résumé et vérifiez sa cohérence par rapport au texte initial. L'ensemble du résumé devra compter 100 mots, avec une marge de 10 %.

Pour la plupart, nous vivons aussi éloignés du savoir que de la fortune. Cette distance peut se compter en kilomètre, si nous habitons des hameaux privés d'écoles ou de centres de formation ; elle peut se voir sur l'échelle sociale, lorsque, dans la famille, personne n'a jamais fait d'études ; elle peut se compter en argent, parce que l'acquisition de quelque savoir coûte cher ; elle peut être estimée, aussi, dans le sentiment, parce que la science intimide et impressionne… On croit même que ceux qui détiennent le savoir ont plus de mérite et de talent que les autres. D'autres distances, encore, nous tiennent à l'écart de la fortune et du savoir. Or le savoir est une fortune et devient, aujourd'hui, aussi et même plus précieux qu'elle.

Michel Serres, *op. cit.*

Fiche 59

▶ Méthode BAC : l'essai

Analyser le sujet et formuler une problématique

▶ **L'essai est un exercice qui exige le développement d'une argumentation structurée, comme une dissertation. Si la dissertation se focalise sur des notions littéraires (l'œuvre, le lecteur, le contexte, l'auteur), l'essai demande une réflexion personnelle sur le sujet.**

SUJET L'autobiographie, qui repose largement sur la mémoire de l'auteur, occupe une place importante dans la production actuelle de récits. Trouvez-vous utile de partager ainsi ses souvenirs ?

Méthode	Application
1. Questionner le sujet	
• Identifier les **mots-clés** du sujet et chercher leur sens. • Trouver des **synonymes** pour élaborer une définition.	– « autobiographie » → sous-genre narratif, où le narrateur est aussi l'auteur et le personnage du récit. – « mémoire » et « souvenirs » → Une activité biologique et psychique qui permet de conserver des informations. Mais le mot « mémoire » est polysémique, et désigne au masculin pluriel un texte autobiographique. – « partager » → Il s'agit ici d'une conception de la lecture, perçue comme un moment d'intimité et de complicité entre un auteur et un lecteur. – « utile » → cet adjectif est au cœur du questionnement. Il qualifie une démarche qui sert à quelque chose, qui satisfait un besoin.
• Certains sujets demandent de **réagir à une thèse**, qui généralement contient une citation. Il faut alors **commenter** le sujet, c'est-à-dire l'expliquer comme une citation de texte.	
• D'autres sujets demandent une réflexion personnelle sans formuler de thèse. Il faudra alors puiser des **idées** et des **exemples** au sein de vos **lectures** et votre **culture** littéraire et artistique.	
2. Réfléchir et discuter le sujet	
• Amorcer une réflexion.	On vous demande de le **discuter**, c'est-à-dire de le mettre en débat → Réfléchir à ce que nous apportent les récits autobiographiques. – Sont-ils véritablement destinés à un lecteur ? En lisant une autobiographie, on peut avoir le sentiment de s'immiscer dans un monde trop intime pour être partagé. – Par ailleurs, l'autobiographie est liée au besoin de transmettre un patrimoine, un passé parfois commun sur lequel elle donne un éclairage personnel.
3. Formuler une problématique	
• La problématique est une **reformulation** du sujet. Elle permet de vérifier que le sujet est bien compris, et qu'il est traité sous un angle personnel. • La reformulation et la rédaction ne sont possibles qu'à partir de la recherche des idées et de la compréhension précise du sujet.	Plusieurs problématiques sont possibles. **1.** Un récit aussi personnel que l'autobiographie présente-t-il un intérêt pour l'ensemble des lecteurs ? Lequel ? **2.** La publication d'un récit autobiographique ne repose-t-elle pas sur un paradoxe, puisqu'il s'agit de rendre public un texte intime ?

Exercices

Identifier les mots-clés du sujet

1 a. Repérez les mots-clés des sujets suivants et donnez une définition courte pour chacun d'entre eux à l'aide de synonymes.

SUJET 1 Les amitiés adolescentes semblent jouer un rôle considérable dans le développement de la personnalité. Êtes-vous en accord avec cette affirmation ? Expliquez et commentez cette position.

SUJET 2 La sociologue Valérie Guillard pense qu'en 2018 les consommateurs affirment leur « identité, non pas en achetant du neuf mais en récupérant des objets, en les triant, les réparant, voire en les transformant pour de nouveaux usages. » Que pensez-vous de cet avis ?

SUJET 3 Préférez-vous les romans qui sont un miroir fidèle de la réalité, ou ceux qui vous projettent dans l'imaginaire, sans lien avec le monde que nous connaissons ?

SUJET 4 Pour le biologiste Jean Dorst, le véritable culte à l'égard de la technique a fait rompre à l'homme « le vieux pacte qui l'unissait à la nature ». Le développement de la société technologique vous paraît-il inconciliable avec la préservation de la nature ?

Amorcer la réflexion

2 a. Dans ce texte (extrait 1), quel regard George Sand pose-t-elle sur la condition féminine à son époque ?
b. Dans quelle mesure son point de vue rejoint-il celui de Marceline (extrait 2) ?
c. À quel point la condition féminine a-t-elle évolué entre le XVIIIe et le XXIe siècle ?

1. *Dans cette lettre, George Sand justifie son refus de se présenter pour être élue à l'Assemblée constituante. Elle pense que les femmes doivent obtenir des droits civiques avant d'exercer un pouvoir politique.*

En attendant que la loi consacre cette égalité civile, il est certain qu'il y a des abus exceptionnels et intolérables de l'autorité maritale. Il est certain aussi que la mère de famille, mineure à 80 ans, est dans une situation ridicule et humiliante. Il est certain que le seul droit de despotisme attribue au mari son droit de refus de souscrire aux conditions matérielles du bonheur de la femme et des enfants, son droit d'adultère hors du domicile conjugal, son droit de meurtre sur la femme infidèle, son droit de diriger à l'exclusion de sa femme l'éducation des enfants, celui de les corrompre par de mauvais exemples ou de mauvais principes, en leur donnant ses maîtresses pour gouvernantes comme cela s'est vu dans d'illustres familles ; le droit de commander dans la maison et d'ordonner aux domestiques, aux servantes surtout d'insulter la mère de famille ; celui de chasser les parents de la femme et de lui imposer ceux du mari, le droit de la réduire aux privations de la misère tout en gaspillant avec des filles le revenu ou le capital qui lui appartiennent, le droit de la battre et de faire repousser ses plaintes par un tribunal si elle ne peut produire de témoins ou si elle recule devant le scandale.

George Sand, lettres écrite aux membres du comité central, 1848.

2. Marceline, *vivement.* – Hommes plus qu'ingrats, qui flétrissez par le mépris les jouets de vos passions, vos victimes ! c'est vous qu'il faut punir des erreurs de notre jeunesse ; vous et vos magistrats, si vains du droit de nous juger, et qui nous laissent enlever, par leur coupable négligence, tout honnête moyen de subsister. Est-il un seul état pour les malheureuses filles ? Elles avaient un droit naturel à toute la parure des femmes : on y laisse former mille ouvriers de l'autre sexe.

Beaumarchais, *Le Mariage de Figaro*, III, 16, 1784.

3 Le texte suivant est un extrait de la plaidoirie de l'avocat de Baudelaire. Il défend le recueil *Les Fleurs du Mal*, accusé d'immoralité.
a. Comment cet avocat défend-il le livre de Baudelaire ?
b. Que pensez-vous de cet argument ?
c. Trouvez des idées et des arguments pour répondre au sujet d'essai suivant : « Est-il légitime de faire le procès d'une œuvre d'art ? »

Et d'abord, le poète vous prévient par son titre, qui est là, comme en vedette, pour annoncer la nature et le genre de l'œuvre ; c'est le mal qu'il va vous montrer, la flore des lieux malsains, les fruits des végétaux vénéneux, son titre vous le dit, – comme ce titre de *L'Enfer*, lorsqu'il s'agit de l'œuvre de Dante – mais il va vous montrer tout cela, pour le flétrir, pour vous en donner l'horreur, pour vous en inspirer la haine et le dégoût.

Plaidoirie de Gustave Chaix d'Est-Ange, 1857.

Formuler une problématique

4 a. Analysez le sujet suivant : relevez les mots-clés et reformulez le point de vue exprimé dans la citation.
b. En vous appuyant sur vos expériences de lecteur et de spectateur, exprimez votre position par rapport à celle de Cyrulnik.
c. Formulez une problématique à laquelle votre essai se proposera de répondre.

SUJET Dans *Ivres de Paradis, bonheurs héroïques*, le psychanalyste Boris Cyrulnik affirme en 2016 : « Le héros est un remède contre la faiblesse naturelle des enfants, la blessure relationnelle des adultes ou l'humiliation historique d'une nation. » Avons-nous tant besoin de héros ?

Fiche 60

▶ Méthode BAC : l'essai

Élaborer un plan

EXEMPLE DE SUJET **Dans quelle mesure le musée facilite-t-il l'accès au monde de l'art ?**

1 Rechercher des idées et des exemples

Méthode	Exemples
• Chercher toutes les **idées** qui vous viennent en tête à propos du sujet et s'interroger sur leur intérêt par rapport au sujet.	– Les musées sont des lieux de culture ouvert à tous, parfois gratuits, parfois chers (*idée à nuancer*). – Les musées placent la culture à la portée de tous, mais les œuvres présentées ne sont pas toujours faciles d'accès (*idée à développer*). – Les musées proposent des activités ludiques et pédagogiques pour les enfants, pour les initier à l'art (*idée à illustrer*). – Le musée est aujourd'hui devenu une entreprise rentable et commerciale. (*Faut-il garder cette idée ? Est-ce vraiment le sujet ?)*
• Ajoutez un **exemple** précis emprunté à votre culture personnelle ou à l'actualité pour illustrer chacune des idées.	Les musées placent la culture à la portée de tous mais les œuvres présentées ne sont pas toujours faciles d'accès : *par exemple, au Louvre, il faut choisir une section car on ne peut pas mélanger l'art égyptien, les Étrusques et* la Joconde *de Léonard de Vinci. La compréhension de ces œuvres nécessite par ailleurs des connaissances en histoire de l'art que les visiteurs ne possèdent pas toujours.*

2 Choisir et élaborer un plan

A. Plan thématique ou explicatif	Ce plan convient si le sujet demande de décrire un phénomène et non de discuter une question.
B. Plan causal ou analytique	Il s'agit d'exposer une situation ou un constat en proposant de l'expliquer par l'analyse des causes.
C. Plan commentaire-discussion	Il s'agit d'expliquer le sujet, puis de le discuter.
D. Plan concessif	Ce plan sert à argumenter en faveur d'une thèse, puis à en soutenir une autre, en la nuançant ou en développant une position différente.

Le sujet proposé en exemple interroge le candidat sur le rôle des musées.
Il est donc possible de choisir le le plan C, commentaire-discussion :

I. Le musée s'est adapté pour faciliter l'accès au monde de l'art

1. Il constitue un lieu de rencontre : entre le public et les œuvres, entre les artistes et le public.

2. Il est devenu un puissant outil de communication car les expositions sont diffusées auprès du plus grand nombre grâce à des actions précises. Le musée propose de l'événementiel.

3. La muséographie a évolué, désormais plus pédagogique et plus ludique.

II. Cependant *(concession)*, malgré ses évolutions, le musée ne permet pas toujours un accès facilité à l'art

1. Le musée reste un univers clos, un monde de contraintes, intimidant.

2. Le musée nécessite des prérequis culturels et il reste parfois onéreux.

3. Le musée peut provoquer un effet de saturation par la profusion des œuvres et la compréhension de l'œuvre d'art n'est pas facilitée par la surfréquentation touristique.

Exercices

Trouver des exemples et réfléchir à une argumentation

1 Reprenez le plan présenté dans la leçon et chercher un ou deux exemples pour illustrer ou argumenter chaque sous-partie.

2 Voici un sujet sur les littératures de l'imaginaire. Bâtissez un plan détaillé avec ses sous-parties et ses exemples puisés dans votre culture personnelle. Vous pouvez utiliser ou non les titres de parties proposés.

SUJET Lire de la science-fiction, et en particulier des récits post-apocalyptiques, permet-il d'avoir une conscience plus aiguë des menaces contre l'environnement ?

I. Ces récits permettent, par le recours à l'imagination, de se représenter ce que pourrait être, par exemple, une catastrophe climatique.

II. Cependant, la fiction impose une barrière et projette ces prédictions dans un monde déréalisé. Il est donc difficile de s'y projeter.

Choisir un plan et travailler l'argumentation

3 Lisez les sujets ci-dessous. Pour chaque sujet :

a. donnez un type de plan possible ;

b. trouvez deux grandes idées qui pourraient être les deux grandes parties du plan choisi ;

c. choisissez un sujet et bâtir le plan complet.

SUJET 1 Pensez-vous qu'il faille réserver les contes de fées aux enfants ?

SUJET 2 Commentez et, au besoin, discutez cette affirmation : les médias sont-ils autre chose qu'un bruit permanent qui détourne les oreilles et les sens dans de mauvaises directions ?

SUJET 3 Dans quelle mesure le cinéma reflète-t-il l'esprit du temps, les rêves ou les préoccupations de la société ? Vous répondrez à cette question en vous appuyant sur des exemples des films que vous connaissez.

SUJET 4 Lisez *Le Diable au corps* de Raymond Radiguet, qui raconte, en pleine guerre, une idylle entre un adolescent et une femme fiancée à un soldat parti au front. Que pensez-vous du comportement du narrateur ?

4 a. Analysez le sujet suivant et formulez une problématique.

SUJET En 1969, l'astronaute américain Neil Armstrong, premier homme à poser le pied sur la Lune, déclarait : « C'est un petit pas pour l'homme mais un bond de géant pour l'humanité. » À la même époque, les adversaires de la conquête spatiale dénonçaient le gaspillage scandaleux de milliards qui auraient pu servir à des fins humanitaires. En envisageant plus largement le problème d'une forme de recherche scientifique dont l'utilité immédiate n'est pas évidente, vous essaierez de donner votre point de vue en confrontant ces jugements opposés.

b. Élaborez une partie défendant la prise de position de Neil Armstrong.

c. Élaborez une autre argumentation développant la position des adversaires de la conquête spatiale.

d. Quelle prise de position vous paraît la plus juste ? Pourquoi ?

5 a. Partagez-vous le point de vue de Sylvain Tesson ? Recherchez des idées pour défendre votre position.

b. Élaborez un plan détaillé de votre essai.

« Le froid, le silence et la solitude sont des états qui se négocieront demain plus cher que l'or. Sur une Terre surpeuplée, surchauffée, bruyante, une cabane forestière est l'eldorado. » (Sylvain Tesson, *Dans les forêts de Sibérie*)

Élaborer un plan détaillé

6 a. Lisez ces deux extraits de récits.

1. Son visage s'était recouvert d'une douleur intense et muette parce que la nourriture lui était encore refusée, et que ça continuait comme au camp de concentration. Et comme au camp, il avait accepté en silence. Il n'avait pas vu qu'on pleurait. Il n'avait pas vu non plus qu'on pouvait à peine le regarder, à peine lui répondre.

Marguerite Duras, *La Douleur*, © P.O.L, 1985.

2. Cet après-midi-là, pour la première fois de ma vie, je suis entré dans la réalité profonde de ce pays. J'ai découvert l'antagonisme hutu et tutsi[1], infranchissable ligne de démarcation qui obligeait chacun à être d'un camp ou d'un autre. Ce camp, tel un prénom qu'on attribue à un enfant, on naissait avec, et il nous poursuivait à jamais. Hutu ou tutsi. C'était soit l'un soit l'autre. Pile ou face. Comme un aveugle qui recouvre la vue, j'ai alors commencé à comprendre les gestes et les regards, les non-dits et les manières qui m'échappaient depuis toujours. La guerre sans qu'on lui demande, se charge toujours de vous trouver un ennemi. Moi qui souhaitais rester neutre, je n'ai pas pu. J'étais né avec cette histoire. Elle coulait en moi. Je lui appartenais.

Gaël Faye, *Petit Pays*, © Grasset, 2016.

1. Noms des deux peuples qui se sont affrontés pendant la guerre civile au Rwanda, entre 1990 et 1994.

b. En vous appuyant sur ces deux textes, élaborez un plan détaillé pour traiter le sujet suivant.

SUJET La littérature ou le cinéma peuvent-il aborder les grands traumatismes de l'Histoire, ou faut-il se limiter au discours des témoins et à celui des historiens ?

Fiche 61

▶ Méthode BAC : l'essai

Organiser sa rédaction

▶ **Pour rédiger un essai de culture générale en temps limité, il faut suivre la méthode étape par étape (→ voir p. 494 à 497) et organiser la rédaction : une introduction structurée, un développement qui suit l'argumentation élaborée dans le plan et une conclusion faisant un bilan de la réflexion proposée puis ouvrant sur une autre perspective.**

EXEMPLE DE SUJET **Dans quelle mesure le musée facilite-t-il l'accès au monde de l'art ?**

Méthode	Exemples
1. L'introduction Une introduction est un paragraphe complet d'une dizaine de lignes comportant trois phases : – une **phrase générale** sur le thème évoqué par le sujet ; – la **reprise du sujet** sous forme de problématique ; – **l'annonce du plan**, sous une forme interrogative directe (question) ou indirecte (*Nous nous interrogerons sur / Nous nous demanderons si…*).	Les musées ont connu une réelle mutation ces dernières décennies. Beaucoup ont été rénovés, leurs fonds se sont accrus et leurs activités diversifiées. Leur fréquentation est également en augmentation. Cette dynamique donne l'impression que l'art est désormais à la portée de tous. Permettent-ils pour autant une véritable ouverture culturelle ?
2. Le développement argumenté Chaque sous-partie du plan est un **paragraphe argumenté** qui doit reprendre toujours la même structure : – **l'idée principale** ; – les **arguments** ; – les **exemples** indispensables permettant d'illustrer chaque argument. Les **paragraphes** doivent être reliés par des **connecteurs logiques** pour fluidifier l'argumentation et faciliter la lecture du correcteur. **Conseils :** • N'utilisez jamais la première personne du singulier (*je*) dans l'écriture de votre développement. La **première personne du pluriel** (*nous*) et le **pronom personnel indéfini** (*on*) sont tolérés à condition de ne pas en abuser. • Tout doit être **rédigé** : les titres du plan deviennent des phrases introduisant les paragraphes.	Exemple de paragraphe argumenté (plan proposé p. 496) **I. 1.** Le musée met en relation un public avec des œuvres, il lui fait connaître des créateurs, des courants artistiques et les personnages qui ont compté pour ces artistes. Il constitue ainsi un lieu de rencontre, une passerelle : il permet d'admirer des œuvres d'art (peintures, sculptures, éléments décoratifs…) que l'on ne pourrait acquérir ; il fait le lien entre les artistes et le public en faisant connaître par exemple les œuvres d'artistes contemporains, en les rendant visibles. Il peut également mettre en scène les interactions entre artistes et commanditaires ou bien entre techniques différentes, peinture et photographie par exemple.
3. La conclusion La conclusion est un paragraphe complet d'une dizaine de lignes comportant deux phases : – un **bilan** de votre développement où on peut affirmer avec force ses idées puisqu'elles viennent d'être démontrées ; – une **ouverture** sur un sujet voisin de celui qui vient d'être traité.	En définitive, si le musée facilite l'accès au monde de l'art, il reste essentiel de renforcer ses liens avec le monde scolaire et associatif. Il convient également de favoriser les enseignements permettant d'acquérir les prérequis indispensables, de donner le goût de la contemplation, de susciter des rencontres gratuites, d'encourager d'autres initiatives. Les obstacles financiers et socio-culturels restent encore importants.

Passer du plan à la rédaction

1 Voici une partie du développement du point II. 2. (plan proposé p. 496).

a. Retrouvez la structure argumentée de chaque paragraphe.

b. Cherchez d'autres exemples.

c. Complétez la rédaction du point 2.

II. Cependant, malgré ses évolutions le musée ne permet pas toujours un accès facilité à l'art
1. Le musée reste un univers clos, un monde de contraintes, intimidant.
2. le musée nécessite des prérequis culturels (pour comprendre la culture il faut être cultivé).
3. Le musée peut provoquer un effet de saturation par la profusion des œuvres et la compréhension de l'œuvre d'art n'est pas facilitée par la surfréquentation touristique.

1. Il n'est pas sûr pour autant que le musée rende l'art accessible au plus grand nombre. Le musée reste pour beaucoup un univers clos, une porte toujours difficile à franchir. Il risque d'apparaître comme un monde de contraintes, dont le décor peut intimider (salles imposantes, boiseries...), des interdictions, des usages...

2. En réalité, la plupart des œuvres d'art, comme les textes littéraires, doivent être situées dans un contexte historique et culturel. À cette condition seulement, elles livrent leurs secrets. Pour admirer l'immense tableau de David, *Le Sacre de Napoléon*, il est nécessaire de savoir que...

3. D'autre part, les conditions d'exposition ne sont pas toujours favorables : la juxtaposition d'œuvres rassemblées dans un espace réduit peut conduire à un effet de saturation. Comment apprécier une oeuvre dans une salle d'exposition où les spectateurs se bousculent ? On est alors bien loin de l'émotion de Bergotte décrite par Marcel Proust : « Ses étourdissements augmentaient ; il attachait son regard, comme un enfant à un papillon jaune qu'il veut saisir, au précieux petit pan de mur ».

2 Choisissez un point de vue parmi les suivants et développez-le en un paragraphe d'une quinzaine de lignes.

1. Les contes de fées ont une fort contenu symbolique : les plus jeunes ne peuvent pas les décoder.

2. Les personnages des contes de fées sont très simples. Seuls des enfants peuvent les apprécier.

3. Il y a dans les contes de fées, en particulier ceux de Perrault, un humour qui séduit tous les lecteurs, quel que soit leur âge.

Rédiger l'introduction et la conclusion

3 Repérez les différentes étapes de l'introduction correspondant au sujet suivant.

SUJET L'humoriste anglais George Bernard Shaw a écrit que « la différence entre le sauvage et le civilisé est que le sauvage adore des idoles en bois, alors que le civilisé adore des idoles de chair ». Comment interpréter le culte des héros qu'on observe dans notre civilisation ?

Les jeunes lecteurs de Tintin découvrent l'existence des totems et autres statues rituelles en lisant <u>L'Oreille cassée</u>, une des premières aventures du journaliste. Les anthropologues, eux, savent toute l'importance de ces objets pour les peuples qui entretiennent par leur intermédiaire une relation avec le sacré. Qu'en est-il pour nous, qui, depuis le XVIIe siècle, nous réclamons de la raison et de la science ? G. B. Shaw ironisait sur nos prétentions en déclarant que si le « sauvage adore les idoles en bois », nous, « civilisés », adorons « des idoles de chair ». Notre relation avec le sacré passe-t-elle par la dévotion aux héros, vedettes, étoiles, comme on les appelle ? Est-ce une preuve, comme le suggère G. B. Shaw, que la distance qui nous sépare des peuples que nous qualifions de « primitifs » n'est pas si grande ?

4 a. Analysez le sujet suivant en commentant avec soin la citation.

b. Construisez un plan pour votre essai.

c. Rédigez l'introduction.

SUJET « Le voyage est une espèce de porte par où l'on sort de la réalité connue pour pénétrer dans une réalité inexplorée qui semble un rêve. » (Maupassant « Au soleil », 1884). Partagez-vous cette conception du voyage ?

5 a. Analysez le sujet suivant en commentant avec soin la citation.

SUJET Jean Giono marche à Belleville, à Paris. Giono, dans *Les Vraies Richesses* (1936), définit ainsi une foule urbaine : « Elle est un conglomérat de mille soucis, de peines, de joies, de fatigues, de désirs extrêmement personnels. » Pensez-vous comme lui que la ville est un milieu hostile pour l'homme ?
« Moi d›abord la campagne, faut que je le dise tout de suite, j'ai jamais pu la sentir, je l'ai toujours trouvée triste, avec ses bourbiers qui n'en finissent pas, ses maisons où les gens n'y sont jamais et ses chemins qui ne vont nulle part. » (L. F. Céline, *Voyage au bout de la nuit*, 1932)

b. Recherchez des idées, en vous aidant de la citation suivant de Céline, qui exprime un point de vue opposé à celui de Giono.

c. Trouvez un plan et rédigez la conclusion.

Fiche 62

▶ Méthode BAC : la dissertation sur œuvre

Comprendre le sujet et mobiliser ses connaissances

▶ **La dissertation proposée à l'écrit du Bac de Français porte sur une œuvre étudiée pendant l'année et sur le parcours associé au sein duquel elle s'inscrit. En Seconde, l'exercice porte sur les œuvres romanesques et théâtrales étudiées en classe, dont l'étude peut être éclairée par un groupement de textes complémentaires ou par un prolongement artistique et culturel.**

Comment un sujet de dissertation se présente-t-il ?	Un sujet de dissertation est composé de : • **une citation** (facultative) ; • **une question.** Elle peut porter sur une œuvre étudiée, sur le genre de l'œuvre étudiée, sur les grands enjeux des textes étudiés ; • **une consigne**. Elle propose de répondre à la question en l'illustrant, en développant le propos à l'aide d'exemples précis. Elle peut demander de discuter le sujet proposé, c'est-à-dire d'envisager les limites, les failles du sujet. La consigne précise où vous pouvez puiser vos exemples.
Quelles sont les étapes pour comprendre un sujet ?	• Le **lire** plusieurs fois. • Si le sujet comporte une citation, en faire au brouillon une **explication** mot à mot, **s'interroger éventuellement sur son auteur**, sur son époque. • Repérer les **mots-clés du sujet.** Préciser leur **sens,** chercher des synonymes, des reformulations, des sous-entendus. • **Analyser** la consigne pour savoir s'il faut **étayer** (développer, illustrer), **réfuter** (contredire) ou **discuter** la proposition du sujet. • Si le sujet invite à une discussion, il faut chercher des **antonymes** aux mots-clés.
Comment mobiliser ses connaissances ?	• Selon la formulation de la consigne, les exemples peuvent être puisés dans **l'œuvre étudiée**, dans les **textes complémentaires** de la séquence, dans la **lecture cursive** associée. • Il faut également être capable de **situer l'œuvre** dans son **contexte historique** et **culturel**, éventuellement la rattacher à un **mouvement artistique** si elle en fait partie. • **Il faut donc faire un travail de sélection pour lister les exemples** précis, les passages des textes que vous pourrez exploiter pour le sujet donné. • Pour vous y préparer, vous pouvez constituer **des fiches** listant les récits, poésies, pièces de théâtre, œuvres d'argumentation que vous avez lus. Vos fiches peuvent par exemple porter les titres suivants : la structure de l'œuvre, les personnages, l'intrigue, les grandes problématiques, les grands enjeux (→ *voir p. 478*).

Exercices

Comprendre l'enjeu de la dissertation

1 Lisez l'amorce de sujet suivante.

SUJET « On ne doit parler, on ne doit écrire que pour l'instruction » écrit La Bruyère dans la préface des *Caractères*, en 1664.

Parmi les trois verbes suivants (*discuter, réfuter, étayer*), lequel sera utilisé dans la consigne selon que le sujet demande de :
– illustrer cette citation ;
– envisager la justesse puis les limites de la citation ;
– uniquement contredire ces propos.

Préparer des fiches

→ *Voir aussi la fiche 51, p. 478.*

2 a. Faites la liste des œuvres que vous avez étudiées (récit et théâtre) et de celles que vous avez lues personnellement (les quatre objets d'étude).

b. Classez-les par objets d'étude : récit / poésie / théâtre / littérature d'idées.

c. Pour chaque œuvre, préparez une fiche intitulée :
– Le contexte de l'œuvre
– La structure de l'œuvre
– Le résumé de l'intrigue
– Les personnages (sauf poésie)
– Le titre de l'œuvre et ses grandes thématiques
– Quelques citations importantes et quelques passages-clés.

Analyser les mots-clés

3 Analysez les mots-clés du sujet suivant.

SUJET Dans la comédie *Le Barbier de Séville,* de Beaumarchais, le comique n'a-t-il qu'une fonction de divertissement ?

a. Proposez trois synonymes au mot-clé « fonction ».

b. Faites une liste de mots que vous associez au mot-clé « comique » et qui permettent de le définir plus précisément.

c. Faites une liste de mots ou d'expressions que vous associez au mot-clé « divertissement » et qui permettent de le définir plus précisément.

d. Quels mots ou expressions pourraient s'opposer à « divertissement » ?

e. Le sujet impose-t-il seulement de démontrer en quoi la comédie étudiée est un divertissement ? Précisez quelles sont les attentes du sujet.

4 Même consigne.

SUJET Voici comment l'écrivain italien Italo Calvino, mort en 1985, tentait de définir « une œuvre classique » : « Un classique est un livre qui n'a jamais fini de dire ce qu'il a à dire ». À la lumière de cette citation, vous chercherez à définir ce qui fait de *Candide,* de Voltaire, une œuvre classique.

a. Recopiez sur votre brouillon la citation d'Italo Calvino.

b. Explicitez le sens du verbe « dire » tel qu'il est employé dans la citation.

c. En littérature, qu'évoque l'expression « œuvre classique » ? *Candide* est-elle une œuvre classique au sens strict ?

d. Parmi les reformulations suivantes, lesquelles sont vraies selon Calvino ?

– Une œuvre classique est inépuisable pour son lecteur.
– Une œuvre classique est un ouvrage qui force son lecteur à réfléchir.
– Une œuvre classique est une œuvre du XVIIe siècle français.
– On ne peut pas définir ce qu'est une œuvre classique.
– Une œuvre classique ne se démode pas.

e. Que signifie donc « un classique » dans la citation de Calvino ?

Analyser le sujet et mobiliser ses connaissances

5 Lisez attentivement le sujet suivant.

SUJET Pourquoi le théâtre met-il souvent en scène des personnages monstrueux ?
Vous répondrez à cette question en vous aidant de la pièce étudiée en classe, *Britannicus,* de Racine, mais également du corpus de textes complémentaires étudié, de l'extrait visionné de la pièce d'Edward Bond, *Rouge noir et ignorant*, mise en scène en 2012 par V. Franchi et S. Eymard, ainsi que de la lecture cursive d'*Œdipe roi,* de Sophocle.

a. À combien de sources pouvez-vous puiser les exemples qui vont nourrir votre dissertation ?

b. Quelle pièce a été étudiée en classe ? Quelle pièce a été lue en lecture cursive ?

c. Par rapport au sujet posé, quel est l'intérêt de pouvoir évoquer une mise en scène que vous avez pu visionner ? Quels éléments allez-vous pouvoir prendre en considération ?

6 Lisez attentivement le sujet suivant.

SUJET Dans son article « L'individualisme est-il condamné à l'héroïsme ? », paru en septembre 2013 dans la revue en ligne *Cairn*, Monique Castillo écrit : « [Les héros] sont toujours des acteurs de luttes fondées sur le courage [...]. Le héros est un modèle. Et un modèle ne s'impose pas par la domination, moins encore par la violence. [...] Enfin il est important de souligner la dimension communautaire de l'héroïsme : le héros est un intégrateur social. Les héros fondateurs font de l'unité du peuple une unité indistinctement morale et sociale. Le héros incarne les valeurs auxquelles un peuple s'identifie, il les rend exemplaires et désirables, il relance le désir de les vivre ensemble. »
Cette définition de l'héroïsme vous semble-t-elle s'appliquer au personnage de Bel-Ami ?
Pour répondre à cette question, vous puiserez vos exemples dans l'œuvre *Bel-Ami,* de Maupassant, étudiée en classe.

a. Distinguez les trois parties qui composent ce sujet.

b. Quel est le terme central de la citation ? Relevez les mots-clés qui définissent ce terme.

c. Pour répondre au sujet, pouvez-vous puiser vos exemples dans diverses sources ?

d. Selon vous, le sujet invite-t-il à illustrer ou à discuter le propos ?

Fiche 63

▶ Méthode BAC : la dissertation sur œuvre

Construire un plan

▶ **Une dissertation comporte deux ou trois grandes parties qui correspondent aux grandes étapes de la démonstration. Chaque partie comporte deux ou trois sous-parties. Chaque sous-partie développe un argument illustré d'exemples littéraires.**

Quel type de plan utiliser ?	• Le **plan thématique** : chaque partie de la dissertation envisage un aspect de la réponse à la question posée. • Le **plan dialectique** : la première partie valide la thèse contenue dans l'énoncé et la seconde la nuance, en montre les failles. Une troisième partie peut concilier les points de vue opposés ou différents ou poser différemment le problème.	
Comment choisir le bon plan ?	**Exemple de sujet :** En quoi peut-on dire qu'*Illusions perdues*, de Balzac, est un roman réaliste ?	L'objectif est d'élaborer une définition. Le plan attendu ici est **thématique.** Les connecteurs logiques qui structureront les parties seront : *tout d'abord, ensuite, enfin.*
	Exemple de sujet : Certains romans donnent une image fidèle de la réalité. Pensez-vous que ce soit l'objectif de *Germinal* de Zola ?	L'objectif est de discuter la première phrase. Le plan attendu est **dialectique.** Les connecteurs logiques qui structureront les parties seront : *certes / mais...*
Comment éviter les erreurs dans la construction du plan ?	• Ne dites pas dans la deuxième partie strictement le contraire de ce que vous avez démontré dans la première mais **nuancer**, modalisez votre propos (→ *voir p. 470*). • Les titres des parties doivent être suffisamment **larges** pour englober les différentes sous-parties. • Les parties doivent être **équilibrées** et proposer le même nombre de sous-parties. • Le plan doit **progresser** de l'argument le plus simple vers le plus complexe, du plus évident au plus subtil.	
Comment trouver la problématique ?	Dans le cas d'un sujet qui demande d'envisager de discuter, de dépasser, de relativiser l'affirmation proposée, la problématique correspondra à la question à laquelle le plan répond. Exemple : **Sujet** : *Dom Juan* de Molière n'est-il qu'une comédie ? **Plan** : **1.** Dom Juan a toutes les caractéristiques d'une comédie classique. **2.** *Dom Juan* contient aussi des éléments sérieux et tragiques. **Problématique** : Quelle est l'originalité de *Dom Juan* ?	

Exercices

Choisir un type de plan

1 **Voici deux propositions de plan et deux sujets de dissertation.**

a. Relevez dans chaque plan les connecteurs logiques qui annoncent les grandes parties.

b. Quel est le plan thématique ?

c. Quel est le plan dialectique ?

d. Associez chaque plan au sujet auquel il répond.

Plan A

I. *L'Écume des jours* est certes un roman fantaisiste et surréaliste, qui rompt avec les normes de la réalité.

II. Mais les sujets que Boris Vian aborde et développe dénoncent bien la dure réalité.

Plan B

I. Tout d'abord, *L'Écume des jours* est un roman qui dénonce la guerre.

II. De plus, il dénonce la religion.

III. Enfin, ce roman dénonce le monde inhumain du travail à l'usine.

SUJET 1 En quoi *L'Écume des jours* est-il un roman engagé ?

SUJET 2 Dans quelle mesure *L'Écume des jours* est-il un roman qui se détourne de la réalité ?

2 Lisez les sujets suivants.

SUJET 1 À partir de votre étude de l'œuvre d'Hugo, *Les Misérables*, vous discuterez le choix du titre.

SUJET 2 Quelles caractéristiques font d'Étienne Lantier, personnage principal de *Germinal* de Zola, un héros ?

SUJET 3 Quelles sont les fonctions du confident dans *Cinna* de Corneille ?

SUJET 4 Dans *Notes et contre-notes*, Ionesco affirme que « le théâtre est de l'exagération qui disloque la plate réalité quotidienne ». En quoi *La Cantatrice chauve* répond-elle à cette définition du théâtre ?

a. Pour chaque sujet, dites s'il demande d'élaborer une définition ou de discuter une affirmation.

b. Quels sujets imposent un plan thématique ?

c. Quels sujets imposent un plan dialectique ?

3 Imaginez le sujet choisi en fonction du plan proposé.

Plan A

I. Tout d'abord, *L'Ingénu* de Voltaire est un conte philosophique car c'est une œuvre de fantaisie.

II. De plus, *L'Ingénu* est un conte philosophique puisqu'il est une œuvre de dénonciation.

Plan B

I. Les *Pensées* de Pascal ont pour visée essentielle de persuader les sceptiques, les libertins et autres indifférents à la religion chrétienne.

II. L'œuvre de Pascal permet également de faire comprendre la dualité de l'Homme entre misère et grandeur.

Plan C

I. Dans le roman de Laclos, *Les Liaisons dangereuses*, les libertins sont présentés comme des êtres libres, sans scrupules et affranchis de toute contrainte.

II. Cependant leur libertinage finit par devenir lui-même un esclavage.

Construire un plan détaillé

4 Lisez le sujet suivant.

SUJET Le théâtre n'est intéressant que lorsqu'il devient une tribune pour faire entendre les idées de l'auteur. Vous discuterez cette affirmation en vous appuyant sur *Ruy Blas* de Victor Hugo.

a. Quel type de plan faut-il choisir ?

b. Quels connecteurs faut-il utiliser pour introduire les titres des parties ?

c. Corrigez les erreurs du plan suivant.

I. Le théâtre, lorsqu'il devient une tribune pour faire entendre les idées de l'auteur, est intéressant :

a. Parce qu'il fait rire et pleurer

b. Parce qu'il divertit grâce à la mise en scène

c. Parce que des personnages porte-paroles sont souvent charismatiques

d. Parce qu'il fait réfléchir aux injustices du monde

II. Mais le théâtre n'est pas une bonne tribune pour faire entendre les idées de l'auteur :

a. Le roman est plus efficace

b. Le théâtre peut être censuré

5 Voici un sujet et des propositions de sous-parties.

SUJET Dans son ouvrage *Voltaire dans ses contes*, paru en 1982, Jacques Van den Heuvel écrit : « Le conte voltairien offre cette particularité remarquable que la fantaisie et la vérité, intimement mêlées l'une à l'autre, s'y renforcent mutuellement.» Vous expliquerez et commenterez cette phrase en fondant votre réflexion sur le conte philosophique de Voltaire que vous avez étudié.

Titres de sous-parties :

a. L'œuvre dénonce le fanatisme religieux et propose un idéal de tolérance.

b. Des événements invraisemblables ponctuent l'intrigue du conte.

c. L'œuvre dénonce les injustices sociales et envisage une société éclairée.

d. La lecture du conte propose un dépaysement.

e. De nombreux éléments relèvent du merveilleux.

f. L'œuvre dénonce la monarchie absolue et propose un modèle politique.

a. À la lecture de ces six propositions, formez deux grandes parties. Quelles lettres regrouperiez-vous dans chaque partie ?

b. Proposez un titre pour chaque partie et ordonnez les sous-parties.

Formuler une problématique

7 Voici trois plans de dissertation. Formulez une problématique pour chacun d'eux.

Plan A

I. On écrit son autobiographie pour soi.

II. On écrit son autobiographie pour les autres.

Plan B

I. Dans l'œuvre de Chateaubriand, le paysage est un objet poétique qui reflète un état d'âme.

II. La description du paysage représente un défi pour le romancier : donner à voir.

Plan C

I. Certes, les tragédies de Racine mettent en scène des héros portés par des passions excessives.

II. Cependant elles font aussi entendre le discours de la raison.

Fiche 64

▶ Méthode BAC : la dissertation sur œuvre

Rédiger un paragraphe argumenté

▶ **Une dissertation est une démonstration. Chaque paragraphe ajoute un argument à votre démonstration. Si, dans le commentaire, les exemples sont les citations du texte, dans la dissertation, en revanche, les exemples sont à puiser dans l'œuvre intégrale que vous avez étudiée en classe, dans vos lectures cursives et dans votre culture littéraire.**

L'élaboration d'un paragraphe argumenté	
De quoi est composé le développement d'une dissertation ?	• **Deux** ou **trois parties** doivent structurer la réponse à la problématique énoncée dans l'introduction. • Chaque partie contient une **idée directrice**, une thèse à soutenir. • Chaque partie comporte **deux** ou **trois sous-parties**. • Chaque sous-partie annonce et **développe un argument** qui justifie l'idée directrice de la partie, avec : – **deux exemples** minimum, – une **conclusion partielle**, – une **transition** vers le paragraphe suivant.
Comment présenter le développement ?	• Sautez une ligne entre l'introduction et la première partie. • Sautez une ligne entre les grandes parties. • Sautez une ligne entre la dernière partie et la conclusion générale. • Faites un alinéa au début de chaque paragraphe. • Il est préférable d'utiliser le pronom *nous*, plus neutre que le pronom *je*.
Comment construire un paragraphe ?	• La première phrase annonce **l'idée directrice**. • Les **exemples littéraires** viennent justifier cette idée. Chaque exemple fait l'objet d'un **développement** pour montrer en quoi il justifie l'argument. • Après les exemples, une **conclusion partielle** permet de conclure sur l'idée directrice développée dans le paragraphe, avant de passer à la suivante.
Combien d'exemples faut-il par paragraphe ?	• Il est souhaitable de proposer **deux ou trois exemples** par paragraphe. • Les exemples sont puisés dans les **œuvres** et les **textes étudiés**. Ils doivent être le plus précis possible : titre de l'œuvre, nom de l'auteur, références précises au passage évoqué, noms des personnages écrits sans erreur. • Vous devez souligner un **titre d'œuvre** dans votre copie manuscrite, mais le mettre en italique si vous utilisez un traitement de texte. Attention, les titres de poèmes ou de nouvelles tirés d'un recueil se placent entre guillemets. • Si vous faites des citations, placez-les entre guillemets.
Les principaux mots de liaison	
Pour ajouter un nouvel exemple	*De plus – en outre – mais encore – ensuite – également – d'autre part – de surcroît – de même – également…*
Pour introduire une conclusion partielle	*Ainsi – en somme – pour conclure – finalement – donc…*
Pour amorcer une transition vers le paragraphe suivant	*Mais au-delà – cependant – toutefois – néanmoins – pourtant – or…*

Exercices

Repérer la structure d'un paragraphe rédigé

1 Lisez le sujet et le paragraphe proposé.

SUJET Le personnage de Georges Duroy dans le roman *Bel-Ami* de Maupassant est-il un héros ?

Tout d'abord, Georges Duroy, surnommé Bel-Ami dans le roman de Maupassant, est brutal, violent. En effet, dès l'incipit, sa façon de marcher dans Paris et de descendre la rue Notre-Dame-de-Lorette en dit long sur son tempérament. Il avance « la poitrine bombée », il ne se dérange pas de « sa route », heurtant les épaules des passants. De même, sa manière de se comporter avec les femmes est particulièrement violente. Les trois scènes amoureuses avec Clotilde de Marelle, Madeleine Forestier et Mme Walter sont décrites par le narrateur comme des scènes de dévoration. Le personnage est un rapace qui enserre ses proies avec brutalité. Clotilde pousse un cri et se débat, Madeleine se dégage de ses caresses et Mme Walter lutte un temps, avant de céder. Ainsi, le narrateur présente bien Georges Duroy comme un personnage impulsif aux instincts primaires. Mais au-delà de sa violence latente, il est également un personnage qui manque de courage.

a. Comment repère-t-on le début du paragraphe ?

b. Quelle est l'idée directrice de ce paragraphe ?

c. Quelle réponse apporte-t-il à la question posée par le sujet ?

d. Recherchez les connecteurs qui, dans l'ordre du texte, introduisent le premier exemple, le deuxième exemple, la conclusion partielle et la transition.

e. Change-t-on de partie après ce paragraphe ou restera-t-on dans la même partie ? Justifiez votre réponse.

2 Lisez les phrases suivantes et identifiez s'il s'agit de l'annonce d'une partie, d'une sous-partie ou d'une phrase de transition.

a. Si, dans cette comédie, le comique a pour fonction de divertir le spectateur, il dépasse toutefois ce premier objectif pour exprimer un message sérieux.

b. La fonction majeure du comique de la pièce est de divertir.

c. C'est également le comique gestuel qui fait rire les spectateurs dans cette pièce.

Structurer et rédiger un paragraphe

3 Voici un paragraphe de dissertation dont les étapes ont été séparées et mélangées.

1. Également, dans « Les Animaux malades de la peste », le pouvoir, pour mieux relancer son fonctionnement, a trouvé un bouc émissaire sur lequel il peut se décharger de tous les crimes, l'Âne. La foule des Puissants fait bloc contre lui. En pleine lumière, le pouvoir blanchit les plus coupables et accuse les innocents, ici l'âne qui ne sait pas se défendre.

2. Les Fables de La Fontaine permettent à l'auteur de décrire la société dans laquelle il vit.

3. Plus précisément, certaines fables dévoilent les injustices que l'exercice du pouvoir peut engendrer et le pouvoir de la parole qui peut ou non permettre aux plus faibles de se défendre.

4. Dans « Le Loup et l'Agneau », en mettant en scène la résistance du faible, l'Agneau, face à l'agressivité du fort, le Loup, présenté comme un tyran, La Fontaine nous invite à nous interroger sur le courage nécessaire pour résister à l'injustice.

5. Ainsi, les fables exposent certaines situations d'injustice liées à l'exercice du pouvoir et à la difficulté de résister à ces injustices.

a. Identifiez les cinq étapes : idée directrice de la partie, idée directrice de la sous-partie, premier exemple, deuxième exemple, conclusion partielle.

b. Reconstituez le bon ordre.

c. Que manque-t-il à la fin du paragraphe ?

4 Lisez l'extrait suivant et le sujet de dissertation ci-dessous.

Étéocle et Polynice, frères d'Antigone, qui devaient régner sur Thèbes à tour de rôle, se battent et meurent tous les deux. La loi interdit d'enterrer Polynice. Antigone persiste à vouloir l'ensevelir et s'oppose à Créon, son oncle, nouveau roi de Thèbes.

CRÉON, *sourdement*. – Eh bien, oui, j'ai peur d'être obligé de te faire tuer si tu t'obstines. Et je ne le voudrais pas.

ANTIGONE. – Moi, je ne suis pas obligée de faire ce que je ne voudrais pas ! Vous n'auriez pas voulu non plus, peut-être, refuser une tombe à mon frère ? Dites-le donc, que vous ne l'auriez pas voulu ?

CRÉON. – Je te l'ai dit.

ANTIGONE. – Et vous l'avez fait tout de même. Et maintenant, vous allez me faire tuer sans le vouloir. Et c'est cela, être roi !

CRÉON. – Oui, c'est cela !

Jean Anouilh, *Antigone*, © La Table ronde, 1946.

SUJET En quoi Antigone, dans la pièce de Jean Anouilh, incarne-t-elle une forme de révolte ? Rédigez un paragraphe en utilisant le texte ci-dessus.

a. Donnez des synonymes au verbe « se révolter ».

b. Contre quoi Antigone se révolte-t-elle ? Comment ?

c. Rédigez ce paragraphe de la dissertation. Vous pouvez ajouter un deuxième exemple tiré de la pièce.

Fiche 65

▶ Méthode BAC : la dissertation sur œuvre

Rédiger l'introduction et la conclusion

▶ **La lecture de votre introduction donne à votre correcteur une première impression. Elle doit être particulièrement soignée et travaillée au brouillon.**

▶ **Conclure montre au lecteur de votre copie que vous avez su gérer votre temps et mener votre réflexion jusqu'au bout.**

Quelles sont les étapes de l'introduction ?	• La première phrase est une phrase **d'accroche**, une référence au genre, à son histoire, au thème abordé, ou un exemple précis, pour amener et contextualiser le sujet. • La deuxième étape **reprend le sujet et l'analyse** (définition des mots-clés, reformulation). Si le sujet comporte une citation, celle-ci doit figurer entre guillemets. • La troisième étape est la **formulation de la problématique**, grâce à une proposition interrogative directe ou indirecte. • La dernière étape est **l'annonce du plan**, souvent formulée au futur.
Quelles sont les étapes de la conclusion ?	• La première étape de la conclusion **répond à la problématique** en reprenant le plan de la démonstration. Elle est souvent formulée à un temps du passé. Pour un plan dialectique en deux parties, elle permet de concilier les points de vue différents envisagés dans le développement. • La seconde étape **élargit la réflexion** à d'autres époques, d'autres genres littéraires ou artistiques. Elle peut proposer une citation sans toutefois poser de question nouvelle qui relancerait la réflexion sur un autre sujet.

Exercices

Distinguer introduction et conclusion

1 Lisez les deux extraits rédigés.

Extrait a. Si le comique, dans *L'Avare* de Molière, apparaît au premier abord comme une tonalité destinée essentiellement à divertir, une analyse plus approfondie a mis en évidence l'existence d'autres fonctions jugées plus sérieuses telles que la critique ou la prise de distance par rapport à la réalité.

Extrait b. Nous verrons que *Illusions perdues*, de Balzac, vise certes à explorer et expliquer la réalité, mais toutefois qu'il ne peut pas en être une copie, car un roman est avant tout une œuvre d'art.

a. Quel extrait correspond à une introduction ? À quelle étape de l'introduction ?

b. Quel extrait correspond à une conclusion ? À quelle étape de la conclusion ?

Structurer une introduction et une conclusion

2 Lisez les amorces suivantes puis la liste de sujets. À quel sujet chaque amorce correspond-elle ?

AMORCE 1 Le monologue de Figaro dans la pièce de Beaumarchais, *Le Mariage de Figaro*, est le plus long de tout le répertoire français, si long que de nombreux metteurs en scène décident d'en couper certains passages, par crainte, semble-t-il, de lasser le spectateur. Cependant…

AMORCE 2 Depuis ses origines, la comédie est liée aux masques : la *Commedia dell'arte* utilisait des masques traditionnels qui caractérisaient les types de personnages. Ces masques étaient eux-mêmes inspirés des comédies de l'Antiquité. Si cette tradition s'est ensuite perdue, nombreux sont les personnages qui se déguisent. Dès lors…

AMORCE 3 Dans le célèbre sonnet de Louise Labé, la poétesse évoque les manifestations physiques de la passion amoureuse : « Je vis, je meurs ; je me brûle et me noie/J'ai chaud extrême en endurant froidure [...] Tout à un coup je ris et je larmoie [...] Ainsi Amour inconstamment me mène. » Le corps a en effet son langage.

AMORCE 4 Dans sa *Poétique*, Aristote définit le théâtre comme *mimesis*, c'est-à-dire représentation, imitation de la réalité. Ainsi le théâtre serait une reproduction exacte de la vie courante. Pourtant,...

AMORCE 5 Il semblerait que le public des représentations théâtrales soit aujourd'hui de plus en plus restreint, élitiste. On se rend plus volontiers à des spectacles musicaux ou sportifs, comme si la musique et les prouesses physiques justifiaient des déplacements, que ne justifieraient pas le texte de théâtre. Pourtant...

SUJET A Dans la préface de *L'Amour médecin*, Molière affirme que « les comédies ne sont faites que pour être jouées ». Pensez-vous que cette citation s'applique à la comédie de Molière que vous avez étudiée ?

SUJET B Peut-on dire que le théâtre est une copie de la réalité ? Vous répondrez à cette question en vous appuyant sur la pièce de théâtre que vous avez étudiée et sur les autres documents qui ont accompagné son étude.

SUJET C Au théâtre, tirades et monologues laissent s'exprimer longuement un seul personnage. Pensez-vous que les dramaturges aient intérêt à les éviter ? Vous répondrez grâce aux œuvres ou extraits de théâtre que vous avez étudiés.

SUJET D Quelles sont les fonctions du déguisement dans la pièce de théâtre que vous avez étudiée ?

SUJET E Dans quelle mesure la mise en scène du corps intéresse-t-elle les dramaturges ? Vous répondrez à cette question en vous appuyant sur la pièce de théâtre que vous avez étudiée et sur les autres documents qui ont accompagné son étude.

3 Lisez le sujet de dissertation ci-dessous.

SUJET La pièce de Marivaux, *L'Île des esclaves*, n'est-elle qu'un divertissement proposé au spectateur ?

a. Lisez l'introduction ci-dessous : les étapes en ont été mélangées.

Pourtant, peut-on soutenir que L'Île des esclaves de Marivaux n'est qu'un simple divertissement proposé au spectateur ? Le divertissement est synonyme de passe-temps plaisant, mais il est également, au sens pascalien et philosophique, un moyen de se détourner des questions existentielles. Nous verrons qu'en effet, cette pièce divertit le spectateur, cependant nous démontrerons qu'elle assume également d'autres fonctions plus sérieuses : loin de détourner l'homme de ses problèmes, elle l'y ramène pour y répondre peut-être en prenant du recul. La scène d'exposition de Cyrano de Bergerac, d'Edmond Rostand, s'ouvre en plein XVIIe siècle, au théâtre de l'hôtel de Bourgogne à Paris. Les spectateurs parlent, mangent, boivent, jouent aux cartes : le théâtre paraît être avant tout un lieu de réunion, de distraction, de divertissement.

b. Repérez les quatre étapes de cette introduction en relisant la leçon.

c. Recopiez l'introduction dans le bon ordre sans en changer les mots.

d. Entourez les connecteurs logiques qui permettent de relier entre elles les différentes étapes.

4 a. Prenez connaissance de la première étape de la conclusion rédigée.

En somme, si le personnage de théâtre, incarné par un acteur, invite à l'identification, le public ne s'oublie jamais complètement durant la représentation : il est le personnage tout en restant lui-même. C'est dans ce jeu, entre identification et distance que naît le plaisir théâtral.

b. Parmi les trois ouvertures proposées, une seule convient. Laquelle et pourquoi ?

Ouverture 1 Dans son roman, Jean Ricardou, écrivain contemporain, nomme cette identification « l'illusion référentielle ».

Ouverture 2 Les mises en scène contemporaines aiment à perturber la perception passive du spectateur et à rompre le pacte de l'illusion, par exemple lorsqu'un acteur s'adresse à la salle, rompant ce que Diderot nomme « le quatrième mur ».

Ouverture 3 Dans *Racine et Shakespeare*, Stendhal déclare : « L'action se passe dans une salle dont un des murs a été enlevé par la baguette magique de Melpomène, et remplacé par le parterre. Les personnages ne savent pas qu'il y a un public. »

5 Traitez le sujet suivant.

SUJET Philippe Forest, romancier contemporain, affirme qu'« il n'y a de roman que d'amour ». Vous discuterez cette affirmation en vous appuyant sur la connaissance de l'œuvre romanesque que vous avez étudiée en classe et sur les textes complémentaires associés à cette œuvre.

NB. Pour procéder par étapes, suivez la méthode de la fiche 62 p. 500.

N'oubliez pas de réfléchir également aux différentes définitions de l'amour.

Fiche 66

▶ Méthode BAC : le carnet de lecteur

Constituer son carnet de lecteur

▶ **Le carnet personnel de lecture et de formation culturelle vous aidera à la préparation du dossier que vous devrez présenter le jour de l'oral de français. Il gardera des traces des activités que vous avez menées dans le cadre de votre cours de français.**

À quoi ce carnet va-t-il servir ?	• Ce carnet sert à **garder une trace** de vos lectures personnelles ou collectives, mais aussi d'événements liés à votre parcours de formation culturelle : – spectacles, – visites de musées, – concerts, – rencontres avec des écrivains, des artistes… • Il sert également à témoigner de vos **expériences de lecture**, à vous **approprier** les œuvres, à nourrir votre **imaginaire**, à forger votre **sens critique**.
Quelle forme doit-il prendre ?	Il peut s'élaborer en version **papier** ou **numérique**. La version numérique vous permet d'insérer des photographies, des enregistrements sonores et visuels, des liens hypertextes.
Ce carnet sera-t-il noté ?	Le carnet n'est pas noté mais il doit être **rempli au fil de l'année** et il sera visé régulièrement par votre professeur.
Que doit-il contenir ?	Il peut comporter des textes rédigés, mais aussi : – des prises de notes, – des schémas, – des dessins, – des photographies, – des croquis, – des collages, – des images, – des vidéos, – des enregistrements vocaux, – des créations personnelles.
Quand faut-il le remplir ?	Le carnet doit être rempli **très régulièrement :** – en classe, avant, pendant ou après l'étude d'un texte ou d'une œuvre ; – en accompagnement personnalisé ; – à la maison ; avant, pendant ou après une sortie scolaire ou extra-scolaire.

Exercices

1 Déterminez quel lecteur vous êtes.

a. Aimez-vous lire isolé(e) ou avec du monde autour de vous ?

b. Aimez-vous lire à voix haute ? Partager la lecture avec d'autres lecteurs ?

c. Aimez-vous que l'on vous fasse la lecture ?

d. Lisez-vous allongé(e) ? assis(e) ? en marchant ? dans les transports ?

e. Racontez le souvenir d'une lecture qui vous a marqué(e) et expliquez pourquoi.

f. Racontez votre parcours de lecteur.

Exercices

2 Choisissez une page de garde.

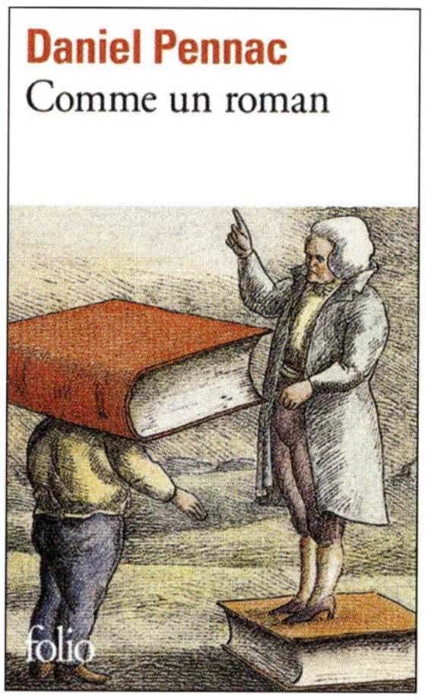

a. Quel rapport à la lecture ces deux couvertures expriment-elles ?

b. À votre tour, faites-vous photographier ou photographiez-vous dans la posture de lecture qui vous correspond, qui exprime le mieux votre rapport à la lecture.

3 Gardez des traces d'une visite ou d'une rencontre.

Vous venez d'aller visiter une exposition, ou vous avez assisté à une rencontre d'écrivain ou d'artiste. Notez dans votre carnet :

– le jour et le lieu ;
– le nom de l'événement ;
– ce que vous gardez en mémoire ;
– votre ressenti : de l'émotion, de l'ennui, de l'admiration, de la peur, de la pitié, de l'amusement, de la révolte, du dégoût, de l'étonnement et expliquez ;
– insérez des photocopies, des photos ou des enregistrements que vous avez été autorisés à prendre.

4 Gardez des traces d'un spectacle vivant ou d'un film.

Faites la liste de ce que vous avez aimé ou n'avez pas aimé concernant :

– l'ouverture ;
– l'écriture du texte / du scénario ;
– le rapport entre le texte et la mise en scène / la réalisation ;
– les personnages ;
– les acteurs / comédiens : jeu, voix, déplacement, gestuelle ;
– l'espace scénique / les décors ;
– les éclairages / les lumières ;
– la sonorisation / la musique / la bande-son ;
– les costumes ;
– l'intrigue et son déroulement ;
– la fin ou le dénouement.

5 Gardez des traces pendant la lecture d'une œuvre.

a. Insérez dans votre carnet la page de garde du livre et la quatrième de couverture.

b. Notez quelles émotions vous avez ressenties lorsque le professeur vous a demandé de lire ce livre.

c. Au fil de la lecture, au moment où les idées, les sentiments, les réactions vous viennent, notez vos impressions sur l'histoire racontée, le comportement des personnages, leur caractère.

6 Appropriez-vous l'œuvre après la lecture.

a. Si vous pouviez donner un autre titre à l'œuvre que vous avez lue, lequel choisiriez-vous ?

b. Si vous pouviez choisir une autre première de couverture, laquelle choisiriez-vous ? Vous pouvez la décrire, insérer une image, une photographie, un tableau ou dessiner.

c. Si vous n'aviez le droit de conserver qu'une seule page du livre, laquelle garderiez-vous ? Pourquoi ? Insérez-la ou recopiez-la.

d. Si vous aviez des conseils musicaux à donner, quels morceaux de musique conseilleriez-vous pour accompagner la lecture ? Pourquoi ?

e. Si vous pouviez faire parvenir une lettre à l'écrivain, que lui écririez-vous ?

f. Après avoir lu l'œuvre, rédigez un abécédaire : pour chaque lettre de l'alphabet, vous choisirez le nom d'un personnage ou d'un lieu, d'un objet, d'un animal, d'une atmosphère, d'une couleur, etc. qui vous paraissent caractéristiques de l'œuvre, en justifiant vos choix.

g. Après la lecture, si vous aviez des questions à poser à l'auteur, quelles seraient-elles ?

h. Faites un schéma pour synthétiser les grands thèmes abordés par l'œuvre.

7 Créez votre mise en page pour mieux vous souvenir d'un texte étudié.

Vous m'insultez ! Je suis un homme honnête, moi ! Je suis un homme de conscience, moi ! [...] Ce n'est pas vrai, pas vrai que je voudrais me servir des femmes des autres. Parce s'il en était ainsi, je ne vous aurais pas dit ce que je viens de vous dire, qu'un mari ne devrait jamais négliger sa femme. Et j'ajoute maintenant qu'un mari qui néglige sa femme commet, selon moi, un crime ! Parce que non seulement il oblige sa femme à manquer à ses devoirs envers elle-même, envers son honnêteté, mais parce qu'il peut aussi obliger un homme, un autre homme, à être malheureux toute sa vie.

Luigi Pirandello, *L'Homme, la bête et la vertu*, 1919.

a. Saisissez le texte étudié sur un fichier numérique.

b. Ajoutez des notes de bas de page pour y préciser le sens des mots inconnus.

c. Utilisez la mise en page pour vous approprier le texte : passages à la ligne, mots en gras, choix d'une police plus grosse pour certains mots, mots en couleur. Chacun de vos choix doit être justifié.

Fiche 67

▶ Méthode BAC : le carnet de lecteur

Pratiquer les écrits d'appropriation

▶ **Le carnet personnel de lecture est aussi un carnet d'écriture. On y améliore ses capacités d'expression écrite, on y développe sa créativité, on y laisse s'exprimer sa sensibilité. En s'appropriant les œuvres lues, on peut enrichir sa culture, former son sens esthétique, renforcer ses capacités d'analyse et d'interprétation, exercer son esprit critique.**

Faut-il avoir terminé la lecture d'une œuvre pour écrire dans le carnet ?	Vous pouvez écrire à tout moment dans votre carnet. • **Avant la lecture**, vous exprimez quelles sont vos attentes, vous pouvez noter les questions que vous vous posez, les craintes que vous avez, ou témoigner votre enthousiasme. • **Pendant la lecture**, vous pouvez noter vos réactions spontanées, des mots-clés, des questions, relever des citations que vous aimez (➔ *voir fiche 66, exercice 5*). • **Après la lecture**, vous allez pratiquer des exercices d'appropriation que vous allez réunir dans votre carnet.
Que sont les « écrits d'appropriation » ?	Les écrits d'appropriation peuvent prendre des formes variées. • On peut vous proposer de **résumer** une œuvre, un article, une partie de récit… • On peut vous demander de formuler un **jugement critique**. • Les **écrits d'invention** peuvent consister à écrire un article de presse, un poème à la manière de, une scène de théâtre, une nouvelle à partir d'un fait-divers, le dénouement d'une pièce à la manière d'un roman… • Les **écrits d'appropriation** vont vous proposer d'imaginer une autre histoire, une autre fin, un changement d'époque, un autre personnage, une parodie, la modification de la thèse développée dans un article, etc. L'écrit d'appropriation vous permet également de placer l'œuvre lue en **résonance** avec les questions éthiques ou esthétiques soulevées. • Enfin, vous allez pouvoir créer un réseau **d'échos** entre l'œuvre lue et votre univers personnel : vos références musicales, livresques, artistiques.

Exercices

La littérature d'idées

1 **a. Lisez l'extrait d'article suivant.**

Jadis réservé à une caste aristocratique ou à une élite bourgeoise, le portrait de soi s'est démocratisé avec la photographie, jusqu'à devenir, avec les blogs, les pages Myspace, puis les réseaux sociaux, l'incontournable règle du jeu. De Facebook, « livre des visages », à Twitter, ne pas remplir la case photographique du « profil » revient à laisser place à une icône fantôme qui tiendra lieu de portrait. Avec les smartphones connectés à Internet qui ont permis de publier en ligne une photo dans la foulée de sa prise, les innovations de la web-camera sur ordinateur et de la camera-avant sur mobile, la pratique de l'autoportrait a achevé de se banaliser. Mais y a-t-il pour autant lieu de croire que ces autoportraits favorisent des dispositions à l'amour de soi immodéré, surtout chez les jeunes qui en sont particulièrement friands ?

Joëlle Menrath, « Les selfies exacerbent-ils le narcissisme des adolescents ? », © *Huffington Post* le 04/12/2013.

b. Poursuivez l'article en répondant à la question rhétorique soulevée par la journaliste.

c. Quel regard peut-on porter sur l'exposition de l'intimité des individus sur les réseaux sociaux ?

d. Vous travaillez dans la publicité. Inventez un slogan pour inviter les jeunes à la prudence en matière de diffusion de l'image de soi.

Le récit

2 a. Lisez le texte suivant.

L'œuvre de Laurent Gaudé vous a été donnée en lecture cursive. En voici un extrait. Un ouragan vient de s'abattre sur la Nouvelle-Orléans. Le révérend pense que cette catastrophe naturelle est un signe de Dieu. Il vient de ramasser un hachoir laissé à terre.

Le hachoir dans ma main est froid et ce contact, étrangement, me rassure. Je contemple sa lame, solide. Que voulez-Vous, Seigneur ? J'ai peur de comprendre. Je me mets à genoux. J'hésite mais je sais. Comme il est difficile de s'y résoudre. J'ai cru que Vous vouliez que je mette à l'abri les hommes, que c'est ce qu'il allait m'être donné de faire, mais je me suis trompé. Qui suis-je pour les protéger de Votre colère ? Le ciel craque et c'est Vous qui parlez. Les enfants pleurent et c'est Vous qui les terrifiez. [...] Je suis Votre serviteur, Seigneur, et je Vous seconderai. Toute chose doit mourir. [...] Vous avez mis cette arme dans ma main, ce sera une épreuve pour moi mais je comprends : Votre colère n'est pas encore épuisée et les hommes Vous sont insupportables. Leurs fautes ne peuvent être lavées en une seule nuit. Il faut plus. Le monde d'hier doit finir de mourir.

Laurent Gaudé, *Ouragan*, © Actes Sud, 2010.

Activités possibles :

a. **Résumez le récit.**

b. **À la lumière de ce texte, imaginez et rédigez le portrait physique du révérend.**

c. **Réécrivez les 5 premières lignes du texte à la troisième personne du singulier en insérant des commentaires du narrateur omniscient.**

d. **Réécrivez les 5 premières lignes de ce texte en remplaçant le hachoir par un rameau d'olivier, symbole de paix.**

e. **Imaginez que le personnage se remette en question, délibère, pour finalement se rendre compte de sa folie criminelle et changer de propos. Réécrivez le texte à partir de la ligne 12.**

f. **À partir de ce récit, rédigez un bref article qui ferait état de ce fait-divers dans la presse.**

g. **Quelle serait votre réaction si vous rencontriez ce révérend ? Développez.**

La poésie

3 **Vous venez de terminer la lecture d'un recueil poétique donné en lecture cursive.**

a. **Quel poème avez-vous préféré ? Pourquoi ?**

b. **Choisissez un poème et associez-lui une image (photographie, tableau ou dessin). Justifiez votre choix.**

c. **Choisissez un thème que le recueil évoque : composez une anthologie sur ce thème avec des poèmes de votre choix, en l'expliquant.**

d. **La classe va construire une édition numérique du recueil : à partir du texte que vous aurez choisi, vous insérerez des notes de bas de page, des liens hypertextes vers des illustrations, des textes complémentaires qui font écho au poème et vous proposerez une mise en voix du texte.**

Le théâtre

4 **Comparer deux *Stabat Mater*.**

a. **Lisez le texte suivant.**

mais quand la foule des guerriers se met en chemin
c'est son pas d'abord qu'on entend
son pas qui martèle
oui les coups du marteau sur la terre
le pas qui frappe et qui dit je suis là je suis partout
et comme les bêtes qui sentent de très loin venir
l'incendie
chacun sent monter en lui l'écho sourd de ce pas [...]
on a ouvert le sac de la guerre
et tous les bruits se sont rués sur nous
la toux rageuse des armes
les grondements claquements hurlements métalliques
grondements grincements rugissements claquements
craquements crissements
cris et plaintes hurlements et plaintes
pleurs et gémissements
souffles chuintements et sifflements
il me reste la voix
contre ce tumulte obscène
ma voix seule pour que tu l'entendes
toi qui fais les tumultes
ma voix qui te récuse et qui implore
je dirai tout pas de trêve
pour que ma voix porte aussi haut que ton tumulte

Jean-Pierre Siméon, *Stabat Mater Furiosa*,
© Les Solitaires intempestifs, 2005.

b. **Écoutez l'extrait suivant du *Stabat Mater* de Pergolese (1736) : youtube.com/watch?v=xHQVtYzjLao.**
En quoi la confrontation des deux œuvres peut-elle nous éclairer sur l'intention du dramaturge Jean-Pierre Siméon ? Qu'a-t-il voulu exprimer en choisissant ce titre ?

c. **Si vous deviez choisir une musique qui illustrerait le texte de Jean-Pierre Siméon, laquelle choisiriez-vous ? Quelle atmosphère, quel genre, quels instruments, quel rythme, quelle intensité ? Proposez un titre.**

d. **Vous êtes producteur. Rédigez une lettre destinée à la direction de la programmation du théâtre de votre ville pour la convaincre de programmer cette pièce lors de la prochaine saison théâtrale.**

Fiche 68

▶ Méthode BAC : l'oral

Lire à haute voix : travailler le texte

▶ **Lire un texte à haute voix permet de provoquer des réactions chez l'auditoire, de susciter des émotions, du plaisir. Mettre de l'expression dans la lecture, c'est y mettre de la vie sans trahir l'intention de l'auteur du texte.**

Comment bien lire à haute voix ?	• **Travailler le texte :** la ponctuation, les phénomènes de versification, les liaisons, le sens et l'intention du texte, le ton. • **Travailler sa posture :** sa position sur la chaise ou debout, son regard, la position de ses pieds au sol, de ses mains. • **Travailler sa voix :** le volume, le rythme, la ligne mélodique, la portée, l'accentuation, l'articulation. (→ *voir p. 514*).
Comment progresser en lecture ?	• En **écoutant** des lectures enregistrées. • En **annotant le texte** pour préparer la lecture à haute voix : marquer les pauses, souligner les mots accentués, entourer les signes de ponctuation forts, ajouter des nuances, comme sur une partition : fort / faible / de plus en plus fort… • En s'entraînant en **lecture silencieuse**. • En **enregistrant** soi-même sa propre lecture. • En **lisant à plusieurs** à haute voix. • En **lisant des histoires à d'autres** (jeune public, personnes âgées). • En lisant un peu **chaque jour** à haute voix.
À quel moment lire à haute voix lors de l'épreuve orale du Bac ?	• Les textes officiels autorisent la lecture au début, en cours d'introduction ou à la fin de l'introduction. • Le mieux cependant est de lire le texte après avoir situé l'auteur, son œuvre et le passage étudié, avant de formuler la problématique. • N'hésitez pas à noter sur votre brouillon, avant la problématique, en gros et surligné : « LECTURE DU TEXTE » afin de ne pas oublier de le faire devant l'examinateur.

Exercices

La ponctuation et la versification

1 Lisez silencieusement le texte suivant.

Dans cet article, Maupassant décrit son maître, Flaubert, au travail.

Il travaille avec une obstination féroce, écrit, rature, recommence, surcharge les lignes, emplit les marges, trace des mots en travers, et sous la fatigue de son cerveau il geint comme un scieur de long[1].

Quelquefois, jetant dans un grand plat de cuivre oriental, rempli de plumes d'oie soigneusement taillées, la plume qu'il tient à la main, il prend sa feuille de papier, l'élève à la hauteur du regard, et, s'appuyant sur un coude, déclame d'une voix mordante et haute. Il écoute le rythme de sa prose, s'arrête comme pour saisir une sonorité fuyante, combine les tons, éloigne les assonances, dispose les virgules avec science, comme les haltes d'un long chemin : car les arrêts de sa pensée, correspondant aux membres de sa phrase, doivent être en même temps les repos nécessaires à la respiration.

Mille préoccupations l'obsèdent. Il condense quatre pages en dix lignes ; et la joue enflée, le front rouge, tendant ses muscles comme un athlète qui lutte, il se bat désespérément contre l'idée, la saisit, l'étreint, la subjugue, et peu à peu, avec des efforts surhumains, il l'encage, comme une bête captive, dans une forme solide et précise.

Guy de Maupassant, « Souvenirs d'un an »,
Le Gaulois, 23 août 1880.

1. Personne qui scie des troncs d'arbres dans le sens de leur longueur.

a. **De quoi parle le texte ?**

b. **Comment Flaubert écrit-il ? À quoi fait-il attention lorsqu'il lit son propre texte ?**

c. **Quel passage allez-vous lire plus lentement ? Pourquoi ?**

d. **Quel passage allez-vous lire plus vite ? Pourquoi ?**

e. **Lisez quatre fois la première phrase : une fois à voix basse, une fois fort, une fois de plus en plus en plus fort, une fois en baissant l'intensité à la fin. Quel est le meilleur choix selon vous ? Pourquoi ?**

f. **Lisez le texte en entier à la personne de votre choix.**

2 **Lisez silencieusement le texte suivant.**

Une Grenouille vit un bœuf
Qui lui sembla de belle taille.
Elle qui n'était pas grosse en tout comme un œuf,
Envieuse s'étend, et s'enfle, et se travaille
Pour égaler l'animal en grosseur.

Jean de La Fontaine, *Fables*, I, 3, 1668.

a. **Comptez sur vos doigts, lentement, le nombre de syllabes par vers.**

b. **Sachant que les vers 3 et 4 sont des alexandrins, que constatez-vous au vers 4** *(→ voir p. 446)* **? Comment devez-vous faire entendre ce phénomène de versification à la lecture ? Quel est l'effet de sens produit ?**

c. **Sur quelle sonorité faut-il insister en lisant les vers 4 et 5 ? Pourquoi est-ce intéressant pour le sens du texte ?**

d. **Enregistrez-vous plusieurs fois jusqu'à être satisfait de votre lecture.**

Le ton et l'intention

3 **Lisez le texte suivant.**

Député sous la Seconde République en 1848, Victor Hugo choisit l'exil après le coup d'État de Napoléon III. Il ne reviendra à Paris qu'à la chute du régime. Dans ce roman écrit en exil, le narrateur expose le contexte politique du récit. Nous sommes en 1660 en Angleterre : Cromwell, républicain, est mort. Suit une période de restauration des Stuart, avec le retour du roi, Charles II, au pouvoir.

L'esprit d'indiscipline s'était dissipé[1], la loyauté se reconstituait. Être de bons sujets était désormais l'ambition unique. On était revenu des folies de la politique ; on bafouait[2] la révolution, on raillait[3] la république et ces temps singuliers[4] où l'on avait toujours de grands mots à la bouche, Droit, Liberté, Progrès. […] Le retour au bon sens était admirable ; l'Angleterre avait rêvé. Quel bonheur d'être hors de ces égarements ! Y a-t-il rien de plus insensé ? Où en serait-on si le premier venu avait des droits ? Se figure-t-on tout le monde gouvernant ? S'imagine-t-on la cité menée par les citoyens ? Les citoyens sont un attelage, et l'attelage n'est pas le cocher. Mettre aux voix, c'est jeter aux vents. Voulez-vous faire flotter les États comme les nuées ? Le désordre ne construit pas l'ordre. Si le chaos est l'architecte, l'édifice sera Babel. Et puis quelle tyrannie que cette prétendue liberté ! Je veux m'amuser, moi, et non gouverner. Voter m'ennuie ; je veux danser. Quelle providence qu'un prince qui se charge de tout ! Certes ce roi est généreux de se donner pour nous cette peine ! Et puis, il est élevé là-dedans, il sait ce que c'est. C'est son affaire. La paix, la guerre, la législation, les finances, est-ce que cela regarde les peuples ?

Victor Hugo, *L'Homme qui rit*, 1869.

1. Avait cessé. **2.** On méprisait. **3.** On se moquait de. **4.** Étranges.

a. **Relisez le paratexte. Hugo est-il pour la monarchie ou pour la république ?**

b. **Relisez le texte. Comment le narrateur juge-t-il le retour de la monarchie en Angleterre ?**

c. **Quel est le ton de cette phrase : « le retour du bon sens était admirable » ?**

d. **Trouvez d'autres passages employant du même ton en soulignant les mots que vous allez pouvoir accentuer à la lecture.**

e. **Quel commentaire faites-vous sur les trois questions (lignes 10-12) ? Comment les lire ?**

4 **Lisez les phrases suivantes. Réécrivez-les en ajoutant des signes de ponctuation permettant de créer l'effet de sens demandé par la consigne. Lisez ensuite ces deux phrases à haute voix.**

a. **Il est l'heure de manger les enfants.**
– Premier cas : c'est un ogre qui parle.
– Deuxième cas : c'est un papa qui parle.

b. **Maintenant tout est fini entre nous nous nous sommes montrés odieux.**
– Premier cas : Il s'agit d'une rupture.
– Deuxième cas : la paix est rétablie.

5 **Sélectionnez un texte travaillé en classe.**

a. **Entraînez-vous à lire les dix premières lignes de ce texte, d'abord dans votre tête, puis à voix haute.**

b. **Reprenez les phrases comportant des mots sur lesquels vous butez, pour fluidifier votre lecture.**

c. **S'il s'agit d'un poème, apprenez quelques passages par cœur, de manière à pouvoir ajouter encore plus d'expressivité dans la lecture.**

6 **a.** **Procurez-vous le poème de Rimbaud, « Ma Bohème » et écoutez la lecture qu'en propose Denis Lavant en vous rendant à l'adresse suivante : youtube.com/watch?v=dx5kWY8XRgM**

b. **Notez au crayon les endroits où il ménage des pauses. Ses choix seraient-ils les vôtres ?**

c. **Comment prononce-t-il les liaisons ? En quoi le sens du poème permet-il de comprendre ce choix ? Feriez-vous le même ?**

d. **Commentez la manière dont il prononce l'avant-dernier vers.**

Fiche 69

▶ Méthode BAC : l'oral

Lire à haute voix : travailler la posture et la voix

▶ « La voix est le reflet à la fois de notre état physique, de nos émotions, de notre vie intérieure. La voix est une alchimie entre le corps et l'esprit. Elle révèle aussi, dans nos silences, nos respirations et notre musicalité, les cicatrices et l'histoire de notre vie. Elle est donc l'image non seulement de notre personnalité, mais aussi de notre évolution. »
(Jean Abitbol, *L'Odyssée de la voix*, Flammarion, 2005)

1. Le langage du corps	
Quels sont les marqueurs de la voix ?	• Les marqueurs de la voix sont le **volume**, le **rythme**, la **ligne mélodique**, la **portée**, l'**accentuation**, l'**articulation**.
Que peut traduire la voix ?	• La nature du débit vocal peut traduire différents états. • Un débit trop rapide : le **stress**. • Un débit lent : l'**assurance**. • Un débit trop hésitant : le **manque de connaissances**. • Un volume trop faible : le **manque d'assurance**.
Que peut traduire le regard ?	• Un regard fuyant : le **malaise**. • Un regard droit : la **confiance en soi**. • Un regard trop appuyé : la **défiance**.
Que peut traduire la posture ?	• Des pieds instables : un **manque d'assurance**. • Des pieds à plat et stables : l'**aisance**. • Un dos courbé : la **négligence**. • Des gestes de mains : le **stress**. • Il est conseillé, si vous parlez assis, de vous asseoir au bord de la chaise pour garder le dos droit et les épaules dégagées et adopter ainsi une posture ouverte.
Que peuvent traduire les gestes ?	• Trop de gestes parasites (jeu avec le stylo, mèches de cheveux replacées) : le **stress**. • Bras croisés : la **fermeture**.

2. Les « statuts » de Keith Johnstone		
Keith Johnstone, né le 22 février 1933, est un pionnier de l'improvisation théâtrale. Il a défini la notion de **statut** pour les comédiens.		
Le statut bas : une posture à éviter	• Se tenir instable ou déhanché. • Se toucher le visage, les mains, les cheveux. • Ne pas soutenir le regard de l'autre. • Rentrer les pieds.	• Courber le dos. • Chercher ses mots. • Être facilement surpris. • Essayer de prendre le moins de place possible.
Le statut haut : une posture à privilégier	• Se tenir stable, ancré au sol, les pieds à plat, écartés de la la largeur des épaules. • Ne pas hésiter. • Maintenir le contact visuel. • Se tenir droit.	• Garder la tête haute. • Parler clairement et lentement en ménageant des pauses. • Être calme. • Ne pas s'occuper du regard des autres.

Exercices

Travailler la diction, le regard et le rythme

1 Lisez en boucle chaque liste de mots, d'abord sur un même rythme puis en accélérant, seuls ou en cercle, chacun prononçant alors un mot.

a. crabe, crasse, grasse, gratte, grêle, graisse, crème, graine, traîne, reine, laine, pleine, aime, aile, mêle.

b. musc, muse, ruse, rustre, rude, ruche, juste, buste, brute, brûle, brume, bûche, bulle, brusque, cruche.

c. biche, bridge, brigue, gigue, guide, grippe, grime, grise, crise, crisse, glisse, lisse, place, hélas, glace.

2 À tour de rôle, prononcez les phrases suivantes.

a. Une bête noire se baigne dans une baignoire noire.

b. Écartons ton carton car ton carton nous gêne.

c. Cinq chiens chassaient six chats.

d. Ces cerises sont si mûres qu'on ne sait pas si c'en sont.

e. Le fisc fixe exprès des tas de taxes fixes exclusivement au luxe et à l'exquis.

f. Un généreux déjeuner régénérait des généraux dégénérés.

3 En cercle, un élève lit la question en choisissant un destinataire par le regard (droit dans les yeux) et la posture (tout le corps est face à l'élève choisi). L'élève choisi répond en regardant quelqu'un d'autre qui répondra en choisissant à son tour quelqu'un d'autre jusqu'à ce que tout le monde soit passé.

a. **Question :** Ton thé t'a-t-il ôté ta toux ?
Réponse : Mon thé ne m'a rien ôté du tout.

b. **Question :** Macha, qu'a donc fait Natacha ?
Réponse : Mon cher Sacha, Natacha n'attacha pas son chat !

4 Le texte suivant n'est pas ponctué.

a. Lisez-le silencieusement.

b. Recopiez-le en passant à la ligne lorsque vous choisirez de faire une pause.

c. Lisez votre texte à haute voix en marquant ces pauses.

d. Confrontez votre proposition à celle des autres élèves pour comparer les effets de sens.

Elle ne dira rien mais je chante moi ne vous apitoyez pas je chante et je suis debout je suis née ainsi debout ma mère le sait bien qui m'a regardée avec stupeur car petite déjà elle a vu qu'il y avait tant de colère en moi qu'il était à parier que j'en déborderais toute ma vie je chante pour dire que la vieille colère séchée sur nos peaux par les soleils de la soumission brûle encore nous n'oublions pas les années de crachats et de peur les années de regards baissés et de frustration mais ils ne peuvent pas comprendre non ils ne pourront pas comprendre tous.

D'après Laurent Gaudé, *Ouragan*, © Actes Sud, 2010.

Travailler le regard, la posture et les intentions

5 Voici un début de dialogue entre un patron et un employé.

Toc toc
PATRON. – Entrez.
EMPLOYÉ. – Vous m'avez demandé ?
PATRON. – Oui, prenez place. J'ai lu votre rapport. Il est raté. Il faut le refaire.
EMPLOYÉ. – J'y vais.

a. Reportez-vous aux statuts de Johnstone dans la leçon. Deux élèves jouent la scène : le patron a le statut haut, l'employé le statut bas. Un troisième élève écoute la scène, note les points forts et les points à travailler selon les statuts de chacun puis fait rejouer la scène pour l'améliorer.

b. Le même travail se fait, en inversant les statuts. Le patron joue en statut bas, l'employé en statut haut.

6 a. Chaque élève pioche un papier où figure une émotion : joie, colère, tristesse, étonnement. Chaque élève doit mimer l'émotion :
- avec le regard seulement ;
- avec le regard et la posture ;
- avec le regard, la posture et un geste.

b. En conservant ces éléments, chaque élève prononce la phrase suivante : « Je suis vraiment ravi(e) de te voir. »

7 a. Lisez le texte en entier, en marquant un temps de deux secondes entre chaque phrase.

Ta solitude. Tes mots noués dans ta gorge. La route neuve et qui brille. Ce point si souvent scruté où elle coupe l'horizon. Mais à quoi bon partir. Toute fuite est vaine et tu le sais. Nul pour t'écouter, te comprendre, t'accompagner. Partir, partir, laisser tomber les chaînes, mais ce qui ronge, comment s'en défaire ? La nuit interminable des hivers. Tu sombrais. Te laissais vaincre. Admettais que la vie ne pourrait renaître. Mais ces instants que je voudrais revivre avec toi, ces instants où tu lâchais les amarres, te maintenais les yeux ouverts face à l'inconnu… Te ressusciter, te recréer.

Charles Juliet, *Lambeaux*, © Gallimard, 1995.

b. Lisez la phrase qui commence par « partir » (l. 5) de plusieurs façons différentes : rapide, de plus en plus rapide, de plus en plus lente et dites quel rythme vous préférez.

c. Quel mot allez-vous accentuer dans la phrase suivante ? De quelle façon ?

d. Quelle orientation la dernière phrase donne-t-elle au texte ? Comment la voix peut-elle la transcrire ?

e. Lisez le texte, assis, à haute voix.

f. Lisez le texte, debout, stable sur vos deux pieds.

Fiche 70

▶ Méthode BAC : l'oral

Préparer et présenter un exposé

▶ L'exposé peut porter sur un mouvement littéraire, un auteur, une question transversale. Comment vous organiser pour retenir l'essentiel ? Comment le rendre intéressant et facile à suivre ?

Étape 1	**Créer et installer un environnement favorable au travail** • Vous allez mener ce travail seul(e) ou à plusieurs. Si vous n'êtes pas seul(e), assurez-vous d'avoir tous **compris l'enjeu** du travail, les **consignes** à respecter et noté la **date** de l'exposé. • Planifiez des **créneaux** disponibles communs. • Vous pouvez créer un **espace numérique de partage** (*pearltrees*, *drive*, *cloud*) pour communiquer plus facilement à distance.
Étape 2	**Effectuer des recherches documentaires** • **Diversifiez les outils** : – **manuels scolaires** (aidez-vous des sommaires, des index et du lexique souvent en fin d'ouvrage) ; – **éditions pédagogiques d'œuvres littéraires** (préfaces, dossiers, documentation fournie par les éditions : chronologie, biographie des auteurs, notices, notes...) ; – **encyclopédies**, **magazines littéraires**, et **dictionnaires** au **CDI** ou **en ligne**, internet (identifier la nature du site pour vérifier sa fiabilité). • Sélectionnez **l'essentiel** en vous contraignant à ne pas recopier de longs passages. • Choisissez des **supports variés** et éclairants pour mener l'exposé : documents papier à distribuer, images, vidéos, audios, tableaux, dessins à projeter, schéma à dessiner au tableau.
Étape 3	**Organiser l'exposé autour d'un plan et prévoir sa dynamique** • L'exposé doit être construit, **structuré** autour d'un **plan** annoncé en introduction. • Pour **capter votre auditoire**, mieux vaut éviter un exposé vertical, qui déroule des informations de façon linéaire, sans interaction et sans document support. Ne lisez pas votre texte. • Proposez des supports desquels vous dégagez des **idées importantes**, ou au contraire, partez d'une notion et illustrez-la au moyen d'un document. • Essayez de présenter votre exposé sous forme de **questions** qui problématisent le propos.
Étape 4	**Préparer les documents supports** • Préparez vos propres notes : – évitez de rédiger des phrases. Notez des **mots-clés** et parlez librement autour de ces mots-clés grâce à ce que vous avez appris ; – n'écrivez que sur le **verso** de vos fiches et numérotez-les ; – utilisez des **couleurs** pour rendre vos notes claires et agréables. • Utilisez des marque-pages ou des post-it pour **repérer l'extrait** d'un ouvrage à lire. • Préparez un **diaporama** (*powerpoint*, *prezzi*...) : – réalisez une ou deux diapositives de **présentation** autour du thème de l'exposé et de sa problématique ; – quelques diapositives supports de votre exposé **sans les surcharger de texte ;** – une diapositive synthétique en **conclusion**.
Étape 5	**S'entraîner** • Répartissez les tâches et les temps de parole. • Chronométrez-vous.
Étape 6	**Présenter l'exposé** • Étalez les papiers à distribuer sur le bureau. • Tenez-vous debout, face à l'auditoire, les pieds bien ancrés dans le sol, le regard assuré. • Parlez assez fort en variant l'intonation selon le propos et en articulant suffisamment.

Exercices

Préparer un exposé sur un auteur ou un mouvement littéraire

1 Vous êtes en train d'étudier en classe la pièce de Jean Cocteau, *La Machine infernale*, publiée en 1934. Vous êtes chargé(e) de conduire un exposé sur Jean Cocteau. Voici une fiche-type que vous pouvez compléter.

Jean Cocteau
- Prénom
- Nom
- date de naissance et de mort éventuellement
- Événements qui ont marqué l'auteur :
  - historiques,
  - politiques,
  - sociaux.
- Événements biographiques majeurs :
  - famille,
  - relations amoureuses,
  - amicales,
  - influences littéraires ou artistiques.
- Quelques œuvres majeures de l'auteur.
- Une ou deux citations qui vous paraissent emblématiques du travail de l'auteur.
- Éventuellement un court texte de l'auteur.

a. Où allez-vous puiser les renseignements ?

b. Constituez la fiche correspondant à vos propres notes.

c. Quels documents pourriez-vous distribuer et projeter ? Choisissez-en deux ou trois.

d. Autre possibilité : Imaginez un exposé sous la forme d'une interview imaginaire de l'auteur. Quelles questions pourrait-on lui poser pour permettre l'apport d'informations en évitant l'exposé magistral ?

2 Vous devez préparer un exposé sur l'humanisme. Voici une fiche-type.

L'humanisme
- Bornes chronologiques ou période.
- Contexte historique et politique.
- Grands principes, caractéristiques.
- Auteurs et artistes représentatifs de ce mouvement.
- Quelques textes et/ou œuvres artistiques emblématiques.

a. Quels supports avez-vous à votre disposition pour effectuer des recherches ?

b. Choisissez trois documents différents pour évoquer les caractéristiques du mouvement : un texte littéraire, un texte théorique et une œuvre d'art.

c. Construisez une diapositive qui synthétisera les caractéristiques du mouvement.

Préparer un exposé sur un personnage ou une œuvre intégrale

3 Vous devez réaliser un exposé sur le personnage d'Étienne Lantier dans *Germinal* de Zola. Voici une fiche-type.

Étienne Lantier
- Auteur, titre et date de l'œuvre dont il est issu.
- Identité et statut social.
- Portrait physique.
- Portrait moral.
- Relation aux autres personnages.
- Valeurs ou contre-valeurs qu'il incarne, vision du monde du personnage.
- Regard de l'auteur sur son personnage.
- Quelques citations.
- Votre regard sur le personnage.

a. Remplissez la fiche-type.

b. Placez trois marque-pages correspondant à trois extraits que vous allez lire lors de l'exposé.

c. Entraînez-vous à lire ces extraits à haute voix.

d. Imaginez comment vous pourriez construire un exposé à partir d'objets caractéristiques du personnage, que vous sortiriez progressivement d'un sac.

4 Vous préparez un exposé sur la lecture cursive qui vous a été donnée. Voici une fiche-type, dont vous pouvez modifier l'ordre.

Titre de l'œuvre
- Nom de l'auteur et date de parution.
- Genèse de l'œuvre
- Réception du public et critiques à l'époque de sa parution.
- Résumé de l'œuvre :
  - situtation de départ ou exposition pour une pièce de théâtre ;
  - élément perturbateur ou nœud ;
  - péripéties ;
  - éléments de résolution ;
  - situation finale ou dénouement.
- Personnages principaux.
- Grands enjeux de l'œuvre.
- Citations ou passages clés.

a. Dans le déroulé de votre exposé, quelle partie allez-vous lire ?

b. Quelle partie allez-vous projeter ?

c. Quelle partie choisiriez-vous de présenter à l'aide d'un support distribué aux élèves ?

d. Construisez une diapositive sur un des personnages principaux.

e. Construisez une dispositive mentionnant les grands enjeux de l'œuvre.

Biographies

D'Aubigné
(1552-1630)

Orphelin de mère dès sa naissance en 1552, Agrippa d'Aubigné est élevé par un père protestant qui lui transmet sa culture et ses convictions religieuses. Engagé à quinze ans dans les troupes du futur Henri IV, il est blessé en 1572. Soigné par Diane Salviati, il compose pour elle *Le Printemps*, mais la famille de la jeune fille, catholique, le repousse et il doit reprendre une vie d'aventures et de combats. Gravement blessé de nouveau en 1577, il entreprend alors son œuvre majeure, *Les Tragiques*. En 1593, il rompt avec Henri IV qui s'est converti au catholicisme. Retiré en Vendée, il y compose ses œuvres dans une orgueilleuse solitude. Compromis dans une conspiration au début du XVIIe siècle, il est contraint à un exil studieux à Genève, jusqu'à sa mort en 1630.

- **1616.** *Les Tragiques*
- **1621.** *Traité sur les guerres civiles*

Anouilh
(1910-1987)

D'origine bordelaise, Jean Anouilh découvre sa vocation théâtrale en assistant, en 1928, aux représentations des *Mariés de la tour Eiffel* de Jean Cocteau et du *Siegfried* de Giraudoux. Renonçant à ses études de droit pour la littérature et la scène, il fait en 1937 une rencontre décisive avec l'acteur et metteur en scène Georges Pitoëff. Sa vie se confond désormais avec une féconde production qu'il classera en séries dramatiques (pièces « roses », « noires », « costumées », etc.) que dominent les succès d'*Antigone* et de *L'Alouette*. Mettant en scène et interprétant lui-même le répertoire classique et contemporain, Anouilh sera, sous l'Occupation et après la guerre, l'une des figures les plus marquantes du théâtre en France, avec Ionesco et Beckett, auxquels il consacrera de brillants articles. Il meurt à Paris en 1987.

- **1944.** *Antigone*
- **1953.** *L'Alouette*
- **1959.** *Beckett ou l'Honneur de Dieu*

Balzac
(1799-1850)

Projets et infortunes

Né à Tours en 1799 dans une famille bourgeoise, Honoré de Balzac fait ses études au collège des Oratoriens de Vendôme, puis à Paris. Étudiant en droit, il est clerc chez un avoué parisien avant de fréquenter à partir de 1820 les milieux littéraires et philosophiques. Ses premiers romans lui assurant à peine sa subsistance, il tente, dans les années 1825-1830, une opération commerciale dans l'édition. C'est un échec. Guetté par la faillite, il revient à l'écriture romanesque et connaît cette fois le succès.

La gloire et la passion

Introduit dans la société parisienne, collaborateur de nombreux journaux, il travaille notamment, à partir de 1830, aux *Scènes de la vie privée* et à ses *Contes drôlatiques*. En 1834, la rédaction du *Père Goriot* lui inspire l'idée géniale du retour des personnages d'un livre à l'autre, et les années suivantes l'amènent à rechercher une unité plus profonde pour l'ensemble de sa production. En arrêtant pour elle, en 1842, le titre général de *La Comédie humaine*, Balzac est pourtant loin d'en avoir achevé la rédaction. Comprenant 95 romans, plus de 3 000 personnages, elle décline des types (dandys arrivistes, journalistes, poètes) dont l'organisation s'inspire de la classification zoologique. Encouragé par son amie polonaise, Mme Hanska, il travaille avec acharnement pendant les dernières années de sa vie, voyageant dans toute l'Europe. Épuisé par l'immensité de sa tâche et d'incessants soucis financiers, il meurt en août 1850, quelques mois seulement après avoir épousé sa chère « étrangère ».

- **1828.** *Les Chouans*
- **1833.** *Eugénie Grandet*
- **1834.** *Le Père Goriot*
- **1835.** *Le Lys dans la vallée*
- **1837.** *Illusions perdues*
- **1842.** Avant-propos de *La Comédie humaine*

Beaumarchais
(1732-1799)

Pierre-Augustin Caron naît à Paris en 1732 dans une famille d'horlogers et invente lui-même d'ingénieux procédés qui lui valent la faveur du roi. Devenu Monsieur de Beaumarchais, il mène une existence et une carrière aventureuses où se mêlent rôles et fonctions : homme d'affaires, espion, marchand d'armes pour les indépendantistes américains, fondateur de la Société des auteurs, éditeur et bien sûr écrivain. C'est au théâtre qu'il triomphera avec son *Barbier de Séville* (1775), avant de peiner à faire représenter son contestataire *Mariage de Figaro* (1784). Émigré à Hambourg durant la Révolution, il revient à Paris en 1796 pour donner sa dernière pièce, *La Mère coupable*, trois ans avant sa mort.

- **1775.** *Le Barbier de Séville*
- **1784.** *Le Mariage de Figaro*

Beckett
(1906-1990)

Samuel Beckett naît en 1906 à Dublin en Irlande, terre natale qu'il quittera pour s'installer à Paris, en 1928, comme lecteur d'anglais à l'École Normale supérieure. Les années 1930 le voient errer en Europe, à Londres notamment, où il écrit en anglais des romans qui sont refusés par les éditeurs britanniques. Après la Seconde Guerre mondiale, il décide alors d'écrire en français et publie au début des années 1950 ses premiers textes romanesques aux éditions de Minuit (*Molloy*, *L'Innommable*). Mais c'est le théâtre qui le révèle avec la création, en 1953, d'*En attendant Godot*. En une dizaine d'années et quelques pièces torturées qui sont autant de succès (*Fin de partie*, 1957 ; *Oh ! les beaux jours*, 1963), il passe de l'obscurité à la notoriété internationale, officiellement reconnue en 1969 par le prix Nobel. Beckett meurt en 1990, trois ans avant Ionesco, qui incarnait avec lui « le théâtre de l'absurde ».

- **1953.** *En attendant Godot*
- **1957.** *Fin de partie*
- **1963.** *Oh ! les beaux jours*

Boileau
(1636-1711)

Nicolas Boileau-Despréaux est né à Paris en 1636 dans la haute bourgeoisie. Avocat de formation, passionné par l'Antiquité, il s'en inspire pour ses poèmes satiriques comme pour ses ouvrages théoriques. À la suite de ses *Satires*, qui dénoncent les mœurs de son temps et lui occasionnent bien des hostilités, Boileau se range en moraliste « honnête homme ». Par son *Art poétique* notamment, il est considéré comme l'un des fondateurs et défenseurs de la doctrine classique. Historiographe du roi, académicien, ami de Molière, de Racine ou de La Fontaine, il prend une part active aux côtés des Anciens dans la fameuse « querelle » qui les oppose aux Modernes à la fin du XVIIe siècle. Il meurt à Paris en 1711.

- **1668.** *Satires*
- **1674.** *Art poétique*
- **1683.** *Le Lutrin*

Bougainville
(1729-1811)

Géographe, navigateur, explorateur, le comte Antoine-Louis de Bougainville embarque en 1766 à bord de la *Boudeuse* pour le premier tour du monde français. Naturaliste, ingénieur, astronome l'accompagnent pour une exploration du Pacifique à la recherche du continent austral. Son *Voyage autour du monde*, qu'il publie en 1791, témoigne d'une meilleure connaissance géographique de l'Océanie et de la découverte de nouvelles espèces animales et végétales. Diderot dénoncera, en 1772, dans *Supplément au voyage de Bougainville*, la finalité politique de l'expédition qui aura enclenché la colonisation de terres indigènes.

Camus
(1913-1960)

Albert Camus, né en Algérie en 1913, n'a qu'un an quand son père meurt à la guerre. Élevé par sa mère dans un quartier pauvre d'Alger, il poursuit après le bac des études de philosophie mais doit renoncer à l'enseignement à cause de la tuberculose. Séduit par le théâtre (*Caligula*, 1944), il devient journaliste sous la Résistance et connaît la célébrité avec un essai (*Le Mythe de Sisyphe*, 1942) et deux romans (*L'Étranger*, 1942, et *La Peste*, 1947). D'abord proche de Sartre et des existentialistes, il rompt avec eux après la guerre et la publication très contestée de *L'Homme révolté* (1951). Par la suite, la maladie, des problèmes personnels et la guerre d'Algérie provoqueront chez lui une grave crise intérieure dont témoigne *La Chute*, son dernier roman. Camus meurt dans un accident de voiture en 1960, trois ans après avoir été consacré par le prix Nobel.

- **1942.** *L'Étranger (roman)*
- **1944.** *Caligula (théâtre)*
- **1947.** *La Peste (roman)*
- **1956.** *La Chute (roman)*

Cendrars
(1887-1961)

Blaise Cendrars, globe-trotter, quitte, à 15 ans, sa Suisse natale pour partir fouler les routes du monde et notamment de l'Asie. En 1913, il écrit à New York *La Prose du Transsibérien*, son poème le plus célèbre. *L'Or*, publié en 1925, le consacre comme l'écrivain du voyage, de l'aventure moderne et de la découverte.

- **1913.** *La Prose du Transsibérien de France et de la petite Jehanne*
- **1925.** *L'Or*

Césaire
(1913-2008)

Homme politique et écrivain français né en Martinique, anticolonialiste, Aimé Césaire est l'un des fondateurs de la revue *Tropiques*. Il a représenté le mouvement littéraire de la « négritude » dans lequel lui et d'autres écrivains noirs, originaires d'Afrique ou d'Amérique, rejettent l'assimilation à la culture blanche dominatrice et prônent la fierté d'être noir, et la nécessité pour le Tiers-monde de préserver son particularisme.

- **1939.** *Cahier d'un retour au pays natal*
- **1966.** *Une saison au Congo*

Chalandon
(Né en 1952)

Sorj Chalandon, né à Tunis, est un journaliste et écrivain français qui a travaillé notamment pour le journal *Libération*. Ses nombreux reportages lui ont valu le prix Albert-Londres. Ses ouvrages littéraires comme *Mon Traître* ou *Profession du père* sont inspirés, eux, de son histoire personnelle. Ils relèvent de l'autofiction. Son roman *Le Quatrième Mur*, publié en 2013, a obtenu le Prix Goncourt des lycéens.

Chateaubriand
(1768-1848)

Un voyageur
Né à Saint-Malo, dans une vieille famille aristocratique, François-René de Chateaubriand passe une grande partie de son enfance au château de Combourg. À la mort de son père, il tente de faire carrière dans l'armée et assiste, à Paris, aux journées révolutionnaires. En 1791, il s'embarque vers l'Amérique pour un voyage de cinq mois. De retour, il se marie et s'engage dans « l'armée des émigrés ». Blessé, il se réfugie à Londres où il mène une existence de « paria » et rentre en France en 1800, profitant de l'indulgence de Bonaparte.

Son ralliement au régime – marqué par la publication, en 1802, du *Génie du christianisme*, qui suit immédiatement les deux petits romans *Atala* et *René*, lui vaut quelques postes diplomatiques mais, indigné par l'exécution du duc d'Enghien, il rompt avec Napoléon et part pour un voyage en Orient (1806-1807), puis entame ses *Mémoires d'outre-tombe* dans sa retraite de la Vallée-aux-Loups.

Un haut diplomate
Sa carrière connaît son apogée sous la Restauration : ambassadeur puis ministre des Affaires étrangères (1822). Après un dernier poste à Rome sous Charles X, il se range dans l'opposition légitimiste sous la Monarchie de Juillet. Les dernières années de sa vie sont consacrées à l'achèvement de ses *Mémoires d'outre-tombe* dont le début de publication intervient l'année de sa mort, en 1848, quelques semaines après le début de la Seconde République.

- **1801.** *Atala*
- **1802.** *Génie du christianisme. René*
- **1848.** *Mémoires d'outre-tombe*

Chénier
(1762-1794)

André Chénier naît à Constantinople d'une mère grecque et d'un père français. Révolutionnaire, il est aussi le seul poète connu du XVIIIe siècle. Son œuvre ne fut publiée qu'en 1819, et témoigne de son goût pour la beauté antique et la poésie classique. Il inspire les écrivains romantiques, et sera d'ailleurs qualifié par Hugo de « romantique parmi les classiques ». Il est guillotiné, victime de la Terreur, deux jours avant la chute de Robespierre.

Colette
(1873-1954)

Sidonie Gabrielle Colette naît en 1873 en Bourgogne. Devenue la jeune compagne de Willy, un homme de lettres parisien à la mode, elle écrit sous son influence la série des *Claudine*, romans à succès pendant la Belle Époque. Divorcée en 1906, elle signe désormais de son propre nom ses œuvres de l'entre-deux-guerres (*Chéri*, 1920 ; *Sido*, 1929 ; *La Chatte*, 1933) d'une inspiration partagée entre la sensualité féminine, l'exaltation pour la nature et les animaux ou la dénonciation de l'hypocrisie masculine. Installée à Paris à partir de 1935, elle y meurt en pleine gloire à l'âge de quatre-vingt-un ans en 1954.

- **1908.** *Les Vrilles de la vigne*
- **1922.** *La Maison de Claudine*
- **1929.** *Sido*

Corneille
(1606-1684)

De Rouen à Paris
Pierre Corneille naît à Rouen en 1606 et fait de brillantes études au collège des Jésuites pour devenir

avocat en 1624. Mais la passion du théâtre s'empare très tôt de lui. Le succès, à Paris, de sa première pièce, *Mélite* (1630), le pousse à écrire de nouvelles comédies (*L'Illusion comique*) toutes bien accueillies. Avec sa tragi-comédie *Le Cid*, il remporte un triomphe malgré l'hostilité de l'Académie et des Anciens. Dès lors, il se consacre entièrement à la tragédie, partageant sa vie entre Rouen et Paris, où il fait représenter ses chefs-d'œuvre.

Gloire et disgrâce

Récompensé par une pension royale, puis par la fonction de procureur des états de Normandie, il est également reçu à l'Académie en 1647, année où il connaît son premier échec avec *Pertharite*. Cette déception, conjuguée à la disgrâce que lui vaut l'audace politique de *Nicomède* (1651), l'amène à quitter le théâtre pour se consacrer à des traductions pieuses.

Le retour à la scène

À l'initiative de Fouquet, ministre des Finances de Louis XIV, Corneille revient à la scène en 1659 avec *Œdipe*. Il produit alors de nombreuses tragédies qui souffrent déjà des succès obtenus par son rival Racine, qu'il affronte en 1670, sur un même sujet tragique : *Tite et Bérénice*. Ce dernier échec le conduit à se retirer définitivement du théâtre.

- **1636.** *L'Illusion comique*
- **1640.** *Horace*
- **1641.** *Cinna*

Diderot
(1713-1784)

De Langres à Paris

Né à Langres, en 1713, dans la petite bourgeoisie, Denis Diderot, d'abord élève des Jésuites, termine ses études à Paris au collège d'Harcourt. Renonçant à une carrière d'ecclésiastique, il devient maître ès arts en 1732 et mène pendant une dizaine d'années une existence difficile. À cette époque, il rencontre Rousseau puis d'Alembert, avec lequel il est chargé, à partir de 1746, de la direction de l'*Encyclopédie*. Dérangeant par ses écrits, il est enfermé quelques mois à Vincennes en 1749 (à la suite de la publication de la *Lettre sur les aveugles à l'usage de ceux qui voient*), puis s'impose comme une des figures marquantes de la vie culturelle de la capitale.

Les rêves d'un philosophe

En 1765, la tsarine Catherine II de Russie lui achète sa bibliothèque tout en lui en laissant l'usage et l'appelle auprès d'elle à Saint-Pétersbourg en 1773, où il lui propose un vaste ensemble de réformes. Plus calmes, les dernières années de sa vie le voient travailler sans relâche à maints projets éditoriaux. Il meurt à Paris en 1784 sans avoir pu achever l'édition complète de ses œuvres.

- **1751-1772.** *Encyclopédie*
- **1762-1777.** *Le Neveu de Rameau (roman)*
- **1765-1780.** *Jacques le Fataliste et son maître (roman)*
- **1772.** *Supplément au Voyage de Bougainville*

Du Bellay
(1522-1560)

Un membre de la Pléiade

Joachim du Bellay naît à Liré, près d'Angers, vers 1522, dans une illustre famille. Lui-même est tenté par la carrière militaire ou diplomatique mais, atteint de surdité, il renonce à ces projets pour des études de droit à Poitiers. C'est en 1546 qu'il rencontre Ronsard et l'accompagne à Paris pour ses études au célèbre collège de Coqueret et pour fonder le groupe des poètes de la Pléiade. En 1549, il publie coup sur coup son manifeste *Défense et illustration de la langue française* et un recueil de poèmes inspirés de l'italien Pétrarque, *L'Olive*.

La nostalgie de la France

Le départ pour Rome, en 1553, comme secrétaire de son oncle, le cardinal et ambassadeur Jean du Bellay, l'exalte. Mais, accablé de tâches et déçu par les mœurs de la Curie romaine, il nourrit ses œuvres de la nostalgie de sa patrie (*Les Antiquités de Rome* et *Les Regrets*). Rentré à Paris en 1557, il n'y rencontre que tracas financiers et maladie ; il meurt en 1560.

- **1549.** *Défense et illustration de la langue française*
- **1558.** *Les Antiquités de Rome ; Les Regrets*

Claire de Duras
(1777-1828)

Fille d'un père guillotiné durant la Révolution, Claire de Duras, duchesse française lettrée, connaît l'émigration dans plusieurs pays, avant de rentrer à Paris sous la Restauration et de s'introduire dans les milieux littéraires. Ses *Mémoires de Sophie* découleront de ces années d'exil, interrogation romanesque sur l'émigration. Elle écrit sur divers sujets, notamment sur des thèmes progressistes qui animent l'esprit des Lumières. Considérée aujourd'hui comme une précurseuse féministe, elle s'interroge sur des thèmes tels que le racisme et l'intolérance, l'égalité raciale et sexuelle. C'est son ami Chateaubriand qui la convainquit de publier *Ourika*, ce qu'elle fit anonymement. Peu lue à l'époque, elle apparaît comme une des premières à avoir traité des liens interraciaux dans un récit fictif.

Ernaux
(Née en 1940)

Annie Ernaux naît en 1940 à Lillebonne. Après une enfance normande à Yvetot, où ses parents sont commerçants, et des études de Lettres, elle devient professeure. Dans ses premiers romans (*Les Armoires vides*, 1974 ; *Ce qu'ils en disent ou rien*, 1977 ; *La Femme gelée*, 1981), la place de l'expérience personnelle est évidente. La perspective autobiographique, ou plutôt « auto-socio-biographique », se fait plus nette dans *La Place* (prix Renaudot en 1984) et dans *Une femme* (1988), consacrés aux figures de ses parents et à la déchirure sociale et culturelle de l'auteure. Annie Ernaux adopte aussi la forme du journal : *Journal du dehors* (1993) et *La Vie extérieure* (2000), sortes d'instantanés de la vie quotidienne et collective ou encore *Je ne suis pas sortie de ma nuit* (1997), *Se perdre* (2001), véritables journaux intimes. Elle publie en 2003 un entretien : *L'Écriture comme un couteau*. Son œuvre se caractérise par son refus d'une écriture littéraire, sentie comme trahison, au profit d'une écriture « blanche », simple et dépouillée, au plus près de sa vérité.

- **1984.** *La Place*
- **2003.** *L'Écriture comme un couteau*
- **2016.** *Mémoires de fille*

Flaubert
(1821-1880)

Un jeune « fou »

Né à Rouen en 1821, Gustave Flaubert passe son enfance dans le milieu médical de l'Hôtel-Dieu, où son père est chirurgien. En même temps qu'il y exerce son sens de l'observation, il connaît l'exaltation romantique des adolescents, que porte à son comble la rencontre à Trouville, en 1836, d'Elisa Schlésinger, qui inspirera ses premiers textes (*Mémoires d'un fou*, *Novembre*) avant de devenir bien plus tard l'un des modèles de l'héroïne de *L'Éducation sentimentale*. Après avoir quitté, en 1841, sa Normandie pour faire à Paris des études de droit, il se lie pendant plusieurs années avec les milieux littéraires où le porte sa passion de l'écriture.

Le solitaire de Croisset

Sujet à des troubles nerveux, lassé des mondanités parisiennes, il décide, dès 1844, de se retirer dans sa propriété de Croisset, au bord de la Seine. Il y mènera désormais une vie solitaire et studieuse, interrompue par de brefs séjours dans la capitale et par de nombreux voyages en Bretagne, au Maghreb et surtout en Orient (1849-1851). Le succès à scandale de *Madame Bovary* lui vaut, en 1857, une soudaine notoriété, tandis que celui de *Salammbô* (1862) lui ouvre les portes des salons du Second Empire. Mais l'échec de *L'Éducation sentimentale*, la disparition de plusieurs de ses proches, les soucis d'argent et la maladie assombrissent les dernières années de sa vie, malgré la faveur immense dont il jouit auprès de Maupassant et des jeunes réalistes. Épuisé, il meurt en 1880.

- **1848.** *La Tentation de saint Antoine*
- **1857.** *Madame Bovary*
- **1862.** *Salammbô*
- **1869.** *L'Éducation sentimentale*
- **1877.** *Trois Contes*
- **1880.** *Bouvard et Pécuchet*

Genet
(1910-1986)

Enfant de l'Assistance publique, Jean Genet est élevé par une famille adoptive. Son parcours erratique le mène d'une maison de redressement à la prison, puis en Europe, où il vagabonde jusqu'en 1937. À nouveau arrêté, puis libéré en 1941, il travaille comme bouquiniste sur les quais de Seine avant de faire la connaissance de Cocteau, qui influencera une partie de son œuvre. *Les Bonnes*, sa pièce la plus célèbre, parue en 1947, lui vaut l'admiration de Sartre. À partir de 1968, il s'engage en politique aux côtés de Cohn-Bendit et soutient la cause palestinienne. Il meurt d'un cancer en 1986, laissant inachevée sa dernière œuvre : *Le Captif amoureux*.

- **1944.** *Notre-Dame des Fleurs*
- **1947.** *Les Bonnes*
- **1956.** *Le Balcon*

Giono
(1895-1970)

La Haute-Provence, pays d'enfance de Jean Giono, demeurera toute sa vie le terroir aride de son inspiration. Ses premiers romans, comme *Regain* (1930), font de lui le chantre d'un « retour à la nature » et d'une sagesse que confirme le succès de son *Chant du monde* (1934). Pacifiste, emprisonné à la Libération comme sympathisant du régime de Vichy, il manifeste dans ses « chroniques » d'après-guerre (*Le Hussard sur le toit*, 1951 ; *Le Moulin de Pologne*, 1952) une inquiétude nouvelle devant le mal, qui accompagne ses derniers écrits jusqu'à sa mort, en 1970.

- **1929.** *Colline*
- **1951.** *Le Hussard sur le toit*
- **1958.** *Angelo*

Hugo
(1802-1885)

Le chef de file romantique
Victor Hugo naît à Besançon en 1802 et mène une enfance difficile, aux hasards des affectations de son père officier. Sa famille s'installe à Paris en 1809 où il effectue des études scientifiques, en même temps qu'il s'adonne déjà à sa passion pour la poésie. Éprouvé par la brouille de ses parents puis la mort de sa mère en 1821, Victor fonde avec ses frères la revue *Le Conservateur littéraire* qui le fait reconnaître des milieux littéraires. Ses premiers succès poétiques lui viennent avec ses *Odes* en 1822, année de son mariage avec Adèle Foucher. Il s'impose comme le chef de file du cénacle romantique, dont le programme contestataire triomphe en 1830 à l'occasion de la « bataille d'*Hernani* ». Trois ans plus tard, il s'éprend de la comédienne Juliette Drouet avec laquelle il entretiendra une liaison jusqu'à la mort de celle-ci, en 1883.

L'exil et la gloire
Au comble de sa gloire, Hugo connaît en 1843 une année tragique avec la noyade de sa fille Léopoldine. Pendant dix ans, il se tait, semblant préférer à la littérature une carrière politique aux côtés des « libéraux » et républicains. Mais le coup d'État de Louis-Napoléon Bonaparte, le 2 décembre 1852, le contraint à fuir en Belgique et dans les îles anglo-normandes où, pendant dix-huit ans, il va vivre en véritable légende vivante de la protestation. Son exil nourrit en effet l'ardeur de son inspiration où alternent les veines satirique (*Les Châtiments*), lyrique (*Les Contemplations*) et mythologique (*La Légende des siècles*).

« L'art d'être grand-père »
Il est triomphalement accueilli à Paris pour son retour en 1870. L'infatigable « grand-père » à barbe blanche consacre alors ses dernières années à la défense des communards et à la mise en ordre de ses manuscrits. Sa mort, en 1885, sera suivie d'une immense cérémonie nationale lors de son inhumation au Panthéon.

- **1831.** *Notre-Dame de Paris* (roman)
- **1838.** *Ruy Blas* (drame)
- **1840.** *Les Rayons et les Ombres* (poésie)
- **1853.** *Les Châtiments* (poésie)
- **1856.** *Les Contemplations* (poésie)
- **1859.** *Les Misérables* (roman)
- **1859-1883.** *La Légende des siècles* (poésie)

Ionesco
(1912-1993)

Eugène Ionesco naît en Roumanie en 1912 et vit en France plusieurs années de son enfance avant de rejoindre son pays natal en 1925. Étudiant à Bucarest, il devient professeur de français et obtient en 1938 une bourse pour passer en France sa thèse de lettres. Il travaille alors à Paris comme correcteur dans une maison d'édition et écrit en 1950 sa première pièce, *La Cantatrice chauve*. Le succès lui vient l'année suivante avec le scandale autour de *La Leçon*. Les metteurs en scène du « nouveau théâtre » s'emparent alors de ses productions. Mais ses plus grands succès seront ceux des années 1960 avec *Rhinocéros* (1960) et *Le roi se meurt* (1962). Une élection à l'Académie française en 1970 consacrera la notoriété d'un écrivain pourtant rongé par la hantise de la solitude et de la mort, qui surviendra en 1993.

- **1950.** *La Cantatrice chauve*
- **1951.** *La Leçon*
- **1962.** *Le roi se meurt*

Jarry
(1873-1907)

Alfred Jarry, dramaturge, poète, romancier, échoue au concours de l'École Normale Supérieure avant d'écrire des articles dans le *Mercure de France* à la fin du siècle, puis dans divers journaux pour subvenir à ses besoins. Il est le créateur d'Ubu (*Ubu roi*, 1896), personnage burlesque inspiré par l'un de ses professeurs de lycée, qui réapparaîtra dans plusieurs de ses compositions. Il influença les surréalistes et les auteurs du théâtre de l'absurde. Sa mort précoce survient avant la publication de son dernier titre, dans lequel il présente son invention de la « pataphysique », « science des solutions imaginaires » qui inspira notamment Ionesco et Vian.

- **1896.** *Ubu roi*

Louise Labé
(v. 1524-1566)

Louise Labé (surnommée « la Belle Cordière » en raison de la profession de son père et de son mari) naît à Lyon vers 1524. Elle y reçoit une éducation très avancée pour une femme de son temps, pratiquant les langues étrangères, la musique et l'équitation. Malgré une réputation parfois peu flatteuse de courtisane, elle devient la vraie souveraine du cercle des poètes lyonnais de sa génération. Le déclin de cette « école » ne devait pas nuire à la célébrité de son œuvre (sonnets, élégies, discours), qui lui valut plus tard l'admiration des membres de la Pléiade. Elle meurt en 1566, à l'écart des mondanités.

- **1555.** *Sonnets*

La Fontaine (1621-1695)

Né à Château-Thierry en 1621, Jean de La Fontaine sera, comme son père, « maître des Eaux et Forêts ». Les obligations de sa charge l'entraînent dans de fréquentes randonnées à travers les bois et les campagnes de cette région, qui sera la toile de fond de bien des *Fables*.

Le Parisien

Il s'installe à Paris en 1658. Protégé par de grands personnages de la cour de Louis XIV (comme le riche ministre Fouquet) dont sa carrière suit le cours des faveurs ou des disgrâces, il en est à la fois l'amuseur avec ses *Contes et Nouvelles libertins* (1665-1675) et l'observateur critique avec ses *Fables*. Il en produira douze livres de 1668 à 1693.

Le triomphe du fabuliste

Les salons et la cour sont un terrain d'observation privilégié du manège des grands et de leurs flatteurs, de la cruauté du jeu mondain sous les apparences de la politesse la plus raffinée. La Fontaine y puise la matière de ses *Fables*, dont le premier recueil est publié en 1668. C'est un triomphe. Un second recueil, en 1678-1679, consacre définitivement la réputation du fabuliste, qui est élu à l'Académie française en 1684. En 1692, le poète se convertit et renie les contes libertins écrits dans sa jeunesse. La Fontaine meurt à Paris en 1695.

- **1665-1675.** *Contes et Nouvelles*
- **1668-1693.** *Fables*

Jeanne-Marie Leprince de Beaumont (1711-1780)

Écrivaine française née à Rouen, Jeanne-Marie Leprince de Beaumont enseigne d'abord dans des institutions religieuses, avant de devenir préceptrice d'enfants de la haute société, auprès des filles de la duchesse de Lorraine, puis en Angleterre. Elle est l'auteure de différents traités d'éducation et de contes, certains devenus des classiques de la littérature jeunesse. Dans *Le Magasin des enfants*, publié en 1756, figure un conte qu'elle emprunte à une écrivaine contemporaine et qui fera sa postérité : *La Belle et la Bête*. Elle est considérée comme l'une des plus grandes éducatrices du XVIIIe siècle.

- **1756.** *La Belle et la Bête*

Lesage (1668-1747)

Alain-René Lesage entame sa carrière d'écrivain à Paris en 1690. Ses comédies de mœurs satiriques s'inspirent du roman picaresque espagnol, et recourent au dépaysement et à l'exotisme pour mieux peindre la société de son temps. *L'Histoire de Gil Blas de Santillane* (1715-1735) est le roman picaresque français le plus célèbre. Les multiples aventures du héros qui s'insèrent dans ce roman « à tiroirs » riche en anecdotes, contribuent à enrichir l'expérience du héros, faisant de cette œuvre un roman d'éducation.

- **1715-1735.** *Gil Blas*
- **1707.** *Le Diable boiteux*

Marbeuf (1596-1645)

Pierre de Marbeuf est un poète baroque normand du XVIIe siècle, qui étudie d'abord le droit. Les thèmes de la nature, de la fragilité de la vie, de l'amour circulent dans ses poèmes et notamment dans ses *Sonnets baroques*. Il publie en 1618 le *Psaltérion chrétien*, son *Recueil de vers* en 1628 et, en 1633, un *Portrait* consacré à Richelieu, ainsi que le *Miracle de l'amour*. Les registres comique et pathétique distinguent son œuvre, qui emprunte également de tonalités satiriques.

- **1618.** *Psaltérion chrétien*
- **1628.** *Recueil de vers*
- **1633.** *Le Miracle de l'amour*

Marivaux (1688-1763)

Pierre Carlet, qui prendra plus tard le nom de Marivaux, naît à Paris en 1688. Après une enfance en Auvergne, il revient à Paris en 1710. Il fréquente l'élite intellectuelle du temps et lit dans les salons ses premiers essais romanesques. En 1720, il se tourne vers le théâtre et c'est le début d'une immense carrière. Puis il revient au roman. Malgré un riche mariage, il est ruiné en 1720 par la banqueroute de l'homme d'affaires Law. La décennie suivante le voit se consacrer entièrement à la littérature où il alterne romans (*La Vie de Marianne*, *Le Paysan parvenu*) et subtiles comédies sentimentales (*Le Jeu de l'amour et du hasard*, 1730 ; *Les Fausses Confidences*, 1737) qui connaissent des succès variables dans les grands théâtres de la capitale. Reçu contre Voltaire à l'Académie française en 1742, Marivaux meurt à Paris en 1763.

- 1723. *La Double Inconstance*
- 1730. *Le Jeu de l'amour et du hasard*
- 1737. *Les Fausses Confidences*

Maupassant
(1850-1893)

Un disciple

Guy de Maupassant naît près de Dieppe en 1850. Grâce à sa mère, il entre en contact avec Flaubert, qui le guide sévèrement en littérature, lui faisant faire de véritables « exercices ». Le considérant un peu comme son disciple, l'auteur de *Madame Bovary* lui fait rencontrer Zola et lui ouvre les portes des principaux journaux dans lesquels il bâtira sa carrière de romancier et de conteur.

Passions et folie

D'une constitution athlétique, amateur de femmes et de bonne vie, il se plaît à pratiquer la voile et la chasse, en Normandie ou sur la Côte d'Azur où il fait de nombreux séjours. Mais un profond malaise s'insinue dans sa vie : souffrant de troubles nerveux, il sombre peu à peu dans la folie et, après une tentative de suicide, il est interné à Paris en 1891 dans la clinique du docteur Blanche où il finira ses jours dix-huit mois plus tard.

- 1880. *Boule de suif*
- 1883. *Une vie*
- 1885. *Contes du jour et de la nuit ; Bel-Ami*
- 1887. *Le Horla*
- 1888. *Pierre et Jean*

Mauriac
(1885-1970)

François Mauriac, romancier, poète, essayiste, se définit lui-même comme un « catholique qui écrit des romans ». Profondément marqué par une éducation puritaine, il compose des personnages écrasés par le poids du drame individuel et de la misère humaine. La modernité de ses romans tient à l'analyse de ses héros, pris dans une problématique sociale (*Le Sagouin*, *Thérèse Desqueyroux*), religieuse (*La Pharisienne*), ou amoureuse (*Le Baiser au lépreux*). Mauriac obtient le prix Nobel en 1952, puis se consacre à son œuvre journalistique.

- 1922. *Le Baiser aux lépreux*
- 1927. *Thérèse Desqueyroux*
- 1932. *Le Nœud de vipères*
- 1951. *Le Sagouin*

Molière
(1622-1673)

« L'Illustre-Théâtre »

Né en 1622, Jean-Baptiste Poquelin fait ses études secondaires chez les Jésuites, puis son droit, à Orléans. À vingt et un ans, il décide de fonder sa compagnie, « L'Illustre-Théâtre », avec Madeleine Béjart, mais c'est de manière itinérante qu'il apprend le métier, dans les villes de province où il emmène sa troupe. Il crée sa première comédie à Lyon en 1654 : *L'Étourdi*. De retour à Paris, ses créations (*Les Précieuses ridicules*, 1659) séduisent le roi qui lui accorde en 1661 le privilège d'ouvrir un nouveau théâtre, au Palais-Royal.

Succès et scandales

La satire qui sous-tend ses comédies vaut à Molière de nombreux ennemis : à propos de *L'École des femmes* d'abord puis de *Tartuffe*, qui lui attire les foudres du parti « dévot » et conduit à l'interdiction de la pièce. Seule la protection de Louis XIV procure à l'écrivain l'occasion de succès comme *L'Avare*, *Le Misanthrope* et *Dom Juan*, où il règle de nouveau ses comptes avec les dévots en 1668.

La mort en scène

Écrasé de travail, lassé des intrigues de la cour, Molière paraît ne plus avoir tous les moyens de ses ambitions théâtrales dans les années 1670, où il donne pourtant encore quelques chefs-d'œuvre, dont *Le Malade imaginaire*. Il mourra au sortir de la quatrième représentation de cette comédie, le 17 février 1773.

- 1662. *L'École des femmes*
- 1664. *Tartuffe*
- 1665. *Dom Juan*
- 1666. *Le Misanthrope*
- 1671. *Les Fourberies de Scapin*
- 1672. *Les Femmes savantes*
- 1673. *Le Malade imaginaire*

Montesquieu
(1689-1755)

Charles-Louis de Secondat, futur baron de la Brède et de Montesquieu, naît en 1689 au château de la Brède, près de Bordeaux. Après des études dans un collège des Oratoriens puis à la faculté de Droit, il hérite d'un oncle, en 1716, la charge de conseiller au Parlement de Bordeaux et entre à l'Académie de la ville pour laquelle il rédige plusieurs mémoires scientifiques. De 1721 à 1728, Montesquieu vit une partie de l'année à Paris où il fréquente les salons, les milieux financiers et politiques, et publie ses *Lettres persanes* (1721). Élu à l'Académie française en 1728, il vend sa charge au Parlement, qui lui laisse ainsi une fortune suffisante pour se consacrer à ses études et à plusieurs voyages en Europe. De 1731 à 1755, année de sa mort, l'écrivain séjournera durablement à La Brède où il rédigera son essai *De l'esprit des lois*, tout en continuant à fréquenter Paris.

- **1721.** *Lettres persanes*
- **1748.** *De l'esprit des lois*

Marie NDiaye
(Née en 1967)

Née d'une mère française et d'un père sénégalais qu'elle a peu connu, Marie NDiaye grandit en banlieue parisienne et commence à écrire jeune. Elle n'a que 18 ans lorsque sort son premier roman. Elle obtient en 2001 le prix Femina pour *Rosie Carpe*, et *Trois Femmes puissantes* reçoit le prix Goncourt trois ans plus tard. Ses romans comme son théâtre explorent le quotidien pour en déceler l'étrangeté et la violence, un univers proche de la fable et du merveilleux. Marie NDiaye est la première femme dramaturge à être entrée de son vivant au répertoire de la Comédie-Française.

- **2001.** *Rosie Carpe*
- **2004.** *Trois femmes puissantes*

Perec
(1936-1982)

Georges Perec naît à Paris en 1936 dans une famille de Juifs polonais émigrés, dont l'histoire lui inspirera plus tard *W ou le Souvenir d'enfance* (1975). Ce surdoué du maniement du langage, ami de Queneau et membre de l'OuLiPo, obtient le prix Renaudot en 1965 pour son premier roman, *Les Choses*. Virtuose des combinaisons logiques et linguistiques, il accumule les performances romanesques avec des récits aux contraintes formelles ou lexicales subtiles (*La Disparition*, 1969 ; *Les Revenentes*, 1972 ; *La Vie mode d'emploi*, 1978). Perec meurt prématurément en 1982.

- **1965.** *Les Choses*
- **1969.** *La Disparition*
- **1975.** *W ou le Souvenir d'enfance*
- **1978.** *La Vie mode d'emploi*

Christine de Pisan
(1364-1430)

Fille d'un astrologue italien, Christine de Pisan, philosophe et poétesse française née à Venise, passe son enfance à la cour de Charles V.

La première auteure

Elle est considérée comme la première femme de langue française, ayant pu vivre de sa plume. Veuve jeune et mère de trois enfants, elle dut gagner sa vie en écrivant de nombreux traités philosophiques et politiques, et des recueils de poésie.

La première féministe

Dans le *Livre de la cité des dames* notamment, Christine de Pisan prend position en faveur des femmes, et participe aux débats intellectuels de son époque en se mêlant à la querelle du *Roman de la Rose*, où elle dénonce la misogynie de certains propos de Jean de Meung. Elle meurt, réfugiée dans une abbaye, en 1430.

- **1404-1405.** *Livre de la cité des dames*
- **1405.** *Le Livre des trois vertus à l'enseignement des dames*

Pommerat
(Né en 1963)

En 2003, après avoir commencé une carrière dans le théâtre et le cinéma, Joël Pommerat prend une décision : pendant quarante ans, il écrira une pièce par an. Il connaît le succès dès le début des années 2000, avec ses adaptations de contes de fées dans un monde très contemporain, pour lesquelles il a reçu de nombreux prix.

- **2004.** *Le Petit Chaperon rouge*
- **2011.** *Cendrillon*
- **2015.** *Ça ira, fin de Louis*

Proust
(1871-1922)

Un mondain

Né dans une famille très aisée, Marcel Proust consacre sa jeunesse aux mondanités des salons parisiens où quelques textes raffinés lui valent des succès.

Une œuvre monumentale

La mort de sa mère en 1905 et le début de ses ennuis de santé mettent fin à cette période d'insouciance. Reclus désormais dans son appartement, il consacre tout son temps à une œuvre unique et monumentale : *À la recherche du temps perdu*. En 1919, il obtient le prix Goncourt pour un fragment de cet ensemble romanesque, *À l'ombre des jeunes filles en fleurs*, que la mort interrompra en 1922.

- **1896.** *Les Plaisirs et les Jours*
- **1913.** *Du Côté de chez Swann*
- **1918.** *À l'ombre des jeunes filles en fleurs*
- **1920-1921.** *Le Côté de Guermantes*
- **1927.** *Le Temps retrouvé* (posthume)

Racine
(1639-1699)

L'enfant de Port-Royal

D'une famille modeste, orphelin très tôt, Jean Racine est recueilli par sa grand-mère et élevé au couvent de Port-Royal-des-Champs, dans les environs de Paris, où il découvre les grands auteurs tragiques de l'Antiquité : Sophocle et Euripide. Dès 1658, après des études de philosophie, il débute à Paris une carrière de dramaturge et de courtisan. Un poème, écrit en 1660 pour le mariage de Louis XIV, le fait remarquer mais, sans ressources, il part dans le midi de la France où il espère obtenir, d'un de ses oncles, un poste d'ecclésiastique.

Un tragique à la Cour

De retour dans la capitale, il fait représenter en 1663 *La Thébaïde* par la troupe de Molière, qu'il abandonne bientôt pour celle de l'Hôtel de Bourgogne. Suit alors, pendant dix ans, une période d'intense activité dramatique pendant laquelle, de tragédie en tragédie, il vole de succès en succès, tandis qu'il connaît une vie sentimentale troublée. En 1677, les contestations soulevées par la représentation de *Phèdre* le font abandonner la scène pour une carrière officielle pleine d'honneurs : membre de l'Académie française, historiographe du roi dont il est aussi « gentilhomme ordinaire de la Chambre ». Ce n'est qu'à la demande de Mme de Maintenon qu'il reviendra au théâtre en 1689 en écrivant deux tragédies bibliques : *Esther* et *Athalie*. Décédé dix ans plus tard dans une atmosphère de profonde piété, il sera inhumé à Port-Royal.

- **1667.** *Andromaque*
- **1668.** *Les Plaideurs* (comédie)
- **1669.** *Britannicus*
- **1674.** *Iphigénie*
- **1677.** *Phèdre*
- **1691.** *Athalie*

Ronsard
(1524-1585)

Pierre de Ronsard naît en 1524 en Touraine, dans une famille de petite noblesse. Page des fils de François Ier, il voyage beaucoup mais une surdité précoce lui interdit la carrière des armes et il entre dans les ordres. En 1543, il suit à Paris les cours de l'helléniste Dorat au collège de Coqueret, en compagnie de brillants condisciples, comme du Bellay. La publication de ses *Odes* en 1550 lui vaut d'être reconnu comme chef de file des jeunes poètes de sa génération qui formeront le groupe de la Pléiade. Pendant un quart de siècle, il multipliera les publications poétiques, notamment de ses *Amours* (à Marie et à Cassandre). Dès le début des guerres de religion, opposant catholiques et protestants, il s'engage dans le camp des catholiques avec ses *Discours*, puis s'attelle à la composition d'une épopée, *La Franciade* (1572), qui sera un demi-échec. Retiré dans son prieuré, près de Tours, il continuera à y écrire (*Sonnets pour Hélène*, 1578) jusqu'à sa mort, en 1585.

- **1550.** *Odes*
- **1572.** *La Franciade*
- **1578.** *Amours ; Sonnets pour Hélène*

Roubaud
(Né en 1932)

Poète et mathématicien, Jacques Roubaud devient membre de l'OuLiPo en 1966, coopté par Raymond Queneau. Depuis son plus jeune âge, il se passionne pour la poésie, en particulier pour les formes les plus contraintes comme le sonnet ou la sixtine. Plus tard, il s'intéressera à l'écriture assistée par les mathématiques et les ordinateurs. Il est l'auteur de nombreux recueils de poésie, mais aussi de proses et d'essais.

- **1978.** *La Vieillesse d'Alexandre, essai sur quelques états du vers français*
- **1986.** *Quelque chose de noir* (recueil de poèmes)

Rousseau
(1712-1778)

Une jeunesse difficile
Jean-Jacques Rousseau est né à Genève en 1712 dans une famille protestante. Ayant perdu sa mère à sa naissance, il vit une adolescence sans véritable enracinement familial. Recueilli en 1728 en Savoie par Mme de Warens, il trouve durablement auprès de cette femme aimée affection et protection. Établi à Paris, où il a noué des relations de travail avec Diderot et les encyclopédistes, il se lie en 1743 avec une servante, Thérèse Levasseur, qui lui donnera cinq enfants dont il ne s'occupera pas.

Tourments et rêveries
Rendu célèbre par le succès de ses premiers *Discours* (1750-1755), Rousseau se brouille pourtant avec les encyclopédistes. Inquiété de surcroît par la justice après la publication d'*Émile ou De l'éducation* (1762), il s'enferme dans une vie d'errance et de solitude qui contraste avec le triomphe de son roman *La Nouvelle Héloïse*. Rentré en France en 1767, il meurt onze ans plus tard dans sa retraite d'Ermenonville, dans l'Oise, où il aura consacré toutes ses forces à l'entreprise autobiographique des *Confessions* et des *Rêveries du promeneur solitaire*. Ses cendres seront transférées au Panthéon, en 1794, par les révolutionnaires.

- **1761.** *La Nouvelle Héloïse*
- **1762.** *Émile ; Du contrat social*
- **1765-1770.** *Les Confessions*
- **1776-1778.** *Les Rêveries du promeneur solitaire*

Nathalie Sarraute
(1900-1999)

Née en Russie avec le siècle, en juillet 1900, et décédée avec lui en octobre 1999, Nathalie Sarraute, avocate, publie en 1939 un texte confidentiel, *Tropismes*, qui deviendra après la Seconde Guerre mondiale l'un des textes fondateurs du Nouveau Roman. Ses récits des années 1950 (*Portrait d'un inconnu*, *Martereau*, *Le Planétarium*) font d'elle un des écrivains majeurs de ce groupe de romanciers qui contestent l'écriture du roman traditionnel. Très attentive aux détails les plus subtils et les plus secrets de nos pensées et paroles, elle en fait la matière principale de ses travaux critiques (*L'Ère du soupçon*, 1956), de son théâtre (*Le Silence*, 1964 ; *Pour un oui ou pour un non*, 1982) comme de sa propre écriture autobiographique (*Enfance*, 1983 ; *Ici*, 1995).

- **1956.** *L'Ère du soupçon*
- **1982.** *Pour un oui ou pour un non*
- **1983.** *Enfance*

Shakespeare
(1564-1616)

De l'homme, nous savons peu de choses et les spéculations les plus folles ont été émises sur sa véritable identité. Né à Stratford-upon-Avon, William Shakespeare s'installe à Londres en 1585. Son œuvre éclot dans le climat propice et passionné du théâtre élisabéthain, qui correspond aux règnes d'Elisabeth Ire (1533-1603) et de Jacques Ier (1603-1623). On distingue traditionnellement trois périodes dans sa carrière. En 1601, Shakespeare a écrit ses neuf comédies et ses six drames historiques. Entre 1601 et 1608, il se tourne vers la tragi-comédie (*Le Marchand de Venise*) et compose ses grandes tragédies : *Hamlet*, *Othello*, *Macbeth*, *Le Roi Lear*. La dernière partie de son œuvre est consacrée aux pièces dites de « réconciliation », comme *La Tempête*, et à un recueil de 154 Sonnets. Shakespeare brasse tous les genres et mêle dans ses pièces la tragédie et la farce, la poésie précieuse et raffinée, l'évocation de la nature et la crudité la plus triviale. Les personnages représentent toutes les conditions et s'adressent à un public mêlé. Shakespeare a aussi créé des types qui incarnent les aspects les plus divers de la condition humaine : amour de Roméo et Juliette, hésitations de Hamlet, jalousie d'Othello, ambition de Macbeth, aveuglement de Lear.

- **1595.** *Le Songe d'une nuit d'été*
- **1601.** *Hamlet*
- **1604.** *Othello*
- **1606.** *Macbeth*

Simenon
(1903-1989)

Georges Simenon, écrivain belge francophone, a publié plus de 400 romans et nouvelles sous divers pseudonymes, et a été traduit dans plus de cinquante langues. Cet auteur prolifique a développé le genre du roman policier psychologique, en concentrant notamment ses descriptions sur l'atmosphère (décors de grisaille, de rues mouillées par la pluie), et sur l'analyse de la crise psychologique de ses personnages. Son célèbre commissaire Maigret se voit immortalisé à l'écran par Jean Gabin, entre autres. Simenon est élu en 1952 à l'Académie royale de Belgique.

- **1931.** *Le Chien jaune*
- **1932.** *L'Affaire Saint-Fiacre*
- **1948.** *La neige était sale*

Villon
(vers 1431 – après 1463)

L'existence du poète François Villon demeure opaque et ses différents éléments biographiques incertains. Condamné à plusieurs reprises, notamment pour avoir tué un prêtre, il aurait mené une vie agitée et misérable. On affirme que sa *Ballade des Pendus* a été écrite alors que Villon, condamné à mort, attendait son exécution. Son œuvre poétique, qui défie le système établi, ne se situe pas dans la lignée de l'amour courtois, mais plutôt dans celle d'une poésie plus « populaire » au style vivant et parfois grossier. En 1463 il disparaît, sans qu'aucun document ultérieur fasse mention de lui.

- **1489.** *La Ballade des pendus*

Voltaire
(1694-1778)

Un mondain effronté

Voltaire, de son vrai nom François-Marie Arouet, naît en 1694 à Paris, où il suit les enseignements des jésuites et de la faculté de droit. Sa fréquentation des salons mondains lui vaut une réputation de bel esprit. Mais l'audace de ses premiers écrits satiriques l'envoie par deux fois à la prison de la Bastille. Exilé volontaire en Angleterre de 1726 à 1729, il y découvre la culture du pays ainsi que les mérites politiques d'une monarchie parlementaire qui lui inspire ses *Lettres philosophiques*. De nouveau menacé, il s'installe en 1734 chez Mme du Châtelet, près de la frontière lorraine, où il concevra les grandes œuvres de sa maturité de philosophe et entretiendra une brillante correspondance avec les intellectuels de toute l'Europe.

Disgrâces et consécrations d'un philosophe

Rentré provisoirement dans les grâces de la cour à partir de 1744, il voyage dans les capitales européennes, ce qui lui permet de publier *Le Siècle de Louis XIV* et de ses premiers *Contes* au milieu de ses heures de disgrâce. Pour rompre avec les fatigues de l'errance, il s'installe définitivement à Ferney, en 1760, à la frontière suisse. De cette propriété, où il met en pratique les principes d'une agriculture moderne, il mène alors ses combats au service de la tolérance et de la liberté. Mais c'est à Paris qu'il mourra en 1778, auréolé de la gloire de ses derniers succès de dramaturge.

- **1734.** *Lettres philosophiques*
- **1747.** *Zadig* (conte)
- **1759.** *Candide ou l'Optimisme* (conte)
- **1763.** *Traité sur la tolérance*
- **1764.** *Dictionnaire philosophique*

Zola
(1840-1902)

Un homme engagé

Émile Zola naît à Paris en avril 1840. Son père, un ingénieur italien, meurt alors qu'il n'a que sept ans. Sans fortune et après des études écourtées, il s'établit en 1858 à Paris, où il pratique de nombreux métiers dans les milieux du journalisme, de la publicité et de la critique. Engagé à côté des républicains contre les abus du pouvoir impérial, ami du peintre Cézanne et des impressionnistes, il affirme ses préférences pour le courant réaliste initié par Flaubert et les frères Goncourt.

La saga des *Rougon-Macquart*

Dès 1868, il conçoit une vaste *Histoire naturelle et sociale d'une famille sous le Second Empire*, qui deviendra le massif romanesque des *Rougon-Macquart* (de 1871 à 1893). Reconnu par l'avant-garde culturelle, chef de file de l'école naturaliste, l'écrivain tire alors rentabilité et notoriété d'une œuvre dont il veille à la publication en feuilleton puis en volume.

Une fin tourmentée

En signant, le 13 janvier 1898, un réquisitoire dans *L'Aurore*, « J'accuse », Zola met tout son prestige dans la défense du capitaine Dreyfus. Dénonçant l'antisémitisme des militaires, il s'attire condamnation, haines, calomnies et se voit contraint à un exil provisoire en Angleterre mais, grâce à lui notamment, Dreyfus est gracié en 1899. La mort du romancier, par asphyxie, une nuit de septembre 1902, laissera place à bien des soupçons… Une foule immense assistera à ses obsèques et ses cendres seront transférées au Panthéon en 1908.

- **1871.** *La Fortune des Rougon*
- **1877.** *L'Assommoir*
- **1880.** *Le Roman expérimental*
- **1885.** *Germinal*
- **1890.** *La Bête humaine*
- **1898.** « *J'accuse* »

Index des auteurs et des œuvres

Les titres en bleu font l'objet d'une étude d'œuvre intégrale.

Index des auteurs et des œuvres

Index des œuvres d'art

Les œuvres en violet font l'objet d'un Parcours artistique et culturel.

Index des mots de vocabulaire

Crédits photographiques

Couverture : René Magritte (1898-1967), *La Belle Société*, 1965, huile sur toile (81 x 65 cm), coll. privée, © Photothèque R. Magritte/Adagp Images, Paris, 2019.

26-27 : John Martorana/500px/Getty Images – **28** : BIS / Ph. Coll. Archives Larbor – **30** : Bibliothèque Nationale de France – **32** : Photo Scala, Florence-Courtesy of the Ministero Beni e Att. Culturali e del Turismo – **34** : Photo Scala, Florence – **36** : Photo Scala, Florence-Fondo Edifici di Culto - Min. dell'Interno – **38** : Pascal Le Segretain/ Getty Images – **40** : BIS / Ph. Coll. Archives Larbor – **42** : Michel Urtado / RMN-GP – **44** : René-Gabriel Ojeda / RMN-GP – **46** : Hervé Lewandowski / RMN-GP – **48** : Luisa Ricciarini/Leemage/Adagp, Paris 2019 – **50** : 2008 - Editions Sarbacane – **52** : Pascal Victor/ArtComArt – **54** : Pascal Vict or/ArtComArt – **56-57** : Bridgeman Images/Leemage – **63 hg, b** : Fototeca/Leemage – **64 h :g** : Photo Josse/Leemage – **64 b** : Domingie & Rabatti/La Collection – **65 hg** : DeAgostini/Leemage – **65 b** : BIS / Ph. Coll. Archives Larbor – **66 hg** : DeAgostini/Leemage – **67 hg** : Gerald Bloncourt/Rue des Archives – **67 b** : image BPK / RMN-GP – **68 hg** : Bridgeman Images/Leemage – **69 hg** : BIS / Ph. Coll. Archives Bordas – **69 b** : Bridgeman Images – **70 hg** : BIS / Ph. Jeanbor- Archives Larbor – **71** : Musée Carnavalet/Roger-Viollet – **72** : BIS/Ph. Coll. Archives Larbor – **75** : DeAgostini Picture Library/Scala, Florence – **77 hg** : Rue des Archives/Tallandier – **77 b** : QuintLox/Leemage – **78 hg** : BIS / Ph. H. Josse © Archives Larbor; – **78 b** : Bridgemanimages/ Leemage – **79** : Bridgeman Images – **80** : Eric Vandeville/Akg-images – **81 hd** : The National Gallery, London/Akg-images – **81 hg** : Bibliothèque Nationale de France – **82** : Photo Scala, Florence - courtesy of the Ministero Beni e Att. Culturali – **83 hg** : Luisa Ricciarini/Leemage – **83 bd** : Photo Josse/Leemage – **87 hg** : Rue des Archives/Tallandier – **87 hd** : The National Gallery, London/Scala, Florence – **88 hg** : Aisa/Leemage – **88 b** : Aisa/leemage – **89 hg** : Bridgeman Images/Leemage – **89 b** : Bridgeman Images/Leemage – **91 hg** : Valerie Menard/Opale/Leemage – **91 b** : Petit Palais/ Roger-Viollet – **92** : BIS / Ph. Coll. Archives Larbor – **93 hd** : Manuel Cohen/ Aurimages – **93 b** : BIS / Ph. Frédéric Hanoteau-Archives Nathan – **97 hg** : BIS / Ph. H. Josse © Archives Larbor – **97 b** : Fototeca/Leemage – **99 h** : René-Gabriel Ojeda/RMN-GP – **99 b** : BIS / Ph. H. Josse © Archives Larbor – **100** : Photo Josse/Leemage – **102** : BIS / Ph. H. Josse © Archives Larbor – **104 hg** : BIS / Ph. H. Josse © Archives Larbor – **104 b** : FineArtImages/Leemage – **105 hg** : BIS / Ph. H. Josse © Archives Larbor – **105 hd** : Photo Josse/Leemage – **106** : BIS / Ph. H. Josse © Archives Larbor – **107 hg** : Bridgeman Images – **107 hd** : Bridgeman Images/Leemage – **108 hg** : BIS / Ph. H. Josse © Archives Larbor – **108 hd** : BIS / Ph. Coll. Archives Larbor – **108 b** : Jacques Quecq d'Henripret/ RMN-GP – **109 hg** : Bridgeman Images – **109 bd** : BIS / Ph. Coll. Archives Larbor – **120-121** : Pascal Victor/ArtComPress – **127 hg** : BIS / Ph. H. Josse © Archives Larbor – **127 hd** : Pascal Victor/ArtComArt – **128** : Agathe Poupeney/Divergence – **130** : Victor Tonelli – **132** : Raphael Gaillarde/Gamma Rapho – **134** : Selva/Leemage – **135 (reprise)** : BIS / Ph. H. Josse © Archives Larbor – **136** : BIS / Ph. H. Josse © Archives Larbor – **137** : Brigitte Enguerand/Divergence – **138 hg** : DR – **138 b** : Brigitte Enguerand/Divergence – **139 hg** : BIS / Ph. H. Josse © Archives Larbor – **140 h** : Granger NYC/Rue des Archives – **140 bg** : Bridgeman Images/Leemage – **141 hg** : Photo Josse/Leemage – **142** : BIS / Ph. H. Josse © Archives Larbor – **143 hg** : Tristan Jeanne-Vales/ArtComPress – **143 b** : Thomas Faberjon – **147 hg** : BIS / Ph. H. Josse © Archives Larbor – **147 hd** : Pascal Victor/ArtComPress – **152** : Ph. Collection Christophe L. – **153 hg** : BIS / Ph. H. Josse © Archives Larbor – **155 hg** : BIS / Ph. H. Josse © Archives Larbor – **156 hg** : BIS / Ph. H. Josse © Archives Larbor – **156 hd** : Toulet/ Opera de Paris/Leemage – **157** : Pascal Gely – **158 hg** : Archives Nathan – **158 b** : Anne Gayan – **160 hg** : Basso Cannarsa/Opale/Leemage – **161 h** : Pascal Victor/ArtComArt – **161 b** : DR – **165 hg** : BIS / Ph. H. Josse © Archives Larbor – **165 hd** : Christian Ganet/ArtComArt – **168** : Christian Ganet/ ArtComArt – **172 hg** : BIS / Ph. H. Josse © Archives Larbor – **173 hg** : BIS / Ph. Coll. Archives Larbor – **173 b** : Akg-images – **174 hg** : Horst Tappe / Fondation Horst Tappe / Keystone Suisse / Roger-Viollet – **175 hg** : Lipnitzki-Roger-Viollet – **176 hg** : Keystone France/Gamma Rapho – **177 hg** : DR – **177 hd** : Pascal Victor/ArtComArt – **178 h** : Sonnia Menke/ Age Fotostock – **178 b** : Rex/ Shutterstock – **179 h** : Cosimo Mirco Magliocca – **179 b** : Pierre Grosbois – **180 h** : 2008, Michael Meigs, CTXLiveTheatre.com – **180 b** : BIS / Ph. Coll. Archives Larbor – **181** : The Philadelphia Museum of Art/Art Resource/Scala, Florence – **185 hg** : Paola Agosti/Opale/Leemage – **185 hd** : Alain Leroy/L'Œil du spectacle – **186** : Angelo Melilli/Roger-Viollet – **188** : Pascal Victor/ArtComArt – **191** : Sygma/Getty Images – **192 hg** : BIS / Ph. H. Josse © Archives Larbor – **192 hd** : Brigitte Enguerand / Divergence – **194** : Selva/Leemage – **195** : Hannah Assouline/Opale/Leemage – **196** : Helene Bamberger/Opale/Leemage – **197 hg** : Thibault Stipal/Opale/Leemage – **197 b** : Jean-Luc Saphar – **198** : Patrick Bergert/ArtComArt – **199 h** : Elizabeth Carecchio – **199 b** : Julien Weber – **200** : Rene Saint Paul/Leemage – **201** : Louise Leblanc – **202 hg** : Ionesco – **202 hd** : Agathe Poupeney/Divergence – **204** : Ullstein Bild/Roger-Viollet – **205 hg** : Hannah Assouline/Opale/ Leemage – **205 b** : Pascal Victor/ArtComPress – **216-217** : Bridgeman Images – **223 hg** : BIS / Ph.

Coll Archives Larbor – **223 hd** : BBQ_DFY / Aurimages – **224** : Lee/Leemage – **226** : Fototeca/ Leemage – **227** : National Gallery of Art – **228** : DPA/Picture Alliance/Leemage – **229** : Granger NYC/Rue des Archives – **230 hg** : BIS / Ph. H. Josse © Archives Larbor – **230 hd** : The british Library/ Leemage – **232** : BIS / Ph. H. Josse © Archives Larbor – **233 hg** : BIS / Ph. H. Josse © Archives Larbor – **233 b** : Kharbine Tapabor – **234 hg** : Bibliothèque National de France – **234 bd** : Bridgeman Images/Leemage – **235 hd** : FineArtImages/Leemage – **235 bg** : Colecciarmen Thyssen-Bornemisza en depo en el Museo Thyssen-Bornemisza/Scala, Florence – **236 hd** : Thierry Ollivier/RMN-GP – **236 mg** : Martine Beck-Coppola/RMN-GP – **236 bd** : Bibliothèque National de France – **237 hd** : Bibliothèque National de France – **237 bg** : Gérard Blot/RMN-GP – **241 hg** : BIS / Ph. H. Josse © Archives Larbor – **241 hd** : Costa/Leemage – **242** : Bridgeman Images/Leemage – **245** : The Holbarn Archive/Leemage – **248 hg** : BIS / Ph. H. Josse © Archives Larbor – **249 hg** : BIS / Ph. H. Josse © Archives Larbor – **249 bg** : Photo Josse/ Leemage – **250 hg** : BIS / Ph. H. Josse © Archives Larbor – **250 bd** : Collection IM/Kharbine Tapabor – **251 b** : Bridgeman Images – **252 hg** : BIS / Ph. H. Josse © Archives Larbor – **252 hd** : Collection Kharbine-Tapabor – **254** : BIS / Ph. H. Josse © Archives Larbor – **255** : BIS / Ph. Coll. Archives Larbor; – **259 hg** : Henri Martinie/Roger-Viollet – **259 hd** : Farabola/Leemage – **261** : The Kobal Collection/Aurimages – **263** : Collection Dagli Orti/Aurimages – **264 hg** : Roger-Viollet – **264 hd** : Aisa/Leemage – **265** : Photo Josse/Leemage – **266 h** : Coleccion Carmen Thyssen-Bornemisza en deposito en el Museo Thyssen-Bornemisza/Scala, Florence – **266 mg** : BIS / Ph. Coll. Archives Larbor; – **267 hg** : BIS / Ph. Coll. Archives Larbor; – **268 hg** : Photo Josse/Leemage – **268 bd** : Collection particulière, Finlande - Courtesy Galerie Christian Le Serbon, Paris – **269 hg** : Gallimard via Opale/Leemage – **269 bd** : Berenice Abbott – **270 hg** : John Foley/ Opale/Leemage – **270 bd** : Musée de l'Elysée, Lausanne – **271 hg** : Mantovani/Gallimard/Opale/ Leemage – **271 bd** : Sophie Lautier/Afp – **272** : Roger-Viollet – **273** : Rene Saint Paul/Leemage – **274 hg** : Philippe Matsas/Opale/Leemage – **274 b** : Futuropolis / Dist. La Collection – **275 hg** : Basso Cannarsa/Opale/Leemage – **275 b** : Amnesty – **276** : Sandrine Roudeix/Opale/Leemage – **277 hg** : Beowulf Sheehan +1 917 450 2345 mail@beowulfsheehan.com; – **277 b** : Lissac/Godong/Leemage – **278 h** : Michèle Bellot/RMN-GP – **278 b** : Franck Raux/RMN-GP – **279 h** : Moma/Scala, Florence – **279 b** : Photo Art Media/Heritage Images/Scala, Florence – **280 h** : Marina Abramović and Ulay- Courtesy of the Marina Abramović Archives – **280 b** : Marina Abramović and Ulay- Courtesy of the Marina Abramović Archives – **281 h** : Lee Jeffries – **281 b** : Lee Jeffries – **285 hg** : Witi De Tera/ Opale/Leemage – **285 hd** : CAP/Roger-Viollet – **286** : René Maltete/Gamma Rapho – **288 hg** : BIS / Ph. Coll. Archives Larbor – **288 b** : Victor Tonelli/Hans Lucas – **291** : BIS / Ph. Coll. Archives Larbor – **292 b (reprise hg)** : Philippe Giraud/Gamma Rapho – **293** : BIS / Ph. Coll. Archives Larbor – **294 hg** : BIS / Ph. P. Pascal © Archives Larbor; – **294 b** : Laure Albin Guillot/Roger-Viollet – **296** : Hannah Assouline/Opale/Leemage – **297** : Futuropolis/Dist. La Collection – **298** : The Kobal Collection/ Aurimages – **299 h** : Prod DB/AllPix/Aurimages – **299 b** : Prod DB/AllPix/Aurimages – **300 hd** : The Kobal Collection/Aurimages – **300 bg** : Prod DB© Mifilifilms/ DR – **301** : Prod DB© Mifilifilms/ DR – **312-313** : Vincent Loison/Sipa – **319** : BIS / Ph. H. Josse © Archives Larbor – **320** : Christie's / Artothek /La Collection – **322** : BIS / © Archives Larbor – **323 hg** : Eric Schrijver – **323 bd** : Pierre Grobois – **324 md** : Laurent Koffel/Gamma Rapho – **324 bg** : Ai Weiwei, – **325 h** : François Guillot/ Afp/ Adagp, Paris 2019 – **325 m** : Bloomberg/Getty Images – **329** : BIS / Ph. H. Josse © Archives Larbor – **330** : Gerard Malie/Afp – **331** : Stringer/Reuters – **332** : Ulf Andersen / Aurimages – **333 hg** : BIS / Ph. H. Josse © Archives Larbor – **333 b** : Carl De Keyzer - MAGNUM; – **334** : Columbus Museum of Art, Chicago – **335** : SMAC Gallery – **340 hg** : BIS / Ph. H. Josse © Archives Larbor – **340** : MP/Leemage – **341 hg** : BIS / Ph. P. Pascal © Archives Larbor; – **343** : Flavijus Piliponis/Getty Images – **344 hg** : Didier Baverel/Getty Images – **344 hd** : Luke Newton – **346 hg** : Archives Nathan; – **347** : Rue des Archives/Tallandier – **349 hg** : Archives Nathan – **350 hg** : BIS/Ph. P. Vals-Coll. Archives Larbor – **351 hg** : SARM – **351 b** : Rue des Archives/AGIP – **352 hg** : BIS / Ph. Coll Archives Bordas – **352 bd** : Wiaz – **353 hd** : Akg-images – **353 bg** : Coll. Dixmier/Kharbine-Tapabor/ Adagp, Paris 2019 – **357 hg** : Catherine Helie/Gallimard/Opale/Leemage – **358 hg** : Raphael Gaillarde/ Gamma Rapho – **359 hg** : Brunner – **360 hg** : Pablo Chignard/Hanslucas – **361** : Schvartz – **362 hg** : Lvellinga – **362 bd** : Andy Goldsworthy – **363 hg** : Picture Alliance/Getty Images/Adagp, Paris 2019 – **363 hd** : Patrick Marsilli – **364** : Fernando & Humberto Campana/RMN-GP – **365** : Raoul Kramer/ Studio Libertiny – **376-377** : Bridgeman Images – **457 :** le Parisien – **458 :** Emeric Fohlen/News Pictures. – **460-461 :** BIS / Ph. H. Josse © Archives Larbor. – **462 :** akg-images – **463 ht g** : ©Electa/Leemage – **463 ht** d : ©Electa/Leemage – **463 b :** akg-images. – **464-465 :** Prod DB © Shamley Productions/DR – **518 hg (reprise)** : BIS / Ph. H. Josse © Archives Larbor – **518 mg (reprise)** : Horst Tappe / Fondation Horst Tappe / Keystone Suisse / Roger-Viollet – **518 md (reprise)** : BIS / Ph. H. Josse © Archives Larbor – **518 bg (reprise)** : BIS / Ph. H. Josse © Archives Larbor – **519 hg (reprise)** : Ullstein Bild/Roger-Viollet – **519 hd (reprise)** : Photo Josse/Leemage – **519 md**

(reprise) : Rene Saint Paul/Leemage – **519 bg (reprise)** : BIS / Ph. H. Josse © Archives Larbor – **519 bd (reprise)** : Henri Martinie/Roger-Viollet – **520 hg (reprise)** : Gerard Malie/Afp – **520 mg (reprise)** : Hannah Assouline/Opale/Leemage – **520 hd (reprise)** : BIS / Ph. Jeanbor- Archives Larbor – **520 bg (reprise)** : BIS / Ph. Coll. Archives Larbor; – **520 md (reprise)** : Archives Nathan; – **520 bd (reprise)** : BIS / Ph. H. Josse © Archives Larbor; – **521 hd (reprise)** : BIS / Ph. H. Josse © Archives Larbor – **521 mg (reprise)** : BIS / Ph. H. Josse © Archives Larbor – **521 bd (reprise)** : Roger-Viollet – **522 hg (reprise)** : Witi De Tera/Opale/Leemage – **522 md (reprise)** : Archives Nathan – **522 bg (reprise)** : BIS / Ph. H. Josse © Archives Larbor – **522 bd (reprise)** : BIS / Ph. Coll. Archives Larbor – **523 hg (reprise)** : BIS / Ph. H. Josse © Archives Larbor – **523 hd (reprise)** : Lipnitzki-Roger-Viollet – **523 md (reprise)** : Selva/Leemage – **523 bd (reprise)** : Rue des Archives/Tallandier – **524 hg (reprise)** : BIS / Ph. H. Josse © Archives Larbor – **524 hd (reprise)** : Photo Josse/Leemage – **524 bg (reprise)** : BIS / Ph. Coll Archives Larbor – **524 bd (reprise)** : BIS / Ph. H. Josse © Archives Larbor – **525 hg (reprise)** : BIS / Ph. H. Josse © Archives Larbor – **525 hd (reprise)** : BIS / Ph. H. Josse © Archives Larbor – **525 bg (reprise)** : Archives Nathan – **526 hg (reprise)** : BIS / Ph. H. Josse © Archives Larbor – **526 hd (reprise)** : Fototeca/Leemage – **526 mg (reprise)** : Basso Cannarsa/Opale/Leemage – **526 md (reprise)** : Thibault Stipal/Opale/Leemage – **526 bg (reprise)** : BIS / Ph. P. Pascal © Archives Larbor – **527 hg (reprise)** : BIS / Ph. Coll. Archives Larbor – **527 hd (reprise)** : DeAgostini/Leemage – **527 mg (reprise)** : BIS / Ph. H. Josse © Archives Larbor – **527 bd (reprise)** : Valerie Menard/Opale/Leemage – **528 hg (reprise)** : BIS / Ph. Coll. Archives Larbor – **528 hd (reprise)** : BIS / Ph. Coll. Archives Larbor – **528 bg (reprise)** : Paola Agosti/Opale/Leemage – **528 bd (reprise)** : BIS/Ph. P. Vals-Coll. Archives Larbor – **528 hg (reprise)** : BIS / Ph. Coll. Archives Larbor – **529 hg (reprise)** : Bridgeman Images/Leemage – **529 hd (reprise)** : BIS / Ph. H. Josse © Archives Larbor – **529 bg (reprise)** : BIS / Ph. Coll. Archives Larbor.

Conception graphique et couverture : Élise Launay

Édition : Valérie Antoni, Aude Alric, Bruna Masetti, assistées de Clémentine Coudray et d'Adèle Coelho

Correction : Carole de Fanti

Mise en page : Laure Gros pour Anne-Danielle Naname

Iconographie : Katia Davidoff

Infographie : Renaud Scapin

Cartographie : Légendes Cartographie

Fabrication : Camille Friquet

N° de projet: 10242290-10252111 - Dépôt légal: avril 2019
Achevé d'imprimer en Italie par Grafica Veneta - Trebaseleghe en avril 2019